中国证券期货统计年鉴

CHINA SECURITIES AND FUTURES STATISTICAL YEARBOOK

2010

中国证券监督管理委员会　编

Edited by

CHINA SECURITIES REGULATORY COMMISSION

学林出版社

图书在版编目(CIP)数据

中国证券期货统计年鉴.2010 / 中国证券监督管理委员会编. —上海：学林出版社，2010.9
ISBN 978-7-5486-0064-0

Ⅰ.①中… Ⅱ.①中… Ⅲ.①证券交易—资本市场—统计资料—中国—2010—年鉴②期货交易—资本市场—统计资料—中国—2010—年鉴 Ⅳ.①F832.51-54

中国版本图书馆 CIP 数据核字(2010)第 172014 号

中国证券期货统计年鉴(2010)

编　　者—— 中国证券监督管理委员会
责任编辑—— 严　梧
特约编辑—— 李　东
封面设计—— 周剑峰

出　　版—— 上海世纪出版股份有限公司
学林出版社(上海钦州南路 81 号 3 楼)
电话：64515005　传真：64515005
发　　行—— 上海世纪出版股份有限公司发行中心
(上海福建中路 193 号　www.ewen.cc)
照　　排—— 南京展望文化发展有限公司
印　　刷—— 上海展强印刷有限公司
开　　本—— 889×1194　1/16
印　　张—— 27.5
字　　数—— 86 万
版　　次—— 2010 年 9 月第 1 版
2010 年 9 月第 1 次印刷
书　　号—— ISBN 978-7-5486-0064-0/Z·5
定　　价—— 218.00 元

编　者　说　明
Edit　Directions

一、《中国证券期货统计年鉴(2010)》(中英文)收录了2009年证券期货市场的统计数据以及与证券期货市场相关的部分宏观经济指标。

二、年鉴分为证券市场概况、股票市场、债券市场、证券投资基金及衍生品、上市公司、投资者结构、期货市场、证券期货中介机构、大事记等9个部分,另附2009年世界交易所排名,上海、深圳证券交易所收费标准,中国证监会派出机构通讯录等。

三、年鉴资料主要来自证监会各业务部门、交易所和登记结算公司的统计报表;宏观经济数据主要来自国家统计局、中国人民银行、世界交易所联合会(WFE)。

四、年鉴部分数据合计数由于单位取舍不同而产生的计算误差均未作调整。

五、根据证券期货市场的发展需要,年鉴在内容上进行了扩充。

六、年鉴各表中,度量单位均在该表上方,对表中部分指标的注解、资料来源、汇率换算标准等在该表的下方。凡带续表的资料,对部分指标的注解一律在最后一张续表的下方。

中国证券监督管理委员会

2010年8月

目　　录
CONTENTS

三、债券
Bonds

四、证券投资基金及衍生品
Securities Investment Funds & Derivatives

五、上市公司
Listed Companies

六、登记结算
Securities Depository and Clearing

七、期货
Futures

八、证券期货中介机构
Securities and Futures Intermediate Institutions

证券期货市场统计管理办法

第60号

《证券期货市场统计管理办法》已经2008年10月28日中国证券监督管理委员会第243次主席办公会议审议通过，现予公布，自2009年3月1日起施行。

中国证券监督管理委员会主席：尚福林

二〇〇九年一月八日

证券期货市场统计管理办法

第一章　总　　则

第一条　为了规范证券期货市场统计行为，发挥统计在反映证券期货市场基础信息和动态状况、加强证券期货市场监管中的作用，根据《中华人民共和国统计法》、《中华人民共和国证券法》、《中华人民共和国证券投资基金法》、《期货交易管理条例》、《证券公司监督管理条例》和《中华人民共和国统计法实施细则》等法律、行政法规，制定本办法。

第二条　证券期货市场统计的基本任务是对证券期货市场发展情况进行统计调查、统计分析，提供证券期货市场统计资料和统计咨询意见，实行统计监督。

第三条　证券期货市场统计调查对象（以下简称统计调查对象）应当如实提供证券期货统计资料，不得虚报、瞒报、拒报、迟报，不得伪造、篡改。

本办法所称的统计调查对象，包括证券公司、证券投资基金管理公司、期货公司及其分支机构，基金托管银行、基金销售机构、合格境外机构投资者托管银行，从事证券期货服务业务的投资咨询机构、财务顾问机构、资信评级机构、资产评估机构、会计师事务所、律师事务所，上市公司、非上市公众公司，证券期货交易所、证券登记结算机构、证券业协会、期货业协会、证券投资者保护基金公司、期货保证金监控中心等市场主体。

第四条　中国证券监督管理委员会（以下简称中国证监会）建立集中统一领导，分业务、分级负责的统计管理体制。

中国证监会负责全国证券期货市场（以下简称证券期货市场）的统计工作，中国证监会派出机构负责辖区内的证券期货统计工作。

第五条　中国证监会制定证券期货市场统计标准，发布证券期货市场统计资料或者可能影响证券期货市场稳定运行的其他统计资料。

第六条　统计资料的管理、使用和公布，应当遵守国家档案管理制度、保密制度和证券期货监督管理信息公开制度、证券期货市场诚信档案管理制度，保守统计调查对象的商业秘密，维护证券期货市场公开、公平、公正的原则。

第二章　统计机构和统计人员

第七条　中国证监会统计部门履行以下职责：

（一）组织证券期货市场统计调查工作，搜集、整理证券期货统计资料，管理、公布、汇编、对外提供证券期货市场统计资料；

（二）对证券期货市场运行、发展、风险等情况进行统计分析，编制证券期货市场统计报表，出具统计报告，提出有关的政策建议；

（三）建立健全证券期货统计制度，制定证券期货市场统计标准，完善证券期货统计指标体系，对统计法律、行政法规、本办法及中国证监会制定的统计制度的执行情况进行指导和检查监督,对中国证监会派出机构、统计调查对象的统计工作进行考核评估;

(四)建设并管理证券期货统计信息自动化系统和统计数据库体系;

(五)负责办理与会外单位之间的统计协调工作;

(六)办理中国证监会派出机构统计调查项目和证券期货市场统计调查项目补充内容的备案;

(七)组织开展证券期货市场统计人员的业务培训。

第八条　中国证监会履行监管职责的其他部门(以下简称中国证监会其他部门)对其职责范围内的统计调查对象进行统计调查,搜集、整理证券期货统计资料。

中国证监会其他部门应当配合中国证监会统计部门的工作。

第九条　中国证监会统计部门建立证券期货市场统计工作联席会议机制,其成员单位包括中国证监会统计部门、中国证监会其他部门、证券期货交易所、证券登记结算机构等。

除中国证监会统计部门之外的其他成员单位按照约定的格式与内容,定期或者不定期地向中国证监会统计部门报送本单位搜集、整理、管理的证券期货统计资料。证券期货市场统计工作联席会议机制确保成员之间实现信息互联共享,并承担以下职能:

(一)分析评价证券期货统计标准,提出补充、修改的建议;

(二)研究统计工作中遇到的新问题、新情况,加强各单位间的协调、配合;

(三)讨论其他与证券期货统计工作有关的重大事项。

第十条　中国证监会派出机构应当指定或者设立专门处室履行统计职责,其统计职责包括:

(一)配合中国证监会统计部门完成证券期货市场统计调查任务,搜集、整理、提供辖区内证券期货统计资料;

(二)组织辖区内的证券期货统计调查工作,搜集、整理、管理、公布、对外提供证券期货统计资料;

(三)对辖区内证券期货发展情况进行统计分析,出具统计报告,提出有关政策建议;

(四)对辖区内统计调查对象执行统计法律、行政法规、本办法及中国证监会制定统计制度的情况进行检查监督。

第十一条　统计调查对象应当设立统计部门或者指定部门、人员负责统计工作。

第十二条　中国证监会其他部门、派出机构配置专职的统计人员。统计调查对象应当配备专职或者兼职的统计人员。

统计人员应当具备良好的职业道德,具备必要的证券期货市场基础知识、统计专业基础知识和必备的计算机操作技能。

第十三条　统计人员应当依法如实搜集、报送统计资料。

统计人员应当对其负责搜集、审核、录入的统计资料和调查对象报送的统计资料的真实性负责,不得伪造、篡改统计资料,不得以任何方式要求统计调查对象提供不真实的统计资料。

第十四条　统计人员依法履行统计职责,不受任何单位和个人非法干预。

第十五条　中国证监会统计部门组织对统计人员的专业培训,加强职业道德教育,提高统计工作水平。

第三章　统计调查和统计分析

第十六条　中国证监会统计部门负责制定证券期货市场统计调查项目。中国证监会派出机构在执行前述统计调查项目时,可以根据本辖区的实际情况和监管工作需要,对统计调查内容作出补充,并报中国证监会统计部门备案。

中国证监会派出机构负责制定辖区内证券期货统计调查项目,并报中国证监会统计部门备案。

第十七条　中国证监会统计部门制定证券期货市场统计标准,以保障统计调查中采用的指标涵义、计算方法、分类目录、调查表式等方面的标准化。

中国证监会其他部门、中国证监会派出机构开展统计调查的,应当适用中国证监会统计部门制定的统计标准。

第十八条　中国证监会及其派出机构在组织统计调查时，应当对统计调查内容、调查对象、统计资料的报送时间、格式及方式等内容作出明确规定。

中国证监会及其派出机构可以采用公文、传真、电话、电子邮件以及网络等统计调查方式。涉及保密内容的统计调查，应当遵循保密管理的相关规定。

第十九条　统计调查对象应当在规定时限内，按照规定的统计调查内容与格式，向中国证监会及其派出机构报送统计资料。统计资料还应当符合中国证监会统计部门制定的统计标准。

第二十条　统计调查对象应当做好基层统计报表的收集、审核和汇总工作，保证统计资料的真实、准确和完整。

统计调查对象应当向中国证监会及其派出机构报送经单位负责人审核、签署的统计数据，并在填报说明中，对基层数据的上报情况及本期数据的异常变动等情况作出说明。

第二十一条　统计调查对象发现报送的统计资料有误的，应当立即报告中国证监会及其派出机构，组织本单位的统计部门或者人员予以核实订正后，及时向中国证监会及其派出机构作出书面更正与说明。必要时，还应当依法及时公开披露。

第二十二条　统计调查应当以定期调查为基础，以抽样调查为补充，综合运用全面调查、重点调查、行政业务记录等方法，搜集、整理证券期货基本统计资料。

第二十三条　中国证监会统计部门应当定期分析、研究证券期货市场和宏观经济发展情况，并就其对证券期货业发展的影响等情况进行调查研究。

中国证监会统计部门可以根据证券期货监管工作的需要，对一些市场高度关注、关系证券期货市场发展大局的情况进行分析、研究。

第二十四条　地方各级人民政府或者国务院其他部门派出机构组织证券期货统计调查的，统计调查对象应当及时向中国证监会派出机构报告。

中国证监会派出机构应当及时了解统计调查内容及其进展情况；必要时，应当及时就统计资料的一致性等问题，与地方各级人民政府或者国务院其他部门派出机构协商。

统计调查属于证券期货市场统计调查一部分的，中国证监会派出机构应当及时报告中国证监会统计部门。中国证监会统计部门应当及时就统计资料的一致性等问题，与国务院其他部门协商。

第四章　统计资料管理和公布

第二十五条　中国证监会统计部门统一管理证券期货市场统计资料。

中国证监会其他部门、派出机构负责本部门或者单位统计资料的管理工作。

统计调查对象应当按照法律、行政法规的要求，加强统计资料的管理工作。

统计资料档案的保管、调用和移交，应当遵守国家有关档案管理的规定。

第二十六条　中国证监会及其派出机构应当建立健全统计资料的审核、整理、交接和存档等管理制度。

中国证监会统计部门应当建设统一的证券期货统计信息自动化系统，实现与中国证监会其他部门、中国证监会派出机构、证券期货交易所、证券登记结算机构等单位统计资料电子化管理系统、证券期货市场诚信档案系统的对接。

第二十七条　中国证监会及其派出机构应当建立健全统计资料提供和公布制度。

证券期货市场统计资料或者可能影响证券期货市场稳定运行的统计资料应当由中国证监会统计部门对外提供或者公布。

中国证监会派出机构可以对外提供或者公布本辖区证券期货统计资料。

第二十八条　统计调查对象或者其他单位公布统计资料应当遵守法律、行政法规和中国证监会的规定，不得编造、伪造统计资料，扰乱证券期货市场秩序。

第五章　监督管理与法律责任

第二十九条　中国证监会统计部门、中国证监会派出机构可以对统计调查对象的以下情况，实施定期或者不定期检查：

（一）统计部门或者指定负责统计工作的部门、人员的配置情况；

（二）统计工作的独立性；

（三）基层统计报表的收集、审核和汇总工作及其真实、准确、完整程度；

（四）有关统计法律、行政法规、中国证监会规定的其他要求的执行情况。

第三十条　检查分为现场检查与非现场检查。

现场检查时，检查人员不得少于两人，并应当出示合法证件和检查通知书。检查人员有权采取下列措施：

（一）询问统计调查对象的有关人员，要求其对检查事项作出说明；

（二）查阅、复制统计调查对象与检查事项有关的文件、资料、凭证等；

（三）要求统计调查对象及其有关人员提交与检查事项有关的自查报告。

非现场检查时，中国证监会统计部门、中国证监会派出机构可以要求统计调查对象提供备查资料及其说明或者自查报告。

第三十一条　统计调查对象应当配合中国证监会统计部门、中国证监会派出机构的检查工作。任何单位、个人不得干扰和妨碍检查工作。

第三十二条　对于违反本办法规定的统计调查对象，中国证监会可以对其采取以下监督管理措施：

（一）责令改正；

（二）监管谈话；

（三）出具警示函；

（四）责令参加培训。

第三十三条　统计调查对象有下列行为之一的，中国证监会可以给予警告，单处或者并处罚款：

（一）虚报、瞒报、漏报统计资料；

（二）伪造、篡改统计资料；

（三）拒报或者无故迟报统计资料；

（四）拒绝或者妨碍统计检查。

对前款行为负有直接责任的管理人员和其他直接责任人员，中国证监会可以给予警告，单处或者并处罚款。

第三十四条　统计调查对象或者其他单位违反本办法第二十八条规定，作出虚假陈述或者信息误导，扰乱证券期货市场的，中国证监会按照《证券法》第二百零七条、《期货交易管理条例》第七十一条的规定予以处罚。

第三十五条　统计调查对象报送的监管信息包含统计资料，其报送或者信息披露行为违反法律、行政法规、中国证监会规定的，按照相关规定处理。

第三十六条　中国证监会统计部门、中国证监会其他部门和中国证监会派出机构的工作人员违反国家有关保密规定，擅自公开证券期货统计资料的，中国证监会依照有关规定给予行政处分。

第六章　附　　则

第三十七条　证券期货交易所、证券期货业协会、证券登记结算机构等自律组织组织统计调查的，应当适用中国证监会统计部门规定的统一的统计标准。

前款所称的自律组织可以制定本单位统计工作制度，并报中国证监会统计部门备案。

第三十八条　本办法自 2009 年 3 月 1 日起施行。

2009年中国证券期货市场运行情况概述

Summary for Chinese Securities and Futures Market in 2009

2009年，中国证监会按照党中央、国务院的统一部署，着力防范与积极应对国际金融危机对我国证券期货市场的冲击，坚持完善市场基础性制度建设，不断加强和改进市场监管，市场功能得到较好发挥，市场发展实现了新的突破，市场运行与宏观经济更趋协调，证券期货市场保持了稳定健康发展态势，为“保增长、扩内需、调结构”作出了重要贡献。

一、成功应对国际金融危机冲击，保持了证券期货市场运行总体平稳

2009年，在全球经济受国际金融危机剧烈冲击的背景下，中央及时出台了一系列行之有效的经济刺激政策，我国经济较早实现了企稳回升，保持了较高增速，为我国证券市场健康发展奠定了坚实基础。与此同时，中国证监会按照中央统一部署，认真分析总结国际金融危机的经验教训，加强系统性风险防范和市场监管力度，证券市场运行总体平稳。

一是市场规模显著增长。截至2009年底，沪深两市上市公司1718家，比2008年年底增加93家，上市公司总股本2.06万亿股，流通股本1.42万亿股，分别比2008年底增长91.0%和104.32%；总市值24.39万亿元，流通市值15.13万亿元，分别比2008年底增长100.99%和234.54%。沪深两市总市值在全球排名第三位，仅次于美国和日本。2009年新增投资者开户数约0.2亿户，投资者开户总数达1.71亿户，比2008年底增长12.8%，其中机构投资者开户数59.44万户，个人投资者开户数1.7亿户，分别比2008年底增长11.3%和12.9%。

二是股指平稳上扬，成交显著放大。2009年底，上证综指报收3277.14点，比2008年底上涨79.98%，月均波动幅度小于10%。2009年沪深两市交易活跃，全年两市共成交51107亿股，成交金额53.60万亿元；日均成交209亿股，日均成交金额2196.67亿元，均比2008年增长一倍以上。

三是上市公司、证券期货经营机构等市场主体运行质量改善。已公布年报的上市公司业绩显示，上市公司净利润从一季度的同比下降26%转为全年增长20%以上。截至2009年底，106家证券公司总资产2.03万亿元，净资产4839亿元，同比分别增长70.2%和35.0%。60家基金管理公司共管理各类资产3.1万亿元，同比增长40.0%。期货公司总资产1207.28亿元，实现利润总额23.37亿元，同比分别增长103.2%和147.6%。

二、发挥证券期货市场功能，促进经济发展与结构调整

围绕“保增长，促内需，调结构”的经济工作主线，证监会充分利用各方面有利条件，促进资本市场功能的稳定发挥，服务和服从于中央经济工作总体部署。

一是积极扩大直接融资，促进国民经济持续稳定发展。支持中国建筑、中国船舶重工等大型企业和符合条件的民营企业、中小企业发行上市；推动债券市场发展，提升债券市场融资规模。全年境内市场通过发行A股筹集资金3894.52亿元，同比增长48.7%。其中，99家公司首次公开发行(IPO)A股筹资1879亿元；116家上市公司通过定向增发筹资1614.83亿元；另有14家和10家上市公司分别通过公开增发和配股筹资255.86亿元和105.97亿元；10家上市公司通过权证行权筹资38.86亿元。此外，7家上市公司通过发行可转换公司债或可分离债筹资76.61亿元；36家上市公司通过发行公司债筹资638.40亿元。

二是发挥存量资源配置功能，支持经济结构调整。积极落实产业政策，支持钢铁、汽车等行业振兴规划，抑制产能过剩和重复建设的企业融资。充分利用资本市场定价优势和股份流转便利，积极支持企业利用资本市场进行兼并重组、优化存量要素组合。全年56家公司实施收购、兼并和资产重组，交易规模达3693.5亿元。稳妥推进东北高速分立试点，长江电力等7家公司以股份认购资产方式整体上市，唐钢股份、东方航空等12家公司通过吸收合并提高行业集中度。有12家上市公司进行海外收购，涉及金额531亿元。

三是发展多层次资本市场体系，支持创新型国家建设。创业板市场自2009年10月23日正式启动以来运行良好，为我国高科技高成长型企业提供了重要的融资平台，为完善自主创新机制营造了必要的金融市场环境。截至2009年底,36家企业在创业板挂牌上市,36家上市企业主要分布在电子信息、新材料、生物医药、现代服务业等行业。创业板市场总股本34.6亿股,流通股本6.48亿股,总市值1610.08亿元,流通市值298.97亿元。36家公司首发募集资金204.09亿元。健全中关村非上市公司股份报价转让试点制度,调整投资者准入、企业挂牌条件、信息披露、股份限售和交易结算等规则,以完善代办股份转让系统功能,更好地满足非上市公司股份流转和融资需求。截至2009年底,共有挂牌公司59家,全年有11家企业定向增发,2家原挂牌公司分别在中小板、创业板发行上市。

四是稳步发挥期货市场功能。成功上市螺纹钢、线材、早籼稻和聚氯乙烯等新品种,商品期货品种已达23个,关系国计民生的大宗商品期货产品体系基本形成。期货市场对产业链相关企业服务能力明显增强,参与期货市场的现货企业数量、保证金总量和套保成交量同比分别增长5%、170%和62%。

三、市场基础制度建设稳步推进

2009年,中国证监会坚持市场化导向,扎实推进基础性制度建设,促进资本形成机制的完善,着力强化市场约束,推动市场主体归位尽责,夯实市场内在稳定的基础。

一是深入推进新股发行体制改革。按照“分步实施、逐步完善”的原则,发布了《关于进一步改革新股发行体制的指导意见》,进一步健全了市场化的价格形成机制,增强了股票发行中的市场约束力量。新制度实施以来,市场反映总体良好。

二是完善并购重组制度体系。按照“整体论证安排、逐项分步实施”的原则,推进资本市场并购重组的制度建设;研究修订重大资产重组、收购办法;拟定吸收合并、回购股份等相关制度;创新并购重组手段和方式;对整体上市和产业整合的并购重组实施“绿色通道”。

三是大力推进债券市场建设。修订发布《公司债上市规则》,实施公司债券分类管理制度。稳步推进上市公司发行可交换债和分离债,丰富债券品种。推进上市商业银行参与交易所债券市场试点,做好债券登记结算系统对接,批准4家商业银行试点资格,债券市场的统一互联取得积极进展。

四是强化期货市场制度建设。建立并实施了期货市场统一开户制度,164家期货公司全部完成了新系统上线工作。推行期货公司分类监管制度,完成首次分类评价工作。实施期货公司信息公示制度。拟订期货公司客户资产管理业务办法。发布进一步加强期货公司信息技术管理工作的指导意见,开展了全行业技术检查。

四、扎实开展市场监管,有序推进对外开放

2009年,中国证监会以夯实基础、完善机制、防控风险和创新发展为主线,强化证券期货经营机构风险管理和合规经营,推动其创新发展和诚信运作,提高市场主体的核心竞争力。

一是加强上市公司检查和整改。深入推进“加强上市公司治理专项活动”,督促上市公司全面整改公司治理问题;着重强化股价异动的信息披露监管;完善综合监管体系,探索监管新模式。

二是强化证券公司风险管理和合规经营。全面建立以风险管理能力为基础的分类监管机制;完善以净资本为核心的动态风险监控系统;积极支持证券公司发展集合理财业务;扎实做好融资融券试点的各项准备。

三是推动基金业创新发展和诚信运作。建立以市场为导向的基金产品分类审核制度,提高审核效率,推动基金产品结构化转型,支持基金管理公司拓展新业务。严厉打击“老鼠仓”、非公平交易和利益输送行为,提高行业公信力。

四是加强期货市场监管。制定了期货交割仓库管理、调整保证金及涨跌停板、信息报送等监管工作指引。建立市场运行分析制度,强化市场风险预警监测和压力测试。明确了期货保证金存管银行的监管政策。深入推进净资本监管和保证金监管,推动落实期货公司首席风险官制度。加强持证企业境外期货套保业务和期货公司境外子公司监管。

五是循序渐进推进对外开放。坚持循序渐进的对外开放原则,审慎支持证券期货业参与国际市场,深化国际监管合作。2009年,中国证监会加入国际证监会组织(IOSCO)技术委员会,并成功获得2012年第37届国际证监会组织年举办权。积极参加双边对话,参与G20金融峰会等有关工作。创新与港台证券期货业合作方式。2009年,支持6家企业境外上市,筹资142亿美元;新批2家证券公司、1家基金公司在香港设立、收购经营机构;新批17家机构的合格境外机构投资者(QFII)资格,支持合格境内机构投资者(QDII)拓展投资领域。

一、概　　况

Summary

1－1 证券市场概况统计表

	1992	1993	1994	1995	1996	1997	1998
境内上市公司数(A、B股)(家) Number of Listed Companies (A、B share)	53	183	291	323	530	745	851
境内上市外资股(B股)(家)Number of Listed Companies (B share)	18	41	58	70	85	101	106
境外上市公司数(H股)(家)Number of Listed Companies (H share)		6	15	18	25	42	43
股票总发行股本(亿股) Total Issued Capital	68.87	387.73	684.54	848.42	1219.54	1942.67	2526.79
其中：流通股本(亿股) Negotiable Shares	21.18	107.88	226.04	301.46	429.85	671.44	861.94
股票市价总值(亿元) Total Market	1048.15	3541.52	3690.62	3474.28	9842.39	17529.24	19521.81
其中：股票流通市值(亿元) Negotiable Market Capitalization	—	861.62	968.89	938.22	2867.03	5204.42	5745.59
股票成交量(百万股) Trading Volume	3689.78	22656.47	101333.91	70530.78	253314.43	256001.89	215246.10
股票成交金额(亿元) Total Turnover	683.04	3627.20	8127.63	4036.45	21332.17	30721.83	23527.31
上证综合指数(收盘) Shanghai Stock Exchange Composite index	780.39	833.80	647.87	555.29	917.01	1194.10	1146.70
深证综合指数(收盘)Shenzhen Stock Exchange Composite index	241.2	238.27	140.63	113.24	327.45	381.29	343.85
投资者账户数(万户) Securities Accounts (10000)	216.65	835.17	1107.76	1294.19	2422.08	3480.26	4259.88
平均市盈率 PE Ratio							
上海 Shanghai	—	42.48	23.45	15.70	31.32	39.86	34.38
深圳 Shenzhen	—	42.69	10.28	9.46	35.42	41.24	32.31
平均换手率(%)Turnover Ratio							
上海 Shanghai			1134.65	528.72	913.43	701.81	453.63
深圳 Shenzhen			583.83	254.52	1350.35	817.43	406.56
国债发行额(亿元) Amount Issued of T-Bonds(100000000)	460.78	381.31	1137.55	1510.86	1847.77	2411.79	3808.77
企业债发行额(亿元) Amount Issued of Enterprise Bond(100000000)	683.71	235.84	161.75	300.80	268.92	255.23	147.89
债券成交量(万手) Bonds Transaction Volume(10000)				100660.50	174297.17	161732.38	203161.4
债券成交额(亿元) Bonds Turnover(100000000)				59367.61	18039.35	16476.89	21661.78
国债现货成交金额(亿元) Cash T-Bonds Turnover(100000000)	7.1276	61.02	468.37	775.20	5029.24	3582.75	6059.95
国债回购成交金额(亿元) Repurchase T-bonds Turnover(100000000)	0.00	0.42	75.78	1248.52	13008.64	12876.06	15540.84
证券投资基金只数(只) Number of Securities Investment Funds							6
证券投资基金规模(亿元) Amount Issued of Securities Investment Funds(100000000)							120
证券投资基金成交金额(亿元) Turnover of Securities Investment Funds(1000000000)							555.33
期货总成交量(万手) Futures Transaction Volume(10000)		890.69	12110.72	63612.07	34256.77	15876.32	10445.57
期货总成交额(亿元)Futures Turnover(100000000)		5521.99	31601.41	100565	84119.16	61170.66	36967.24

数据来源：本书各章相关表

Source: Relative Tables followed

Summary for Securities Market

1999	2000	2001	2002	2003	2004	2005	2006	2007	2008	2009
949	1088	1160	1224	1287	1377	1381	1434	1550	1625	1718
108	114	112	111	111	110	109	109	109	109	108
46	52	60	75	93	111	122	143	148	153	159
3088.95	3791.71	5218.01	5875.45	6428.46	7149.43	7629.51	14926.35	22416.85	24522.85	26162.85
1079.65	1354.26	1813.17	2036.90	2269.92	2577.18	2914.77	5637.78	10331.52	12578.91	19759.53
26471.18	48090.94	43522.20	38329.13	42457.72	37055.57	32430.28	89403.89	327140.89	121366.44	243939.12
8213.97	16087.52	14463.17	12484.55	13178.52	11688.64	10630.51	25003.64	93064.35	45213.90	151258.65
293238.88	475838.21	315228.76	301619.49	416308.40	582773.29	662373.20	1614522.62	3640375.87	2413139.49	5110700.49
31319.60	60826.65	38305.18	27990.46	32115.27	42333.95	31664.78	90468.89	460556.22	267112.66	535986.76
1366.58	2073.48	1645.97	1357.65	1497.04	1266.50	1161.06	2675.47	5261.56	1820.81	3277.14
402.18	635.73	475.94	388.76	378.62	315.81	278.75	550.59	1447.02	553.30	1201.34
4810.63	6123.24	6898.68	6841.84	6981.24	7215.74	7336.07	7854.00	13886.18	15198.01	17149.67
38.13	58.22	37.71	34.43	36.54	24.23	16.33	33.30	59.24	14.86	28.73
37.56	56.03	39.79	36.97	36.19	24.63	16.36	32.72	69.74	16.72	46.01
471.46	492.87	269.33	214.00	250.75	288.71	274.37	541.12	927.19	392.52	499.41
424.52	509.10	227.89	198.79	214.18	288.29	316.43	609.38	987.42	469.11	793.27
4015.00	4657.00	4884.00	5934.30	6280.10	6923.90	7042.00	8883.30	23139.1	8558.20	17927.24
158.20	83.00	147.00	325.00	358.00	327.00	2046.50	3938.30	5058.5	8435.40	15864.40
170716.33	197979.00	204707.68	329252.26	620194.41	504218.50	283714.36	182454.42	205794.72	288911.87	405677.32
18284.12	19119.16	20417.76	33249.53	62136.36	50323.50	28367.85	18279.32	20667.21	28884.94	40635.06
5300.87	4157.49	4815.59	8708.68	5756.11	2966.46	2780.63	1540.71	1267.2801	2122.51	2085.71
12890.53	14733.68	15487.63	24419.64	52999.85	44086.61	23621.17	15487.33	18345.08	24268.66	35929.25
22	34	51	71	95	161	218	307	346	439	557
510	562	804.23	1318.85	1614.67	3308.79	4714.18	6220.67	22339.8	25741.79	26767.05
1623.12	2465.79	2561.88	1166.58	682.65	479.47	773.15	2002.65	8620.09	5831.06	10249.58
7363.91	5461.07	12046.35	13943.37	27992.43	30569.76	32287.41	44950.82	72846.07	136395.97	215751.76
22343.01	16082.29	30144.98	39490.28	108396.59	146935.32	134463.38	210063.37	409740.77	719173.33	1305142.92

1－2　1986—2009年国内有价证券分类发行情况

		1981—1985年	1986年	1987年	1988年	1989年	1990年	1991年	1992年	1993年	1994年	1995年
一、国债 Treasury Bond	发行额 Amount Issued	237.21	62.51	116.87	188.77	223.91	197.23	281.25	460.78	381.31	1137.55	1510.86
	兑付额 Amount Repayed		6.65	18.41	21.66	13.22	76.22	111.60	238.05	123.29	391.89	496.96
	期末余额 Balance	237.21	293.07	391.53	558.64	769.33	890.34	1059.99	1282.72	1540.74	2286.40	3300.30
1. 国库券 Treasury Bill	发行额 Amount Issued	237.21	62.51	62.87	92.16	56.07	93.46	199.41	395.64	314.77	1117.93	1486.76
	兑付额 Amount Repayed		6.65	18.41	21.66	13.22	49.59	106.65	120.41	105.75	349.76	297.99
	期末余额 Balance	237.21	293.07	337.53	408.03	450.88	494.75	587.51	862.74	1071.76	1839.93	3028.70
2. 财政证券 Financial Bond	发行额 Amount Issued				66.07		71.09	64.63	65.14	66.54		
	兑付额 Amount Repayed								0.02	9.38	0.42	126.66
	期末余额 Balance				66.07	66.07	137.16	201.79	266.91	324.07	323.65	196.99
3. 国家建设债券 State Construction Bond	发行额 Amount Issued				30.54							
	兑付额 Amount Repayed						21.58	4.95	2.25	0.90	0.29	0.45
	期末余额 Balance				30.54	30.54	8.96	4.01	1.76	0.86	0.57	0.12
4. 国家重点建设债券 State Key construction Bond	发行额 Amount Issued			54.00								
	兑付额 Amount Repayed						5.05					41.13
	期末余额 Balance			54.00	54.00	54.00	48.95	48.95	48.95	48.95	48.95	7.82
5. 特种国债 Special Bond	发行额 Amount Issued					42.84	32.68	17.21				
	兑付额 Amount Repayed										39.81	30.02
	期末余额 Balance					42.84	75.52	92.73	92.73	92.73	52.92	22.90
6. 保值公债 Price Index Bond	发行额 Amount Issued					125.00						
	兑付额 Amount Repayed								115.37	7.26	1.61	0.71
	期末余额 Balance					125.00	125.00	125.00	9.63	2.37	0.76	0.05
7. 定向债券 Special Purchase Bond	发行额 Amount Issued										19.62	24.10
	兑付额 Amount Repayed											
	期末余额 Balance										19.62	43.72
二、政策性金融债 Policy Financial Bond	发行额 Amount Issued											
	兑付额 Amount Repayed											
	期末余额 Balance											1613.20
三、其他金融债券 Other Financial Bond	发行额 Amount Issued		30.00	60.00	65.00	60.66	64.40	66.91	55.00			
	兑付额 Amount Repayed		5.00	30.00	40.00	70.11	50.07	33.67	30.00	34.29	13.54	
	期末余额 Balance		25.00	55.00	80.00	70.55	84.88	118.12	143.12	108.83	95.29	95.29
四、企业债 Enterprise Bond	发行额 Amount Issued		100.00	30.00	75.41	75.26	126.37	249.96	683.71	235.84	161.75	300.80
	兑付额 Amount Repayed		16.23	27.42	46.72	43.94	77.29	114.31	192.76	255.48	282.04	336.30
	期末余额 Balance		83.77	86.35	115.04	146.36	195.44	331.09	822.04	802.40	682.11	646.61
1. 中央企业债券 Central Entreprise Bond	发行额 Amount Issued								74.10			77.50
	兑付额 Amount Repayed											
	期末余额 Balance								74.10	74.10	74.10	151.60

Issuing Summary of Domestic Securities by Category（1986—2009）

单位：亿元　unit：100000000yuan

1996年	1997年	1998年	1999年	2000年	2001年	2002年	2003年	2004年	2005年	2006年	2007年	2008年	2009年
1847.77	2411.79	3808.77	4015.00	4657.00	4884.00	5934.30	6280.10	6923.90	7042.00	8883.30	23139.10	8558.20	17927.24
786.64	1264.29	1550.84	1238.70	2179.00	2286.00	2216.20	2755.80	3749.90	1045.50	6208.61	5846.80	7531.40	9745.06
4361.43	5508.88	7765.70	10542.00	13020.00	15618.00	19336.10	22603.60	25777.60	28774.00	31448.69	48741.00	49767.80	57949.98
1813.27	2382.44												
700.30	1192.23												
4141.67	5331.88												
65.05	65.40												
131.94	66.54												
0.09	0.03												
0.03	0.00												
3.92	3.63												
3.90	0.27												
17.23	3.00												
5.67	2.67												
0.05													
0.00	0.00												
34.50	29.35												
78.22	107.57												
1055.60	1431.50	1950.23	1800.89	1645.00	2590.00	3075.00	4561.40	4148.00	5851.70	8980.00	11090.20	10823.00	11678.10
254.50	312.30	320.40	473.20	709.20	1438.80	1555.70	2505.30	1778.70	2053.00	3790.00	4133.60	4063.80	3745.33
2399.70	3486.90	5121.13	6447.48	7383.28	8534.48	10054.10	11650.00	14019.30	17818.00	23008.00	29926.80	36686.00	44818.83
14.60	32.00							945.30	1265.30	540.00	1000.80	1564.00	3580.90
								0.00	29.00	0.00	50.90	399.00	1318.70
109.89	141.90							945.30	1911.60	2721.60	3701.90	5044.60	7306.78
268.92	255.23	147.89	158.00	83.00	147.00	325.00	358.00	327.00	2046.50	3938.30	5058.50	8435.4	15864.4
317.80	219.81	105.25	56.50	0.00	0.00				37.00	1672.40	2880.90	3277.8	4309.12
597.73	521.02	676.93	778.63	861.63	1008.63					5532.90	7683.30	12850.6	24405.9
86.15	86.15												
	0.00												
237.75	238.00												

续表

		1981—1985 年	1986 年	1987 年	1988 年	1989 年	1990 年	1991 年	1992 年	1993 年	1994 年	1995 年
2. 地方企业债券 Local Enterprise Bond	发行额 Amount Issued		100.00	30.00	30.00	14.83	49.33	115.25	258.77	20.06	38.43	52.50
	兑付额 Amount Repayed		16.23	27.42	46.72	15.32	22.05	25.34	37.26	79.45	91.19	152.50
	期末余额 Balance		83.77	86.35	69.63	69.14	96.42	186.33	407.84	348.45	295.69	195.69
3. 短期融资券 Enterprise Short-term Bond	发行额 Amount Issued				11.72	29.72	50.15	104.44	228.53	215.78	123.32	170.80
	兑付额 Amount Repayed					14.74	32.73	60.03	111.27	176.03	190.85	173.00
	期末余额 Balance				11.72	26.70	44.12	88.53	205.79	245.54	178.01	175.81
4. 内部债券 Internal Bond	发行额 Amount Issued				33.69	30.71	26.89	30.27	111.51			
	兑付额 Amount Repayed					13.88	22.51	28.94	44.23			
	期末余额 Balance				33.69	50.52	54.90	56.23	123.51	123.51	123.51	123.51
5. 住宅建设债券 House Construction Bond	发行额 Amount Issued								6.43			
	兑付额 Amount Repayed											6.43
	期末余额 Balance								6.43	6.43	6.43	0.00
6. 地方投资公司债券 Local Investment Company Bond	发行额 Amount Issued								4.37			
	兑付额 Amount Repayed											4.37
	期末余额 Balance								4.37	4.37	4.37	0.00
7. 中期票据 Mid — term Bond	发行额 Amount Issued											
	兑付额 Amount Repayed											
	期末余额 Balance											
8. 公司债 Corporate Bond	发行额 Amount Issued											
	兑付额 Amount Repayed											
	期末余额 Balance											
五、国家投资债券 State Investment Bond	发行额 Amount Issued							95.00	60.00			
	兑付额 Amount Repayed									1.50	14.11	
	期末余额 Balance							95.00	155.00	153.50	139.39	139.39
六、国家投资公司债券 State Investment Company Bond	发行额 Amount Issued			30.00	90.00	22.53	6.15	2.29	8.01			
	兑付额 Amount Repayed							0.83	2.04	2.38	1.92	32.70
	期末余额 Balance			30.00	120.00	142.53	148.68	150.14	156.11	153.73	151.81	119.11
债券合计 Total of Bond	发行额 Amount Issued	237.21	192.51	236.87	419.18	382.36	394.15	695.41	1267.50	617.15	1299.30	1811.66
	兑付额 Amount Repayed	0.00	27.88	75.83	108.38	127.27	203.58	260.41	462.85	416.94	703.50	865.96
	期末余额 Balance	237.21	401.84	562.88	873.68	1128.77	1319.34	1754.34	2558.99	2759.20	3355.00	4300.70
七、股票(A 股) A Shares	发行量 Amount Issued			10.00	25.00	6.62	4.28	5.00	10.00	42.59	10.97	5.32
	筹资额 Raised Capital			10.00	25.00	6.62	4.28	5.00	50.00	194.83	49.62	22.68

注：1. 国债数据，企业债券和金融债券的数据由中国人民银行提供，股票数据由中国证监会提供；
2. 兑付额指还本金额；
3. 2004 年的其他金融债为次级债；
4. 1992 年以前的股票按面值发行，1992 年以后为溢价发行，其中 1992 年的筹资额为按照 5 倍溢价估算值；
5. 股票发行为首发 IPO。

数据来源：中国人民银行、中国证监会

Source：PBC and CSRC

Continued

1996 年	1997 年	1998 年	1999 年	2000 年	2001 年	2002 年	2003 年	2004 年	2005 年	2006 年	2007 年	2008 年	2009 年
62.15	99.66												
43.41	101.28												
214.43	213.61												
120.62	69.42								1392.50	2943.30	3349.10	4331.50	4612.05
150.88	118.53								12.00	1657.40	2819.40	3277.84	4264.72
145.55	69.41								1380.50	2666.40	3168.90	4221.86	4571.84
123.51													
0.00													
0.00													
0.00													
												1737	6987.37
												1737	8724.37
												288	734.9
												400	1134.9
139.39													
119.11													
3172.29													
1358.94													
6114.05													
38.29	105.65	86.30	98.11	145.68	93.00	134.20	83.64	54.88	13.80	351.11	413.27	114.91	244.47
224.45	655.06	409.09	497.88	812.37	534.29	516.96	453.51	353.42	56.74	1572.24	4590.62	1034.38	1879.00

1－3 股票市值与 GDP 的比率

Ratio of Market Capitalization to GDP

单位：亿元　unit：100000000yuan

年份 Year	GDP	市价总值 Market Capitalization	%	GDP	流通市值 Negotiable Market Capitalization	%
1992	26923.48	1048.13	3.89%	26923.48	—	—
1993	35333.92	3531.01	9.99%	35333.92	—	—
1994	48197.86	3690.62	7.66%	48197.86	964.82	2.00%
1995	60793.73	3474.00	5.71%	60793.73	937.94	1.54%
1996	71176.59	9842.37	13.83%	71176.59	2867.03	4.03%
1997	78973.03	17529.23	22.20%	78973.03	5204.43	6.59%
1998	84402.28	19505.64	23.11%	84402.28	5745.59	6.81%
1999	89677.05	26471.17	29.52%	89677.05	8213.97	9.16%
2000	99214.55	48090.94	48.47%	99214.55	16087.52	16.21%
2001	109655.17	43522.19	39.69%	109655.17	14463.16	13.19%
2002	120332.69	38329.12	31.85%	120332.69	12484.55	10.38%
2003	135822.76	42457.72	31.26%	135822.76	13178.52	9.70%
2004	159878.34	37055.57	23.18%	159878.34	11688.64	7.31%
2005	184937.37	32430.28	17.54%	184937.37	10630.51	5.75%
2006	216314.43	89403.89	41.33%	216314.43	25003.64	11.56%
2007	265810.31	327140.89	123.07%	265810.31	93064.35	35.01%
2008	314045.43	121366.44	38.65%	314045.43	45213.90	14.40%
2009	340506.90	243939.12	71.64%	340506.90	151258.65	44.42%

注：历年 GDP 数据均按照经济普查资料进行了调整。
数据来源：国家统计局、中国证监会
Source：NBS and CSRC

市价总值与 GDP 的比率

Ratio of Market Capitalization to GDP

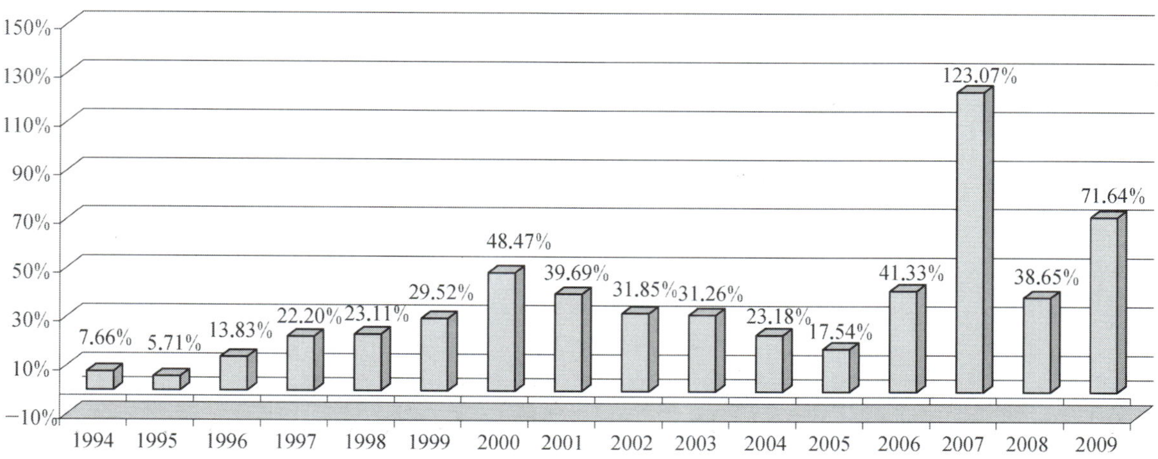

1-4 境内股票筹资与银行贷款增加额的比率

Ratio of Domestic Raised Capital in Stock Market to Amount of Loan of Bank

单位：亿元　unit：100000000yuan

年份 Year	境内筹资额 Domestic Raised Capital	贷款增加额 Amount of Loan of Bank	%
1993	314.54	6335.40	4.96%
1994	138.05	7216.62	1.91%
1995	118.86	9339.82	1.27%
1996	341.52	10683.33	3.20%
1997	933.82	10712.47	8.72%
1998	803.57	11490.94	6.99%
1999	897.39	10846.36	8.27%
2000	1541.02	13346.61	11.55%
2001	1182.13	12439.41	9.50%
2002	779.75	18979.20	4.11%
2003	823.10	27702.30	2.97%
2004	862.67	19201.60	4.49%
2005	338.13	16492.60	2.05%
2006	2463.70	30594.90	8.05%
2007	7722.99	36405.60	21.21%
2008	3534.95	41703.70	8.48%
2009	5051.51	95940.00	5.27%

注：境内筹资额统计口径为股票筹资额加可转债筹资额(包括定向增发资产)。
数据来源：中国人民银行、中国证监会
Source：PBC NBS and CSRC

境内股票筹资和银行贷款增加额的比率

Ratio of Domestic Raised Capital in Stock Market to Amount of Loan of Bank

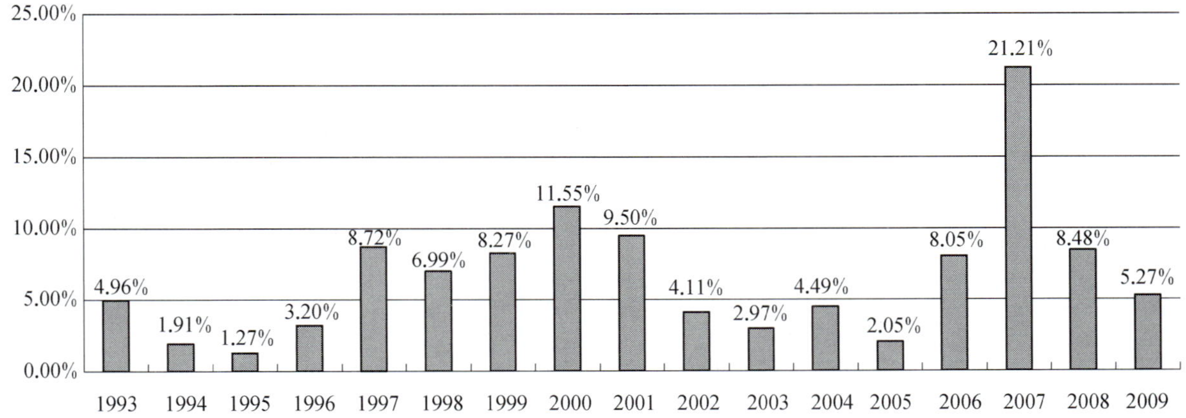

1-5 证券市场境外筹资与使用外资中的比率

Ratio of Foreign Raise Capital Through Stock Market to Utilization of Foreign Capital

单位：亿元 unit:100000000yuan

年份 Year	境外筹资 Foreign Raised Capital	实际利用外资额 Total Amount of Foreign Capital Actually Utilized	%
1993	60.93	1596.16	3.82%
1994	188.73	2856.94	6.61%
1995	31.46	3114.16	1.01%
1996	83.56	3463.59	2.41%
1997	360.00	3756.58	9.58%
1998	37.95	3773.18	1.01%
1999	47.17	3338.50	1.41%
2000	562.21	3370.79	16.68%
2001	70.21	3881.66	1.81%
2002	181.99	4366.87	4.17%
2003	534.65	4430.63	12.07%
2004	648.08	5014.10	12.93%
2005	1544.38	4674.84	33.04%
2006	3130.59	4483.17	69.83%
2007	957.18	6622.32	14.45%
2008	317.26	6434.54	4.93%
2009	1073.18	6146.10	17.46%

注：境外筹资仅指 H 股筹资；外商直接投资为实际使用额。
数据来源：国家统计局、中国证监会
Source: NBSC and CSRC

境外筹资与使用外资中的比率

Ratio of Foreign Raise Capital Through Stock Market to Utilization of Foreign Capital

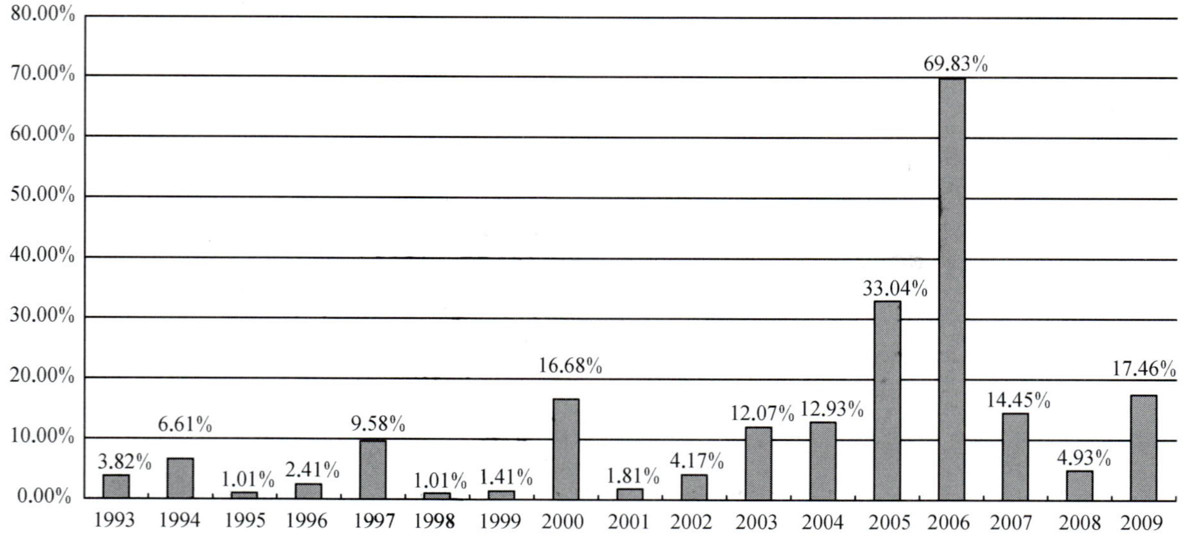

1－6　境内外股票筹资与固定资产投资额的比率

Ratio of Domestic & Foreign Raised Capital in Stock Market to Amount of Investment in Fixed-Assets

单位：亿元　unit：100000000yuan

年份 Year	境内外筹资额 Domestic & Foreign Raised Capital	固定资产投资额 Amount of Investment in Fixed-Assets	%	境内筹资额 Domestic Raised Capital	固定资产投资 Investment in Fixed-Asset	%
1992	94.09	8080.10	1.16%	94.09	8080.10	1.16%
1993	375.47	13072.30	2.87%	314.54	13072.30	2.41%
1994	326.78	17042.10	1.92%	138.05	17042.10	0.81%
1995	150.32	20019.30	0.75%	118.86	20019.30	0.59%
1996	425.08	22913.50	1.86%	341.52	22913.50	1.49%
1997	1293.82	24941.10	5.19%	933.82	24941.10	3.74%
1998	841.52	28406.20	2.96%	803.57	28406.20	2.83%
1999	944.56	29475.15	3.16%	897.39	29475.15	3.04%
2000	2103.16	32917.70	8.68%	1541.02	32917.70	4.68%
2001	1252.28	27826.60	4.50%	1182.13	27826.60	4.25%
2002	961.75	32942.00	2.92%	779.75	32942.00	2.37%
2003	1357.75	55118.00	2.46%	823.10	55118.00	1.49%
2004	1519.94	70477.40	2.16%	862.67	70477.40	1.55%
2005	1882.51	88773.60	2.12%	338.13	88773.60	0.38%
2006	5594.29	109870.00	5.09%	2463.70	109870.00	2.24%
2007	8680.17	137239.00	6.32%	7722.99	137239.00	5.63%
2008	3852.21	172291.00	2.24%	3534.95	172291.00	2.05%
2009	6124.69	224846.00	2.72%	5051.51	224846.00	2.25%

注：境内筹资额包括A、B股筹资。
数据来源：国家统计局、中国证监会
Source：NBSC and CSRC

境内外股票筹资与固定资产投资额的比率

Ratio of Domestic & Foreign Raised Capital in Stock Market to Amount of Investment in Fixed-Assets

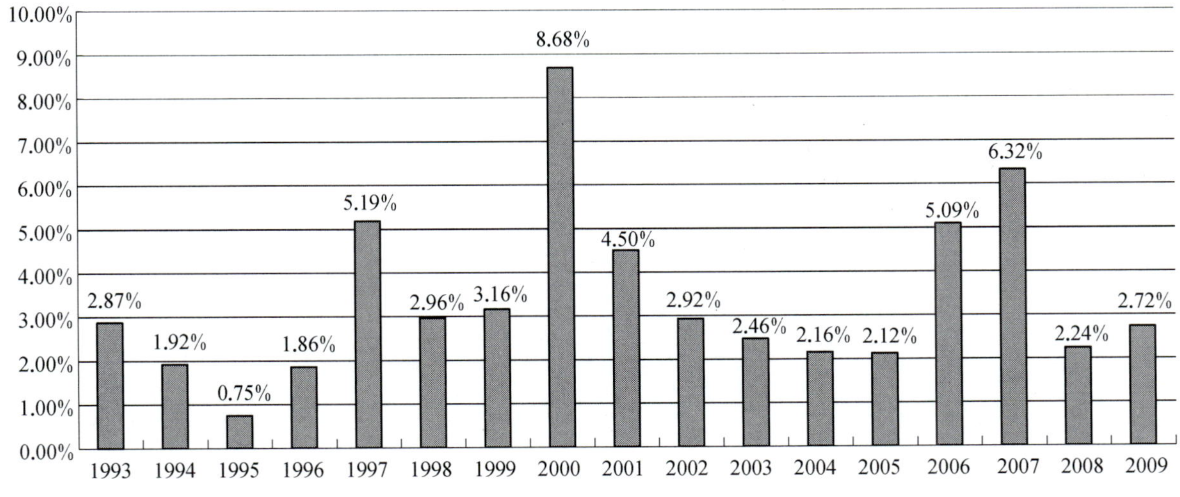

1-7 股票印花税在财政收入中的比重
Proportion of Stamp Duty In Revenue

单位：亿元 unit:100000000yuan

年份 Year	财政收入 Revenue	股票印花税 Stamp Duty	%	中央财政收入 Central Revenue	股票印花税 Stamp Duty	%
1993	4349	22.00	0.51%	958	22.00	2.30%
1994	5248	48.77	0.93%	2907	48.77	1.68%
1995	6242	24.22	0.42%	3257	24.22	0.81%
1996	7408	127.99	1.73%	3661	127.99	3.50%
1997	8651	250.76	2.90%	4227	250.76	5.93%
1998	9853	225.75	2.29%	4885	225.75	4.62%
1999	11377	248.07	2.18%	5798	248.07	4.28%
2000	13380	485.89	3.63%	7584	485.89	6.41%
2001	16386	291.31	1.78%	8583	291.44	3.40%
2002	18914	111.95	0.59%	11020	111.95	1.02%
2003	21715	128.35	0.59%	11865	128.35	1.08%
2004	26397	169.08	0.64%	14503	169.08	1.17%
2005	31649	66.35	0.32%	16549	66.35	0.62%
2006	35423	180.94	0.51%	17272	180.94	1.05%
2007	51304.03	2062.00	4.02%	27739	2062.00	7.43%
2008	61316.9	927.68	1.51%	32671.99	927.68	2.84%
2009	68518.3	510.38	0.74%	35915.71	510.38	1.42%

数据来源：财政部、中国证监会。
Source：MOF and CSRC

股票印花税在财政收入中的比重
Proportion of Stamp Duty In Revenue

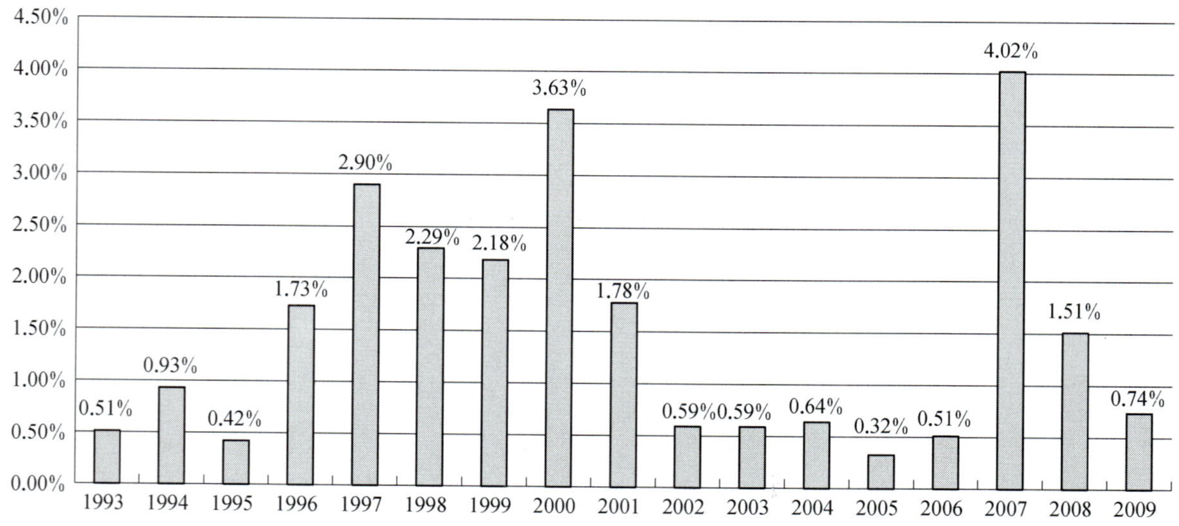

二、股　　票

Stocks

2009年上海证券交易所基本情况

Summary for Shanghai Stock Market in 2009

2009年底上海证券市场共有股票、国债、地方政府债、企业债、公司债、可转债、基金、权证、回购等九类品种,全年新增上市公司9家,新增企业债60只,公司债新增25只。

沪市共有870家上市公司。股票市价总值为18.47万亿元,与2008年底9.73万亿元相比增加89.87%,相当于2009年GDP的55.06%。12月底上交所在全球主要交易所市值排名列第六位,亚洲列第二位。

股票筹资总额3343.15亿元,较去年同期增加49.37%。其中首次发行筹资1251.25亿元,较去年同期增加70.58 %。再次发行筹资2091.91亿元,较2008年同期增加39.03%。全年上交所在全球主要交易所筹资额排名列第六位,亚洲列第四位。

上证综指收盘报3277.14点,涨幅79.98%。上证50指数、上证180指数涨幅为84.40%、91.77%。按照最新四个季度财务报告以12月31日收盘价格计算的真实市盈率,上证综指为26.26倍,上证50、上证180指数的市盈率为22.38倍、24.01倍。与2008年年底13.54、12.79、12.96倍相比大幅上升。按照2008年年报以12月31日收盘价格计算的市盈率,上证综指为28.73倍,上证50、上证180指数的市盈率为24.42倍、25.77倍。与2008年年底14.85、13.36、13.87倍相比大幅上升。

全年上海市场总成交金额为44.19万亿元,创历史新高。其中,股票、国债分别占沪市总成交额的78.42%、8.49%。其中,股票日均成交金额为1420.13亿元,同比增加93.62%。国债日均成交金额为153.81亿元,同比增加43.63%;公司债(含企业债)日均成交金额为7.47亿元,同比增加7.53%。ETF日均成交金额为23.60亿元。权证日均成交金额为200.85亿元。2009年按流通股计算的年度股票换手率为504.37%。

A股新增开户总数859.57万户,日均3.52万户,较去年同期日均2.94万户增加19.98%。截至2009年12月31日,A股已开户投资者总数为7255.03万户,持股账户数2999.03万户。

2009 年深圳证券交易所基本情况

Summary for Shenzhen Stock Market in 2009

截至 2009 年 12 月 31 日，深证指数较上年末均有大幅上升。其中，深证成份指数收报于 13699.97 点，较 2008 年底上涨 7214.46 点，涨幅 111.24%；深证综合指数收报于 1201.34 点，较 2008 年底上涨 648.04 点，涨幅 117.12%；深证 B 股指数收报于 625.95 点，较 2008 年底上涨 354.68 点，涨幅 130.74%。

全年深圳市场总成交金额为 19.87 万亿元。其中，股票累计成交金额 18.95 万亿元，比上年增加 10.28 万亿元，增幅 118.58%；基金成交金额 3790.96 亿元，较上年增加 1660.13 亿元，增幅 77.91%；债券成交金额 828.72 亿元，较上年增加 317.86 亿元，增幅 62.22%；权证累计成交金额 4639.34 亿元，较上年减少 5424.71亿元，降幅 53.90%。股票平均市盈率为 46.01 倍。

至 2009 年末，深交所上市公司总数 848 家，比 2008 年末增加 87 家，股票筹资总额 1712.69 亿元，同比增加 466.05 亿元，增幅 37.39%。上市公司总股本 3907.56 亿股，流通股本 2601.08 亿股，分别比上年增加 465.70 亿股和 577.32 亿股，增幅为 13.53%和 28.53%；上市公司总市值 5.93 万亿元，流通市值 3.65 万亿元，分别比上年增加 3.52 万亿元和 2.35 万亿元，增幅为 145.84%和 182.41%。投资者开户总数 8571 万户，新增 1062 万户。

截至 12 月 31 日，深交所中小企业板上市公司总数 327 家，总股本 794.13 亿股，流通股本 380.49 亿股，分别占深市上市公司总股本和流通股本的 20.32%和 14.63%；中小板上市公司总市值 16872.55 亿元，流通市值 7503.57 亿元，分别占深市上市公司总市值和流通市值的 28.46%和 20.58%。全年中小企业板成交金额 48273.52 亿元，占深市股票成交金额的 25.48%；累计筹资 577.12 亿元。平均市盈率 51.01 倍。

2009 年 10 月 30 日，创业板在深市开板，首批上市公司 28 家，标志着我国多层次资本市场体系的基本形成。截至 2009 年末，创业板上市公司 36 家，总发行股本 34.60 亿股，流通股本 6.48 亿股，分别占深市上市公司总股本和流通股本的 0.89%和 0.25%；上市公司总市值 1610.08 亿元，流通市值 298.97 亿元，分别占深市总市值和流通市值的 2.72%和 0.82%。开板至年末，股票成交金额 1828.11 亿元，占深市股票成交总额的 0.96%；累计筹资 204.09 亿元，平均市盈率达 105.38 倍。

2-1 1992—2009年股票市场概况统计表

		1992	1993	1994	1995	1996	1997	1998
境内上市公司数(A、B股)(家)	Number of Listed Companies (A、B share)	53	183	291	323	530	745	851
其中:ST公司数(家)	Number of ST Listed Companies (A、B share)							29
中小板公司数(家)	Number of SME Board Listed Companies							
创业板公司数(家)	Number of ChiNext Board Listed Companies							
境内上市外资股(B股)(家)	Number of Listed Companies (B share)	18	41	58	70	85	101	106
其中:ST公司数(家)	Number of ST Listed Companies (B share)							4
发行股数(百万股)	Amount Issued (1000000)	7322.20	32867.50	63947.08	76563.11	111036.04	177123.19	234535.36
其中:中小板发行股数	SME Board Amount Issued							
创业板发行股数	ChiNext Board Amount Issued							
市价总值(百万元)	Market Capitalization(1000000)	104814.90	354152.07	369061.68	347427.64	984238.66	1752923.70	1952181.21
其中:中小板市价总值	SME Board Market Capitalization							
创业板市价总值	ChiNext Board Market Capitalization							
流通市值(百万元)	Negotiable Market Capitalization(1000000)		86162.97	96890.11	93821.91	286704.01	520442.39	574537.94
其中:中小板流通市值	SME Board Negotiable Market Capitalization							
创业板流通市值	ChiNext Board Negotiable Market Capitalization							
成交量(百万股) Transcation Volume(1000000)	合计 Sum	3689.78	22656.47	101333.91	70530.78	253314.43	256001.89	215246.10
	日平均 Daily Average	14.41	87.92	402.12	283.19	1025.57	1053.51	888.39
	中小板 SME Board							
	创业板 ChiNext Board							
成交金额(百万元) Turnover (1000000)	合计 Sum	68303.73	362720.32	812762.89	403645.27	2133217.43	3072183.20	2352731.48
	日平均 Daily Average	266.53	1407.49	3225.25	1618.56	8636.51	12642.73	9710.80
	中小板 SME Board							
	创业板 ChiNext Board							
平均换手率(%) Turnover Rate (%)	上海 Shanghai			1134.65	528.72	913.43	701.81	453.63
	深圳 Shenzhen			583.83	254.52	1350.35	817.43	406.56
	中小板 SME Board							
	创业板 ChiNext Board							
平均市盈率 PE Ratio	上海 Shanghai		42.48	23.45	15.70	31.32	39.86	34.38
	深圳 Shenzhen		42.69	10.37	9.35	35.42	39.86	30.59
	中小板 SME Board							
	创业板 ChiNext Board							
上证综合指数 Shanghai Stock Exchange Composite Index	开盘 Open	293.74	802.14	837.7	637.72	550.26	914.06	1200.95
	最高 High	1429.01	1558.95	1052.94	926.41	1258.69	1510.18	1422.98
	月日 YMD	19920526	19930216	19940913	19950522	19961211	19970512	19980604
	最低 Low	292.76	750.46	325.89	524.43	512.83	870.18	1043.02
	月日 YMD	19920102	19931220	19940729	19950207	19960119	19970220	19980818
	平均 Average	668.52	1013.39	674.1	657.80	764.65	1175.59	1261.04
	收盘 Close	780.39	833.8	647.87	555.29	917.02	1194.1	1146.7
深证综合指数 Shenzhen Stock Exchange Composite Index	开盘 Open	110.53	241.21	238.28	139.62	112.85	326.33	382.85
	最高 High	312.21	359.44	242.06	169.66	473.02	517.91	441.04
	月日 YMD	19920526	19930222	19940107	19950522.00	19961211	19970512	19980603
	最低 Low	107.08	203.91	96.56	112.63	105.34	305.81	317.1
	月日 YMD	19920116	19930721	19940729	19951228.00	19960122	19970106	19980818
	平均 Average	215.76	277.51	165.86	131.00	224.67	388.16	384.7
	收盘 Close	241.21	238.28	140.63	113.25	327.34	381.29	343.85

注:本表中的发行股数不含同时发AH股公司发行的H股部分。

数据来源:上海、深圳证券交易所

Source: Shanghai、Shenzhen Stock Exchange

Summary for Stock Market (1992—2009)

1999	2000	2001	2002	2003	2004	2005	2006	2007	2008	2009
949	1088	1160	1224	1287	1377	1381	1434	1550	1625	1718
56	61	47	89	99	135	115	139	154	153	139
					38	50	102	202	273	327
										36
108	114	112	111	111	110	109	109	109	109	108
11	11	7	13	14	20	15	15	19	15	14
290885.19	361339.05	483835.69	546299.21	599794.35	671473.31	716354.05	1268399.47	1700045.32	1890012.52	2060625.71
					3223.36	5614.41	14320.74	33964.15	59160.43	79412.75
										3460.31
2647117.52	4809094.43	4352220.39	3832912.86	4245771.60	3705556.82	3243028.14	8940389.44	32714088.89	12136643.60	24393912.39
					41343.14	48155.15	201529.59	1064683.65	626968.36	1687255.09
										161008.35
821396.38	1608751.96	1446317.01	1248455.65	1317851.70	1168863.95	1063051.43	2500363.88	9306434.57	4521389.95	15125865.55
					11996.09	18529.34	72362.66	382365.60	267267.52	750356.5
										29897.03
293238.88	475838.21	315228.76	301619.49	416308.40	582773.29	662373.20	1614522.62	3640375.87	2413139.49	5110700.49
1226.94	1990.96	1313.45	1272.66	1727.40	2398.25	2737.08	6699.26	15042.87	9809.51	20945.49
					5915.87	13029.95	29677.53	81556.38	118925.54	328364.84
										3854.5
3131960.25	6082664.99	3830518.00	2799045.51	3211527.00	4233394.72	3166477.62	9046888.99	46055622.12	26711266.04	53598676.49
13104.44	25450.48	15960.00	11810.32	13325.80	17421.38	13084.62	37538.96	190312.50	108582.38	219666.71
					82263.06	120392.27	307155.48	1617366.23	1663727.81	4827352.31
										182810.85
471.46	492.87	269.33	214.00	250.75	288.71	274.37	541.12	927.19	392.52	504.37
424.52	509.10	227.89	198.79	214.18	288.29	316.43	609.38	987.42	469.11	773.48
					617.75	999.70	997.12	1048.83	625.36	1084.83
										777.39
38.13	58.217	37.71	34.43	36.54	24.231	16.33	33.301	59.24	14.85	28.73
36.30	56.04	39.79	36.97	36.19	24.63	16.36	32.72	69.74	16.72	46.01
					31.33	24.49	42.03	85.07	24.96	51.01
										105.38
1144.89	1368.69	2077.08	1643.49	1347.433	1492.724	1260.782	1163.878	2728.19	5265.00	1849.02
1756.18	2125.72	2245	1748.89	1649.6	1783.01	1328.53	2698.9	6124.04	5522.778	3478.01
19990630	20001123	20010613	20020625	20030416	20040407	20050225	20061229	20071016	20080114	20090804
1047.83	1361.21	1515	1339.2	1307.4	1259.43	998.23	1161.91	2541.53	1664.93	1844.09
19990517	20000104	20011022	20020129	20040407	20040913	20050606	20060104	20070206	20081028	20090105
1377.33	1882	1956	1567.23	1467.75	1482.85	1153.55	1629.93	4237.69	3031.83	2765.43
1366.58	2073.48	1645.97	1357.65	1497.044	1266.496	1161.057	2675.474	5261.56	1820.81	3277.13
343.29	402.71	636.62	475.14	386.61	377.93	313.81	278.99	555.26	1450.33	560.09
525.14	654.37	664.85	512.38	449.42	470.55	333.28	552.93	1567.74	1584.4	1240.64
19990629	20001123	20010613	20020624	20030415	20040407	20050309	20061229	20071008	20080115	20091204
310.65	414.69	439.36	371.79	350.74	315.17	237.18	278.99	547.89	452.33	557.68
19990518	20000104	20011022	20020122	20031118	20040913	20050718	20060104	20070105	20081104	20090105
407.62	579.61	580.9	455.65	404.08	379.43	282.64	399.95	1134.56	896.83	938.61
402.18	635.73	475.94	388.76	378.63	315.81	278.75	550.59	1447.02	553.3	1201.34

2-2 1992—2009年A股市场概况统计表

		1992	1993	1994	1995	1996	1997	1998
境内上市A股公司数	Number of Listed Companies (A share)	54	177	287	311	514	720	825
其中:ST公司数(家)	Number of ST Listed Companies (A share)							25
发行A股数(百万股)	Amount Issued (1000000)	6101.20	30018.10	59263.27	70407.74	102501.93	164613.45	220396.92
市价总值(百万元)	Market Capitalization(1000000)	97808.98	332766.49	351603.46	331057.55	944855.53	1715419.29	1929929.76
流通市值(百万元)	Negotiable Market Capitalization(1000000)	15725.82	68302.71	81387.95	79093.97	251401.83	485608.17	555001.76
成交量(百万股)	合计 Sum	3287.77	20916.50	98802.40	68106.57	246492.91	247129.88	209250.08
Transcation Volume(1000000)	日平均 Daily Average	12.84	81.17	393.77	273.47	997.95	1016.99	850.61
成交金额(百万元)	合计 Sum	65181.02	352254.70	800307.94	395858.73	2105229.62	3029521.28	2341772.32
Turnover (1000000)	日平均 Daily Average	254.34	1366.85	3187.19	1587.59	8523.20	12467.16	9519.40
平均换手率(%)	上海 Shanghai			1471.48	630.32	1035.55	758.07	475.55
Turnover Rate (%)	深圳 Shenzhen	351.8	464.41	638.39	268.10	1295.32	813.95	396.09
平均市盈率	上海 Shanghai					32.65		
PE Ratio	深圳 Shenzhen	57.52	44.21	10.67	9.80	38.88	42.66	32.31
上证A股指数	开盘 Open	293.74	840.32	851.96	656.80	569.77	951.80	1265.86
Shanghai Stock Exchange	最高 High	1511.27	1640.71	1092.85	972.03	1313.92	1578.61	1508.41
Composite Index of A share	月日 YMD	19920526	19930216	19940913	19950522	19961211	19970512	19980604
	最低 Low	292.76	765.58	321.20	539.86	527.85	905.50	1108.91
	月日 YMD	19920102	19931220	19940729	19950207	19960119	19970220	19980818
	平均 Average	695.64	1052.82	690.90	681.91	798.37	1230.14	1337.31
	收盘 Close	815.80	847.75	667.77	575.19	954.98	1258.49	1219.64
深证A股指数	开盘 Open		255.05	245.69	142.63	116.57	340.7	408.15
Shenzhen Stock Exchange	最高 High	285.84	379.07	249.71	176.77	498.45	546.02	471.99
Composite Index A share	月日 YMD	19921004	19930222	19940110	19950522	19961211	19970512	19980603
	最低 Low	169.04	214.89	95.26	116.32	107.93	319.25	341
	月日 YMD	19921123	19930721	19940729	19951228	19960122	19970106	19980818
	平均 Average	234.21	293.37	169.96	134.85	236.72	409.42	412.42
	收盘 Close	255.05	245.69	143.73	117.02	341.81	406.45	370.12

数据来源：上海、深圳证券交易所
Source：Shanghai、Shenzhen Stock Exchange

Summary for A share Stock Market(1992—2009)

1999	2000	2001	2002	2003	2004	2005	2006	2007	2008	2009
922	1060	1140	1213	1277	1363	1358	1411	1527	1602	1696
45	50	42	82	92	132	107	130	143	151	136
275788.28	343960.38	465045.49	528364.61	580832.35	650582.37	693607.63	1244565.12	1674662.04	1862977.75	2033276.87
2616762.88	4745574.96	4224555.53	3752655.97	4152050.18	1529582.09	3181054.94	8811395.95	32458773.85	12056655.54	24212701.06
793746.31	1552420.75	1334489.09	1171875.09	1230593.63	1099864.59	1002843.48	2373126.03	9052651.38	4441910.35	14945596.78
280974.70	455802.07	246340.74	285949.20	399230.05	567290.76	647087.49	1580861.88	3568392.58	2391277.76	5064891.36
1175.63	1907.12	1026.42	1206.54	1656.56	2334.54	2673.91	6559.60	14745.43	9720.64	20757.75
3104955.32	6027867.66	3324204.42	2714203.88	3126998.65	4181748.94	3109937.69	8921710.73	45477130.00	26589043.03	53388940.16
12991.45	25221.21	13850.85	11452.34	12977.09	17208.84	12850.99	37019.55	187922.02	108085.54	218807.13
483.73	506.33	216.67	208.74	268.58	288.71	290.70	564.50	953.16	401.60	511.46
399.09	493.58	190.30	194.37	219.74	311.78	350.64	671.34	1062.04	503.45	814.65
38.14	59.14	37.59	34.50	36.64	24.23	16.38	33.38	59.24	14.86	28.78
37.56	58.75	40.76	38.22	37.43	25.64	16.96	33.61	72.11	17.13	46.88
1217.69	1454.17	2196.23	1710.02	1408.27	1492.72	1324.13	1223.93	2870.87	5525.15	1941.45
1860.86	2251.89	2341.02	1825.77	1725.71	1783.01	1394.58	2839.92	6429.68	5796.72	3651.20
19990630	20001124	20010103	20020625	20030416	20040407	20050224	20061229	20071016	20080114	20090804
1113.16	1446.12	1579.63	1397.01	1366.75	1259.43	1046.65	1221.80	2668.33	1749.02	1936.24
19990517	20000104	20011022	20020129	20031113	20040913	20050605	20060104	20070206	20081028	20090105
1463.83	1998.04	2046.31	1635.76	1536.19	1482.85	1211.60	1712.25	4448.40	3181.86	2902.37
1451.90	2192.38	1712.54	1419.12	1569.13	1266.50	1220.93	2815.13	5521.49	1911.79	3437.46
369.51	432.39	683.58	498.51	407.62	392.73	326.43	290.36	574.54	1524.53	588.74
561.56	703.97	698.10	540.59	472.88	490.56	344.05	572.04	1646.80	1667.91	1302.85
19990629	20001123	20010103	20020624	20030415	20040406	20050309	20061229	20071008	20080115	20091204
333.77	445.32	461.95	391.10	364.26	328.25	244.71	290.36	566.46	475.37	586.09
19990518	20000104	20011022	20020122	20031118	20040916	20050718	20060104	20070105	20081104	20090105
438.08	623.69	612.96	480.28	423.9	395.31	292.33	414.72	1187.35	942.12	986.49
431.84	682.61	499.39	409.95	393.47	328.69	290.06	569.58	1520.99	581.51	1261.26

2－3　1992—2009 年 B 股市场概况统计表

		1992	1993	1994	1995	1996	1997	1998
境内上市外资股	Number of Listed Companies (B share)	18	41	58	70	85	101	106
其中:ST 公司数(家)	Number of ST Listed Companies (B share)							4
发行 B 股数(百万股)	Amount Issued (1000000)	1221.00	2849.40	4683.81	6155.37	8534.11	12509.74	14138.44
市价总值(百万元)	Market Capitalization(1000000)	7005.92	21385.58	17458.22	16370.09	39383.13	37504.41	20635.62
流通市值(百万元)	Negotiable Market Capitalization(1000000)	5123.35	17860.26	15502.16	14727.94	35302.19	34834.21	19558.43
成交量(百万股)	合计 Sum	402.02	1739.97	2531.51	2424.20	6821.52	8872.02	6160.48
Transcation Volume(1000000)	日平均 Daily Average	1.86	6.86	10.09	9.79	28.24	37.06	25.30
成交金额(百万元)	合计 Sum	3122.71	10465.62	12454.97	7786.54	27987.82	42661.92	12653.13
Turnover (1000000)	日平均 Daily Average	14.53	41.30	49.69	31.48	116.15	178.55	52.05
平均换手率(%)	上海 Shanghai			88.04	58.34	74.57	122.62	57.23
Turnover Rate (%)	深圳 Shenzhen	130.91	86.8	35.13	37.28	139.26	99.88	34.10
平均市盈率	上海 Shanghai					14.04		
PE Ratio	深圳 Shenzhen	35.56	20.11	7.02	6.01	14.07	10.67	5.71
上证 B 股指数	开盘 Open	0	66.09	103.15	62.8	48	67.03	55.88
Shanghai Stock Exchange	最高 High	140.85	105.78	104.71	63.81	87	99.31	59.58
Composite Index of B share	月日 YMD	19920525	19931231	19940106	19950829	19961211	19970506	19980302
	最低 Low	0	51.01	59.81	47.03	45	51.93	26.17
	月日 YMD	19920102	19930727	19941215	19951225	19961111	19971224	19980812
	平均 Average	78.19	75.32	73.98	55.43	52	73.43	40.63
	收盘 Close	66.22	103.15	62.8	47.69	67	55.88	28.71
深证 B 股指数	开盘 Open		111.87	141.44	86.66	59	145.45	98.97
Shenzhen Stock Exchange	最高 High	142.03	185.45	142.85	86.59	198	184.19	98.97
Composite Index B share	月日 YMD	19921006	19930208	19940106	19950105	19961209	19970506	19980210
	最低 Low	105.72	80.63	85.07	59.4	59	92.79	49.88
	月日 YMD	19921224	19930806	19941229	19951222	19960102	19971223	19980813
	平均 Average	117.34	120.6	112.32	70.64	85	139.61	75.49
	收盘 Close	111.87	141.44	86.66	59.48	145	98.97	53.58

数据来源：上海、深圳证券交易所
Source: Shanghai、Shenzhen Stock Exchange

Summary for B share Stock Market (1992—2009)

1999	2000	2001	2002	2003	2004	2005	2006	2007	2008	2009
108	114	112	111	111	110	109	109	109	109	108
11	11	7	13	14	20	15	15	19	15	14
15096.91	17378.67	18790.20	17934.60	18962.00	20890.94	22746.42	23834.35	25383.28	27034.77	27348.85
30354.62	63519.48	127664.86	80256.89	93723.42	74622.12	61973.20	128993.49	255315.04	79988.06	181210.79
27650.06	56331.22	111827.92	76580.56	87260.08	69017.34	60207.95	127237.85	253783.20	79479.60	180268.52
12264.18	20036.13	68888.02	15670.29	17080.37	15482.53	15285.71	33660.76	71982.29	21861.73	45809.13
51.95	84.89	294.39	66.12	70.87	63.71	63.17	139.67	297.44	88.87	187.75
27004.93	54797.34	506313.30	84841.63	84530.38	75775.34	56539.93	125178.26	578493.13	122223.01	209736.33
114.64	232.23	2163.73	357.98	350.75	311.83	233.63	519.41	2390.46	496.85	859.58
116.19	145.13	452.26	95.99	64.26	58.29	58.49	149.81	351.60	87.88	165.79
86.63	115.30	423.47	83.55	138.17	110.04	88.21	154.65	280.12	84.35	177.18
10.05	25.23	43.39	30.61	30.32	20.15	12.40	23.97	59.30	11.70	21.58
10.38	13.06	25.3	17.51	20.92	12.9	9.11	21.01	26.71	7.30	21.83
28.71	37.91	89.55	170.99	113.40	104.87	75.56	61.99	130.84	365.45	112.21
62.56	89.9	241.61	171.72	131.41	122.94	84.22	130.44	394.21	373.77	267.76
19990629	20001226	20010601	37260	20030416	20040219	20050309	20061228	20071017	20080104	20091116
21.25	35.47	77.62	109.98	96.23	75.46	49.32	61.99	130.57	86.44	112.21
19990310	20000316	20010212	37587	20030820	20041231	20050720	20060104	20070105	20081028	20090105
37.08	56.85	165.09	141.86	113.54	97.66	68.67	96.09	278.32	206.76	187.58
37.91	89.55	171.53	113.51	104.94	75.65	62.02	130.12	365.93	110.92	252.41
53.58	84.96	137.63	265.74	186.92	271.74	221.26	195.29	434.83	709.94	272.31
125.42	137.69	435.57	262.31	281.78	315.81	276.84	435.45	803.61	730.95	650.79
19990629	20001229	20010525	20020705	20031106	20040407	20050309	20061229	20070515	20080110	20091116
41.56	75.92	124.6	185.52	184.89	212.02	186.53	195	434.34	215.82	272.31
19990310	20000316	20010213	20021126	20030102	20040823	20051028	20060104	20070105	20081028	20090105
75.28	106	282.61	222.27	228.76	257.39	225.93	299.57	658.22	454.21	460.18
84.66	137.69	265.67	186.98	272.05	219.8	195.61	433.32	709.69	271.28	625.95

2-4 1991—2009 年股票发行情况统计表

	1991	1992	1993	1994	1995	1996	1997	1998	1999
股票发行量(亿股) Amount Issued	5	20.75	95.79	91.26	31.60	86.11	267.63	109.06	122.93
A 股 A Shares	5	10.00	42.59	10.97	5.32	38.29	105.65	86.30	98.11
B 股 B Shares		10.75	12.79	10.40	10.90	16.05	25.10	9.90	1.77
H 股 H Shares			40.41	69.89	15.38	31.77	136.88	12.86	23.05
股票筹资额 (亿元人民币)Raised Capital	5	94.09	375.47	326.78	150.32	425.08	1293.82	841.52	944.56
A 股 A Shares	5	50.00	276.41	99.78	85.51	294.34	825.92	778.02	893.60
其中：首发 IPO	5	50.00	194.83	49.62	22.68	224.45	655.06	409.09	497.88
增发 Re-issue								30.46	59.75
配股 Right Issue			81.58	50.16	62.83	69.89	170.86	334.97	320.97
可转债 CB								3.50	15.00
B 股 B Shares		44.09	38.13	38.27	33.35	47.18	107.90	25.55	3.79
H 股 H Shares			60.93	188.73	31.46	83.56	360.00	37.95	47.17

注：1. 折算汇率 1992 年 1 美元=5.75 元人民币 1 港元=0.74 元人民币
1993 年 1 美元=5.80 元人民币 1 港元=0.75 元人民币
1994 年 1 美元=8.46 元人民币 1 港元=1.09 元人民币
1995 年 1 美元=8.30 元人民币 1 港元=1.07 元人民币
1996 年 1 美元=8.30 元人民币 1 港元=1.07 元人民币
1997 年 1 美元=8.30 元人民币 1 港元=1.07 元人民币
1998 年 1 美元=8.30 元人民币 1 港元=1.07 元人民币
1999—2004 年 1 美元=8.28 元人民币 1 港元=1.07 元人民币
2005—2009 年外资股折算汇率为股票发行月的月末汇率；
2. A 股发行量为 IPO 数量；
3. H 股发行量、筹资额为 IPO 与增发之和；
4. 1991—2007 年股票筹资额以发行日口径统计，2008 年以来股票筹资额以上市日口径统计。

数据来源：中国证监会
Source：CSRC

Summary for Stock Issuance (1991—2009)

2000	2001	2002	2003	2004	2005	2006	2007	2008	2009	合计 total
512.04	141.48	291.74	281.43	227.92	567.05	1287.77	637.24	180.29	415.96	5373.05
145.68	93.00	134.20	83.64	54.88	13.80	351.11	413.27	114.91	260.38	2067.10
7.10	0.00	0.00	1.00	1.53	0.00	0.00	0.00	0.00	0.00	107.29
359.26	48.48	157.54	196.79	171.51	553.25	936.66	223.97	65.38	155.58	3198.66
2103.24	1252.34	961.75	1357.75	1510.94	1882.51	5594.29	8680.17	3852.21	6124.69	37776.53
1527.03	1182.13	779.75	819.56	835.71	338.13	2463.70	7722.99	3457.75	5004.90	27440.23
812.37	534.29	516.96	453.51	353.42	56.74	1572.24	4590.62	1034.38	1879.00	13912.14
166.70	217.21	164.68	110.66	168.72	278.77	847.10	2850.09	2271.8	3019.93	10185.87
519.46	430.63	56.61	74.79	104.54	2.62	4.32	227.68	151.57	105.97	2769.45
28.50	0.00	41.50	180.60	209.03	0.00	40.04	54.60	77.20	46.61	696.58
13.99	0.00	0.00	3.54	27.16	0.00	0.00	0.00	0.00	0.00	382.95
562.21	70.21	181.99	534.65	648.08	1544.38	3130.59	957.18	317.26	1073.18	9829.54

2-5 2009年A股新发行情况一览表

Summary for A Share Issuance in 2009

公司名称	行业分类 Industry	地区 Area	发行时间 Issue Date	发行方式 Issue Method	发行量(万元面值) Issue Volume	发行价(元) Issue Price	筹资总额(万元) Raised Capital	中签率% Ratio of Placement	主承销 Lead Underwriter	上市地点 Listing Spot
招商证券	I	广东	2009-11-10	网下询价、网上定价	35854.61	31.00	1111493.04	1.01	高盛高华证券有限责任公司	上海
四川成渝	F	四川	2009-7-15	网下询价、网上定价	50000.00	3.60	180000.00	0.26	中国银河证券股份有限公司	上海
中国化学	K	北京	2009-12-25	网下询价、网上定价	123300.00	5.43	669519.00	1.68	中信建投证券有限责任公司	上海
深圳燃气	D	广东	2009-12-11	网下询价、网上定价	13000.00	6.95	90350.00	0.19	国信证券股份有限公司	上海
中国北车	C	北京	2009-12-21	网下询价、网上定价	250000.00	5.56	1390000.00	1.33	中国国际金融有限公司	上海
中国中冶	E	北京	2009-9-9	网下询价、网上定价	350000.00	5.42	1897000.00	1.18	中信证券股份有限公司	上海
中国建筑	E	北京	2009-7-22	网下询价、网上定价	1200000.00	4.18	5016000.00	2.83	中国国际金融有限公司	上海
光大证券	I	上海	2009-8-4	网下询价、网上定价	52000.00	21.08	1096160.00	0.81	东方证券股份有限公司	上海
中国国旅	K	北京	2009-9-23	网下询价、网上定价	22000.00	11.78	259160.00	0.47	中信建投证券有限责任公司	上海
中国重工	C	北京	2009-12-7	网下询价、网上定价	199500.00	7.38	1472310.00	1.36	中国国际金融有限公司	上海
桂林三金	C	广西	2009-6-29	网下询价、网上定价	4600.00	19.80	91080.00	0.20	招商证券股份有限公司	深圳
万马电缆	C	浙江	2009-7-2	网下询价、网上定价	5000.00	11.50	57500.00	0.16	平安证券有限责任公司	深圳
家润多	H	湖南	2009-7-8	网下询价、网上定价	5000.00	19.58	97900.00	0.27	联合证券有限责任公司	深圳
神开股份	C	上海	2009-7-28	网下询价、网上定价	4600.00	15.96	73416.00	0.14	华欧国际证券有限公司	深圳
久其软件	G	北京	2009-7-31	网下询价、网上定价	1530.00	27.00	41310.00	0.20	申银万国证券股份有限	深圳
光迅科技	G	湖北	2009-8-10	网下询价、网上定价	4000.00	16.00	64000.00	0.16	广发证券股份有限公司	深圳
新世纪	G	浙江	2009-8-10	网下询价、网上定价	1350.00	22.80	30780.00	0.26	国金证券股份有限公司	深圳
博深工具	C	河北	2009-8-12	网下询价、网上定价	4340.00	11.50	49910.00	0.31	东方证券股份有限公司	深圳
天润曲轴	C	山东	2009-8-12	网下询价、网上定价	6000.00	14.00	84000.00	0.32	国信证券股份有限公司	深圳
世联地产	J	深圳	2009-8-17	网下询价、网上定价	3200.00	19.68	62976.00	0.22	招商证券股份有限公司	深圳
亚太股份	C	浙江	2009-8-17	网下询价、网上定价	2400.00	18.80	45120.00	0.26	第一创业证券有限责任	深圳
奇正藏药	C	西藏	2009-8-19	网下询价、网上定价	4100.00	11.81	48421.00	0.19	平安证券有限责任公司	深圳
保龄宝	C	山东	2009-8-19	网下询价、网上定价	2000.00	20.56	41120.00	0.42	国联证券股份有限公司	深圳
超华科技	C	广东	2009-8-24	网下询价、网上定价	2200.00	12.10	26620.00	0.16	南京证券有限公司	深圳
宇顺电子	C	深圳	2009-8-24	网下询价、网上定价	1850.00	15.88	29378.00	0.18	平安证券有限责任公司	深圳
禾盛新材	C	江苏	2009-8-26	网下询价、网上定价	2100.00	27.80	58380.00	0.43	平安证券有限责任公司	深圳
星期六	C	广东	2009-8-26	网下询价、网上定价	5500.00	18.00	99000.00	0.33	招商证券股份有限公司	深圳
奥飞动漫	C	广东	2009-8-31	网下询价、网上定价	4000.00	22.92	91680.00	0.21	广发证券股份有限公司	深圳
罗莱家纺	C	江苏	2009-9-2	网下询价、网上定价	3510.00	27.16	95331.60	0.49	平安证券有限责任公司	深圳
信立泰	C	深圳	2009-9-2	网下询价、网上定价	2850.00	41.98	119643.00	0.58	招商证券股份有限公司	深圳
精艺股份	C	广东	2009-9-15	网下询价、网上定价	3600.00	13.00	46800.00	0.16	国信证券股份有限公司	深圳
辉煌科技	G	河南	2009-9-15	网下询价、网上定价	1550.00	25.00	38750.00	0.16	中德证券有限责任公司	深圳
鑫龙电器	C	安徽	2009-9-18	网下询价、网上定价	2800.00	9.50	26600.00	0.12	国元证券股份有限公司	深圳
博云新材	C	湖南	2009-9-18	网下询价、网上定价	2700.00	10.80	29160.00	0.11	海通证券股份有限公司	深圳
上海佳豪	K	上海	2009-9-25	网下询价、网上定价	1260.00	27.80	35028.00	0.86	国元证券股份有限公司	深圳

续表 1　Continued 1

公司名称	行业分类 Industry	地区 Area	发行时间 Issue Date	发行方式 Issue Method	发行量（万元面值） Issue Volume	发行价（元） Issue Price	筹资总额（万元） Raised Capital	中签率 % Ratio of Placement	主承销 Lead Underwriter	上市地点 Listing Spot
汉威电子	C	河南	2009-9-25	网下询价、网上定价	1500.00	27.00	40500.00	1.08	国金证券股份有限公司	深圳
莱美药业	C	重庆	2009-9-25	网下询价、网上定价	2300.00	16.50	37950.00	0.59	国金证券股份有限公司	深圳
安科生物	C	安徽	2009-9-25	网下询价、网上定价	2100.00	17.00	35700.00	0.45	国元证券股份有限公司	深圳
立思辰	G	北京	2009-9-25	网下询价、网上定价	2650.00	18.00	47700.00	0.75	国海证券有限责任公司	深圳
南方风机	C	广东	2009-9-25	网下询价、网上定价	2400.00	22.89	54936.00	1.25	安信证券股份有限公司	深圳
乐普医疗	C	北京	2009-9-25	网下询价、网上定价	4100.00	29.00	118900.00	0.78	信达证券股份有限公司	深圳
神州泰岳	G	北京	2009-9-25	网下询价、网上定价	3160.00	58.00	183280.00	1.21	中信证券股份有限公司	深圳
探路者	C	北京	2009-9-25	网下询价、网上定价	1700.00	19.80	33660.00	0.58	东兴证券股份有限公司	深圳
特锐德	C	山东	2009-9-25	网下询价、网上定价	3360.00	23.80	79968.00	0.88	广发证券股份有限公司	深圳
圣农发展	A	福建	2009-10-9	网下询价、网上定价	4100.00	19.75	80975.00	0.29	招商证券股份有限公司	深圳
太阳电缆	C	福建	2009-10-9	网下询价、网上定价	3400.00	20.56	69904.00	0.32	兴业证券股份有限公司	深圳
齐心文具	C	深圳	2009-10-12	网下询价、网上定价	3120.00	20.00	62400.00	0.42	国信证券股份有限公司	深圳
鼎汉技术	C	北京	2009-10-13	网下询价、网上定价	1300.00	37.00	48100.00	1.12	兴业证券股份有限公司	深圳
华测检测	K	深圳	2009-10-13	网下询价、网上定价	2100.00	25.78	54138.00	1.18	平安证券有限责任公司	深圳
中元华电	C	湖北	2009-10-13	网下询价、网上定价	1635.00	32.18	52614.30	1.19	海通证券股份有限公司	深圳
北陆药业	C	北京	2009-10-13	网下询价、网上定价	1700.00	17.86	30362.00	0.88	瑞银证券有限责任公司	深圳
亿纬锂能	C	广东	2009-10-13	网下询价、网上定价	2200.00	18.00	39600.00	0.71	红塔证券股份有限公司	深圳
新宁物流	F	江苏	2009-10-13	网下询价、网上定价	1500.00	15.60	23400.00	0.82	东吴证券有限责任公司	深圳
爱尔眼科	K	湖南	2009-10-13	网下询价、网上定价	3350.00	28.00	93800.00	0.80	平安证券有限责任公司	深圳
硅宝科技	C	四川	2009-10-13	网下询价、网上定价	1300.00	23.00	29900.00	0.78	东海证券有限责任公司	深圳
网宿科技	G	上海	2009-10-13	网下询价、网上定价	2300.00	24.00	55200.00	0.94	国信证券股份有限公司	深圳
宝德股份	C	陕西	2009-10-15	网下询价、网上定价	1500.00	19.60	29400.00	1.02	西部证券股份有限公司	深圳
大禹节水	C	甘肃	2009-10-15	网下询价、网上定价	1800.00	14.00	25200.00	0.59	华龙证券有限责任公司	深圳
机器人	C	辽宁	2009-10-15	网下询价、网上定价	1550.00	39.80	61690.00	0.83	中信证券股份有限公司	深圳
吉峰农机	H	四川	2009-10-15	网下询价、网上定价	2240.00	17.75	39760.00	1.03	宏源证券股份有限公司	深圳
银江股份	G	浙江	2009-10-15	网下询价、网上定价	2000.00	20.00	40000.00	0.68	海通证券股份有限公司	深圳
华星创业	G	浙江	2009-10-15	网下询价、网上定价	1000.00	19.66	19660.00	0.60	申银万国证券股份有限	深圳
华谊兄弟	L	浙江	2009-10-15	网下询价、网上定价	4200.00	28.58	120036.00	0.62	中信建投证券有限责任	深圳
金亚科技	G	四川	2009-10-15	网下询价、网上定价	3700.00	11.30	41810.00	0.53	联合证券有限责任公司	深圳
红日药业	C	天津	2009-10-15	网下询价、网上定价	1259.00	60.00	75540.00	1.05	国都证券有限责任公司	深圳
西部建设	C	新疆	2009-10-20	网下询价、网上定价	3500.00	15.00	52500.00	0.18	东方证券股份有限公司	深圳
美盈森	C	深圳	2009-10-20	网下询价、网上定价	4500.00	25.36	114120.00	0.28	国信证券股份有限公司	深圳
洋河股份	C	江苏	2009-10-27	网下询价、网上定价	4500.00	60.00	270000.00	0.59	华泰证券股份有限公司	深圳
南国置业	J	湖北	2009-10-27	网下询价、网上定价	4800.00	12.30	59040.00	0.19	平安证券有限责任公司	深圳
北新路桥	E	新疆	2009-11-3	网下询价、网上定价	4750.00	8.58	40755.00	0.16	光大证券股份有限公司	深圳
湘鄂情	K	北京	2009-11-3	网下询价、网上定价	5000.00	18.90	94500.00	0.20	招商证券股份有限公司	深圳
威创股份	G	广州	2009-11-16	网下询价、网上定价	5345.00	23.80	127211.00	0.30	中信证券股份有限公司	深圳
中利科技	C	江苏	2009-11-16	网下询价、网上定价	3350.00	46.00	154100.00	0.48	国信证券股份有限公司	深圳

续表2 Continued 2

公司名称	行业分类 Industry	地区 Area	发行时间 Issue Date	发行方式 Issue Method	发行量（万元面值） Issue Volume	发行价（元） Issue Price	筹资总额（万元） Raised Capital	中签率 % Ratio of Placement	主承销 Lead Underwriter	上市地点 Listing Spot
东方园林	E	北京	2009-11-18	网下询价、网上定价	1450.00	58.60	84970.00	0.70	中信建投证券有限责任	深圳
海大集团	C	广州	2009-11-18	网下询价、网上定价	5600.00	28.00	156800.00	0.76	广发证券股份有限公司	深圳
日海通讯	G	深圳	2009-11-24	网下询价、网上定价	2500.00	24.80	62000.00	0.26	平安证券有限责任公司	深圳
三泰电子	C	四川	2009-11-24	网下询价、网上定价	1500.00	28.60	42900.00	0.25	国都证券有限责任公司	深圳
雅致股份	C	深圳	2009-11-24	网下询价、网上定价	7364.10	16.82	123864.16	0.35	中国建银投资证券有限	深圳
焦点科技	G	江苏	2009-11-27	网下询价、网上定价	2938.00	42.00	123396.00	0.39	国信证券股份有限公司	深圳
键桥通讯	G	深圳	2009-11-27	网下询价、网上定价	3000.00	18.80	56400.00	0.23	东吴证券有限责任公司	深圳
久立特材	C	浙江	2009-12-1	网下询价、网上定价	4000.00	23.00	92000.00	0.49	国信证券股份有限公司	深圳
乐通股份	C	广东	2009-12-1	网下询价、网上定价	2500.00	13.70	34250.00	0.32	光大证券股份有限公司	深圳
众生药业	C	广东	2009-12-1	网下询价、网上定价	2000.00	55.00	110000.00	0.63	渤海证券股份有限公司	深圳
华英农业	A	河南	2009-12-7	网下询价、网上定价	3700.00	16.98	62826.00	0.43	光大证券股份有限公司	深圳
海峡股份	F	海南	2009-12-7	网下询价、网上定价	3950.00	33.60	132720.00	0.58	海通证券股份有限公司	深圳
理工监测	C	浙江	2009-12-9	网下询价、网上定价	1670.00	40.00	66800.00	0.82	中信证券股份有限公司	深圳
普利特	C	上海	2009-12-9	网下询价、网上定价	3500.00	22.50	78750.00	1.01	招商证券股份有限公司	深圳
中联电气	C	江苏	2009-12-9	网下询价、网上定价	2100.00	30.00	63000.00	0.75	金元证券股份有限公司	深圳
洪涛股份	E	深圳	2009-12-11	网下询价、网上定价	3000.00	27.00	81000.00	0.43	国信证券股份有限公司	深圳
永太科技	C	浙江	2009-12-11	网下询价、网上定价	3350.00	20.00	67000.00	0.28	日信证券有限责任公司	深圳
同花顺	G	浙江	2009-12-16	网下询价、网上定价	1680.00	52.80	88704.00	0.76	申银万国证券股份有限	深圳
宝通带业	C	江苏	2009-12-16	网下询价、网上定价	1250.00	38.00	47500.00	0.64	齐鲁证券有限公司	深圳
阳普医疗	C	广州	2009-12-16	网下询价、网上定价	1860.00	25.00	46500.00	0.55	国信证券股份有限公司	深圳
金龙机电	C	浙江	2009-12-16	网下询价、网上定价	3570.00	19.00	67830.00	0.67	国信证券股份有限公司	深圳
中科电气	C	湖南	2009-12-16	网下询价、网上定价	1550.00	36.00	55800.00	0.54	平安证券有限责任公司	深圳
超图软件	G	北京	2009-12-16	网下询价、网上定价	1900.00	19.60	37240.00	0.35	平安证券有限责任公司	深圳
天龙光电	C	江苏	2009-12-16	网下询价、网上定价	5000.00	18.18	90900.00	0.47	光大证券股份有限公司	深圳
钢研高纳	C	北京	2009-12-16	网下询价、网上定价	3000.00	19.53	58590.00	0.52	国信证券股份有限公司	深圳
新朋股份	C	上海	2009-12-18	网下询价、网上定价	7500.00	19.38	145350.00	0.88	齐鲁证券有限公司	深圳
富安娜	C	深圳	2009-12-18	网下询价、网上定价	2600.00	30.00	78000.00	0.63	平安证券有限责任公司	深圳
得利斯	C	山东	2009-12-23	网下询价、网上定价	6300.00	13.18	83034.00	0.45	民生证券有限责任公司	深圳
皇氏乳业	C	广西	2009-12-23	网下询价、网上定价	2700.00	20.10	54270.00	0.56	光大证券股份有限公司	深圳
皖通科技	G	安徽	2009-12-23	网下询价、网上定价	1400.00	27.00	37800.00	0.41	国元证券股份有限公司	深圳
回天胶业	C	湖北	2009-12-24	网下询价、网上定价	1700.00	36.40	61880.00	0.95	海通证券股份有限公司	深圳
上海凯宝	C	上海	2009-12-24	网下询价、网上定价	2740.00	38.00	104120.00	0.91	东吴证券有限责任公司	深圳
九洲电气	C	黑龙江	2009-12-24	网下询价、网上定价	1800.00	33.00	59400.00	0.71	中德证券有限责任公司	深圳
梅泰诺	G	北京	2009-12-24	网下询价、网上定价	2300.00	26.00	59800.00	0.66	招商证券股份有限公司	深圳
朗科科技	G	深圳	2009-12-24	网下询价、网上定价	1680.00	39.00	65520.00	0.73	平安证券有限责任公司	深圳
新宙邦	C	深圳	2009-12-24	网下询价、网上定价	2700.00	28.99	78273.00	0.91	华泰联合证券有限责任	深圳
罗普斯金	C	江苏	2009-12-28	网下询价、网上定价	3920.00	22.00	86240.00	0.51	德邦证券有限责任公司	深圳
仙琚制药	C	浙江	2009-12-28	网下询价、网上定价	8540.00	8.20	70028.00	0.34	中信建投证券有限责任	深圳

数据来源：上海、深圳证券交易所
Source：Shanghai、Shenzhen Stock Exchange

2-6　2009年A股IPO发行量行业分布统计表

Industrial distribution of A Shares IPO Issue Volume in 2009

行　业 Industries	发行量(万股) Issue Volume	比例(%) Percent
农、林、牧、副、渔业 Agriculture, Forestry, Fishing and Hunting	7800	0.30
采掘业 Mining	0	0.00
食品、饮料 Food, Beverage	21100	0.81
纺织、服装、毛皮 Textile, Apparel, Leather	11610	0.45
木材、家具 Wood Product	0	0.00
造纸、印刷 Paper, Printing	13320	0.51
石油、化学、橡胶、塑料 Petroleum, Chemical Product, Plastics, Rubber	16300	0.63
电子 Electrical Equipment	9820	0.38
金属、非金属 Metal, Nonmetallic Mineral Product	32884	1.26
机械、设备、仪表 Machinery, Equipment, Meter	514375	19.75
医药、生物 Medicine, Biologic Product	32189	1.24
其他制造业 Other Manufacuring	6440	0.25
电力、蒸汽及水的生产及供应业 Electricity, Gas, Water Supply	13000	0.50
建筑业 Construction	1559200	59.88
交通运输、仓储业 Transport, Storage	55450	2.13
信息技术业 Information, Technology	45983	1.77
批发和零售贸易 Wholesale and Retail Trade	7240	0.28
金融、保险业 Finance, Insurance	87855	3.37
房地产业 Real Estate	8000	0.31
社会服务业 Social Services	157010	6.03
传播及文化产业 Transmission, Culture	4200	0.16
综合类 Conglomerat	0	0.00
合计	2603776	100.00

注：以发行日口径统计。
数据来源：上海、深圳证券交易所
Source：Shanghai、Shenzhen Stock Exchange

2-7 2009年A股IPO筹资额行业分布统计表

Industrial distribution of A Shares IPO Raised Capital in 2009

行　业 Industries	发行量(万股) Issue Volume	比例(%) Percent
农、林、牧、副、渔业 Agriculture, Forestry, Fishing and Hunting	143801	0.71
采掘业 Mining	0	0.00
食品、饮料 Food, Beverage	605224	2.99
纺织、服装、毛皮 Textile, Apparel, Leather	272332	1.35
木材、家具 Wood Product	0	0.00
造纸、印刷 Paper, Printing	301860	1.49
石油、化学、橡胶、塑料 Petroleum, Chemical Product, Plastics, Rubber	397553	1.97
电子 Electrical Equipment	163428	0.81
金属、非金属 Metal, Nonmetallic Mineral Product	605344	2.99
机械、设备、仪表 Machinery, Equipment, Meter	4338718	21.46
医药、生物 Medicine, Biologic Product	722844	3.57
其他制造业 Other Manufacuring	108290	0.54
电力、蒸汽及水的生产及供应业 Electricity, Gas, Water Supply	90350	0.45
建筑业 Construction	7119725	35.21
交通运输、仓储业 Transport, Storage	336120	1.66
信息技术业 Information, Technology	1220561	6.04
批发和零售贸易 Wholesale and Retail Trade	137660	0.68
金融、保险业 Finance, Insurance	2207653	10.92
房地产业 Real Estate	122016	0.60
社会服务业 Social Services	1206145	5.97
传播及文化产业 Transmission, Culture	120036	0.59
综合类 Conglomerat	0	0.00
合计	20219660	100.00

注：以发行日口径统计。
数据来源：上海、深圳证券交易所
Source: Shanghai、Shenzhen Stock Exchange

2－8　2009年A股IPO发行量地区分布

Regional Distribution of Issue Volume of A Shares IPO in 2009

地区 Region	发行量（万股） Issue Volume	比例(%) Percent	地区 Region	发行量（万股） Issue Volume	比例(%) Percent
安徽	6300	0.24	辽宁	1550	0.06
北京	2174590	83.52	内蒙古	0	0.00
福建	7500	0.29	宁夏	0	0.00
甘肃	1800	0.07	青海	0	0.00
广东	126523.71	4.86	山东	17660	0.68
广西	7300	0.28	山西	0	0.00
贵州	0	0.00	陕西	1500	0.06
海南	3950	0.15	上海	73900	2.84
河北	4340	0.17	四川	58740	2.26
河南	6750	0.26	天津	1259	0.05
黑龙江	1800	0.07	西藏	4100	0.16
湖北	12135	0.47	新疆	8250	0.32
湖南	12600	0.48	云南	0	0.00
吉林	0	0.00	浙江	38760	1.49
江苏	30168	1.16	重庆	2300	0.09
江西	0	0.00			

数据来源：上海、深圳证券交易所
Source：Shanghai、Shenzhen Stock Exchange

2－9　2009年A股IPO筹资金额地区分布表

Regional Distribution of A Shares IPO Raised Capital in 2009

地区 Region	筹资总额 Raised Capital		地区 Region	筹资总额 Raised Capital	
	金额(万元) Capital	(%)		金额(万元) Capital	(%)
安徽	100100	0.50	辽宁	61690	0.31
北京	11542401	57.09	内蒙古	0	0.00
福建	150879	0.75	宁夏	0	0.00
甘肃	25200	0.12	青海	0	0.00
广东	3022952	14.95	山东	288122	1.42
广西	145350	0.72	山西	0	0.00
贵州	0	0.00	陕西	29400	0.15
海南	132720	0.66	上海	1588024	7.85
河北	49910	0.25	四川	334370	1.65
河南	142076	0.70	天津	75540	0.37
黑龙江	59400	0.29	西藏	48421	0.24
湖北	237534	1.17	新疆	93255	0.46
湖南	276660	1.37	云南	0	0.00
吉林	0	0.00	浙江	765458	3.79
江苏	1012248	5.01	重庆	37950	0.19
江西	0	0.00			

数据来源：上海、深圳证券交易所
Source：Shanghai、Shenzhen Stock Exchange

2-10 1991—2009 年股票市场历史交易记录一览表

年份 Year			1991	1992	1993	1994	1995	1996	1997	1998
日收市综合指数 Daily Closing Composite Index	最高 high	上海 shanhai			1536.82	1033.47	897.42	1247.66	1500.40	1420.00
		日期 date			19930215	19940913	19950522	19961209	19970512	19980603
		深圳 shenzhen	136.94	312.21	359.44	242.06	169.66	473.02	517.91	441.04
		日期 date	19911114	19920526	19930222	19940107	19950522	19961211	19970512	19980603
	最低 low	上海 shanghai			778.33	333.92	532.49	516.46	876.495	1070.41
		日期 date			19931027	19940729	19950207	19960122	19970106	19980817
		深圳 shenzhen	45.66	107.08	203.91	96.56	112.63	105.34	305.81	317.10
		日期 date	19910906	19920116	19930721	19940729	19951228	19960122	19970106	19980818
	最大升幅% Increase	上海 shanghai			16.44	33.46	30.99	9.83	7.58	5.11
		日期 date			19930602	19940801	19950518	19961202	19970219	19980819
		深圳 shenzhen	19.27	12.02	12.43	31.29	28.28	11.04	6.55	5.87
		日期 date	19911009	19920413	19930824	19940801	19950518	19960426	19970620	19980819
	最大跌幅% decrease	上海 shanghai			−13.08	−12.68	−16.39	−9.91	−8.91	−8.36
		日期 date			19931220	19940809	19950523	19961216	19970218	19980817
		深圳 shenzhen	−18.63	−10.04	−11.80	−12.66	−17.21	−10.00	−9.75	−8.32
		日期 date	19911118	19921116	19930817	19941005	19950523	19961216	19970218	19980817
日成交金额(亿元) Daily Trading Value	最大 large	上海 shanghai			38.24	157.54	114.30	192.74	159.83	119.00
		日期 date			19931207	19940906	19950522	19961203	19970512	19980409
		深圳 shenzhen	1.1	5.06	22.71	74.49	42.15	189.57	215.81	101.37
		日期 date	19911113	19921201	19931118	19940906	19950522	19961120	19970507	19980511
	最小 Small	上海 shanghai			0.98	1.60	1.14	1.53	11.51	15.74
		日期 date			19930722	19940712	19950215	19960209	19971014	19981231
		深圳 shenzhen	0	0.11	0.02	0.03	0.02	0.51	11.59	14.77
		日期 date	19910420	19920202	19930717	19940707	19950617	19960207	19971007	19981231
市盈率 P/E Ratio	最高 high	上海 shanghai						42.784		
		日期 date						19961209		
		深圳 shenzhen	54.08	64.1	97.67	33.58	13.8	50.76	50.04	41.54
		日期 date	19910102	19920810	19930222	19940106	19950522	19961211	19970507	19980108
	最低 low	上海 shanghai						26.952		
		日期 date						19960912		
		深圳 shenzhen	11.46	21.3	28.56	7.37	8.52	8.84	31.56	28.31
		日期 date	19910906	19920405	19930721	19940729	19950510	19960122	19970819	19980818

数据来源:上海、深圳证券交易所
Source: Shanghai、Shenzhen Stock Exchange

Historical Summary of Stock Trading Records (1991—2009)

1999	2000	2001	2002	2003	2004	2005	2006	2007	2008	2009
1739.21	2119.44	2242.42	1732.93	1631.47	1777.52	1317.27	2675.47	6092.057	5497.90	3471.44
19990629	20001123	20010613	20020708	20030415	20040406	20050307	20061229	20071016	20080114	20090804
525.14	654.37	664.85	512.38	449.42	470.55	333.28	552.93	1567.74	1584.40	1240.64
19990629	20001123	20010613	20020624	20030415	20040407	20050309	20061229	20071008	20080115	20091204
1059.874	1406.371	1520.669	1357.654	1316.562	1260.316	1011.499	1180.963	2612.537	1706.70	1863.37
19990518	20000104	20011022	20021231	20031118	20040913	20050711	20060104	20070205	20081104	20090113
310.65	414.69	439.36	371.79	350.74	315.17	237.18	278.99	547.89	452.33	557.69
19990518	20000104	20011022	20020122	20031118	20040913	20050718	20060104	20070105	20081104	20090105
6.59	9.05	9.86	9.25	5.81	4.22	8.21	4.26	5.332	9.46	6.12
19990909	20000214	20011023	20020624	20030114	20040915	20050608	20060512	20070820	20080919	20090304
7.03	9.07	9.68	9.05	4.65	4.68	7.92	4.42	5.26	8.89	6.18
19990720	20000214	20011023	20020624	20030114	20040915	20050608	20060515	20070115	20080919	20090304
−7.61	−4.40	−5.27	−6.33	−3.04	−3.88	−3.76	−5.34	−8.841	−7.73	−6.75
19990701	20000316	20010730	20020128	20030513	20041014	20050818	20060607	20070227	20080610	20090831
−7.99	−4.75	−5.50	−6.59	−2.90	−4.99	−3.38	−5.79	−8.54	−8.02	−7.14
19990701	20000316	20010730	20020128	20030513	20041014	20050818	20060607	20070227	20080610	20090831
404.43	472.62	234.13	494.80	330.15	286.68	221.57	626.89	2712.94	1896.84	2969.29
19990625	20000217	20011024	20020624	20030416	20040924	20050818	20061206	20070530	20080424	20090729
353.36	408.34	187.97	325.87	189.41	185.24	137.72	341.23	1358.4	921.64	1781.92
19990625	20000217	20010323	20020624	20030416	20040924	20050818	20060516	20070530	20080108	20091124
11.62	42.92	27.27	26.60	27.24	31.67	36.75	67.63	502.08	217.96	461.01
19990104	20000927	20011115	20021008	20030103	20040907	20050707	20060313	20071123	20080909	20090105
10.51	46.73	14.41	16.15	17.59	17.45	24.74	37.05	241	89.79	246.16
19990104	20000925	20011115	20021209	20030922	20040907	20050104	20060314	20071123	20081103	20090105
47.391	59.997	62.347	44.402	41.242	43.196	25.188	33.301	71.380	61.94	29.86
19990629	20001123	20010417	20020708	20030415	20040406	20050308	20061229	20071016	20080114	20090804
48.05	57.63	57.21	47.97	41.57	40.46	24.68	32.72	73.8	76.13	46.72
19990629	20001123	20010103	20020624	20030602	20040220	20050113	20061229	20071009	20080115	20091203
7.797	38.005	34.98	31.29	31.776	24.081	14.923	16.599	32.844	13.89	15.20
19990428	20000114	20011022	20020128	20031112	20040913	20050711	20060104	20070105	20081104	20090113
28.05	37.42	36.53	31.36	33.27	24.38	14.66	16.63	32.99	13.52	17.32
19990208	20000104	20011022	20020122	20031118	20040913	20050718	20060104	20070104	20081104	20090105

2-11 1993—2009年全国股票交易统计表

	1993年	1994年	1995年	1996年	1997年	1998年
交易所会员总数 Number of Members	907	1046	1085	1066	840	659
其中:异地会员 Nonlocal Members	836	967	1002	986	773	632
上市公司数(个)Number of Listed Companies	183	291	323	530	745	851
上市股票数(只) Number of Listed Stocks	218	345	381	599	821	931
其中 A股 A Shares	177	287	311	514	720	825
B股 B Shares	41	58	70	85	101	106
发行总股本(亿股)	328.67	639.65	765.63	1110.73	1771.42	2345.35
其中 A股 A Shares	300.18	592.63	704.08	1025.23	1646.13	2203.96
B股 B Shares	28.49	47.01	61.55	85.49	125.29	141.37
流通股本(亿股) Negotiable Shares	81.61	185.63	234.98	345.56	560.82	740.94
A股 A Shares	57.13	144.40	178.98	267.14	443.24	607.01
B股 B Shares	24.48	41.22	45.99	78.41	117.57	133.91
流通市值(亿元) Nego. Market Capitalization	861.62	968.89	938.22	2867.03	5204.42	5745.59
A股 A Shares	683.03	813.87	790.94	2514.01	4856.08	5550.02
B股 B Shares	178.59	155.01	147.28	353.01	348.33	195.57
市价总值(亿元)Total Market Capitalization	3531.01	3690.61	3474.28	9842.38	17529.24	19505.64
其中 A股 A Shares	3318.67	3516.03	3310.57	9448.55	17154.19	19299.29
B股 B Shares	212.35	174.57	163.70	394.02	375.04	206.34
成交金额(亿元)Total Turnover	3627.20	8127.62	4036.45	21332.17	30721.83	23544.25
其中 A股 A Shares	3522.55	8003.08	3958.58	21052.29	30295.21	23417.72
B股 B Shares	104.65	124.55	77.86	279.87	426.62	126.52
成交量(百万股)Trading Volume	22656.47	101333.91	70530.78	253314.43	256001.89	215410.56
其中 A股 A Shares	20916.50	98802.40	68106.57	246492.91	247129.88	209250.08
B股 B Shares	1739.97	2531.51	2424.20	6821.52	8872.02	6160.48
最高上证综合指数 High Shanghai Composite Index	1558.95	1052.94	926.41	1258.69	1510.18	1422.98
上证A股指数 A Shares	1640.71	1092.85	972.03	1313.92	1578.61	1508.41
上证B股指数 B Shares	105.78	104.71	63.81	87.12	99.31	59.58
最低上证综合上证指数 Low Shanghai Composite Index	750.46	325.89	524.43	512.83	870.18	1043.02
上证A股指数 A Shares	765.58	321.20	539.86	527.85	905.50	1108.91
上证B股指数 B Shares	51.01	59.81	47.03	44.80	51.93	26.17
最高深证综合股价指数 High Shenzhen Composite Index	359.44	242.06	169.66	473.02	517.91	441.04
上证A股指数 A Shares	379.07	249.71	176.77	498.45	546.02	471.99
上证B股指数 B Shares	185.45	142.85	86.59	198.14	184.19	98.97
最低深证综合股价指数 Low Shenzhen Composite Index	203.91	96.56	112.63	105.34	305.81	317.10
上证A股指数 A Shares	214.89	95.26	116.32	107.93	319.25	341.00
上证B股指数 B Shares	80.63	85.07	59.40	58.97	92.79	49.88

数据来源:上海、深圳证券交易所
Source:Shanghai、Shenzhen Stock Exchange

Summary for Stocks Trading (1993—2009)

1999 年	2000 年	2001 年	2002 年	2003 年	2004 年	2005 年	2006 年	2007 年	2008 年	2009 年
628	631	547	437	382	350	328	329	265	233	221
603	603	521	406	348	315	290	289	232	—	—
949	1088	1160	1224	1287	1377	1381	1434	1550	1625	1718
1029	1174	1240	1310	1372	1463	1467	1520	1636	1711	1804
921	1010	1130	1199	1261	1353	1358	1411	1527	1602	1696
108	114	110	111	111	110	109	109	109	109	108
2908.85	3613.39	4838.35	5462.99	5997.93	6714.74	7163.54	12683.99	17000.45	18900.12	20606.26
2757.88	3439.60	4650.45	5283.64	5808.31	6505.83	6936.08	12445.65	16746.62	18629.77	20332.77
150.96	173.79	187.90	179.34	189.62	208.91	227.47	238.34	253.84	270.35	273.49
952.34	1233.32	1480.88	1679.94	1897.32	2194.15	2498.89	3444.50	4933.64	6964.97	14200.19
810.45	1078.33	1315.21	1508.43	1717.93	1996.65	2280.84	3215.54	4682.77	6696.76	13928.71
141.88	154.99	165.67	171.51	179.39	197.50	218.05	228.96	250.87	268.21	271.48
8213.96	16087.52	14463.17	12484.56	13178.52	11688.64	10630.52	25003.64	93064.35	45213.90	151258.65
7937.46	15524.21	13344.90	11718.75	12305.92	10998.47	10028.44	23731.26	90526.52	44419.11	149455.96
276.49	563.31	1118.28	765.81	872.60	690.17	602.08	1272.38	2537.83	794.79	1802.68
26471.17	48090.94	43522.20	38329.13	42457.71	37055.57	32430.28	89403.90	327140.89	121366.43	243939.12
26167.62	47455.75	42245.56	37526.56	41520.48	36309.35	31810.55	88113.96	324587.74	120566.55	242127.01
303.54	635.19	1276.65	802.57	937.23	746.22	619.73	1289.94	2553.15	799.88	1812.10
31319.60	60826.65	38305.18	27990.45	32115.27	42333.95	31664.78	90468.89	460556.23	267112.66	535986.77
31049.55	60278.67	33242.04	27142.04	31269.96	41576.19	31099.38	89217.11	454771.30	265890.43	533889.40
270.04	547.97	5063.13	848.41	845.30	757.76	565.40	1251.78	5784.93	1222.23	2097.37
293238.88	475838.21	315228.76	301619.49	416308.40	582773.29	662373.20	1614522.62	3640374.87	2413139.49	5110700.49
280974.70	455802.07	246340.74	285949.20	399228.05	567290.76	647087.49	1580861.88	3568392.58	2391277.76	5064891.36
12264.18	20036.13	68888.02	15670.29	17080.37	15482.53	15285.71	33660.76	71982.29	21861.73	45809.13
1756.18	2125.72	2245.44	1748.89	1649.60	1783.01	12.00	2698.90	6124.04	5522.78	3478.01
1860.86	2251.89	2341.02	1825.77	1725.71	1870.01	1394.58	2839.92	6429.68	5796.72	3651.20
62.56	89.90	241.61	171.72	131.41	122.94	84.22	130.44	394.21	373.77	267.76
1047.83	1361.21	1514.86	1339.20	1307.40	1259.43	998.23	1161.91	2541.53	1664.93	1844.09
1113.16	1446.12	1579.63	1397.01	1366.75	1321.16	1047.65	1221.80	2668.33	1749.02	1936.24
21.25	35.47	77.62	109.98	96.23	75.46	50.32	61.99	130.57	86.44	112.21
525.14	654.37	664.85	512.38	449.42	470.55	333.28	552.93	1567.74	1584.40	1240.64
561.56	703.97	698.10	540.59	472.88	490.56	344.05	572.04	1646.80	1667.91	1302.85
125.42	137.69	435.57	262.31	281.78	315.81	276.84	435.45	803.61	730.95	650.79
310.65	414.69	439.36	371.79	350.74	315.17	237.18	278.99	547.89	452.33	557.69
333.77	445.32	461.95	391.10	364.26	328.25	244.71	290.36	566.46	475.37	586.09
41.56	75.92	124.60	185.52	184.89	212.02	186.53	195.00	434.34	215.82	272.31

2－12　1993—2009 年上海股票交易情况统计表

	1993 年	1994 年	1995 年	1996 年	1997 年	1998 年	1999 年
交易所会员总数 Number of Members	481	550	553	524	467	330	310
其中:异地会员 Nonlocal Members	438	501	504	478	424	318	299
上市公司数(个)Number of Listed Companies	106	171	188	293	383	438	484
上市股票数(只) Number of Listed Stocks	123	203	220	329	422	477	525
其中A股　A Shares	101	169	184	287	372	425	471
B股　B Shares	22	34	36	42	50	52	54
发行总股本(亿股)Total Issued Capital	206.62	419.06	498.25	671.19	975.57	1280.35	1580.15
其中A股　A Shares	188.67	387.63	463.60	625.76	907.76	1206.11	1498.68
B股　B Shares	17.95	31.43	34.65	45.43	67.81	74.23	81.47
流通股本(亿股) Negotiable Shares	45.43	108.06	129.85	186.81	285.76	379.73	494.41
A股　A Shares	27.15	76.81	95.20	141.38	217.95	305.49	412.94
B股　B Shares	18.28	31.25	24.65	45.43	67.81	74.23	81.47
流通市值(亿元) Negotiable Market Capitalization	423.94	586.96	587.00	1408.74	2513.47	2947.45	4249.69
A股　A Shares	294.40	470.37	495.05	1247.06	2327.86	2846.92	4109.94
B股　B Shares	129.54	116.59	91.95	161.68	185.61	100.53	139.75
市价总值(亿元)Total Market Capitalization	2195.69	2600.13	2525.66	5477.81	9218.07	10625.91	14580.47
其中A股　A Shares	2067.66	2483.54	2433.71	5316.13	9032.45	10525.38	14440.72
B股　B Shares	128.04	116.59	91.95	161.88	185.61	100.53	139.75
成交金额(亿元)Total Turnover	2340.54	5735.07	3103.46	9114.82	13763.17	12386.11	16965.79
其中A股　A Shares	2261.68	5626.73	3042.63	9020.24	13550.24	12304.23	16826.20
B股　B Shares	78.86	108.35	60.83	94.57	212.93	81.88	139.59
成交量(百万股)Trading Volume	14741.81	65676.03	51382.72	110188.37	121568.19	112795.49	156038.27
其中A股　A Shares	13367.93	63432.75	49449.90	107400.20	116601.27	108541.93	148825.08
B股　B Shares	1373.88	2243.28	1932.82	2788.17	4966.92	4253.56	7213.19
最高综合股价指数 High Composite Index	1558.95	1052.94	926.41	1258.69	1510.18	1422.98	1756.18
其中A股　A Shares	1640.71	1092.85	972.03	1313.92	1578.61	1508.41	1860.86
B股　B Shares	105.78	104.71	63.81	87.12	99.31	59.58	62.56
最低综合股价指数 Low Composite Index	750.46	325.89	524.43	512.83	870.18	1043.02	1047.83
其中A股　A Shares	765.58	321.20	539.86	527.85	905.50	1108.91	1113.16
B股　B Shares	51.01	59.81	47.03	44.80	51.93	26.17	21.25

数据来源：上海证券交易所
Source：Shanghai Stock Exchange

Summary for Stocks Trading of Shanghai Stock Exchange（1993—2009）

2000年	2001年	2002年	2003年	2004年	2005年	2006年	2007年	2008年	2009年
305	263	200	177	161	151	153	142	· 109	107
293	253	186	161	144	133	135	126	—	—
572	646	715	780	837	834	842	860	864	870
614	690	759	824	881	878	886	904	908	914
559	636	705	770	827	824	832	850	854	860
55	54	54	54	54	54	54	54	54	54
2032.42	3164.44	3727.84	4170.39	4700.55	5023.05	10279.54	14173.10	15410.39	16659.96
1947.35	3073.76	3635.49	4075.54	4600.38	4919.54	10169.37	14057.73	15289.19	16536.42
85.07	90.68	92.35	94.85	100.17	103.51	110.17	115.38	121.19	123.54
648.99	837.53	992.53	1157.10	1366.58	1561.21	2254.48	3399.30	4916.04	11578.56
563.92	746.85	900.18	1062.25	1266.41	1457.70	2144.31	3283.92	4794.85	11455.02
85.07	90.68	92.35	94.85	100.17	103.51	110.17	115.38	121.19	123.54
8481.33	8382.11	7467.30	8201.14	7350.88	6754.61	16428.33	64532.17	32305.91	114805
8146.79	7726.06	7025.00	7796.87	7050.61	6514.55	15933.90	63190.57	31929.32	113949.64
334.54	656.06	442.30	404.27	300.27	240.06	494.43	1341.60	376.59	855.35
26930.86	27590.56	25363.72	29804.92	26014.34	23096.13	71612.38	269838.87	97251.91	184655.23
26596.32	26934.51	24921.42	29400.65	25714.07	22856.07	71117.95	268497.27	96875.31	183799.87
334.54	656.06	442.30	404.27	300.27	240.06	494.43	1341.60	376.59	855.35
31373.86	22709.38	16959.09	20824.14	26470.60	19240.21	57816.60	305434.29	180429.95	346511.91
31029.69	19876.84	16441.71	20541.24	26229.30	19061.49	57245.11	301960.29	179762.44	345443.26
344.17	2832.54	517.38	282.89	241.30	178.72	571.49	3473.99	667.51	1068.65
243765.39	181995.43	178109.61	269272.88	360774.17	398658.80	1028393.40	2432538.10	1631160.04	3367964.25
231087.66	142969.11	169353.26	263263.44	355087.88	392689.32	1012427.92	2393139.40	1620723.95	3347671.95
12677.73	39026.32	8756.35	6009.45	5686.29	5969.48	15965.49	39398.70	10436.09	20292.3
2125.72	2245.44	1748.89	1649.60	1783.01	1328.53	2698.90	6124.044	5522.78	3478.01
2251.89	2341.02	1825.77	1725.71	1870.01	1394.58	2839.92	6429.680	5796.72	3651.20
89.90	241.61	171.72	131.41	122.94	84.22	130.44	394.210	373.77	267.76
1361.21	1514.86	1339.20	1307.40	1259.43	998.23	1161.91	2541.525	1664.93	1844.09
1446.12	1579.63	1397.01	1366.75	1321.16	1047.65	1221.80	2668.334	1749.02	1936.24
35.47	77.62	109.98	96.23	75.46	50.32	61.99	130.566	86.44	112.21

2-13 1993—2009年深圳股票交易情况统计表

	1993年	1994年	1995年	1996年	1997年	1998年	1999年
交易所会员总数 Number of Members	426	496	532	542	373	329	318
其中:异地会员 Nonlocal Members	398	466	498	508	349	314	304
上市公司数(个)Number of Listed Companies	77	120	135	237	362	413	465
上市股票数(只) Number of Listed Stocks	95	142	161	270	399	454	504
其中 A股 A Shares	76	118	127	227	348	400	450
B股 B Shares	19	24	34	43	51	54	54
发行总股本(亿股)Total Issued Capital	122.05	220.59	267.38	439.54	795.85	1065.00	1328.70
其中 A股 A Shares	111.51	205.00	240.48	399.47	738.37	997.85	1259.20
B股 B Shares	10.54	15.58	26.90	40.06	57.48	67.14	69.49
流通股本(亿股) Negotiable Shares	36.18	77.57	105.13	158.75	275.06	361.21	457.93
A股 A Shares	29.98	67.59	83.78	125.76	225.29	301.52	397.51
B股 B Shares	6.20	9.97	21.34	32.98	49.76	59.68	60.41
流通市值(亿元) Negotiable Market Capitalization	437.68	381.93	351.22	1458.29	2690.95	2798.14	3964.27
A股 A Shares	388.63	343.50	295.89	1266.95	2528.22	2703.10	3827.52
B股 B Shares	49.05	38.42	55.33	191.33	162.72	95.04	136.74
市价总值(亿元)Total Market Capitalization	1335.32	1090.48	948.62	4364.57	8311.17	8879.73	11890.70
A股 A Shares	1251.01	1032.49	876.86	4132.42	8121.74	8773.91	11726.90
B股 B Shares	84.31	57.98	71.75	232.14	189.43	105.81	163.79
成交金额(亿元)Total Turnover	1286.66	2392.55	932.99	12217.35	16958.66	11158.14	14353.81
A股 A Shares	1260.87	2376.35	915.95	12032.05	16744.97	11113.49	14223.35
B股 B Shares	25.79	16.20	17.03	185.30	213.69	44.64	130.45
成交量(百万股)Trading Volume	7914.66	35657.88	19148.06	143126.06	134433.70	102615.07	137200.61
A股 A Shares	7548.57	35369.65	18656.67	139092.71	130528.61	100708.15	132149.62
B股 B Shares	366.09	288.23	491.38	4033.35	3905.10	1906.92	5050.99
最高综合股价指数 High Composite Index	359.44	242.06	169.66	473.02	517.91	441.04	525.14
A股 A Shares	379.07	249.71	176.77	498.45	546.02	471.99	561.56
B股 B Shares	185.45	142.85	86.59	198.14	184.19	98.97	125.42
最低综合股价指数 Low Composite Index	203.91	96.56	112.63	105.34	305.81	317.10	310.65
A股 A Shares	214.89	95.26	116.32	107.93	319.25	341.00	333.77
B股 B Shares	80.63	85.07	59.40	58.97	92.79	49.88	41.56

数据来源:深圳证券交易所
Source: Shenzhen Stock Exchange

Summary for Stocks Trading of Shenzhen Stock Exchange（1993—2009）

2000 年	2001 年	2002 年	2003 年	2004 年	2005 年	2006 年	2007 年	2008 年	2009 年
326	284	237	205	189	177	176	123	124	114
310	268	220	187	171	157	154	106	—	97
516	514	509	507	540	547	592	690	761	848
560	550	551	548	582	589	634	732	803	890
451	494	494	491	526	534	579	677	748	836
59	56	57	57	56	55	55	55	55	54
1580.97	1673.91	1735.15	1827.54	2014.19	2140.49	2404.45	2827.35	3489.74	3946.30
1492.25	1576.69	1648.15	1732.77	1905.45	2016.54	2276.28	2688.89	3340.58	3796.35
88.72	97.22	86.99	94.77	108.74	123.96	128.17	138.46	149.16	149.95
584.33	643.35	687.41	740.22	827.57	937.68	1190.02	1534.34	2048.93	2621.63
514.41	568.36	608.25	655.68	730.24	823.14	1071.23	1398.85	1901.91	2473.69
69.92	74.99	79.16	84.54	97.33	114.54	118.79	135.49	147.02	147.94
7606.19	6081.06	5017.26	4977.38	4337.76	3875.91	8575.31	28532.18	12907.99	36453.65
7377.42	5618.84	4693.75	4509.05	3947.86	3513.89	7797.36	27335.95	12489.79	35506.32
228.77	462.22	323.51	468.33	389.90	362.02	777.95	1196.23	418.20	947.33
21160.08	15931.64	12965.41	12652.79	11041.23	9334.15	17791.52	57302.02	24114.53	59283.89
20859.43	15311.05	12605.14	12119.83	10595.28	8954.48	16996.01	56090.47	23691.24	58327.14
300.65	620.59	360.27	532.96	445.95	379.67	795.51	1211.55	423.29	956.75
29452.79	15595.80	11031.36	11291.13	15863.35	12424.57	32652.29	155121.94	86682.71	189474.86
29248.98	13365.20	10700.33	10728.72	15346.89	12037.89	31972.00	152811.01	86127.99	188446.14
203.80	2230.59	331.03	562.41	516.46	386.68	680.29	2310.94	554.72	1028.72
232072.82	133233.33	123509.88	147035.52	221999.12	263714.40	586129.22	1207836.77	781979.45	1742736.24
224714.41	103371.63	116595.94	135964.61	212202.88	254398.17	568433.96	1175253.18	770553.81	1717219.41
7358.40	29861.70	6913.94	11070.92	9796.24	9316.23	17695.27	32583.59	11425.64	25516.83
654.37	664.85	512.38	449.42	470.55	333.28	552.93	1567.74	1584.40	1240.64
703.97	698.10	540.59	472.88	490.56	344.05	572.04	1646.80	1667.91	1302.85
137.69	435.57	262.31	281.78	315.81	276.84	435.45	803.61	730.95	650.79
414.69	439.36	371.79	350.74	315.17	237.18	278.99	547.89	452.33	557.69
445.32	461.95	391.10	364.26	328.25	244.71	290.36	566.46	475.37	586.09
75.92	124.60	185.52	184.89	212.02	186.53	195.00	434.34	215.82	272.31

2-14 2009年境外股票发行情况一览表

Summary of H Shares Offering in 2009

公司简称 Issuer	发行量(百万股) Issue Volume (Mil shares)	发行价(港元) Issue Price (HK $)	筹资金额(百万港元) Raised Capital (HK $mil)	上市时间 Listing Date	上市地点 Listing Venue
中国建材**	298.56	7.85	2343.7	2009-2-6	香港主板
东方航空**	1437.38	1.13	1630.3	2009-6-26	香港主板
北京金隅	1073.33	6.38	6847.9	2009-7-29	香港主板
比亚迪**	225.00	8.00	1800.0	2009-7-30	香港主板
南方航空**	721.15	1.13	818.3	2009-8-21	香港主板
中国国药	627.55	16.00	10040.8	2009-9-23	香港主板
中国中冶	2871.00	6.35	18230.9	2009-9-24	香港主板
民生银行	3439.28	9.08	31228.6	2009-11-25	香港主板
天大石油管材**	50.27	4.00	201.1	2009-12-3	香港主板
龙源电力	2464.29	8.16	20108.6	2009-12-10	香港主板
东方航空**	490.00	1.56	764.4	2009-12-10	香港主板
中国太保	990.00	28.00	27720.0	2009-12-23	香港主板
小 计	14687.81	97.64	121734.60		
南京三宝**	30.60	4.00	122.4	2009-6-9	香港创业板
天元铝业**	840.05	0.12	100.8	2009-11-25	香港创业板
小 计	870.65	4.12	223.20		
合 计	15558.46	101.76	121957.80		

注：**为增资发行,其余为IPO发行。
数据来源：中国证监会
Source：CSRC

2－15　2009年全国股票分行业成交量、成交额

Trading Volume and Value for Stocks in 2009 (Categorized by Industries)

行　业 Industry	成交数量 Trading Volume (10000)		成交金额 Trading Turnover (10000)	
	数量(万股)	(%)	金额(万元)	(%)
合计 Total	511070047.87	100.00	5359867648.88	100.00
其中：15000万股以上	495058954.86	96.87	5135732119.35	95.82
5000万股—15000万股	15935802.89	3.12	223615783.49	4.17
5000万股以下	75290.94	0.01	519746.05	0.01
农、林、牧、副、渔业 Agriculture,Forestry,Fishing and Hunting	10168834.46	1.99	96056952.14	1.79
采掘业 Mining	26422311.40	5.17	476163687.75	8.88
食品、饮料 Food,Beverage	16917996.53	3.31	201098000.40	3.75
纺织、服装、毛皮 Textile,Apparel,Leather	17709247.97	3.47	136701822.57	2.55
木材、家具 Wood Product	1581846.92	0.31	10398280.52	0.19
造纸、印刷 Paper,Printing	8480529.20	1.66	70488336.60	1.32
石油、化学、橡胶、塑料 Petroleum,Chemical Product,Plastics,Rubber	41436466.73	8.11	407576611.80	7.60
电子 Electrical Equipment	19635941.98	3.84	144583219.69	2.70
金属、非金属 Metal,Nonmetallic Mineral Product	54496925.70	10.66	552322497.66	10.30
机械、设备、仪表 Machinery,Equipment,Meter	60566241.60	11.85	675088284.83	12.60
医药、生物 Medicine,Biologic Product	21703073.60	4.25	263913960.66	4.92
其他制造业 Other Manufacuring	6104861.29	1.19	57591591.47	1.07
电力、蒸汽及水的生产及供应业 Electricity,Gas,Water Supply	20721720.62	4.05	177710195.47	3.32
建筑业 Construction	18198353.00	3.56	148164228.93	2.76
交通运输、仓储业 Transport,Storage	31261358.66	6.12	251673132.69	4.70
信息技术业 Information,Technology	23839458.53	4.66	241444028.22	4.50
批发和零售贸易 Wholesale and Retail Trade	19207862.69	3.76	211915221.35	3.95
金融、保险业 Finance,Insurance	44657191.65	8.74	589007578.43	10.99
房地产业 Real Estate	29120603.64	5.70	312401959.96	5.83
社会服务业 Social Services	12386610.96	2.42	114235789.17	2.13
传播及文化产业 Transmission,Culture	2430590.71	0.48	30271347.53	0.56
综合类 Conglomerat	24022020.87	4.70	191060921.02	3.56

数据来源：上海、深圳证券交易所
Source: Shanghai、Shenzhen Stock Exchange

2-16 2009年上海股票分行业成交量、成交额

Trading Volume and Value of Shanghai Stock Exchange in 2009 (Categorized by Industries)

行业 Industry	成交数量 Trading Volume (10000)		成交金额 Trading Turnover (10000)	
	数量(万股)	(%)	金额(万元)	(%)
合计 Total	336796424.87	100.00	3465119071.08	100.00
其中:15000万股以上	330316003.33	98.08	3392751666.10	97.91
5000万股—15000万股	6456130.72	1.92	72269606.57	2.09
5000万股以下	24290.82	0.01	97798.42	0.01
农、林、牧、副、渔业 Agriculture,Forestry,Fishing and Hunting	6840314.97	2.03	60673325.64	1.75
采掘业 Mining	21915613.26	6.51	387416325.10	11.18
食品、饮料 Food,Beverage	10413676.53	3.09	112853484.59	3.26
纺织、服装、毛皮 Textile,Apparel,Leather	11396885.60	3.38	89715793.66	2.59
木材、家具 Wood Product	1102060.33	0.33	6763020.55	0.20
造纸、印刷 Paper,Printing	4917832.79	1.46	37017803.87	1.07
石油、化学、橡胶、塑料 Petroleum,Chemical Product,Plastics,Rubber	20719789.23	6.15	201850182.71	5.83
电子 Electrical Equipment	9489966.89	2.82	65253862.48	1.88
金属、非金属 Metal,Nonmetallic Mineral Product	32748213.17	9.72	311650867.62	8.99
机械、设备、仪表 Machinery,Equipment,Meter	34894440.23	10.36	373813493.21	10.79
医药、生物 Medicine,Biologic Product	12678099.31	3.76	139161017.80	4.02
其他制造业 Other Manufacuring	4385983.61	1.30	37178148.50	1.07
电力、蒸汽及水的生产及供应业 Electricity,Gas,Water Supply	14109452.43	4.19	126254641.69	3.64
建筑业 Construction	15984755.21	4.75	123838701.35	3.57
交通运输、仓储业 Transport,Storage	26638869.29	7.91	211233491.48	6.10
信息技术业 Information,Technology	16514177.35	4.90	144103853.10	4.16
批发和零售贸易 Wholesale and Retail Trade	12890570.41	3.83	145414672.25	4.20
金融、保险业 Finance,Insurance	41163278.05	12.22	525368851.22	15.16
房地产业 Real Estate	13676880.74	4.06	156034849.11	4.50
社会服务业 Social Services	6529911.01	1.94	58673199.81	1.69
传播及文化产业 Transmission,Culture	1648333.58	0.49	19606639.89	0.57
综合类 Conglomerat	16137320.89	4.79	131242845.45	3.79

数据来源:上海证券交易所
Source: Shanghai Stock Exchange

2－17　2009年深圳股票分行业成交量、成交额

Trading Volume and Value of Shenzhen Stock Exchange in 2009 (Categorized by Industries)

行　　业 Industry	成交数量 Trading Volume (10000)		成交金额 Trading Turnover (10000)	
	数量(万股)	(%)	金额(万元)	(%)
合计　Total	174273623.00	100.00	1894748577.80	100.00
其中：15000万股以上	164742951.53	94.53	1742980453.25	91.99
5000万股—15000万股	9479672.17	5.44	151346176.92	7.99
5000万股以下	51000.12	0.03	421947.63	0.02
农、林、牧、副、渔业 Agriculture, Forestry, Fishing and Hunting	3328519.49	1.91	35383626.50	1.87
采掘业 Mining	4506698.14	2.59	88747362.65	4.68
食品、饮料 Food, Beverage	6504320.00	3.73	88244515.81	4.66
纺织、服装、毛皮 Textile, Apparel, Leather	6312362.37	3.62	46986028.91	2.48
木材、家具 Wood Product	479786.59	0.28	3635259.97	0.19
造纸、印刷 Paper, Printing	3562696.41	2.04	33470532.73	1.77
石油、化学、橡胶、塑料 Petroleum, Chemical Product, Plastics, Rubber	20716677.50	11.89	205726429.09	10.86
电子 Electrical Equipment	10145975.09	5.82	79329357.21	4.19
金属、非金属 Metal, Nonmetallic Mineral Product	21748712.53	12.48	240671630.04	12.70
机械、设备、仪表 Machinery, Equipment, Meter	25671801.37	14.73	301274791.62	15.90
医药、生物 Medicine, Biologic Product	9024974.29	5.18	124752942.86	6.58
其他制造业 Other Manufacuring	1718877.68	0.99	20413442.97	1.08
电力、蒸汽及水的生产及供应业 Electricity, Gas, Water Supply	6612268.19	3.79	51455553.78	2.72
建筑业 Construction	2213597.79	1.27	24325527.58	1.28
交通运输、仓储业 Transport, Storage	4622489.37	2.65	40439641.21	2.13
信息技术业 Information, Technology	7325281.18	4.20	97340175.12	5.14
批发和零售贸易 Wholesale and Retail Trade	6317292.28	3.62	66500549.10	3.51
金融、保险业 Finance, Insurance	3493913.60	2.00	63638727.21	3.36
房地产业 Real Estate	15443722.90	8.86	156367110.85	8.25
社会服务业 Social Services	5856699.95	3.36	55562589.36	2.93
传播及文化产业 Transmission, Culture	782257.13	0.45	10664707.64	0.56
综合类 Conglomerat	7884699.98	4.52	59818075.57	3.16

数据来源：深圳证券交易所
Source: Shenzhen Stock Exchange

2－18　2009 年全国股票每日成交量、成交额

日期 Date	1月 Jan.		2月 Feb.		3月 Mar.		4月 Apr.		5月 May.		6月 Jun.	
	成交额 Turnover	成交量 Volume	成交额 Turnover	成交量 Volume	成交额 Turnover	成交量 Volume	成交额 Turnover	成交量 Volume	成交额 Turnover	成交量 Volume	成交额 Turnover	成交量 Volume
1	0.00	0.00	0.00	0.00	0.00	0.00	2507.13	269.52	0.00	0.00	2254.21	214.13
2	0.00	0.00	949.59	131.39	1117.39	136.29	2583.71	277.95	0.00	0.00	2369.50	228.92
3	0.00	0.00	1478.54	205.71	1247.23	152.15	2375.50	253.01	0.00	0.00	2391.26	232.49
4	0.00	0.00	1670.87	228.95	1919.50	229.33	0.00	0.00	2183.18	228.15	2641.96	253.15
5	707.17	101.35	1896.03	251.85	2266.61	265.36	0.00	0.00	2271.21	236.69	2349.03	222.39
6	1054.06	148.64	1868.58	247.50	1568.05	184.20	0.00	0.00	2363.82	242.56	0.00	0.00
7	978.68	138.90	0.00	0.00	0.00	0.00	1790.78	187.58	2693.86	275.12	0.00	0.00
8	876.48	120.85	0.00	0.00	0.00	0.00	2049.73	219.41	2408.62	248.78	2086.62	200.34
9	820.90	111.83	2321.23	295.43	1548.64	185.10	1636.94	173.40	0.00	0.00	2034.16	201.96
10	0.00	0.00	2114.76	267.54	1044.28	126.63	2364.43	241.02	0.00	0.00	2167.62	220.18
11	0.00	0.00	2649.08	319.98	1325.12	156.82	0.00	0.00	2600.76	269.84	1991.22	201.74
12	951.13	130.69	2180.76	266.85	1085.42	133.12	0.00	0.00	1726.30	184.96	1880.50	193.99
13	804.33	116.00	2513.37	303.95	1070.20	126.65	2806.17	285.70	2190.71	220.29	0.00	0.00
14	972.88	132.22	0.00	0.00	0.00	0.00	2525.82	256.65	1877.44	192.79	0.00	0.00
15	1248.92	173.24	0.00	0.00	0.00	0.00	2700.43	277.39	1671.96	173.89	1644.48	159.25
16	1464.57	195.96	2698.11	318.93	933.87	111.96	2702.96	285.97	0.00	0.00	1641.14	155.34
17	0.00	0.00	2542.80	297.59	1707.16	198.06	2422.78	248.86	0.00	0.00	1830.04	173.02
18	0.00	0.00	2054.38	244.61	1956.25	227.14	0.00	0.00	1776.81	180.61	2215.25	206.78
19	1178.49	157.93	1673.32	198.94	1921.23	219.34	0.00	0.00	2280.01	227.02	2293.98	226.58
20	839.08	113.65	1709.07	199.37	2052.30	229.65	2187.95	232.89	2148.51	215.31	0.00	0.00
21	1045.74	134.70	0.00	0.00	0.00	0.00	2398.49	255.64	2106.10	211.99	0.00	0.00
22	1021.53	135.76	0.00	0.00	0.00	0.00	2660.13	287.03	1523.67	151.76	2206.87	215.69
23	952.83	130.36	2120.01	245.10	2275.17	244.41	1723.87	188.79	0.00	0.00	2105.84	209.12
24	0.00	0.00	2460.98	285.44	2247.53	244.54	1665.45	174.02	0.00	0.00	2178.42	205.72
25	0.00	0.00	2052.06	235.49	1984.31	217.23	0.00	0.00	1788.02	175.80	1970.64	183.07
26	0.00	0.00	1948.65	228.00	2045.89	225.66	0.00	0.00	1882.38	182.07	1755.91	167.38
27	0.00	0.00	1487.84	187.64	2378.89	269.11	1560.32	170.98	1582.42	158.65	0.00	0.00
28	0.00	0.00	0.00	0.00	0.00	0.00	1377.67	144.40	0.00	0.00	0.00	0.00
29	0.00	0.00	0.00	0.00	0.00	0.00	1787.15	188.25	0.00	0.00	2063.58	194.55
30	0.00	0.00	0.00	0.00	1890.20	208.07	1912.73	199.91	0.00	0.00	2106.60	188.35
31	0.00	0.00	0.00	0.00	1969.52	210.88	0.00	0.00	0.00	0.00	0.00	0.00

数据来源：上海、深圳证券交易所
Source：Shanghai、Shenzhen Stock Exchange

Daily Trading Volume and Value of Stocks in 2009

7月 Jul.		8月 Aug.		9月 Sep.		10月 Oct.		11月 Nov.		12月 Dec.	
成交额 Turnover	成交量 Volume	成交额 Turnover	成交量 Volume	成交额 Turnover	成交量 Volume	成交额 Turnover	成交量 Volume	成交额 Turnover	成交量 Volume	成交额 Turnover	成交量 Volume
2278.53	207.27	0.00	0.00	1555.64	147.64	0.00	0.00	0.00	0.00	3112.91	255.64
2665.59	240.42	0.00	0.00	1325.42	124.89	0.00	0.00	2544.05	214.23	3372.51	273.54
2676.10	243.04	3591.35	299.00	2083.52	191.76	0.00	0.00	2902.54	245.29	3154.02	249.81
0.00	0.00	3808.05	316.06	2143.02	191.63	0.00	0.00	2811.75	238.93	4078.62	326.53
0.00	0.00	3634.73	300.18	0.00	0.00	0.00	0.00	2544.74	226.21	0.00	0.00
2995.02	269.34	3292.82	264.63	0.00	0.00	0.00	0.00	2978.64	257.30	0.00	0.00
2797.48	262.52	2791.20	229.32	2252.47	197.72	0.00	0.00	0.00	0.00	2720.03	212.42
2527.70	229.40	0.00	0.00	2269.65	193.39	0.00	0.00	0.00	0.00	2697.20	216.37
2812.07	254.20	0.00	0.00	2434.85	200.82	1458.16	129.40	2555.18	218.14	2274.39	180.44
2761.05	249.75	2310.30	188.44	1909.50	163.78	0.00	0.00	2648.00	223.18	1897.31	149.81
0.00	0.00	1887.17	155.40	2154.26	186.03	0.00	0.00	2334.04	198.47	1876.75	149.00
0.00	0.00	2374.45	199.49	0.00	0.00	1557.11	134.39	2495.26	216.60	0.00	0.00
2659.50	239.67	2071.54	172.02	0.00	0.00	1388.78	122.67	2701.50	232.29	0.00	0.00
2766.09	248.01	2210.98	187.31	2519.77	221.02	2170.05	191.47	0.00	0.00	2244.25	179.80
3314.38	292.34	0.00	0.00	2540.23	222.58	1752.21	152.38	0.00	0.00	2094.91	162.56
3324.01	285.50	0.00	0.00	2624.29	225.71	1664.78	143.23	3676.76	306.82	1973.09	155.99
2839.43	246.84	2057.09	185.84	2762.09	242.80	0.00	0.00	3146.90	258.25	1994.53	161.18
0.00	0.00	1734.90	156.13	2884.71	258.29	0.00	0.00	2960.38	249.30	1912.05	157.21
0.00	0.00	1842.19	170.19	0.00	0.00	2268.48	189.62	3207.99	272.62	0.00	0.00
3509.99	295.76	1849.97	166.00	0.00	0.00	2646.49	220.91	3266.63	276.25	0.00	0.00
3460.11	293.87	2105.68	189.99	2259.33	203.17	2481.37	211.81	0.00	0.00	1430.09	113.79
3069.84	252.48	0.00	0.00	2176.07	189.17	1994.97	170.80	0.00	0.00	1627.60	130.67
2962.97	252.25	0.00	0.00	1870.90	166.18	2548.50	220.00	3291.22	265.10	1482.97	121.52
3323.65	279.31	2151.11	187.56	1726.92	155.17	0.00	0.00	4689.69	386.15	2026.04	157.98
0.00	0.00	2427.07	216.78	1260.49	114.66	0.00	0.00	3550.86	295.15	1734.81	134.02
0.00	0.00	2226.29	198.96	0.00	0.00	2189.97	185.73	4174.10	342.83	0.00	0.00
3524.13	286.34	2250.23	207.85	0.00	0.00	2291.88	192.83	2883.37	238.30	0.00	0.00
3748.05	307.40	2021.52	181.41	1185.44	109.63	1875.55	161.43	0.00	0.00	1827.75	143.76
4291.39	384.08	0.00	0.00	1175.54	113.36	1911.01	170.81	0.00	0.00	1949.67	158.62
3282.88	286.03	0.00	0.00	1084.15	100.02	2172.90	171.09	2647.78	215.97	2475.83	191.79
3306.20	280.60	1898.90	176.77	0.00	0.00	0.00	0.00	0.00	0.00	2157.70	170.48

2-19 2009年上海股票每日成交量、成交额

日期 Date	1月 Jan.		2月 Feb.		3月 Mar.		4月 Apr.		5月 May.		6月 Jun.	
	成交额 Turnover	成交量 Volume	成交额 Turnover	成交量 Volume	成交额 Turnover	成交量 Volume	成交额 Turnover	成交量 Volume	成交额 Turnover	成交量 Volume	成交额 Turnover	成交量 Volume
1	0.00	0.00	0.00	0.00	0.00	0.00	1665.68	179.89	0.00	0.00	1567.13	148.20
2	0.00	0.00	618.19	84.77	722.15	87.47	1725.93	188.42	0.00	0.00	1616.17	156.48
3	0.00	0.00	967.13	134.41	800.35	97.84	1572.20	170.25	0.00	0.00	1600.60	155.81
4	0.00	0.00	1108.48	151.90	1280.75	154.97	0.00	0.00	1465.57	153.37	1799.29	171.45
5	461.01	67.14	1246.08	165.48	1547.26	182.79	0.00	0.00	1515.98	158.53	1541.21	146.76
6	691.54	99.26	1207.66	161.02	1056.59	124.07	0.00	0.00	1548.52	160.81	0.00	0.00
7	641.41	92.60	0.00	0.00	0.00	0.00	1168.81	124.31	1749.51	181.81	0.00	0.00
8	550.95	80.38	0.00	0.00	0.00	0.00	1356.41	146.81	1563.78	162.05	1392.98	133.54
9	505.75	72.02	1507.11	192.50	1038.24	124.33	1069.08	113.43	0.00	0.00	1336.02	132.80
10	0.00	0.00	1357.08	172.62	696.39	84.49	1556.16	157.59	0.00	0.00	1443.41	145.43
11	0.00	0.00	1723.75	209.38	888.56	104.62	0.00	0.00	1723.65	178.31	1328.58	134.33
12	596.93	83.83	1423.76	174.24	710.61	87.50	0.00	0.00	1135.35	123.01	1241.44	128.02
13	493.03	73.89	1646.03	199.86	710.86	83.50	1878.32	191.44	1449.95	145.91	0.00	0.00
14	642.34	87.99	0.00	0.00	0.00	0.00	1621.80	165.36	1217.78	125.12	0.00	0.00
15	832.25	115.98	0.00	0.00	0.00	0.00	1752.16	182.06	1066.36	110.91	1087.62	106.39
16	1001.46	133.27	1782.02	211.63	613.73	73.43	1753.93	186.17	0.00	0.00	1084.96	103.63
17	0.00	0.00	1693.60	198.27	1122.39	130.81	1577.44	161.79	0.00	0.00	1182.57	111.04
18	0.00	0.00	1354.89	162.65	1260.13	147.25	0.00	0.00	1178.79	119.21	1472.76	138.85
19	811.93	109.51	1087.15	130.27	1280.95	146.21	0.00	0.00	1483.07	147.52	1513.28	153.03
20	557.67	74.77	1094.49	129.25	1338.60	150.70	1407.28	148.09	1379.78	138.50	0.00	0.00
21	681.12	87.34	0.00	0.00	0.00	0.00	1551.09	164.83	1392.87	139.39	0.00	0.00
22	666.52	88.42	0.00	0.00	0.00	0.00	1777.50	194.09	994.52	99.53	1480.20	146.97
23	629.37	85.97	1386.33	160.29	1506.26	160.28	1133.24	126.15	0.00	0.00	1447.36	144.70
24	0.00	0.00	1584.22	183.94	1498.16	162.87	1091.59	114.07	0.00	0.00	1466.06	140.59
25	0.00	0.00	1317.84	152.41	1321.75	144.91	0.00	0.00	1128.08	112.04	1294.37	119.75
26	0.00	0.00	1277.09	148.96	1421.77	158.66	0.00	0.00	1181.89	114.58	1153.29	109.60
27	0.00	0.00	981.05	122.91	1624.97	186.67	1036.67	113.36	1035.56	103.50	0.00	0.00
28	0.00	0.00	0.00	0.00	0.00	0.00	911.51	94.92	0.00	0.00	0.00	0.00
29	0.00	0.00	0.00	0.00	0.00	0.00	1216.03	126.80	0.00	0.00	1372.02	128.80
30	0.00	0.00	0.00	0.00	1270.29	139.94	1284.32	131.19	0.00	0.00	1437.98	125.92
31	0.00	0.00	0.00	0.00	1355.37	142.97	0.00	0.00	0.00	0.00	0.00	0.00

数据来源：上海证券交易所
Source：Shanghai Stock Exchange

Daily Trading Volume and Value of Shanghai Stock Exchange in 2009

成交额：亿元；成交量：亿股

7月 Jul.		8月 Aug.		9月 Sep.		10月 Oct.		11月 Nov.		12月 Dec.	
成交额 Turnover	成交量 Volume	成交额 Turnover	成交量 Volume	成交额 Turnover	成交量 Volume	成交额 Turnover	成交量 Volume	成交额 Turnover	成交量 Volume	成交额 Turnover	成交量 Volume
1540.95	138.55	0.00	0.00	1019.80	98.38	0.00	0.00	0.00	0.00	1914.45	165.50
1812.26	162.10	0.00	0.00	883.11	84.00	0.00	0.00	1549.38	137.31	2041.78	175.41
1775.80	159.59	2364.97	200.92	1392.83	130.46	0.00	0.00	1704.96	150.72	1895.21	159.55
0.00	0.00	2511.25	211.49	1424.46	129.16	0.00	0.00	1639.65	145.41	2576.39	216.12
0.00	0.00	2411.45	202.68	0.00	0.00	0.00	0.00	1556.71	145.89	0.00	0.00
2041.05	183.40	2170.47	174.89	0.00	0.00	0.00	0.00	1811.10	163.64	0.00	0.00
1883.59	179.10	1849.76	153.17	1468.19	131.26	0.00	0.00	0.00	0.00	1720.63	140.23
1708.92	155.70	0.00	0.00	1488.48	128.25	0.00	0.00	0.00	0.00	1629.87	137.44
1847.62	167.81	0.00	0.00	1534.49	130.90	933.63	85.76	1587.76	139.20	1364.83	115.25
1784.66	161.54	1532.37	126.89	1169.60	105.89	0.00	0.00	1630.61	142.53	1128.80	94.56
0.00	0.00	1230.58	104.12	1380.54	123.28	0.00	0.00	1446.71	126.99	1077.94	91.71
0.00	0.00	1575.03	134.45	0.00	0.00	1000.21	88.27	1526.13	138.08	0.00	0.00
1730.16	156.83	1387.14	116.98	0.00	0.00	888.03	80.28	1656.42	151.27	0.00	0.00
1785.48	162.02	1464.79	125.87	1571.34	143.74	1416.09	129.66	0.00	0.00	1393.43	118.26
2188.96	196.94	0.00	0.00	1601.07	144.54	1106.59	98.76	0.00	0.00	1262.34	101.61
2184.33	191.25	0.00	0.00	1684.16	147.51	1047.75	92.23	2292.93	200.91	1235.05	104.18
1868.90	164.93	1375.13	125.06	1785.09	161.15	0.00	0.00	1948.50	166.14	1238.78	105.69
0.00	0.00	1184.22	106.82	1814.59	168.08	0.00	0.00	1815.61	158.69	1166.57	102.00
0.00	0.00	1225.03	114.72	0.00	0.00	1406.33	120.64	1950.00	174.87	0.00	0.00
2345.68	199.15	1222.46	110.22	0.00	0.00	1676.78	143.96	2015.65	176.91	0.00	0.00
2323.02	197.58	1379.63	126.88	1458.35	136.32	1553.39	135.70	0.00	0.00	902.30	74.57
2060.93	168.41	0.00	0.00	1379.42	124.18	1196.88	103.13	0.00	0.00	995.05	85.13
1955.73	166.52	0.00	0.00	1169.45	107.79	1573.69	138.65	2046.05	170.22	909.15	80.09
2237.74	189.86	1392.50	123.12	1115.72	103.05	0.00	0.00	2907.77	250.21	1235.47	102.68
0.00	0.00	1610.71	145.40	813.39	75.35	0.00	0.00	2182.96	189.32	1014.85	84.55
0.00	0.00	1437.88	130.48	0.00	0.00	1314.33	114.88	2555.41	218.76	0.00	0.00
2406.70	197.69	1452.92	136.79	0.00	0.00	1398.44	120.91	1723.20	149.03	0.00	0.00
2441.11	204.60	1340.50	123.40	754.93	71.88	1141.91	100.97	0.00	0.00	1106.25	91.23
2969.29	275.80	0.00	0.00	743.10	73.58	1173.50	110.34	0.00	0.00	1172.85	102.77
2201.15	198.34	0.00	0.00	682.62	64.98	1176.04	105.00	1603.45	138.93	1578.20	129.51
2240.79	193.95	1248.30	118.57	0.00	0.00	0.00	0.00	0.00	0.00	1389.77	116.52

2-20 2009年深圳股票每日成交量、成交额

日期 Date	1月 Jan.		2月 Feb.		3月 Mar.		4月 Apr.		5月 May.		6月 Jun.	
	成交额 Turnover	成交量 Volume	成交额 Turnover	成交量 Volume	成交额 Turnover	成交量 Volume	成交额 Turnover	成交量 Volume	成交额 Turnover	成交量 Volume	成交额 Turnover	成交量 Volume
1	0.00	0.00	0.00	0.00	0.00	0.00	841.45	89.63	0.00	0.00	687.08	65.93
2	0.00	0.00	331.40	46.62	395.24	48.82	857.78	89.53	0.00	0.00	753.33	72.44
3	0.00	0.00	511.41	71.30	446.88	54.31	803.30	82.76	0.00	0.00	790.66	76.68
4	0.00	0.00	562.39	77.05	638.75	74.36	0.00	0.00	717.61	74.78	842.67	81.70
5	246.16	34.21	649.95	86.37	719.35	82.57	0.00	0.00	755.23	78.16	807.82	75.63
6	362.52	49.38	660.92	86.48	511.46	60.13	0.00	0.00	815.30	81.75	0.00	0.00
7	337.27	46.30	0.00	0.00	0.00	0.00	621.97	63.27	944.35	93.31	0.00	0.00
8	325.53	40.47	0.00	0.00	0.00	0.00	693.32	72.60	844.84	86.73	693.64	66.80
9	315.15	39.81	814.12	102.93	510.40	60.77	567.86	59.97	0.00	0.00	698.14	69.16
10	0.00	0.00	757.68	94.92	347.89	42.14	808.27	83.43	0.00	0.00	724.21	74.75
11	0.00	0.00	925.33	110.60	436.56	52.20	0.00	0.00	877.11	91.53	662.64	67.41
12	354.20	46.86	757.00	92.61	374.81	45.62	0.00	0.00	590.95	61.95	639.06	65.97
13	311.30	42.11	867.34	104.09	359.34	43.15	927.85	94.26	740.76	74.38	0.00	0.00
14	330.54	44.23	0.00	0.00	0.00	0.00	904.02	91.29	659.66	67.67	0.00	0.00
15	416.67	57.26	0.00	0.00	0.00	0.00	948.27	95.33	605.60	62.98	556.86	52.86
16	463.11	62.69	916.09	107.30	320.14	38.53	949.03	99.80	0.00	0.00	556.18	51.71
17	0.00	0.00	849.20	99.32	584.77	67.25	845.34	87.07	0.00	0.00	647.47	61.98
18	0.00	0.00	699.49	81.96	696.12	79.89	0.00	0.00	598.02	61.40	742.49	67.93
19	366.56	48.42	586.17	68.67	640.28	73.13	0.00	0.00	796.94	79.50	780.70	73.55
20	281.41	38.88	614.58	70.12	713.70	78.95	780.67	84.80	768.73	76.81	0.00	0.00
21	364.62	47.36	0.00	0.00	0.00	0.00	847.40	90.81	713.23	72.60	0.00	0.00
22	355.01	47.34	0.00	0.00	0.00	0.00	882.63	92.94	529.15	52.23	726.67	68.72
23	323.46	44.39	733.68	84.81	768.91	84.13	590.63	62.64	0.00	0.00	658.48	64.42
24	0.00	0.00	876.76	101.50	749.37	81.67	573.86	59.95	0.00	0.00	712.36	65.13
25	0.00	0.00	734.22	83.08	662.56	72.32	0.00	0.00	659.94	63.76	676.27	63.32
26	0.00	0.00	671.56	79.04	624.12	67.00	0.00	0.00	700.49	67.49	602.62	57.78
27	0.00	0.00	506.79	64.73	753.92	82.44	523.65	57.62	546.86	55.15	0.00	0.00
28	0.00	0.00	0.00	0.00	0.00	0.00	466.16	49.48	0.00	0.00	0.00	0.00
29	0.00	0.00	0.00	0.00	0.00	0.00	571.12	61.45	0.00	0.00	691.56	65.75
30	0.00	0.00	0.00	0.00	619.91	68.13	628.41	68.72	0.00	0.00	668.62	62.43
31	0.00	0.00	0.00	0.00	614.15	67.91	0.00	0.00	0.00	0.00	0.00	0.00

数据来源：深圳证券交易所
Source: Shenzhen Stock Exchange

Daily Trading Volume and Value of Shenzhen Stock Exchange in 2009

成交额：亿元；成交量：亿股

7月 Jul.		8月 Aug.		9月 Sep.		10月 Oct.		11月 Nov.		12月 Dec.	
成交额 Turnover	成交量 Volume	成交额 Turnover	成交量 Volume	成交额 Turnover	成交量 Volume	成交额 Turnover	成交量 Volume	成交额 Turnover	成交量 Volume	成交额 Turnover	成交量 Volume
737.58	68.72	0.00	0.00	535.84	49.26	0.00	0.00	0.00	0.00	1198.46	90.14
853.33	78.32	0.00	0.00	442.31	40.89	0.00	0.00	994.67	76.92	1330.73	98.13
900.30	83.45	1226.38	98.08	690.69	61.30	0.00	0.00	1197.58	94.57	1258.81	90.26
0.00	0.00	1296.80	104.57	718.56	62.47	0.00	0.00	1172.10	93.52	1502.23	110.41
0.00	0.00	1223.28	97.50	0.00	0.00	0.00	0.00	988.03	80.32	0.00	0.00
953.97	85.94	1122.35	89.74	0.00	0.00	0.00	0.00	1167.54	93.66	0.00	0.00
913.89	83.42	941.44	76.15	784.28	66.46	0.00	0.00	0.00	0.00	999.40	72.19
818.78	73.70	0.00	0.00	781.17	65.14	0.00	0.00	0.00	0.00	1067.33	78.93
964.45	86.39	0.00	0.00	900.36	69.92	524.53	43.64	967.42	78.94	909.56	65.19
976.39	88.21	777.93	61.55	739.90	57.89	0.00	0.00	1017.39	80.65	768.51	55.25
0.00	0.00	656.59	51.28	773.72	62.75	0.00	0.00	887.33	71.48	798.81	57.29
0.00	0.00	799.42	65.04	0.00	0.00	556.90	46.12	969.13	78.52	0.00	0.00
929.34	82.84	684.40	55.04	0.00	0.00	500.75	42.39	1045.08	81.02	0.00	0.00
980.61	85.99	746.19	61.44	948.43	77.28	753.96	61.81	0.00	0.00	850.82	61.54
1125.42	95.40	0.00	0.00	939.16	78.04	645.62	53.62	0.00	0.00	832.57	60.95
1139.68	94.25	0.00	0.00	940.13	78.20	617.03	51.00	1383.83	105.91	738.04	51.81
970.53	81.91	681.96	60.78	977.00	81.65	0.00	0.00	1198.40	92.11	755.75	55.49
0.00	0.00	550.68	49.31	1070.12	90.21	0.00	0.00	1144.77	90.61	745.48	55.21
0.00	0.00	617.16	55.47	0.00	0.00	862.15	68.98	1257.99	97.75	0.00	0.00
1164.31	96.61	627.51	55.78	0.00	0.00	969.71	76.95	1250.98	99.34	0.00	0.00
1137.09	96.29	726.05	63.11	800.98	66.85	927.98	76.11	0.00	0.00	527.79	39.22
1008.91	84.07	0.00	0.00	796.65	64.99	798.09	67.67	0.00	0.00	632.55	45.54
1007.24	85.73	0.00	0.00	701.45	58.39	974.81	81.35	1245.17	94.88	573.82	41.43
1085.91	89.45	758.61	64.44	611.20	52.12	0.00	0.00	1781.92	135.94	790.57	55.30
0.00	0.00	816.36	71.38	447.10	39.31	0.00	0.00	1367.90	105.83	719.96	49.47
0.00	0.00	788.41	68.48	0.00	0.00	875.64	70.85	1618.69	124.07	0.00	0.00
1117.43	88.65	797.31	71.06	0.00	0.00	893.44	71.92	1160.17	89.27	0.00	0.00
1306.94	102.80	681.02	58.01	430.51	37.75	733.64	60.46	0.00	0.00	721.50	52.53
1322.10	108.28	0.00	0.00	432.44	39.78	737.51	60.47	0.00	0.00	776.82	55.85
1081.73	87.69	0.00	0.00	401.53	35.04	996.86	66.09	1044.33	77.04	897.63	62.28
1065.41	86.65	650.60	58.20	0.00	0.00	0.00	0.00	0.00	0.00	767.93	53.96

2-21 2009年全国A股每日成交量、成交额

日期 Date	1月 Jan.		2月 Feb.		3月 Mar.		4月 Apr.		5月 May.		6月 Jun.	
	成交额 Turnover	成交量 Volume	成交额 Turnover	成交量 Volume	成交额 Turnover	成交量 Volume	成交额 Turnover	成交量 Volume	成交额 Turnover	成交量 Volume	成交额 Turnover	成交量 Volume
1	0.00	0.00	0.00	0.00	0.00	0.00	2499.46	267.63	0.00	0.00	2241.59	211.31
2	0.00	0.00	946.79	130.50	1113.31	135.14	2575.69	276.07	0.00	0.00	2358.04	226.34
3	0.00	0.00	1474.64	204.44	1243.44	151.12	2369.10	251.36	0.00	0.00	2380.55	229.98
4	0.00	0.00	1665.59	227.29	1912.77	227.37	0.00	0.00	2175.91	226.43	2630.26	250.41
5	704.54	100.63	1889.51	250.00	2260.61	263.73	0.00	0.00	2263.99	234.82	2337.38	219.38
6	1049.69	147.44	1860.80	245.40	1564.03	183.08	0.00	0.00	2356.23	240.71	0.00	0.00
7	975.54	138.04	0.00	0.00	0.00	0.00	1784.38	186.18	2685.21	273.04	0.00	0.00
8	873.45	120.05	0.00	0.00	0.00	0.00	2042.60	217.75	2402.32	247.14	2075.16	197.52
9	818.47	111.19	2313.33	293.12	1543.70	183.68	1629.79	171.76	0.00	0.00	2023.35	199.09
10	0.00	0.00	2106.45	265.27	1041.02	125.71	2356.20	238.91	0.00	0.00	2158.76	217.57
11	0.00	0.00	2639.97	317.42	1321.23	155.77	0.00	0.00	2592.34	267.83	1981.73	199.19
12	948.15	129.83	2173.78	264.85	1082.23	132.20	0.00	0.00	1720.13	183.51	1870.01	191.17
13	801.52	115.21	2505.84	301.51	1067.56	125.89	2797.44	283.55	2184.29	218.73	0.00	0.00
14	970.18	131.43	0.00	0.00	0.00	0.00	2518.15	254.77	1871.74	191.27	0.00	0.00
15	1245.60	172.30	0.00	0.00	0.00	0.00	2690.58	275.10	1665.12	172.21	1638.09	157.58
16	1461.12	194.86	2689.62	316.37	930.87	111.16	2693.06	283.30	0.00	0.00	1634.75	153.69
17	0.00	0.00	2535.19	295.44	1699.68	196.17	2413.02	246.34	0.00	0.00	1822.59	171.33
18	0.00	0.00	2047.52	242.59	1949.78	225.36	0.00	0.00	1770.32	178.98	2208.65	205.31
19	1176.19	157.24	1667.49	197.37	1914.27	217.71	0.00	0.00	2270.94	224.85	2286.81	225.00
20	836.93	112.90	1702.23	197.72	2047.93	228.41	2179.60	230.66	2139.87	213.30	0.00	0.00
21	1043.51	133.99	0.00	0.00	0.00	0.00	2390.99	253.64	2097.88	209.94	0.00	0.00
22	1018.10	134.93	0.00	0.00	0.00	0.00	2649.88	284.41	1517.77	150.36	2198.59	213.68
23	949.61	129.43	2111.95	242.84	2266.91	242.56	1717.39	187.05	0.00	0.00	2097.60	207.17
24	0.00	0.00	2451.60	282.71	2239.45	242.70	1660.06	172.65	0.00	0.00	2171.40	204.05
25	0.00	0.00	2045.79	233.75	1977.88	215.61	0.00	0.00	1780.55	173.86	1964.55	181.72
26	0.00	0.00	1942.02	226.28	2038.14	223.91	0.00	0.00	1875.98	180.41	1748.63	165.78
27	0.00	0.00	1482.04	185.96	2370.57	266.98	1553.77	169.23	1575.55	156.89	0.00	0.00
28	0.00	0.00	0.00	0.00	0.00	0.00	1373.22	143.26	0.00	0.00	0.00	0.00
29	0.00	0.00	0.00	0.00	0.00	0.00	1780.72	186.65	0.00	0.00	2054.74	192.52
30	0.00	0.00	0.00	0.00	1881.98	206.04	1906.18	198.23	0.00	0.00	2098.16	186.41
31	0.00	0.00	0.00	0.00	1961.54	208.99	0.00	0.00	0.00	0.00	0.00	0.00

数据来源：上海、深圳证券交易所
Source：Shanghai、Shenzhen Stock Exchange

Daily Trading Volume and Value of A Shares in 2009

成交额：亿元；成交量：亿股

7月 Jul.		8月 Aug.		9月 Sep.		10月 Oct.		11月 Nov.		12月 Dec.	
成交额 Turnover	成交量 Volume	成交额 Turnover	成交量 Volume	成交额 Turnover	成交量 Volume	成交额 Turnover	成交量 Volume	成交额 Turnover	成交量 Volume	成交额 Turnover	成交量 Volume
2268.69	204.97	0.00	0.00	1548.48	146.04	0.00	0.00	0.00	0.00	3098.78	252.90
2655.81	238.19	0.00	0.00	1320.10	123.72	0.00	0.00	2534.19	212.51	3358.75	271.07
2665.66	240.53	3580.43	296.87	2074.81	189.93	0.00	0.00	2892.02	243.24	3143.76	247.94
0.00	0.00	3793.98	313.46	2136.19	190.24	0.00	0.00	2803.24	237.23	4053.08	322.25
0.00	0.00	3621.63	297.85	0.00	0.00	0.00	0.00	2536.32	224.39	0.00	0.00
2983.18	267.01	3278.63	262.14	0.00	0.00	0.00	0.00	2970.17	255.61	0.00	0.00
2786.98	260.17	2779.23	227.05	2244.96	196.16	0.00	0.00	0.00	0.00	2710.77	210.79
2515.47	226.88	0.00	0.00	2263.32	192.14	0.00	0.00	0.00	0.00	2688.05	214.77
2801.40	251.86	0.00	0.00	2427.46	199.38	1451.44	128.20	2548.00	216.73	2266.40	179.01
2752.18	247.67	2300.25	186.60	1901.74	162.16	0.00	0.00	2640.33	221.80	1889.87	148.56
0.00	0.00	1879.97	154.06	2145.90	184.41	0.00	0.00	2324.83	196.55	1870.47	147.93
0.00	0.00	2364.88	197.36	0.00	0.00	1551.80	133.31	2477.83	213.22	0.00	0.00
2651.33	237.94	2063.27	170.54	0.00	0.00	1383.10	121.48	2659.13	224.33	0.00	0.00
2755.98	245.77	2201.90	185.42	2512.41	219.36	2162.53	190.00	0.00	0.00	2235.34	178.23
3303.19	289.83	0.00	0.00	2533.70	221.08	1746.33	151.18	0.00	0.00	2088.68	161.43
3312.80	282.98	0.00	0.00	2616.66	223.98	1659.74	142.27	3631.69	298.71	1967.30	155.04
2828.98	244.54	2046.22	183.59	2752.83	240.64	0.00	0.00	3123.31	253.85	1984.78	159.45
0.00	0.00	1726.47	154.34	2876.58	256.51	0.00	0.00	2938.55	245.37	1901.64	155.47
0.00	0.00	1834.27	168.53	0.00	0.00	2260.66	188.14	3191.00	269.42	0.00	0.00
3498.91	293.57	1841.62	164.24	0.00	0.00	2638.68	219.46	3249.18	272.78	0.00	0.00
3446.94	291.19	2096.53	188.14	2253.21	201.84	2472.16	210.18	0.00	0.00	1424.05	112.81
3058.69	250.34	0.00	0.00	2170.19	187.96	1988.11	169.46	0.00	0.00	1620.36	129.54
2953.00	250.23	0.00	0.00	1864.87	164.89	2540.82	218.51	3274.25	261.78	1471.73	119.78
3312.17	276.96	2143.50	186.07	1721.17	153.97	0.00	0.00	4661.45	381.16	2016.77	156.48
0.00	0.00	2418.07	214.94	1256.48	113.77	0.00	0.00	3530.44	291.31	1729.61	133.04
0.00	0.00	2217.30	197.02	0.00	0.00	2184.07	184.64	4150.88	338.62	0.00	0.00
3514.49	284.44	2241.12	205.74	0.00	0.00	2283.64	191.36	2865.36	234.85	0.00	0.00
3735.51	305.18	2014.40	179.81	1180.77	108.56	1868.80	160.14	0.00	0.00	1821.75	142.59
4271.63	380.27	0.00	0.00	1171.15	112.42	1904.49	169.52	0.00	0.00	1944.19	157.58
3268.21	283.18	0.00	0.00	1080.63	99.34	2165.18	169.78	2632.62	213.32	2469.89	190.69
3294.26	278.35	1889.68	174.85	0.00	0.00	0.00	0.00	0.00	0.00	2152.08	169.46

2-22　2009年上海A股每日成交量、成交额

日期 Date	1月 Jan.		2月 Feb.		3月 Mar.		4月 Apr.		5月 May.		6月 Jun.	
	成交额 Turnover	成交量 Volume	成交额 Turnover	成交量 Volume	成交额 Turnover	成交量 Volume	成交额 Turnover	成交量 Volume	成交额 Turnover	成交量 Volume	成交额 Turnover	成交量 Volume
1	0.00	0.00	0.00	0.00	0.00	0.00	1661.35	178.93	0.00	0.00	1561.89	147.18
2	0.00	0.00	616.68	84.37	719.92	86.99	1722.07	187.60	0.00	0.00	1610.83	155.58
3	0.00	0.00	964.96	133.78	798.07	97.31	1568.70	169.47	0.00	0.00	1596.14	154.96
4	0.00	0.00	1105.31	151.12	1277.03	154.12	0.00	0.00	1461.73	152.59	1794.33	170.45
5	459.56	66.80	1242.14	164.54	1543.66	181.97	0.00	0.00	1512.79	157.80	1536.60	145.80
6	688.88	98.65	1204.16	160.10	1054.46	123.57	0.00	0.00	1544.81	160.03	0.00	0.00
7	639.49	92.14	0.00	0.00	0.00	0.00	1165.40	123.61	1745.12	180.88	0.00	0.00
8	549.02	79.93	0.00	0.00	0.00	0.00	1352.51	146.03	1560.50	161.19	1388.98	132.66
9	504.47	71.69	1502.32	191.32	1035.37	123.64	1065.63	112.79	0.00	0.00	1331.77	131.92
10	0.00	0.00	1351.72	171.30	694.60	84.10	1552.10	156.71	0.00	0.00	1439.46	144.57
11	0.00	0.00	1718.55	208.11	886.47	104.17	0.00	0.00	1719.33	177.38	1323.73	133.20
12	595.12	83.35	1419.55	173.23	708.78	87.06	0.00	0.00	1132.04	122.30	1236.02	126.79
13	491.41	73.47	1642.15	198.83	709.49	83.19	1873.97	190.56	1446.24	145.12	0.00	0.00
14	640.65	87.55	0.00	0.00	0.00	0.00	1617.78	164.54	1214.77	124.43	0.00	0.00
15	830.13	115.41	0.00	0.00	0.00	0.00	1746.50	180.92	1062.49	110.01	1084.42	105.71
16	999.34	132.63	1777.79	210.55	612.27	73.07	1749.10	185.04	0.00	0.00	1081.56	102.85
17	0.00	0.00	1689.33	197.23	1118.63	129.98	1572.07	160.68	0.00	0.00	1178.66	110.16
18	0.00	0.00	1350.97	161.66	1256.74	146.43	0.00	0.00	1175.07	118.41	1469.37	138.22
19	810.59	109.14	1083.65	129.55	1276.49	145.31	0.00	0.00	1477.97	146.45	1509.65	152.28
20	556.72	74.53	1090.02	128.42	1336.29	150.10	1403.42	147.25	1374.52	137.50	0.00	0.00
21	679.88	86.99	0.00	0.00	0.00	0.00	1547.15	163.95	1388.01	138.32	0.00	0.00
22	664.37	88.03	0.00	0.00	0.00	0.00	1771.78	192.78	991.25	98.80	1476.54	146.20
23	627.35	85.49	1382.20	159.36	1502.00	159.46	1129.86	125.37	0.00	0.00	1443.54	143.92
24	0.00	0.00	1579.31	182.80	1493.91	162.02	1089.01	113.47	0.00	0.00	1463.33	140.05
25	0.00	0.00	1314.13	151.56	1318.13	144.14	0.00	0.00	1123.46	110.96	1291.32	119.19
26	0.00	0.00	1272.64	148.04	1417.28	157.74	0.00	0.00	1178.30	113.68	1150.40	109.08
27	0.00	0.00	977.40	122.07	1620.87	185.74	1033.56	112.63	1032.52	102.78	0.00	0.00
28	0.00	0.00	0.00	0.00	0.00	0.00	909.36	94.45	0.00	0.00	0.00	0.00
29	0.00	0.00	0.00	0.00	0.00	0.00	1212.38	125.98	0.00	0.00	1367.80	127.94
30	0.00	0.00	0.00	0.00	1266.17	139.01	1280.72	130.40	0.00	0.00	1433.43	125.02
31	0.00	0.00	0.00	0.00	1350.75	142.03	0.00	0.00	0.00	0.00	0.00	0.00

数据来源：上海证券交易所
Source：Shanghai Stock Exchange

Daily Trading Volume and Value of A Shares in Shanghai Stock Exchange in 2009

成交额：亿元；成交量：亿股

7月 Jul.		8月 Aug.		9月 Sep.		10月 Oct.		11月 Nov.		12月 Dec.	
成交额 Turnover	成交量 Volume	成交额 Turnover	成交量 Volume	成交额 Turnover	成交量 Volume	成交额 Turnover	成交量 Volume	成交额 Turnover	成交量 Volume	成交额 Turnover	成交量 Volume
1535.28	137.36	0.00	0.00	1016.55	97.78	0.00	0.00	0.00	0.00	1907.07	164.19
1807.06	161.01	0.00	0.00	880.62	83.56	0.00	0.00	1544.45	136.67	2035.31	174.38
1770.93	158.57	2359.90	200.06	1388.25	129.57	0.00	0.00	1700.25	149.95	1890.12	158.77
0.00	0.00	2504.40	210.35	1420.99	128.50	0.00	0.00	1635.59	144.84	2568.23	214.93
0.00	0.00	2405.26	201.64	0.00	0.00	0.00	0.00	1552.43	145.17	0.00	0.00
2034.53	182.29	2163.85	173.82	0.00	0.00	0.00	0.00	1806.95	163.00	0.00	0.00
1878.81	178.20	1843.06	152.14	1464.53	130.55	0.00	0.00	0.00	0.00	1715.73	139.48
1703.00	154.67	0.00	0.00	1485.13	127.63	0.00	0.00	0.00	0.00	1625.09	136.75
1843.53	167.02	0.00	0.00	1530.58	130.13	930.29	85.23	1584.13	138.62	1361.23	114.72
1780.78	160.80	1527.16	126.08	1165.35	105.00	0.00	0.00	1626.82	141.96	1125.30	94.09
0.00	0.00	1227.01	103.52	1376.81	122.57	0.00	0.00	1442.39	126.16	1075.04	91.29
0.00	0.00	1570.63	133.50	0.00	0.00	998.03	87.91	1518.06	136.70	0.00	0.00
1725.77	156.03	1382.77	116.32	0.00	0.00	885.54	79.84	1634.12	147.54	0.00	0.00
1780.11	160.99	1460.10	125.02	1567.60	142.93	1412.57	129.04	0.00	0.00	1389.19	117.63
2184.67	196.07	0.00	0.00	1597.21	143.74	1103.94	98.31	0.00	0.00	1259.63	101.23
2179.74	190.31	0.00	0.00	1680.00	146.64	1045.43	91.86	2268.82	197.09	1232.07	103.78
1863.90	163.89	1369.08	124.00	1780.51	160.22	0.00	0.00	1935.78	164.02	1233.59	104.94
0.00	0.00	1179.86	106.01	1810.73	167.32	0.00	0.00	1803.68	156.81	1161.09	101.23
0.00	0.00	1220.89	113.96	0.00	0.00	1403.08	120.12	1940.92	173.35	0.00	0.00
2339.65	198.18	1218.18	109.46	0.00	0.00	1673.34	143.41	2005.65	175.15	0.00	0.00
2315.92	196.34	1374.91	126.03	1455.31	135.74	1549.02	135.07	0.00	0.00	898.94	74.12
2054.55	167.38	0.00	0.00	1376.82	123.70	1194.11	102.72	0.00	0.00	991.26	84.63
1950.51	165.53	0.00	0.00	1166.62	107.26	1570.23	138.13	2036.90	168.61	906.18	79.67
2231.71	188.79	1388.50	122.41	1112.81	102.51	0.00	0.00	2892.38	247.69	1230.50	102.04
0.00	0.00	1605.68	144.49	811.56	74.97	0.00	0.00	2171.97	187.49	1011.90	84.08
0.00	0.00	1432.98	129.51	0.00	0.00	1311.29	114.40	2543.76	216.86	0.00	0.00
2400.86	196.69	1447.56	135.54	0.00	0.00	1394.52	120.35	1714.38	147.70	0.00	0.00
2434.19	203.59	1336.57	122.53	752.61	71.39	1138.98	100.57	0.00	0.00	1103.15	90.75
2958.17	274.05	0.00	0.00	740.72	73.13	1171.04	109.95	0.00	0.00	1170.29	102.38
2193.34	197.06	0.00	0.00	681.14	64.74	1173.18	104.64	1595.82	137.82	1575.23	129.06
2234.60	192.93	1243.32	117.62	0.00	0.00	0.00	0.00	0.00	0.00	1387.12	116.07

2-23 2009年深圳A股每日成交量、成交额

日期 Date	1月 Jan.		2月 Feb.		3月 Mar.		4月 Apr.		5月 May.		6月 Jun.	
	成交额 Turnover	成交量 Volume	成交额 Turnover	成交量 Volume	成交额 Turnover	成交量 Volume	成交额 Turnover	成交量 Volume	成交额 Turnover	成交量 Volume	成交额 Turnover	成交量 Volume
1	0.00	0.00	0.00	0.00	0.00	0.00	838.11	88.70	0.00	0.00	679.70	64.13
2	0.00	0.00	330.11	46.13	393.39	48.15	853.62	88.47	0.00	0.00	747.21	70.76
3	0.00	0.00	509.68	70.66	445.37	53.81	800.40	81.89	0.00	0.00	784.41	75.02
4	0.00	0.00	560.28	76.17	635.74	73.25	0.00	0.00	714.18	73.84	835.93	79.96
5	244.98	33.83	647.37	85.46	716.95	81.76	0.00	0.00	751.20	77.02	800.78	73.58
6	360.81	48.79	656.64	85.30	509.57	59.51	0.00	0.00	811.42	80.68	0.00	0.00
7	336.05	45.90	0.00	0.00	0.00	0.00	618.98	62.57	940.09	92.16	0.00	0.00
8	324.43	40.12	0.00	0.00	0.00	0.00	690.09	71.72	841.82	85.95	686.18	64.86
9	314.00	39.50	811.01	101.80	508.33	60.04	564.16	58.97	0.00	0.00	691.58	67.17
10	0.00	0.00	754.73	93.97	346.42	41.61	804.10	82.20	0.00	0.00	719.30	73.00
11	0.00	0.00	921.42	109.31	434.76	51.60	0.00	0.00	873.01	90.45	658.00	65.99
12	353.03	46.48	754.23	91.62	373.45	45.14	0.00	0.00	588.09	61.21	633.99	64.38
13	310.11	41.74	863.69	102.68	358.07	42.70	923.47	92.99	738.05	73.61	0.00	0.00
14	329.53	43.88	0.00	0.00	0.00	0.00	900.37	90.23	656.97	66.84	0.00	0.00
15	415.47	56.89	0.00	0.00	0.00	0.00	944.08	94.18	602.63	62.20	553.67	51.87
16	461.78	62.23	911.83	105.82	318.60	38.09	943.96	98.26	0.00	0.00	553.19	50.84
17	0.00	0.00	845.86	98.21	581.05	66.19	840.95	85.66	0.00	0.00	643.93	61.17
18	0.00	0.00	696.55	80.93	693.04	78.93	0.00	0.00	595.25	60.57	739.28	67.09
19	365.60	48.10	583.84	67.82	637.78	72.40	0.00	0.00	792.97	78.40	777.16	72.72
20	280.21	38.37	612.21	69.30	711.64	78.31	776.18	83.41	765.35	75.80	0.00	0.00
21	363.63	47.00	0.00	0.00	0.00	0.00	843.84	89.69	709.87	71.62	0.00	0.00
22	353.73	46.90	0.00	0.00	0.00	0.00	878.10	91.63	526.52	51.56	722.05	67.48
23	322.26	43.94	729.75	83.48	764.91	83.10	587.53	61.68	0.00	0.00	654.06	63.25
24	0.00	0.00	872.29	99.91	745.54	80.68	571.05	59.18	0.00	0.00	708.07	64.00
25	0.00	0.00	731.66	82.19	659.75	71.47	0.00	0.00	657.09	62.90	673.23	62.53
26	0.00	0.00	669.38	78.24	620.86	66.17	0.00	0.00	697.68	66.73	598.23	56.70
27	0.00	0.00	504.64	63.89	749.70	81.24	520.21	56.60	543.03	54.11	0.00	0.00
28	0.00	0.00	0.00	0.00	0.00	0.00	463.86	48.81	0.00	0.00	0.00	0.00
29	0.00	0.00	0.00	0.00	0.00	0.00	568.34	60.67	0.00	0.00	686.94	64.58
30	0.00	0.00	0.00	0.00	615.81	67.03	625.46	67.83	0.00	0.00	664.73	61.39
31	0.00	0.00	0.00	0.00	610.79	66.96	0.00	0.00	0.00	0.00	0.00	0.00

数据来源：深圳证券交易所
Source：Shenzhen Stock Exchange

Daily Trading Volume and Value of A Shares in Shenzhen Stock Exchange in 2009

成交额：亿元；成交量：亿股

7月 Jul.		8月 Aug.		9月 Sep.		10月 Oct.		11月 Nov.		12月 Dec.	
成交额 Turnover	成交量 Volume	成交额 Turnover	成交量 Volume	成交额 Turnover	成交量 Volume	成交额 Turnover	成交量 Volume	成交额 Turnover	成交量 Volume	成交额 Turnover	成交量 Volume
733.41	67.61	0.00	0.00	531.93	48.26	0.00	0.00	0.00	0.00	1191.71	88.71
848.75	77.18	0.00	0.00	439.48	40.16	0.00	0.00	989.74	75.84	1323.44	96.69
894.73	81.96	1220.53	96.81	686.56	60.36	0.00	0.00	1191.77	93.29	1253.64	89.17
0.00	0.00	1289.58	103.11	715.20	61.74	0.00	0.00	1167.65	92.39	1484.85	107.32
0.00	0.00	1216.37	96.21	0.00	0.00	0.00	0.00	983.89	79.22	0.00	0.00
948.65	84.72	1114.78	88.32	0.00	0.00	0.00	0.00	1163.22	92.61	0.00	0.00
908.17	81.97	936.17	74.91	780.43	65.61	0.00	0.00	0.00	0.00	995.04	71.31
812.47	72.21	0.00	0.00	778.19	64.51	0.00	0.00	0.00	0.00	1062.96	78.02
957.87	84.84	0.00	0.00	896.88	69.25	521.15	42.97	963.87	78.11	905.17	64.29
971.40	86.87	773.09	60.52	736.39	57.16	0.00	0.00	1013.51	79.84	764.57	54.47
0.00	0.00	652.96	50.54	769.09	61.84	0.00	0.00	882.44	70.39	795.43	56.64
0.00	0.00	794.25	63.86	0.00	0.00	553.77	45.40	959.77	76.52	0.00	0.00
925.56	81.91	680.50	54.22	0.00	0.00	497.56	41.64	1025.01	76.79	0.00	0.00
975.87	84.78	741.80	60.40	944.81	76.43	749.96	60.96	0.00	0.00	846.15	60.60
1118.52	93.76	0.00	0.00	936.49	77.34	642.39	52.87	0.00	0.00	829.05	60.20
1133.06	92.67	0.00	0.00	936.66	77.34	614.31	50.41	1362.87	101.62	735.23	51.26
965.08	80.65	677.14	59.59	972.32	80.42	0.00	0.00	1187.53	89.83	751.19	54.51
0.00	0.00	546.61	48.33	1065.85	89.19	0.00	0.00	1134.87	88.56	740.55	54.24
0.00	0.00	613.38	54.57	0.00	0.00	857.58	68.02	1250.08	96.07	0.00	0.00
1159.26	95.39	623.44	54.78	0.00	0.00	965.34	76.05	1243.53	97.63	0.00	0.00
1131.02	94.85	721.62	62.11	797.90	66.10	923.14	75.11	0.00	0.00	525.11	38.69
1004.14	82.96	0.00	0.00	793.37	64.26	794.00	66.74	0.00	0.00	629.10	44.91
1002.49	84.70	0.00	0.00	698.25	57.63	970.59	80.38	1237.35	93.17	565.55	40.11
1080.46	88.17	755.00	63.66	608.36	51.46	0.00	0.00	1769.07	133.47	786.27	54.44
0.00	0.00	812.39	70.45	444.92	38.80	0.00	0.00	1358.47	103.82	717.71	48.96
0.00	0.00	784.32	67.51	0.00	0.00	872.78	70.24	1607.12	121.76	0.00	0.00
1113.63	87.75	793.56	70.20	0.00	0.00	889.12	71.01	1150.98	87.15	0.00	0.00
1301.32	101.59	677.83	57.28	428.16	37.17	729.82	59.57	0.00	0.00	718.60	51.84
1313.46	106.22	0.00	0.00	430.43	39.29	733.45	59.57	0.00	0.00	773.90	55.20
1074.87	86.12	0.00	0.00	399.49	34.60	992.00	65.14	1036.80	75.50	894.66	61.63
1059.66	85.42	646.36	57.23	0.00	0.00	0.00	0.00	0.00	0.00	764.96	53.39

2-24 2009年全国B股每日成交量、成交额

日期 Date	1月 Jan.		2月 Feb.		3月 Mar.		4月 Apr.		5月 May.		6月 Jun.	
	成交额 Turnover	成交量 Volume	成交额 Turnover	成交量 Volume	成交额 Turnover	成交量 Volume	成交额 Turnover	成交量 Volume	成交额 Turnover	成交量 Volume	成交额 Turnover	成交量 Volume
1	0.00	0.00	0.00	0.00	0.00	0.00	7.67	1.89	0.00	0.00	12.62	2.81
2	0.00	0.00	2.80	0.88	4.09	1.15	8.02	1.88	0.00	0.00	11.45	2.58
3	0.00	0.00	3.90	1.26	3.79	1.03	6.39	1.65	0.00	0.00	10.71	2.50
4	0.00	0.00	5.28	1.67	6.74	1.96	0.00	0.00	7.28	1.73	11.71	2.74
5	2.63	0.72	6.52	1.85	6.01	1.64	0.00	0.00	7.22	1.87	11.65	3.01
6	4.36	1.20	7.78	2.10	4.01	1.13	0.00	0.00	7.59	1.85	0.00	0.00
7	3.14	0.86	0.00	0.00	0.00	0.00	6.39	1.39	8.65	2.09	0.00	0.00
8	3.02	0.79	0.00	0.00	0.00	0.00	7.12	1.66	6.29	1.64	11.46	2.81
9	2.41	0.64	7.90	2.30	4.93	1.42	7.16	1.63	0.00	0.00	10.81	2.88
10	0.00	0.00	8.30	2.28	3.26	0.92	8.23	2.11	0.00	0.00	8.85	2.61
11	0.00	0.00	9.13	2.56	3.89	1.06	0.00	0.00	8.42	2.01	9.49	2.55
12	2.97	0.86	6.97	2.00	3.20	0.92	0.00	0.00	6.17	1.44	10.48	2.82
13	2.81	0.79	7.52	2.45	2.63	0.78	8.74	2.15	6.44	1.56	0.00	0.00
14	2.71	0.79	0.00	0.00	0.00	0.00	7.67	1.89	5.72	1.52	0.00	0.00
15	3.32	0.95	0.00	0.00	0.00	0.00	9.85	2.29	6.84	1.67	6.39	1.68
16	3.45	1.10	8.48	2.56	3.01	0.81	9.90	2.67	0.00	0.00	6.39	1.65
17	0.00	0.00	7.60	2.15	7.48	1.91	9.76	2.52	0.00	0.00	7.45	1.68
18	0.00	0.00	6.87	2.03	6.45	1.76	0.00	0.00	6.49	1.62	6.60	1.47
19	2.30	0.70	5.84	1.57	6.97	1.64	0.00	0.00	9.06	2.17	7.16	1.59
20	2.14	0.75	6.85	1.65	4.37	1.23	8.35	2.23	8.63	2.02	0.00	0.00
21	2.22	0.71	0.00	0.00	0.00	0.00	7.51	2.01	8.22	2.04	0.00	0.00
22	3.44	0.83	0.00	0.00	0.00	0.00	10.24	2.61	5.90	1.41	8.28	2.01
23	3.23	0.92	8.05	2.26	8.25	1.85	6.48	1.73	0.00	0.00	8.24	1.95
24	0.00	0.00	9.38	2.74	8.08	1.85	5.39	1.36	0.00	0.00	7.01	1.67
25	0.00	0.00	6.25	1.74	6.42	1.60	0.00	0.00	7.47	1.93	6.10	1.35
26	0.00	0.00	6.63	1.72	7.74	1.75	0.00	0.00	6.40	1.66	7.28	1.61
27	0.00	0.00	5.79	1.68	8.33	2.13	6.55	1.74	6.87	1.76	0.00	0.00
28	0.00	0.00	0.00	0.00	0.00	0.00	4.44	1.14	0.00	0.00	0.00	0.00
29	0.00	0.00	0.00	0.00	0.00	0.00	6.43	1.60	0.00	0.00	8.85	2.03
30	0.00	0.00	0.00	0.00	8.22	2.03	6.55	1.69	0.00	0.00	8.43	1.94
31	0.00	0.00	0.00	0.00	7.99	1.89	0.00	0.00	0.00	0.00	0.00	0.00

数据来源：上海、深圳证券交易所
Source: Shanghai、Shenzhen Stock Exchange

Daily Trading Volume and Value of B Shares in 2009

成交额：亿元；成交量：亿股

7月 Jul.		8月 Aug.		9月 Sep.		10月 Oct.		11月 Nov.		12月 Dec.	
成交额 Turnover	成交量 Volume	成交额 Turnover	成交量 Volume	成交额 Turnover	成交量 Volume	成交额 Turnover	成交量 Volume	成交额 Turnover	成交量 Volume	成交额 Turnover	成交量 Volume
9.84	2.30	0.00	0.00	7.17	1.60	0.00	0.00	0.00	0.00	14.13	2.74
9.78	2.23	0.00	0.00	5.33	1.16	0.00	0.00	9.86	1.72	13.75	2.46
10.43	2.50	10.92	2.15	8.72	1.83	0.00	0.00	10.52	2.06	10.26	1.88
0.00	0.00	14.06	2.60	6.83	1.39	0.00	0.00	8.51	1.69	25.54	4.28
0.00	0.00	13.10	2.33	0.00	0.00	0.00	0.00	8.42	1.82	0.00	0.00
11.84	2.33	14.18	2.49	0.00	0.00	0.00	0.00	8.48	1.70	0.00	0.00
10.51	2.35	11.98	2.27	7.51	1.56	0.00	0.00	0.00	0.00	9.27	1.63
12.22	2.52	0.00	0.00	6.32	1.25	0.00	0.00	0.00	0.00	9.15	1.61
10.67	2.34	0.00	0.00	7.39	1.46	6.73	1.19	7.18	1.41	7.98	1.43
8.86	2.08	10.05	1.86	7.76	1.63	0.00	0.00	7.67	1.38	7.44	1.25
0.00	0.00	7.20	1.34	8.36	1.62	0.00	0.00	9.21	1.91	6.28	1.07
0.00	0.00	9.56	2.13	0.00	0.00	5.32	1.08	17.43	3.39	0.00	0.00
8.17	1.73	8.28	1.48	0.00	0.00	5.67	1.19	42.36	7.96	0.00	0.00
10.11	2.23	9.08	1.89	7.35	1.66	7.51	1.47	0.00	0.00	8.91	1.57
11.19	2.50	0.00	0.00	6.53	1.49	5.88	1.19	0.00	0.00	6.24	1.13
11.21	2.52	0.00	0.00	7.62	1.74	5.03	0.98	45.08	8.11	5.79	0.94
10.45	2.30	10.89	2.25	9.26	2.16	0.00	0.00	23.60	4.42	9.74	1.74
0.00	0.00	8.42	1.79	8.13	1.77	0.00	0.00	21.82	3.92	10.40	1.74
0.00	0.00	7.91	1.66	0.00	0.00	7.82	1.48	17.00	3.20	0.00	0.00
11.07	2.18	8.35	1.76	0.00	0.00	7.81	1.46	17.45	3.47	0.00	0.00
13.17	2.67	9.15	1.84	6.12	1.35	9.21	1.62	0.00	0.00	6.04	0.96
11.15	2.15	0.00	0.00	5.89	1.22	6.86	1.33	0.00	0.00	7.24	1.13
9.97	2.01	0.00	0.00	6.02	1.29	7.67	1.49	16.97	3.31	11.24	1.74
11.48	2.35	7.61	1.49	5.74	1.20	0.00	0.00	28.22	5.01	9.27	1.51
0.00	0.00	8.99	1.84	4.01	0.89	0.00	0.00	20.43	3.84	5.20	0.97
0.00	0.00	8.99	1.94	0.00	0.00	5.90	1.08	23.22	4.20	0.00	0.00
9.63	1.89	9.11	2.11	0.00	0.00	8.24	1.46	18.01	3.45	0.00	0.00
12.54	2.23	7.12	1.60	4.65	1.06	6.75	1.29	0.00	0.00	5.99	1.19
19.77	3.81	0.00	0.00	4.38	0.94	6.51	1.29	0.00	0.00	5.48	1.04
14.67	2.86	0.00	0.00	3.52	0.68	7.72	1.32	15.16	2.66	5.93	1.11
11.94	2.25	9.21	1.91	0.00	0.00	0.00	0.00	0.00	0.00	5.63	1.03

2-25 2009年上海B股每日成交量、成交额

日期 Date	1月 Jan.		2月 Feb.		3月 Mar.		4月 Apr.		5月 May.		6月 Jun.	
	成交额 Turnover	成交量 Volume	成交额 Turnover	成交量 Volume	成交额 Turnover	成交量 Volume	成交额 Turnover	成交量 Volume	成交额 Turnover	成交量 Volume	成交额 Turnover	成交量 Volume
1	0.00	0.00	0.00	0.00	0.00	0.00	4.33	0.96	0.00	0.00	5.24	1.01
2	0.00	0.00	1.51	0.40	2.24	0.48	3.86	0.82	0.00	0.00	5.33	0.90
3	0.00	0.00	2.17	0.62	2.28	0.53	3.49	0.78	0.00	0.00	4.46	0.84
4	0.00	0.00	3.17	0.79	3.73	0.85	0.00	0.00	3.84	0.78	4.97	1.00
5	1.45	0.33	3.94	0.94	3.61	0.82	0.00	0.00	3.19	0.73	4.61	0.96
6	2.65	0.61	3.50	0.92	2.13	0.50	0.00	0.00	3.71	0.78	0.00	0.00
7	1.92	0.46	0.00	0.00	0.00	0.00	3.41	0.69	4.39	0.93	0.00	0.00
8	1.92	0.45	0.00	0.00	0.00	0.00	3.90	0.78	3.28	0.86	4.00	0.87
9	1.27	0.33	4.79	1.17	2.86	0.69	3.46	0.63	0.00	0.00	4.25	0.89
10	0.00	0.00	5.35	1.32	1.79	0.39	4.06	0.88	0.00	0.00	3.95	0.86
11	0.00	0.00	5.21	1.27	2.09	0.45	0.00	0.00	4.32	0.93	4.85	1.13
12	1.81	0.48	4.20	1.01	1.84	0.44	0.00	0.00	3.31	0.70	5.41	1.23
13	1.62	0.42	3.87	1.04	1.37	0.32	4.36	0.88	3.72	0.79	0.00	0.00
14	1.70	0.44	0.00	0.00	0.00	0.00	4.02	0.83	3.02	0.69	0.00	0.00
15	2.11	0.58	0.00	0.00	0.00	0.00	5.66	1.14	3.87	0.89	3.20	0.69
16	2.12	0.64	4.22	1.08	1.47	0.36	4.83	1.13	0.00	0.00	3.40	0.78
17	0.00	0.00	4.26	1.04	3.75	0.84	5.37	1.11	0.00	0.00	3.91	0.87
18	0.00	0.00	3.92	1.00	3.38	0.81	0.00	0.00	3.72	0.79	3.39	0.63
19	1.34	0.38	3.51	0.72	4.46	0.90	0.00	0.00	5.09	1.07	3.62	0.75
20	0.95	0.24	4.48	0.83	2.31	0.59	3.86	0.84	5.26	1.00	0.00	0.00
21	1.24	0.35	0.00	0.00	0.00	0.00	3.95	0.88	4.86	1.06	0.00	0.00
22	2.16	0.39	0.00	0.00	0.00	0.00	5.72	1.31	3.27	0.73	3.66	0.77
23	2.03	0.48	4.13	0.93	4.26	0.81	3.38	0.77	0.00	0.00	3.82	0.78
24	0.00	0.00	4.91	1.14	4.25	0.86	2.58	0.59	0.00	0.00	2.73	0.54
25	0.00	0.00	3.70	0.85	3.62	0.76	0.00	0.00	4.62	1.07	3.06	0.56
26	0.00	0.00	4.45	0.92	4.49	0.92	0.00	0.00	3.59	0.90	2.89	0.53
27	0.00	0.00	3.65	0.84	4.11	0.93	3.11	0.72	3.04	0.72	0.00	0.00
28	0.00	0.00	0.00	0.00	0.00	0.00	2.15	0.46	0.00	0.00	0.00	0.00
29	0.00	0.00	0.00	0.00	0.00	0.00	3.65	0.82	0.00	0.00	4.23	0.86
30	0.00	0.00	0.00	0.00	4.12	0.93	3.60	0.79	0.00	0.00	4.54	0.90
31	0.00	0.00	0.00	0.00	4.62	0.94	0.00	0.00	0.00	0.00	0.00	0.00

数据来源：上海证券交易所
Source: Shanghai Stock Exchange

Daily Trading Volume and Value of B Shares in Shanghai Stock Exchange in 2009

成交额：亿元；成交量：亿股

7月 Jul.		8月 Aug.		9月 Sep.		10月 Oct.		11月 Nov.		12月 Dec.	
成交额 Turnover	成交量 Volume	成交额 Turnover	成交量 Volume	成交额 Turnover	成交量 Volume	成交额 Turnover	成交量 Volume	成交额 Turnover	成交量 Volume	成交额 Turnover	成交量 Volume
5.67	1.19	0.00	0.00	3.25	0.60	0.00	0.00	0.00	0.00	7.38	1.31
5.20	1.09	0.00	0.00	2.49	0.43	0.00	0.00	4.93	0.64	6.46	1.02
4.87	1.01	5.07	0.87	4.58	0.89	0.00	0.00	4.71	0.77	5.09	0.79
0.00	0.00	6.85	1.14	3.47	0.66	0.00	0.00	4.06	0.57	8.16	1.19
0.00	0.00	6.19	1.04	0.00	0.00	0.00	0.00	4.28	0.72	0.00	0.00
6.52	1.11	6.61	1.07	0.00	0.00	0.00	0.00	4.15	0.65	0.00	0.00
4.78	0.90	6.71	1.03	3.66	0.71	0.00	0.00	0.00	0.00	4.90	0.75
5.91	1.03	0.00	0.00	3.35	0.62	0.00	0.00	0.00	0.00	4.78	0.70
4.09	0.79	0.00	0.00	3.91	0.78	3.35	0.53	3.63	0.58	3.60	0.53
3.87	0.74	5.21	0.82	4.25	0.90	0.00	0.00	3.79	0.57	3.50	0.47
0.00	0.00	3.57	0.60	3.73	0.72	0.00	0.00	4.32	0.82	2.90	0.42
0.00	0.00	4.40	0.95	0.00	0.00	2.18	0.36	8.07	1.39	0.00	0.00
4.39	0.80	4.38	0.67	0.00	0.00	2.48	0.44	22.29	3.73	0.00	0.00
5.37	1.03	4.69	0.85	3.73	0.81	3.52	0.62	0.00	0.00	4.24	0.63
4.30	0.87	0.00	0.00	3.86	0.80	2.65	0.44	0.00	0.00	2.72	0.38
4.60	0.94	0.00	0.00	4.16	0.88	2.31	0.38	24.12	3.82	2.98	0.40
5.00	1.04	6.06	1.06	4.58	0.93	0.00	0.00	12.73	2.13	5.18	0.75
0.00	0.00	4.35	0.81	3.86	0.75	0.00	0.00	11.93	1.87	5.48	0.77
0.00	0.00	4.13	0.75	0.00	0.00	3.25	0.52	9.08	1.52	0.00	0.00
6.03	0.97	4.28	0.76	0.00	0.00	3.44	0.55	9.99	1.76	0.00	0.00
7.10	1.23	4.72	0.84	3.04	0.59	4.37	0.63	0.00	0.00	3.36	0.44
6.38	1.04	0.00	0.00	2.61	0.48	2.77	0.41	0.00	0.00	3.79	0.50
5.22	0.98	0.00	0.00	2.83	0.53	3.45	0.53	9.15	1.60	2.97	0.42
6.03	1.07	4.00	0.71	2.90	0.53	0.00	0.00	15.38	2.53	4.97	0.64
0.00	0.00	5.03	0.92	1.83	0.38	0.00	0.00	11.00	1.83	2.95	0.46
0.00	0.00	4.90	0.97	0.00	0.00	3.05	0.47	11.65	1.89	0.00	0.00
5.84	1.00	5.36	1.25	0.00	0.00	3.92	0.55	8.82	1.33	0.00	0.00
6.93	1.01	3.93	0.87	2.31	0.49	2.93	0.40	0.00	0.00	3.10	0.49
11.12	1.75	0.00	0.00	2.38	0.45	2.45	0.39	0.00	0.00	2.56	0.39
7.81	1.28	0.00	0.00	1.48	0.24	2.86	0.37	7.63	1.11	2.97	0.46
6.19	1.02	4.98	0.94	0.00	0.00	0.00	0.00	0.00	0.00	2.66	0.45

2－26　2009年深圳B股每日成交量、成交额

日期 Date	1月 Jan.		2月 Feb.		3月 Mar.		4月 Apr.		5月 May.		6月 Jun.	
	成交额 Turnover	成交量 Volume	成交额 Turnover	成交量 Volume	成交额 Turnover	成交量 Volume	成交额 Turnover	成交量 Volume	成交额 Turnover	成交量 Volume	成交额 Turnover	成交量 Volume
1	0.00	0.00	0.00	0.00	0.00	0.00	3.34	0.93	0.00	0.00	7.38	1.80
2	0.00	0.00	1.29	0.48	1.85	0.67	4.16	1.06	0.00	0.00	6.12	1.68
3	0.00	0.00	1.73	0.64	1.51	0.50	2.90	0.87	0.00	0.00	6.25	1.66
4	0.00	0.00	2.11	0.88	3.01	1.11	0.00	0.00	3.44	0.95	6.74	1.74
5	1.18	0.39	2.58	0.91	2.40	0.82	0.00	0.00	4.03	1.14	7.04	2.05
6	1.71	0.59	4.28	1.18	1.88	0.63	0.00	0.00	3.88	1.07	0.00	0.00
7	1.22	0.40	0.00	0.00	0.00	0.00	2.98	0.70	4.26	1.16	0.00	0.00
8	1.10	0.34	0.00	0.00	0.00	0.00	3.22	0.88	3.01	0.78	7.46	1.94
9	1.14	0.31	3.11	1.13	2.07	0.73	3.70	1.00	0.00	0.00	6.56	1.99
10	0.00	0.00	2.95	0.96	1.47	0.53	4.17	1.23	0.00	0.00	4.90	1.75
11	0.00	0.00	3.92	1.29	1.80	0.61	0.00	0.00	4.10	1.08	4.64	1.42
12	1.16	0.38	2.77	0.99	1.36	0.48	0.00	0.00	2.86	0.74	5.07	1.59
13	1.19	0.37	3.65	1.41	1.26	0.46	4.38	1.27	2.72	0.77	0.00	0.00
14	1.01	0.35	0.00	0.00	0.00	0.00	3.65	1.06	2.70	0.83	0.00	0.00
15	1.21	0.37	0.00	0.00	0.00	0.00	4.19	1.15	2.97	0.78	3.19	0.99
16	1.33	0.46	4.26	1.48	1.54	0.45	5.07	1.54	0.00	0.00	2.99	0.87
17	0.00	0.00	3.34	1.11	3.73	1.07	4.39	1.41	0.00	0.00	3.54	0.81
18	0.00	0.00	2.95	1.03	3.07	0.95	0.00	0.00	2.77	0.83	3.21	0.84
19	0.96	0.32	2.33	0.85	2.51	0.74	0.00	0.00	3.97	1.10	3.54	0.84
20	1.19	0.51	2.37	0.82	2.06	0.64	4.49	1.39	3.37	1.02	0.00	0.00
21	0.98	0.36	0.00	0.00	0.00	0.00	3.56	1.13	3.36	0.98	0.00	0.00
22	1.28	0.44	0.00	0.00	0.00	0.00	4.52	1.30	2.63	0.68	4.62	1.24
23	1.20	0.44	3.92	1.33	3.99	1.04	3.10	0.96	0.00	0.00	4.42	1.17
24	0.00	0.00	4.47	1.60	3.83	0.99	2.81	0.77	0.00	0.00	4.28	1.13
25	0.00	0.00	2.55	0.89	2.80	0.84	0.00	0.00	2.85	0.86	3.04	0.79
26	0.00	0.00	2.18	0.80	3.25	0.83	0.00	0.00	2.81	0.76	4.39	1.08
27	0.00	0.00	2.14	0.84	4.22	1.20	3.44	1.02	3.83	1.04	0.00	0.00
28	0.00	0.00	0.00	0.00	0.00	0.00	2.29	0.68	0.00	0.00	0.00	0.00
29	0.00	0.00	0.00	0.00	0.00	0.00	2.78	0.78	0.00	0.00	4.62	1.17
30	0.00	0.00	0.00	0.00	4.10	1.10	2.95	0.90	0.00	0.00	3.89	1.04
31	0.00	0.00	0.00	0.00	3.37	0.95	0.00	0.00	0.00	0.00	0.00	0.00

数据来源：深圳证券交易所
Source：Shenzhen Stock Exchange

Daily Trading Volume and Value of B Shares in Shenzhen Stock Exchange in 2009

成交额：亿元；成交量：亿股

7月 Jul.		8月 Aug.		9月 Sep.		10月 Oct.		11月 Nov.		12月 Dec.	
成交额 Turnover	成交量 Volume	成交额 Turnover	成交量 Volume	成交额 Turnover	成交量 Volume	成交额 Turnover	成交量 Volume	成交额 Turnover	成交量 Volume	成交额 Turnover	成交量 Volume
4.17	1.11	0.00	0.00	3.92	1.00	0.00	0.00	0.00	0.00	6.75	1.43
4.58	1.14	0.00	0.00	2.84	0.73	0.00	0.00	4.93	1.08	7.29	1.44
5.56	1.49	5.85	1.28	4.14	0.94	0.00	0.00	5.81	1.29	5.17	1.09
0.00	0.00	7.21	1.46	3.36	0.73	0.00	0.00	4.45	1.12	17.38	3.09
0.00	0.00	6.91	1.29	0.00	0.00	0.00	0.00	4.14	1.10	0.00	0.00
5.32	1.22	7.57	1.42	0.00	0.00	0.00	0.00	4.33	1.05	0.00	0.00
5.73	1.45	5.27	1.24	3.85	0.85	0.00	0.00	0.00	0.00	4.37	0.88
6.31	1.49	0.00	0.00	2.97	0.63	0.00	0.00	0.00	0.00	4.37	0.91
6.58	1.55	0.00	0.00	3.48	0.68	3.38	0.66	3.55	0.83	4.38	0.90
4.99	1.34	4.84	1.04	3.51	0.73	0.00	0.00	3.88	0.81	3.94	0.78
0.00	0.00	3.63	0.74	4.63	0.90	0.00	0.00	4.89	1.09	3.38	0.65
0.00	0.00	5.16	1.18	0.00	0.00	3.14	0.72	9.36	2.00	0.00	0.00
3.78	0.93	3.90	0.81	0.00	0.00	3.19	0.75	20.07	4.23	0.00	0.00
4.74	1.20	4.39	1.04	3.62	0.85	3.99	0.85	0.00	0.00	4.67	0.94
6.89	1.63	0.00	0.00	2.67	0.69	3.23	0.75	0.00	0.00	3.52	0.75
6.61	1.58	0.00	0.00	3.46	0.86	2.72	0.60	20.96	4.29	2.81	0.54
5.45	1.26	4.83	1.19	4.68	1.23	0.00	0.00	10.87	2.29	4.56	0.99
0.00	0.00	4.07	0.98	4.27	1.02	0.00	0.00	9.89	2.05	4.92	0.97
0.00	0.00	3.78	0.91	0.00	0.00	4.57	0.96	7.92	1.68	0.00	0.00
5.04	1.21	4.07	1.00	0.00	0.00	4.37	0.91	7.46	1.71	0.00	0.00
6.07	1.44	4.43	1.00	3.08	0.76	4.84	0.99	0.00	0.00	2.68	0.52
4.77	1.11	0.00	0.00	3.28	0.74	4.09	0.92	0.00	0.00	3.45	0.63
4.75	1.03	0.00	0.00	3.19	0.76	4.22	0.96	7.82	1.71	8.27	1.32
5.45	1.28	3.61	0.78	2.84	0.67	0.00	0.00	12.84	2.48	4.30	0.87
0.00	0.00	3.96	0.92	2.18	0.51	0.00	0.00	9.43	2.01	2.25	0.51
0.00	0.00	4.09	0.97	0.00	0.00	2.85	0.61	11.57	2.31	0.00	0.00
3.79	0.89	3.75	0.86	0.00	0.00	4.32	0.91	9.19	2.12	0.00	0.00
5.61	1.22	3.19	0.73	2.34	0.57	3.82	0.89	0.00	0.00	2.89	0.70
8.65	2.06	0.00	0.00	2.00	0.49	4.06	0.90	0.00	0.00	2.92	0.65
6.86	1.58	0.00	0.00	2.04	0.44	4.86	0.95	7.53	1.55	2.96	0.65
5.75	1.23	4.23	0.97	0.00	0.00	0.00	0.00	0.00	0.00	2.97	0.58

2-27 2009年股票交易金额地区分布
Regional Distribution of Stock Trading Value in 2009

交易金额：百万元（1000000）

地区 Region	交易金额 Trading Value	比例（%）Percent
安　徽	2064786.86	1.93
北　京	15213005.15	14.19
福　建	4251263.41	3.97
甘　肃	1065012.07	0.99
广　东	15012603.87	14.00
广　西	874284.69	0.82
贵　州	771416.67	0.72
海　南	540281.65	0.50
河　北	2068504.77	1.93
河　南	2272024.59	2.12
黑龙江	1547829.14	1.44
湖　北	3039899.71	2.84
湖　南	1989687.46	1.86
吉　林	1458103.50	1.36
江　苏	5754539.14	5.37
江　西	1641622.37	1.53
辽　宁	2477070.22	2.31
内蒙古	1366983.97	1.28
宁　夏	242574.00	0.23
青　海	682828.00	0.64
山　东	4592576.62	4.28
山　西	2394136.64	2.23
陕　西	1438253.60	1.34
上　海	17468995.85	16.30
四　川	3632045.92	3.39
天　津	2171504.34	2.03
西　藏	240264.56	0.22
新　疆	1728844.04	1.61
云　南	1268990.44	1.18
浙　江	6739606.11	6.29
重　庆	1170007.34	1.09
境外及其他	17806.27	0.02
合　计	107197352.97	100.00

注：交易金额为双边计算。

数据来源：上海、深圳证券交易所

Source: Shanghai、Shenzhen Stock Exchange

2－28　2009年全国A股按成交量排序前50名
Top 50 of A Share Trading Volume in 2009

序号 No.	代码 Code	股票简称 Shares	年成交量(百万股) Trading Volume(1000000)	年成交金额（百万元） Turnover (1000000)	交易所 Exchange
1	601398	工商银行	59180.34	273761.96	上　海
2	600050	中国联通	55928.09	357962.94	上　海
3	600016	民生银行	51719.73	346091.37	上　海
4	601899	紫金矿业	48505.18	472063.24	上　海
5	000002	万　科　A	44637.98	471670.16	深　圳
6	601668	中国建筑	43129.81	236196.52	上　海
7	601939	建设银行	39827.70	209817.16	上　海
8	600837	海通证券	37549.41	546515.63	上　海
9	601766	中国南车	33484.31	165051.01	上　海
10	600019	宝钢股份	31561.82	221510.55	上　海
11	600005	武钢股份	31204.56	244052.63	上　海
12	600030	中信证券	30067.61	828733.92	上　海
13	600036	招商银行	29863.44	497298.26	上　海
14	601390	中国中铁	28770.45	176486.57	上　海
15	601988	中国银行	26742.34	104919.49	上　海
16	600028	中国石化	23421.24	259161.57	上　海
17	601919	中国远洋	21337.21	281537.61	上　海
18	600000	浦发银行	20678.39	441790.77	上　海
19	600808	马钢股份	20670.17	95207.19	上　海
20	601328	交通银行	20005.24	159572.96	上　海
21	601168	西部矿业	19992.62	272884.84	上　海
22	000709	唐钢股份	19707.60	132123.75	深　圳
23	601006	大秦铁路	19620.08	197179.14	上　海
24	601866	中海集运	17545.14	80140.47	上　海
25	601186	中国铁建	17073.21	167087.21	上　海
26	600010	包钢股份	16888.54	71876.16	上　海
27	600383	金地集团	16472.68	232562.78	上　海
28	600029	南方航空	15698.44	84762.23	上　海
29	601333	广深铁路	15545.36	72744.94	上　海
30	601898	中煤能源	15126.34	178574.27	上　海
31	601600	中国铝业	14577.85	190214.65	上　海
32	000100	TCL集团	14351.28	57061.42	深　圳
33	600015	华夏银行	14260.11	153284.78	上　海
34	000825	太钢不锈	14248.04	108076.05	深　圳
35	601857	中国石油	13820.95	182604.02	上　海
36	600220	江苏阳光	13701.89	78951.92	上　海
37	600001	邯郸钢铁	13308.71	67960.31	上　海
38	601618	中国中冶	13137.77	77791.58	上　海
39	601111	中国国航	13071.81	93402.22	上　海
40	600868	ST　梅　雁	12924.64	43128.38	上　海
41	600795	国电电力	12794.21	88446.31	上　海
42	000839	中信国安	12210.57	168463.77	深　圳
43	000858	五　粮　液	11840.82	243188.98	深　圳
44	000402	金　融　街	11818.35	140793.56	深　圳
45	600900	长江电力	11789.43	166311.43	上　海
46	601998	中信银行	11743.95	69814.12	上　海
47	601588	北辰实业	11473.07	64589.69	上　海
48	000078	海王生物	11408.94	133196.31	深　圳
49	600018	上港集团	11365.51	62531.71	上　海
50	600635	大众公用	11199.97	123464.31	上　海

数据来源：上海、深圳证券交易所
Source：Shanghai、Shenzhen Stock Exchange

2－29 2009年上海A股按成交量排序前50名

Top 50 of Shanghai Stock Exchange A Share Trading Volume in 2009

序号 No.	代码 Code	股票简称 Shares	年成交量(百万股) Trading Volume (1000000)	年成交金额(百万元) Turnover (1000000)
1	601398	工商银行	59180.34	273761.96
2	600050	中国联通	55928.09	357962.94
3	600016	民生银行	51719.73	346091.37
4	601899	紫金矿业	48505.18	472063.24
5	601668	中国建筑	43129.81	236196.52
6	601939	建设银行	39827.70	209817.16
7	600837	海通证券	37549.41	546515.63
8	601766	中国南车	33484.31	165051.01
9	600019	宝钢股份	31561.82	221510.55
10	600005	武钢股份	31204.56	244052.63
11	600030	中信证券	30067.61	828733.92
12	600036	招商银行	29863.44	497298.26
13	601390	中国中铁	28770.45	176486.57
14	601988	中国银行	26742.34	104919.49
15	600028	中国石化	23421.24	259161.57
16	601919	中国远洋	21337.21	281537.61
17	600000	浦发银行	20678.39	441790.77
18	600808	马钢股份	20670.17	95207.19
19	601328	交通银行	20005.24	159572.96
20	601168	西部矿业	19992.62	272884.84
21	601006	大秦铁路	19620.08	197179.14
22	601866	中海集运	17545.14	80140.47
23	601186	中国铁建	17073.21	167087.21
24	600010	包钢股份	16888.54	71876.16
25	600383	金地集团	16472.68	232562.78
26	600029	南方航空	15698.44	84762.23
27	601333	广深铁路	15545.36	72744.94
28	601898	中煤能源	15126.34	178574.27
29	601600	中国铝业	14577.85	190214.65
30	600015	华夏银行	14260.11	153284.78
31	601857	中国石油	13820.95	182604.02
32	600220	江苏阳光	13701.89	78951.92
33	600001	邯郸钢铁	13308.71	67960.31
34	601618	中国中冶	13137.77	77791.58
35	601111	中国国航	13071.81	93402.22
36	600868	ST梅雁	12924.64	43128.38
37	600795	国电电力	12794.21	88446.31
38	600900	长江电力	11789.43	166311.43
39	601998	中信银行	11743.95	69814.12
40	601588	北辰实业	11473.07	64589.69
41	600018	上港集团	11365.51	62531.71
42	600635	大众公用	11199.97	123464.31
43	600210	紫江企业	10980.23	68449.01
44	600300	维维股份	10733.60	82255.71
45	600601	方正科技	10235.52	44741.62
46	600518	康美药业	10041.91	94102.13
47	600584	长电科技	9990.91	54840.50
48	601088	中国神华	9850.24	282316.12
49	601727	上海电气	9759.27	90406.77
50	600839	四川长虹	9607.05	49862.01

数据来源：上海证券交易所

Source: Shanghai Stock Exchange

2－30　2009年深圳A股按成交量排序前50名

Top 50 of Shenzhen Stock Exchange A Share Trading Volume in 2009

序号 No.	代码 Code	股票简称 Shares	年成交量（百万股） Trading Volume (1000000)	年成交金额（百万元） Turnover (1000000)
1	000002	万 科 A	44637.98	471670.16
2	000709	唐钢股份	19707.60	132123.75
3	000100	TCL 集团	14351.28	57061.42
4	000825	太钢不锈	14248.04	108076.05
5	000839	中信国安	12210.57	168463.77
6	000858	五 粮 液	11840.82	243188.98
7	000402	金 融 街	11818.35	140793.56
8	000078	海王生物	11408.94	133196.31
9	000983	西山煤电	10850.82	270432.69
10	000031	中粮地产	10480.62	110971.14
11	000001	深发展 A	10180.05	192438.91
12	000511	银基发展	9933.39	47522.42
13	000897	津滨发展	9554.31	52301.10
14	002024	苏宁电器	9427.93	155833.88
15	000518	* ST 生物	9255.46	35291.02
16	000878	云南铜业	9245.85	220076.71
17	000768	西飞国际	8890.55	139900.83
18	000898	鞍钢股份	8666.70	99475.80
19	000717	韶钢松山	8629.83	48486.51
20	000930	丰原生化	8466.90	52743.97
21	000005	世纪星源	8447.09	39131.27
22	000735	罗 牛 山	8085.70	39433.32
23	000625	长安汽车	8010.45	78241.19
24	000488	晨鸣纸业	7670.99	60361.42
25	000973	佛塑股份	7483.14	55091.35
26	000009	中国宝安	7392.21	75648.43
27	000599	青岛双星	7244.64	51489.75
28	000503	海虹控股	7236.20	59712.44
29	000652	泰达股份	7227.05	55345.75
30	000601	韶能股份	7190.32	43137.90
31	000677	山东海龙	7100.48	48150.23
32	000630	铜陵有色	6982.34	124987.86
33	000751	* ST 锌业	6799.72	39402.42
34	000816	江淮动力	6721.83	46205.17
35	000571	新大洲 A	6684.34	39830.15
36	000036	* ST 华控	6680.72	31455.79
37	000829	天音控股	6669.18	42622.52
38	000806	银河科技	6597.34	34787.47
39	000629	攀钢钢钒	6529.30	58569.06
40	000682	东方电子	6511.92	29821.39
41	000725	京东方 A	6428.55	31393.49
42	000060	中金岭南	6402.74	129374.56
43	000831	关铝股份	6391.05	52983.71
44	000807	云铝股份	6107.51	67273.10
45	000594	国恒铁路	6096.05	32372.06
46	000572	海马股份	5986.01	34150.26
47	000830	鲁西化工	5949.02	31282.54
48	000301	东方市场	5800.95	34054.77
49	000016	深康佳 A	5670.49	30565.61
50	000886	海南高速	5595.42	24259.44

数据来源：深圳证券交易所
Source: Shenzhen Stock Exchange

2-31 2009年全国A股按成交额排序前50名

Top 50 of A Share Turnover in 2009

序号 No.	代码 Code	股票简称 Shares	年成交额(百万元) Tutnover (1000000)	年成交量(百万股) Trading Volume (1000000)	交易所 Exchange
1	600030	中信证券	828733.92	30067.61	上 海
2	600837	海通证券	546515.63	37549.41	上 海
3	600036	招商银行	497298.26	29863.44	上 海
4	601899	紫金矿业	472063.24	48505.18	上 海
5	000002	万 科 A	471670.16	44637.98	深 圳
6	600000	浦发银行	441790.77	20678.39	上 海
7	601318	中国平安	393685.36	8553.72	上 海
8	600050	中国联通	357962.94	55928.09	上 海
9	600016	民生银行	346091.37	51719.73	上 海
10	600547	山东黄金	295493.32	4723.73	上 海
11	601088	中国神华	282316.12	9850.24	上 海
12	600489	中金黄金	281910.19	4792.75	上 海
13	601919	中国远洋	281537.61	21337.21	上 海
14	601398	工商银行	273761.96	59180.34	上 海
15	601168	西部矿业	272884.84	19992.62	上 海
16	000983	西山煤电	270432.69	10850.82	深 圳
17	600028	中国石化	259161.57	23421.24	上 海
18	600005	武钢股份	244052.63	31204.56	上 海
19	000858	五 粮 液	243188.98	11840.82	深 圳
20	601668	中国建筑	236196.52	43129.81	上 海
21	600383	金地集团	232562.78	16472.68	上 海
22	600019	宝钢股份	221510.55	31561.82	上 海
23	000878	云南铜业	220076.71	9245.85	深 圳
24	601166	兴业银行	216201.43	7445.50	上 海
25	601939	建设银行	209817.16	39827.70	上 海
26	601006	大秦铁路	197179.14	19620.08	上 海
27	601628	中国人寿	196253.89	7460.46	上 海
28	600111	包钢稀土	192582.92	8901.93	上 海
29	000001	深发展A	192438.91	10180.05	深 圳
30	60048	保利地产	192051.65	7939.42	上 海
31	601601	中国太保	191609.96	9411.62	上 海
32	601600	中国铝业	190214.65	14577.85	上 海
33	601857	中国石油	182604.02	13820.95	上 海
34	601898	中煤能源	178574.27	15126.34	上 海
35	601390	中国中铁	176486.57	28770.45	上 海
36	600089	特变电工	172691.58	7814.98	上 海
37	600362	江西铜业	171175.48	5619.65	上 海
38	000839	中信国安	168463.77	12210.57	深 圳
39	601186	中国铁建	167087.21	17073.21	上 海
40	600900	长江电力	166311.43	11789.43	上 海
41	601766	中国南车	165051.01	33484.31	上 海
42	601328	交通银行	159572.96	20005.24	上 海
43	002024	苏宁电器	155833.88	9427.93	深 圳
44	600015	华夏银行	153284.78	14260.11	上 海
45	600550	天威保变	151497.92	4555.39	上 海
46	601958	金钼股份	145139.05	8411.66	上 海
47	600997	开滦股份	143194.75	6359.53	上 海
48	002202	金风科技	141033.58	4469.94	深 圳
49	000402	金 融 街	140793.56	11818.35	深 圳
50	000768	西飞国际	139900.83	8890.55	深 圳

数据来源:上海、深圳证券交易所

Source: Shanghai、Shenzhen Stock Exchange

2－32　2009年上海A股按成交额排序前50名

Top 50 of Shanghai Stock Exchange A Share Turnover in 2009

序号 No.	代码 Code	股票简称 Shares	年成交金额（百万万） Tutnover（1000000）	年成交量（百万股） Trading Volume（1000000）
1	600030	中信证券	828733.92	30067.61
2	600837	海通证券	546515.63	37549.41
3	600036	招商银行	497298.26	29863.44
4	601899	紫金矿业	472063.24	48505.18
5	600000	浦发银行	441790.77	20678.39
6	601318	中国平安	393685.36	8553.72
7	600050	中国联通	357962.94	55928.09
8	600016	民生银行	346091.37	51719.73
9	600547	山东黄金	295493.32	4723.73
10	601088	中国神华	282316.12	9850.24
11	600489	中金黄金	281910.19	4792.75
12	601919	中国远洋	281537.61	21337.21
13	601398	工商银行	273761.96	59180.34
14	601168	西部矿业	272884.84	19992.62
15	600028	中国石化	259161.57	23421.24
16	600005	武钢股份	244052.63	31204.56
17	601668	中国建筑	236196.52	43129.81
18	600383	金地集团	232562.78	16472.68
19	600019	宝钢股份	221510.55	31561.82
20	601166	兴业银行	216201.43	7445.50
21	601939	建设银行	209817.16	39827.70
22	601006	大秦铁路	197179.14	19620.08
23	601628	中国人寿	196253.89	7460.46
24	600111	包钢稀土	192582.92	8901.93
25	600048	保利地产	192051.65	7939.42
26	601601	中国太保	191609.96	9411.62
27	601600	中国铝业	190214.65	14577.85
28	601857	中国石油	182604.02	13820.95
29	601898	中煤能源	178574.27	15126.34
30	601390	中国中铁	176486.57	28770.45
31	600089	特变电工	172691.58	7814.98
32	600362	江西铜业	171175.48	5619.65
33	601186	中国铁建	167087.21	17073.21
34	600900	长江电力	166311.43	11789.43
35	601766	中国南车	165051.01	33484.31
36	601328	交通银行	159572.96	20005.24
37	600015	华夏银行	153284.78	14260.11
38	600550	天威保变	151497.92	4555.39
39	601958	金钼股份	145139.05	8411.66
40	600997	开滦股份	143194.75	6359.53
41	601001	大同煤业	136255.90	4152.59
42	600331	宏达股份	133868.24	8860.62
43	600348	国阳新能	126810.51	4619.48
44	601666	平煤股份	126479.01	4539.28
45	601699	潞安环能	123891.89	3717.13
46	600635	大众公用	123464.31	11199.97
47	601169	北京银行	123448.57	8326.11
48	600100	同方股份	123143.51	7841.94
49	600432	吉恩镍业	114847.96	4467.80
50	600598	北 大 荒	110979.22	7977.17

数据来源：上海证券交易所
Source：Shanghai Stock Exchange

2-33 2009年深圳A股按成交额排序前50名

Top 50 of Shenzhen Stock Exchange A Share Turnover in 2009

序号 No.	代码 Code	股票简称 Shares	年成交额（百万元） Tutnover (1000000)	年成交量（百万股） Trading Volume (1000000)
1	000002	万　科　A	471670.16	44637.98
2	000983	西山煤电	270432.69	10850.82
3	000858	五　粮　液	243188.98	11840.82
4	000878	云南铜业	220076.71	9245.85
5	000001	深发展A	192438.91	10180.05
6	000839	中信国安	168463.77	12210.57
7	002024	苏宁电器	155833.88	9427.93
8	002202	金风科技	141033.58	4469.94
9	000402	金　融　街	140793.56	11818.35
10	000768	西飞国际	139900.83	8890.55
11	000078	海王生物	133196.31	11408.94
12	000709	唐钢股份	132123.75	19707.60
13	000060	中金岭南	129374.56	6402.74
14	000630	铜陵有色	124987.86	6982.34
15	000937	金牛能源	119862.02	4033.50
16	000568	泸州老窖	118347.19	4484.67
17	000031	中粮地产	110971.14	10480.62
18	000825	太钢不锈	108076.05	14248.04
19	002155	辰州矿业	106053.41	5061.94
20	000157	中联重科	104827.10	4841.16
21	000562	宏源证券	104705.79	5246.60
22	000792	盐湖钾肥	103125.48	1989.28
23	000623	吉林敖东	101015.88	2580.57
24	000898	鞍钢股份	99475.80	8666.70
25	000024	招商地产	94847.86	3541.74
26	000960	锡业股份	94422.59	4226.20
27	000069	华侨城A	92906.58	5258.09
28	000783	长江证券	90253.91	5225.69
29	000686	东北证券	87450.93	2754.10
30	002007	华兰生物	87011.37	1878.46
31	000933	神火股份	86392.35	3348.48
32	000012	南　玻A	82881.92	4998.04
33	000063	中兴通讯	80421.65	2342.78
34	000612	焦作万方	80129.96	4601.66
35	000625	长安汽车	78241.19	8010.45
36	000009	中国宝安	75648.43	7392.21
37	000996	中国中期	74733.63	3230.68
38	000651	格力电器	74504.31	3142.69
39	000728	国元证券	68666.68	3453.91
40	000807	云铝股份	67273.10	6107.51
41	000968	煤　气　化	67111.44	3721.39
42	000527	美的电器	62851.89	4435.42
43	002142	宁波银行	62840.11	5481.93
44	000800	一汽轿车	62830.71	3984.13
45	000488	晨鸣纸业	60361.42	7670.99
46	000532	力合股份	60120.62	5202.34
47	000503	海虹控股	59712.44	7236.20
48	000998	隆平高科	59316.98	3188.70
49	000780	平庄能源	59051.71	4816.39
50	000540	中天城投	58900.89	4096.54

数据来源：深圳证券交易所

Source: Shenzhen Stock Exchange

2－34　2009年全国B股按成交量排序前50名

Top 50 of B Share Trading Volume in 2009

序号 No.	代码 Code	股票简称 Shares	年成交量（百万股） Trading Volume (1000000)	年成交金额（百万元） Turnover (1000000)	交易所 Exchange
1	200725	京东方B	2880.29	4461.64	深圳
2	200625	长　安B	1785.19	7128.43	深圳
3	200002	万　科B	1395.06	11350.93	深圳
4	200012	南　玻B	1249.94	7320.03	深圳
5	900947	振华B股	1225.85	7588.24	上海
6	200512	闽灿坤B	1200.32	1665.92	深圳
7	200488	晨　鸣　B	1168.80	4968.54	深圳
8	900950	新城B股	1150.12	5499.79	上海
9	900903	大众B股	1063.13	4873.11	上海
10	200039	中　集　B	954.48	5995.51	深圳
11	200016	深康佳B	931.10	2394.15	深圳
12	200160	ST大路B	902.48	1935.42	深圳
13	200761	本钢板B	872.50	3036.67	深圳
14	200539	粤电力B	860.71	2886.74	深圳
15	900917	海欣B股	829.35	1898.63	上海
16	900919	大江B股	733.92	1612.79	上海
17	900949	东电B股	732.17	2770.66	上海
18	200058	深赛格B	725.63	1428.85	深圳
19	900909	双钱B股	655.97	2550.66	上海
20	900936	鄂绒B股	639.59	3186.56	上海
21	900908	氯碱B股	626.64	1621.47	上海
22	900953	凯　马　B	618.46	2265.79	上海
23	900948	伊泰B股	581.00	21264.86	上海
24	900924	上工B股	563.91	1530.57	上海
25	200429	粤高速B	519.36	1636.45	深圳
26	200553	沙隆达B	513.64	1602.81	深圳
27	200570	苏常柴B	511.26	2506.35	深圳
28	200726	鲁　泰　B	502.90	2432.15	深圳
29	200017	ST中华B	490.40	941.96	深圳
30	200152	山　航　B	486.19	2038.44	深圳
31	900907	鼎立B股	473.61	1695.94	上海
32	900941	东信B股	473.26	1147.68	上海
33	900937	华电B股	437.69	1021.31	上海
34	900901	上电B股	432.81	1214.59	上海
35	200055	方　大　B	427.83	1320.89	深圳
36	900910	海立B股	421.23	1209.33	上海
37	900902	ST二纺B	393.69	886.89	上海
38	900932	陆家B股	371.02	3973.10	上海
39	900920	上柴B股	362.42	1567.01	上海
40	900957	凌云B股	360.65	1060.32	上海
41	900946	ST轻骑B	357.74	851.42	上海
42	200168	*ST雷伊B	353.24	583.93	深圳
43	200029	深深房B	346.19	921.11	深圳
44	900915	中路B股	344.97	1844.58	上海
45	900905	老凤祥B	343.07	2743.77	上海
46	200413	宝　石　B	328.07	825.47	深圳
47	900925	机电B股	322.04	2074.79	上海
48	200771	杭汽轮B	321.79	3472.48	深圳
49	900952	锦港B股	315.84	984.26	上海
50	900938	ST天海B	313.09	665.12	上海

数据来源：上海、深圳证券交易所

Source: Shanghai、Shenzhen Stock Exchange

2-35 2009年上海B股按成交量排序前50名

Top 50 of Shanghai Stock Exchange B Share Trading Volume in 2009

序号 No.	代码 Code	股票简称 Shares	年成交量（百万股） Trading Volume (1000000)	年成交金额（百万元） Turnover (1000000)
1	900947	振华B股	1225.85	7588.24
2	900950	新城B股	1150.12	5499.79
3	900903	大众B股	1063.13	4873.11
4	900917	海欣B股	829.35	1898.63
5	900919	大江B股	733.92	1612.79
6	900949	东电B股	732.17	2770.66
7	900909	双钱B股	655.97	2550.66
8	900936	鄂绒B股	639.59	3186.56
9	900908	氯碱B股	626.64	1621.47
10	900953	凯　马　B	618.46	2265.79
11	900948	伊泰B股	581.00	21264.86
12	900924	上工B股	563.91	1530.57
13	900907	鼎立B股	473.61	1695.94
14	900941	东信B股	473.26	1147.68
15	900937	华电B股	437.69	1021.31
16	900901	上电B股	432.81	1214.59
17	900910	海立B股	421.23	1209.33
18	900902	ST二纺B	393.69	886.89
19	900932	陆家B股	371.02	3973.10
20	900920	上柴B股	362.42	1567.01
21	900957	凌云B股	360.65	1060.32
22	900946	ST轻骑B	357.74	851.42
23	900915	中路B股	344.97	1844.58
24	900905	老凤祥B	343.07	2743.77
25	900925	机电B股	322.04	2074.79
26	900952	锦港B股	315.84	984.26
27	900938	ST天海B	313.09	665.12
28	900955	九龙山B	311.61	1350.91
29	900911	金桥B股	291.36	1675.89
30	900912	外高B股	284.52	1436.54
31	900916	金山B股	277.77	791.47
32	900928	自仪B股	266.71	978.83
33	900921	丹科B股	264.18	2226.44
34	900923	友谊B股	241.30	1755.26
35	900956	东贝B股	239.56	979.04
36	900906	ST中纺B	216.28	588.78
37	900934	锦江B股	214.11	1823.44
38	900914	锦投B股	202.95	1319.48
39	900918	耀皮B股	198.60	648.47
40	900930	沪普天B	192.32	676.34
41	900945	海航B股	185.93	613.50
42	900942	黄山B股	184.18	1418.94
43	900933	华新B股	184.06	2496.54
44	900951	大化B股	184.02	507.30
45	900926	宝信B股	165.25	1547.12
46	900943	开开B股	164.08	594.46
47	900935	阳晨B股	159.02	674.28
48	900927	物贸B股	141.00	709.29
49	900922	三毛B股	138.66	516.75
50	900939	ST汇丽B	133.54	292.55

数据来源：上海证券交易所
Source：Shanghai Stock Exchange

2-36　2009年深圳B股按成交量排序前50名

Top 50 of Shenzhen Stock Exchange B Share Trading Volume in 2009

序号 No.	代码 Code	股票简称 Shares	年成交量（百万股） Trading Volume (1000000)	年成交金额（百万元） Turnover (1000000)
1	200725	京东方B	2880.29	4461.64
2	200625	长　安B	1785.19	7128.43
3	200002	万　科B	1395.06	11350.93
4	200012	南　玻B	1249.94	7320.03
5	200512	闽灿坤B	1200.32	1665.92
6	200488	晨　鸣B	1168.80	4968.54
7	200039	中　集B	954.48	5995.51
8	200016	深康佳B	931.10	2394.15
9	200160	ST大路B	902.48	1935.42
10	200761	本钢板B	872.50	3036.67
11	200539	粤电力B	860.71	2886.74
12	200058	深赛格B	725.63	1428.85
13	200429	粤高速B	519.36	1636.45
14	200553	沙隆达B	513.64	1602.81
15	200570	苏常柴B	511.26	2506.35
16	200726	鲁　泰B	502.90	2432.15
17	200017	ST中华B	490.40	941.96
18	200152	山　航B	486.19	2038.44
19	200055	方　大B	427.83	1320.89
20	200168	*ST雷伊B	353.24	583.93
21	200029	深深房B	346.19	921.11
22	200413	宝　石B	328.07	825.47
23	200771	杭汽轮B	321.79	3472.48
24	200992	中　鲁B	303.11	693.95
25	200581	苏威孚B	302.03	1559.66
26	200613	ST东海B	289.19	480.20
27	200505	*ST珠江B	277.63	799.37
28	200986	粤华包B	275.56	756.72
29	200541	粤照明B	270.05	1428.07
30	200054	建　摩B	253.00	675.16
31	200020	深华发B	248.30	657.22
32	200011	深物业B	242.49	944.95
33	200418	小天鹅B	233.46	1066.77
34	200024	招商局B	222.20	2993.27
35	200521	皖美菱B	218.97	854.60
36	200596	古井贡B	208.33	1495.83
37	200037	深南电B	205.30	669.58
38	200468	宁通信B	202.56	556.13
39	200022	深赤湾B	186.36	1523.68
40	200706	瓦　轴B	172.49	832.35
41	200530	大　冷B	161.90	664.63
42	200026	飞亚达B	148.11	607.83
43	200045	深纺织B	147.88	545.52
44	200770	*ST武锅B	143.71	570.05
45	200550	江　铃B	140.89	1138.30
46	200028	一　致B	123.84	1158.24
47	200025	特　力B	117.07	391.81
48	200513	丽　珠B	116.19	1503.17
49	200030	*ST盛润B	115.09	253.30
50	200056	深国商B	109.52	436.27

数据来源：深圳证券交易所
Source: Shenzhen Stock Exchange

2－37　2009年全国B股按成交额排序前50名

Top 50 of B Share Turnover in 2009

序号 No.	代码 Code	股票简称 Shares	年成交额（百万元） Turnover (1000000)	年成交量(百万股) Trading Volume (1000000)	交易所 Exchange
1	900948	伊泰B股	21264.86	581.00	上　海
2	200002	万　科B	11350.93	1395.06	深　圳
3	900947	振华B股	7588.24	1225.85	上　海
4	200012	南　玻B	7320.03	1249.94	深　圳
5	200625	长　安B	7128.43	1785.19	深　圳
6	200039	中　集B	5995.51	954.48	深　圳
7	900950	新城B股	5499.79	1150.12	上　海
8	200488	晨　鸣B	4968.54	1168.80	深　圳
9	900903	大众B股	4873.11	1063.13	上　海
10	200725	京东方B	4461.64	2880.29	深　圳
11	900932	陆家B股	3973.10	371.02	上　海
12	200869	张　裕B	3615.66	104.98	深　圳
13	200771	杭汽轮B	3472.48	321.79	深　圳
14	900936	鄂绒B股	3186.56	639.59	上　海
15	200761	本钢板B	3036.67	872.50	深　圳
16	200024	招商局B	2993.27	222.20	深　圳
17	200539	粤电力B	2886.74	860.71	深　圳
18	900949	东电B股	2770.66	732.17	上　海
19	900905	老凤祥B	2743.77	343.07	上　海
20	900909	双钱B股	2550.66	655.97	上　海
21	200570	苏常柴B	2506.35	511.26	深　圳
22	900933	华新B股	2496.54	184.06	上　海
23	200726	鲁　泰B	2432.15	502.90	深　圳
24	200016	深康佳B	2394.15	931.10	深　圳
25	900953	凯　马B	2265.79	618.46	上　海
26	900921	丹科B股	2226.44	264.18	上　海
27	900925	机电B股	2074.79	322.04	上　海
28	200152	山　航B	2038.44	486.19	深　圳
29	200160	ST大路B	1935.42	902.48	深　圳
30	900917	海欣B股	1898.63	829.35	上　海
31	900915	中路B股	1844.58	344.97	上　海
32	900934	锦江B股	1823.44	214.11	上　海
33	900923	友谊B股	1755.26	241.30	上　海
34	900907	鼎立B股	1695.94	473.61	上　海
35	900911	金桥B股	1675.89	291.36	上　海
36	200512	闽灿坤B	1665.92	1200.32	深　圳
37	200429	粤高速B	1636.45	519.36	深　圳
38	900908	氯碱B股	1621.47	626.64	上　海
39	900919	大江B股	1612.79	733.92	上　海
40	200553	沙隆达B	1602.81	513.64	深　圳
41	900920	上柴B股	1567.01	362.42	上　海
42	200581	苏威孚B	1559.66	302.03	深　圳
43	900926	宝信B股	1547.12	165.25	上　海
44	900924	上工B股	1530.57	563.91	上　海
45	200022	深赤湾B	1523.68	186.36	深　圳
46	200513	丽　珠B	1503.17	116.19	深　圳
47	200596	古井贡B	1495.83	208.33	深　圳
48	900912	外高B股	1436.54	284.52	上　海
49	200058	深赛格B	1428.85	725.63	深　圳
50	200541	粤照明B	1428.07	270.05	深　圳

数据来源：上海、深圳证券交易所
Source: Shanghai、Shenzhen Stock Exchange

2－38　2009 年上海 B 股按成交额排序前 50 名

Top 50 of Shanghai Stock Exchange B Share Trading Volume in 2009

序号 No.	代码 Code	股票简称 Shares	年成交额（百万元） Turnover (1000000)	年成交量（百万股） Trading Volume(1000000)
1	900948	伊泰 B 股	21264.86	581.00
2	900947	振华 B 股	7588.24	1225.85
3	900950	新城 B 股	5499.79	1150.12
4	900903	大众 B 股	4873.11	1063.13
5	900932	陆家 B 股	3973.10	371.02
6	900936	鄂绒 B 股	3186.56	639.59
7	900949	东电 B 股	2770.66	732.17
8	900905	老凤祥 B	2743.77	343.07
9	900909	双钱 B 股	2550.66	655.97
10	900933	华新 B 股	2496.54	184.06
11	900953	凯　马 B	2265.79	618.46
12	900921	丹科 B 股	2226.44	264.18
13	900925	机电 B 股	2074.79	322.04
14	900917	海欣 B 股	1898.63	829.35
15	900915	中路 B 股	1844.58	344.97
16	900934	锦江 B 股	1823.44	214.11
17	900923	友谊 B 股	1755.26	241.30
18	900907	鼎立 B 股	1695.94	473.61
19	900911	金桥 B 股	1675.89	291.36
20	900908	氯碱 B 股	1621.47	626.64
21	900919	大江 B 股	1612.79	733.92
22	900920	上柴 B 股	1567.01	362.42
23	900926	宝信 B 股	1547.12	165.25
24	900924	上工 B 股	1530.57	563.91
25	900912	外高 B 股	1436.54	284.52
26	900942	黄山 B 股	1418.94	184.18
27	900955	九龙山 B	1350.91	311.61
28	900914	锦投 B 股	1319.48	202.95
29	900901	上电 B 股	1214.59	432.81
30	900910	海立 B 股	1209.33	421.23
31	900941	东信 B 股	1147.68	473.26
32	900957	凌云 B 股	1060.32	360.65
33	900937	华电 B 股	1021.31	437.69
34	900952	锦港 B 股	984.26	315.84
35	900956	东贝 B 股	979.04	239.56
36	900928	自仪 B 股	978.83	266.71
37	900929	锦旅 B 股	911.48	110.64
38	900902	ST 二纺 B	886.89	393.69
39	900946	ST 轻骑 B	851.42	357.74
40	900916	金山 B 股	791.47	277.77
41	900927	物贸 B 股	709.29	141.00
42	900930	沪普天 B	676.34	192.32
43	900935	阳晨 B 股	674.28	159.02
44	900938	ST 天海 B	665.12	313.09
45	900918	耀皮 B 股	648.47	198.60
46	900945	海航 B 股	613.50	185.93
47	900943	开开 B 股	594.46	164.08
48	900906	ST 中纺 B	588.78	216.28
49	900922	三毛 B 股	516.75	138.66
50	900951	大化 B 股	507.30	184.02

数据来源：上海证券交易所
Source：Shanghai Stock Exchange

2－39　2009年深圳B股按成交额排序前50名

Top 50 of Shenzhen Stock Exchange B Share Turnover in 2009

序号 No.	代码 Code	股票简称 Shares	年成交额（百万元） Turnover (1000000)	年成交量（百万股） Trading Volume (1000000)
1	200002	万　科B	11350.93	1395.06
2	200012	南　玻B	7320.03	1249.94
3	200625	长　安B	7128.43	1785.19
4	200039	中　集B	5995.51	954.48
5	200488	晨　鸣B	4968.54	1168.80
6	200725	京东方B	4461.64	2880.29
7	200869	张　裕B	3615.66	104.98
8	200771	杭汽轮B	3472.48	321.79
9	200761	本钢板B	3036.67	872.50
10	200024	招商局B	2993.27	222.20
11	200539	粤电力B	2886.74	860.71
12	200570	苏常柴B	2506.35	511.26
13	200726	鲁　泰B	2432.15	502.90
14	200016	深康佳B	2394.15	931.10
15	200152	山　航B	2038.44	486.19
16	200160	ST大路B	1935.42	902.48
17	200512	闽灿坤B	1665.92	1200.32
18	200429	粤高速B	1636.45	519.36
19	200553	沙隆达B	1602.81	513.64
20	200581	苏威孚B	1559.66	302.03
21	200022	深赤湾B	1523.68	186.36
22	200513	丽　珠B	1503.17	116.19
23	200596	古井贡B	1495.83	208.33
24	200058	深赛格B	1428.85	725.63
25	200541	粤照明B	1428.07	270.05
26	200055	方　大B	1320.89	427.83
27	200028	一　致B	1158.24	123.84
28	200550	江　铃B	1138.30	140.89
29	200418	小天鹅B	1066.77	233.46
30	200011	深物业B	944.95	242.49
31	200017	ST中华B	941.96	490.40
32	200029	深深房B	921.11	346.19
33	200521	皖美菱B	854.60	218.97
34	200706	瓦　轴B	832.35	172.49
35	200413	宝　石B	825.47	328.07
36	200505	*ST珠江B	799.37	277.63
37	200986	粤华包B	756.72	275.56
38	200992	中　鲁B	693.95	303.11
39	200053	深基地B	681.74	109.03
40	200054	建　摩B	675.16	253.00
41	200037	深南电B	669.58	205.30
42	200530	大　冷B	664.63	161.90
43	200020	深华发B	657.22	248.30
44	200026	飞亚达B	607.83	148.11
45	200168	*ST雷伊B	583.93	353.24
46	200770	*ST武锅B	570.05	143.71
47	200468	宁通信B	556.13	202.56
48	200045	深纺织B	545.52	147.88
49	200613	ST东海B	480.20	289.19
50	200056	深国商B	436.27	109.52

数据来源：深圳证券交易所
Source: Shenzhen Stock Exchange

2-40　2009年上海证券交易所每日收市综合指数
Daily Close Composite Index of Shanghai Stock Exchange in 2009

日期 Date	1月 Jan.	2月 Feb.	3月 Mar.	4月 Apr.	5月 May.	6月 Jun.	7月 Jul.	8月 Aug.	9月 Sep.	10月 Oct.	11月 Nov.	12月 Dec.
1	0.00	0.00	0.00	2408.02	0.00	2721.28	3008.15	0.00	2683.72	0.00	0.00	3235.36
2	0.00	2011.68	2093.45	2425.29	0.00	2724.30	3060.25	0.00	2714.97	0.00	3076.65	3269.75
3	0.00	2060.81	2071.43	2419.78	0.00	2778.59	3088.37	3462.59	2845.02	0.00	3114.23	3264.63
4	0.00	2107.75	2198.11	0.00	2559.91	2767.24	0.00	3471.44	2861.61	0.00	3128.54	3317.04
5	1880.72	2098.02	2221.08	0.00	2567.34	2753.89	0.00	3428.50	0.00	0.00	3155.05	0.00
6	1937.15	2181.24	2193.01	0.00	2592.52	0.00	3124.67	3356.33	0.00	0.00	3164.04	0.00
7	1924.01	0.00	0.00	2439.18	2597.45	0.00	3089.45	3260.69	2881.12	0.00	0.00	3331.90
8	1878.18	0.00	0.00	2347.39	2625.65	2768.34	3080.77	0.00	2930.48	0.00	0.00	3296.66
9	1904.86	2224.71	2118.75	2379.88	0.00	2787.89	3123.04	0.00	2946.26	2911.72	3175.59	3239.57
10	0.00	2265.16	2158.57	2444.23	0.00	2816.25	3113.93	3249.76	2924.88	0.00	3178.61	3254.26
11	0.00	2260.82	2139.03	0.00	2579.75	2797.32	0.00	3264.73	2989.79	0.00	3175.19	3247.32
12	1900.35	2248.09	2133.88	0.00	2618.17	2743.76	0.00	3112.72	0.00	2894.48	3172.95	0.00
13	1863.37	2320.79	2128.85	2513.70	2663.77	0.00	3080.56	3140.56	0.00	2936.19	3187.65	0.00
14	1928.87	0.00	0.00	2527.18	2639.89	0.00	3145.16	3046.97	3026.74	2970.53	0.00	3302.90
15	1920.21	0.00	0.00	2536.06	2645.26	2789.55	3188.55	0.00	3033.73	2979.79	0.00	3274.46
16	1954.44	2389.39	2153.29	2534.13	0.00	2776.02	3183.74	0.00	2999.71	2976.63	3275.05	3255.21
17	0.00	2319.44	2218.33	2503.94	0.00	2810.12	3189.74	2870.63	3060.26	0.00	3282.89	3179.08
18	0.00	2209.86	2223.73	0.00	2652.78	2853.90	0.00	2910.88	2962.67	0.00	3303.23	3113.89
19	1986.67	2227.13	2265.76	0.00	2676.68	2880.49	0.00	2785.58	0.00	3038.27	3320.61	0.00
20	1994.11	2261.48	2281.09	2557.46	2651.41	0.00	3266.92	2911.58	0.00	3084.45	3308.35	0.00
21	1985.02	0.00	0.00	2535.83	2610.62	0.00	3213.21	2960.77	2967.01	3070.59	0.00	3122.97
22	2004.95	0.00	0.00	2461.35	2597.60	2896.30	3296.62	0.00	2897.55	3051.41	0.00	3050.52
23	1990.66	2305.78	2325.48	2463.95	0.00	2892.70	3328.49	0.00	2842.72	3107.85	3338.66	3073.78
24	0.00	2200.65	2338.42	2448.60	0.00	2922.30	3372.60	2993.43	2853.55	0.00	3223.53	3153.41
25	0.00	2206.57	2291.56	0.00	2610.01	2925.05	0.00	2915.80	2838.84	0.00	3290.17	3141.35
26	0.00	2121.25	2361.70	0.00	2588.58	2928.21	0.00	2967.60	0.00	3109.57	3170.98	0.00
27	0.00	2082.85	2374.44	2405.35	2632.93	0.00	3435.21	2946.40	0.00	3021.46	3096.27	0.00
28	0.00	0.00	0.00	2401.44	0.00	0.00	3438.37	2860.69	2763.53	3031.33	0.00	3188.79
29	0.00	0.00	0.00	2468.19	0.00	2975.31	3266.43	0.00	2754.54	2960.47	0.00	3211.76
30	0.00	0.00	2358.04	2477.57	0.00	2959.36	3321.56	0.00	2779.43	2995.85	3195.30	3262.60
31	0.00	0.00	2373.21	0.00	0.00	0.00	3412.06	2667.75	0.00	0.00	0.00	3277.14

数据来源：上海证券交易所
Source: Shanghai Stock Exchange

2-41　2009年上海证券交易所每日收市A股指数
Daily Close A Share Composite Index of Shanghai Stock Exchange in 2009

日期 Date	1月 Jan.	2月 Feb.	3月 Mar.	4月 Apr.	5月 May.	6月 Jun.	7月 Jul.	8月 Aug.	9月 Sep.	10月 Oct.	11月 Nov.	12月 Dec.
1	0.00	0.00	0.00	2527.31	0.00	2856.41	3157.77	0.00	2816.33	0.00	0.00	3393.40
2	0.00	2111.94	2197.67	2545.67	0.00	2859.59	3212.59	0.00	2849.20	0.00	3228.70	3429.51
3	0.00	2163.60	2174.58	2539.90	0.00	2916.66	3242.10	3634.98	2985.77	0.00	3268.12	3423.99
4	0.00	2212.91	2307.53	0.00	2687.12	2904.74	0.00	3644.10	3003.19	0.00	3283.12	3479.31
5	1974.72	2202.70	2331.74	0.00	2694.95	2890.62	0.00	3598.98	0.00	0.00	3310.93	0.00
6	2033.95	2290.02	2302.11	0.00	2721.36	0.00	3280.27	3523.14	0.00	0.00	3320.34	0.00
7	2020.11	0.00	0.00	2560.27	2726.57	0.00	3243.29	3422.83	3023.69	0.00	0.00	3494.78
8	1971.86	0.00	0.00	2463.87	2756.28	2905.83	3234.14	0.00	3075.55	0.00	0.00	3457.76
9	1999.88	2335.54	2224.07	2497.99	0.00	2926.41	3278.56	0.00	3092.10	3055.70	3332.53	3397.75
10	0.00	2377.84	2265.86	2565.50	0.00	2956.16	3268.94	3411.18	3069.59	0.00	3335.60	3413.22
11	0.00	2373.40	2245.28	0.00	2708.15	2936.20	0.00	3426.84	3137.81	0.00	3331.86	3405.87
12	1995.06	2360.00	2239.88	0.00	2748.42	2879.97	0.00	3266.97	0.00	3037.59	3329.13	0.00
13	1956.28	2436.35	2234.64	2638.59	2796.36	0.00	3233.82	3296.32	0.00	3081.38	3343.23	0.00
14	2025.08	0.00	0.00	2652.74	2771.19	0.00	3301.70	3198.11	3176.70	3117.48	0.00	3464.44
15	2015.95	0.00	0.00	2661.91	2776.76	2928.16	3347.29	0.00	3183.98	3127.21	0.00	3434.49
16	2051.99	2508.56	2260.30	2659.88	0.00	2913.89	3342.17	0.00	3148.21	3123.90	3435.40	3414.29
17	0.00	2435.23	2328.58	2628.30	0.00	2949.71	3348.36	3013.14	3211.81	0.00	3443.23	3334.44
18	0.00	2320.08	2334.18	0.00	2784.59	2995.83	0.00	3055.32	3109.17	0.00	3464.40	3266.19
19	2085.95	2337.98	2378.17	0.00	2809.66	3023.84	0.00	2923.62	0.00	3188.65	3482.58	0.00
20	2093.73	2373.83	2394.40	2684.51	2782.98	0.00	3429.51	3055.97	0.00	3237.20	3469.68	0.00
21	2084.17	0.00	0.00	2661.78	2740.14	0.00	3373.12	3107.56	3113.68	3222.55	0.00	3275.69
22	2105.01	0.00	0.00	2583.57	2726.38	3040.52	3460.72	0.00	3040.70	3202.28	0.00	3199.58
23	2089.90	2420.28	2440.96	2586.22	0.00	3036.82	3494.27	0.00	2983.07	3261.63	3501.74	3223.94
24	0.00	2309.92	2454.55	2570.14	0.00	3067.90	3540.74	3141.85	2994.48	0.00	3381.63	3307.46
25	0.00	2316.10	2405.30	0.00	2739.40	3070.80	0.00	3060.22	2978.98	0.00	3451.06	3294.71
26	0.00	2226.71	2478.91	0.00	2716.86	3074.05	0.00	3114.48	0.00	3263.55	3326.10	0.00
27	0.00	2186.63	2492.27	2524.96	2763.54	0.00	3606.54	3092.12	0.00	3170.94	3247.76	0.00
28	0.00	0.00	0.00	2520.78	0.00	0.00	3609.61	3002.03	2899.87	3181.27	0.00	3344.50
29	0.00	0.00	0.00	2590.85	0.00	3123.47	3428.93	0.00	2890.56	3106.73	0.00	3368.69
30	0.00	0.00	2474.86	2600.61	0.00	3106.59	3486.83	0.00	2916.73	3143.88	3351.49	3422.25
31	0.00	0.00	2490.71	0.00	0.00	0.00	3581.86	2799.48	0.00	0.00	0.00	3437.46

数据来源：上海证券交易所
Source: Shanghai Stock Exchange

2－42　2009 年上海证券交易所每日收市 B 股指数

Daily Close B Share Composite Index of Shanghai Stock Exchange in 2009

日期 Date	1 月 Jan.	2 月 Feb.	3 月 Mar.	4 月 Apr.	5 月 May.	6 月 Jun.	7 月 Jul.	8 月 Aug.	9 月 Sep.	10 月 Oct.	11 月 Nov.	12 月 Dec.
1	0.00	0.00	0.00	162.28	0.00	178.68	193.95	0.00	186.42	0.00	0.00	253.02
2	0.00	126.54	133.37	160.03	0.00	178.85	195.37	0.00	187.32	0.00	213.16	255.01
3	0.00	128.34	131.72	159.36	0.00	181.10	197.21	220.60	194.95	0.00	215.95	256.88
4	0.00	130.85	140.21	0.00	166.62	180.42	0.00	223.79	195.86	0.00	217.32	255.61
5	114.28	130.19	140.27	0.00	166.60	181.15	0.00	221.69	0.00	0.00	219.41	0.00
6	117.91	136.18	140.91	0.00	168.59	0.00	198.62	218.32	0.00	0.00	220.27	0.00
7	117.99	0.00	0.00	160.61	168.41	0.00	196.53	210.88	196.76	0.00	0.00	258.44
8	117.00	0.00	0.00	155.31	168.52	181.46	196.60	0.00	199.27	0.00	0.00	256.86
9	118.67	140.70	137.42	157.19	0.00	181.77	198.50	0.00	200.58	200.39	219.92	254.27
10	0.00	145.77	140.10	161.86	0.00	183.99	198.85	212.71	200.27	0.00	221.80	254.57
11	0.00	143.68	139.87	0.00	164.81	184.05	0.00	214.48	203.11	0.00	223.87	255.07
12	119.54	143.45	139.54	0.00	168.32	180.79	0.00	209.34	0.00	199.61	229.57	0.00
13	116.60	147.60	138.50	164.00	170.03	0.00	197.98	209.19	0.00	202.21	251.19	0.00
14	120.20	0.00	0.00	164.92	170.14	0.00	201.16	202.72	203.98	203.58	0.00	255.18
15	120.14	0.00	0.00	167.74	171.59	181.83	203.35	0.00	205.25	204.01	0.00	254.79
16	120.81	149.00	140.18	167.72	0.00	182.06	204.03	0.00	203.94	203.73	250.24	253.46
17	0.00	143.12	144.11	163.96	0.00	183.91	206.05	189.12	207.32	0.00	256.98	247.45
18	0.00	137.87	145.56	0.00	173.02	184.27	0.00	192.80	203.91	0.00	261.19	240.36
19	121.07	142.19	150.26	0.00	174.80	184.46	0.00	187.39	0.00	207.13	263.30	0.00
20	121.80	147.67	149.13	167.09	175.53	0.00	209.01	194.17	0.00	208.99	262.81	0.00
21	121.52	0.00	0.00	166.00	173.18	0.00	205.65	198.11	205.02	209.48	0.00	241.48
22	124.17	0.00	0.00	161.62	173.76	184.30	210.40	0.00	201.53	210.40	0.00	237.78
23	124.79	151.24	152.65	163.07	0.00	182.70	211.19	0.00	199.10	212.42	261.20	240.07
24	0.00	144.68	153.33	161.50	0.00	184.54	211.49	200.10	199.20	0.00	242.03	246.29
25	0.00	145.57	151.12	0.00	174.58	184.49	0.00	197.19	199.08	0.00	254.41	247.06
26	0.00	137.37	156.00	0.00	173.90	185.89	0.00	202.18	0.00	210.70	244.44	0.00
27	0.00	131.41	156.98	155.31	174.90	0.00	214.37	202.45	0.00	206.87	238.18	0.00
28	0.00	0.00	0.00	156.28	0.00	0.00	218.23	198.72	195.04	208.08	0.00	250.15
29	0.00	0.00	0.00	160.55	0.00	189.31	210.09	0.00	192.57	205.86	0.00	250.49
30	0.00	0.00	158.92	162.51	0.00	190.30	213.14	0.00	193.50	207.95	248.15	250.69
31	0.00	0.00	161.06	0.00	0.00	0.00	218.61	186.48	0.00	0.00	0.00	252.41

数据来源：上海证券交易所
Source：Shanghai Stock Exchange

2-43 2009年上海证券交易所每日收市180指数

Daily Close 180 Shares Index of Shanghai Stock Exchange in 2009

日期 Date	1月 Jan.	2月 Feb.	3月 Mar.	4月 Apr.	5月 May.	6月 Jun.	7月 Jul.	8月 Aug.	9月 Sep.	10月 Oct.	11月 Nov.	12月 Dec.
1	0.00	0.00	0.00	5652.38	0.00	6357.06	7241.98	0.00	6259.51	0.00	0.00	7717.32
2	0.00	4605.11	4788.35	5711.77	0.00	6364.62	7357.08	0.00	6378.15	0.00	7435.94	7800.56
3	0.00	4716.89	4723.29	5713.80	0.00	6546.31	7446.18	8421.72	6723.12	0.00	7526.90	7780.79
4	0.00	4847.64	5041.17	0.00	6015.08	6582.52	0.00	8401.15	6773.14	0.00	7570.57	7939.92
5	4206.13	4819.50	5095.43	0.00	6040.46	6548.76	0.00	8282.56	0.00	0.00	7595.21	0.00
6	4343.84	5004.91	5044.58	0.00	6117.87	0.00	7543.57	8108.72	0.00	0.00	7631.62	0.00
7	4320.30	0.00	0.00	5730.98	6135.95	0.00	7453.42	7891.41	6829.97	0.00	0.00	7981.56
8	4215.87	0.00	0.00	5510.26	6192.07	6587.96	7459.77	0.00	6973.28	0.00	0.00	7869.65
9	4280.92	5119.08	4861.19	5601.03	0.00	6606.27	7552.34	0.00	7015.53	6959.88	7655.55	7699.94
10	0.00	5167.51	4953.62	5770.98	0.00	6663.90	7538.84	7852.41	6949.16	0.00	7662.87	7745.34
11	0.00	5178.89	4910.83	0.00	6067.34	6609.55	0.00	7866.63	7137.97	0.00	7640.44	7735.80
12	4284.45	5132.51	4900.85	0.00	6195.59	6485.02	0.00	7512.04	0.00	6925.00	7642.35	0.00
13	4189.17	5307.01	4884.88	5908.82	6252.09	0.00	7425.47	7609.55	0.00	7034.34	7687.76	0.00
14	4369.67	0.00	0.00	5943.13	6193.40	0.00	7644.59	7396.98	7239.53	7101.08	0.00	7836.10
15	4368.18	0.00	0.00	5958.56	6199.03	6622.12	7738.15	0.00	7252.06	7127.86	0.00	7766.57
16	4454.61	5463.06	4968.89	5952.63	0.00	6601.47	7767.73	0.00	7140.29	7131.61	7924.50	7728.29
17	0.00	5300.17	5135.19	5876.29	0.00	6702.33	7804.08	6954.66	7281.83	0.00	7936.10	7557.62
18	0.00	5052.96	5147.96	0.00	6226.09	6823.61	0.00	7014.14	7016.72	0.00	7943.54	7387.67
19	4511.93	5087.17	5260.27	0.00	6290.88	6877.43	0.00	6652.39	0.00	7309.50	7960.40	0.00
20	4540.79	5173.77	5251.18	6001.73	6218.44	0.00	7960.87	6950.73	0.00	7420.34	7923.15	0.00
21	4535.70	0.00	0.00	5934.38	6083.49	0.00	7852.18	7076.88	7019.39	7394.81	0.00	7380.78
22	4581.08	0.00	0.00	5721.76	6063.58	6893.01	8013.09	0.00	6843.20	7344.56	0.00	7181.41
23	4553.42	5306.16	5384.49	5752.01	0.00	6903.67	8120.18	0.00	6703.82	7495.71	7988.03	7235.88
24	0.00	5047.37	5409.50	5704.60	0.00	6960.80	8170.50	7114.01	6770.80	0.00	7739.13	7440.40
25	0.00	5077.54	5303.60	0.00	6084.05	6953.04	0.00	6832.33	6723.84	0.00	7905.97	7393.68
26	0.00	4842.08	5493.88	0.00	6013.65	6980.37	0.00	6952.44	0.00	7498.12	7588.01	0.00
27	0.00	4750.61	5541.96	5581.66	6115.65	0.00	8349.43	6918.14	0.00	7281.06	7360.04	0.00
28	0.00	0.00	0.00	5588.04	0.00	0.00	8356.28	6679.19	6525.98	7293.99	0.00	7513.67
29	0.00	0.00	0.00	5795.99	0.00	7097.23	7924.39	0.00	6537.67	7110.82	0.00	7569.12
30	0.00	0.00	5513.34	5819.49	0.00	7073.51	8112.10	0.00	6606.56	7186.21	7621.68	7726.04
31	0.00	0.00	5569.99	0.00	0.00	0.00	8322.99	6214.53	0.00	0.00	0.00	7762.92

数据来源：上海证券交易所
Source：Shanghai Stock Exchange

2－44　2009年深圳证券交易所每日收市综合指数
Daily Close Composite Index of Shenzhen Stock Exchange in 2009

日期 Date	1月 Jan.	2月 Feb.	3月 Mar.	4月 Apr.	5月 May.	6月 Jun.	7月 Jul.	8月 Aug.	9月 Sep.	10月 Oct.	11月 Nov.	12月 Dec.
1	0.00	0.00	0.00	798.74	0.00	900.93	977.46	0.00	900.53	0.00	0.00	1212.60
2	0.00	623.01	672.85	805.12	0.00	907.50	987.02	0.00	906.86	0.00	1085.65	1228.24
3	0.00	639.05	673.85	801.06	0.00	920.82	1000.68	1140.54	956.69	0.00	1104.31	1234.17
4	0.00	652.99	715.48	0.00	859.62	920.95	0.00	1149.27	968.55	0.00	1112.35	1214.74
5	571.13	644.66	719.01	0.00	867.23	917.21	0.00	1144.14	0.00	0.00	1117.23	0.00
6	586.33	672.81	715.00	0.00	883.48	0.00	1010.59	1125.55	0.00	0.00	1123.82	0.00
7	584.71	0.00	0.00	807.01	878.18	0.00	1008.20	1087.23	979.45	0.00	0.00	1232.24
8	573.09	0.00	0.00	780.46	879.93	914.01	1019.79	0.00	999.78	0.00	0.00	1228.86
9	585.85	696.33	686.47	793.13	0.00	920.69	1037.59	0.00	1010.52	997.32	1130.57	1211.79
10	0.00	714.67	699.80	820.84	0.00	932.13	1042.80	1092.19	1000.63	0.00	1134.68	1220.02
11	0.00	716.40	695.70	0.00	849.83	922.62	0.00	1100.79	1016.51	0.00	1135.50	1218.74
12	588.72	723.12	696.98	0.00	872.19	903.74	0.00	1052.51	0.00	998.75	1141.33	0.00
13	571.62	749.31	692.67	835.91	880.60	0.00	1047.07	1060.86	0.00	1013.28	1152.58	0.00
14	594.02	0.00	0.00	850.56	880.75	0.00	1068.93	1022.92	1041.33	1021.10	0.00	1217.98
15	595.87	0.00	0.00	860.37	885.73	916.50	1077.85	0.00	1049.72	1025.20	0.00	1214.85
16	600.69	763.30	702.36	859.51	0.00	916.55	1076.38	0.00	1045.16	1028.42	1181.63	1201.97
17	0.00	736.98	729.69	845.80	0.00	933.02	1084.39	955.87	1065.10	0.00	1185.17	1168.76
18	0.00	707.03	737.43	0.00	892.23	940.85	0.00	968.39	1030.10	0.00	1188.47	1127.88
19	601.25	722.10	752.53	0.00	900.15	943.87	0.00	921.32	0.00	1058.17	1202.70	0.00
20	606.81	744.07	752.35	864.79	897.37	0.00	1104.19	956.52	0.00	1073.48	1208.82	0.00
21	604.57	0.00	0.00	856.11	878.09	0.00	1081.94	979.99	1039.33	1069.56	0.00	1140.40
22	613.16	0.00	0.00	819.14	876.58	938.77	1098.49	0.00	1016.97	1069.86	0.00	1109.37
23	610.27	767.44	769.35	825.22	0.00	936.73	1108.67	0.00	987.66	1085.47	1227.26	1127.95
24	0.00	737.93	774.30	821.17	0.00	953.93	1105.50	998.83	983.32	0.00	1175.08	1166.01
25	0.00	734.88	757.07	0.00	881.20	954.41	0.00	975.53	976.80	0.00	1214.24	1168.17
26	0.00	689.92	774.05	0.00	877.30	958.68	0.00	1003.27	0.00	1086.84	1171.72	0.00
27	0.00	659.07	778.54	794.95	881.77	0.00	1126.01	1005.14	0.00	1055.81	1137.65	0.00
28	0.00	0.00	0.00	798.30	0.00	0.00	1138.52	974.29	951.27	1067.14	0.00	1186.20
29	0.00	0.00	0.00	817.59	0.00	968.54	1072.11	0.00	937.16	1043.95	0.00	1191.07
30	0.00	0.00	777.39	828.96	0.00	962.27	1084.05	0.00	949.23	1053.97	1185.94	1193.90
31	0.00	0.00	784.08	0.00	0.00	0.00	1117.99	904.70	0.00	0.00	0.00	1201.34

数据来源：深圳证券交易所
Source：Shenzhen Stock Exchange

2-45 2009年深圳证券交易所每日收市A股综合指数

Daily Close A Share Composite Index of Shenzhen Stock Exchange in 2009

日期 Date	1月 Jan.	2月 Feb.	3月 Mar.	4月 Apr.	5月 May.	6月 Jun.	7月 Jul.	8月 Aug.	9月 Sep.	10月 Oct.	11月 Nov.	12月 Dec.
1	0.00	0.00	0.00	840.95	0.00	946.83	1026.37	0.00	945.28	0.00	0.00	1273.29
2	0.00	655.57	708.16	847.62	0.00	953.71	1036.40	0.00	952.11	0.00	1140.37	1289.75
3	0.00	672.62	709.36	843.31	0.00	967.34	1050.77	1198.61	1004.56	0.00	1160.09	1296.11
4	0.00	687.39	753.33	0.00	905.17	967.71	0.00	1207.75	1016.96	0.00	1168.61	1275.40
5	600.23	678.56	757.04	0.00	913.24	963.42	0.00	1202.48	0.00	0.00	1173.78	0.00
6	616.24	708.19	752.59	0.00	930.50	0.00	1061.21	1182.71	0.00	0.00	1180.71	0.00
7	614.50	0.00	0.00	849.79	924.85	0.00	1058.91	1142.51	1028.48	0.00	0.00	1293.85
8	602.31	0.00	0.00	821.74	926.46	959.86	1071.63	0.00	1049.99	0.00	0.00	1290.33
9	615.81	733.09	722.33	835.07	0.00	967.02	1090.42	0.00	1061.26	1047.03	1187.94	1272.31
10	0.00	752.38	736.45	864.34	0.00	979.16	1095.91	1147.77	1050.70	0.00	1192.25	1280.96
11	0.00	754.21	732.03	0.00	894.42	969.11	0.00	1156.78	1067.38	0.00	1193.01	1279.51
12	618.93	761.45	733.42	0.00	918.06	949.47	0.00	1105.83	0.00	1048.57	1198.86	0.00
13	600.93	789.05	728.88	880.16	926.95	0.00	1100.67	1114.60	0.00	1063.95	1209.29	0.00
14	624.56	0.00	0.00	895.71	927.05	0.00	1123.76	1074.63	1093.74	1072.25	0.00	1278.67
15	626.67	0.00	0.00	906.03	932.15	962.81	1132.82	0.00	1102.73	1076.53	0.00	1275.38
16	631.78	803.85	739.06	904.99	0.00	963.11	1131.07	0.00	1098.02	1080.07	1240.27	1261.86
17	0.00	776.18	767.84	890.46	0.00	980.29	1139.54	1003.98	1118.95	0.00	1243.86	1227.21
18	0.00	744.46	776.11	0.00	938.98	988.69	0.00	1017.15	1081.95	0.00	1247.12	1184.28
19	632.39	760.21	792.05	0.00	947.19	991.74	0.00	967.42	0.00	1111.57	1262.25	0.00
20	638.36	783.48	791.99	910.50	944.24	0.00	1160.37	1004.37	0.00	1127.77	1268.89	0.00
21	635.97	0.00	0.00	901.36	923.82	0.00	1136.92	1029.24	1091.75	1123.46	0.00	1197.27
22	645.01	0.00	0.00	862.26	922.15	986.12	1154.35	0.00	1068.13	1123.75	0.00	1164.40
23	641.97	808.25	809.87	868.75	0.00	983.97	1165.07	0.00	1037.20	1140.25	1288.52	1184.00
24	0.00	777.16	815.06	864.49	0.00	1002.16	1161.76	1049.19	1032.51	0.00	1233.85	1224.16
25	0.00	773.85	796.79	0.00	926.99	1002.64	0.00	1024.70	1025.51	0.00	1275.08	1226.48
26	0.00	726.16	814.73	0.00	922.72	1006.93	0.00	1053.98	0.00	1141.62	1230.11	0.00
27	0.00	693.53	819.40	836.94	927.15	0.00	1183.49	1056.01	0.00	1108.81	1194.53	0.00
28	0.00	0.00	0.00	840.54	0.00	0.00	1196.67	1023.35	998.62	1120.86	0.00	1245.48
29	0.00	0.00	0.00	860.82	0.00	1017.00	1126.56	0.00	983.56	1096.44	0.00	1250.73
30	0.00	0.00	818.24	872.81	0.00	1010.41	1139.33	0.00	996.26	1106.95	1245.25	1253.59
31	0.00	0.00	825.31	0.00	0.00	0.00	1174.95	949.88	0.00	0.00	0.00	1261.26

数据来源：深圳证券交易所

Source: Shenzhen Stock Exchange

2－46　2009 年深圳证券交易所每日收市 B 股综合指数
Daily Close B Share Composite Index of Shenzhen Stock Exchange in 2009

日期 Date	1 月 Jan.	2 月 Feb.	3 月 Mar.	4 月 Apr.	5 月 May.	6 月 Jun.	7 月 Jul.	8 月 Aug.	9 月 Sep.	10 月 Oct.	11 月 Nov.	12 月 Dec.
1	0.00	0.00	0.00	352.95	0.00	442.81	504.00	0.00	473.14	0.00	0.00	625.54
2	0.00	284.68	303.76	356.85	0.00	446.44	508.94	0.00	471.32	0.00	549.29	632.46
3	0.00	287.34	300.19	356.08	0.00	462.77	515.38	561.25	493.51	0.00	555.22	631.67
4	0.00	291.12	315.17	0.00	376.36	456.99	0.00	566.63	500.96	0.00	557.00	630.62
5	280.58	288.87	316.43	0.00	378.28	464.25	0.00	560.67	0.00	0.00	558.58	0.00
6	287.18	301.88	320.92	0.00	381.53	0.00	519.44	557.87	0.00	0.00	561.75	0.00
7	287.11	0.00	0.00	353.05	381.07	0.00	512.70	537.18	504.65	0.00	0.00	637.55
8	280.95	0.00	0.00	343.75	387.79	468.00	503.92	0.00	510.65	0.00	0.00	634.86
9	285.02	308.61	313.96	349.77	0.00	467.67	510.67	0.00	516.34	520.00	560.96	628.99
10	0.00	317.20	317.76	359.21	0.00	470.11	512.77	538.27	516.23	0.00	563.30	632.87
11	0.00	317.76	318.47	0.00	383.64	466.74	0.00	543.28	524.39	0.00	566.54	635.30
12	283.78	316.52	318.08	0.00	391.09	452.24	0.00	525.37	0.00	519.67	577.43	0.00
13	276.08	327.37	316.16	367.15	393.93	0.00	507.52	529.41	0.00	523.67	622.81	0.00
14	284.48	0.00	0.00	370.55	395.51	0.00	515.10	513.52	528.84	525.34	0.00	636.37
15	281.13	0.00	0.00	375.05	401.40	460.32	527.87	0.00	528.13	528.37	0.00	634.81
16	282.51	331.64	321.03	378.06	0.00	453.70	532.82	0.00	523.73	525.18	624.17	627.89
17	0.00	318.65	333.07	374.44	0.00	465.35	535.06	485.28	534.25	0.00	629.89	604.14
18	0.00	310.60	333.49	0.00	404.55	464.50	0.00	491.38	523.09	0.00	637.44	583.30
19	282.17	320.16	338.87	0.00	411.46	469.36	0.00	475.17	0.00	533.59	639.41	0.00
20	281.56	326.27	335.38	381.58	410.76	0.00	544.37	493.54	0.00	537.77	636.30	0.00
21	281.59	0.00	0.00	377.94	405.46	0.00	535.23	499.80	524.83	541.08	0.00	594.37
22	285.12	0.00	0.00	366.20	406.99	473.72	542.49	0.00	517.10	542.28	0.00	586.95
23	284.01	332.39	343.30	366.51	0.00	472.81	546.74	0.00	506.38	546.96	637.93	593.99
24	0.00	319.79	345.95	364.66	0.00	478.50	544.77	505.19	507.92	0.00	607.62	607.47
25	0.00	321.07	341.91	0.00	409.39	479.34	0.00	493.63	508.69	0.00	624.14	607.25
26	0.00	310.56	347.53	0.00	412.09	486.66	0.00	503.93	0.00	549.65	611.99	0.00
27	0.00	300.54	351.48	351.78	421.33	0.00	549.93	502.80	0.00	540.08	588.70	0.00
28	0.00	0.00	0.00	351.33	0.00	0.00	555.21	494.09	497.64	541.54	0.00	614.45
29	0.00	0.00	0.00	360.46	0.00	499.32	531.07	0.00	497.03	531.82	0.00	613.01
30	0.00	0.00	349.30	365.11	0.00	496.22	531.10	0.00	502.80	537.40	613.09	617.72
31	0.00	0.00	351.49	0.00	0.00	0.00	549.02	469.18	0.00	0.00	0.00	625.95

数据来源：深圳证券交易所
Source：Shenzhen Stock Exchange

2-47　2009年深圳证券交易所每日收市成份指数

Daily Close Composite Component Index of Shenzhen Stock Exchange in 2009

日期 Date	1月 Jan.	2月 Feb.	3月 Mar.	4月 Apr.	5月 May.	6月 Jun.	7月 Jul.	8月 Aug.	9月 Sep.	10月 Oct.	11月 Nov.	12月 Dec.
1	0.00	0.00	0.00	9156.01	0.00	10421.35	11848.75	0.00	10614.28	0.00	0.00	13682.17
2	0.00	7087.61	7762.72	9300.92	0.00	10484.33	11970.72	0.00	10738.95	0.00	12715.65	13800.50
3	0.00	7266.41	7695.62	9244.66	0.00	10712.31	12258.79	13856.99	11404.05	0.00	12859.86	13759.84
4	0.00	7477.63	8227.69	0.00	9899.67	10733.72	0.00	13904.55	11519.68	0.00	12931.21	13884.93
5	6634.88	7413.42	8242.28	0.00	9947.81	10667.11	0.00	13782.94	0.00	0.00	12901.70	0.00
6	6795.34	7771.90	8249.89	0.00	10149.07	0.00	12489.93	13495.97	0.00	0.00	12987.20	0.00
7	6725.82	0.00	0.00	9232.26	10108.94	0.00	12362.44	12975.26	11635.45	0.00	0.00	14051.52
8	6616.98	0.00	0.00	8896.97	10183.06	10611.75	12488.58	0.00	11923.34	0.00	0.00	13930.28
9	6719.88	8087.69	7946.80	9030.31	0.00	10740.09	12637.94	0.00	12047.22	11801.23	13036.30	13772.17
10	0.00	8265.56	8045.66	9345.44	0.00	10820.74	12706.01	12973.65	11887.02	0.00	13151.49	13868.80
11	0.00	8289.21	7941.51	0.00	9868.79	10699.91	0.00	13137.11	12096.26	0.00	13106.92	13875.87
12	6719.91	8318.80	7933.51	0.00	10179.15	10524.13	0.00	12591.66	0.00	11743.89	13180.28	0.00
13	6530.81	8628.75	7875.74	9539.80	10294.37	0.00	12660.55	12802.91	0.00	11874.90	13264.40	0.00
14	6811.87	0.00	0.00	9678.18	10252.15	0.00	12991.06	12499.75	12385.06	11975.91	0.00	13940.44
15	6798.53	0.00	0.00	9724.58	10273.23	10768.96	13079.26	0.00	12438.24	12010.18	0.00	13825.84
16	6917.48	8771.04	8022.69	9711.36	0.00	10797.20	13081.89	0.00	12294.88	12033.37	13699.68	13664.97
17	0.00	8461.16	8389.87	9580.06	0.00	11040.49	13131.97	11668.80	12473.61	0.00	13671.08	13391.72
18	0.00	8083.50	8465.96	0.00	10314.04	11151.63	0.00	11773.30	11977.40	0.00	13642.35	12914.97
19	6982.59	8213.90	8622.47	0.00	10424.36	11242.29	0.00	11209.93	0.00	12483.27	13699.55	0.00
20	7020.51	8423.77	8647.51	9793.64	10369.14	0.00	13381.22	11648.35	0.00	12676.24	13695.15	0.00
21	6970.81	0.00	0.00	9640.90	10108.86	0.00	13177.21	11892.02	12045.21	12692.72	0.00	13011.15
22	7050.88	0.00	0.00	9249.08	10072.63	11190.71	13353.21	0.00	11813.46	12624.68	0.00	12647.51
23	7015.24	8727.70	8885.75	9360.84	0.00	11125.66	13521.65	0.00	11462.33	12843.21	13854.66	12813.29
24	0.00	8403.02	8954.84	9315.21	0.00	11381.64	13531.72	12075.80	11475.88	0.00	13453.28	13305.31
25	0.00	8241.66	8756.25	0.00	10182.16	11385.88	0.00	11688.17	11384.16	0.00	13814.55	13289.94
26	0.00	7777.90	8983.87	0.00	10022.30	11413.17	0.00	11995.03	0.00	12815.26	13287.37	0.00
27	0.00	7608.22	8994.15	9082.22	10127.92	0.00	13743.40	11897.74	0.00	12412.45	12876.15	0.00
28	0.00	0.00	0.00	9104.30	0.00	0.00	13836.66	11450.08	11086.71	12505.33	0.00	13463.98
29	0.00	0.00	0.00	9383.21	0.00	11605.51	13070.60	0.00	11069.28	12193.16	0.00	13503.99
30	0.00	0.00	8910.42	9502.52	0.00	11566.61	13272.53	0.00	11206.85	12297.16	13486.77	13644.47
31	0.00	0.00	8981.95	0.00	0.00	0.00	13670.72	10585.09	0.00	0.00	0.00	13699.97

数据来源：深圳证券交易所
Source: Shenzhen Stock Exchange

2-48　2009年深圳证券交易所每日收市成份A股指数

Daily Close A Share Composite Component Index of Shenzhen Stock Exchange in 2009

日期 Date	1月 Jan.	2月 Feb.	3月 Mar.	4月 Apr.	5月 May.	6月 Jun.	7月 Jul.	8月 Aug.	9月 Sep.	10月 Oct.	11月 Nov.	12月 Dec.
1	0.00	0.00	0.00	9751.15	0.00	11130.58	12701.75	0.00	11394.41	0.00	0.00	14687.77
2	0.00	7548.30	8267.29	9905.48	0.00	11197.85	12836.93	0.00	11528.24	0.00	13650.22	14814.81
3	0.00	7738.72	8195.83	9845.55	0.00	11445.42	13149.25	14870.25	12242.22	0.00	13805.03	14771.15
4	0.00	7963.67	8762.48	0.00	10552.79	11468.29	0.00	14921.28	12366.35	0.00	13881.62	14905.44
5	7066.14	7895.29	8778.02	0.00	10604.10	11400.26	0.00	14790.79	0.00	0.00	13849.95	0.00
6	7237.03	8277.07	8786.12	0.00	10818.63	0.00	13397.17	14482.83	0.00	0.00	13941.73	0.00
7	7163.00	0.00	0.00	9832.35	10775.86	0.00	13260.43	13924.62	12490.63	0.00	0.00	15084.27
8	7047.08	0.00	0.00	9475.27	10854.87	11347.66	13395.73	0.00	12799.67	0.00	0.00	14954.13
9	7156.67	8613.38	8463.33	9617.27	0.00	11484.90	13555.93	0.00	12932.67	12668.60	13994.44	14784.39
10	0.00	8802.82	8568.62	9953.68	0.00	11571.15	13631.34	13922.89	12760.69	0.00	14118.09	14888.13
11	0.00	8828.01	8457.70	0.00	10521.19	11443.32	0.00	14098.31	12985.31	0.00	14070.25	14895.71
12	7156.70	8859.52	8449.18	0.00	10852.07	11258.03	0.00	13512.95	0.00	12607.04	14149.00	0.00
13	6955.31	9189.62	8387.66	10160.69	10975.83	0.00	13582.57	13739.65	0.00	12747.68	14239.30	0.00
14	7254.64	0.00	0.00	10308.08	10930.81	0.00	13938.16	13414.32	13295.33	12856.11	0.00	14965.03
15	7240.43	0.00	0.00	10357.50	10953.29	11519.93	14033.77	0.00	13352.43	12892.90	0.00	14842.01
16	7367.11	9341.16	8544.16	10343.42	0.00	11551.19	14037.26	0.00	13198.52	12917.79	14706.57	14669.31
17	0.00	9011.13	8935.20	10203.58	0.00	11811.79	14091.00	12522.57	13390.39	0.00	14675.87	14375.98
18	0.00	8608.92	9016.24	0.00	11001.32	11930.70	0.00	12634.72	12857.71	0.00	14645.03	13864.19
19	7436.46	8747.80	9182.93	0.00	11118.98	12028.52	0.00	12030.12	0.00	13400.76	14706.43	0.00
20	7476.84	8971.31	9209.59	10431.06	11061.66	0.00	14358.44	12500.63	0.00	13607.91	14701.71	0.00
21	7423.91	0.00	0.00	10268.38	10783.99	0.00	14139.54	12766.05	12930.50	13625.60	0.00	13967.44
22	7509.18	0.00	0.00	9851.05	10745.35	11973.33	14328.39	0.00	12681.72	13552.57	0.00	13577.07
23	7471.22	9294.99	9463.32	9970.09	0.00	11903.84	14509.14	0.00	12304.79	13787.16	14872.95	13755.04
24	0.00	8949.21	9536.89	9923.48	0.00	12177.72	14521.19	12963.34	12319.33	0.00	14442.06	14283.22
25	0.00	8777.37	9325.40	0.00	10862.19	12182.26	0.00	12547.23	12220.87	0.00	14829.89	14266.72
26	0.00	8283.46	9567.81	0.00	10691.65	12228.03	0.00	12876.63	0.00	13757.15	14263.96	0.00
27	0.00	8102.75	9578.76	9675.28	10817.19	0.00	14748.36	12772.19	0.00	13324.74	13822.51	0.00
28	0.00	0.00	0.00	9699.62	0.00	0.00	14848.43	12291.63	11901.56	13424.44	0.00	14453.55
29	0.00	0.00	0.00	9999.74	0.00	12434.10	14026.35	0.00	11882.85	13089.33	0.00	14496.50
30	0.00	0.00	9489.59	10129.43	0.00	12399.31	14243.05	0.00	12030.52	13200.98	14478.02	14647.30
31	0.00	0.00	9565.77	0.00	0.00	0.00	14670.36	11363.06	0.00	0.00	0.00	14706.89

数据来源：深圳证券交易所
Source：Shenzhen Stock Exchange

2-49 2009年深圳证券交易所每日收市成份B股指数

Daily Close B Share Composite Component Index of Shenzhen Stock Exchange in 2009

日期 Date	1月 Jan.	2月 Feb.	3月 Mar.	4月 Apr.	5月 May.	6月 Jun.	7月 Jul.	8月 Aug.	9月 Sep.	10月 Oct.	11月 Nov.	12月 Dec.
1	0.00	0.00	0.00	2669.82	0.00	3432.21	3827.32	0.00	3556.42	0.00	0.00	4504.43
2	0.00	2132.68	2285.36	2722.23	0.00	3459.27	3857.80	0.00	3523.87	0.00	4119.24	4574.09
3	0.00	2148.17	2245.91	2707.48	0.00	3574.78	3917.23	4173.89	3697.41	0.00	4126.17	4561.73
4	0.00	2173.74	2354.18	0.00	2842.79	3489.82	0.00	4229.58	3762.45	0.00	4133.29	4572.42
5	2141.46	2154.61	2369.12	0.00	2852.56	3530.43	0.00	4160.15	0.00	0.00	4148.76	0.00
6	2198.72	2264.98	2434.80	0.00	2888.90	0.00	3970.52	4175.12	0.00	0.00	4179.67	0.00
7	2200.29	0.00	0.00	2679.55	2879.73	0.00	3909.64	4019.25	3783.64	0.00	0.00	4618.34
8	2145.82	0.00	0.00	2610.19	2961.02	3572.65	3815.94	0.00	3824.17	0.00	0.00	4589.65
9	2173.87	2314.70	2364.58	2648.74	0.00	3589.69	3842.37	0.00	3875.69	3905.35	4160.03	4564.10
10	0.00	2389.99	2390.34	2711.45	0.00	3600.16	3861.21	4003.59	3876.29	0.00	4166.86	4600.70
11	0.00	2393.67	2393.48	0.00	2949.57	3553.28	0.00	4029.55	3944.70	0.00	4204.72	4607.43
12	2152.93	2383.05	2393.69	0.00	3000.72	3442.32	0.00	3899.55	0.00	3890.72	4257.91	0.00
13	2085.27	2458.12	2377.46	2780.52	3014.87	0.00	3806.65	3940.38	0.00	3911.08	4568.93	0.00
14	2159.58	0.00	0.00	2804.82	3043.57	0.00	3863.68	3849.05	3967.29	3929.81	0.00	4630.27
15	2126.65	0.00	0.00	2843.45	3090.07	3506.99	3946.53	0.00	3954.24	3966.91	0.00	4630.02
16	2132.78	2487.36	2419.73	2842.16	0.00	3436.51	3989.40	0.00	3918.01	3938.39	4582.57	4579.71
17	0.00	2387.07	2524.95	2820.32	0.00	3557.26	3991.81	3640.40	3985.74	0.00	4583.57	4388.77
18	0.00	2329.14	2510.55	0.00	3111.87	3536.86	0.00	3690.42	3890.53	0.00	4623.83	4218.60
19	2129.77	2408.37	2555.19	0.00	3174.82	3568.32	0.00	3574.32	0.00	4000.28	4636.05	0.00
20	2115.88	2443.90	2530.10	2869.20	3168.84	0.00	4062.86	3716.81	0.00	4032.02	4594.00	0.00
21	2119.78	0.00	0.00	2833.85	3109.91	0.00	4026.65	3754.00	3898.66	4056.95	0.00	4329.21
22	2150.95	0.00	0.00	2737.90	3118.97	3609.95	4074.24	0.00	3838.30	4045.07	0.00	4297.02
23	2133.80	2488.72	2606.50	2737.81	0.00	3605.06	4115.87	0.00	3773.52	4087.89	4607.57	4331.20
24	0.00	2408.83	2639.74	2714.51	0.00	3628.87	4104.84	3790.12	3775.83	0.00	4430.36	4409.69
25	0.00	2411.34	2607.24	0.00	3153.78	3646.71	0.00	3696.97	3784.74	0.00	4506.69	4393.99
26	0.00	2344.27	2641.95	0.00	3190.20	3691.90	0.00	3764.46	0.00	4128.26	4416.28	0.00
27	0.00	2271.09	2679.88	2650.33	3248.70	0.00	4132.59	3746.54	0.00	4071.00	4239.36	0.00
28	0.00	0.00	0.00	2645.40	0.00	0.00	4152.58	3683.81	3698.91	4071.49	0.00	4450.23
29	0.00	0.00	0.00	2723.47	0.00	3813.72	3996.14	0.00	3700.59	3975.65	0.00	4431.33
30	0.00	0.00	2652.31	2753.30	0.00	3781.07	3974.38	0.00	3762.02	4018.15	4409.01	4479.67
31	0.00	0.00	2679.22	0.00	0.00	0.00	4102.98	3507.22	0.00	0.00	0.00	4559.36

数据来源：深圳证券交易所
Source: Shenzhen Stock Exchange

2－50 历年上海证券交易所A股平均市盈率、换手率
P/E Ratio and Turnover Velocity of A Shares in Shanghai Stock Exchange

年　份 Year	市盈率 P/E		换手率（%）Turnover Velocity
	发行股数平均 Total Shares	流通股数平均 Negotiable Shares	流通股平均换手率 Negotiable Shares
1992			
1993			
1994			
1995	16.32	13.66	519.41
1996	32.65	31.13	760.05
1997	43.43	42.44	534.99
1998	34.36	33.66	355.30
1999	38.13	36.59	421.55
2000	59.14	58.63	504.07
2001	37.59	41.39	216.67
2002	34.50	37.44	208.74
2003	36.64	37.22	268.58
2004	24.29	26.20	308.31
2005	16.38	17.84	290.70
2006	33.38	31.51	564.50
2007	59.24	70.11	953.16
2008	14.86	14.77	401.60
2009	28.78	27.78	511.46

数据来源：上海证券交易所
Source：Shanghai Stock Exchange

2－51 历年深圳证券交易所A股平均市盈率、换手率
P/E Ratio and Turnover Velocity of A Shares in Shenzhen Stock Exchange

年　份 Year	市盈率 P/E		换手率（%）Turnover Velocity
	发行股数平均 Total Shares	流通股数平均 Negotiable Shares	流通股平均换手率 Negotiable Shares
1992	36.44	34.68	265.45
1993	35.94	37.90	324.44
1994	10.56	10.38	691.79
1995	9.97	9.39	309.56
1996	38.88	38.52	949.68
1997	42.66	42.38	662.32
1998	32.31	32.18	411.14
1999	37.56	38.28	371.61
2000	58.75	59.62	396.47
2001	40.76	41.02	189.97
2002	38.22	38.75	200.65
2003	37.43	37.55	216.97
2004	25.64	26.51	311.78
2005	16.96	17.79	350.64
2006	33.61	35.48	671.34
2007	72.11	76.15	1062.04
2008	17.13	17.38	503.45
2009	46.88	46.26	814.65

数据来源：深圳证券交易所
Source：Shenzhen Stock Exchange

2-52 历年上海证券交易所B股平均市盈率、换手率

P/E Ratio and Turnover Velocity of B Shares in Shanghai Stock Exchange

年 份 Year	市盈率 P/E		换手率(%)Turnover Velocity
	发行股数平均 Total Shares	流通股数平均 Negotiable Shares	流通股平均换手率 Negotiable Shares
1992			
1993			
1994			
1995	8.00	8.00	56.26
1996	14.04	14.04	61.58
1997	11.99	11.99	74.60
1998	6.04	6.04	57.30
1999	10.05	10.05	92.59
2000	25.23	25.23	151.24
2001	43.39	43.39	452.26
2002	30.61	30.61	95.99
2003	30.32	30.32	64.26
2004	20.15	20.15	59.41
2005	12.40	12.40	58.49
2006	23.97	23.97	149.81
2007	59.30	59.30	351.60
2008	11.70	11.70	87.88
2009	21.58	21.58	165.79

数据来源：上海证券交易所
Source: Shanghai Stock Exchange

2-53 历年深圳证券交易所B股平均市盈率、换手率

P/E Ratio and Turnover Velocity of B Shares in Shenzhen Stock Exchange

年 份 Year	市盈率 P/E		换手率(%)Turnover Velocity
	发行股数平均 Total Shares	流通股数平均 Negotiable Shares	流通股平均换手率 Negotiable Shares
1992	35.56	17.76	124.28
1993	20.11	16.24	52.58
1994	7.02	6.97	42.16
1995	6.01	5.86	30.79
1996	14.07	12.54	96.85
1997	10.66	10.71	131.32
1998	5.71	5.82	45.88
1999	10.38	10.39	95.40
2000	13.06	13.50	89.09
2001	25.30	25.59	417.47
2002	17.51	18.34	89.98
2003	20.92	21.57	133.87
2004	12.90	12.60	110.04
2005	9.11	8.97	88.21
2006	21.01	21.04	154.65
2007	26.71	26.75	280.12
2008	7.30	7.29	84.35
2009	21.83	22.03	177.18

数据来源：深圳证券交易所
Source: Shenzhen Stock Exchange

2-54　2009年上海证券交易所A股按行业平均市盈率、换手率

P/E Ratio and Turnover Velocity of A Shares in Shanghai Stock Exchange Classified by Industries in 2009

行　业 Industries	市盈率 P/E		换手率（%） Turnover Velocity
	发行股数平均 Total Shares	流通股数平均 Negotiable Shares	流通股换手率 Negotiable Shares
农、林、牧、副、渔业 Agriculture,Forestry,Fishing and Hunting	61.49	63.74	897.98
采掘业 Mining	27.31	35.77	489.63
食品、饮料 Food,Beverage	44.84	47.13	777.44
纺织、服装、毛皮 Textile,Apparel,Leather	57.98	57.54	868.27
木材、家具 Wood Product	48.41	49.38	1005.32
造纸、印刷 Paper,Printing	51.01	50.94	961.95
石油、化学、橡胶、塑料 Petroleum,Chemical Product,Plastics,Rubber	55.16	59.04	994.35
电子 Electrical Equipment	38.89	38.27	916.20
金属、非金属 Metal,Nonmetallic Mineral Product	88.41	98.09	895.37
机械、设备、仪表 Machinery,Equipment,Meter	36.77	37.65	594.66
医药、生物 Medicine,Biologic Product	47.72	52.83	786.53
其他制造业 Other Manufacuring	46.20	47.79	763.11
电力、蒸汽及水的生产及供应业 Electricity,Gas,Water Supply	48.73	49.94	951.79
建筑业 Construction	49.48	54.88	364.50
交通运输、仓储业 Transport,Storage	45.79	46.93	822.60
信息技术业 Information,Technology	21.27	21.13	498.36
批发和零售贸易 Wholesale and Retail Trade	17.45	15.78	536.93
金融、保险业 Finance,Insurance	45.11	43.48	679.87
房地产业 Real Estate	22.88	19.38	243.60
社会服务业 Social Services	40.40	38.44	697.39
传播及文化产业 Transmission,Culture	41.09	46.78	696.41
综合类 Conglomerat	54.67	54.17	780.28

数据来源：上海证券交易所
Source: Shanghai Stock Exchange

2－55　2009年深圳证券交易所A股按行业平均市盈率、换手率

P/E Ratio and Turnover Velocity of A Shares in Shenzhen Stock Exchange Classified by Industries in 2009

行　业 Industries	市盈率 P/E		换手率(%) Turnover Velocity
	发行股数平均 Tota l Shares	流通股数平均 Negotiable Shares	流通股换手率 Negotiable Shares
农、林、牧、副、渔业 Agriculture, Forestry, Fishing and Hunting	64.92	73.06	1078.94
采掘业 Mining	27.86	24.79	965.50
食品、饮料 Food, Beverage	54.53	58.45	676.98
纺织、服装、毛皮 Textile, Apparel, Leather	57.98	56.30	875.35
木材、家具 Wood Product	53.53	52.18	1147.52
造纸、印刷 Paper, Printing	39.40	35.78	946.33
石油、化学、橡胶、塑料 Petroleum, Chemical Product, Plastics, Rubber	42.26	38.77	987.14
电子 Electrical Equipment	59.00	56.06	879.75
金属、非金属 Metal, Nonmetallic Mineral Product	43.59	43.42	770.29
机械、设备、仪表 Machinery, Equipment, Meter	45.09	43.91	872.17
医药、生物 Medicine, Biologic Product	59.42	57.93	982.95
其他制造业 Other Manufacuring	64.53	66.40	1266.11
电力、蒸汽及水的生产及供应业 Electricity, Gas, Water Supply	49.19	63.50	584.54
建筑业 Construction	78.89	78.45	1080.25
交通运输、仓储业 Transport, Storage	37.36	38.89	688.45
信息技术业 Information, Technology	50.17	52.49	830.43
批发和零售贸易 Wholesale and Retail Trade	48.48	49.08	637.44
金融、保险业 Finance, Insurance	63.33	71.01	556.08
房地产业 Real Estate	38.70	35.91	678.08
社会服务业 Social Services	60.56	65.81	837.76
传播及文化产业 Transmission, Culture	148.67	190.33	995.43
综合类 Conglomerat	79.17	75.61	932.80

数据来源：深圳证券交易所
Source: Shenzhen Stock Exchange

三、债　　券

Bonds

2009 年债券市场概况

Summary for Chinese Bonds Market in 2009

一、上海证券交易所

2009 年底上交所上市债券现货品种 352 只，比 2008 年增加 163 只。截至 2009 年 12 月 31 日，上交所上市政府债现货 160 只，托管量 2029.20 亿元；公司债现货 192 只，托管总量 2317.64 亿元。标准券折算总量为 1586.95 亿元。

2009 年上证国债指数从年初 121.30 点上涨到 122.35 点。2009 年全年，上交所债券现券成交 3877.09 亿元，其中政府债成交 2055.50 亿元，公司债成交 1821.59 亿元；债券回购成交 35929.25 亿元；2009 年交易所债券总成交达 39806.34 亿元，比去年同期增加 11715.71 亿元。

二、深圳证券交易所

2009 年底，深交所上市债券现券品种共 224 只，比 2008 年底增加 98 只。截至 2009 年 12 月 31 日，深交所上市国债 168 只，托管量 31376.3 亿元；企业债 66 只，托管量 980 亿元；可转换债券 3 只，托管量 42.4 亿元。

2009 年全年，深交所国债现券成交 30.20 亿元，比上年减少 16.43 亿元，降幅为 35.23%；企业债现货成交 534.49 亿元；可转换债券成交 218.08 亿元。2008 年交易所债券总成交达到 828.72 亿元，比 2008 年同期增加 317.86 亿元，增幅为 62.22%。

3－1　历年全国债券发行情况汇总表（1990—2009）

Statistcis of Bonds Issuation（1990—2009）

单位：亿元　unit：100000000yuan

时期 Year	国债 T-Bonds			金融债 Financial Bonds			企业债 Enterprise Bonds			资产支持证券 Asset-backed Secutities		
	发行额 Amounts Issued	兑付额 Amounts Repayed	期末余额 The Ending Balance	发行额 Amounts Issued	兑付额 Amounts Repayed	期末余额 The Ending Balance	发行额 Amounts Issued	兑付额 Amounts Repayed	期末余额 The Ending Balance	发行额 Amounts Issued	兑付额 Amounts Repayed	期末余额 The Ending Balance
1990年	197.23	76.22	890.34	64.40	50.07	84.88	126.37	77.29	195.44			
1991年	281.25	111.60	1059.99	66.91	33.67	118.12	249.96	114.31	331.09			
1992年	460.78	238.05	1282.72	55.00	30.00	143.12	683.71	192.76	822.04			
1993年	381.31	123.29	1540.74		34.29	108.83	235.84	255.48	802.40			
1994年	1137.55	391.89	2286.40		13.54	95.29	161.75	282.04	682.11			
1995年	1510.86	496.96	3300.30			1708.49	300.80	336.30	646.61			
1996年	1847.77	786.64	4361.43	1055.60	254.50	2509.59	268.92	317.80	597.73			
1997年	2411.79	1264.29	5508.93	1431.50	312.30	3628.80	255.23	219.81	521.02			
1998年	3808.77	2060.86	7765.70	1950.23	320.40	5121.13	147.89	105.25	676.93			
1999年	4015.00	1238.70	10542.00	1800.89	473.20	6447.48	158.20	56.50	778.63			
2000年	4657.00	2179.00	13020.00	1645.00	709.20	7383.28	83.00	0.00	861.63			
2001年	4884.00	2286.00	15618.00	2590.00	1438.80	8534.48	147.00					
2002年	5934.30	2216.20	19336.10	3075.00	1555.70	10054.10	325.00					
2003年	6280.10	2755.80	22603.60	4561.40	2505.30	11650.00	358.00					
2004年	6923.90	3749.90	25777.60	5008.70	1778.70	14880.00	327.00					
2005年	7042.00	4045.50	28774.00	6818.00	2053.00	19703.10	2046.50	37.00				
2006年	8883.30	6208.61	31448.69	9520.00	3790.00	25729.60	3938.30	1672.40				
2007年	23139.10	5846.80	48741.00	11912.90	4133.60	33343.00	5058.50	2880.90	7683.30	178.10	50.90	285.70
2008年	8558.20	7531.43	49767.83	10822.98	4063.80	36686.00	8435.40	3277.84	12850.62	302.00	172.32	415.38
2009年	17927.24	9745.06	57949.98	11678.10	3745.33	44818.83	15864.40	4309.12	24405.90		244.00	171.38

数据来源：中国人民银行
Source：The People's Bank of China

3-2 全国银行间债券市场现券买卖交易机构分类情况统计表

机构 日期	国有商业银行 State-Owned Commercial Banks			其他商业银行 Other Commercial Banks			其他金融机构 Other Financial Institutions		
	卖出 Sell	买入 Purchase	差额 Difference	卖出 Sell	买入 Purchase	差额 Difference	卖出 Sell	买入 Purchase	差额 Difference
2009.01	2510.7	3238.9	−728.2	9517.7	10137.5	−619.8	4952.6	4854.5	98.1
2009.02	3951.0	4976.2	−1025.2	14533.5	14555.2	−21.7	5553.8	5906.6	−352.8
2009.03	4979.9	6452.2	−1472.3	21610.8	20721.8	889.0	6754.0	7270.2	−516.2
2009.04	5014.5	6321.4	−1306.9	20705.8	20354.7	351.1	5638.6	5679.3	−40.7
2009.05	3670.4	4310.9	−640.5	18602.9	17708.1	894.8	4066.8	5104.3	−1037.5
2009.06	4778.6	6537.9	−1759.3	24336.2	22435.8	1900.4	6890.7	7729.6	−838.9
2009.07	5243.7	6048.3	−804.6	28498.4	28611.2	−112.8	7663.6	7666.8	−3.2
2009.08	4570.2	5588.5	−1018.3	27733.8	26399.9	1333.9	8630.0	8896.2	−266.2
2009.09	4806.7	6261.0	−1454.3	29126.1	27139.9	1986.2	8907.7	9387.6	−479.9
2009.10	1652.7	2352.9	−700.2	13424.3	12810.2	614.1	6406.4	6516.9	−110.5
2009.11	2466.0	3357.3	−891.3	16610.8	14902.4	1708.4	8164.3	8789.4	−625.1
2009.12	5939.5	6561.4	−621.9	22271.0	20331.0	1940.0	10812.0	11843.0	−1031.0
2009年累计	49583.9	62006.8	−12423.0	246971.3	236107.7	10863.6	84440.5	89644.4	−5203.9

注：1. 国有商业银行包括工商银行、农业银行、中国银行和建设银行；2. 其他商业银行：股份制商业银行、城市商业银行；3. 其他金融机构：政策性银行、农村商业银行、农村合作银行、农信社联社、城市信用社、财务公司、信托投资公司、邮政储蓄、金融租赁公司、资产管理公司、社保基金、投资公司、企业年金、投资者保护基金、其他投资产品以及其他金融机构等；4. 证券及基金：证券公司、基金公司。

数据来源：中国人民银行

Source: The People's Bank of China

3-3 全国银行间市场质押式债券回购交易期限分类统计表

品种 Maturity	1天 Overnight		7天 7 Days		14天 14 Days		21天 21 Days		1个月 1 Month		2个月 2 Months	
日期 Date	成交金额 Turnover of Trading	加权平均利率 Weighted Average Interest Rate	成交金额 Turnover of Trading	加权平均利率 Weighted Average Interest Rate	成交金额 Turnover of Trading	加权平均利率 Weighted Average Interest Rate	成交金额 Turnover of Trading	加权平均利率 Weighted Average Interest Rate	成交金额 Turnover of Trading	加权平均利率 Weighted Average Interest Rate	成交金额 Turnover of Trading	加权平均利率 Weighted Average Interest Rate
2009.01	23524.96	0.85	6121.08	0.96	4671.86	0.97	1265.30	0.99	180.25	1.12	11.00	1.26
2009.02	43629.12	0.83	8322.52	0.95	2221.17	0.95	398.38	0.98	483.13	0.99	140.11	1.00
2009.03	56295.76	0.81	7630.05	0.95	3205.76	0.94	436.70	0.96	446.07	0.97	123.52	1.10
2009.04	41258.84	0.81	7181.96	0.94	3013.34	0.95	590.09	0.95	330.41	0.97	68.06	1.04
2009.05	44837.48	0.82	6897.28	0.95	2829.32	0.95	448.07	0.97	444.22	0.96	64.93	1.00
2009.06	56364.78	0.87	12060.28	1.04	3261.03	1.05	432.28	1.04	415.55	1.04	153.74	1.12
2009.07	40399.80	1.24	13799.61	1.60	4303.64	1.61	658.57	1.41	243.82	1.69	65.31	1.65
2009.08	41875.17	1.15	7831.45	1.54	1246.14	1.48	199.56	1.44	235.95	1.67	41.10	1.72
2009.09	47113.87	1.18	9085.52	1.59	3443.65	1.64	1153.79	1.69	464.14	1.69	74.44	1.72
2009.10	32236.54	1.24	5809.98	1.51	887.66	1.57	196.71	1.62	279.40	1.72	46.43	1.71
2009.11	43704.04	1.20	7230.74	1.44	1216.72	1.48	215.23	1.53	123.41	1.68	106.23	1.80
2009.12	55211.33	1.18	12042.42	1.48	2444.92	1.70	571.03	1.76	553.94	1.71	120.35	1.79
2009年累计	526451.68		104012.87		32745.21		6565.72		4200.30		1015.22	

数据来源：中国人民银行

Source: The People's Bank of China

Spot Trading of National Interbank Market (Categorized by Institutions)

单位：亿元　unit：100000000yuan

保险公司 Insurance Companies			证券及基金 Securities Corporations and Funds			外资金融机构 Foreign Financial Institutions			成交金额合计 Total Turnover of Trading
卖出 Sell	买入 Purchase	差额 Difference	卖出 Sell	买入 Purchase	差额 Difference	卖出 Sell	买入 Purchase	差额 Difference	
571.5	407.2	164.3	3394.4	2500.9	893.5	3387.3	3195.1	192.2	24334.2
647.2	353.0	294.2	4008.8	3051.3	957.5	4486.6	4338.7	147.9	33181.0
651.3	339.7	311.6	4885.9	4032.6	853.3	5124.2	5189.6	−65.4	44006.1
691.9	414.9	277.0	4105.3	3467.5	637.8	3795.4	3713.6	81.8	39951.4
300.7	143.1	157.6	3429.1	2813.7	615.4	2276.0	2265.8	10.2	32345.9
478.4	280.8	197.6	4322.9	3779.8	543.1	2328.3	2371.3	−43.0	43135.1
446.3	259.5	186.8	3982.9	3399.0	583.9	2771.6	2621.6	150.0	48606.5
260.5	220.3	40.2	3624.4	3410.4	214.0	3671.0	3974.7	−303.7	48490.0
393.7	388.5	5.2	3581.4	3362.8	218.6	4207.7	4483.4	−275.7	51023.3
311.0	339.1	−28.1	2140.2	1920.7	219.5	1801.2	1796.0	5.2	25735.7
269.2	349.7	−80.5	2350.7	2215.6	135.1	3495.0	3741.6	−246.6	33356.0
652.6	631.7	20.9	3956.9	3992.5	−35.6	4857.9	5130.4	−272.5	48489.9
5674.3	4127.5	1546.8	43782.9	37946.8	5836.1	42202.2	42821.8	−619.6	472655.1

Collateral Bond Repurchase Trading of National Interbank Market (Categorized by Maturity)

单位：亿元　unit：100000000yuan

3个月 3 Months		4个月 4 Months		6个月 6 Months		9个月 9 Months		1年 1Year		成交金额合计 Total Turnover of Trading	加权平均利率 Weighted Average Interest Rate
成交金额 Turnover of Trading	加权平均利率 Weighted Average Interest Rate	成交金额 Turnover of Trading	加权平均利率 Weighted Average Interest Rate	成交金额 Turnover of Trading	加权平均利率 Weighted Average Interest Rate	成交金额 Turnover of Trading	加权平均利率 Weighted Average Interest Rate	成交金额 Turnover of Trading	加权平均利率 Weighted Average Interest Rate		
142.73	2.30	—	—	—	—	—	—	—	—	35917.17	0.90
30.20	1.09	159.37	1.04	26.67	1.46	5.00	1.40	10.00	1.58	55425.67	0.86
124.37	1.27	5.00	1.15	10.00	1.48	—	—	13.04	1.66	68290.27	0.84
84.74	1.12	—	—	6.00	1.45	—	—	—	—	52533.44	0.84
112.81	1.14	6.51	1.11	6.00	1.42	—	—	—	—	55646.61	0.85
171.93	1.20	12.44	1.32	10.44	1.56	5.30	1.71	26.53	1.91	72914.29	0.91
46.79	1.68	—	—	50.84	1.89	—	—	13.48	2.10	59581.86	1.35
442.21	1.70	11.14	1.77	34.96	1.84	8.80	1.89	41.99	2.23	51968.46	1.23
74.44	1.78	18.00	1.72	32.05	1.86	2.49	2.00	5.00	2.16	61467.40	1.28
58.10	1.81	—	—	3.35	2.27	9.50	1.90	49.86	2.27	39577.53	1.30
21.42	2.08	—	—	0.49	2.50	—	—	0.49	2.50	52618.76	1.24
50.44	1.86	71.42	1.90	—	—	—	—	—	—	71065.86	1.26
1360.18		283.87		180.80		31.09		160.38		677007.32	

3-4 全国银行间债券市场质押式债券回购交易机构分类统计表

机构 日期	国有商业银行 State-Owned Commercial Banks			其他商业银行 Other Commercial Banks			其他金融机构 Other Financial Institutions		
	回购 Repurchase	逆回购 Reverse Repurchase	正逆回购差额 Difference	回购 Repurchase	逆回购 Reverse Repurchase	正逆回购差额 Difference	回购 Repurchase	逆回购 Reverse Repurchase	正逆回购差额 Difference
2009.01	1223.00	15108.40	−13885.39	12134.75	15198.80	−3064.05	8807.46	5114.41	3693.05
2009.02	1023.40	24377.47	−23354.07	19784.62	20978.73	−1194.11	17178.07	9608.02	7570.05
2009.03	328.69	34525.83	−34197.14	28324.40	25551.29	2773.11	21925.99	7876.81	14049.18
2009.04	1111.07	22220.94	−21109.86	19962.77	25346.90	−5384.13	17044.87	4837.25	12207.61
2009.05	1851.39	24066.16	−22214.76	24519.78	25334.38	−814.60	16827.37	6148.79	10678.58
2009.06	6662.63	32715.33	−26052.70	31987.88	26012.90	5974.98	21801.70	13796.03	8005.67
2009.07	7958.79	23253.88	−15295.08	22683.19	25464.44	−2781.25	14497.37	9981.75	4515.61
2009.08	2853.92	19279.39	−16425.47	24269.19	24376.47	−107.28	16790.08	7503.14	9286.94
2009.09	1549.40	22653.16	−21103.76	28438.72	27991.86	446.87	19398.05	9805.97	9592.08
2009.10	474.50	13423.71	−12949.21	19523.38	16656.78	2866.59	12303.94	8963.43	3340.51
2009.11	2700.50	13317.60	−10617.10	21029.99	25136.13	−4106.14	19351.28	13687.94	5663.34
2009.12	3232.57	25117.67	−21885.10	28055.21	27522.94	532.27	26650.87	17456.17	9194.70
2009年累计	30969.87	270059.52	−239089.65	280713.87	285571.62	−4857.75	212577.05	114779.71	97797.34

注：1. 国有商业银行包括工商银行、农业银行、中国银行和建设银行；2. 其他商业银行：股份制商业银行、城市商业银行；3. 其他金融机构：政策性银行、农村商业银行、农村合作银行、农信社联社、城市信用社、财务公司、信托投资公司、邮政储蓄、金融租赁公司、资产管理公司、社保基金、投资公司、企业年金、投资者保护基金、其他投资产品以及其他金融机构等；4. 证券及基金：证券公司、基金公司。

数据来源：中国人民银行

Source：The People's Bank of China

Collateral Bond Repurchase Trading of National Interbank Market (Categorized by Institutions)

单位：亿元　unit：100000000yuan

保险公司 Insurance Companies			证券及基金 Securities Corporations and Funds			外资金融机构 Foreign Financial Institutions			交易日 Trading Days	成交金额合计 Total Turnover of Trading
回购 Repurchase	逆回购 Reverse Repurchase	正逆回购差额 Difference	回购 Repurchase	逆回购 Reverse Repurchase	正逆回购差额 Difference	回购 Repurchase	逆回购 Reverse Repurchase	正逆回购差额 Difference		
3512.06	8.87	3503.20	7547.83	279.29	7268.54	2692.10	207.40	2484.70	17.00	35917.17
4291.87	1.25	4290.62	10044.79	42.69	10002.10	3102.90	417.52	2685.38	21.00	55425.67
4788.95	0.52	4788.43	9008.33	15.65	8992.68	3913.90	320.16	3593.74	22.00	68290.27
3372.20	0.25	3371.95	7777.14	9.32	7767.82	3265.40	118.78	3146.62	21.00	52533.44
2739.61	3.35	2736.26	6902.70	15.13	6887.57	2805.80	78.81	2726.99	19.00	55646.61
2840.16	42.56	2797.59	7223.40	124.36	7099.04	2398.50	223.10	2175.40	22.00	72914.29
6196.91	326.53	5870.38	6324.54	393.29	5931.25	1921.10	161.98	1759.12	23.00	59581.86
1892.71	203.39	1689.33	4256.25	393.11	3863.15	1906.31	212.96	1693.35	21.00	51968.46
3293.24	309.47	2983.76	5128.36	602.34	4526.02	3659.63	104.61	3555.03	23.00	61467.40
1720.63	137.23	1583.40	3815.58	269.88	3545.70	1739.50	126.50	1613.01	17.00	39577.53
2008.09	78.96	1929.13	5590.29	307.74	5282.55	1938.61	90.39	1848.21	21.00	52618.76
4833.88	25.81	4808.06	5755.08	600.72	5154.36	2538.26	342.55	2195.71	23.00	71065.86
41490.30	1138.19	40352.11	79374.27	3053.51	76320.76	31882.01	2404.75	29477.26	250.00	677007.32

3-5 全国银行间债券市场质押式债券回购余额统计表

机构 日期	国有商业银行 State-Owned Commercial Banks			其他商业银行 Other Commercial Banks			其他金融机构 Other Financial Institutions		
	回购 Repurchase	逆回购 Reverse Repurchase	正逆回购差额 Difference	回购 Repurchase	逆回购 Reverse Repurchase	正逆回购差额 Difference	回购 Repurchase	逆回购 Reverse Repurchase	正逆回购差额 Difference
2009.01	557.03	3512.09	−2955.06	2487.48	2332.96	154.52	1649.07	1516.60	132.47
2009.02	199.80	2583.55	−2383.75	2045.44	2374.96	−329.52	1920.63	1664.06	256.57
2009.03	54.14	3309.26	−3255.12	2515.66	3054.03	−538.37	2384.43	954.19	1430.24
2009.04	54.30	2357.35	−2303.05	1979.85	3109.56	−1129.72	2150.32	845.41	1304.91
2009.05	403.90	3549.70	−3145.80	2700.07	2711.26	−11.19	2112.00	1195.75	916.25
2009.06	718.35	4246.77	−3528.42	2968.68	2666.56	302.12	2549.61	1463.73	1085.89
2009.07	717.40	2817.08	−2099.68	2128.27	2856.36	−728.08	1655.14	1174.08	481.06
2009.08	544.90	2827.57	−2282.67	2526.08	2459.97	66.11	2083.61	1161.88	921.74
2009.09	499.10	2047.77	−1548.67	2630.80	2637.37	−6.58	2126.84	1406.39	720.45
2009.10	870.00	2225.40	−1355.40	1943.31	2127.11	−183.80	1863.71	1355.08	508.63
2009.11	82.10	1505.20	−1423.10	1848.53	2425.72	−577.19	2240.18	1512.86	727.32
2009.12	844.99	1480.67	−635.68	2888.78	3824.70	−935.92	2242.96	2004.33	238.63

注:1. 国有商业银行包括工商银行、农业银行、中国银行和建设银行;2. 其他商业银行:股份制商业银行、城市商业银行;3. 其他金融机构:政策性银行、农村商业银行、农村合作银行、农信社联社、城市信用社、财务公司、信托投资公司、邮政储蓄、金融租赁公司、资产管理公司、社保基金、投资公司、企业年金、投资者保护基金、其他投资产品以及其他金融机构等;4. 证券及基金:证券公司、基金公司。

数据来源:中国人民银行

Source: The People's Bank of China

3-6 全国银行间市场买断式债券回购交易期限分类统计表

品种 Maturity	1天 Overnight		7天 7 Days		14天 14 Days		21天 21 Days	
日期 Date	成交金额 Turnover of Trading	加权平均利率 Weighted Average Interest Rate	成交金额 Turnover of Trading	加权平均利率 Weighted Average Interest Rate	成交金额 Turnover of Trading	加权平均利率 Weighted Average Interest Rate	成交金额 Turnover of Trading	加权平均利率 Weighted Average Interest Rate
2009.01	1547.25	0.85	198.37	1.02	297.68	1.02	47.21	1.21
2009.02	3454.96	0.83	371.76	1.05	62.24	1.07	3.01	1.02
2009.03	2713.90	0.82	367.35	0.99	82.81	1.06	2.25	1.47
2009.04	2068.94	0.83	231.58	1.01	140.93	0.98	46.18	1.15
2009.05	1595.57	0.82	235.31	1.02	64.37	1.05	27.34	1.11
2009.06	1514.46	0.88	224.37	1.14	132.39	1.18	28.63	1.28
2009.07	892.22	1.22	282.14	1.58	96.32	1.62	28.23	1.50
2009.08	987.48	1.21	293.03	1.50	131.19	1.44	7.19	1.98
2009.09	1272.76	1.23	240.97	1.59	114.70	1.71	101.96	1.87
2009.10	790.58	1.26	252.58	1.67	63.87	1.71	58.19	1.52
2009.11	1781.15	1.23	171.90	1.56	92.49	1.63	23.00	1.80
2009.12	1337.21	1.25	598.17	1.57	111.85	1.84	38.70	2.20
2009年累计	19956.48		3467.51		1390.86		411.89	

数据来源:中国人民银行

Source: The People's Bank of China

Balance Statistics of Collateral Bond Repurchase of National Interbank Market

单位：亿元　unit：100000000yuan

保险公司 Insurance Companies			证券及基金 Securities Corporations and Funds			外资金融机构 Foreign Financial Institutions			余额 Balance
回购 Repurchase	逆回购 Reverse Repurchase	正逆回购差额 Difference	回购 Repurchase	逆回购 Reverse Repurchase	正逆回购差额 Difference	回购 Repurchase	逆回购 Reverse Repurchase	正逆回购差额 Difference	
1174.42	7.87	1166.56	1242.48	47.79	1194.69	343.66	36.83	306.83	7454.14
1145.70	1.25	1144.46	1099.80	2.86	1096.95	257.35	42.06	215.30	6668.72
1318.69	0.52	1318.17	850.88	8.76	842.12	254.56	51.60	202.96	7378.36
1036.70	0.25	1036.45	933.54	5.58	927.96	197.26	33.82	163.44	6351.97
1144.01	1.35	1142.66	950.56	14.51	936.06	201.20	39.17	162.03	7511.74
1120.53	42.56	1077.97	1029.78	45.36	984.43	161.00	82.99	78.01	8547.97
1534.68	49.46	1485.22	761.03	72.13	688.90	178.18	5.60	172.58	6974.71
614.78	38.92	575.86	562.85	72.69	490.16	230.98	2.18	228.81	6563.21
718.77	152.63	566.14	357.18	227.49	129.69	192.21	53.24	138.97	6524.90
617.53	46.54	570.99	467.90	103.45	364.45	124.42	26.40	98.02	5886.87
530.84	41.95	488.89	660.21	69.12	591.09	202.84	9.85	192.99	5564.70
1219.09	19.05	1200.04	529.04	444.39	84.65	220.50	172.21	48.29	7945.35

Bond Outright Repurchase Trading of National Interbank Market (Categorized by Maturity)

1个月 1 Month		2个月 2 Months		3个月 3 Months		成交金额合计 Total Turnover of Trading	加权平均利率 Weighted Average Interest Rate
成交金额 Turnover of Trading	加权平均利率 Weighted Average Interest Rate	成交金额 Turnover of Trading	加权平均利率 Weighted Average Interest Rate	成交金额 Turnover of Trading	加权平均利率 Weighted Average Interest Rate		
10.30	1.34	—	—	23.02	2.87	2123.82	0.92
4.81	1.34	1.06	1.29	15.08	1.77	3912.91	0.86
11.34	1.30	—	—	4.86	2.18	3182.53	0.85
21.26	1.25	1.90	0.97	16.77	2.39	2527.55	0.87
22.87	1.22	1.23	1.32	14.39	2.16	1961.08	0.87
12.76	1.41	—	—	3.99	2.40	1916.61	0.95
48.54	1.43	—	—	33.88	2.21	1381.32	1.36
22.74	1.68	—	—	8.15	2.08	1449.77	1.31
66.77	1.62	8.02	2.19	11.77	2.53	1816.95	1.37
29.98	2.12	2.48	2.50	16.58	2.61	1214.26	1.42
68.88	1.89	5.45	2.47	8.45	2.21	2151.32	1.31
116.57	2.26	34.38	2.57	16.34	2.60	2253.22	1.46
436.80		54.52		173.29		25891.35	

3-7 全国银行间债券市场买断式债券回购交易机构分类统计表

机构 日期	国有商业银行 State-Owned Commercial Banks			其他商业银行 Other Commercial Banks			其他金融机构 Other Financial Institutions		
	回购 Repurchase	逆回购 Reverse Repurchase	正逆回购差额 Difference	回购 Repurchase	逆回购 Reverse Repurchase	正逆回购差额 Difference	回购 Repurchase	逆回购 Reverse Repurchase	正逆回购差额 Difference
2009.01	0.00	1134.04	−1134.04	100.05	782.93	−682.88	390.79	194.99	195.80
2009.02	0.00	2340.55	−2340.55	148.38	1107.51	−959.13	552.54	438.54	114.01
2009.03	0.00	2327.14	−2327.14	100.57	713.19	−612.62	506.62	131.91	374.71
2009.04	0.00	1931.68	−1931.68	86.23	410.52	−324.29	362.09	161.48	200.61
2009.05	0.00	1436.50	−1436.50	125.21	357.24	−232.04	198.47	155.12	43.35
2009.06	1.52	1360.67	−1359.14	229.52	238.86	−9.34	342.60	295.96	46.64
2009.07	0.00	620.33	−620.33	182.23	370.54	−188.31	259.28	333.40	−74.13
2009.08	0.00	869.29	−869.29	355.68	401.37	−45.69	142.22	157.31	−15.09
2009.09	120.06	1027.81	−907.75	219.48	365.53	−146.05	449.92	395.67	54.25
2009.10	116.17	570.42	−454.26	127.59	242.26	−114.67	361.13	397.88	−36.75
2009.11	211.79	1138.64	−926.84	104.26	243.34	−139.08	441.79	764.45	−322.66
2009.12	211.00	940.39	−729.39	45.94	369.82	−323.87	516.46	899.28	−382.83
2009 年累计	660.55	15697.46	−15036.92	1825.14	5603.11	−3777.97	4523.90	4326.00	197.90

注：1. 国有商业银行包括工商银行、农业银行、中国银行和建设银行；2. 其他商业银行：股份制商业银行、城市商业银行；3. 其他金融机构：政策性银行、农村商业银行、农村合作银行、农信社联社、城市信用社、财务公司、信托投资公司、邮政储蓄、金融租赁公司、资产管理公司、社保基金、投资公司、企业年金、投资者保护基金、其他投资产品以及其他金融机构等；4. 证券及基金：证券公司、基金公司。

数据来源：中国人民银行

Source：The People's Bank of China

3-8 全国银行间债券市场买断式债券回购余额统计表

机构 日期	国有商业银行 State-Owned Commercial Banks			其他商业银行 Other Commercial Banks			其他金融机构 Other Financial Institutions		
	回购 Repurchase	逆回购 Reverse Repurchase	正逆回购差额 Difference	回购 Repurchase	逆回购 Reverse Repurchase	正逆回购差额 Difference	回购 Repurchase	逆回购 Reverse Repurchase	正逆回购差额 Difference
2009.01	0.00	96.42	−96.42	34.93	195.78	−160.84	37.33	85.41	−48.08
2009.02	0.00	154.83	−154.83	29.05	160.65	−131.60	80.67	38.55	42.11
2009.03	0.00	77.06	−77.06	24.15	94.12	−69.97	67.73	28.94	38.79
2009.04	0.00	115.44	−115.44	35.65	131.40	−95.74	51.55	36.73	14.82
2009.05	0.00	83.02	−83.02	50.15	129.07	−78.92	54.18	36.38	17.81
2009.06	0.00	29.60	−29.60	35.58	138.79	−103.21	56.73	69.39	−12.66
2009.07	0.00	34.42	−34.42	52.90	184.21	−131.31	50.83	33.68	17.15
2009.08	0.00	85.33	−85.33	54.64	131.18	−76.55	64.34	25.12	39.22
2009.09	16.54	64.42	−47.88	56.55	131.85	−75.30	100.51	63.11	37.41
2009.10	34.03	52.02	−17.99	38.06	124.50	−86.44	92.41	75.93	16.47
2009.11	43.26	54.11	−10.84	12.26	111.80	−99.54	72.75	73.59	−0.84
2009.12	0.00	117.53	−117.53	38.37	132.12	−93.75	173.91	164.33	9.58

数据来源：中国人民银行

Source：The People's Bank of China

Bond Outright Repurchase Trading of National Interbank Market (Categorized by Institutions)

单位：亿元　unit：100000000yuan

保险公司 Insurance Companies			证券及基金 Securities Corporations and Funds			外资金融机构 Foreign Financial Institutions			交易日 Trading Days	成交金额合计 Total Turnover of Trading
回购 Repurchase	逆回购 Reverse Repurchase	正逆回购差额 Difference	回购 Repurchase	逆回购 Reverse Repurchase	正逆回购差额 Difference	回购 Repurchase	逆回购 Reverse Repurchase	正逆回购差额 Difference		
12.22	0.00	12.22	1570.31	1.65	1568.66	50.45	10.21	40.23	17.00	2123.82
0.00	0.00	0.00	3161.07	23.24	3137.84	50.92	3.08	47.84	21.00	3912.91
0.00	0.00	0.00	2567.00	10.29	2556.71	8.34	0.00	8.34	22.00	3182.53
0.00	0.00	0.00	2019.61	18.10	2001.50	59.63	5.77	53.86	21.00	2527.55
0.00	0.10	−0.10	1583.13	12.12	1571.01	54.28	0.00	54.28	19.00	1961.08
0.00	0.00	0.00	1264.93	21.12	1243.81	78.04	0.00	78.04	22.00	1916.61
0.00	24.97	−24.97	892.94	24.18	868.77	46.87	7.90	38.97	23.00	1381.32
0.00	0.00	0.00	935.82	21.80	914.02	16.05	0.00	16.05	21.00	1449.77
0.00	5.96	−5.96	958.78	21.98	936.80	68.71	0.00	68.71	23.00	1816.95
21.23	0.53	20.70	568.98	0.00	568.98	19.16	3.16	16.00	17.00	1214.30
0.00	2.90	−2.90	1377.09	1.99	1375.10	16.39	0.00	16.39	21.00	2151.32
0.00	24.05	−24.05	1419.14	15.26	1403.88	60.67	4.41	56.26	23.00	2253.20
33.45	58.51	−25.05	18318.81	171.73	18147.08	529.49	34.54	494.96	250.00	25891.37

Balance Statistics of Bond Outright Repurchase of National Interbank Market

单位：亿元　unit：100000000yuan

保险公司 Insurance Companies			证券及基金 Securities Corporations and Funds			外资金融机构 Foreign Financial Institutions			余额 Balance
回购 Repurchase	逆回购 Reverse Repurchase	正逆回购差额 Difference	回购 Repurchase	逆回购 Reverse Repurchase	正逆回购差额 Difference	回购 Repurchase	逆回购 Reverse Repurchase	正逆回购差额 Difference	
11.82	0.00	11.82	290.84	0.53	290.32	13.42	10.21	3.20	388.34
10.21	0.00	10.21	235.03	0.00	235.03	9.29	10.21	−0.93	364.25
10.21	0.00	10.21	108.65	2.48	106.17	2.07	10.21	−8.15	212.81
0.00	0.00	0.00	189.86	3.19	186.67	15.05	5.36	9.69	292.12
0.00	0.00	0.00	136.97	0.00	136.97	7.16	0.00	7.16	248.47
0.00	0.00	0.00	111.33	9.59	101.74	43.73	0.00	43.73	247.37
0.00	0.00	0.00	161.87	13.28	148.59	0.00	0.00	0.00	265.60
0.00	0.00	0.00	129.60	12.13	117.47	5.18	0.00	5.18	253.76
0.00	5.96	−5.96	94.52	12.77	81.75	6.99	0.00	6.99	275.10
0.00	0.00	0.00	87.97	0.00	87.97	3.14	3.16	−0.02	255.61
0.00	0.98	−0.98	112.23	1.99	110.24	1.96	0.00	1.96	242.46
0.00	16.21	−16.21	232.08	14.28	217.80	3.93	3.81	0.12	448.30

3-9 1995—2009年全国债券交易情况汇总表

		1995年	1996年	1997年	1998年	1999年	2000年
年末上市数目合计	Listed Numbers	62	43	42	39	43	46
金融债	Financial Bonds	4	2	0	0	0	0
企业债	Enterprise Bonds	13	6	7	7	12	12
企业债现货	Enterprise Bonds Spot	13	6	7	7	12	12
企业债回购	Enterprise Bonds Repurchase						
可转换债券	Convertible Bonds	1	0	0	1	2	3
国债	T-Bonds	44	35	35	31	29	31
现货	T-Bond Spot	12	18	18	14	12	14
期货	T-Bond Futures	12	0	0	0	0	0
回购	T-Bond Repurchase	20	17	17	17	17	17
成交数量(万张/口)	Transaction Volume	100660.50	174297.17	161732.38	203161.40	170716.33	197979.00
金融债	Financial Bonds						
企业债(万张)	Enterprise Bonds	29.35	38.00	356.12	946.39	471.12	906.15
企业债现货	Enterprise Bonds Spot	29.35	38.00	356.12	946.39	471.12	906.15
企业债回购	Enterprise Bonds Repurchase						
可转换债券(万张)	Convertible Bonds	70905.00	0.00	0.00	833.45	3133.54	11717.48
国债(万张)	T-Bond	29726.15	174259.17	161376.26	201381.56	167111.67	185355.37
现货(万张)	T-Bond Spot	6105.57	44172.76	32615.20	45973.57	38206.39	38018.57
期货(万口)	T-Bond Future	21151.63	0.00	0.00	0.00	0.00	0.00
回购(万张)	T-Bond Repurchase	2468.95	130086.41	128761.06	155407.99	128905.28	147336.80
成交金额(百万元)	Transaction Turnover	5936760.69	1803934.55	1647689.03	2166177.72	1828412.24	1911915.83
金融债	Financial Bonds	0.03	0.05	0.00	0.00	0.00	0.00
企业债	Enterprise Bonds	84.10	146.09	1808.10	4068.57	4799.48	9292.27
企业债现货	Enterprise Bonds Spot	84.10	146.09	1808.10	4068.57	4799.48	9292.27
企业债回购	Enterprise Bonds Repurchase						
可转换债券	Convertible Bonds	676.85	0.00	0.00	2030.17	4473.35	13506.68
国债	T-Bond	5935999.71	1803788.41	1645880.93	2160078.98	1819139.41	1889116.88
现货	T-Bond Spot	77520.01	502924.30	358274.52	605994.78	530086.53	415748.83
期货	T-Bond Future	5733628.12	0.00	0.00	0.00	0.00	0.00
回购	T-Bond Repurchase	124851.58	1300864.12	1287606.41	1554084.00	1289052.88	1473368.05
成交笔数合计(万笔)	Transaction Turnover	3941177	2546422	1535030	1700434	1586663	1937637
金融债	Financial Bonds	2	4	2	0	0	0
企业债	Enterprise Bonds	6288	13400	51350	310499	233767	434395
企业债现货	Enterprise Bonds Spot	6288	13400	51350	310499	233767	434395
企业债回购	Enterprise Bonds Repurchase						
可转换债券	Convertible Bonds	36721	0	0	172571	513702	827248
国债	T-Bond	3898166	2533018	1483678	1217364	839194	675994
现货	T-Bond Spot	629531	1832141	1118563	796406	536532	385348
期货	T-Bond Future	3185378	0	0	0	0	0
回购	T-Bond Repurchase	83257	700877	365115	420958	302662	290646

数据来源：上海、深圳证券交易所
Source: Shanghai、Shenzhen Stock Exchange

Statistics of Bonds Trading (1995—2009)

2001年	2002年	2003年	2004年	2005年	2006年	2007年	2008年	2009年
54	74	115	155	245	289	299	356	648
0	0	0	0	0	0	0	0	0
13	15	31	40	66	90	97	123	252
13	15	24	33	59	83	90	116	245
		7	7	7	7	7	7	7
3	9	23	32	29	26	17	17	12
38	50	61	83	150	173	183	216	384
21	33	41	57	85	107	123	153	319
0	0	0	0	0	0	0	0	0
17	17	20	26	65	66	60	63	65
204707.68	329252.26	620194.41	504218.50	283714.36	182454.42	205794.72	288912	405677
			0.00	0.00	0.00	0.00	0	0
672.13	639.81	26973.40	26356.20	14472.25	9858.32	7162.83	18540	21030
672.13	639.81	3439.33	1158.24	1493.43	1716.79	4458.31	18159	20570
		23534.07	25197.96	12978.82	8141.54	2703.92	381	459
3684.55	688.29	5830.70	5633.34	4822.40	2372.80	2415.19	3832	4793
200351.00	328152.15	587390.31	472228.96	264419.71	170223.30	19179.37	263947	379855
45474.64	83955.76	57391.85	31362.82	28207.98	15350.03	12728.61	21261	20562
0.00	0.00	0.00	0.00	0.00	0.00	0.00	0	0
154876.36	244196.39	529998.46	440866.14	236211.73	154873.27	183450.76	242687	359293
2041776.34	3324952.62	6213635.97	5032349.66	2836785.47	1827931.64	2066721.23	2860149	4063506
0.00	0.00	0.00	0.00	0.00	0.00	0.00	0	0
6884.31	7033.09	271701.63	263316.09	145259.32	97678.18	64188.54	150081	198370
6884.31	7033.09	36360.93	11336.49	15471.12	16262.83	37149.36	146270	193776
		235340.7	251979.6	129788.2	81415.35	27039.18	3812	4594
4568.04	7369.70	66338.72	63726.37	51345.76	27450.02	40923.50	44213	63641
2030323.99	3312831.83	5875595.62	4705307.19	2640180.39	1702803.45	1961235.61	2639117	3801496
481560.35	870867.90	575610.99	296645.79	278063.09	154070.75	126728.01	212252	208571
0.00	0.00	0.00	0.00	0.00	0.00	0.00	0	0
1548763.64	2441963.93	5299984.63	4408661.40	2362117.30	1548732.70	1834507.60	2426865	3592925
1161774	2136984	4789412	4719995	3447412	1776187	1734117	3804124	4055271
0	0	0	0	0	0	0	0	0
173256	120462	333915	273821	199235	167685	371510	1638469	1935095
173256	120462	207187	140237	133352	134029	366231	1637624	1934487
		126728	133584	65883	33656	5279	845	608
208841	191200	665889	736253	507992	322202	491177	801276	690111
779677	1902951	3789608	3709921	2740185	1286300	865232	1029018	1430065
476656	1105316	1299017	1576217	1766595	853805	494519	433907	406502
0	0	0	0	0	0	0	0	0
303021	797635	2490591	2133704	973590	432495	370713	595111	1023563

3－10　1995—2009年上海债券交易情况统计表

		1995年	1996年	1997年	1998年	1999年	2000年
年末上市数目合计	Listed Numbers	47	24	22	20	23	25
金融债	Financial Bonds	4	2	0	0	0	0
企业债	Enterprise Bonds	12	5	5	5	9	10
企业债现货	Enterprise Bonds Spot	12	5	5	5	9	10
企业债回购	Enterprise Bonds Repurchase						
可转换债券	Convertible Bonds						
国债	T-Bonds	31	17	17	15	14	15
现货	T-Bond Spot	6	9	9	7	6	7
期货	T-Bond Futures	12	0	0	0	0	0
回购	T-Bond Repurchase	13	8	8	8	8	8
成交数量(万张/口)	Transaction Volume	24246.06	167937.07	150768.00	197912.00	159528.81	165336.68
金融债	Financial Bonds						
企业债(万张)	Enterprise Bonds	5.51	9.76	128.00	170.00	300.44	790.26
企业债现货	Enterprise Bonds Spot	5.51	9.76	128.00	170.00	300.44	790.26
企业债回购	Enterprise Bonds Repurchase						
可转换债券(万张)	Convertible Bonds						
国债(万张)	T-Bond	24240.55	167927.31	150640.00	197742.00	159228.37	164546.42
现货(万张)	T-Bond Spot	6004.60	43535.71	31518.00	45857.00	37987.20	33074.28
期货(万口)	T-Bond Future	16520.00	0.00	0.00	0.00	0.00	0.00
回购(万张)	T-Bond Repurchase	1715.95	124391.60	119122.00	151885.00	121241.17	131472.14
成交金额(百万元)	Transaction Turnover	5162822.95	1740269.88	1539606.07	2126655.84	1744673.41	1689582.58
金融债	Financial Bonds	0.03	0.05	0.00	0.00	0.00	0.00
企业债	Enterprise Bonds	61.06	116.12	1550.32	3131.84	4584.47	9155.65
企业债现货	Enterprise Bonds Spot	61.06	116.12	1550.32	3131.84	4584.47	9155.65
企业债回购	Enterprise Bonds Repurchase						
可转换债券	Convertible Bonds						
国债	T-Bond	5162761.86	1740153.71	1538055.75	2123524.00	1740088.94	1680426.93
现货	T-Bond Spot	76444.46	496237.71	346839.95	604669.80	527677.24	365705.53
期货	T-Bond Future	4969157.90	0.00	0.00	0.00	0.00	0.00
回购	T-Bond Repurchase	117159.50	1243916.00	1191215.80	1518854.00	1212411.70	1314721.40
成交笔数合计(笔)	Transaction Turnover	2992638	2502405	1501749	1509904	1054994	1047980
金融债	Financial Bonds	2	4	2	0	0	0
企业债	Enterprise Bonds	4442	11032	49205	304452	225834	427365
企业债现货	Enterprise Bonds Spot	4442	11032	49205	304452	225834	427365
企业债回购	Enterprise Bonds Repurchase						
可转换债券	Convertible Bonds						
国债	T-Bond	2988194	2491369	1452542	1205452	829160	620615
现货	T-Bond Spot	622155	1805154	1096789	787783	531248	347069
期货	T-Bond Future	2287468	0	0	0	0	0
回购	T-Bond Repurchase	78571	686215	355753	417669	297912	273546

数据来源：上海证券交易所
Source：Shanghai Stock Exchange

Statistics of Bonds Trading in Shanghai Stock Exchange（1995—2009）

2001 年	2002 年	2003 年	2004 年	2005 年	2006 年	2007 年	2008 年	2009 年
31	39	65	90	165	196	198	225	411
0	0	0	0	0	0	0	0	0
12	11	22	27	50	66	71	82	186
12	11	19	24	47	63	68	79	183
		3	3	3	3	3	3	3
	3	13	19	18	19	12	12	9
19	25	30	44	97	111	113	131	216
11	17	21	29	43	54	62	77	160
0	0	0	0	0	0	0	0	0
8	8	9	15	54	57	51	54	56
195274.87	305478.71	615065.44	501277.76	281556.45	181070.11	203847.42	283780.00	397971.26
			0.00	0.00	0.00	0.00	0.00	0.00
610.45	454.99	26523.60	26134.06	14180.84	9420.65	6350.09	15067.98	15311.81
610.45	454.99	2992.22	978.10	1202.02	1301.44	3711.02	14686.80	15311.81
		23531.38	25155.96	12978.82	8119.21	2638.47	381.18	0.00
	228.00	3888.19	2971.42	3035.41	1459.64	1333.19	2640.49	3107.51
194664.42	305023.72	584653.65	472172.28	264340.20	170189.82	19126.81	263478.54	379551.92
41234.63	60831.83	54838.27	31310.10	28128.47	15316.55	12676.05	20792.03	20259.38
0.00	0.00	0.00	0.00	0.00	0.00	0.00	0.00	0.00
153429.79	244191.89	529815.38	440862.18	236211.73	154873.27	183450.76	242686.51	359292.54
1979403.51	3085105.73	6159638.70	4999773.72	2813841.37	1813027.99	2039936.95	2809063.31	3980634.40
0.00	0.00	0.00	0.00	0.00	0.00	0.00	0.00	0.00
6799.92	5103.67	266918.03	261147.37	142276.64	93653.14	57652.39	117712.41	140326.46
6799.92	5103.67	31604.23	9587.77	12488.44	12461.04	31267.69	113900.61	140326.46
		235313.8	251559.6	129788.2	81192.1	26384.7	3811.80	0.00
	2282.00	44531.21	33854.71	32168.02	16902.65	21183.22	30159.08	41832.46
1972603.59	3080002.06	5848189.46	4704771.64	2639396.71	1702472.20	1960727.76	2634454.66	3798475.46
438305.69	638083.16	550035.66	296149.84	277279.41	153739.50	126220.16	207589.56	205550.03
0.00	0.00	0.00	0.00	0.00	0.00	0.00	0.00	0.00
1534297.90	2441918.90	5298153.80	4408621.80	2362117.30	1548732.70	1834507.60	2426865.10	3592925.43
914158	1899455	4474444	4329965	3188216	1577380	1432892	3159637.00	3171936.00
0	0	0	0	0	0	0	0.00	0.00
169902	104113	311351	257219	177830	134557	278719	1266961.00	1314982.00
169902	104113	184647	123677	111947	100971	273510	1266116.00	1314982.00
		126704	133542	65883	33586	5209	845.00	0.00
	77629	414286	388584	308610	185922	315095	565506.00	473436.00
744256	1795342	3748807	3684162	2701776	1256901	832880	991809.00	1383518.00
443748	997717	1258530	1550466	1728186	824406	462167	396698.00	359955.00
0	0	0	0	0	0	0	0.00	0.00
300508	797625	2490277	2133696	973590	432495	370713	595111.00	1023563.00

3－11　1995—2009 年深圳债券交易情况统计表

		1995 年	1996 年	1997 年	1998 年	1999 年	2000 年
年末上市数目合计	Listed Numbers	15	19	20	19	20	21
金融债	Financial Bonds						
企业债	Enterprise Bonds	1	1	2	2	3	2
企业债现货	Enterprise Bonds Spot	1	1	2	2	3	2
企业债回购	Enterprise Bonds Repurchase						
可转换债券	Convertible Bonds	1			1	2	3
国债	T-Bonds	13	18	18	16	15	16
现货	T-Bond Spot	6	9	9	7	6	7
期货	T-Bond Futures						
回购	T-Bond Repurchase	7	9	9	9	9	9
成交数量(万张/口)	Transaction Volume	76414.44	6360.10	10964.38	5249.40	11187.52	32642.32
金融债	Financial Bonds						
企业债(万张)	Enterprise Bonds	23.84	28.24	228.12	776.39	170.68	115.89
企业债现货	Enterprise Bonds Spot	23.84	28.24	228.12	776.39	170.68	115.89
企业债回购	Enterprise Bonds Repurchase						
可转换债券(万张)	Convertible Bonds	70905.00			833.45	3133.54	11717.48
国债(万张)	T-Bond	5485.60	6331.86	10736.26	3639.56	7883.30	20808.95
现货(万张)	T-Bond Spot	100.97	637.05	1097.20	116.57	219.19	4944.29
期货(万口)	T-Bond Future	4631.63					
回购(万张)	T-Bond Repurchase	753.00	5694.81	9639.06	3522.99	7664.11	15864.66
成交金额(百万元)	Transaction Turnover	773937.74	63664.67	108082.96	39521.88	83738.83	222333.25
金融债	Financial Bonds						
企业债	Enterprise Bonds	23.04	29.97	257.78	936.73	215.01	136.62
企业债现货	Enterprise Bonds Spot	23.04	29.97	257.78	936.73	215.01	136.62
企业债回购	Enterprise Bonds Repurchase						
可转换债券	Convertible Bonds	676.85			2030.17	4473.35	13506.68
国债	T-Bond	773237.85	63634.70	107825.18	36554.98	79050.47	208689.95
现货	T-Bond Spot	1075.55	6686.59	11434.57	1324.98	2409.29	50043.30
期货	T-Bond Future	764470.22					
回购	T-Bond Repurchase	7692.08	56948.12	96390.61	35230.00	76641.18	158646.65
成交笔数合计(万笔)	Transaction Turnover	948539	44017	33281	190530	531669	889657
金融债	Financial Bonds						
企业债	Enterprise Bonds	1846	2368	2145	6047	7933	7030
企业债现货	Enterprise Bonds Spot	1846	2368	2145	6047	7933	7030
企业债回购	Enterprise Bonds Repurchase						
可转换债券	Convertible Bonds	36721			172571	513702	827248
国债	T-Bond	909972	41649	31136	11912	10034	55379
现货	T-Bond Spot	7376	26987	21774	8623	5284	38279
期货	T-Bond Future	897910					
回购	T-Bond Repurchase	4686	14662	9362	3289	4750	17100

数据来源：深圳证券交易所
Source：Shenzhen Stock Exchange

Statistics of Bonds Trading in Shenzhen Stock Exchange (1995—2009)

2001年	2002年	2003年	2004年	2005年	2006年	2007年	2008年	2009年
23	35	50	65	80	93	101	131	237
	0	0	0	0	0	0	0	0
1	4	9	13	16	24	26	41	66
1	4	5	9	12	20	22	37	62
		4	4	4	4	4	4	4
3	6	10	13	11	7	5	5	3
19	25	31	39	53	62	70	85	168
10	16	20	28	42	53	61	76	159
	0	0	0	0	0	0	0	0
9	9	11	11	11	9	9	9	9
9432.81	23773.55	5128.97	2940.74	2157.91	1384.31	1947.30	5131.87	7706.06
		0.00	0.00	0.00	0.00	0.00	0.00	0.00
61.68	184.82	449.80	222.14	291.41	437.67	812.74	3471.87	5717.92
61.68	184.82	447.11	180.14	291.41	415.35	747.29	3471.87	5258.52
		2.69	42	0	22.33	65.45	0.00	459.40
3684.55	460.29	1942.51	2661.92	1786.99	913.16	1082.00	1191.16	1685.39
5686.58	23128.43	2736.66	56.68	79.51	33.48	52.56	468.84	302.75
4240.01	23123.93	2553.58	52.72	79.51	33.48	52.56	468.84	302.75
			0.00	0.00	0.00	0.00	0.00	0.00
1446.57	4.50	183.08	3.96	0.00	0.00	0.00	0.00	0.00
62372.83	239846.89	53997.27	32575.94	22944.10	14903.65	26784.28	51085.78	82871.76
	0.00	0.00	0.00	0.00	0.00	0.00	0.00	0.00
84.39	1929.42	4783.60	2168.72	2982.68	4025.04	6536.15	32369.01	58043.15
84.39	1929.42	4756.7	1748.72	2982.68	3801.79	5881.67	32369.01	53449.15
		26.9	420	0	223.25	654.48	0.00	4594.00
4568.04	5087.70	21807.51	29871.66	19177.74	10547.37	19740.28	14054.10	21808.13
57720.40	232829.77	27406.16	535.55	783.68	331.25	507.85	4662.67	3020.48
43254.66	232784.74	25575.33	495.95	783.68	331.25	507.85	4662.67	3020.48
		0.00	0.00	0.00	0.00	0.00	0.00	0.00
14465.74	45.03	1830.83	39.60	0.00	0.00	0.00	0.00	0.00
247616	237529	314968	390030	259196	198807	301225	644487.00	883335.00
	0	0	0	0	0	0	0.00	0.00
3354	16349	22564	16602	21405	33128	92791	371508.00	620113.00
3354	16349	22540	16560	21405	33058	92721	371508.00	619505.00
		24	42	0	70	70	0.00	608.00
208841	113571	251603	347669	199382	136280	176082	235770.00	216675.00
35421	107609	40801	25759	38409	29399	32352	37209.00	46547.00
32908	107599	40487	25751	38409	29399	32352	37209.00	46547.00
		0	0	0	0	0	0.00	0.00
2513	10	314	8	0	0	0	0.00	0.00

3-12 2009年全国国债现货每日成交额、成交量

日期 Date	1月 Jan.		2月 Feb.		3月 Mar.		4月 Apr.		5月 May.		6月 Jun.	
	成交额 Turnover	成交量 Volume	成交额 Turnover	成交量 Volume	成交额 Turnover	成交量 Volume	成交额 Turnover	成交量 Volume	成交额 Turnover	成交量 Volume	成交额 Turnover	成交量 Volume
1	0.00	0.00	0.00	0.00	0.00	0.00	6.01	591.15	0.00	0.00	4.89	482.01
2	0.00	0.00	4.86	474.89	5.44	528.44	17.05	1675.15	0.00	0.00	8.85	871.12
3	0.00	0.00	10.92	1066.72	6.65	649.63	10.83	1063.81	0.00	0.00	8.24	807.19
4	0.00	0.00	16.30	1596.68	21.50	2107.53	0.00	0.00	5.78	573.68	7.11	700.60
5	6.50	629.00	20.31	1993.28	16.43	1623.71	0.00	0.00	4.29	418.75	4.21	413.73
6	7.25	704.60	10.79	1062.50	4.46	438.38	0.00	0.00	7.01	686.53	0.00	0.00
7	9.26	902.18	0.00	0.00	0.00	0.00	8.98	879.46	6.16	601.26	0.00	0.00
8	7.24	705.01	0.00	0.00	0.00	0.00	6.23	613.87	5.23	512.47	3.52	346.88
9	11.31	1108.07	7.36	726.66	9.16	899.51	8.31	814.91	0.00	0.00	3.33	328.88
10	0.00	0.00	7.77	765.32	4.35	425.65	8.69	858.79	0.00	0.00	4.39	433.02
11	0.00	0.00	11.67	1143.11	7.13	706.55	0.00	0.00	6.81	670.63	7.07	697.75
12	6.67	642.69	12.57	1229.59	10.89	1068.59	0.00	0.00	7.46	731.78	17.53	1754.59
13	8.37	814.74	8.92	873.04	6.97	682.51	13.71	1346.63	5.74	565.25	0.00	0.00
14	13.44	1306.78	0.00	0.00	0.00	0.00	11.37	1121.67	12.29	1210.22	0.00	0.00
15	14.99	1457.86	0.00	0.00	0.00	0.00	7.24	711.33	8.53	837.32	5.05	496.08
16	20.22	1982.95	6.97	681.56	8.10	793.43	6.03	588.13	0.00	0.00	3.41	335.00
17	0.00	0.00	16.37	1604.51	13.85	1350.81	11.18	1097.43	0.00	0.00	7.50	736.60
18	0.00	0.00	9.41	927.55	7.80	762.49	0.00	0.00	6.96	678.98	5.31	521.58
19	8.00	783.94	6.83	666.61	4.18	409.05	0.00	0.00	7.26	717.48	7.78	762.08
20	10.57	1035.24	14.67	1432.69	8.43	824.04	7.57	743.86	6.37	631.87	0.00	0.00
21	9.29	902.85	0.00	0.00	0.00	0.00	7.13	704.28	19.79	1957.47	0.00	0.00
22	10.42	1009.98	0.00	0.00	0.00	0.00	11.44	1124.76	9.77	954.42	10.28	1008.95
23	12.68	1224.77	7.68	752.14	10.51	1033.94	9.24	912.93	0.00	0.00	13.67	1347.55
24	0.00	0.00	13.20	1280.59	14.28	1393.64	6.09	599.28	0.00	0.00	11.58	1134.69
25	0.00	0.00	11.66	1139.74	7.96	779.65	0.00	0.00	7.83	768.55	5.70	562.41
26	0.00	0.00	8.20	801.50	10.57	1037.50	0.00	0.00	16.81	1646.69	10.39	1015.59
27	0.00	0.00	10.33	1007.28	13.41	1313.81	16.96	1661.07	4.65	455.26	0.00	0.00
28	0.00	0.00	0.00	0.00	0.00	0.00	6.39	625.58	0.00	0.00	0.00	0.00
29	0.00	0.00	0.00	0.00	0.00	0.00	11.61	1139.41	0.00	0.00	15.00	1484.31
30	0.00	0.00	0.00	0.00	6.04	592.87	7.92	775.93	0.00	0.00	12.25	1211.54
31	0.00	0.00	0.00	0.00	11.05	1077.16	0.00	0.00	0.00	0.00	0.00	0.00

数据来源：上海、深圳证券交易所
Source: Shanghai、Shenzhen Stock Exchange

Daily Turnover and Volume of T-Bonds Spot Trading in 2009

成交额：亿元 成交量：万张

7月 Jul.		8月 Aug.		9月 Sep.		10月 Oct.		11月 Nov.		12月 Dec.	
成交额 Turnover	成交量 Volume	成交额 Turnover	成交量 Volume	成交额 Turnover	成交量 Volume	成交额 Turnover	成交量 Volume	成交额 Turnover	成交量 Volume	成交额 Turnover	成交量 Volume
6.00	589.36	0.00	0.00	7.39	733.73	0.00	0.00	0.00	0.00	3.47	343.33
4.51	444.68	0.00	0.00	9.34	927.13	0.00	0.00	3.45	338.98	3.13	309.77
7.37	729.86	3.34	333.78	14.88	1471.04	0.00	0.00	15.06	1479.22	1.68	169.01
0.00	0.00	6.01	600.56	13.84	1368.40	0.00	0.00	5.71	564.74	2.04	202.21
0.00	0.00	3.50	350.95	0.00	0.00	0.00	0.00	2.24	221.68	0.00	0.00
7.69	759.57	3.06	307.15	0.00	0.00	0.00	0.00	2.17	215.37	0.00	0.00
6.04	594.22	5.50	554.44	8.92	882.91	0.00	0.00	0.00	0.00	4.71	462.98
2.79	276.25	0.00	0.00	8.09	802.51	0.00	0.00	0.00	0.00	1.98	198.98
8.30	819.36	0.00	0.00	13.42	1334.18	4.28	424.85	2.60	255.87	1.70	167.98
5.61	554.42	8.68	865.64	4.60	457.48	0.00	0.00	4.08	406.00	2.87	286.36
0.00	0.00	5.39	541.01	4.11	409.54	0.00	0.00	3.34	331.10	2.45	242.29
0.00	0.00	9.24	920.74	0.00	0.00	3.14	311.05	2.62	260.11	0.00	0.00
4.64	458.69	9.26	918.69	0.00	0.00	4.83	479.38	3.66	362.88	0.00	0.00
12.16	1193.42	6.54	648.15	9.37	930.20	5.88	580.42	0.00	0.00	8.88	884.18
5.96	590.51	0.00	0.00	7.21	704.40	5.06	505.24	0.00	0.00	4.11	409.50
8.04	793.60	0.00	0.00	6.59	656.47	4.00	396.59	6.65	658.50	4.16	412.43
18.70	1853.48	9.52	948.77	6.99	692.78	0.00	0.00	5.72	568.45	5.51	544.28
0.00	0.00	9.33	926.54	15.96	1591.94	0.00	0.00	5.38	535.51	6.06	599.83
0.00	0.00	5.91	586.65	0.00	0.00	5.01	494.72	3.34	332.44	0.00	0.00
12.30	1214.58	5.56	551.28	0.00	0.00	5.18	511.71	8.69	863.88	0.00	0.00
12.42	1226.61	3.58	357.28	15.68	1558.50	7.13	701.90	0.00	0.00	2.88	285.11
3.97	396.55	0.00	0.00	8.80	863.90	3.75	374.62	0.00	0.00	10.17	1009.57
12.94	1293.11	0.00	0.00	13.33	1315.83	6.55	648.25	14.59	1423.88	18.15	1800.96
8.93	888.86	10.72	1063.05	9.53	945.17	0.00	0.00	12.48	1230.94	12.46	1222.51
0.00	0.00	9.87	980.19	9.37	929.38	0.00	0.00	6.84	666.28	11.39	1131.40
0.00	0.00	14.24	1409.56	0.00	0.00	11.76	1165.96	13.10	1306.02	0.00	0.00
7.09	706.01	7.09	707.60	0.00	0.00	8.65	849.03	10.59	1050.08	0.00	0.00
14.44	1437.03	19.16	1922.95	5.32	529.16	6.95	697.51	0.00	0.00	17.08	1685.04
9.26	920.81	0.00	0.00	17.10	1709.60	8.48	843.73	0.00	0.00	9.77	967.46
11.35	1130.89	0.00	0.00	8.19	811.60	9.51	949.56	2.90	286.55	9.51	938.39
11.18	1116.89	11.22	1122.54	0.00	0.00	0.00	0.00	0.00	0.00	11.83	1166.96

3-13 2009年上海国债现货每日成交额、成交量

日期 Date	1月 Jan.		2月 Feb.		3月 Mar.		4月 Apr.		5月 May.		6月 Jun.	
	成交额 Turnover	成交量 Volume	成交额 Turnover	成交量 Volume	成交额 Turnover	成交量 Volume	成交额 Turnover	成交量 Volume	成交额 Turnover	成交量 Volume	成交额 Turnover	成交量 Volume
1	0.00	0.00	0.00	0.00	0.00	0.00	6.00	589.75	0.00	0.00	4.87	480.12
2	0.00	0.00	4.85	473.95	5.42	526.43	17.01	1671.41	0.00	0.00	8.83	868.89
3	0.00	0.00	10.91	1065.28	6.64	648.24	10.80	1060.71	0.00	0.00	8.22	805.15
4	0.00	0.00	16.27	1593.76	21.44	2101.52	0.00	0.00	5.76	571.34	7.09	698.82
5	6.49	628.13	20.29	1991.70	16.41	1621.35	0.00	0.00	4.27	416.55	4.20	412.43
6	7.24	703.62	10.77	1060.18	4.38	430.36	0.00	0.00	6.98	683.53	0.00	0.00
7	9.25	901.69	0.00	0.00	0.00	0.00	8.96	877.06	6.14	598.86	0.00	0.00
8	7.24	704.59	0.00	0.00	0.00	0.00	6.21	611.84	5.22	511.09	3.51	345.96
9	11.30	1107.22	7.34	724.55	9.14	897.78	8.29	813.35	0.00	0.00	3.32	328.01
10	0.00	0.00	7.75	763.57	4.33	424.05	8.67	856.28	0.00	0.00	4.38	431.73
11	0.00	0.00	11.65	1141.11	7.11	704.51	0.00	0.00	6.80	669.10	7.06	696.22
12	6.66	641.39	12.50	1223.03	10.88	1067.27	0.00	0.00	7.42	727.68	17.52	1753.24
13	8.36	813.89	8.89	870.10	6.95	680.93	13.68	1343.15	5.71	562.61	0.00	0.00
14	13.42	1304.79	0.00	0.00	0.00	0.00	11.33	1117.16	12.26	1207.64	0.00	0.00
15	14.97	1455.77	0.00	0.00	0.00	0.00	7.12	699.51	8.50	834.70	5.02	493.45
16	20.20	1981.10	6.93	677.59	8.08	791.60	6.02	586.88	0.00	0.00	3.40	333.68
17	0.00	0.00	16.33	1601.03	13.83	1348.68	11.17	1096.31	0.00	0.00	7.48	734.44
18	0.00	0.00	9.39	925.24	7.78	760.80	0.00	0.00	6.87	670.32	5.29	519.85
19	7.97	780.99	6.81	664.78	4.16	407.44	0.00	0.00	7.23	714.56	7.77	760.97
20	10.56	1034.23	14.65	1430.52	8.41	822.12	7.56	742.56	6.35	629.51	0.00	0.00
21	9.27	900.67	0.00	0.00	0.00	0.00	7.10	701.59	15.96	1574.07	0.00	0.00
22	10.41	1008.91	0.00	0.00	0.00	0.00	11.41	1121.77	9.74	951.74	10.26	1007.11
23	12.67	1223.50	7.66	750.05	9.72	957.17	9.20	908.91	0.00	0.00	13.66	1346.37
24	0.00	0.00	13.18	1278.63	14.01	1367.36	6.07	597.75	0.00	0.00	11.56	1132.89
25	0.00	0.00	11.64	1137.31	7.95	778.26	0.00	0.00	7.80	766.01	5.69	561.16
26	0.00	0.00	8.18	799.73	10.56	1036.44	0.00	0.00	16.79	1645.11	10.38	1014.53
27	0.00	0.00	10.31	1004.93	13.38	1311.25	16.94	1658.73	4.63	453.39	0.00	0.00
28	0.00	0.00	0.00	0.00	0.00	0.00	6.38	624.37	0.00	0.00	0.00	0.00
29	0.00	0.00	0.00	0.00	0.00	0.00	11.59	1137.65	0.00	0.00	12.48	1232.03
30	0.00	0.00	0.00	0.00	6.03	591.61	7.89	772.89	0.00	0.00	12.23	1209.70
31	0.00	0.00	0.00	0.00	10.53	1026.92	0.00	0.00	0.00	0.00	0.00	0.00

数据来源：上海证券交易所
Source：Shanghai Stock Exchange

Daily Turnover and Volume of T-Bonds Spot Trading in Shanghai Stock Exchange (2009)

成交额：亿元；成交量：万张

7月 Jul.		8月 Aug.		9月 Sep.		10月 Oct.		11月 Nov.		12月 Dec.	
成交额 Turnover	成交量 Volume	成交额 Turnover	成交量 Volume	成交额 Turnover	成交量 Volume	成交额 Turnover	成交量 Volume	成交额 Turnover	成交量 Volume	成交额 Turnover	成交量 Volume
5.99	588.76	0.00	0.00	7.37	731.65	0.00	0.00	0.00	0.00	3.46	341.95
4.49	442.21	0.00	0.00	9.32	925.24	0.00	0.00	3.43	336.45	3.11	307.42
7.34	727.16	3.31	330.33	14.86	1468.81	0.00	0.00	15.04	1477.05	1.67	167.71
0.00	0.00	5.98	597.37	13.82	1366.62	0.00	0.00	5.70	563.64	2.03	200.89
0.00	0.00	3.44	344.96	0.00	0.00	0.00	0.00	2.23	220.32	0.00	0.00
7.67	757.33	3.03	303.57	0.00	0.00	0.00	0.00	2.15	213.60	0.00	0.00
6.02	592.26	5.42	545.93	8.89	879.89	0.00	0.00	0.00	0.00	4.70	462.02
2.77	273.95	0.00	0.00	8.07	800.89	0.00	0.00	0.00	0.00	1.97	197.55
8.28	817.70	0.00	0.00	13.40	1332.51	3.46	342.66	2.59	255.22	1.69	167.30
5.60	553.11	8.62	859.25	4.58	455.56	0.00	0.00	3.06	304.21	2.86	285.32
0.00	0.00	5.35	537.05	4.10	408.23	0.00	0.00	3.33	329.96	2.44	241.39
0.00	0.00	9.20	916.70	0.00	0.00	3.12	308.52	2.61	259.00	0.00	0.00
4.61	456.07	9.24	916.14	0.00	0.00	3.91	388.40	3.64	360.28	0.00	0.00
12.14	1191.08	6.52	645.83	9.35	928.14	5.85	577.32	0.00	0.00	8.86	881.66
5.95	589.30	0.00	0.00	7.19	702.55	5.04	503.42	0.00	0.00	4.10	408.81
8.03	792.19	0.00	0.00	6.58	655.12	3.99	395.45	6.13	606.86	3.67	363.89
18.68	1851.82	9.49	945.69	6.97	690.59	0.00	0.00	5.71	567.42	5.02	496.15
0.00	0.00	9.30	923.47	15.94	1590.23	0.00	0.00	5.36	533.06	5.06	498.75
0.00	0.00	5.88	583.00	0.00	0.00	4.99	492.33	3.31	329.70	0.00	0.00
12.27	1211.83	5.53	548.06	0.00	0.00	4.42	435.37	8.28	822.73	0.00	0.00
12.40	1224.03	3.56	354.90	9.67	956.80	6.37	626.02	0.00	0.00	2.87	284.35
3.96	395.00	0.00	0.00	8.78	861.94	3.74	373.56	0.00	0.00	10.16	1008.88
12.93	1291.79	0.00	0.00	13.31	1314.04	6.54	646.98	14.57	1422.17	17.64	1749.96
8.92	887.35	10.69	1059.49	9.51	942.99	0.00	0.00	12.42	1225.24	12.30	1206.72
0.00	0.00	9.85	978.47	9.35	927.44	0.00	0.00	6.57	639.55	9.38	930.19
0.00	0.00	14.22	1407.26	0.00	0.00	11.75	1164.75	13.07	1303.36	0.00	0.00
7.06	702.49	7.08	706.49	0.00	0.00	8.14	797.60	10.55	1045.60	0.00	0.00
14.42	1435.29	19.14	1920.97	4.51	447.70	6.93	694.92	0.00	0.00	17.06	1683.39
9.24	919.10	0.00	0.00	17.09	1708.55	8.47	842.41	0.00	0.00	9.75	965.77
11.32	1128.16	0.00	0.00	8.16	809.03	9.49	947.28	2.87	283.75	9.49	936.82
11.16	1115.11	11.19	1118.91	0.00	0.00	0.00	0.00	0.00	0.00	11.82	1165.62

3-14 2009年深圳国债现货每日成交额、成交量

日期 Date	1月 Jan.		2月 Feb.		3月 Mar.		4月 Apr.		5月 May.		6月 Jun.	
	成交额 Turnover	成交量 Volume	成交额 Turnover	成交量 Volume	成交额 Turnover	成交量 Volume	成交额 Turnover	成交量 Volume	成交额 Turnover	成交量 Volume	成交额 Turnover	成交量 Volume
1	0.00	0.00	0.00	0.00	0.00	0.00	0.01	1.40	0.00	0.00	0.02	1.89
2	0.00	0.00	0.01	0.94	0.02	2.01	0.04	3.74	0.00	0.00	0.02	2.23
3	0.00	0.00	0.01	1.44	0.01	1.39	0.03	3.10	0.00	0.00	0.02	2.04
4	0.00	0.00	0.03	2.92	0.06	6.01	0.00	0.00	0.02	2.34	0.02	1.78
5	0.01	0.87	0.02	1.58	0.02	2.36	0.00	0.00	0.02	2.20	0.01	1.30
6	0.01	0.98	0.02	2.32	0.08	8.02	0.00	0.00	0.03	3.00	0.00	0.00
7	0.01	0.49	0.00	0.00	0.00	0.00	0.02	2.40	0.02	2.40	0.00	0.00
8	0.00	0.42	0.00	0.00	0.00	0.00	0.02	2.03	0.01	1.38	0.01	0.92
9	0.01	0.85	0.02	2.11	0.02	1.73	0.02	1.56	0.00	0.00	0.01	0.87
10	0.00	0.00	0.02	1.75	0.02	1.60	0.02	2.51	0.00	0.00	0.01	1.29
11	0.00	0.00	0.02	2.00	0.02	2.04	0.00	0.00	0.01	1.53	0.01	1.53
12	0.01	1.30	0.07	6.56	0.01	1.32	0.00	0.00	0.04	4.10	0.01	1.35
13	0.01	0.85	0.03	2.94	0.02	1.58	0.03	3.48	0.03	2.64	0.00	0.00
14	0.02	1.99	0.00	0.00	0.00	0.00	0.04	4.51	0.03	2.58	0.00	0.00
15	0.02	2.09	0.00	0.00	0.00	0.00	0.12	11.82	0.03	2.62	0.03	2.63
16	0.02	1.85	0.04	3.97	0.02	1.83	0.01	1.25	0.00	0.00	0.01	1.32
17	0.00	0.00	0.04	3.48	0.02	2.13	0.01	1.12	0.00	0.00	0.02	2.16
18	0.00	0.00	0.02	2.31	0.02	1.69	0.00	0.00	0.09	8.66	0.02	1.73
19	0.03	2.95	0.02	1.83	0.02	1.61	0.00	0.00	0.03	2.92	0.01	1.11
20	0.01	1.01	0.02	2.17	0.02	1.92	0.01	1.30	0.02	2.36	0.00	0.00
21	0.02	2.18	0.00	0.00	0.00	0.00	0.03	2.69	3.83	383.40	0.00	0.00
22	0.01	1.07	0.00	0.00	0.00	0.00	0.03	2.99	0.03	2.68	0.02	1.84
23	0.01	1.27	0.02	2.09	0.79	76.77	0.04	4.02	0.00	0.00	0.01	1.18
24	0.00	0.00	0.02	1.96	0.27	26.28	0.02	1.53	0.00	0.00	0.02	1.80
25	0.00	0.00	0.02	2.43	0.01	1.39	0.00	0.00	0.03	2.54	0.01	1.25
26	0.00	0.00	0.02	1.77	0.01	1.06	0.00	0.00	0.02	1.58	0.01	1.06
27	0.00	0.00	0.02	2.35	0.03	2.56	0.02	2.34	0.02	1.87	0.00	0.00
28	0.00	0.00	0.00	0.00	0.00	0.00	0.01	1.21	0.00	0.00	0.00	0.00
29	0.00	0.00	0.00	0.00	0.00	0.00	0.02	1.76	0.00	0.00	2.52	252.28
30	0.00	0.00	0.00	0.00	0.01	1.26	0.03	3.04	0.00	0.00	0.02	1.84
31	0.00	0.00	0.00	0.00	0.52	50.24	0.00	0.00	0.00	0.00	0.00	0.00

数据来源：深圳证券交易所
Source: Shenzhen Stock Exchange

Daily Turnover and Volume of T-Bonds Spot Trading in Shenzhen Stock Exchange (2009)

成交额：亿元；成交量：万张

7月 Jul.		8月 Aug.		9月 Sep.		10月 Oct.		11月 Nov.		12月 Dec.	
成交额 Turnover	成交量 Volume	成交额 Turnover	成交量 Volume	成交额 Turnover	成交量 Volume	成交额 Turnover	成交量 Volume	成交额 Turnover	成交量 Volume	成交额 Turnover	成交量 Volume
0.01	0.60	0.00	0.00	0.02	2.08	0.00	0.00	0.00	0.00	0.01	1.38
0.02	2.47	0.00	0.00	0.02	1.89	0.00	0.00	0.02	2.53	0.02	2.35
0.03	2.70	0.03	3.45	0.02	2.23	0.00	0.00	0.02	2.17	0.01	1.30
0.00	0.00	0.03	3.19	0.02	1.78	0.00	0.00	0.01	1.10	0.01	1.32
0.00	0.00	0.06	5.99	0.00	0.00	0.00	0.00	0.01	1.36	0.00	0.00
0.02	2.24	0.03	3.58	0.00	0.00	0.00	0.00	0.02	1.77	0.00	0.00
0.02	1.96	0.08	8.51	0.03	3.02	0.00	0.00	0.00	0.00	0.01	0.96
0.02	2.30	0.00	0.00	0.02	1.62	0.00	0.00	0.00	0.00	0.01	1.43
0.02	1.66	0.00	0.00	0.02	1.67	0.82	82.19	0.01	0.65	0.01	0.68
0.01	1.31	0.06	6.39	0.02	1.92	0.00	0.00	1.02	101.79	0.01	1.04
0.00	0.00	0.04	3.96	0.01	1.31	0.00	0.00	0.01	1.14	0.01	0.90
0.00	0.00	0.04	4.04	0.00	0.00	0.02	2.53	0.01	1.11	0.00	0.00
0.03	2.62	0.02	2.55	0.00	0.00	0.92	90.98	0.02	2.60	0.00	0.00
0.02	2.34	0.02	2.32	0.02	2.06	0.03	3.10	0.00	0.00	0.02	2.52
0.01	1.21	0.00	0.00	0.02	1.85	0.02	1.82	0.00	0.00	0.01	0.69
0.01	1.41	0.00	0.00	0.01	1.35	0.01	1.14	0.52	51.64	0.49	48.54
0.02	1.66	0.03	3.08	0.02	2.19	0.00	0.00	0.01	1.03	0.49	48.13
0.00	0.00	0.03	3.07	0.02	1.71	0.00	0.00	0.02	2.45	1.00	101.08
0.00	0.00	0.03	3.65	0.00	0.00	0.02	2.39	0.03	2.74	0.00	0.00
0.03	2.75	0.03	3.22	0.00	0.00	0.76	76.34	0.41	41.15	0.00	0.00
0.02	2.58	0.02	2.38	6.01	601.70	0.76	75.88	0.00	0.00	0.01	0.76
0.01	1.55	0.00	0.00	0.02	1.96	0.01	1.06	0.00	0.00	0.01	0.69
0.01	1.32	0.00	0.00	0.02	1.79	0.01	1.27	0.02	1.71	0.51	51.00
0.01	1.51	0.03	3.56	0.02	2.18	0.00	0.00	0.06	5.70	0.16	15.79
0.00	0.00	0.02	1.72	0.02	1.94	0.00	0.00	0.27	26.73	2.01	201.21
0.00	0.00	0.02	2.30	0.00	0.00	0.01	1.21	0.03	2.66	0.00	0.00
0.03	3.52	0.01	1.11	0.00	0.00	0.51	51.43	0.04	4.48	0.00	0.00
0.02	1.74	0.02	1.98	0.81	81.46	0.02	2.59	0.00	0.00	0.02	1.65
0.02	1.71	0.00	0.00	0.01	1.05	0.01	1.32	0.00	0.00	0.02	1.69
0.03	2.73	0.00	0.00	0.03	2.57	0.02	2.28	0.03	2.80	0.02	1.57
0.02	1.78	0.03	3.63	0.00	0.00	0.00	0.00	0.00	0.00	0.01	1.34

3-15 2009年全国国债回购每日成交额、成交量

日期 Date	1月 Jan.		2月 Feb.		3月 Mar.		4月 Apr.		5月 May.		6月 Jun.	
	成交额 Turnover	成交量 Volume	成交额 Turnover	成交量 Volume	成交额 Turnover	成交量 Volume	成交额 Turnover	成交量 Volume	成交额 Turnover	成交量 Volume	成交额 Turnover	成交量 Volume
1	0.00	0.00	0.00	0.00	0.00	0.00	108.54	10854.10	0.00	0.00	154.14	15413.96
2	0.00	0.00	213.01	21300.80	113.23	11322.90	107.28	10728.40	0.00	0.00	159.29	15929.11
3	0.00	0.00	127.83	12783.40	96.26	9626.30	70.25	7025.40	0.00	0.00	129.27	12927.30
4	0.00	0.00	101.59	10159.20	100.23	10023.00	0.00	0.00	123.00	12300.30	106.35	10634.63
5	232.24	23223.90	101.01	10101.00	87.18	8718.30	0.00	0.00	135.80	13580.40	82.05	8205.18
6	156.52	15651.70	89.37	8936.70	76.60	7660.00	0.00	0.00	122.07	12206.80	0.00	0.00
7	108.93	10893.00	0.00	0.00	0.00	0.00	129.37	12936.50	110.42	11042.00	0.00	0.00
8	86.15	8614.90	0.00	0.00	0.00	0.00	102.23	10222.60	81.12	8112.40	148.54	14854.18
9	59.53	5952.60	150.04	15004.40	107.88	10787.90	102.87	10287.00	0.00	0.00	171.34	17133.64
10	0.00	0.00	94.75	9474.70	101.35	10135.20	86.75	8675.10	0.00	0.00	131.48	13148.19
11	0.00	0.00	91.14	9113.50	103.83	10383.30	0.00	0.00	105.07	10507.30	107.75	10774.55
12	171.30	17130.10	79.61	7961.10	89.19	8918.90	0.00	0.00	117.99	11798.80	92.48	9248.45
13	148.16	14816.30	85.69	8569.40	84.73	8473.00	74.11	7410.50	123.21	12321.30	0.00	0.00
14	107.93	10792.60	0.00	0.00	0.00	0.00	120.52	12051.60	107.55	10754.60	0.00	0.00
15	80.60	8059.90	0.00	0.00	0.00	0.00	100.49	10048.90	83.39	8338.90	122.79	12279.20
16	73.47	7346.60	131.66	13166.20	118.96	11895.90	90.11	9010.80	0.00	0.00	158.01	15800.52
17	0.00	0.00	96.31	9630.70	100.65	10064.90	80.80	8079.90	0.00	0.00	158.56	15855.84
18	0.00	0.00	111.49	11149.10	108.82	10882.00	0.00	0.00	102.62	10262.40	128.59	12858.65
19	139.45	13945.10	97.48	9748.10	81.00	8099.90	0.00	0.00	114.10	11410.40	98.44	9844.36
20	125.99	12598.80	86.13	8613.40	69.10	6910.30	107.50	10750.00	128.04	12803.60	0.00	0.00
21	125.04	12503.50	0.00	0.00	0.00	0.00	136.87	13687.10	110.64	11063.60	0.00	0.00
22	147.39	14739.10	0.00	0.00	0.00	0.00	119.30	11930.00	87.48	8747.80	131.78	13177.63
23	86.73	8673.00	99.11	9911.10	108.06	10806.40	100.51	10050.60	0.00	0.00	148.11	14811.45
24	0.00	0.00	89.57	8956.80	96.26	9626.10	100.44	10043.70	0.00	0.00	167.49	16749.08
25	0.00	0.00	91.48	9148.30	106.85	10684.60	0.00	0.00	115.11	11510.50	155.58	15557.99
26	0.00	0.00	75.68	7568.10	87.08	8707.70	0.00	0.00	144.54	14453.85	133.82	13381.92
27	0.00	0.00	87.41	8741.00	63.08	6307.50	101.71	10170.60	111.71	11171.22	0.00	0.00
28	0.00	0.00	0.00	0.00	0.00	0.00	144.71	14471.00	0.00	0.00	0.00	0.00
29	0.00	0.00	0.00	0.00	0.00	0.00	126.76	12675.70	0.00	0.00	138.04	13803.81
30	0.00	0.00	0.00	0.00	96.45	9645.40	84.33	8432.70	0.00	0.00	131.39	13138.54
31	0.00	0.00	0.00	0.00	82.27	8226.50	0.00	0.00	0.00	0.00	0.00	0.00

数据来源：上海、深圳证券交易所

Source：Shanghai、Shenzhen Stock Exchange

Daily Turnover and Volume of T-Bonds Repurchase Trading in 2009

成交额：亿元；成交量：万张

7月 Jul.		8月 Aug.		9月 Sep.		10月 Oct.		11月 Nov.		12月 Dec.	
成交额 Turnover	成交量 Volume	成交额 Turnover	成交量 Volume	成交额 Turnover	成交量 Volume	成交额 Turnover	成交量 Volume	成交额 Turnover	成交量 Volume	成交额 Turnover	成交量 Volume
162.46	16245.61	0.00	0.00	197.81	19780.65	0.00	0.00	0.00	0.00	169.50	16950.24
140.87	14087.13	0.00	0.00	197.11	19710.50	0.00	0.00	194.86	19486.04	143.81	14380.82
140.44	14044.42	305.84	30583.64	221.19	22118.98	0.00	0.00	197.87	19786.81	185.19	18519.03
0.00	0.00	168.74	16874.17	189.45	18945.23	0.00	0.00	139.90	13990.49	234.87	23486.94
0.00	0.00	161.37	16137.21	0.00	0.00	0.00	0.00	149.81	14980.94	0.00	0.00
126.49	12649.31	147.09	14708.59	0.00	0.00	0.00	0.00	172.46	17245.53	0.00	0.00
163.59	16359.31	155.16	15515.80	175.48	17547.99	0.00	0.00	0.00	0.00	150.65	15065.21
142.73	14272.55	0.00	0.00	259.15	25914.61	0.00	0.00	0.00	0.00	164.19	16418.50
123.59	12359.42	0.00	0.00	206.01	20601.01	280.96	28096.10	262.38	26238.06	108.41	10841.26
126.29	12629.34	192.28	19228.26	203.87	20387.04	0.00	0.00	203.97	20396.79	215.61	21561.04
0.00	0.00	167.52	16752.00	204.26	20425.56	0.00	0.00	157.07	15706.92	155.41	15541.22
0.00	0.00	150.39	15038.68	0.00	0.00	229.23	22922.79	129.21	12920.88	0.00	0.00
122.46	12245.57	159.68	15967.53	0.00	0.00	130.16	13015.75	213.59	21358.69	0.00	0.00
192.56	19256.24	166.13	16613.24	220.60	22060.39	147.06	14705.62	0.00	0.00	171.57	17156.52
153.46	15346.44	0.00	0.00	215.11	21511.41	151.51	15151.12	0.00	0.00	210.54	21054.31
151.05	15105.01	0.00	0.00	230.53	23053.38	209.34	20934.04	210.03	21002.63	149.18	14918.18
324.79	32478.50	156.74	15674.45	158.32	15831.96	0.00	0.00	205.85	20585.22	249.56	24955.78
0.00	0.00	162.41	16241.19	137.51	13751.29	0.00	0.00	130.99	13098.71	210.87	21086.84
0.00	0.00	152.33	15233.36	0.00	0.00	247.09	24708.88	146.86	14685.70	0.00	0.00
341.16	34115.67	162.23	16223.00	0.00	0.00	184.14	18414.11	114.36	11435.66	0.00	0.00
304.86	30485.96	134.67	13467.29	157.99	15798.96	143.18	14318.50	0.00	0.00	186.87	18686.81
181.92	18191.96	0.00	0.00	260.23	26023.24	158.84	15884.30	0.00	0.00	190.39	19038.57
164.33	16432.95	0.00	0.00	193.34	19334.44	145.76	14576.28	184.51	18450.61	179.04	17903.65
138.13	13812.82	142.52	14251.57	173.33	17333.36	0.00	0.00	152.92	15291.88	206.42	20642.13
0.00	0.00	144.27	14426.53	148.72	14871.75	0.00	0.00	119.36	11936.01	169.60	16959.91
0.00	0.00	135.95	13594.77	0.00	0.00	261.47	26147.00	186.27	18626.77	0.00	0.00
182.63	18263.23	147.59	14759.37	0.00	0.00	176.92	17691.80	143.74	14374.14	0.00	0.00
162.27	16226.88	227.16	22715.58	110.30	11030.07	151.21	15121.14	0.00	0.00	179.10	17909.69
201.20	20120.18	0.00	0.00	126.93	12693.21	138.84	13883.95	0.00	0.00	168.48	16847.64
279.01	27901.27	0.00	0.00	163.80	16379.51	136.72	13672.02	225.37	22537.28	204.20	20420.12
290.05	29005.43	154.35	15435.12	0.00	0.00	0.00	0.00	0.00	0.00	226.80	22680.13

3-16 2009年上海国债回购每日成交额、成交量

日期 Date	1月 Jan.		2月 Feb.		3月 Mar.		4月 Apr.		5月 May.		6月 Jun.	
	成交额 Turnover	成交量 Volume	成交额 Turnover	成交量 Volume	成交额 Turnover	成交量 Volume	成交额 Turnover	成交量 Volume	成交额 Turnover	成交量 Volume	成交额 Turnover	成交量 Volume
1	0.00	0.00	0.00	0.00	0.00	0.00	108.54	10854.10	0.00	0.00	154.14	15413.96
2	0.00	0.00	213.01	21300.80	113.23	11322.90	107.28	10728.40	0.00	0.00	159.29	15929.11
3	0.00	0.00	127.83	12783.40	96.26	9626.30	70.25	7025.40	0.00	0.00	129.27	12927.30
4	0.00	0.00	101.59	10159.20	100.23	10023.00	0.00	0.00	123.00	12300.30	106.35	10634.63
5	232.24	23223.90	101.01	10101.00	87.18	8718.30	0.00	0.00	135.80	13580.40	82.05	8205.18
6	156.52	15651.70	89.37	8936.70	76.60	7660.00	0.00	0.00	122.07	12206.80	0.00	0.00
7	108.93	10893.00	0.00	0.00	0.00	0.00	129.37	12936.50	110.42	11042.00	0.00	0.00
8	86.15	8614.90	0.00	0.00	0.00	0.00	102.23	10222.60	81.12	8112.40	148.54	14854.18
9	59.53	5952.60	150.04	15004.40	107.88	10787.90	102.87	10287.00	0.00	0.00	171.34	17133.64
10	0.00	0.00	94.75	9474.70	101.35	10135.20	86.75	8675.10	0.00	0.00	131.48	13148.19
11	0.00	0.00	91.14	9113.50	103.83	10383.30	0.00	0.00	105.07	10507.30	107.75	10774.55
12	171.30	17130.10	79.61	7961.10	89.19	8918.90	0.00	0.00	117.99	11798.80	92.48	9248.45
13	148.16	14816.30	85.69	8569.40	84.73	8473.00	74.11	7410.50	123.21	12321.30	0.00	0.00
14	107.93	10792.60	0.00	0.00	0.00	0.00	120.52	12051.60	107.55	10754.60	0.00	0.00
15	80.60	8059.90	0.00	0.00	0.00	0.00	100.49	10048.90	83.39	8338.90	122.79	12279.20
16	73.47	7346.60	131.66	13166.20	118.96	11895.90	90.11	9010.80	0.00	0.00	158.01	15800.52
17	0.00	0.00	96.31	9630.70	100.65	10064.90	80.80	8079.90	0.00	0.00	158.56	15855.84
18	0.00	0.00	111.49	11149.10	108.82	10882.00	0.00	0.00	102.62	10262.40	128.59	12858.65
19	139.45	13945.10	97.48	9748.10	81.00	8099.90	0.00	0.00	114.10	11410.40	98.44	9844.36
20	125.99	12598.80	86.13	8613.40	69.10	6910.30	107.50	10750.00	128.04	12803.60	0.00	0.00
21	125.04	12503.50	0.00	0.00	0.00	0.00	136.87	13687.10	110.64	11063.60	0.00	0.00
22	147.39	14739.10	0.00	0.00	0.00	0.00	119.30	11930.00	87.48	8747.80	131.78	13177.63
23	86.73	8673.00	99.11	9911.10	108.06	10806.40	100.51	10050.60	0.00	0.00	148.11	14811.45
24	0.00	0.00	89.57	8956.80	96.26	9626.10	100.44	10043.70	0.00	0.00	167.49	16749.08
25	0.00	0.00	91.48	9148.30	106.85	10684.60	0.00	0.00	115.11	11510.50	155.58	15557.99
26	0.00	0.00	75.68	7568.10	87.08	8707.70	0.00	0.00	144.54	14453.85	133.82	13381.92
27	0.00	0.00	87.41	8741.00	63.08	6307.50	101.71	10170.60	111.71	11171.22	0.00	0.00
28	0.00	0.00	0.00	0.00	0.00	0.00	144.71	14471.00	0.00	0.00	0.00	0.00
29	0.00	0.00	0.00	0.00	0.00	0.00	126.76	12675.70	0.00	0.00	138.04	13803.81
30	0.00	0.00	0.00	0.00	96.45	9645.40	84.33	8432.70	0.00	0.00	131.39	13138.54
31	0.00	0.00	0.00	0.00	82.27	8226.50	0.00	0.00	0.00	0.00	0.00	0.00

数据来源：上海证券交易所
Source: Shanghai Stock Exchange

Daily Turnover and Volume of T-Bonds Repurchase in Shanghai (2009)

成交额：亿元；成交量：万张

7月 Jul.		8月 Aug.		9月 Sep.		10月 Oct.		11月 Nov.		12月 Dec.	
成交额 Turnover	成交量 Volume	成交额 Turnover	成交量 Volume	成交额 Turnover	成交量 Volume	成交额 Turnover	成交量 Volume	成交额 Turnover	成交量 Volume	成交额 Turnover	成交量 Volume
162.46	16245.61	0.00	0.00	197.81	19780.65	0.00	0.00	0.00	0.00	169.50	16950.24
140.87	14087.13	0.00	0.00	197.11	19710.50	0.00	0.00	194.86	19486.04	143.81	14380.82
140.44	14044.42	305.84	30583.64	221.19	22118.98	0.00	0.00	197.87	19786.81	185.19	18519.03
0.00	0.00	168.74	16874.17	189.45	18945.23	0.00	0.00	139.90	13990.49	234.87	23486.94
0.00	0.00	161.37	16137.21	0.00	0.00	0.00	0.00	149.81	14980.94	0.00	0.00
126.49	12649.31	147.09	14708.59	0.00	0.00	0.00	0.00	172.46	17245.53	0.00	0.00
163.59	16359.31	155.16	15515.80	175.48	17547.99	0.00	0.00	0.00	0.00	150.65	15065.21
142.73	14272.55	0.00	0.00	259.15	25914.61	0.00	0.00	0.00	0.00	164.19	16418.50
123.59	12359.42	0.00	0.00	206.01	20601.01	280.96	28096.10	262.38	26238.06	108.41	10841.26
126.29	12629.34	192.28	19228.26	203.87	20387.04	0.00	0.00	203.97	20396.79	215.61	21561.04
0.00	0.00	167.52	16752.00	204.26	20425.56	0.00	0.00	157.07	15706.92	155.41	15541.22
0.00	0.00	150.39	15038.68	0.00	0.00	229.23	22922.79	129.21	12920.88	0.00	0.00
122.46	12245.57	159.68	15967.53	0.00	0.00	130.16	13015.75	213.59	21358.69	0.00	0.00
192.56	19256.24	166.13	16613.24	220.60	22060.39	147.06	14705.62	0.00	0.00	171.57	17156.52
153.46	15346.44	0.00	0.00	215.11	21511.41	151.51	15151.12	0.00	0.00	210.54	21054.31
151.05	15105.01	0.00	0.00	230.53	23053.38	209.34	20934.04	210.03	21002.63	149.18	14918.18
324.79	32478.50	156.74	15674.45	158.32	15831.96	0.00	0.00	205.85	20585.22	249.56	24955.78
0.00	0.00	162.41	16241.19	137.51	13751.29	0.00	0.00	130.99	13098.71	210.87	21086.84
0.00	0.00	152.33	15233.36	0.00	0.00	247.09	24708.88	146.86	14685.70	0.00	0.00
341.16	34115.67	162.23	16223.00	0.00	0.00	184.14	18414.11	114.36	11435.66	0.00	0.00
304.86	30485.96	134.67	13467.29	157.99	15798.96	143.18	14318.50	0.00	0.00	186.87	18686.81
181.92	18191.96	0.00	0.00	260.23	26023.24	158.84	15884.30	0.00	0.00	190.39	19038.57
164.33	16432.95	0.00	0.00	193.34	19334.44	145.76	14576.28	184.51	18450.61	179.04	17903.65
138.13	13812.82	142.52	14251.57	173.33	17333.36	0.00	0.00	152.92	15291.88	206.42	20642.13
0.00	0.00	144.27	14426.53	148.72	14871.75	0.00	0.00	119.36	11936.01	169.60	16959.91
0.00	0.00	135.95	13594.77	0.00	0.00	261.47	26147.00	186.27	18626.77	0.00	0.00
182.63	18263.23	147.59	14759.37	0.00	0.00	176.92	17691.80	143.74	14374.14	0.00	0.00
162.27	16226.88	227.16	22715.58	110.30	11030.07	151.21	15121.14	0.00	0.00	179.10	17909.69
201.20	20120.18	0.00	0.00	126.93	12693.21	138.84	13883.95	0.00	0.00	168.48	16847.64
279.01	27901.27	0.00	0.00	163.80	16379.51	136.72	13672.02	225.37	22537.28	204.20	20420.12
290.05	29005.43	154.35	15435.12	0.00	0.00	0.00	0.00	0.00	0.00	226.80	22680.13

3－17 2009年深圳国债回购每日成交额、成交量

日期 Date	1月 Jan.		2月 Feb.		3月 Mar.		4月 Apr.		5月 May.		6月 Jun.	
	成交额 Turnover	成交量 Volume	成交额 Turnover	成交量 Volume	成交额 Turnover	成交量 Volume	成交额 Turnover	成交量 Volume	成交额 Turnover	成交量 Volume	成交额 Turnover	成交量 Volume
1	0.00	0.00	0.00	0.00	0.00	0.00	0.00	0.00	0.00	0.00	0.00	0.00
2	0.00	0.00	0.00	0.00	0.00	0.00	0.00	0.00	0.00	0.00	0.00	0.00
3	0.00	0.00	0.00	0.00	0.00	0.00	0.00	0.00	0.00	0.00	0.00	0.00
4	0.00	0.00	0.00	0.00	0.00	0.00	0.00	0.00	0.00	0.00	0.00	0.00
5	0.00	0.00	0.00	0.00	0.00	0.00	0.00	0.00	0.00	0.00	0.00	0.00
6	0.00	0.00	0.00	0.00	0.00	0.00	0.00	0.00	0.00	0.00	0.00	0.00
7	0.00	0.00	0.00	0.00	0.00	0.00	0.00	0.00	0.00	0.00	0.00	0.00
8	0.00	0.00	0.00	0.00	0.00	0.00	0.00	0.00	0.00	0.00	0.00	0.00
9	0.00	0.00	0.00	0.00	0.00	0.00	0.00	0.00	0.00	0.00	0.00	0.00
10	0.00	0.00	0.00	0.00	0.00	0.00	0.00	0.00	0.00	0.00	0.00	0.00
11	0.00	0.00	0.00	0.00	0.00	0.00	0.00	0.00	0.00	0.00	0.00	0.00
12	0.00	0.00	0.00	0.00	0.00	0.00	0.00	0.00	0.00	0.00	0.00	0.00
13	0.00	0.00	0.00	0.00	0.00	0.00	0.00	0.00	0.00	0.00	0.00	0.00
14	0.00	0.00	0.00	0.00	0.00	0.00	0.00	0.00	0.00	0.00	0.00	0.00
15	0.00	0.00	0.00	0.00	0.00	0.00	0.00	0.00	0.00	0.00	0.00	0.00
16	0.00	0.00	0.00	0.00	0.00	0.00	0.00	0.00	0.00	0.00	0.00	0.00
17	0.00	0.00	0.00	0.00	0.00	0.00	0.00	0.00	0.00	0.00	0.00	0.00
18	0.00	0.00	0.00	0.00	0.00	0.00	0.00	0.00	0.00	0.00	0.00	0.00
19	0.00	0.00	0.00	0.00	0.00	0.00	0.00	0.00	0.00	0.00	0.00	0.00
20	0.00	0.00	0.00	0.00	0.00	0.00	0.00	0.00	0.00	0.00	0.00	0.00
21	0.00	0.00	0.00	0.00	0.00	0.00	0.00	0.00	0.00	0.00	0.00	0.00
22	0.00	0.00	0.00	0.00	0.00	0.00	0.00	0.00	0.00	0.00	0.00	0.00
23	0.00	0.00	0.00	0.00	0.00	0.00	0.00	0.00	0.00	0.00	0.00	0.00
24	0.00	0.00	0.00	0.00	0.00	0.00	0.00	0.00	0.00	0.00	0.00	0.00
25	0.00	0.00	0.00	0.00	0.00	0.00	0.00	0.00	0.00	0.00	0.00	0.00
26	0.00	0.00	0.00	0.00	0.00	0.00	0.00	0.00	0.00	0.00	0.00	0.00
27	0.00	0.00	0.00	0.00	0.00	0.00	0.00	0.00	0.00	0.00	0.00	0.00
28	0.00	0.00	0.00	0.00	0.00	0.00	0.00	0.00	0.00	0.00	0.00	0.00
29	0.00	0.00	0.00	0.00	0.00	0.00	0.00	0.00	0.00	0.00	0.00	0.00
30	0.00	0.00	0.00	0.00	0.00	0.00	0.00	0.00	0.00	0.00	0.00	0.00
31	0.00	0.00	0.00	0.00	0.00	0.00	0.00	0.00	0.00	0.00	0.00	0.00

注：本年深圳交易所国债回购没有交易。
数据来源：深圳证券交易所
Source: Shenzhen Stock Exchange

Daily Turnover and Volume of T-Bonds Repurchase in Shenzhen (2009)

成交额：亿元；成交量：万张

7月 Jul.		8月 Aug.		9月 Sep.		10月 Oct.		11月 Nov.		12月 Dec.	
成交额 Turnover	成交量 Volume	成交额 Turnover	成交量 Volume	成交额 Turnover	成交量 Volume	成交额 Turnover	成交量 Volume	成交额 Turnover	成交量 Volume	成交额 Turnover	成交量 Volume
0.00	0.00	0.00	0.00	0.00	0.00	0.00	0.00	0.00	0.00	0.00	0.00
0.00	0.00	0.00	0.00	0.00	0.00	0.00	0.00	0.00	0.00	0.00	0.00
0.00	0.00	0.00	0.00	0.00	0.00	0.00	0.00	0.00	0.00	0.00	0.00
0.00	0.00	0.00	0.00	0.00	0.00	0.00	0.00	0.00	0.00	0.00	0.00
0.00	0.00	0.00	0.00	0.00	0.00	0.00	0.00	0.00	0.00	0.00	0.00
0.00	0.00	0.00	0.00	0.00	0.00	0.00	0.00	0.00	0.00	0.00	0.00
0.00	0.00	0.00	0.00	0.00	0.00	0.00	0.00	0.00	0.00	0.00	0.00
0.00	0.00	0.00	0.00	0.00	0.00	0.00	0.00	0.00	0.00	0.00	0.00
0.00	0.00	0.00	0.00	0.00	0.00	0.00	0.00	0.00	0.00	0.00	0.00
0.00	0.00	0.00	0.00	0.00	0.00	0.00	0.00	0.00	0.00	0.00	0.00
0.00	0.00	0.00	0.00	0.00	0.00	0.00	0.00	0.00	0.00	0.00	0.00
0.00	0.00	0.00	0.00	0.00	0.00	0.00	0.00	0.00	0.00	0.00	0.00
0.00	0.00	0.00	0.00	0.00	0.00	0.00	0.00	0.00	0.00	0.00	0.00
0.00	0.00	0.00	0.00	0.00	0.00	0.00	0.00	0.00	0.00	0.00	0.00
0.00	0.00	0.00	0.00	0.00	0.00	0.00	0.00	0.00	0.00	0.00	0.00
0.00	0.00	0.00	0.00	0.00	0.00	0.00	0.00	0.00	0.00	0.00	0.00
0.00	0.00	0.00	0.00	0.00	0.00	0.00	0.00	0.00	0.00	0.00	0.00
0.00	0.00	0.00	0.00	0.00	0.00	0.00	0.00	0.00	0.00	0.00	0.00
0.00	0.00	0.00	0.00	0.00	0.00	0.00	0.00	0.00	0.00	0.00	0.00
0.00	0.00	0.00	0.00	0.00	0.00	0.00	0.00	0.00	0.00	0.00	0.00
0.00	0.00	0.00	0.00	0.00	0.00	0.00	0.00	0.00	0.00	0.00	0.00
0.00	0.00	0.00	0.00	0.00	0.00	0.00	0.00	0.00	0.00	0.00	0.00
0.00	0.00	0.00	0.00	0.00	0.00	0.00	0.00	0.00	0.00	0.00	0.00
0.00	0.00	0.00	0.00	0.00	0.00	0.00	0.00	0.00	0.00	0.00	0.00
0.00	0.00	0.00	0.00	0.00	0.00	0.00	0.00	0.00	0.00	0.00	0.00
0.00	0.00	0.00	0.00	0.00	0.00	0.00	0.00	0.00	0.00	0.00	0.00
0.00	0.00	0.00	0.00	0.00	0.00	0.00	0.00	0.00	0.00	0.00	0.00
0.00	0.00	0.00	0.00	0.00	0.00	0.00	0.00	0.00	0.00	0.00	0.00
0.00	0.00	0.00	0.00	0.00	0.00	0.00	0.00	0.00	0.00	0.00	0.00
0.00	0.00	0.00	0.00	0.00	0.00	0.00	0.00	0.00	0.00	0.00	0.00
0.00	0.00	0.00	0.00	0.00	0.00	0.00	0.00	0.00	0.00	0.00	0.00

3-18 2009年全国企业债现货每日成交额、成交量

日期 Date	1月 Jan.		2月 Feb.		3月 Mar.		4月 Apr.		5月 May.		6月 Jun.	
	成交额 Turnover	成交量 Volume	成交额 Turnover	成交量 Volume	成交额 Turnover	成交量 Volume	成交额 Turnover	成交量 Volume	成交额 Turnover	成交量 Volume	成交额 Turnover	成交量 Volume
1	0.00	0.00	0.00	0.00	0.00	0.00	5.13	538.39	0.00	0.00	5.68	597.63
2	0.00	0.00	3.17	360.41	4.13	450.89	6.90	712.14	0.00	0.00	4.75	497.62
3	0.00	0.00	7.01	790.00	3.37	366.58	8.15	870.73	0.00	0.00	10.44	1107.89
4	0.00	0.00	12.11	1370.90	5.10	559.31	0.00	0.00	4.77	494.71	6.32	658.86
5	4.26	475.14	8.44	956.93	6.48	702.07	0.00	0.00	6.06	639.01	5.93	608.50
6	4.77	516.93	6.50	717.42	5.48	576.47	0.00	0.00	4.90	530.37	0.00	0.00
7	4.01	430.03	0.00	0.00	0.00	0.00	7.31	772.48	5.18	567.06	0.00	0.00
8	6.22	676.62	0.00	0.00	0.00	0.00	5.52	595.20	6.01	661.17	8.29	883.85
9	6.16	684.10	6.07	680.92	7.31	733.58	9.08	956.20	0.00	0.00	8.32	885.20
10	0.00	0.00	4.09	458.37	6.03	606.98	8.63	951.97	0.00	0.00	5.97	613.32
11	0.00	0.00	5.25	585.40	8.54	839.88	0.00	0.00	7.52	822.33	4.87	540.08
12	6.29	668.54	5.23	591.18	7.17	752.53	0.00	0.00	6.71	729.65	5.66	586.86
13	6.56	726.42	4.87	560.19	5.90	617.56	6.94	725.18	5.76	635.68	0.00	0.00
14	8.07	914.03	0.00	0.00	0.00	0.00	4.65	500.67	6.50	707.32	0.00	0.00
15	7.25	839.67	0.00	0.00	0.00	0.00	4.16	436.84	5.62	597.37	6.82	723.05
16	10.76	1190.81	8.70	937.77	6.65	687.83	3.97	414.53	0.00	0.00	5.66	602.54
17	0.00	0.00	6.90	761.62	8.81	958.62	5.19	547.81	0.00	0.00	8.28	832.28
18	0.00	0.00	9.00	970.26	7.91	839.09	0.00	0.00	6.75	741.80	4.28	439.71
19	5.63	648.32	6.10	661.95	5.52	596.27	0.00	0.00	6.28	692.22	5.47	543.63
20	6.80	770.55	8.22	919.32	5.13	530.43	4.31	447.78	7.93	823.93	0.00	0.00
21	6.93	781.54	0.00	0.00	0.00	0.00	3.12	325.39	11.30	1188.06	0.00	0.00
22	6.66	769.98	0.00	0.00	0.00	0.00	5.04	536.67	6.98	738.79	7.88	808.05
23	5.33	574.18	6.38	726.33	9.10	970.82	4.66	496.54	0.00	0.00	10.51	1160.37
24	0.00	0.00	8.65	996.52	8.37	899.38	4.41	433.40	0.00	0.00	17.06	1688.58
25	0.00	0.00	6.84	732.49	7.78	786.20	0.00	0.00	9.68	1001.45	6.36	696.24
26	0.00	0.00	7.22	766.48	7.57	777.83	0.00	0.00	7.97	829.90	4.70	498.12
27	0.00	0.00	9.07	1047.10	9.51	961.35	4.98	531.32	6.94	714.18	0.00	0.00
28	0.00	0.00	0.00	0.00	0.00	0.00	4.45	444.83	0.00	0.00	0.00	0.00
29	0.00	0.00	0.00	0.00	0.00	0.00	4.95	531.32	0.00	0.00	6.23	641.53
30	0.00	0.00	0.00	0.00	7.31	737.86	5.60	601.53	0.00	0.00	4.68	477.96
31	0.00	0.00	0.00	0.00	5.90	618.03	0.00	0.00	0.00	0.00	0.00	0.00

数据来源：上海、深圳证券交易所

Source：Shanghai、Shenzhen Stock Exchange

Daily Turnover and Volume of Enterprise Bonds Spot in 2009

成交额：亿元；成交量：万张

7月 Jul.		8月 Aug.		9月 Sep.		10月 Oct.		11月 Nov.		12月 Dec.	
成交额 Turnover	成交量 Volume	成交额 Turnover	成交量 Volume	成交额 Turnover	成交量 Volume	成交额 Turnover	成交量 Volume	成交额 Turnover	成交量 Volume	成交额 Turnover	成交量 Volume
5.82	613.76	0.00	0.00	1.85	200.33	0.00	0.00	0.00	0.00	13.59	1746.95
9.61	972.92	0.00	0.00	3.35	372.76	0.00	0.00	4.34	465.52	4.67	501.92
7.50	748.83	4.79	531.48	2.54	300.11	0.00	0.00	9.18	947.84	12.47	1262.76
0.00	0.00	7.18	809.18	5.68	595.84	0.00	0.00	3.70	388.87	7.16	740.04
0.00	0.00	4.72	506.56	0.00	0.00	0.00	0.00	4.34	446.00	0.00	0.00
5.55	576.14	6.71	699.40	0.00	0.00	0.00	0.00	13.38	1368.62	0.00	0.00
4.33	447.03	8.90	905.05	6.44	706.07	0.00	0.00	0.00	0.00	4.85	525.23
5.63	550.31	0.00	0.00	3.44	382.68	0.00	0.00	0.00	0.00	7.18	734.64
5.37	545.17	0.00	0.00	4.16	476.19	3.67	396.25	12.66	1268.98	6.35	659.30
3.30	342.68	3.59	386.49	2.86	332.98	0.00	0.00	6.10	636.14	10.23	1041.07
0.00	0.00	4.03	422.50	8.40	901.61	0.00	0.00	8.96	921.53	6.42	664.93
0.00	0.00	4.46	482.74	0.00	0.00	12.43	1268.27	22.59	2318.32	0.00	0.00
6.53	659.94	4.00	450.20	0.00	0.00	3.56	378.86	12.51	1285.56	0.00	0.00
5.16	539.83	3.15	356.34	3.40	375.05	4.33	458.80	0.00	0.00	9.29	936.81
7.36	764.51	0.00	0.00	4.59	574.76	6.42	697.63	0.00	0.00	4.37	481.35
6.23	606.82	0.00	0.00	1.89	211.98	4.60	446.35	11.87	1225.81	5.06	522.12
4.40	469.26	6.47	671.47	20.14	2276.01	0.00	0.00	4.96	540.81	2.85	306.67
0.00	0.00	2.91	301.08	20.50	2329.75	0.00	0.00	4.39	464.06	17.11	1765.93
0.00	0.00	12.96	1690.27	0.00	0.00	3.47	366.02	5.94	615.60	0.00	0.00
8.78	876.51	6.77	856.33	0.00	0.00	3.69	428.84	4.46	489.49	0.00	0.00
9.18	1017.51	6.32	727.33	6.73	748.99	3.41	363.31	0.00	0.00	8.38	852.93
4.03	432.36	0.00	0.00	7.36	815.53	3.24	351.88	0.00	0.00	5.23	540.14
5.25	584.75	0.00	0.00	8.76	887.23	8.40	903.45	5.80	630.23	15.45	1600.76
4.89	521.93	4.27	504.34	6.17	662.73	0.00	0.00	7.00	753.59	7.48	777.40
0.00	0.00	6.53	722.66	6.29	716.78	0.00	0.00	9.00	981.36	14.11	1430.11
0.00	0.00	4.54	500.92	0.00	0.00	6.67	753.19	10.37	1111.06	0.00	0.00
5.82	617.62	2.99	327.73	0.00	0.00	9.82	1064.64	3.75	401.47	0.00	0.00
12.27	1299.11	3.78	404.83	6.88	727.75	6.69	734.01	0.00	0.00	7.21	763.55
16.10	1738.06	0.00	0.00	15.09	1625.45	3.09	330.76	0.00	0.00	16.98	1792.34
17.49	1826.90	0.00	0.00	7.58	779.80	3.37	383.32	4.29	464.22	15.21	1563.86
7.76	811.74	4.39	490.78	0.00	0.00	0.00	0.00	0.00	0.00	4.53	482.32

3－19　2009年上海企业债现货每日成交额、成交量

日期 Date	1月 Jan.		2月 Feb.		3月 Mar.		4月 Apr.		5月 May.		6月 Jun.	
	成交额 Turnover	成交量 Volume	成交额 Turnover	成交量 Volume	成交额 Turnover	成交量 Volume	成交额 Turnover	成交量 Volume	成交额 Turnover	成交量 Volume	成交额 Turnover	成交量 Volume
1	0.00	0.00	0.00	0.00	0.00	0.00	3.86	419.83	0.00	0.00	4.61	498.99
2	0.00	0.00	2.87	332.11	3.46	388.52	4.62	497.85	0.00	0.00	3.76	406.84
3	0.00	0.00	6.43	733.62	2.88	321.03	5.26	597.05	0.00	0.00	9.55	1026.15
4	0.00	0.00	11.19	1282.08	4.51	503.51	0.00	0.00	2.92	320.02	5.60	592.16
5	3.91	442.15	7.94	910.01	5.77	635.71	0.00	0.00	5.11	550.42	4.59	481.54
6	4.31	473.35	6.15	683.89	4.83	515.40	0.00	0.00	4.05	449.84	0.00	0.00
7	3.44	376.27	0.00	0.00	0.00	0.00	6.33	681.71	4.40	494.02	0.00	0.00
8	5.51	610.46	0.00	0.00	0.00	0.00	4.22	472.02	5.10	575.97	6.91	756.53
9	5.76	646.75	5.69	644.99	5.86	595.20	7.09	769.47	0.00	0.00	7.06	769.10
10	0.00	0.00	3.62	413.09	4.68	479.64	6.96	794.57	0.00	0.00	5.09	531.82
11	0.00	0.00	4.62	526.38	7.73	762.98	0.00	0.00	6.64	740.64	4.15	473.87
12	4.98	544.06	4.73	544.03	5.41	586.69	0.00	0.00	5.65	630.48	4.55	483.86
13	6.04	678.19	4.41	516.85	4.96	530.31	6.11	647.00	5.14	578.25	0.00	0.00
14	7.33	843.49	0.00	0.00	0.00	0.00	3.44	387.65	5.37	600.54	0.00	0.00
15	6.96	812.66	0.00	0.00	0.00	0.00	3.13	340.00	4.12	460.36	5.79	627.14
16	10.16	1133.71	5.27	606.44	5.33	565.74	3.33	354.03	0.00	0.00	4.68	511.45
17	0.00	0.00	5.31	609.38	7.03	794.08	4.32	466.57	0.00	0.00	7.65	773.65
18	0.00	0.00	7.73	848.08	6.79	736.66	0.00	0.00	5.41	618.58	3.61	376.83
19	5.34	620.69	4.76	534.19	4.76	525.98	0.00	0.00	5.08	580.09	4.88	488.51
20	6.17	710.24	6.82	786.89	3.87	415.02	2.38	263.58	6.06	652.40	0.00	0.00
21	5.96	687.00	0.00	0.00	0.00	0.00	1.93	212.67	6.98	785.27	0.00	0.00
22	6.02	708.92	0.00	0.00	0.00	0.00	3.55	395.80	5.10	565.22	7.18	741.62
23	4.79	522.83	5.17	611.80	8.28	895.59	3.26	364.95	0.00	0.00	8.59	972.90
24	0.00	0.00	7.40	878.59	7.49	818.35	3.07	307.35	0.00	0.00	15.44	1534.60
25	0.00	0.00	5.42	599.14	2.99	339.40	0.00	0.00	7.87	835.03	5.19	583.67
26	0.00	0.00	6.51	700.32	4.97	535.66	0.00	0.00	6.72	714.86	3.86	416.92
27	0.00	0.00	8.15	960.84	4.83	534.01	3.71	411.92	6.08	635.61	0.00	0.00
28	0.00	0.00	0.00	0.00	0.00	0.00	2.93	301.04	0.00	0.00	0.00	0.00
29	0.00	0.00	0.00	0.00	0.00	0.00	3.48	391.76	0.00	0.00	5.15	537.99
30	0.00	0.00	0.00	0.00	5.62	576.77	4.76	522.64	0.00	0.00	3.92	405.70
31	0.00	0.00	0.00	0.00	4.25	461.91	0.00	0.00	0.00	0.00	0.00	0.00

数据来源：上海证券交易所
Source：Shanghai Stock Exchange

Daily Turnover and Volume of Enterprise Bonds Spot in Shanghai (2009)

成交额：亿元；成交量：万张

7月 Jul.		8月 Aug.		9月 Sep.		10月 Oct.		11月 Nov.		12月 Dec.	
成交额 Turnover	成交量 Volume	成交额 Turnover	成交量 Volume	成交额 Turnover	成交量 Volume	成交额 Turnover	成交量 Volume	成交额 Turnover	成交量 Volume	成交额 Turnover	成交量 Volume
4.60	497.61	0.00	0.00	1.53	169.03	0.00	0.00	0.00	0.00	12.41	1630.26
8.24	843.62	0.00	0.00	2.72	310.59	0.00	0.00	3.59	390.42	4.13	447.99
5.58	566.69	3.35	390.71	2.06	253.09	0.00	0.00	8.58	887.92	11.86	1202.42
0.00	0.00	5.67	660.65	5.29	557.64	0.00	0.00	2.89	307.52	6.60	684.36
0.00	0.00	3.50	386.26	0.00	0.00	0.00	0.00	3.90	402.56	0.00	0.00
4.26	453.01	3.99	433.15	0.00	0.00	0.00	0.00	9.79	1008.01	0.00	0.00
3.69	386.18	6.95	716.49	3.26	393.30	0.00	0.00	0.00	0.00	4.08	447.95
4.69	460.42	0.00	0.00	2.91	330.87	0.00	0.00	0.00	0.00	6.50	666.03
4.11	423.16	0.00	0.00	3.52	413.46	2.98	327.81	11.82	1186.67	5.80	604.51
2.24	241.65	2.67	297.24	2.59	306.63	0.00	0.00	5.24	551.48	9.56	975.12
0.00	0.00	2.74	295.45	5.55	621.07	0.00	0.00	8.10	835.93	5.82	604.64
0.00	0.00	3.73	412.34	0.00	0.00	11.66	1190.94	18.77	1934.92	0.00	0.00
5.03	515.92	3.41	392.88	0.00	0.00	3.11	333.98	11.08	1143.52	0.00	0.00
3.93	421.23	2.65	307.52	2.44	281.15	3.86	410.69	0.00	0.00	8.66	873.27
5.67	601.50	0.00	0.00	3.90	507.90	5.62	617.57	0.00	0.00	3.65	408.77
5.54	540.65	0.00	0.00	1.43	167.16	3.90	376.38	11.13	1152.80	2.87	302.36
3.81	412.84	4.89	518.76	19.75	2238.07	0.00	0.00	4.53	497.87	2.01	222.67
0.00	0.00	1.37	153.53	19.91	2272.55	0.00	0.00	3.66	391.46	15.02	1556.05
0.00	0.00	12.24	1620.52	0.00	0.00	2.90	308.62	5.08	530.33	0.00	0.00
7.82	784.72	5.88	770.15	0.00	0.00	3.17	376.90	3.85	428.65	0.00	0.00
8.15	918.75	4.45	545.64	5.99	676.20	2.98	319.06	0.00	0.00	6.52	665.68
3.31	363.66	0.00	0.00	6.77	756.62	2.72	300.30	0.00	0.00	4.69	486.30
4.44	507.05	0.00	0.00	8.24	835.64	6.43	703.58	4.50	501.50	13.23	1382.08
3.67	403.54	3.54	433.07	5.43	588.09	0.00	0.00	6.14	668.88	6.59	688.34
0.00	0.00	5.38	612.04	5.56	644.37	0.00	0.00	7.94	875.26	11.86	1204.93
0.00	0.00	3.85	434.45	0.00	0.00	6.18	702.59	9.55	1029.97	0.00	0.00
4.54	494.13	2.26	257.30	0.00	0.00	8.30	911.29	2.70	297.78	0.00	0.00
10.12	1091.66	3.39	366.57	5.12	554.10	6.12	675.74	0.00	0.00	5.60	602.89
14.31	1563.71	0.00	0.00	13.58	1476.39	2.57	278.68	0.00	0.00	13.20	1409.77
16.39	1719.54	0.00	0.00	6.18	640.52	2.73	318.50	3.12	347.85	13.99	1441.84
5.63	604.43	3.68	422.32	0.00	0.00	0.00	0.00	0.00	0.00	3.89	418.48

3-20 2009年深圳企业债现货每日成交额、成交量

日期 Date	1月 Jan.		2月 Feb.		3月 Mar.		4月 Apr.		5月 May.		6月 Jun.	
	成交额 Turnover	成交量 Volume	成交额 Turnover	成交量 Volume	成交额 Turnover	成交量 Volume	成交额 Turnover	成交量 Volume	成交额 Turnover	成交量 Volume	成交额 Turnover	成交量 Volume
1	0.00	0.00	0.00	0.00	0.00	0.00	1.27	118.56	0.00	0.00	1.07	98.64
2	0.00	0.00	0.30	28.30	0.67	62.37	2.28	214.29	0.00	0.00	0.99	90.78
3	0.00	0.00	0.58	56.38	0.49	45.55	2.89	273.68	0.00	0.00	0.89	81.74
4	0.00	0.00	0.92	88.82	0.59	55.80	0.00	0.00	1.85	174.69	0.72	66.70
5	0.35	32.99	0.50	46.92	0.71	66.36	0.00	0.00	0.95	88.59	1.34	126.96
6	0.46	43.58	0.35	33.53	0.65	61.07	0.00	0.00	0.85	80.53	0.00	0.00
7	0.57	53.76	0.00	0.00	0.00	0.00	0.98	90.77	0.78	73.04	0.00	0.00
8	0.71	66.16	0.00	0.00	0.00	0.00	1.30	123.18	0.91	85.20	1.38	127.32
9	0.40	37.35	0.38	35.93	1.45	138.38	1.99	186.73	0.00	0.00	1.26	116.10
10	0.00	0.00	0.47	45.28	1.35	127.34	1.67	157.40	0.00	0.00	0.88	81.50
11	0.00	0.00	0.63	59.02	0.81	76.90	0.00	0.00	0.88	81.69	0.72	66.21
12	1.31	124.48	0.50	47.15	1.76	165.84	0.00	0.00	1.06	99.17	1.11	103.00
13	0.52	48.23	0.46	43.34	0.94	87.25	0.83	78.18	0.62	57.43	0.00	0.00
14	0.74	70.54	0.00	0.00	0.00	0.00	1.21	113.02	1.13	106.78	0.00	0.00
15	0.29	27.01	0.00	0.00	0.00	0.00	1.03	96.84	1.50	137.01	1.03	95.91
16	0.60	57.10	3.43	331.33	1.32	122.09	0.64	60.50	0.00	0.00	0.98	91.09
17	0.00	0.00	1.59	152.24	1.78	164.54	0.87	81.24	0.00	0.00	0.63	58.63
18	0.00	0.00	1.27	122.18	1.12	102.43	0.00	0.00	1.34	123.22	0.67	62.88
19	0.29	27.63	1.34	127.76	0.76	70.29	0.00	0.00	1.20	112.13	0.59	55.12
20	0.63	60.31	1.40	132.43	1.26	115.41	1.93	184.20	1.87	171.53	0.00	0.00
21	0.97	94.54	0.00	0.00	0.00	0.00	1.19	112.72	4.32	402.79	0.00	0.00
22	0.64	61.06	0.00	0.00	0.00	0.00	1.49	140.87	1.88	173.57	0.70	66.43
23	0.54	51.35	1.21	114.53	0.82	75.23	1.40	131.59	0.00	0.00	1.92	187.47
24	0.00	0.00	1.25	117.93	0.88	81.03	1.34	126.05	0.00	0.00	1.62	153.98
25	0.00	0.00	1.42	133.35	4.79	446.80	0.00	0.00	1.81	166.42	1.17	112.57
26	0.00	0.00	0.71	66.16	2.60	242.17	0.00	0.00	1.25	115.04	0.84	81.20
27	0.00	0.00	0.92	86.26	4.68	427.34	1.27	119.40	0.86	78.57	0.00	0.00
28	0.00	0.00	0.00	0.00	0.00	0.00	1.52	143.79	0.00	0.00	0.00	0.00
29	0.00	0.00	0.00	0.00	0.00	0.00	1.47	139.56	0.00	0.00	1.08	103.54
30	0.00	0.00	0.00	0.00	1.69	161.09	0.84	78.89	0.00	0.00	0.76	72.26
31	0.00	0.00	0.00	0.00	1.65	156.12	0.00	0.00	0.00	0.00	0.00	0.00

数据来源：深圳证券交易所
Source：Shenzhen Stock Exchange

Daily Turnover and Volume of Enterprise Bonds Spot in Shenzhen (2009)

成交额：亿元；成交量：万张

7月 Jul.		8月 Aug.		9月 Sep.		10月 Oct.		11月 Nov.		12月 Dec.	
成交额 Turnover	成交量 Volume	成交额 Turnover	成交量 Volume	成交额 Turnover	成交量 Volume	成交额 Turnover	成交量 Volume	成交额 Turnover	成交量 Volume	成交额 Turnover	成交量 Volume
1.22	116.15	0.00	0.00	0.32	31.30	0.00	0.00	0.00	0.00	1.18	116.69
1.37	129.30	0.00	0.00	0.63	62.17	0.00	0.00	0.75	75.10	0.54	53.93
1.92	182.14	1.44	140.77	0.48	47.02	0.00	0.00	0.60	59.92	0.61	60.34
0.00	0.00	1.51	148.53	0.39	38.20	0.00	0.00	0.81	81.35	0.56	55.68
0.00	0.00	1.22	120.30	0.00	0.00	0.00	0.00	0.44	43.44	0.00	0.00
1.29	123.13	2.72	266.25	0.00	0.00	0.00	0.00	3.59	360.61	0.00	0.00
0.64	60.85	1.95	188.56	3.18	312.77	0.00	0.00	0.00	0.00	0.77	77.28
0.94	89.89	0.00	0.00	0.53	51.81	0.00	0.00	0.00	0.00	0.68	68.61
1.26	122.01	0.00	0.00	0.64	62.73	0.69	68.44	0.84	82.31	0.55	54.79
1.06	101.03	0.92	89.25	0.27	26.35	0.00	0.00	0.86	84.66	0.67	65.95
0.00	0.00	1.29	127.05	2.85	280.54	0.00	0.00	0.86	85.60	0.60	60.29
0.00	0.00	0.73	70.40	0.00	0.00	0.77	77.33	3.82	383.40	0.00	0.00
1.50	144.02	0.59	57.32	0.00	0.00	0.45	44.88	1.43	142.04	0.00	0.00
1.23	118.60	0.50	48.82	0.96	93.90	0.47	48.11	0.00	0.00	0.63	63.54
1.69	163.01	0.00	0.00	0.69	66.86	0.80	80.06	0.00	0.00	0.72	72.58
0.69	66.17	0.00	0.00	0.46	44.82	0.70	69.97	0.74	73.01	2.19	219.76
0.59	56.42	1.58	152.71	0.39	37.94	0.00	0.00	0.43	42.94	0.84	84.00
0.00	0.00	1.54	147.55	0.59	57.20	0.00	0.00	0.73	72.60	2.09	209.88
0.00	0.00	0.72	69.75	0.00	0.00	0.57	57.40	0.86	85.27	0.00	0.00
0.96	91.79	0.89	86.18	0.00	0.00	0.52	51.94	0.61	60.84	0.00	0.00
1.03	98.76	1.87	181.69	0.74	72.79	0.43	44.25	0.00	0.00	1.86	187.25
0.72	68.70	0.00	0.00	0.59	58.91	0.52	51.58	0.00	0.00	0.54	53.84
0.81	77.70	0.00	0.00	0.52	51.59	1.97	199.87	1.30	128.73	2.22	218.68
1.22	118.39	0.73	71.27	0.74	74.64	0.00	0.00	0.86	84.71	0.89	89.06
0.00	0.00	1.15	110.62	0.73	72.41	0.00	0.00	1.06	106.10	2.25	225.18
0.00	0.00	0.69	66.47	0.00	0.00	0.49	50.60	0.82	81.09	0.00	0.00
1.28	123.49	0.73	70.43	0.00	0.00	1.52	153.35	1.05	103.69	0.00	0.00
2.15	207.45	0.39	38.26	1.76	173.65	0.57	58.27	0.00	0.00	1.61	160.66
1.79	174.35	0.00	0.00	1.51	149.06	0.52	52.08	0.00	0.00	3.78	382.57
1.10	107.36	0.00	0.00	1.40	139.28	0.64	64.82	1.17	116.37	1.22	122.02
2.13	207.31	0.71	68.46	0.00	0.00	0.00	0.00	0.00	0.00	0.64	63.84

3-21 2009年全国企业债回购每日成交额、成交量

日期 Date	1月 Jan.		2月 Feb.		3月 Mar.		4月 Apr.		5月 May.		6月 Jun.	
	成交额 Turnover	成交量 Volume	成交额 Turnover	成交量 Volume	成交额 Turnover	成交量 Volume	成交额 Turnover	成交量 Volume	成交额 Turnover	成交量 Volume	成交额 Turnover	成交量 Volume
1	0.00	0.00	0.00	0.00	0.00	0.00	0.00	0.00	0.00	0.00	0.00	0.00
2	0.00	0.00	0.00	0.00	0.00	0.00	0.00	0.00	0.00	0.00	0.00	0.00
3	0.00	0.00	0.00	0.00	0.00	0.00	0.00	0.00	0.00	0.00	0.00	0.00
4	0.00	0.00	0.00	0.00	0.00	0.00	0.00	0.00	0.00	0.00	0.00	0.00
5	0.00	0.00	0.00	0.00	0.00	0.00	0.00	0.00	0.00	0.00	0.00	0.00
6	0.00	0.00	0.00	0.00	0.00	0.00	0.00	0.00	0.00	0.00	0.00	0.00
7	0.00	0.00	0.00	0.00	0.00	0.00	0.00	0.00	0.00	0.00	0.00	0.00
8	0.00	0.00	0.00	0.00	0.00	0.00	0.00	0.00	0.00	0.00	0.00	0.00
9	0.00	0.00	0.00	0.00	0.00	0.00	0.00	0.00	0.00	0.00	0.00	0.00
10	0.00	0.00	0.00	0.00	0.00	0.00	0.00	0.00	0.00	0.00	0.00	0.00
11	0.00	0.00	0.00	0.00	0.00	0.00	0.00	0.00	0.00	0.00	0.00	0.00
12	0.00	0.00	0.00	0.00	0.00	0.00	0.00	0.00	0.00	0.00	0.00	0.00
13	0.00	0.00	0.00	0.00	0.00	0.00	0.00	0.00	0.00	0.00	0.00	0.00
14	0.00	0.00	0.00	0.00	0.00	0.00	0.00	0.00	0.00	0.00	0.00	0.00
15	0.00	0.00	0.00	0.00	0.00	0.00	0.00	0.00	0.00	0.00	0.00	0.00
16	0.00	0.00	0.00	0.00	0.00	0.00	0.00	0.00	0.00	0.00	0.00	0.00
17	0.00	0.00	0.00	0.00	0.00	0.00	0.00	0.00	0.00	0.00	0.00	0.00
18	0.00	0.00	0.00	0.00	0.00	0.00	0.00	0.00	0.10	10.00	0.00	0.00
19	0.00	0.00	0.00	0.00	0.00	0.00	0.00	0.00	0.00	0.00	0.00	0.00
20	0.00	0.00	0.00	0.00	0.00	0.00	0.00	0.00	0.00	0.00	0.00	0.00
21	0.00	0.00	0.00	0.00	0.00	0.00	0.00	0.00	0.00	0.00	0.00	0.00
22	0.00	0.00	0.00	0.00	0.00	0.00	0.00	0.00	0.00	0.00	0.00	0.00
23	0.00	0.00	0.00	0.00	0.00	0.00	0.00	0.00	0.00	0.00	0.00	0.00
24	0.00	0.00	0.00	0.00	0.00	0.00	0.00	0.00	0.00	0.00	0.00	0.00
25	0.00	0.00	0.00	0.00	0.00	0.00	0.00	0.00	0.00	0.00	0.00	0.00
26	0.00	0.00	0.00	0.00	0.00	0.00	0.00	0.00	0.00	0.00	0.00	0.00
27	0.00	0.00	0.00	0.00	0.00	0.00	0.00	0.00	0.00	0.00	0.00	0.00
28	0.00	0.00	0.00	0.00	0.00	0.00	0.00	0.00	0.00	0.00	0.00	0.00
29	0.00	0.00	0.00	0.00	0.00	0.00	0.00	0.00	0.00	0.00	0.00	0.00
30	0.00	0.00	0.00	0.00	0.00	0.00	0.00	0.00	0.00	0.00	0.00	0.00
31	0.00	0.00	0.00	0.00	0.00	0.00	0.00	0.00	0.00	0.00	0.00	0.00

数据来源：上海、深圳证券交易所
Source：Shanghai、Shenzhen Stock Exchange

Daily Turnover and Volume of Enterprise Bonds Repurchase in 2009

成交额：亿元；成交量：万张

7月 Jul.		8月 Aug.		9月 Sep.		10月 Oct.		11月 Nov.		12月 Dec.	
成交额 Turnover	成交量 Volume	成交额 Turnover	成交量 Volume	成交额 Turnover	成交量 Volume	成交额 Turnover	成交量 Volume	成交额 Turnover	成交量 Volume	成交额 Turnover	成交量 Volume
0.00	0.00	0.00	0.00	0.00	0.00	0.00	0.00	0.00	0.00	0.00	0.00
0.00	0.00	0.00	0.00	0.00	0.00	0.00	0.00	0.00	0.00	0.80	80.00
0.00	0.00	0.00	0.00	0.00	0.00	0.00	0.00	0.00	0.00	0.00	0.00
0.00	0.00	0.00	0.00	0.00	0.00	0.00	0.00	0.00	0.00	4.42	441.68
0.00	0.00	0.10	10.00	0.00	0.00	0.00	0.00	0.00	0.00	0.00	0.00
0.00	0.00	0.00	0.00	0.00	0.00	0.00	0.00	0.00	0.00	0.00	0.00
0.00	0.00	0.00	0.00	0.78	78.05	0.00	0.00	0.00	0.00	2.71	270.56
0.00	0.00	0.00	0.00	0.00	0.00	0.00	0.00	0.00	0.00	1.26	126.51
0.00	0.00	0.00	0.00	0.00	0.00	0.00	0.00	4.49	448.96	0.80	80.00
0.00	0.00	0.00	0.00	0.00	0.00	0.00	0.00	0.00	0.00	0.00	0.00
0.00	0.00	0.00	0.00	0.00	0.00	0.00	0.00	0.00	0.00	2.50	250.00
0.00	0.00	0.00	0.00	0.00	0.00	1.02	101.60	0.00	0.00	0.00	0.00
0.00	0.00	0.00	0.00	0.00	0.00	0.00	0.00	0.00	0.00	0.00	0.00
0.30	30.00	0.00	0.00	0.00	0.00	1.70	170.00	0.00	0.00	0.00	0.00
0.00	0.00	0.00	0.00	0.00	0.00	0.00	0.00	0.00	0.00	0.00	0.00
0.00	0.00	0.00	0.00	0.78	78.05	0.00	0.20	3.54	354.00	2.02	201.97
0.00	0.00	0.00	0.00	0.00	0.00	0.00	0.00	0.00	0.00	2.00	200.00
0.00	0.00	0.00	0.00	0.00	0.00	0.00	0.00	0.00	0.00	3.34	334.00
0.00	0.00	0.00	0.00	0.00	0.00	0.00	0.00	0.00	0.00	0.00	0.00
0.00	0.00	0.00	0.00	0.00	0.00	0.00	0.00	0.00	0.00	0.00	0.00
0.00	0.00	0.00	0.00	1.00	100.00	0.00	0.00	0.00	0.00	0.00	0.00
0.00	0.00	0.00	0.00	2.00	200.00	0.00	0.00	0.00	0.00	0.00	0.00
0.00	0.00	0.00	0.00	0.80	79.65	0.00	0.00	0.00	0.00	1.55	155.15
0.00	0.00	0.00	0.00	0.00	0.00	0.00	0.00	0.00	0.00	2.00	200.40
0.00	0.00	0.01	1.00	0.00	0.00	0.00	0.00	0.00	0.00	2.00	200.00
0.00	0.00	0.00	0.00	0.00	0.00	0.00	0.00	0.59	59.00	0.00	0.00
0.00	0.00	0.00	0.00	0.00	0.00	0.00	0.00	1.80	180.00	0.00	0.00
0.00	0.00	0.00	0.00	0.78	78.05	0.00	0.00	0.00	0.00	0.00	0.00
0.00	0.00	0.00	0.00	0.00	0.00	0.00	0.00	0.00	0.00	0.00	0.00
0.00	0.00	0.00	0.00	0.00	0.00	0.00	0.00	0.00	0.00	0.05	5.15
0.00	0.00	0.00	0.00	0.00	0.00	0.00	0.00	0.00	0.00	0.70	70.00

3-22 2009年上海企业债回购每日成交额、成交量

日期 Date	1月 Jan.		2月 Feb.		3月 Mar.		4月 Apr.		5月 May.		6月 Jun.	
	成交额 Turnover	成交量 Volume	成交额 Turnover	成交量 Volume	成交额 Turnover	成交量 Volume	成交额 Turnover	成交量 Volume	成交额 Turnover	成交量 Volume	成交额 Turnover	成交量 Volume
1	0.00	0.00	0.00	0.00	0.00	0.00	0.00	0.00	0.00	0.00	0.00	0.00
2	0.00	0.00	0.00	0.00	0.00	0.00	0.00	0.00	0.00	0.00	0.00	0.00
3	0.00	0.00	0.00	0.00	0.00	0.00	0.00	0.00	0.00	0.00	0.00	0.00
4	0.00	0.00	0.00	0.00	0.00	0.00	0.00	0.00	0.00	0.00	0.00	0.00
5	0.00	0.00	0.00	0.00	0.00	0.00	0.00	0.00	0.00	0.00	0.00	0.00
6	0.00	0.00	0.00	0.00	0.00	0.00	0.00	0.00	0.00	0.00	0.00	0.00
7	0.00	0.00	0.00	0.00	0.00	0.00	0.00	0.00	0.00	0.00	0.00	0.00
8	0.00	0.00	0.00	0.00	0.00	0.00	0.00	0.00	0.00	0.00	0.00	0.00
9	0.00	0.00	0.00	0.00	0.00	0.00	0.00	0.00	0.00	0.00	0.00	0.00
10	0.00	0.00	0.00	0.00	0.00	0.00	0.00	0.00	0.00	0.00	0.00	0.00
11	0.00	0.00	0.00	0.00	0.00	0.00	0.00	0.00	0.00	0.00	0.00	0.00
12	0.00	0.00	0.00	0.00	0.00	0.00	0.00	0.00	0.00	0.00	0.00	0.00
13	0.00	0.00	0.00	0.00	0.00	0.00	0.00	0.00	0.00	0.00	0.00	0.00
14	0.00	0.00	0.00	0.00	0.00	0.00	0.00	0.00	0.00	0.00	0.00	0.00
15	0.00	0.00	0.00	0.00	0.00	0.00	0.00	0.00	0.00	0.00	0.00	0.00
16	0.00	0.00	0.00	0.00	0.00	0.00	0.00	0.00	0.00	0.00	0.00	0.00
17	0.00	0.00	0.00	0.00	0.00	0.00	0.00	0.00	0.00	0.00	0.00	0.00
18	0.00	0.00	0.00	0.00	0.00	0.00	0.00	0.00	0.00	0.00	0.00	0.00
19	0.00	0.00	0.00	0.00	0.00	0.00	0.00	0.00	0.00	0.00	0.00	0.00
20	0.00	0.00	0.00	0.00	0.00	0.00	0.00	0.00	0.00	0.00	0.00	0.00
21	0.00	0.00	0.00	0.00	0.00	0.00	0.00	0.00	0.00	0.00	0.00	0.00
22	0.00	0.00	0.00	0.00	0.00	0.00	0.00	0.00	0.00	0.00	0.00	0.00
23	0.00	0.00	0.00	0.00	0.00	0.00	0.00	0.00	0.00	0.00	0.00	0.00
24	0.00	0.00	0.00	0.00	0.00	0.00	0.00	0.00	0.00	0.00	0.00	0.00
25	0.00	0.00	0.00	0.00	0.00	0.00	0.00	0.00	0.00	0.00	0.00	0.00
26	0.00	0.00	0.00	0.00	0.00	0.00	0.00	0.00	0.00	0.00	0.00	0.00
27	0.00	0.00	0.00	0.00	0.00	0.00	0.00	0.00	0.00	0.00	0.00	0.00
28	0.00	0.00	0.00	0.00	0.00	0.00	0.00	0.00	0.00	0.00	0.00	0.00
29	0.00	0.00	0.00	0.00	0.00	0.00	0.00	0.00	0.00	0.00	0.00	0.00
30	0.00	0.00	0.00	0.00	0.00	0.00	0.00	0.00	0.00	0.00	0.00	0.00
31	0.00	0.00	0.00	0.00	0.00	0.00	0.00	0.00	0.00	0.00	0.00	0.00

数据来源：上海证券交易所
Source：Shanghai Stock Exchange

Daily Turnover and Volume of Enterprise Bonds Repurchase in Shanghai (2009)

成交额：亿元；成交量：万张

7月 Jul.		8月 Aug.		9月 Sep.		10月 Oct.		11月 Nov.		12月 Dec.	
成交额 Turnover	成交量 Volume	成交额 Turnover	成交量 Volume	成交额 Turnover	成交量 Volume	成交额 Turnover	成交量 Volume	成交额 Turnover	成交量 Volume	成交额 Turnover	成交量 Volume
0.00	0.00	0.00	0.00	0.00	0.00	0.00	0.00	0.00	0.00	0.00	0.00
0.00	0.00	0.00	0.00	0.00	0.00	0.00	0.00	0.00	0.00	0.00	0.00
0.00	0.00	0.00	0.00	0.00	0.00	0.00	0.00	0.00	0.00	0.00	0.00
0.00	0.00	0.00	0.00	0.00	0.00	0.00	0.00	0.00	0.00	0.00	0.00
0.00	0.00	0.00	0.00	0.00	0.00	0.00	0.00	0.00	0.00	0.00	0.00
0.00	0.00	0.00	0.00	0.00	0.00	0.00	0.00	0.00	0.00	0.00	0.00
0.00	0.00	0.00	0.00	0.00	0.00	0.00	0.00	0.00	0.00	0.00	0.00
0.00	0.00	0.00	0.00	0.00	0.00	0.00	0.00	0.00	0.00	0.00	0.00
0.00	0.00	0.00	0.00	0.00	0.00	0.00	0.00	0.00	0.00	0.00	0.00
0.00	0.00	0.00	0.00	0.00	0.00	0.00	0.00	0.00	0.00	0.00	0.00
0.00	0.00	0.00	0.00	0.00	0.00	0.00	0.00	0.00	0.00	0.00	0.00
0.00	0.00	0.00	0.00	0.00	0.00	0.00	0.00	0.00	0.00	0.00	0.00
0.00	0.00	0.00	0.00	0.00	0.00	0.00	0.00	0.00	0.00	0.00	0.00
0.00	0.00	0.00	0.00	0.00	0.00	0.00	0.00	0.00	0.00	0.00	0.00
0.00	0.00	0.00	0.00	0.00	0.00	0.00	0.00	0.00	0.00	0.00	0.00
0.00	0.00	0.00	0.00	0.00	0.00	0.00	0.00	0.00	0.00	0.00	0.00
0.00	0.00	0.00	0.00	0.00	0.00	0.00	0.00	0.00	0.00	0.00	0.00
0.00	0.00	0.00	0.00	0.00	0.00	0.00	0.00	0.00	0.00	0.00	0.00
0.00	0.00	0.00	0.00	0.00	0.00	0.00	0.00	0.00	0.00	0.00	0.00
0.00	0.00	0.00	0.00	0.00	0.00	0.00	0.00	0.00	0.00	0.00	0.00
0.00	0.00	0.00	0.00	0.00	0.00	0.00	0.00	0.00	0.00	0.00	0.00
0.00	0.00	0.00	0.00	0.00	0.00	0.00	0.00	0.00	0.00	0.00	0.00
0.00	0.00	0.00	0.00	0.00	0.00	0.00	0.00	0.00	0.00	0.00	0.00
0.00	0.00	0.00	0.00	0.00	0.00	0.00	0.00	0.00	0.00	0.00	0.00
0.00	0.00	0.00	0.00	0.00	0.00	0.00	0.00	0.00	0.00	0.00	0.00
0.00	0.00	0.00	0.00	0.00	0.00	0.00	0.00	0.00	0.00	0.00	0.00
0.00	0.00	0.00	0.00	0.00	0.00	0.00	0.00	0.00	0.00	0.00	0.00
0.00	0.00	0.00	0.00	0.00	0.00	0.00	0.00	0.00	0.00	0.00	0.00
0.00	0.00	0.00	0.00	0.00	0.00	0.00	0.00	0.00	0.00	0.00	0.00
0.00	0.00	0.00	0.00	0.00	0.00	0.00	0.00	0.00	0.00	0.00	0.00
0.00	0.00	0.00	0.00	0.00	0.00	0.00	0.00	0.00	0.00	0.00	0.00

3-23 2009年深圳企业债回购每日成交额、成交量

日期 Date	1月 Jan.		2月 Feb.		3月 Mar.		4月 Apr.		5月 May.		6月 Jun.	
	成交额 Turnover	成交量 Volume	成交额 Turnover	成交量 Volume	成交额 Turnover	成交量 Volume	成交额 Turnover	成交量 Volume	成交额 Turnover	成交量 Volume	成交额 Turnover	成交量 Volume
1	0.00	0.00	0.00	0.00	0.00	0.00	0.00	0.00	0.00	0.00	0.00	0.00
2	0.00	0.00	0.00	0.00	0.00	0.00	0.00	0.00	0.00	0.00	0.00	0.00
3	0.00	0.00	0.00	0.00	0.00	0.00	0.00	0.00	0.00	0.00	0.00	0.00
4	0.00	0.00	0.00	0.00	0.00	0.00	0.00	0.00	0.00	0.00	0.00	0.00
5	0.00	0.00	0.00	0.00	0.00	0.00	0.00	0.00	0.00	0.00	0.00	0.00
6	0.00	0.00	0.00	0.00	0.00	0.00	0.00	0.00	0.00	0.00	0.00	0.00
7	0.00	0.00	0.00	0.00	0.00	0.00	0.00	0.00	0.00	0.00	0.00	0.00
8	0.00	0.00	0.00	0.00	0.00	0.00	0.00	0.00	0.00	0.00	0.00	0.00
9	0.00	0.00	0.00	0.00	0.00	0.00	0.00	0.00	0.00	0.00	0.00	0.00
10	0.00	0.00	0.00	0.00	0.00	0.00	0.00	0.00	0.00	0.00	0.00	0.00
11	0.00	0.00	0.00	0.00	0.00	0.00	0.00	0.00	0.00	0.00	0.00	0.00
12	0.00	0.00	0.00	0.00	0.00	0.00	0.00	0.00	0.00	0.00	0.00	0.00
13	0.00	0.00	0.00	0.00	0.00	0.00	0.00	0.00	0.00	0.00	0.00	0.00
14	0.00	0.00	0.00	0.00	0.00	0.00	0.00	0.00	0.00	0.00	0.00	0.00
15	0.00	0.00	0.00	0.00	0.00	0.00	0.00	0.00	0.00	0.00	0.00	0.00
16	0.00	0.00	0.00	0.00	0.00	0.00	0.00	0.00	0.00	0.00	0.00	0.00
17	0.00	0.00	0.00	0.00	0.00	0.00	0.00	0.00	0.00	0.00	0.00	0.00
18	0.00	0.00	0.00	0.00	0.00	0.00	0.00	0.00	0.10	10.00	0.00	0.00
19	0.00	0.00	0.00	0.00	0.00	0.00	0.00	0.00	0.00	0.00	0.00	0.00
20	0.00	0.00	0.00	0.00	0.00	0.00	0.00	0.00	0.00	0.00	0.00	0.00
21	0.00	0.00	0.00	0.00	0.00	0.00	0.00	0.00	0.00	0.00	0.00	0.00
22	0.00	0.00	0.00	0.00	0.00	0.00	0.00	0.00	0.00	0.00	0.00	0.00
23	0.00	0.00	0.00	0.00	0.00	0.00	0.00	0.00	0.00	0.00	0.00	0.00
24	0.00	0.00	0.00	0.00	0.00	0.00	0.00	0.00	0.00	0.00	0.00	0.00
25	0.00	0.00	0.00	0.00	0.00	0.00	0.00	0.00	0.00	0.00	0.00	0.00
26	0.00	0.00	0.00	0.00	0.00	0.00	0.00	0.00	0.00	0.00	0.00	0.00
27	0.00	0.00	0.00	0.00	0.00	0.00	0.00	0.00	0.00	0.00	0.00	0.00
28	0.00	0.00	0.00	0.00	0.00	0.00	0.00	0.00	0.00	0.00	0.00	0.00
29	0.00	0.00	0.00	0.00	0.00	0.00	0.00	0.00	0.00	0.00	0.00	0.00
30	0.00	0.00	0.00	0.00	0.00	0.00	0.00	0.00	0.00	0.00	0.00	0.00
31	0.00	0.00	0.00	0.00	0.00	0.00	0.00	0.00	0.00	0.00	0.00	0.00

数据来源：深圳证券交易所
Source: Shenzhen Stock Exchange

Daily Turnover and Volume of Enterprise Bonds Repurchase in Shenzhen (2009)

成交额：亿元；成交量：万张

7月 Jul.		8月 Aug.		9月 Sep.		10月 Oct.		11月 Nov.		12月 Dec.	
成交额 Turnover	成交量 Volume	成交额 Turnover	成交量 Volume	成交额 Turnover	成交量 Volume	成交额 Turnover	成交量 Volume	成交额 Turnover	成交量 Volume	成交额 Turnover	成交量 Volume
0.00	0.00	0.00	0.00	0.00	0.00	0.00	0.00	0.00	0.00	0.00	0.00
0.00	0.00	0.00	0.00	0.00	0.00	0.00	0.00	0.00	0.00	0.80	80.00
0.00	0.00	0.00	0.00	0.00	0.00	0.00	0.00	0.00	0.00	0.00	0.00
0.00	0.00	0.00	0.00	0.00	0.00	0.00	0.00	0.00	0.00	4.42	441.68
0.00	0.00	0.10	10.00	0.00	0.00	0.00	0.00	0.00	0.00	0.00	0.00
0.00	0.00	0.00	0.00	0.00	0.00	0.00	0.00	0.00	0.00	0.00	0.00
0.00	0.00	0.00	0.00	0.78	78.05	0.00	0.00	0.00	0.00	2.71	270.56
0.00	0.00	0.00	0.00	0.00	0.00	0.00	0.00	0.00	0.00	1.26	126.51
0.00	0.00	0.00	0.00	0.00	0.00	0.00	0.00	4.49	448.96	0.80	80.00
0.00	0.00	0.00	0.00	0.00	0.00	0.00	0.00	0.00	0.00	0.00	0.00
0.00	0.00	0.00	0.00	0.00	0.00	0.00	0.00	0.00	0.00	2.50	250.00
0.00	0.00	0.00	0.00	0.00	0.00	1.02	101.60	0.00	0.00	0.00	0.00
0.00	0.00	0.00	0.00	0.00	0.00	0.00	0.00	0.00	0.00	0.00	0.00
0.30	30.00	0.00	0.00	0.00	0.00	1.70	170.00	0.00	0.00	0.00	0.00
0.00	0.00	0.00	0.00	0.00	0.00	0.00	0.00	0.00	0.00	0.00	0.00
0.00	0.00	0.00	0.00	0.78	78.05	0.00	0.20	3.54	354.00	2.02	201.97
0.00	0.00	0.00	0.00	0.00	0.00	0.00	0.00	0.00	0.00	2.00	200.00
0.00	0.00	0.00	0.00	0.00	0.00	0.00	0.00	0.00	0.00	3.34	334.00
0.00	0.00	0.00	0.00	0.00	0.00	0.00	0.00	0.00	0.00	0.00	0.00
0.00	0.00	0.00	0.00	0.00	0.00	0.00	0.00	0.00	0.00	0.00	0.00
0.00	0.00	0.00	0.00	1.00	100.00	0.00	0.00	0.00	0.00	0.00	0.00
0.00	0.00	0.00	0.00	2.00	200.00	0.00	0.00	0.00	0.00	0.00	0.00
0.00	0.00	0.00	0.00	0.80	79.65	0.00	0.00	0.00	0.00	1.55	155.15
0.00	0.00	0.00	0.00	0.00	0.00	0.00	0.00	0.00	0.00	2.00	200.40
0.00	0.00	0.01	1.00	0.00	0.00	0.00	0.00	0.00	0.00	2.00	200.00
0.00	0.00	0.00	0.00	0.00	0.00	0.00	0.00	0.59	59.00	0.00	0.00
0.00	0.00	0.00	0.00	0.00	0.00	0.00	0.00	1.80	180.00	0.00	0.00
0.00	0.00	0.00	0.00	0.78	78.05	0.00	0.00	0.00	0.00	0.00	0.00
0.00	0.00	0.00	0.00	0.00	0.00	0.00	0.00	0.00	0.00	0.00	0.00
0.00	0.00	0.00	0.00	0.00	0.00	0.00	0.00	0.00	0.00	0.05	5.15
0.00	0.00	0.00	0.00	0.00	0.00	0.00	0.00	0.00	0.00	0.70	70.00

3-24 2009年全国可转债每日成交额、成交量

日期 Date	1月 Jan.		2月 Feb.		3月 Mar.		4月 Apr.		5月 May.		6月 Jun.	
	成交额 Turnover	成交量 Volume	成交额 Turnover	成交量 Volume	成交额 Turnover	成交量 Volume	成交额 Turnover	成交量 Volume	成交额 Turnover	成交量 Volume	成交额 Turnover	成交量 Volume
1	0.00	0.00	0.00	0.00	0.00	0.00	2.82	233.00	0.00	0.00	2.27	162.89
2	0.00	0.00	1.54	139.13	1.62	142.90	2.72	211.88	0.00	0.00	3.06	228.28
3	0.00	0.00	2.47	229.07	2.28	189.82	2.02	150.33	0.00	0.00	1.74	130.21
4	0.00	0.00	3.13	276.05	3.53	294.53	0.00	0.00	4.88	359.89	2.90	213.66
5	3.03	302.87	2.84	240.08	4.71	381.57	0.00	0.00	3.47	248.67	3.31	244.00
6	2.79	270.77	4.60	386.59	2.63	213.00	0.00	0.00	2.52	174.60	0.00	0.00
7	2.22	212.12	0.00	0.00	0.00	0.00	2.41	194.34	4.45	329.25	0.00	0.00
8	1.63	156.57	0.00	0.00	0.00	0.00	1.56	128.47	2.01	151.96	1.77	134.41
9	1.79	167.26	3.65	304.48	2.31	194.34	3.31	257.97	0.00	0.00	1.44	104.68
10	0.00	0.00	4.36	359.74	2.12	173.99	2.63	197.63	0.00	0.00	4.52	326.37
11	0.00	0.00	4.79	383.89	2.32	188.74	0.00	0.00	2.76	219.40	3.34	251.83
12	1.57	149.61	3.41	282.50	1.80	149.75	0.00	0.00	2.83	216.94	1.48	113.65
13	1.56	145.73	4.31	334.90	1.57	129.49	4.36	328.93	4.32	338.09	0.00	0.00
14	2.06	201.40	0.00	0.00	0.00	0.00	3.31	241.62	2.30	169.04	0.00	0.00
15	1.82	169.26	0.00	0.00	0.00	0.00	5.96	413.72	2.20	150.67	0.85	61.39
16	2.10	195.19	6.48	556.92	1.17	101.98	4.05	287.29	0.00	0.00	1.28	94.65
17	0.00	0.00	3.92	321.56	2.38	195.10	2.35	174.40	0.00	0.00	1.70	114.14
18	0.00	0.00	6.62	574.25	2.88	240.46	0.00	0.00	2.21	158.21	1.65	112.18
19	1.73	151.23	3.83	321.55	2.72	223.06	0.00	0.00	3.42	252.46	1.14	86.55
20	1.05	97.78	2.41	199.82	3.81	305.70	1.21	86.64	2.36	163.86	0.00	0.00
21	1.78	167.27	0.00	0.00	0.00	0.00	3.46	250.88	2.94	237.29	0.00	0.00
22	1.07	95.33	0.00	0.00	0.00	0.00	1.82	136.31	2.57	198.42	1.38	109.52
23	2.27	212.95	4.61	364.53	3.93	322.14	2.08	158.58	0.00	0.00	0.88	68.46
24	0.00	0.00	4.80	394.65	3.87	313.34	1.97	147.73	0.00	0.00	1.23	91.86
25	0.00	0.00	9.72	833.39	2.91	227.17	0.00	0.00	2.61	194.54	1.32	100.75
26	0.00	0.00	6.36	524.95	2.42	196.14	0.00	0.00	2.67	191.95	2.36	170.16
27	0.00	0.00	2.60	215.75	2.44	193.95	1.92	154.84	2.34	175.32	0.00	0.00
28	0.00	0.00	0.00	0.00	0.00	0.00	1.44	112.20	0.00	0.00	0.00	0.00
29	0.00	0.00	0.00	0.00	0.00	0.00	1.98	143.51	0.00	0.00	1.13	84.71
30	0.00	0.00	0.00	0.00	1.34	108.51	4.38	319.38	0.00	0.00	1.21	92.14
31	0.00	0.00	0.00	0.00	1.62	129.13	0.00	0.00	0.00	0.00	0.00	0.00

数据来源:上海、深圳证券交易所
Source: Shanghai、Shenzhen Stock Exchange

Daily Turnover and Volume of Convertible Bonds in 2009

成交额：亿元；成交量：万张

7月 Jul.		8月 Aug.		9月 Sep.		10月 Oct.		11月 Nov.		12月 Dec.	
成交额 Turnover	成交量 Volume	成交额 Turnover	成交量 Volume	成交额 Turnover	成交量 Volume	成交额 Turnover	成交量 Volume	成交额 Turnover	成交量 Volume	成交额 Turnover	成交量 Volume
1.82	139.81	0.00	0.00	1.61	134.15	0.00	0.00	0.00	0.00	2.78	198.80
1.85	138.44	0.00	0.00	2.26	180.24	0.00	0.00	2.06	147.33	1.47	106.96
1.50	109.99	3.28	180.18	3.04	235.73	0.00	0.00	4.53	323.88	2.08	140.87
0.00	0.00	2.33	129.63	1.50	118.33	0.00	0.00	4.05	281.44	2.41	160.52
0.00	0.00	3.54	201.30	0.00	0.00	0.00	0.00	2.11	145.07	0.00	0.00
3.00	211.25	1.72	95.03	0.00	0.00	0.00	0.00	5.13	362.25	0.00	0.00
3.24	226.91	3.85	245.11	1.26	99.36	0.00	0.00	0.00	0.00	2.02	133.30
3.55	256.48	0.00	0.00	1.90	151.05	0.00	0.00	0.00	0.00	1.01	66.87
1.57	108.17	0.00	0.00	3.12	231.62	1.65	128.26	3.23	225.60	1.43	99.34
1.56	101.70	4.97	326.61	1.28	94.96	0.00	0.00	2.95	190.67	1.00	71.08
0.00	0.00	3.88	249.83	5.90	459.75	0.00	0.00	1.45	101.26	1.40	90.73
0.00	0.00	7.33	519.95	0.00	0.00	4.35	326.30	1.30	92.43	0.00	0.00
2.69	179.27	6.46	433.92	0.00	0.00	1.13	85.59	2.37	166.21	0.00	0.00
1.14	76.13	3.59	247.10	2.51	188.89	2.72	209.33	0.00	0.00	1.02	72.04
3.21	222.89	0.00	0.00	3.52	266.54	2.62	200.53	0.00	0.00	1.44	103.23
2.45	160.53	0.00	0.00	1.19	88.83	6.34	491.70	3.57	220.77	0.85	55.08
2.87	182.15	4.22	301.75	1.62	116.53	0.00	0.00	1.42	96.21	0.75	51.00
0.00	0.00	2.24	163.24	1.72	124.25	0.00	0.00	1.47	102.02	1.34	95.08
0.00	0.00	2.40	173.06	0.00	0.00	3.46	263.00	1.58	112.13	0.00	0.00
2.58	163.30	2.19	155.14	0.00	0.00	2.74	203.26	2.32	149.32	0.00	0.00
3.05	191.61	2.04	138.50	2.95	225.78	4.03	289.04	0.00	0.00	0.76	54.50
2.34	148.47	0.00	0.00	1.27	97.57	2.52	180.33	0.00	0.00	1.28	90.33
1.88	115.26	0.00	0.00	2.05	164.88	2.84	195.50	1.57	106.81	1.04	73.24
1.72	104.05	2.06	137.26	2.14	175.86	0.00	0.00	2.67	176.52	1.49	108.68
0.00	0.00	1.04	74.16	7.44	603.87	0.00	0.00	2.71	189.04	0.72	52.90
0.00	0.00	1.73	123.71	0.00	0.00	2.49	165.66	2.24	163.77	0.00	0.00
2.73	157.86	2.42	177.61	0.00	0.00	2.33	162.51	2.36	172.85	0.00	0.00
2.83	169.23	3.21	247.58	2.23	181.97	1.59	114.82	0.00	0.00	1.38	94.29
5.51	322.68	0.00	0.00	2.30	190.88	1.50	114.19	0.00	0.00	0.89	64.27
2.31	135.44	0.00	0.00	1.33	109.89	6.30	455.68	0.86	56.03	0.83	56.38
2.07	120.31	4.04	337.17	0.00	0.00	0.00	0.00	0.00	0.00	2.42	171.04

3-25 2009年上海可转债每日成交额、成交量

日期 Date	1月 Jan.		2月 Feb.		3月 Mar.		4月 Apr.		5月 May.		6月 Jun.	
	成交额 Turnover	成交量 Volume	成交额 Turnover	成交量 Volume	成交额 Turnover	成交量 Volume	成交额 Turnover	成交量 Volume	成交额 Turnover	成交量 Volume	成交额 Turnover	成交量 Volume
1	0.00	0.00	0.00	0.00	0.00	0.00	1.12	86.94	0.00	0.00	1.03	75.81
2	0.00	0.00	1.23	111.09	1.30	115.91	2.07	161.57	0.00	0.00	1.97	144.27
3	0.00	0.00	1.84	170.93	1.54	129.45	1.29	94.80	0.00	0.00	0.68	49.17
4	0.00	0.00	2.59	229.09	2.13	176.30	0.00	0.00	3.83	285.31	2.24	163.20
5	1.80	184.26	1.99	168.78	2.90	229.25	0.00	0.00	1.45	107.07	2.39	171.72
6	1.47	146.16	3.03	251.08	2.07	166.54	0.00	0.00	1.60	116.09	0.00	0.00
7	0.85	82.76	0.00	0.00	0.00	0.00	1.27	96.78	3.33	250.45	0.00	0.00
8	0.76	74.96	0.00	0.00	0.00	0.00	1.04	82.58	1.36	100.68	0.86	63.23
9	0.68	62.33	2.87	236.97	1.67	138.13	2.86	219.20	0.00	0.00	0.94	68.85
10	0.00	0.00	3.77	311.87	1.56	123.05	2.06	151.34	0.00	0.00	1.87	136.76
11	0.00	0.00	2.46	201.67	1.86	145.92	0.00	0.00	1.83	142.72	1.40	101.25
12	0.71	68.58	1.67	147.15	1.01	80.11	0.00	0.00	1.35	106.27	0.76	57.66
13	0.83	79.43	2.23	187.42	0.99	78.92	3.18	235.48	2.41	181.59	0.00	0.00
14	1.35	134.66	0.00	0.00	0.00	0.00	1.48	109.75	1.58	115.40	0.00	0.00
15	1.10	104.23	0.00	0.00	0.00	0.00	1.74	130.47	0.90	66.08	0.37	25.06
16	0.86	79.69	3.82	328.30	0.62	53.47	1.61	119.08	0.00	0.00	0.89	64.79
17	0.00	0.00	2.34	194.55	1.38	115.02	1.41	106.53	0.00	0.00	0.45	29.68
18	0.00	0.00	4.46	391.25	1.31	106.58	0.00	0.00	0.62	43.46	0.92	62.16
19	1.18	103.63	2.26	182.19	1.56	122.05	0.00	0.00	2.28	167.53	0.62	45.69
20	0.73	68.61	0.83	67.30	2.69	209.22	0.67	49.18	0.97	68.91	0.00	0.00
21	1.23	120.34	0.00	0.00	0.00	0.00	2.61	193.26	2.35	192.86	0.00	0.00
22	0.32	28.95	0.00	0.00	0.00	0.00	1.42	107.72	1.78	134.55	1.03	81.35
23	1.36	129.39	3.31	248.37	2.11	161.78	1.08	78.81	0.00	0.00	0.49	37.45
24	0.00	0.00	3.05	243.69	2.00	152.95	1.51	116.07	0.00	0.00	0.93	68.32
25	0.00	0.00	6.13	514.35	2.16	164.21	0.00	0.00	1.45	109.25	1.18	88.81
26	0.00	0.00	2.35	193.93	1.38	108.23	0.00	0.00	1.69	127.42	2.33	168.19
27	0.00	0.00	1.43	120.08	1.36	104.43	1.12	89.20	1.82	137.10	0.00	0.00
28	0.00	0.00	0.00	0.00	0.00	0.00	0.93	73.46	0.00	0.00	0.00	0.00
29	0.00	0.00	0.00	0.00	0.00	0.00	1.57	114.33	0.00	0.00	0.95	70.11
30	0.00	0.00	0.00	0.00	0.97	79.38	1.94	148.96	0.00	0.00	0.60	43.02
31	0.00	0.00	0.00	0.00	1.32	105.27	0.00	0.00	0.00	0.00	0.00	0.00

数据来源：上海证券交易所
Source：Shanghai Stock Exchange

Daily Turnover and Volume of Convertible Bonds in Shanghai (2009)

成交额：亿元；成交量：万张

7月 Jul.		8月 Aug.		9月 Sep.		10月 Oct.		11月 Nov.		12月 Dec.	
成交额 Turnover	成交量 Volume	成交额 Turnover	成交量 Volume	成交额 Turnover	成交量 Volume	成交额 Turnover	成交量 Volume	成交额 Turnover	成交量 Volume	成交额 Turnover	成交量 Volume
1.22	91.30	0.00	0.00	0.93	76.94	0.00	0.00	0.00	0.00	2.36	164.88
0.94	65.93	0.00	0.00	1.68	132.42	0.00	0.00	1.41	95.46	0.86	59.69
0.87	62.70	2.27	120.15	2.14	161.77	0.00	0.00	3.58	254.29	1.65	107.13
0.00	0.00	1.67	91.22	1.19	93.04	0.00	0.00	3.31	225.55	2.12	138.31
0.00	0.00	2.32	126.03	0.00	0.00	0.00	0.00	1.45	97.47	0.00	0.00
2.32	158.12	1.22	64.15	0.00	0.00	0.00	0.00	3.38	231.61	0.00	0.00
1.93	126.45	2.38	145.59	1.00	79.13	0.00	0.00	0.00	0.00	1.77	113.01
1.92	132.71	0.00	0.00	1.28	101.26	0.00	0.00	0.00	0.00	0.73	45.62
0.93	59.97	0.00	0.00	2.30	170.82	1.41	109.68	1.90	132.11	0.83	54.62
1.07	67.01	3.04	196.17	0.93	68.70	0.00	0.00	2.71	173.11	0.63	44.04
0.00	0.00	2.76	176.45	5.58	435.87	0.00	0.00	1.14	78.70	1.17	75.38
0.00	0.00	3.33	232.09	0.00	0.00	1.26	96.61	0.91	62.52	0.00	0.00
2.13	139.61	4.62	308.29	0.00	0.00	0.68	52.14	1.81	121.37	0.00	0.00
0.75	49.66	2.25	152.43	2.29	172.33	1.41	106.53	0.00	0.00	0.77	52.75
1.35	90.99	0.00	0.00	2.35	176.19	1.28	95.55	0.00	0.00	0.67	40.55
1.62	102.47	0.00	0.00	1.02	76.34	5.88	457.78	2.54	145.02	0.82	53.31
1.83	111.15	1.74	122.47	1.27	92.54	0.00	0.00	1.14	76.13	0.62	41.97
0.00	0.00	1.60	116.11	1.10	81.36	0.00	0.00	1.07	70.23	1.07	75.78
0.00	0.00	1.35	95.21	0.00	0.00	2.36	179.71	1.29	89.82	0.00	0.00
1.25	73.91	1.74	122.71	0.00	0.00	2.11	155.46	1.95	122.29	0.00	0.00
2.08	125.96	1.66	111.04	2.88	220.75	2.96	213.75	0.00	0.00	0.65	47.04
1.71	105.64	0.00	0.00	1.07	81.74	1.86	135.24	0.00	0.00	1.14	80.83
1.44	84.47	0.00	0.00	1.21	96.56	1.94	128.41	1.21	81.77	0.98	68.56
1.14	66.29	1.67	109.27	1.04	82.77	0.00	0.00	1.93	122.50	1.14	80.17
0.00	0.00	0.61	43.29	6.98	565.48	0.00	0.00	1.94	129.65	0.59	42.42
0.00	0.00	1.50	107.55	0.00	0.00	1.60	98.56	1.51	107.16	0.00	0.00
1.94	107.16	2.14	157.91	0.00	0.00	1.51	105.16	1.86	132.91	0.00	0.00
1.86	107.63	2.07	160.56	1.91	154.19	1.25	91.11	0.00	0.00	1.27	86.78
3.60	199.55	0.00	0.00	1.84	152.85	0.95	71.97	0.00	0.00	0.62	44.48
1.65	94.31	0.00	0.00	1.10	90.37	5.35	383.44	0.72	45.43	0.49	33.15
1.41	79.64	2.77	229.90	0.00	0.00	0.00	0.00	0.00	0.00	1.78	124.98

3－26　2009 年深圳可转债每日成交额、成交量

日期 Date	1月 Jan.		2月 Feb.		3月 Mar.		4月 Apr.		5月 May.		6月 Jun.	
	成交额 Turnover	成交量 Volume	成交额 Turnover	成交量 Volume	成交额 Turnover	成交量 Volume	成交额 Turnover	成交量 Volume	成交额 Turnover	成交量 Volume	成交额 Turnover	成交量 Volume
1	0.00	0.00	0.00	0.00	0.00	0.00	1.70	146.06	0.00	0.00	1.24	87.08
2	0.00	0.00	0.31	28.04	0.32	26.99	0.65	50.31	0.00	0.00	1.09	84.01
3	0.00	0.00	0.63	58.14	0.74	60.37	0.73	55.53	0.00	0.00	1.06	81.04
4	0.00	0.00	0.54	46.96	1.40	118.23	0.00	0.00	1.05	74.58	0.66	50.46
5	1.23	118.61	0.85	71.30	1.81	152.32	0.00	0.00	2.02	141.60	0.92	72.28
6	1.32	124.61	1.57	135.51	0.56	46.46	0.00	0.00	0.92	58.51	0.00	0.00
7	1.37	129.36	0.00	0.00	0.00	0.00	1.14	97.56	1.12	78.80	0.00	0.00
8	0.87	81.61	0.00	0.00	0.00	0.00	0.52	45.89	0.65	51.28	0.91	71.18
9	1.11	104.93	0.78	67.51	0.64	56.21	0.45	38.77	0.00	0.00	0.50	35.83
10	0.00	0.00	0.59	47.87	0.56	50.94	0.57	46.29	0.00	0.00	2.65	189.61
11	0.00	0.00	2.33	182.22	0.46	42.82	0.00	0.00	0.93	76.68	1.94	150.58
12	0.86	81.03	1.74	135.35	0.79	69.64	0.00	0.00	1.48	110.67	0.72	55.99
13	0.73	66.30	2.08	147.48	0.58	50.57	1.18	93.45	1.91	156.50	0.00	0.00
14	0.71	66.74	0.00	0.00	0.00	0.00	1.83	131.87	0.72	53.64	0.00	0.00
15	0.72	65.03	0.00	0.00	0.00	0.00	4.22	283.25	1.30	84.59	0.48	36.33
16	1.24	115.50	2.66	228.62	0.55	48.51	2.44	168.21	0.00	0.00	0.39	29.86
17	0.00	0.00	1.58	127.01	1.00	80.08	0.94	67.87	0.00	0.00	1.25	84.46
18	0.00	0.00	2.16	183.00	1.57	133.88	0.00	0.00	1.59	114.75	0.73	50.02
19	0.55	47.60	1.57	139.36	1.16	101.01	0.00	0.00	1.14	84.93	0.52	40.86
20	0.32	29.17	1.58	132.52	1.12	96.48	0.54	37.46	1.39	94.95	0.00	0.00
21	0.55	46.93	0.00	0.00	0.00	0.00	0.85	57.62	0.59	44.43	0.00	0.00
22	0.75	66.38	0.00	0.00	0.00	0.00	0.40	28.59	0.79	63.87	0.35	28.17
23	0.91	83.56	1.30	116.16	1.82	160.36	1.00	79.77	0.00	0.00	0.39	31.01
24	0.00	0.00	1.75	150.96	1.87	160.39	0.46	31.66	0.00	0.00	0.30	23.54
25	0.00	0.00	3.59	319.04	0.75	62.96	0.00	0.00	1.16	85.29	0.14	11.94
26	0.00	0.00	4.01	331.02	1.04	87.91	0.00	0.00	0.98	64.53	0.03	1.97
27	0.00	0.00	1.17	95.67	1.08	89.52	0.80	65.64	0.52	38.22	0.00	0.00
28	0.00	0.00	0.00	0.00	0.00	0.00	0.51	38.74	0.00	0.00	0.00	0.00
29	0.00	0.00	0.00	0.00	0.00	0.00	0.41	29.18	0.00	0.00	0.18	14.60
30	0.00	0.00	0.00	0.00	0.37	29.13	2.44	170.42	0.00	0.00	0.61	49.12
31	0.00	0.00	0.00	0.00	0.30	23.86	0.00	0.00	0.00	0.00	0.00	0.00

数据来源：深圳证券交易所

Source: Shenzhen Stock Exchange

Daily Turnover and Volume of Convertible Bonds in Shenzhen (2009)

成交额：亿元；成交量：万张

7月 Jul.		8月 Aug.		9月 Sep.		10月 Oct.		11月 Nov.		12月 Dec.	
成交额 Turnover	成交量 Volume	成交额 Turnover	成交量 Volume	成交额 Turnover	成交量 Volume	成交额 Turnover	成交量 Volume	成交额 Turnover	成交量 Volume	成交额 Turnover	成交量 Volume
0.60	48.51	0.00	0.00	0.68	57.21	0.00	0.00	0.00	0.00	0.42	33.92
0.91	72.51	0.00	0.00	0.58	47.82	0.00	0.00	0.65	51.87	0.61	47.27
0.63	47.29	1.01	60.03	0.90	73.96	0.00	0.00	0.95	69.59	0.43	33.74
0.00	0.00	0.66	38.41	0.31	25.29	0.00	0.00	0.74	55.89	0.29	22.21
0.00	0.00	1.22	75.27	0.00	0.00	0.00	0.00	0.66	47.60	0.00	0.00
0.68	53.13	0.50	30.88	0.00	0.00	0.00	0.00	1.75	130.64	0.00	0.00
1.31	100.46	1.47	99.52	0.26	20.23	0.00	0.00	0.00	0.00	0.25	20.29
1.63	123.77	0.00	0.00	0.62	49.79	0.00	0.00	0.00	0.00	0.28	21.25
0.64	48.20	0.00	0.00	0.82	60.80	0.24	18.58	1.33	93.49	0.60	44.72
0.49	34.69	1.93	130.44	0.35	26.26	0.00	0.00	0.24	17.56	0.37	27.04
0.00	0.00	1.12	73.38	0.32	23.88	0.00	0.00	0.31	22.56	0.23	15.35
0.00	0.00	4.00	287.86	0.00	0.00	3.09	229.69	0.39	29.91	0.00	0.00
0.56	39.66	1.84	125.63	0.00	0.00	0.45	33.45	0.56	44.84	0.00	0.00
0.39	26.47	1.34	94.67	0.22	16.56	1.31	102.80	0.00	0.00	0.25	19.29
1.86	131.90	0.00	0.00	1.17	90.35	1.34	104.98	0.00	0.00	0.77	62.68
0.83	58.06	0.00	0.00	0.17	12.49	0.46	33.92	1.03	75.75	0.03	1.77
1.04	71.00	2.48	179.28	0.35	23.99	0.00	0.00	0.28	20.08	0.13	9.03
0.00	0.00	0.64	47.13	0.62	42.89	0.00	0.00	0.40	31.79	0.27	19.30
0.00	0.00	1.05	77.85	0.00	0.00	1.10	83.29	0.29	22.31	0.00	0.00
1.33	89.39	0.45	32.43	0.00	0.00	0.63	47.80	0.37	27.03	0.00	0.00
0.97	65.65	0.38	27.46	0.07	5.03	1.07	75.29	0.00	0.00	0.11	7.46
0.63	42.83	0.00	0.00	0.20	15.83	0.66	45.09	0.00	0.00	0.14	9.50
0.44	30.79	0.00	0.00	0.84	68.32	0.90	67.09	0.36	25.04	0.06	4.68
0.58	37.76	0.39	27.99	1.10	93.09	0.00	0.00	0.74	54.02	0.35	28.51
0.00	0.00	0.43	30.87	0.46	38.39	0.00	0.00	0.77	59.39	0.13	10.48
0.00	0.00	0.23	16.16	0.00	0.00	0.89	67.10	0.73	56.61	0.00	0.00
0.79	50.70	0.28	19.70	0.00	0.00	0.82	57.35	0.50	39.94	0.00	0.00
0.97	61.60	1.14	87.02	0.32	27.78	0.34	23.71	0.00	0.00	0.11	7.51
1.91	123.13	0.00	0.00	0.46	38.03	0.55	42.22	0.00	0.00	0.27	19.79
0.66	41.13	0.00	0.00	0.23	19.52	0.95	72.24	0.14	10.60	0.34	23.23
0.66	40.67	1.27	107.27	0.00	0.00	0.00	0.00	0.00	0.00	0.64	46.06

3-27 2009年国债发行统计表

Statistics of T-Bond Issuation In 2009

单位：亿元 unit:100000000yuan

	发行对象 Issue Target	偿还期限 Maturity	发行利率(%) Interest Rate	累计发行额 Total Amount Issued
一、当年国债发行与兑付				3511.11
(一)储蓄国债				3511.11
1. 凭证式国债				2000.00
2009年第1期	社会公众	3	3.73	210.00
	社会公众	5	4.00	90.00
2009年第2期	社会公众	3	3.73	400.00
	社会公众	5	4.00	100.00
2009年第3期	社会公众	3	3.73	400.00
	社会公众	5	4.00	100.00
2009年第4期	社会公众	1	2.60	200.00
	社会公众	3	3.73	200.00
2009年第5期	社会公众	1	2.60	150.00
	社会公众	3	3.73	150.00
2. 储蓄国债(电子式)				1511.11
2009年第1期	居民个人	3	3.73	258.98
2009年第2期	居民个人	5	4.00	52.13
2009年第3期	居民个人	3	3.73	400.00
2009年第4期	居民个人	5	4.00	100.00
2009年第5期	居民个人	1	2.60	200.00
2009年第6期	居民个人	3	3.73	200.00
2009年第7期	居民个人	1	2.60	150.00
2009年第8期	居民个人	3	3.73	150.00
(二)记账式国债				12416.13
1. 记账式附息国债				8540.50
2009年第1期	银行间/交易所	7	2.76	269.30
2009年第2期	银行间/交易所	20	3.86	220.00
2009年第3期	银行间/交易所	10	3.05	260.00
2009年第4期	银行间/交易所	5	2.29	273.10
2009年第5期	银行间/交易所	30	4.02	220.00
2009年第6期	银行间/交易所	7	2.82	252.10
2009年第7期	银行间/交易所	10	3.02	277.60
2009年第8期	银行间/交易所	1	0.89	285.90
2009年第9期	银行间/交易所	3	1.55	273.00
2009年第10期	银行间/交易所	5	2.66	295.00
2009年第11期	银行间/交易所	15	3.69	280.00
2009年第12期	银行间/交易所	10	3.09	282.70
2009年第13期	银行间/交易所	7	2.82	280.00
2009年第14期	银行间/交易所	1	1.06	275.20
2009年第15期	银行间/交易所	3	2.22	280.00
2009年第16期	银行间/交易所	10	3.48	283.00
2009年第17期	银行间/交易所	7	3.15	260.00
2009年第18期	银行间/交易所	5	2.97	275.80
2009年第19期	银行间/交易所	7	3.17	267.30
2009年第20期	银行间/交易所	20	4.00	260.00

续表 1　Continued 1

	发行对象 Issue Target	偿还期限 Maturity	发行利率(%) Interest Rate	累计发行额 Total Amount Issued
2009 年第 21 期	银行间/交易所	1	1.46	285.40
2009 年第 22 期	银行间/交易所	3	2.18	268.60
2009 年第 23 期	银行间/交易所	10	3.44	266.40
2009 年第 24 期	银行间/交易所	5	2.90	268.00
2009 年第 25 期	银行间/交易所	30	4.18	240.00
2009 年第 26 期	银行间/交易所	7	3.40	274.90
2009 年第 27 期	银行间/交易所	10	3.68	272.40
2009 年第 28 期	银行间/交易所	1	1.44	273.40
2009 年第 29 期	银行间/交易所	3	2.42	276.30
2009 年第 30 期	银行间/交易所	50	4.30	200.00
2009 年第 31 期	银行间/交易所	5	2.90	273.90
2009 年第 32 期	银行间/交易所	7	2.90	271.20
2. 记账式贴现国债				3875.63
2009 年第 1 期	银行间/交易所	91/365	99.795/100 元	150.00
2009 年第 2 期	银行间/交易所	273/365	99.314/100 元	200.00
2009 年第 3 期	银行间/交易所	91/365	99.789/100 元	150.00
2009 年第 4 期	银行间/交易所	182/365	99.552/100 元	150.00
2009 年第 5 期	银行间/交易所	91/365	99.793/100 元	150.00
2009 年第 6 期	银行间/交易所	91/365	99.799/100 元	150.00
2009 年第 7 期	银行间/交易所	182/365	99.582/100 元	150.00
2009 年第 8 期	银行间/交易所	91/365	99.801/100 元	150.00
2009 年第 9 期	银行间/交易所	273/365	99.349/100 元	200.00
2009 年第 10 期	银行间/交易所	91/365	99.797/100 元	150.00
2009 年第 11 期	银行间/交易所	182/365	99.581/100 元	150.00
2009 年第 12 期	银行间/交易所	91/365	99.72/100 元	124.80
2009 年第 13 期	银行间/交易所	273/365	99.077/100 元	126.50
2009 年第 14 期	银行间/交易所	182/365	99.217/100 元	185.10
2009 年第 15 期	银行间/交易所	91/365	99.674/100 元	99.67
2009 年第 16 期	银行间/交易所	273/365	98.796/100 元	148.19
2009 年第 17 期	银行间/交易所	182/365	99.313/100 元	148.97
2009 年第 18 期	银行间/交易所	91/365	99.71/100 元	99.71
2009 年第 19 期	银行间/交易所	273/365	98.992/100 元	148.49
2009 年第 20 期	银行间/交易所	182/365	99.344/100 元	149.02
2009 年第 21 期	银行间/交易所	91/365	99.697/100 元	149.55
2009 年第 22 期	银行间/交易所	182/365	99.337/100 元	149.01
2009 年第 23 期	银行间/交易所	91/365	99.702/100 元	149.55
2009 年第 24 期	银行间/交易所	273/365	98.989/100 元	148.48
2009 年第 25 期	银行间/交易所	91/365	99.708/100 元	149.56
2009 年第 26 期	银行间/交易所	182/365	99.355/100 元	149.03
（三）地方政府债券				2000.00
2009 年新疆政府债第 1 期	银行间/交易所	3	1.61	30.00
2009 年安徽政府债第 1 期	银行间/交易所	3	1.60	40.00
2009 年河南政府债第 1 期	银行间/交易所	3	1.63	50.00
2009 年四川政府债第 1 期	银行间/交易所	3	1.65	90.00
2009 年重庆政府债第 1 期	银行间/交易所	3	1.70	58.00
2009 年辽宁政府债第 1 期	银行间/交易所	3	1.75	30.00
2009 年天津政府债第 1 期	银行间/交易所	3	1.78	26.00
2009 年山东政府债第 1 期	银行间/交易所	3	1.80	30.00
2009 年江苏政府债第 1 期	银行间/交易所	3	1.82	84.00

续表 2　Continued 2

	发行对象 Issue Target	偿还期限 Maturity	发行利率(%) Interest Rate	累计发行额 Total Amount Issued
2009 年吉林政府债第 1 期	银行间/交易所	3	1.82	30.00
2009 年青岛政府债第 1 期	银行间/交易所	3	1.82	11.00
2009 年湖北政府债第 1 期	银行间/交易所	3	1.82	50.00
2009 年青海政府债第 1 期	银行间/交易所	3	1.82	29.00
2009 年河北政府债第 1 期	银行间/交易所	3	1.80	40.00
2009 年内蒙古政府债第 1 期	银行间/交易所	3	1.80	30.00
2009 年陕西政府债第 1 期	银行间/交易所	3	1.80	36.00
2009 年黑龙江政府债第 1 期	银行间/交易所	3	1.77	30.00
2009 年云南政府债第 1 期	银行间/交易所	3	1.77	84.00
2009 年浙江政府债第 1 期	银行间/交易所	3	1.77	40.00
2009 年四川市政府债第 2 期	银行间/交易所	3	1.71	90.00
2009 年湖北政府债第 2 期	银行间/交易所	3	1.71	31.00
2009 年大连政府债第 1 期	银行间/交易所	3	1.71	10.00
2009 年河南政府债第 2 期	银行间/交易所	3	1.67	38.00
2009 年上海政府债第 1 期	银行间/交易所	3	1.67	40.00
2009 年北京政府债第 1 期	银行间/交易所	3	1.67	56.00
2009 年广西政府债第 1 期	银行间/交易所	3	1.67	35.00
2009 年湖南政府债第 1 期	银行间/交易所	3	1.70	82.00
2009 年福建政府债第 1 期	银行间/交易所	3	1.70	26.00
2009 年宁夏政府债第 1 期	银行间/交易所	3	1.70	30.00
2009 年江西政府债第 1 期	银行间/交易所	3	1.72	62.00
2009 年贵州政府债第 1 期	银行间/交易所	3	1.72	64.00
2009 年安徽政府债第 2 期	银行间/交易所	3	1.72	37.00
2009 年广东政府债第 1 期	银行间/交易所	3	1.75	85.00
2009 年厦门政府债第 1 期	银行间/交易所	3	1.75	8.00
2009 年海南政府债第 1 期	银行间/交易所	3	1.75	29.00
2009 年山西政府债第 1 期	银行间/交易所	3	1.76	53.00
2009 年甘肃政府债第 1 期	银行间/交易所	3	1.76	65.00
2009 年宁波政府债第 1 期	银行间/交易所	3	1.79	15.00
2009 年深圳政府债第 1 期	银行间/交易所	3	1.79	24.00
2009 年新疆政府债第 2 期	银行间/交易所	3	1.79	25.00
2009 年山东政府债第 2 期	银行间/交易所	3	1.79	29.00
2009 年辽宁政府债第 2 期	银行间/交易所	3	1.79	26.00
2009 年吉林政府债第 2 期	银行间/交易所	3	2.36	25.00
2009 年广西政府债第 2 期	银行间/交易所	3	2.36	30.00
2009 年黑龙江政府债第 2 期	银行间/交易所	3	2.36	30.00
2009 年内蒙古政府债第 2 期	银行间/交易所	3	2.36	27.00
2009 年河北政府债第 2 期	银行间/交易所	3	2.24	20.00
2009 年上海政府债第 2 期	银行间/交易所	3	2.24	36.00
2009 年浙江政府债第 2 期	银行间/交易所	3	2.24	27.00
2009 年陕西政府债第 2 期	银行间/交易所	3	2.24	27.00
二、上年末国债发行与兑付				93530.90
三、当前累计				93530.90

数据来源：中国人民银行
Source：The People's Bank of China

3－28　1990—2009年国债余额一览表

The Balance of T-Bond (1990—2009)

单位：亿元　unit：100 000 000yuan

年份 Year	年底余额 The Ending Balance	年份 Year	年底余额 The Ending Balance
1990	890.34	2000	13020.00
1991	1059.99	2001	15618.00
1992	1282.72	2002	19336.10
1993	1540.74	2003	22603.60
1994	2286.40	2004	25777.60
1995	3300.30	2005	28774.00
1996	4361.43	2006	31448.70
1997	5508.93	2007	48741.00
1998	7765.70	2008	49767.83
1999	10542.00	2009	57949.98

数据来源：中国人民银行
Source：The People's Bank of China

3－29　可分离债基本信息

Summary of Bond with Attached Warrant

公司名称 Company name	债券代码 Bond Code	债券名称 Bond Name	发行规模(亿元) Issued Value	发行年限 Terms	发行日期 Issue date	到期日 Expiration date	上市日 Listing date	票面利率 coupon rate	权证代码 warrant code	行权标的 underlying security	上市地点 Trading Spot
宝山钢铁股份有限公司	126016	08宝钢债	100.00	6	20080620	20140619	20080704	0.80	580024	600019	上海
广东康美药业股份有限公司	126015	08康美债	9.00	6	20080508	20140508	20080526	0.80	580023	600518	上海
国电电力发展股份有限公司	126014	08国电债	39.95	6	20080507	20140507	20080522	1.00	580022	600795	上海
江西赣粤高速公路股份有限公司	126009	08赣粤债	12.00	6	20080128	20140127	20080228	0.80	580017	600269	上海
江西铜业股份有限公司	126018	08江铜债	68.00	8	20080922	20160922	20081010	1.00	580026	600362	上海
马鞍山钢铁股份有限公司	126001	06马钢债	55.00	5	20061113	20111113	20061129	1.40	580010	600808	上海
青岛啤酒股份有限公司	126013	08青啤债	15.00	6	20080402	20140402	20080418	0.80	580021	600600	上海
日照港股份有限公司	126007	07日照债	8.80	6	20071127	20131127	20071212	1.40	580015	600017	上海
上海国际港务(集团)股份有限公司	126012	08上港债	24.50	3	20080220	20110220	20080307	0.60	580020	600018	上海
上海汽车集团股份有限公司	126008	08上汽债	63.00	6	20071219	20131219	20080108	0.80	580016	600104	上海
深圳高速公路股份有限公司	126006	07深高债	15.00	6	20071009	20131009	20071030	1.00	580014	600548	上海
四川长虹电器股份有限公司	126019	09长虹债	30.00	6	20090731	20150730	20090819	0.80	580027	600839	上海
武汉钢铁股份有限公司	126005	07武钢债	75.00	5	20070326	20120325	20070417	1.20	580013	600005	上海
云南云天化股份有限公司	126003	07云化债	10.00	6	20070129	20130128	20070308	1.20	580012	600096	上海
中国葛洲坝集团股份有限公司	126017	08葛洲债	13.90	6	20080626	20140625	20080711	0.60	580025	600068	上海
中国石油化工股份有限公司	126011	08石化债	300.00	6	20080220	20140220	20080304	0.80	580019	600028	上海
中化国际(控股)股份有限公司	126002	06中化债	12.00	6	20061201	20121201	20061218	1.80	580011	600500	上海
中远航运股份有限公司	126010	08中远债	10.50	6	20080128	20140128	20080226	0.80	580018	600428	上海
攀枝花新钢钒股份有限公司	115001	钢钒债1	32.00	6	20061127	20121204	20061212	1.60	038001	000629	深圳
攀枝花新钢钒股份有限公司	115001	钢钒债1	32.00	6	20061127	20121204	20061212	1.60	031002	000629	深圳
中信国安信息产业股份有限公司	115002	国安债1	17.00	6	20070914	20130914	20070925	1.20	031005	000839	深圳
中兴通讯股份有限公司	115003	中兴债1	40.00	5	20080130	20130130	20080222	0.80	031006	000063	深圳

数据来源：上海、深圳证券交易所
Source：Shanghai、Shenzhen Stock Exchange

3-30 可分离债年度成交

Trading of Bond with Attached Warrant

债券代码 Bond Code	债券名称 Bond Name	开盘价 Open	最高价 High	最低价 Low	收盘价 Close	涨跌% Change	成交金额(亿元) Trading value	成交数量(万张) TradingVolume	上市地点 Trading Spot
126001	06马钢债	94.710	98.710	90.000	96.300	1.679	25.653	267.060	上　海
126002	06中化债	90.960	96.000	89.500	91.960	1.166	17.920	195.824	上　海
126003	07云化债	87.950	90.500	80.700	90.420	3.219	7.725	86.937	上　海
126005	07武钢债	93.210	99.980	67.000	94.590	1.079	15.275	161.816	上　海
126006	07深高债	88.990	91.940	84.000	87.660	−1.173	1.198	13.727	上　海
126007	07日照债	89.360	92.580	84.100	86.820	−2.886	1.264	14.516	上　海
126008	08上汽债	86.580	87.660	82.000	86.600	0.012	8.887	104.490	上　海
126009	08赣粤债	87.700	88.000	82.500	85.600	−2.283	4.132	48.016	上　海
126010	08中远债	83.000	90.000	80.530	83.990	0.925	16.113	191.578	上　海
126011	08石化债	88.020	88.220	82.000	85.100	−3.460	55.337	641.858	上　海
126012	08上港债	95.110	99.200	94.000	97.500	2.212	36.676	380.708	上　海
126013	08青啤债	83.600	84.800	80.000	82.980	−1.214	16.843	203.656	上　海
126014	08国电债	85.600	86.680	81.250	83.590	−2.462	50.081	595.313	上　海
126015	08康美债	78.850	81.350	70.820	79.280	0.507	29.923	377.006	上　海
126016	08宝钢债	85.120	86.610	80.030	84.600	−0.983	52.679	626.384	上　海
126017	08葛洲债	80.010	81.800	70.000	80.080	−0.087	24.815	310.206	上　海
126018	08江铜债	72.600	74.700	69.130	70.850	−2.451	192.331	2661.507	上　海
126019	09长虹债	70.210	73.280	70.200	73.200	0.000	45.280	629.883	上　海
115001	钢钒债1	91.810	93.640	89.610	92.400	0.936	6.156	0.067	深　圳
115002	国安债1	84.100	86.800	82.800	85.020	1.622	46.920	0.554	深　圳
115003	中兴债1	90.020	92.300	87.020	89.420	0.171	11.692	0.131	深　圳

数据来源：上海、深圳证券交易所
Source：Shanghai、Shenzhen Stock Exchange

3－31　公司债基本信息

Summary of Corporate Bonds

公司名称 Company Name	债券代码 Bond Code	债券名称 Bond Name	发行规模(亿元) issue volume	发行年限 Terms	发行日期 issue date	到期日期 expiration date	上市日 Listing date	票面利率 coupon rate
广东移动通信有限责任公司	120101	01中移动	50.00	10	20010618	20110617	20011023	4.00
中国长江三峡工程开发总公司	120102	01三峡债	30.00	15	20011108	20161108	20020419	5.21
中国长江三峡工程开发总公司	120201	02三峡债	50.00	20	20020920	20220920	20030113	4.76
中国移动通信公司	120203	02中移(15)	50.00	15	20021028	20171027	20030122	4.50
江苏交通控股有限公司	120204	02苏交通	15.00	15	20021212	20171211	20030418	4.51
重庆市城市建设投资公司	120205	02渝城投	15.00	10	20021209	20121208	20030620	4.32
中国金茂(集团)股份有限公司	120288	02金茂债	10.00	10	20020428	20120428	20030421	4.22
上海轨道交通建设	120301	03沪轨道	40.00	15	20030219	20180219	20030904	4.51
苏州工业园区地产经营管理公司	120302	03苏园建	10.00	10	20030718	20130717	20031205	4.30
中国长江三峡工程开发总公司	120303	03三峡债	30.00	30	20030801	20330731	20040315	4.86
国家电网公司	120304	03电网(1)	30.00	10	20031231	20131230	20040910	4.61
国家电网公司	120305	03电网(2)	20.00	10	20031231	20131230	20040910	5.89
中国电力投资集团公司	120306	03中电投	30.00	15	20031208	20181207	20041028	5.02
上海浦东发展(集团)有限公司	120307	03浦发债	15.00	10	20030113	20130112	20050616	4.29
浙江沪杭甬高速公路股份有限公司	120308	03沪杭甬	10.00	10	20030124	20130123	20050812	4.29
江苏交通控股有限公司	120309	03苏交通	18.00	10	20031121	20131120	20051026	4.61
中国网络通信集团公司	120310	03网通(1)	40.00	10	20031204	20131203	20060629	4.60
中国网络通信集团公司	120311	03网通(2)	10.00	10	20031204	20131203	20060629	4.32
中国通用技术(集团)控股有限责任公司	120482	04通用债	10.00	10	20040331	20140330	20040916	5.89
中国石油化工股份有限公司	120483	04中石化	35.00	10	20040224	20140223	20040928	4.61
中国国电集团公司	120485	04国电(1)	24.44	10	20040922	20140921	20050908	5.30
中国国电集团公司	120486	04国电(2)	15.56	15	20040922	20190921	20050908	5.60
北京市基础设施投资有限公司	120488	04京地铁	20.00	10	20041215	20141214	20050830	5.05
中国南方电网有限责任公司	120489	04南网(1)	10.00	10	20040917	20140916	20051026	5.30
中国南方电网有限责任公司	120490	04南网(2)	20.00	15	20040917	20190916	20051026	5.60
申能(集团)有限公司	120501	05申能债	10.00	10	20050202	20150201	20050718	6.84
苏州工业园区地产经营管理公司	120502	05苏园建	12.00	10	20050519	20150518	20050722	5.05
重庆市水务控股(集团)有限公司	120503	05渝水务	17.00	10	20050426	20150425	20050801	5.05
中国华电集团公司	120505	05华电债	20.00	10	20050630	20150629	20050906	4.98
中国大唐集团公司	120506	05大唐债	30.00	15	20050429	20200428	20050826	5.28
中华人民共和国铁道部	120508	05铁道债	50.00	15	20050729	20200728	20050909	4.85
国家电网公司	120509	05国网(1)	30.00	10	20050708	20150707	20050912	4.98
国家电网公司	120510	05国网(2)	10.00	10	20050708	20150707	20050912	4.50
上海市城市建设投资开发总公司	120511	05沪建(1)	20.00	10	20050727	20150726	20050927	4.98
上海市城市建设投资开发总公司	120512	05沪建(2)	10.00	15	20050727	20200726	20050927	5.18
中国电力投资集团公司	120516	05中电投	20.00	10	20050712	20150711	20050926	4.98
北京能源投资(集团)有限公司	120517	05京能(1)	15.00	5	20050706	20100705	20051125	4.80
北京能源投资(集团)有限公司	120518	05京能(2)	5.00	7	20050706	20120705	20051125	4.95
中国华能集团公司	120519	05华能债	20.00	10	20050705	20150704	20051116	5.02
杭州市城市建设发展有限公司	120520	05杭城建	10.00	10	20050620	20150619	20051229	5.02
中国国际航空股份有限公司	120521	05国航债	30.00	10	20050907	20150906	20051215	4.50
中国铁通集团有限公司	120522	05铁通债	10.00	10	20050818	20150817	20051220	4.60
福建省高速公路有限责任公司	120523	05闽高速	20.00	10	20050610	20150609	20060217	5.05
中国核工业集团公司	120525	05中核(1)	10.00	10	20050722	20150721	20060111	4.98
武汉市城市建设投资开发集团有限公司	120527	05武城投	10.00	15	20051226	20201225	20060522	4.70
上海世博(集团)有限公司	120528	05世博债	15.00	7	20051228	20121227	20060118	4.00

续表 1　Continued 1

公司名称 Company Name	债券代码 Bond Code	债券名称 Bond Name	发行规模(亿元) issue volume	发行年限 Terms	发行日期 issue date	到期日期 expiration date	上市日 Listing date	票面利率 coupon rate
宁夏煤业集团有限责任公司	120529	05宁煤债	10.00	15	20050916	20200915	20060530	4.90
中国大唐集团公司	120601	06大唐债	20.00	20	20060216	20260215	20060316	4.20
河北省建设投资公司	120602	06冀建投	10.00	20	20060328	20260327	20060418	4.18
中国航天科技集团公司	120603	06航天债	20.00	15	20060418	20210417	20060830	4.00
国家电网公司	120604	06国网(1)	10.00	10	20060529	20160528	20060712	4.05
中国长江三峡工程开发总公司	120605	06三峡债	30.00	20	20060511	20260510	20060720	4.15
上海张江(集团)有限公司	120606	06张江债	6.00	7	20060519	20130518	20060703	4.00
上海水务资产经营发展有限公司	120607	06沪水务	15.00	15	20060629	20210628	20060808	4.25
山东省高速公路集团有限公司	120608	06鲁高速	10.00	20	20060407	20260406	20070108	4.10
江西省投资集团公司	120609	06赣投债	8.00	15	20060911	20210910	20061019	4.38
合肥城建投资控股有限公司	120610	06合城投	10.00	10	20060920	20160919	20070330	4.32
上海世博土地控股有限公司	120701	07世博(1)	20.00	10	20070215	20170214	20070329	4.05
上海世博土地控股有限公司	120702	07世博(2)	20.00	15	20070215	20220214	20070329	4.15
安庆市城市建设投资发展(集团)有限公司	122932	09宜城债	12.00	7	20091125	20161125	20091228	7.00
百联集团有限公司	122977	09百联债	10.00	3	20090326	20120326	20090413	4.15
保利房地产(集团)股份有限公司	122012	08保利债	43.00	5	20080711	20130711	20080721	7.00
北京城建投资发展股份有限公司	122027	09京城建	9.00	7	20090928	20160928	20091021	6.80
北京华联综合超市股份有限公司	122030	09京综超	7.00	6	20091102	20151102	20091210	5.80
北京市北辰实业股份有限公司	122013	08北辰债	17.00	5	20080718	20130718	20080730	8.20
北京万通地产股份有限公司	122029	09万通债	10.00	5	20091014	20141014	20091103	7.00
北汽福田汽车股份有限公司	122026	09福田债	10.00	5	20090923	20140923	20091015	5.68
常州高新技术产业开发区发展(集团)总公司	122956	09常高新	15.00	10	20090604	20190604	20090710	5.20
常州市城市建设(集团)有限公司	122996	08常城建	25.00	7	20080924	20150924	20081022	6.30
常州市武进城市建设投资有限责任公司	122954	09武进债	22.00	7	20090609	20160609	20090724	5.42
常州投资集团有限公司	122949	09常投债	20.00	7	20090701	20160701	20090804	5.80
长春市开发(集团)有限公司	122982	09长城开	12.00	7	20090309	20160309	20090331	6.08
长沙经济技术开发有限公司	122958	09长经开	5.80	6	20090522	20150522	20090630	6.60
成都工业投资集团有限公司	122957	09蓉工投	15.00	7	20090604	20160604	20090713	5.08
承德新新钒钛股份有限公司	122005	08钒钛债	13.00	5	20080228	20130228	20080318	6.80
大唐国际发电股份有限公司	122017	09大唐债	30.00	10	20090817	20190817	20090924	5.00
福建漳龙实业有限公司	122967	09闽漳龙	10.00	6	20090424	20150424	20090527	5.88
复地(集团)股份有限公司	122020	09复地债	19.00	5	20090922	20140922	20091103	7.30
赣州发展投资控股集团有限责任公司	122952	09赣州债	15.00	7	20090616	20160616	20090728	5.58
广州富力地产股份有限公司	122033	09富力债	55.00	5	20091023	20141023	20091112	6.85
广州造纸股份有限公司	122999	08广纸债	3.90	10	20080313	20180313	20080729	6.45
海航集团有限公司	122991	08海航债	15.00	6	20081225	20141225	20090122	6.78
海洋石油工程股份有限公司	122001	07海工债	12.00	10	20071109	20171109	20071119	5.77
杭州市城市建设投资集团有限公司	122968	09杭城投	22.00	6	20090414	20150414	20090505	4.35
合肥市建设投资控股(集团)有限公司	122947	09合建投	20.00	5	20090708	20140708	20090925	5.04
合肥市建设投资控股(集团)有限公司	122995	08合建投	17.00	10	20080828	20180828	20081202	6.91
河南投资集团有限公司	122969	09豫投债	15.00	10	20090415	20190415	20090511	4.85
黑龙江省鹤城建设投资发展有限公司	122936	09鹤城投	12.00	7	20091117	20161117	20091229	7.78
呼和浩特春华水务开发有限责任公司	122986	09春华债	10.00	7	20090211	20160211	20090331	6.08
湖南岳阳市城市建设投资有限公司	122953	09岳城建	10.00	6	20090430	20150430	20091012	5.88
华能国际电力股份有限公司	122002	07华能G1	10.00	5	20071225	20121225	20080115	5.67

续表 2　Continued 2

公司名称 Company Name	债券代码 Bond Code	债券名称 Bond Name	发行规模(亿元) issue volume	发行年限 Terms	发行日期 issue date	到期日期 expiration date	上市日 Listing date	票面利率 coupon rate
华能国际电力股份有限公司	122003	07华能 G 2	17.00	7	20071225	20141225	20080115	5.75
华能国际电力股份有限公司	122004	07华能 G 3	33.00	10	20071225	20171225	20080115	5.90
华能国际电力股份有限公司	122008	08华能 G 1	40.00	10	20080508	20180508	20080521	5.20
淮南市城市建设投资有限责任公司	122951	09淮城投	15.00	7	20090626	20160626	20090723	5.88
吉安市城市建设投资开发公司	122939	09吉安债	15.00	7	20091028	20161028	20091210	7.95
济南市城市建设投资有限公司	122975	09济城建	15.00	10	20090326	20190326	20090522	4.78
江苏沪宁高速公路股份有限公司	122010	08宁沪债	11.00	3	20080728	20110728	20080812	5.40
江苏交通控股有限公司	122992	08苏交通	25.00	5	20081118	20131118	20081215	4.95
江阴城市建设投资有限公司	122942	09江阴债	25.00	7	20090915	20160915	20091030	6.90
金地(集团)股份有限公司	122006	08金地债	12.00	8	20080310	20160310	20080320	5.50
金发科技股份有限公司	122011	08金发债	10.00	5	20080724	20130724	20080812	8.20
昆明滇池投资有限责任公司	122966	09滇投债	8.00	6	20090427	20150427	20090520	5.90
昆明市创业控股有限公司	122973	09昆创控	20.00	7	20090330	20160330	20090512	4.70
莱芜钢铁股份有限公司	122007	08莱钢债	20.00	10	20080325	20180325	20080418	6.55
临海市基础设施投资有限公司	122931	09临海债	10.00	7	20091106	20161106	20091229	7.98
六安城市建设投资有限公司	122984	09六城投	15.00	7	20090302	20160302	20090326	7.10
绵阳市投资控股(集团)有限公司	122972	09绵投控	15.00	7	20090408	20160408	20090430	5.85
南京钢铁联合有限公司	122983	09南钢联	25.00	7	20090227	20160227	20090318	6.13
南京市交通建设投资控股集团有限责任公司	122962	09宁交通	10.00	7	20090507	20160507	20090604	5.23
南山集团有限公司	122933	09南山1	10.00	6	20091020	20151020	20091228	6.50
南山集团有限公司	122934	09南山2	10.00	10	20091020	20191020	20091228	7.50
南通国有资产投资控股有限公司	122935	09南通债	23.00	7	20091113	20161113	20091228	6.72
清华控股有限公司	122959	09清控债	10.00	7	20090519	20160519	20090625	4.78
山西国阳新能股份有限公司	122024	09国阳债	14.00	5	20090915	20140915	20090930	5.38
上海城投控股股份有限公司	122022	09城控债	20.00	5	20090911	20140911	20090929	5.00
上海隧道工程股份有限公司	122032	09隧道债	14.00	7	20091021	20161021	20091109	5.55
上海外高桥(集团)有限公司	122943	09外高桥	8.50	5	20090904	20140904	20091023	4.20
上海万业企业股份有限公司	122023	09万业债	10.00	5	20090917	20140917	20090930	7.30
上海豫园旅游商城股份有限公司	122014	09豫园债	5.00	5	20090717	20140717	20090819	5.90
上海张江(集团)有限公司债券	122963	09张江债	8.00	3	20090610	20120610	20090701	3.87
上海张江高科技园区开发股份有限公司	122036	09沪张江	20.00	5	20091209	20141209	20091231	5.90
上虞市水处理发展有限责任公司	122945	09虞水债	8.00	7	20090731	20160731	20091009	6.80
首创置业股份有限公司	122025	09首置债	10.00	5	20090924	20140924	20091021	6.50
苏州汾湖投资集团有限公司	122938	09汾湖债	10.00	8	20091022	20171022	20091209	7.00
苏州高新区经济发展集团总公司	122997	08苏高新	4.00	5	20081009	20131009	20081028	6.14
苏州新区高新技术产业股份有限公司	122035	09苏高新	10.00	5	20091109	20141109	20091116	5.50
唐山三友化工股份有限公司	122037	09三友债	9.60	8	20091126	20171126	20091218	6.32
天津城市基础设施投资集团有限公司	122978	09津投1	15.00	3	20090325	20120325	20090413	3.02
天津城市基础设施投资集团有限公司	122979	09津投2	20.00	5	20090325	20140325	20090413	3.75
天津城市基础设施投资集团有限公司	122980	09津投3	25.00	7	20090325	20160325	20090413	4.78
天津市房地产发展(集团)股份有限公司	122031	09天房债	3.00	3	20091019	20121019	20091103	7.30
铜陵市城市建设投资开发有限责任公司	122981	09铜城投	5.00	6	20090310	20150310	20090409	6.95
潍坊市投资公司	122965	09潍投债	7.00	10	20090415	20190415	20090504	5.88
无锡市交通产业集团有限公司	122948	09锡交债	20.00	7	20090708	20160708	20090826	5.58

续表 3 Continued 3

公司名称 Company Name	债券代码 Bond Code	债券名称 Bond Name	发行规模(亿元) issue volume	发行年限 Terms	发行日期 issue date	到期日期 expiration date	上市日 Listing date	票面利率 coupon rate
无锡市市政公用产业集团有限公司	122990	08锡公用	22.00	3	20081007	20111007	20090210	6.16
武汉市城市建设投资开发集团有限公司	122961	09武城投	15.00	10	20090525	20190525	20090629	4.72
舞阳钢铁有限责任公司	122993	08舞钢债	6.00	5	20081113	20131113	20090310	6.45
咸阳市城市建设投资有限公司	122940	09咸城投	17.50	10	20090930	20190930	20091111	7.60
湘潭市城市建设投资经营有限责任公司	122955	09潭城建	9.00	6	20090601	20150601	20090930	5.89
新湖中宝股份有限公司	122009	08新湖债	14.00	8	20080702	20160702	20080718	9.00
新疆广汇实业股份有限公司	122021	09广汇债	10.00	7	20090826	20160826	20090929	6.95
扬州市城建国有资产控股集团有限责任公司	122946	09扬城建	20.00	7	20090723	20160723	20090924	5.94
永城煤电控股集团有限公司	122976	09永煤债	13.00	6	20090330	20150330	20090505	4.28
云南煤化工集团有限公司	122987	08云煤化	15.00	5	20081219	20131219	20090310	5.41
云南省投资控股集团有限公司	122994	08云投债	15.00	5	20081022	20131022	20081127	5.40
浙江能源集团有限公司	122985	09浙能债	47.00	5	20090223	20140223	20090319	3.98
镇江市城市建设投资公司	122974	09镇城投	10.00	6	20090330	20150330	20090413	5.85
中国保利集团公司	122960	09保利集	13.00	5	20090507	20140507	20090625	4.72
中国长江电力股份有限公司	122000	07长电债	40.00	10	20070924	20170924	20071012	5.35
中国长江电力股份有限公司	122015	09长电债	35.00	10	20090730	20190730	20090819	4.78
中国长江航运集团南京油运股份有限公司	122998	04长航债	10.00	10	20040526	20140526	20080812	6.14
中国长江三峡工程开发总公司	122970	09三峡01	70.00	5	20090408	20140408	20090505	3.45
中国长江三峡工程开发总公司	122971	09三峡02	30.00	7	20090408	20160408	20090505	4.05
中国交通建设股份有限公司	122018	09中交G1	21.00	5	20090821	20140821	20090930	4.70
中国交通建设股份有限公司	122019	09中交G2	79.00	10	20090821	20190821	20090930	5.20
中国中材股份有限公司	122016	09中材债	25.00	7	20090729	20160729	20090819	5.40
中华企业股份有限公司	122034	09中企债	12.00	5	20091027	20141027	20091210	7.10
重庆交通旅游投资集团有限公司	122989	08渝交通	15.00	7	20081210	20151210	20090209	6.30
重庆龙湖企业拓展有限公司	122964	09龙湖债	14.00	7	20090505	20160505	20090525	6.70
重庆市能源投资集团公司	122950	09渝能源	15.00	7	20090701	20160701	20090818	5.45
重庆渝隆资产经营集团有限公司	122988	09渝隆债	10.00	7	20090115	20160115	20090218	7.08
珠海华发实业股份有限公司	122028	09华发债	18.00	8	20091016	20171016	20091111	7.00
株洲市城市建设投资经营有限公司	122944	09株城投	15.00	7	20090828	20160828	20091019	7.00
广东电力发展股份有限公司	112001	08粤电债	20.000	7	20080310	20150310	20080310	5.50
长沙中联重工科技发展股份有限公司	112002	08中联债	11.000	8	20080421	20160421	20080423	6.50
天津泰达股份有限公司公司	112003	08泰达债	6.000	5	20080812	20130812	20080813	7.10
中粮地产(集团)股份有限公司	112004	08中粮债	12.000	10	20080825	20180825	20080825	6.06
万科企业股份有限公司	112005	08万科G1	30.000	5	20080905	20130905	20080908	5.50
万科企业股份有限公司	112006	08万科G2	29.000	5	20080905	20130905	20080908	7.00
金融街控股股份有限公司	112007	09金街01	22.400	3	20090901	20120901	20090901	4.70
金融街控股股份有限公司	112008	09金街02	33.600	5	20090901	20140901	20090901	5.70
广东省高速公路发展股份有限公司	112009	09粤高速	8.000	5	20090921	20140921	20090921	5.10
山西西山煤电股份有限公司	112010	09西煤债	30.000	5	20091019	20141019	20091019	5.38
东北制药集团股份有限公司	112011	09东药债	6.000	5	20091102	20141102	20091103	7.05
名流置业集团股份有限公司	112012	09名流债	18.000	5	20091103	20141103	20091103	7.05
亿城集团股份有限公司	112013	09亿城债	7.300	5	20091104	20141104	20091105	8.50
沈阳银基发展股份有限公司	112014	09银基债	5.500	6	20091106	20151106	20091106	8.00
泛海建设集团股份有限公司	112015	09泛海债	32.000	5	20091113	20141113	20091113	7.20
宏润建设集团股份有限公司	112016	09宏润债	5.000	5	20091113	20141113	20091113	7.80
四川新希望农业股份有限公司	112017	09希望债	8.000	5	20091125	20141125	20091125	6.10
天津津滨发展股份有限公司	112018	09津滨债	7.000	5	20091126	20141126	20091126	7.20

3－32　公司债年度成交

Trading of Corporate Bonds in 2009

债券代码 Bond Code	债券名称 Bond Name	开盘价 Open	最高价 High	最低价 Low	收盘价 Close	涨跌% change	成交金额(亿元) Trading value	成交数量(万份) Trading volume
120101	01中移动	101.29	100.00	103.96	101.54	0.00	1.95	19.12
120102	01三峡债	106.90	99.71	107.10	100.98	−5.54	0.43	4.17
120201	02三峡债	100.31	89.90	104.42	95.97	−6.20	0.41	4.18
120203	02中移(15)	102.22	96.01	102.98	100.00	0.00	0.11	1.07
120204	02苏交通	102.25	96.10	104.22	100.00	−2.20	2.41	24.39
120205	02渝城投	102.50	96.08	110.00	100.20	−2.05	1.78	17.72
120207	02武钢(7)	101.49	100.00	101.60	100.06	0.00	1.28	12.73
120288	02金茂债	102.00	96.05	104.88	102.83	0.71	0.71	6.94
120301	03沪轨道	101.51	93.23	103.89	96.39	−6.42	0.16	1.57
120302	03苏园建	102.00	95.18	112.00	99.00	0.00	0.03	0.28
120303	03三峡债	104.00	92.00	108.00	97.50	−6.16	6.61	65.14
120304	03电网(1)	102.03	93.10	114.00	100.51	−3.17	0.19	1.84
120305	03电网(2)	100.32	92.00	103.95	100.10	−0.76	0.23	2.24
120306	03中电投	105.21	96.00	110.00	102.40	−3.20	0.25	2.40
120307	03浦发债	103.80	95.03	105.00	100.10	−3.29	0.09	0.91
120308	03沪杭甬	104.41	90.00	112.10	100.00	0.00	0.05	0.53
120309	03苏交通	104.00	96.61	105.60	100.30	0.00	0.18	1.75
120310	03网通(1)	104.50	96.91	104.50	100.00	−3.85	0.32	3.19
120311	03网通(2)	100.90	90.89	105.30	99.49	−1.21	7.02	69.80
120482	04通用债	100.80	96.00	102.40	99.11	−1.76	0.09	0.94
120483	04中石化	105.00	98.04	119.50	99.80	−4.50	0.12	1.19
120485	04国电(1)	107.00	96.99	118.00	101.00	−5.62	0.08	0.72
120486	04国电(2)	109.00	95.03	109.49	101.00	0.00	0.01	0.06
120488	04京地铁	105.00	100.30	110.00	102.50	−2.24	0.04	0.38
120489	04南网(1)	107.00	100.00	109.81	101.00	−4.22	0.04	0.35
120490	04南网(2)	0.00	0.00	0.00	0.00	0.00	0.00	0.00
120501	05申能债	106.00	100.08	110.00	103.00	0.00	0.05	0.44
120502	05苏园建	103.41	94.01	110.90	99.00	0.00	0.01	0.06
120503	05渝水务	107.00	89.00	110.00	98.00	0.00	0.01	0.08
120505	05华电债	107.00	90.10	108.29	99.38	0.00	0.02	0.22
120506	05大唐债	105.50	98.02	115.00	99.98	0.00	0.00	0.03
120508	05铁道债	102.90	93.40	114.50	95.50	0.00	0.16	1.52
120509	05国网(1)	106.00	90.00	117.00	97.54	0.00	0.01	0.07
120510	05国网(2)	102.58	97.03	106.00	100.99	−1.57	0.15	1.52
120511	05沪建(1)	106.80	95.53	107.00	99.38	0.00	0.01	0.08
120512	05沪建(2)	106.60	92.80	108.88	101.50	−3.79	0.00	0.03
120516	05中电投	101.70	95.00	107.18	96.30	0.00	0.03	0.28
120517	05京能(1)	103.47	100.00	105.28	101.30	0.00	0.09	0.83
120518	05京能(2)	104.00	91.00	120.00	100.50	0.00	0.01	0.05
120519	05华能债	107.00	95.00	115.00	100.00	0.00	0.00	0.04
120520	05杭城建	106.70	91.01	107.30	99.30	0.00	0.03	0.27
120521	05国航债	105.00	95.01	118.00	95.41	0.00	0.01	0.10
120522	05铁通债	104.20	60.05	105.00	97.50	0.00	0.00	0.03
120523	05闽高速	104.00	96.00	106.99	99.72	0.00	0.01	0.07
120525	05中核(1)	105.80	91.00	118.99	118.99	0.00	0.02	0.16
120527	05武城投	101.96	89.00	110.00	97.45	0.00	0.00	0.04
120528	05世博债	101.33	91.41	111.00	99.43	−1.88	0.18	1.80

续表 1 Continued 1

债券代码 Bond Code	债券名称 Bond Name	开盘价 Open	最高价 High	最低价 Low	收盘价 Close	涨跌% change	成交金额(亿元) Trading value	成交数量(万份) Trading volume
120529	05宁煤债	104.88	92.00	109.00	103.20	0.00	0.01	0.05
120601	06大唐债	103.40	85.05	103.78	92.66	0.00	0.14	1.41
120602	06冀建投	100.49	80.40	100.49	90.74	−9.70	0.08	0.83
120603	06航天债	100.18	90.50	110.00	93.70	0.00	0.59	5.93
120604	06国网(1)	100.00	88.00	101.10	98.00	0.00	0.04	0.41
120605	06三峡债	96.30	83.99	96.48	85.45	−11.26	5.95	66.97
120606	06张江债	100.58	90.00	113.00	98.00	0.00	0.23	2.41
120607	06沪水务	100.69	90.09	100.70	96.40	0.00	0.06	0.59
120608	06鲁高速	100.00	86.00	101.49	90.00	0.00	0.07	0.74
120609	06赣投债	0.00	0.00	0.00	0.00	0.00	0.00	0.00
120610	06合城投	0.00	0.00	0.00	0.00	0.00	0.00	0.00
120701	07世博(1)	101.00	88.18	110.00	96.99	0.00	0.01	0.06
120702	07世博(2)	102.50	56.01	103.50	95.05	0.00	0.98	10.28
122000	07长电债	108.00	110.00	100.45	102.00	−4.67	19.87	189.95
122001	07海工债	110.50	120.00	98.91	105.13	−4.42	3.77	35.08
122002	07华能G1	105.00	111.00	99.02	100.51	−5.17	0.18	1.73
122003	07华能G2	110.50	115.10	100.20	103.78	−6.47	1.50	14.09
122004	07华能G3	120.03	124.99	101.21	103.99	−16.90	9.57	81.07
122005	08钒钛债	103.84	109.90	101.06	107.00	3.28	26.13	245.89
122006	08金地债	107.89	114.90	95.20	100.01	−7.40	4.51	42.51
122007	08莱钢债	102.88	108.20	95.00	104.44	1.69	14.71	144.48
122008	08华能G1	106.27	107.78	98.08	100.49	−4.97	7.85	75.86
122009	08新湖债	105.15	113.19	102.90	106.70	1.40	78.61	727.72
122010	08宁沪债	106.90	109.55	101.01	103.51	−2.62	12.39	118.30
122011	08金发债	103.07	109.00	102.15	104.34	1.10	55.32	523.21
122012	08保利债	106.25	111.00	104.30	107.03	0.71	33.11	310.43
122013	08北辰债	105.75	119.31	104.00	107.64	1.62	49.02	452.57
122014	09豫园债	100.50	102.00	95.00	100.99	0.00	3.27	32.65
122015	09长电债	94.10	98.70	94.10	96.76	0.00	1.03	10.67
122016	09中材债	98.00	99.80	92.06	98.40	0.00	6.74	67.62
122017	09大唐债	98.00	100.00	95.05	95.60	0.00	2.18	22.07
122018	09中交G1	92.09	99.80	92.09	99.80	0.00	2.01	20.09
122019	09中交G2	99.65	100.00	99.65	100.00	0.00	3.30	33.00
122020	09复地债	100.00	102.96	100.00	101.40	0.00	12.98	128.35
122021	09广汇债	99.01	99.40	95.97	97.83	0.00	11.65	118.03
122022	09城控债	0.00	0.00	0.00	100.00	0.00	0.00	0.00
122023	09万业债	100.05	107.05	99.25	101.42	0.00	3.88	38.79
122024	09国阳债	100.04	100.31	90.20	99.80	0.00	4.98	49.81
122025	09首置债	99.90	102.00	93.00	102.00	0.00	3.54	35.29
122026	09福田债	100.00	100.60	99.96	100.02	0.00	0.71	7.09
122027	09京城建	100.01	102.70	99.00	102.70	0.00	10.26	102.05
122028	09华发债	100.05	101.80	100.05	101.40	0.00	4.51	44.62
122029	09万通债	101.13	104.52	101.00	103.88	0.00	3.46	33.82
122030	09京综超	101.70	101.80	100.11	101.10	0.00	1.39	13.80
122031	09天房债	100.99	106.00	100.99	103.19	0.00	4.24	41.45
122032	09隧道债	100.94	100.94	95.55	100.18	0.00	0.95	9.50
122033	09富力债	103.10	103.99	100.10	103.30	0.00	25.58	255.06
122034	09中企债	101.90	104.00	101.90	104.00	0.00	0.22	2.13
122035	09苏高新	101.06	103.88	100.00	101.33	0.00	6.14	61.24
122036	09沪张江	101.00	101.00	100.00	100.00	0.00	0.52	5.21
122037	09三友债	100.50	100.80	100.50	100.80	0.00	5.50	55.08

续表 2　Continued 2

债券代码 Bond Code	债券名称 Bond Name	开盘价 Open	最高价 High	最低价 Low	收盘价 Close	涨跌% change	成交金额(亿元) Trading value	成交数量(万份) Trading volume
122931	09临海债	103.00	103.00	101.60	102.23	0.00	1.24	12.32
122932	09宜城债	100.00	100.99	99.50	100.90	0.00	0.23	2.35
122933	09南山1	101.00	101.00	101.00	101.00	0.00	0.00	0.00
122934	09南山2	0.00	0.00	0.00	100.00	0.00	0.00	0.00
122935	09南通债	101.00	111.00	101.00	111.00	0.00	0.00	0.01
122936	09鹤城投	100.00	102.00	100.00	101.69	0.00	1.49	14.80
122938	09汾湖债	100.16	101.96	98.60	101.68	0.00	0.69	6.84
122939	09吉安债	104.50	104.50	102.33	103.50	0.00	0.68	6.65
122940	09咸城投	101.23	103.16	101.22	102.80	0.00	3.07	29.92
122942	09江阴债	0.00	0.00	0.00	100.00	0.00	0.00	0.00
122943	09外高桥	0.00	0.00	0.00	100.00	0.00	0.00	0.00
122944	09株城投	99.90	100.60	96.92	100.08	0.00	5.42	54.63
122945	09虞水债	99.80	101.20	99.40	100.00	0.00	0.31	3.06
122946	09扬城建	0.00	0.00	0.00	100.00	0.00	0.00	0.00
122947	09合建投	100.00	103.00	91.55	99.50	0.00	0.39	4.09
122948	09锡交债	97.70	97.70	91.22	92.75	0.00	1.81	19.44
122949	09常投债	100.00	100.00	92.68	94.75	0.00	1.41	14.95
122950	09渝能源	100.00	101.00	90.00	95.00	0.00	0.41	4.24
122951	09淮城投	100.00	109.99	91.00	96.40	0.00	0.72	7.34
122952	09赣州债	99.89	99.89	95.00	97.48	0.00	1.37	14.22
122953	09岳城建	100.00	100.00	100.00	100.00	0.00	0.19	2.00
122954	09武进债	92.00	98.99	90.11	92.43	0.00	4.35	46.84
122955	09潭城建	0.00	0.00	0.00	100.00	0.00	1.84	19.00
122956	09常高新	100.00	100.00	90.00	94.60	0.00	9.64	103.09
122957	09蓉工投	99.99	100.00	92.00	98.46	0.00	0.10	1.07
122958	09长经开	102.25	104.66	99.50	102.25	0.00	3.06	29.86
122959	09清控债	99.10	99.90	90.35	95.10	0.00	1.22	12.37
122960	09保利集	100.00	100.00	96.08	99.70	0.00	0.29	3.00
122961	09武城投	99.00	103.20	88.18	97.15	0.00	3.30	34.39
122962	09宁交通	100.50	100.55	95.14	96.29	0.00	5.67	58.56
122963	09张江债	100.00	102.00	99.90	102.00	0.00	1.57	15.65
122964	09龙湖债	103.94	105.16	98.00	102.70	0.00	24.17	237.09
122965	09潍投债	102.10	108.00	91.01	100.00	0.00	1.54	15.17
122966	09滇投债	103.33	103.33	94.10	95.71	0.00	4.64	47.05
122967	09闽漳龙	102.21	102.21	93.27	94.05	0.00	12.35	128.48
122968	09杭城投	100.71	104.00	99.00	99.80	0.00	0.65	6.43
122969	09豫投债	100.18	100.30	91.00	94.50	0.00	0.51	5.21
122970	09三峡01	100.00	100.00	55.75	95.50	0.00	2.66	27.60
122971	09三峡02	100.00	100.00	91.00	91.00	0.00	0.01	0.06
122972	09绵投控	102.27	102.80	95.00	97.27	0.00	6.36	63.15
122973	09昆创控	101.02	101.02	88.00	90.03	0.00	7.42	79.46
122974	09镇城投	101.50	103.57	90.00	97.89	0.00	12.55	125.17
122975	09济城建	100.99	100.99	87.80	89.49	0.00	2.20	24.01
122976	09永煤债	100.28	102.00	90.00	100.00	0.00	0.21	2.11
122977	09百联债	100.20	104.50	90.46	100.00	0.00	0.93	9.28
122978	09津投1	100.40	100.86	90.00	96.00	0.00	0.58	5.86
122979	09津投2	100.01	100.01	81.00	92.00	0.00	1.15	12.11
122980	09津投3	100.40	100.40	90.00	93.00	0.00	2.58	26.55
122981	09铜城投	105.49	106.44	97.70	98.55	0.00	8.85	85.96
122982	09长城开	103.01	103.41	94.12	96.40	0.00	8.79	86.80
122983	09南钢联	103.47	104.50	99.00	99.75	0.00	20.53	203.30

续表 3 Continued 3

债券代码 Bond Code	债券名称 Bond Name	开盘价 Open	最高价 High	最低价 Low	收盘价 Close	涨跌% change	成交金额(亿元) Trading value	成交数量(万份) Trading volume
122984	09六城投	105.10	108.00	99.45	100.70	0.00	8.94	85.70
122985	09浙能债	101.00	101.05	90.93	96.98	0.00	2.56	26.00
122986	09春华债	104.08	104.08	94.99	98.02	0.00	6.57	65.22
122987	08云煤化	102.88	107.00	95.11	103.88	0.00	0.59	5.66
122988	09渝隆债	102.00	107.38	98.75	100.60	0.00	20.41	197.92
122989	08渝交通	101.26	105.17	100.00	100.01	0.00	2.20	21.74
122990	08锡公用	106.00	110.00	98.97	103.80	0.00	3.62	35.02
122991	08海航债	101.12	107.50	100.88	104.18	0.00	18.02	171.70
122992	08苏交通	101.90	112.00	87.00	97.30	−4.60	4.03	40.03
122993	08舞钢债	103.51	114.72	95.00	102.92	0.00	1.98	19.18
122994	08云投债	99.89	102.48	95.05	97.44	−2.49	7.33	74.03
122995	08合建投	102.00	103.46	96.10	96.90	−5.02	24.05	239.22
122996	08常城建	101.47	106.50	95.52	98.42	−3.06	42.66	419.60
122997	08苏高新	103.00	109.50	101.90	103.11	0.11	11.11	107.13
122998	04长航债	101.98	107.00	98.00	99.60	−2.26	0.14	1.41
122999	08广纸债	111.00	112.03	94.58	105.00	−5.41	2.87	26.44
112001	08粤电债	108.88	118.18	100.01	102.00	0.18	5.18	0.05
112002	08中联债	103.40	109.15	99.80	102.31	4.73	31.81	0.31
112003	08泰达债	106.45	117.28	103.06	103.80	1.50	4.25	0.04
112004	08中粮债	112.26	116.00	101.80	106.57	−3.41	3.37	0.03
112005	08万科G1	108.29	110.00	100.28	103.74	−1.44	13.82	0.13
112006	08万科G2	107.70	118.18	100.00	105.27	1.26	77.82	0.73
112007	09金街01	100.48	102.00	100.00	100.35	0.35	9.50	0.10
112008	09金街02	101.00	101.00	100.00	100.26	0.26	7.13	0.07
112009	09粤高债	100.10	100.10	100.10	100.10	0.10	0.00	0.00
112010	09西煤债	100.01	105.00	97.00	100.00	0.00	5.81	0.06
112011	09东药债	102.10	102.50	101.20	102.20	2.20	0.64	0.01
112012	09名流债	103.49	103.50	101.80	102.50	2.50	14.41	0.14
112013	09亿城债	100.00	100.00	96.00	98.50	−1.50	0.37	0.00
112014	09银基债	104.02	104.33	101.30	101.87	1.87	5.82	0.06
112015	09泛海债	100.11	101.50	100.11	100.98	0.98	8.26	0.08
112016	09宏润债	100.34	100.98	99.40	100.87	0.87	3.90	0.04
112017	09希望债	100.05	100.05	98.85	99.50	−0.50	2.09	0.02
112018	09津滨债	99.68	100.55	99.50	100.17	0.17	1.56	0.02

四、证券投资基金及衍生品

Securities Investment Funds & Derivatives

2009 年证券投资基金监管综述

Summary for Securities Investment Funds Market Supervising in 2009

2009 年,中国证监会不断强化监管,积极推动创新,维护了基金业平稳健康发展的良好局面。截至 2009 年底,60 家基金管理公司共管理资产 31153 亿元,管理基金 557 只,基金总规模为 24535 亿份,较年初减少 1206 亿份,基金资产净值为 26767 亿元,较年初增加 7364 亿元。所有证券投资基金持股市值 19237 亿元,占沪深股市流通市值的 12.72%。

一、进一步强化监管,创造良好的市场环境

1. 加大对基金管理公司"老鼠仓"非公平交易和各种形式的利益输送行为的打击力度。今年,我会基金部会同稽查局、处罚委等部门和相关证监局及时处置了多起市场和媒体关注的涉嫌异常交易行为。通过强化监管,严肃了市场法纪,维护了市场秩序,对违法行为起到了有效的震慑作用。

2. 组织和督促派出机构与协会做好现场检查工作。一是制定《基金管理公司现场检查规程》,增强检查的针对性和有效性,增加联合检查的数量,加大处罚和责任追究力度。二是完成对 2008 年基金销售现场检查的全面总结工作。对 22 家商业银行、66 家证券公司及 50 家基金管理公司出具了现场检查反馈意见,在系统内发布了现场检查情况通报。三是召开 2009 年基金销售现场检查及相关工作培训会议,向派出机构下发了《2009 年基金销售现场检查及相关业务培训会议材料》及《基金销售机构现场检查工作指引》,组织安排 2009 年基金销售现场检查工作。

3. 完善投资监管协作机制,加强非现场检查工作。一是加强银行间市场基金投资行为的监管力度。与中债登公司签署监管合作备忘录,建立债券投资监管合作机制。二是加强股票投资遵规守信监管,提升违规处罚力度。

二、坚持市场化改革方向,提高审核效率

1. 进一步优化基金审核工作。顺应市场细分的需求,发布《关于进一步优化基金审核工作有关问题的通知》,对不同类型的基金分类排队、分类审核。同时,简化被动投资类基金和 QDII 基金的审核程序,切实提高了审核效率,有力促进了基金管理公司增强市场竞争意识和自我约束意识。

2. 坚持审核与监管联动的工作思路,在业务资格和产品审核过程中充分考虑日常监管的情况,加大对合规状况、诚信水平、公司治理、内部控制、风险管理等相关因素的关注程度,不断完善审核与监管紧密结合、互相推动的工作机制。

3. 适应市场发展需要,授权证监会派出机构审核基金管理公司分支机构设立的申请,提高审核效率。

三、加大对创新的支持力度,不断推动产品创新和机制创新

1. 推出一对多特定资产管理业务,并在总体上呈现出平稳有序发展的良好态势。截至 2009 年 12 月底,共完成 166 份一对多资产管理合同的备案登记,其中 121 份合同完成资金募集并办理完备案手续,募集规模合计约为 212 亿元,对于改善我国基金行业资产管理结构具有积极意义。

2. 推动公募产品的不断创新。一是鼓励 ETF 基金的发展。制定《ETF 联接基金内部审核指引》,并将第一批联接基金认定为重大创新产品,在产品审核过程中实行绿色通道制度。二是深入论证跨市场 ETF 和跨境 ETF 的操作方案,为推出此类产品创新进行了大量的基础工作和协调工作。三是成立交易所市场房地产投资信托基金(Reits)跨部门工作小组,对 Reits 产品方案和运作制度进行了深入研究和论证。

3. 稳步推进华夏基金、民生银行和汇付数据网上基金销售业务第三方支付服务的试运行工作,为专业销售机构开展业务创造了条件。

四、主动应对国际金融危机,促进 QFII、QDII 和基金管理公司平稳运行

1. 密切关注国际金融市场变动,加强对 QFII 投资和运作情况的分析和监管。继续稳步推进 QFII 试

点，鼓励境外中长期资金入市。进一步完善QFII的投资监控体系，对已开展托管业务的8家托管银行的QFII监控系统进行现场检查；密切关注国际金融危机发展，针对QFII可能存在的风险和并购活动，及时处理个案。

2. 及时关注基金管理公司境外股东风险情况，妥善处理由于金融危机中频繁出现的并购引起的股东变更问题，维护公司正常运作。

3. 及时总结QDII试点经验，与外汇局联合调研，总结评估QDII基金运作情况，研究完善QDII基金业务规则。密切跟踪海外市场，关注境外金融机构爆发危机的可能性，评估国际金融危机的发展态势及影响，督促基金管理公司做好投资管理和风险防范，平稳化解由雷曼公司破产引起的华安QDII基金风险。

五、组织第32次基金业联席会议，指导行业健康稳定发展

为总结以证券投资基金为代表的机构投资者发展取得的成绩和经验，分析国际金融危机后资本市场和基金业当前面临的形势，中国证监会于今年10月召开了第32次基金业联席会。尚福林主席在会上提出了推动机构投资者持续协调规范发展需要重点把握好的四个原则，要牢守"老鼠仓"、非公平交易和各种形式的利益输送这三条底线，努力将基金管理公司建设成为"专业精良、治理完善、诚信合规、运作稳健"的现代资产管理机构。姚刚副主席提出推动基金业又好又快的发展，在实践中要把握好四个关系，进一步深化对行业面临机遇和挑战的认识，主动查找存在的问题和不足，坚定做优做强的信心，时刻保持忧患意识，强化守法合规经营意识，推动基金业的结构转型，实现公司的差异化发展，切实提高核心竞争力。

六、进一步完善基金监管法规体系和相关监管制度，为行业发展提供强有力的法律和制度保障

1. 制定、修订和草拟了一系列法规和规章。出台《关于基金管理公司开展特定多个客户资产管理业务有关问题的规定》和《基金管理公司特定多个客户资产管理合同内容与格式准则》，明确了基金管理公司开展一对多特定资产管理业务的原则、条件、推介方式等业务规范和具体的操作细则，使一对多特定资产管理业务顺利起步。出台《证券投资基金评价业务管理暂行办法》，引入多元化的基金评价方法，进一步倡导长期投资，减少市场投机。对《基金管理公司投资管理人员管理指导意见》进行修订，进一步完善对投资管理人员的管理和要求。推动中国证券业协会发布《基金经理注册管理办法》，建立基金经理考试和注册制度。出台《开放式证券投资基金销售费用管理规定》，规范销售费用管理，进而规范投资和销售行为，使销售机构的注意力从单纯关注新基金的发行转移到基金的持续营销和保有量增长上，鼓励投资人长期持有基金。

2. 积极推动《证券投资基金法》的修改完善。配合全国人大财经委开展相关调研工作，广泛听取基金业界、商业银行、保险公司、信托公司、证券公司等其他金融机构，以及相关金融监管部门及地方金融管理部门的意见和建议，收集整理相关境外基金监管方面的法规，初步完成相关调研报告，为下一步的修改工作奠定了基础。

七、加强监管业务信息系统建设，提高信息披露质量

做好基金信息披露XBRL工作。今年全面推进基金信息披露XBRL项目二期工作，已在所有基金管理公司管理的所有基金范围内正式开展基金净值日报和季度报告的XBRL报送和展示，实现托管银行对信息披露文件的复核签名技术，对基金年度报告开展4轮测试报送。中国证监会基金信息披露网站于7月20日上线，已开始对外登载XBRL净值日报和季度报告。此项工作为基金业全面提升信息披露质量打下了坚实的基础。

八、全力做好维稳工作，加强信息安全保障

进一步完善《基金市场突发事件应急预案（草案）》，健全应急机制，提高应对突发事件的能力。基金部配合信息中心、中国证券业协会，草拟《基金管理公司技术管理规范》。继续完善基金管理公司信息安全与业务资格联动工作机制。在现场检查中，把基金管理公司信息技术系统的建设和安全情况作为检查重点。组织部分基金管理公司参加我会统一安排的应急演练，积累了处理紧急情况维护稳定的宝贵经验。

4-1 封闭式基金概况

List of Close Securities Investment Funds

序号 No.	基金名称 Investment Funds	发行时间 Issue Date	上市时间 Listing Date	基金存续期 Duration	基金规模 (亿份)Size	基金总资产净值(亿元) Net Value of Total Assets	基金管理公司 Administrant	基金托管银行 Fund Custodian Bank	上市地点 Listing Spot
1	南方开元封闭	1998-3-23	1998-4-7	1998-03-27~2013-03-27	20	22.28	南方基金管理有限公司	中国工商银行股份有限公司	深圳
2	国泰金泰封闭	1998-3-23	1998-4-7	1998-03-27~2013-03-27	20	27.06	国泰基金管理有限公司	中国工商银行股份有限公司	上海
3	华夏兴华封闭	1998-4-22	1998-5-8	1998-04-28~2013-04-28	20	34.67	华夏基金管理有限公司	中国建设银行股份有限公司	上海
4	华安安信封闭	1998-6-16	1998-6-26	1998-06-22~2013-06-22	20	33.5	华安基金管理有限公司	中国工商银行股份有限公司	上海
5	博时裕阳封闭	1998-7-17	1998-7-30	1998-07-25~2013-07-25	20	36.32	博时基金管理有限公司	中国农业银行股份有限公司	上海
6	鹏华普惠封闭	1998-12-30	1999-1-27	1999-01-06~2014-01-06	20	36.7718	鹏华基金管理有限公司	交通银行股份有限公司	深圳
7	嘉实泰和封闭	1999-4-1	1999-4-20	1999-04-08~2014-04-07	20	23.47	嘉实基金管理有限公司	中国建设银行股份有限公司	上海
8	长盛同益封闭	1999-4-2	1999-4-21	1999-04-08~2014-04-08	20	31.66	长盛基金管理有限公司	中国工商银行股份有限公司	深圳
9	大成景宏封闭	1999-4-27	1999-5-18	1999-05-05~2014-05-05	20	33.8962	大成基金管理有限公司	中国银行股份有限公司	深圳
10	富国汉盛封闭	1999-4-30	1999-5-18	1999-05-18~2014-05-17	20	37.14	富国基金管理有限公司	中国农业银行股份有限公司	上海
11	华安安顺封闭	1999-6-9	1999-6-22	1999-06-15~2014-06-14	30	58.1809	华安基金管理有限公司	交通银行股份有限公司	上海
12	博时裕隆封闭	1999-6-9	1999-6-24	1999-06-15~2014-06-14	30	45.54	博时基金管理有限公司	中国农业银行股份有限公司	深圳
13	鹏华普丰封闭	1999-7-8	1999-7-30	1999-07-14~2014-07-14	30	44.53	鹏华基金管理有限公司	中国工商银行股份有限公司	深圳
14	华夏兴和封闭	1999-7-8	1999-7-30	1999-07-14~2014-07-13	30	43.62	华夏基金管理有限公司	中国建设银行股份有限公司	上海
15	南方天元封闭	1999-8-18	1999-9-20	1999-08-26~2014-08-25	30	44.53	南方基金管理有限公司	中国工商银行股份有限公司	深圳
16	国泰金鑫封闭	1999-10-15	1999-11-26	1999-10-21~2014-10-21	30	37.77	国泰基金管理有限公司	中国建设银行股份有限公司	上海
17	长盛同盛封闭	1999-11-1	1999-11-26	1999-11-05~2014-11-05	30	36.9901	长盛基金管理有限公司	中国银行股份有限公司	深圳
18	大成景福封闭	1999-12-24	2000-1-10	1999-12-30~2014-12-30	30	48.66	大成基金管理有限公司	中国农业银行股份有限公司	深圳
19	富国汉兴封闭	1999-12-24	2000-1-10	1999-12-30~2014-12-30	30	47.6232	富国基金管理有限公司	交通银行股份有限公司	上海
20	博时裕泽封闭	1996-5-25	2000-5-17	1996-05-31~2011-05-31	5	6.41	博时基金管理有限公司	中国工商银行股份有限公司	深圳
21	融通通乾封闭	2001-8-23	2001-9-21	2001-08-29~2016-08-28	20	34.08	融通基金管理有限公司	中国建设银行股份有限公司	上海
22	宝盈鸿阳封闭	2001-11-28	2001-12-18	2001-12-10~2016-12-09	20	17.29	宝盈基金管理有限公司	中国农业银行股份有限公司	深圳
23	易方达科瑞封闭	2002-2-28	2002-3-20	2002-03-12~2017-03-12	30	45.0297	易方达基金管理有限公司	交通银行股份有限公司	上海
24	嘉实丰和价值封闭	2002-3-15	2002-4-4	2002-03-22~2017-03-22	30	30.07	嘉实基金管理有限公司	中国农业银行股份有限公司	深圳
25	长城久嘉封闭	2002-7-1	2002-8-27	2002-07-05~2017-07-04	20	20.9	长城基金管理有限公司	中国农业银行股份有限公司	深圳
26	银河银丰封闭	2002-8-8	2002-9-10	2002-08-14~2017-08-14	30	37.18	银河基金管理有限公司	中国建设银行股份有限公司	上海
27	大成优选封闭	2007-7-23	2007-9-7	2007-09-07~2012-09-07	46.74	43.9882	大成基金管理有限公司	中国银行股份有限公司	深圳
28	建信优势动力封闭	2008-2-18	2008-9-19	2008-02-01~2013-02-01	46.43	43.4525	建信基金管理有限责任公司	交通银行股份有限公司	深圳
29	富国天丰强化债券封闭	2008-10-15	2008-12-8	2008-10-24~2011-10-23	19.98	20.67	富国基金管理有限公司	中国建设银行股份有限公司	深圳
30	长盛同庆封闭	2009-5-6	2009-5-26	2009-05-12~2012-05-11	146.87	162.83	长盛基金管理有限公司	中国建设银行股份有限公司	深圳
31	国投瑞银瑞福分级封闭	2007-7-9	2012-9-21	2007-07-17~2012-07-16	60	52.67	国投瑞银基金管理有限公司	中国工商银行股份有限公司	深圳

数据来源：中国证监会

Source：CSRC

4-2 开放式基金概况

List of Open Securities Investment Funds

序号 No.	基金名称 Investment Funds	成立时间 Date Founded	基金规模 (亿份)Size	基金总资产净值 (亿元)Net Value of Total Assets	基金管理公司 Administrant	基金托管银行 Fund Custodian Bank
1	华安创新混合	2001-9-21	108.60	84.63	华安基金管理有限公司	交通银行股份有限公司
2	南方稳健成长混合	2001-9-28	63.40	72.57	南方基金管理有限公司	中国工商银行股份有限公司
3	华夏成长混合	2001-12-18	79.67	117.63	华夏基金管理有限公司	中国建设银行股份有限公司
4	国泰金鹰增长股票	2002-5-8	10.41	11.21	国泰基金管理有限公司	交通银行股份有限公司
5	鹏华行业成长混合	2002-5-24	4.47	4.67	鹏华基金管理有限公司	中国工商银行股份有限公司
6	富国天源平衡混合	2002-8-16	7.13	7.62	富国基金管理有限公司	中国农业银行股份有限公司
7	易方达平稳增长混合	2002-8-23	24.66	37.84	易方达基金管理有限公司	中国银行股份有限公司
8	融通新蓝筹混合	2002-9-13	189.29	167.62	融通基金管理有限公司	中国建设银行股份有限公司
9	长盛成长价值混合	2002-9-18	12.89	12.47	长盛基金管理有限公司	中国农业银行股份有限公司
10	南方宝元债券	2002-9-20	16.43	19.18	南方基金管理有限公司	中国工商银行股份有限公司
11	宝盈鸿利收益混合	2002-10-8	10.42	6.03	宝盈基金管理有限公司	中国农业银行股份有限公司
12	博时价值增长混合	2002-10-9	263.92	218.22	博时基金管理有限公司	中国建设银行股份有限公司
13	华夏债券	2002-10-23	44.45	48.36	华夏基金管理有限公司	交通银行股份有限公司
14	嘉实成长收益混合	2002-11-5	35.03	33.10	嘉实基金管理有限公司	中国银行股份有限公司
15	华安中国 A 股增强指数	2002-11-8	59.91	57.34	华安基金管理有限公司	中国工商银行股份有限公司
16	大成价值增长混合	2002-11-11	156.11	131.76	大成基金管理有限公司	中国农业银行股份有限公司
17	银华优势企业混合	2002-11-13	37.57	43.10	银华基金管理有限公司	中国银行股份有限公司
18	万家180指数	2003-3-17	95.05	75.67	万家基金管理有限公司	中国银行股份有限公司
19	国投瑞银融华债券	2003-4-16	9.52	13.14	国投瑞银基金管理有限公司	中国光大银行股份有限公司
20	泰达宏利成长股票	2003-4-26	8.32	9.86	泰达宏利基金管理有限公司	交通银行股份有限公司
21	泰达宏利周期股票	2003-4-26	7.00	7.90	泰达宏利基金管理有限公司	交通银行股份有限公司
22	泰达宏利稳定股票	2003-4-26	3.63	2.51	泰达宏利基金管理有限公司	交通银行股份有限公司
23	招商安泰股票	2003-4-28	12.09	10.48	招商基金管理有限公司	招商银行股份有限公司
24	招商安泰债券	2003-4-28	4.34	5.00	招商基金管理有限公司	招商银行股份有限公司
25	招商安泰平衡混合	2003-4-28	0.77	1.58	招商基金管理有限公司	招商银行股份有限公司
26	大成债券	2003-6-12	4.53	4.69	大成基金管理有限公司	中国农业银行股份有限公司
27	金鹰成份优选混合	2003-6-16	22.55	18.23	金鹰基金管理有限公司	中国银行股份有限公司
28	南方避险增值混合	2003-6-27	49.61	118.97	南方基金管理有限公司	中国工商银行股份有限公司
29	嘉实债券	2003-7-9	11.28	14.25	嘉实基金管理有限公司	中国银行股份有限公司
30	嘉实稳健混合	2003-7-9	167.81	161.01	嘉实基金管理有限公司	中国银行股份有限公司
31	嘉实增长混合	2003-7-9	4.23	18.44	嘉实基金管理有限公司	中国银行股份有限公司
32	鹏华普天债券	2003-7-12	4.07	4.61	鹏华基金管理有限公司	交通银行股份有限公司
33	鹏华普天收益混合	2003-7-12	26.56	22.89	鹏华基金管理有限公司	交通银行股份有限公司
34	华宝兴业宝康配置混合	2003-7-15	11.44	18.27	华宝兴业基金管理有限公司	中国建设银行股份有限公司
35	华宝兴业宝康债券	2003-7-15	7.52	8.89	华宝兴业基金管理有限公司	中国建设银行股份有限公司
36	华宝兴业宝康消费品混合	2003-7-15	23.86	37.97	华宝兴业基金管理有限公司	中国建设银行股份有限公司
37	银河收益债券	2003-8-4	2.17	3.37	银河基金管理有限公司	中国农业银行股份有限公司
38	银河稳健混合	2003-8-4	14.26	14.35	银河基金管理有限公司	中国农业银行股份有限公司
39	国联安稳健混合	2003-8-8	1.81	3.28	国联安基金管理有限公司	中国工商银行股份有限公司
40	海富通精选混合	2003-8-22	98.70	86.26	海富通基金管理有限公司	交通银行股份有限公司
41	博时沪深300指数	2003-8-26	156.53	150.28	博时基金管理有限公司	中国建设银行股份有限公司
42	华夏回报混合	2003-9-5	102.29	143.52	华夏基金管理有限公司	中国银行股份有限公司
43	融通债券	2003-9-30	4.12	4.69	融通基金管理有限公司	中国工商银行股份有限公司
44	融通蓝筹成长混合	2003-9-30	23.05	30.30	融通基金管理有限公司	中国工商银行股份有限公司
45	融通深证100指数	2003-9-30	123.94	172.58	融通基金管理有限公司	中国工商银行股份有限公司
46	景顺长城货币	2003-10-24	8.63	8.63	景顺长城基金管理有限公司	中国银行股份有限公司

续表 1 Continued 1

序号 No.	基金名称 Investment Funds	成立时间 Date Founded	基金规模 (亿份)Size	基金总资产净值 (亿元)Net Value of Total Assets	基金管理公司 Administrant	基金托管银行 Fund Custodian Bank
47	景顺长城动力平衡混合	2003-10-24	85.51	68.43	景顺长城基金管理有限公司	中国银行股份有限公司
48	景顺长城优选股票	2003-10-24	19.79	22.99	景顺长城基金管理有限公司	中国银行股份有限公司
49	长盛全债指数增强债券	2003-10-25	6.05	7.51	长盛基金管理有限公司	中国农业银行股份有限公司
50	长城久恒平衡混合	2003-10-31	1.86	2.84	长城基金管理有限公司	中国建设银行股份有限公司
51	富国天利增长债券	2003-12-2	23.33	29.67	富国基金管理有限公司	中国工商银行股份有限公司
52	广发聚富混合	2003-12-3	59.75	77.87	广发基金管理有限公司	中国工商银行股份有限公司
53	国泰金龙债券	2003-12-5	2.38	2.52	国泰基金管理有限公司	上海浦东发展银行股份有限公司
54	国泰金龙行业混合	2003-12-5	5.33	4.89	国泰基金管理有限公司	上海浦东发展银行股份有限公司
55	易方达策略成长混合	2003-12-9	15.02	64.31	易方达基金管理有限公司	中国银行股份有限公司
56	华安现金富利货币	2003-12-30	141.08	141.08	华安基金管理有限公司	中国工商银行股份有限公司
57	招商现金增值货币	2004-1-14	38.58	38.58	招商基金管理有限公司	招商银行股份有限公司
58	博时现金收益货币	2004-1-16	151.34	151.34	博时基金管理有限公司	交通银行股份有限公司
59	泰信天天收益货币	2004-2-10	26.57	26.57	泰信基金管理有限公司	中国银行股份有限公司
60	银华保本增值混合	2004-3-2	10.90	13.07	银华基金管理有限公司	中国建设银行股份有限公司
61	南方现金增利货币	2004-3-5	63.85	63.86	南方基金管理有限公司	中国工商银行股份有限公司
62	海富通收益增长混合	2004-3-12	54.35	42.58	海富通基金管理有限公司	中国银行股份有限公司
63	华夏经典混合	2004-3-15	16.66	17.49	华夏基金管理有限公司	招商银行股份有限公司
64	长信利息收益货币	2004-3-19	99.02	99.03	长信基金管理有限责任公司	中国农业银行股份有限公司
65	易方达上证50指数	2004-3-22	280.52	262.83	易方达基金管理有限公司	交通银行股份有限公司
66	大摩基础行业混合	2004-3-26	1.55	0.91	摩根士丹利华鑫基金管理有限公司	中国光大银行股份有限公司
67	银河银泰混合	2004-3-30	37.35	34.60	银河基金管理有限公司	中国工商银行股份有限公司
68	嘉实服务增值行业混合	2004-4-1	15.44	59.21	嘉实基金管理有限公司	中国银行股份有限公司
69	华夏现金增利货币	2004-4-7	141.23	141.23	华夏基金管理有限公司	中国建设银行股份有限公司
70	申万巴黎盛利精选混合	2004-4-9	18.24	18.20	申万巴黎基金管理有限公司	中国工商银行股份有限公司
71	国联安小盘精选混合	2004-4-12	28.63	24.49	国联安基金管理有限公司	中国工商银行股份有限公司
72	融通行业景气混合	2004-4-29	42.70	45.09	融通基金管理有限公司	交通银行股份有限公司
73	国投瑞银景气行业混合	2004-4-29	38.51	36.97	国投瑞银基金管理有限公司	中国光大银行股份有限公司
74	兴业可转债混合	2004-5-11	24.22	30.52	兴业全球基金管理有限公司	中国工商银行股份有限公司
75	华宝兴业多策略股票	2004-5-11	116.40	88.86	华宝兴业基金管理有限公司	中国建设银行股份有限公司
76	鹏华中国50混合	2004-5-12	28.63	53.74	鹏华基金管理有限公司	交通银行股份有限公司
77	长盛动态精选混合	2004-5-21	18.28	21.08	长盛基金管理有限公司	中国农业银行股份有限公司
78	诺安平衡混合	2004-5-21	113.31	93.16	诺安基金管理有限公司	中国工商银行股份有限公司
79	长城久泰中信标普300指数	2004-5-21	19.02	26.12	长城基金管理有限公司	招商银行股份有限公司
80	金鹰中小盘精选混合	2004-5-27	7.33	11.01	金鹰基金管理有限公司	交通银行股份有限公司
81	招商先锋混合	2004-6-1	100.64	78.97	招商基金管理有限公司	中国银行股份有限公司
82	大成蓝筹稳健混合	2004-6-3	194.48	158.02	大成基金管理有限公司	中国银行股份有限公司
83	富国天益价值股票	2004-6-15	130.03	124.54	富国基金管理有限公司	交通银行股份有限公司
84	国泰金马稳健混合	2004-6-18	97.79	89.11	国泰基金管理有限公司	中国建设银行股份有限公司
85	博时精选股票	2004-6-22	86.82	143.31	博时基金管理有限公司	中国工商银行股份有限公司
86	景顺长城内需增长股票	2004-6-25	4.75	18.62	景顺长城基金管理有限公司	中国农业银行股份有限公司
87	泰信先行策略混合	2004-6-28	93.26	67.77	泰信基金管理有限公司	中国光大银行股份有限公司
88	天治财富增长混合	2004-6-29	3.92	2.98	天治基金管理有限公司	上海浦东发展银行股份有限公司
89	泰达宏利精选股票	2004-7-9	15.01	72.19	泰达宏利基金管理有限公司	中国银行股份有限公司
90	广发稳健增长混合	2004-7-26	60.51	97.17	广发基金管理有限公司	中国工商银行股份有限公司
91	华夏大盘精选混合	2004-8-11	6.32	63.10	华夏基金管理有限公司	中国银行股份有限公司
92	银华-道琼斯88指数	2004-8-11	120.71	137.64	银华基金管理有限公司	中国建设银行股份有限公司
93	华安宝利配置混合	2004-8-24	43.31	47.71	华安基金管理有限公司	交通银行股份有限公司
94	光大保德信量化股票	2004-8-27	152.43	153.57	光大保德信基金管理有限公司	中国光大银行股份有限公司
95	易方达积极成长混合	2004-9-9	62.48	83.15	易方达基金管理有限公司	中国银行股份有限公司
96	上投摩根中国优势混合	2004-9-15	22.51	63.63	上投摩根基金管理有限公司	中国建设银行股份有限公司

续表 2 Continued 2

序号 No.	基金名称 Investment Funds	成立时间 Date Founded	基金规模(亿份)Size	基金总资产净值(亿元)Net Value of Total Assets	基金管理公司 Administrant	基金托管银行 Fund Custodian Bank
97	中海优质成长混合	2004-9-28	67.72	55.11	中海基金管理有限公司	交通银行股份有限公司
98	万家增强收益债券	2004-9-28	7.04	7.91	万家基金管理有限公司	中国农业银行股份有限公司
99	南方积极配置股票(LOF)	2004-10-14	24.06	30.32	南方基金管理有限公司	中国工商银行股份有限公司
100	东方龙混合	2004-11-25	13.68	8.98	东方基金管理有限责任公司	中国建设银行股份有限公司
101	申万巴黎盛利强化配置混合	2004-11-29	0.71	0.75	申万巴黎基金管理有限公司	中国工商银行股份有限公司
102	诺安货币	2004-12-6	30.00	30	诺安基金管理有限公司	中国工商银行股份有限公司
103	大成精选增值混合	2004-12-15	34.75	39.22	大成基金管理有限公司	中国农业银行股份有限公司
104	银河银富货币	2004-12-20	17.64	17.64	银河基金管理有限公司	交通银行股份有限公司
105	华夏上证50ETF	2004-12-30	99.84	254.84	华夏基金管理有限公司	中国工商银行股份有限公司
106	海富通货币	2005-1-4	111.34	111.34	海富通基金管理有限公司	中国银行股份有限公司
107	中银中国混合(LOF)	2005-1-4	11.20	20.98	中银基金管理有限公司	中国工商银行股份有限公司
108	博时主题行业股票(LOF)	2005-1-6	80.04	168.33	博时基金管理有限公司	中国建设银行股份有限公司
109	天治品质优选混合	2005-1-12	1.69	1.51	天治基金管理有限公司	中国民生银行股份有限公司
110	长信银利精选股票	2005-1-17	39.17	32.57	长信基金管理有限责任公司	中国农业银行股份有限公司
111	银华货币	2005-1-31	48.23	48.23	银华基金管理有限公司	交通银行股份有限公司
112	东吴嘉禾优势精选混合	2005-2-1	36.23	28.06	东吴基金管理有限公司	中国工商银行股份有限公司
113	易方达货币	2005-2-2	51.12	51.12	易方达基金管理有限公司	中国银行股份有限公司
114	广发小盘成长股票(LOF)	2005-2-2	58.69	126.91	广发基金管理有限公司	上海浦东发展银行股份有限公司
115	华富竞争力优选混合	2005-3-2	21.49	17.80	华富基金管理有限公司	中国建设银行股份有限公司
116	宝盈泛沿海增长股票	2005-3-8	47.31	30.80	宝盈基金管理有限公司	中国工商银行股份有限公司
117	景顺长城鼎益股票(LOF)	2005-3-16	73.23	83.03	景顺长城基金管理有限公司	中国银行股份有限公司
118	嘉实货币	2005-3-18	218.75	218.75	嘉实基金管理有限公司	中国银行股份有限公司
119	华宝兴业现金宝货币	2005-3-31	99.57	99.57	华宝兴业基金管理有限公司	中国建设银行股份有限公司
120	富国天瑞强势混合	2005-4-5	114.78	112.01	富国基金管理有限公司	中国农业银行股份有限公司
121	泰达宏利风险预算混合	2005-4-5	1.60	2.46	泰达宏利基金管理有限公司	交通银行股份有限公司
122	国富中国收益混合	2005-4-12	17.99	14.77	国海富兰克林基金管理有限公司	中国工商银行股份有限公司
123	鹏华货币	2005-4-12	51.54	51.55	鹏华基金管理有限公司	中国农业银行股份有限公司
124	上投摩根货币	2005-4-13	48.87	48.87	上投摩根基金管理有限公司	中国建设银行股份有限公司
125	中信现金优势货币	2005-4-20	2.76	2.77	华夏基金管理有限公司	招商银行股份有限公司
126	华泰柏瑞盛世中国股票	2005-4-27	140.93	92.65	华泰柏瑞基金管理有限公司	中国银行股份有限公司
127	融通巨潮100指数(LOF)	2005-5-12	33.28	36.75	融通基金管理有限公司	中国工商银行股份有限公司
128	广发货币	2005-5-20	48.91	48.92	广发基金管理有限公司	中国工商银行股份有限公司
129	长城货币	2005-5-30	2.16	2.17	长城基金管理有限公司	华夏银行股份有限公司
130	大成货币	2005-6-3	162.56	162.57	大成基金管理有限公司	中国光大银行股份有限公司
131	中银货币	2005-6-7	42.11	42.11	中银基金管理有限公司	中国工商银行股份有限公司
132	光大保德信货币	2005-6-9	19.21	19.21	光大保德信基金管理有限公司	招商银行股份有限公司
133	中海分红增利混合	2005-6-16	43.43	35.49	中海基金管理有限公司	中国农业银行股份有限公司
134	国泰货币	2005-6-21	102.58	102.58	国泰基金管理有限公司	中国农业银行股份有限公司
135	华夏红利混合	2005-6-30	78.39	270.05	华夏基金管理有限公司	中国建设银行股份有限公司
136	南方高增长股票(LOF)	2005-7-13	26.15	42.46	南方基金管理有限公司	中国银行股份有限公司
137	国联安安心成长混合	2005-7-13	2.60	2.56	国联安基金管理有限公司	中国工商银行股份有限公司
138	万家公用事业行业股票(LOF)	2005-7-15	8.92	7.63	万家基金管理有限公司	交通银行股份有限公司
139	海富通股票	2005-7-29	71.95	52.46	海富通基金管理有限公司	中国银行股份有限公司
140	博时稳定价值债券	2005-8-24	7.95	8.78	博时基金管理有限公司	中国建设银行股份有限公司
141	汇添富优势精选混合	2005-8-25	19.17	57.77	汇添富基金管理有限公司	中国工商银行股份有限公司
142	嘉实沪深300指数(LOF)	2005-8-29	433.93	393.93	嘉实基金管理有限公司	中国银行股份有限公司
143	工银核心价值股票	2005-8-31	172.55	82.44	工银瑞信基金管理有限公司	中国银行股份有限公司
144	新华优选分红混合	2005-9-16	22.85	20	新华基金管理有限公司	中国农业银行股份有限公司
145	易方达稳健收益债券	2005-9-19	5.33	5.76	易方达基金管理有限公司	中国银行股份有限公司
146	大摩资源优选混合(LOF)	2005-9-27	9.63	19.14	摩根士丹利华鑫基金管理有限公司	中国光大银行股份有限公司

续表 3 Continued 3

序号 No.	基金名称 Investment Funds	成立时间 Date Founded	基金规模(亿份)Size	基金总资产净值(亿元)Net Value of Total Assets	基金管理公司 Administrant	基金托管银行 Fund Custodian Bank
147	银华价值优选股票	2005-9-27	162.00	258.80	银华基金管理有限公司	中国建设银行股份有限公司
148	交银精选股票	2005-9-29	104.41	128.17	交银施罗德基金管理有限公司	中国农业银行股份有限公司
149	天弘精选混合	2005-10-8	58.27	36.35	天弘基金管理有限公司	中国工商银行股份有限公司
150	上投摩根阿尔法股票	2005-10-11	10.58	57.66	上投摩根基金管理有限公司	中国建设银行股份有限公司
151	兴业趋势投资混合(LOF)	2005-11-3	181.49	213.48	兴业全球基金管理有限公司	兴业银行股份有限公司
152	泰达宏利货币	2005-11-10	28.62	28.63	泰达宏利基金管理有限公司	中国农业银行股份有限公司
153	申万巴黎新动力股票	2005-11-10	50.60	43.12	申万巴黎基金管理有限公司	中国工商银行股份有限公司
154	富国天惠成长混合(LOF)	2005-11-16	18.66	30.66	富国基金管理有限公司	中国工商银行股份有限公司
155	招商优质成长股票(LOF)	2005-11-17	48.54	69.26	招商基金管理有限公司	中信银行股份有限公司
156	华宝兴业动力组合股票	2005-11-17	28.30	28.15	华宝兴业基金管理有限公司	中国银行股份有限公司
157	华夏收入股票	2005-11-17	19.62	52.34	华夏基金管理有限公司	中国建设银行股份有限公司
158	建信恒久价值股票	2005-12-1	31.72	26.56	建信基金管理有限责任公司	中信银行股份有限公司
159	长盛货币	2005-12-12	37.76	37.77	长盛基金管理有限公司	兴业银行股份有限公司
160	诺安股票	2005-12-19	212.75	238.63	诺安基金管理有限公司	中国工商银行股份有限公司
161	广发聚丰股票	2005-12-23	357.93	290.84	广发基金管理有限公司	中国工商银行股份有限公司
162	国联安精选股票	2005-12-28	41.18	41.08	国联安基金管理有限公司	华夏银行股份有限公司
163	东方精选混合	2006-1-11	81.02	86.44	东方基金管理有限责任公司	中国民生银行股份有限公司
164	融通易支付货币	2006-1-19	7.79	7.79	融通基金管理有限公司	中国民生银行股份有限公司
165	天治核心成长股票(LOF)	2006-1-20	59.75	35.50	天治基金管理有限公司	交通银行股份有限公司
166	交银货币	2006-1-20	200.76	200.76	交银施罗德基金管理有限公司	中国农业银行股份有限公司
167	景顺长城资源垄断股票(LOF)	2006-1-26	109.95	98.60	景顺长城基金管理有限公司	中国农业银行股份有限公司
168	中银增长股票	2006-3-17	139.52	118.79	中银基金管理有限公司	中国工商银行股份有限公司
169	工银货币	2006-3-20	167.22	167.23	工银瑞信基金管理有限公司	中国建设银行股份有限公司
170	汇添富货币	2006-3-23	59.16	59.16	汇添富基金管理有限公司	上海浦东发展银行股份有限公司
171	易方达深证100ETF	2006-3-24	28.73	121.47	易方达基金管理有限公司	中国银行股份有限公司
172	光大保德信红利股票	2006-3-24	17.15	44.42	光大保德信基金管理有限公司	兴业银行股份有限公司
173	南方多利中短期债券	2006-3-27	7.76	8.19	南方基金管理有限公司	中国工商银行股份有限公司
174	泰达宏利效率优选混合(LOF)	2006-3-29	56.23	44.73	泰达宏利基金管理有限公司	中国建设银行股份有限公司
175	长城消费增值股票	2006-4-6	73.04	72.20	长城基金管理有限公司	中国建设银行股份有限公司
176	大成沪深300指数	2006-4-6	66.36	77.92	大成基金管理有限公司	中国农业银行股份有限公司
177	华安上证180ETF	2006-4-13	52.82	40.69	华安基金管理有限公司	中国建设银行股份有限公司
178	华泰柏瑞稳本增利债券	2006-4-13	4.02	4.34	华泰柏瑞基金管理有限公司	招商银行股份有限公司
179	国投瑞银核心企业股票	2006-4-19	72.16	79.63	国投瑞银基金管理有限公司	中国工商银行股份有限公司
180	建信货币	2006-4-25	98.01	98.01	建信基金管理有限责任公司	中国工商银行股份有限公司
181	上投摩根双息平衡混合	2006-4-26	44.19	42.58	上投摩根基金管理有限公司	中国建设银行股份有限公司
182	嘉实超短债债券	2006-4-26	22.28	22.44	嘉实基金管理有限公司	中国银行股份有限公司
183	兴业货币	2006-4-27	13.85	13.86	兴业全球基金管理有限公司	兴业银行股份有限公司
184	信诚四季红混合	2006-4-29	61.48	61.10	信诚基金管理有限公司	中国农业银行股份有限公司
185	长信金利趋势股票	2006-4-30	116.34	92.80	长信基金管理有限责任公司	上海浦东发展银行股份有限公司
186	广发策略优选混合	2006-5-17	66.15	124.90	广发基金管理有限公司	中国工商银行股份有限公司
187	汇丰晋信2016周期混合	2006-5-23	3.30	6.82	汇丰晋信基金管理有限公司	交通银行股份有限公司
188	万家货币	2006-5-24	22.23	22.23	万家基金管理有限公司	华夏银行股份有限公司
189	海富通强化回报混合	2006-5-25	31.49	22.24	海富通基金管理有限公司	招商银行股份有限公司
190	博时平衡配置混合	2006-5-31	25.63	36.19	博时基金管理有限公司	中国工商银行股份有限公司
191	富国天时货币	2006-6-5	27.30	27.31	富国基金管理有限公司	中国农业银行股份有限公司
192	华夏中小板 ETF	2006-6-8	14.26	37.62	华夏基金管理有限公司	中国建设银行股份有限公司
193	银华优质增长股票	2006-6-9	38.00	77.03	银华基金管理有限公司	中国银行股份有限公司
194	易方达价值精选股票	2006-6-13	55.34	83.02	易方达基金管理有限公司	中国工商银行股份有限公司
195	国富弹性市值股票	2006-6-14	36.36	54.82	国海富兰克林基金管理有限公司	中国农业银行股份有限公司
196	华宝兴业收益增长混合	2006-6-15	25.75	89.29	华宝兴业基金管理有限公司	中国建设银行股份有限公司

续表 4 Continued 4

序号 No.	基金名称 Investment Funds	成立时间 Date Founded	基金规模 (亿份)Size	基金总资产净值(亿元)Net Value of Total Assets	基金管理公司 Administrant	基金托管银行 Fund Custodian Bank
197	泰信双息双利债券	2006-6-15	5.23	5.44	泰信基金管理有限公司	中国工商银行股份有限公司
198	华富货币	2006-6-21	6.61	6.62	华富基金管理有限公司	中国建设银行股份有限公司
199	交银稳健配置混合	2006-6-24	48.39	108.46	交银施罗德基金管理有限公司	中国建设银行股份有限公司
200	景顺长城新兴成长股票	2006-6-28	41.79	42.35	景顺长城基金管理有限公司	中国工商银行股份有限公司
201	天治天得利货币	2006-7-5	9.43	9.43	天治基金管理有限公司	中国民生银行股份有限公司
202	招商安本增利债券	2006-7-11	6.81	8.35	招商基金管理有限公司	中国光大银行股份有限公司
203	工银精选平衡混合	2006-7-13	109.25	83.61	工银瑞信基金管理有限公司	中国建设银行股份有限公司
204	申万巴黎收益宝货币	2006-7-13	102.86	102.86	申万巴黎基金管理有限公司	中国工商银行股份有限公司
205	益民货币	2006-7-17	1.18	1.19	益民基金管理有限公司	中国农业银行股份有限公司
206	鹏华价值优势股票(LOF)	2006-7-18	148.88	138.67	鹏华基金管理有限公司	中国建设银行股份有限公司
207	中信稳定双利债券	2006-7-20	15.58	16.72	华夏基金管理有限公司	中国建设银行股份有限公司
208	嘉实主题混合	2006-7-21	80.82	99.38	嘉实基金管理有限公司	中国银行股份有限公司
209	南方稳健成长贰号混合	2006-7-25	84.12	81.65	南方基金管理有限公司	中国工商银行股份有限公司
210	东方金账簿货币	2006-8-2	2.73	2.73	东方基金管理有限责任公司	中国民生银行股份有限公司
211	汇添富均衡增长股票	2006-8-7	257.26	234.19	汇添富基金管理有限公司	中国工商银行股份有限公司
212	华夏稳增混合	2006-8-9	41.35	67.10	华夏基金管理有限公司	中国农业银行股份有限公司
213	华夏回报二号混合	2006-8-14	72.80	83.12	华夏基金管理有限公司	中国银行股份有限公司
214	易方达策略成长二号混合	2006-8-16	44.74	70.60	易方达基金管理有限公司	中国银行股份有限公司
215	大摩货币	2006-8-17	2.44	2.44	摩根士丹利华鑫基金管理有限公司	交通银行股份有限公司
216	长城安心回报混合	2006-8-22	133.11	92.88	长城基金管理有限公司	中国农业银行股份有限公司
217	华安宏利股票	2006-9-6	55.07	145.44	华安基金管理有限公司	中国建设银行股份有限公司
218	建信优选成长股票	2006-9-8	37.46	38.07	建信基金管理有限责任公司	中国工商银行股份有限公司
219	大成2020生命周期混合	2006-9-13	154.75	113.21	大成基金管理有限公司	中国银行股份有限公司
220	光大保德信新增长股票	2006-9-14	20.86	28.03	光大保德信基金管理有限公司	招商银行股份有限公司
221	上投摩根成长先锋股票	2006-9-20	34.20	59.87	上投摩根基金管理有限公司	中国建设银行股份有限公司
222	兴业全球视野股票	2006-9-20	23.94	85.07	兴业全球基金管理有限公司	兴业银行股份有限公司
223	博时价值增长贰号混合	2006-9-27	103.75	82.49	博时基金管理有限公司	中国建设银行股份有限公司
224	汇丰晋信龙腾股票	2006-9-27	14.43	27.01	汇丰晋信基金管理有限公司	交通银行股份有限公司
225	中邮核心优选股票	2006-9-28	103.74	164.73	中邮创业基金管理有限公司	中国农业银行股份有限公司
226	国泰金鹏蓝筹混合	2006-9-29	24.09	27.80	国泰基金管理有限公司	中国银行股份有限公司
227	中银收益混合	2006-10-11	45.67	42.76	中银基金管理有限公司	中国工商银行股份有限公司
228	景顺长城内需贰号股票	2006-10-11	36.12	45.06	景顺长城基金管理有限公司	中国农业银行股份有限公司
229	海富通风格优势股票	2006-10-19	65.36	73.23	海富通基金管理有限公司	中国建设银行股份有限公司
230	交银成长股票	2006-10-23	32.35	91	交银施罗德基金管理有限公司	中国农业银行股份有限公司
231	华宝兴业先进成长股票	2006-11-7	14.59	36.82	华宝兴业基金管理有限公司	中国银行股份有限公司
232	长信增利动态策略股票	2006-11-9	44.46	39.84	长信基金管理有限责任公司	中国民生银行股份有限公司
233	融通动力先锋股票	2006-11-15	26.14	36.75	融通基金管理有限公司	中国工商银行股份有限公司
234	国投瑞银创新动力股票	2006-11-15	44.75	51.28	国投瑞银基金管理有限公司	中国光大银行股份有限公司
235	富国天合稳健股票	2006-11-15	47.04	45.57	富国基金管理有限公司	招商银行股份有限公司
236	银华富裕主题股票	2006-11-16	75.78	90.29	银华基金管理有限公司	中国建设银行股份有限公司
237	南方绩优成长股票	2006-11-16	77.18	132.96	南方基金管理有限公司	中国工商银行股份有限公司
238	华泰柏瑞上证红利 ETF	2006-11-17	19.17	54	华泰柏瑞基金管理有限公司	招商银行股份有限公司
239	益民红利成长混合	2006-11-21	25.68	18.68	益民基金管理有限公司	华夏银行股份有限公司
240	诺安价值增长股票	2006-11-21	110.47	106.82	诺安基金管理有限公司	中国工商银行股份有限公司
241	长盛中证100指数	2006-11-22	13.02	14	长盛基金管理有限公司	中国农业银行股份有限公司
242	华夏优势增长股票	2006-11-24	72.33	165.08	华夏基金管理有限公司	中国建设银行股份有限公司
243	信诚精萃成长股票	2006-11-27	41.17	39.74	信诚基金管理有限公司	中国建设银行股份有限公司
244	万家和谐增长混合	2006-11-30	32.32	22.27	万家基金管理有限公司	兴业银行股份有限公司
245	泰达宏利首选企业股票	2006-12-1	18.64	30.45	泰达宏利基金管理有限公司	中国农业银行股份有限公司
246	工银稳健成长股票	2006-12-6	40.29	55.55	工银瑞信基金管理有限公司	中国建设银行股份有限公司

续表 5　Continued 5

序号 No.	基金名称 Investment Funds	成立时间 Date Founded	基金规模(亿份)Size	基金总资产净值(亿元)Net Value of Total Assets	基金管理公司 Administrant	基金托管银行 Fund Custodian Bank
247	申万巴黎新经济混合	2006-12-6	68.36	52.97	申万巴黎基金管理有限公司	中国工商银行股份有限公司
248	嘉实策略混合	2006-12-12	70.50	89.64	嘉实基金管理有限公司	中国工商银行股份有限公司
249	泰信优质生活股票	2006-12-15	19.74	23.80	泰信基金管理有限公司	中国银行股份有限公司
250	东吴双动力股票	2006-12-15	14.84	17.89	东吴基金管理有限公司	中国农业银行股份有限公司
251	长盛同智优势混合(LOF)	2007-1-5	33.42	34.21	长盛基金管理有限公司	中国银行股份有限公司
252	鹏华动力增长混合(LOF)	2007-1-9	73.56	110.46	鹏华基金管理有限公司	中国农业银行股份有限公司
253	大成积极成长股票	2007-1-16	30.61	31.84	大成基金管理有限公司	中国农业银行股份有限公司
254	宝盈策略增长股票	2007-1-19	30.28	34.29	宝盈基金管理有限公司	中国农业银行股份有限公司
255	国联安优势股票	2007-1-24	10.86	13.67	国联安基金管理有限公司	招商银行股份有限公司
256	中欧新趋势股票(LOF)	2007-1-29	21.73	23.59	中欧基金管理有限公司	兴业银行股份有限公司
257	长城久富股票(LOF)	2007-2-12	20.38	34.88	长城基金管理有限公司	交通银行股份有限公司
258	建信优化配置混合	2007-3-1	123.45	118.46	建信基金管理有限责任公司	中国工商银行股份有限公司
259	信达澳银领先增长股票	2007-3-8	61.95	78.18	信达澳银基金管理有限公司	中国建设银行股份有限公司
260	汇添富成长焦点股票	2007-3-12	94.88	121.90	汇添富基金管理有限公司	中国工商银行股份有限公司
261	中海能源策略混合	2007-3-13	88.33	84.20	中海基金管理有限公司	中国工商银行股份有限公司
262	银河银信添利债券	2007-3-14	9.18	9.63	银河基金管理有限公司	中信银行股份有限公司
263	华富成长趋势股票	2007-3-19	24.78	18.32	华富基金管理有限公司	招商银行股份有限公司
264	国富潜力组合股票	2007-3-22	59.19	73.71	国海富兰克林基金管理有限公司	中国银行股份有限公司
265	招商核心价值混合	2007-3-30	52.89	63.27	招商基金管理有限公司	中国工商银行股份有限公司
266	易方达价值成长混合	2007-4-2	215.12	325.66	易方达基金管理有限公司	中国工商银行股份有限公司
267	汇丰晋信动态策略混合	2007-4-9	18.22	22.95	汇丰晋信基金管理有限公司	交通银行股份有限公司
268	海富通精选贰号混合	2007-4-9	37.65	26.46	海富通基金管理有限公司	中国银行股份有限公司
269	国泰金鼎价值混合	2007-4-11	61.41	62.43	国泰基金管理有限公司	中国建设银行股份有限公司
270	华安中小盘成长股票	2007-4-11	92.19	114.02	华安基金管理有限公司	中国工商银行股份有限公司
271	博时第三产业股票	2007-4-12	88.00	115.84	博时基金管理有限公司	中国工商银行股份有限公司
272	上投摩根内需动力股票	2007-4-13	92.59	118.16	上投摩根基金管理有限公司	中国工商银行股份有限公司
273	诺德价值优势股票	2007-4-19	40.97	41.58	诺德基金管理有限公司	中国建设银行股份有限公司
274	华夏蓝筹混合(LOF)	2007-4-24	127.62	166.77	华夏基金管理有限公司	交通银行股份有限公司
275	鹏华优质治理股票(LOF)	2007-4-25	71.76	84.87	鹏华基金管理有限公司	中国工商银行股份有限公司
276	富国天博创新股票	2007-4-27	106.95	97.54	富国基金管理有限公司	中国建设银行股份有限公司
277	融通领先成长股票(LOF)	2007-4-30	42.94	49.93	融通基金管理有限公司	中国建设银行股份有限公司
278	工银增强收益债券	2007-5-11	41.68	44.92	工银瑞信基金管理有限公司	中国建设银行股份有限公司
279	南方成份精选股票	2007-5-14	134.12	139.38	南方基金管理有限公司	中国工商银行股份有限公司
280	华商领先企业混合	2007-5-15	79.48	85.43	华商基金管理有限公司	中国民生银行股份有限公司
281	国泰金牛创新股票	2007-5-18	54.93	62.49	国泰基金管理有限公司	中国农业银行股份有限公司
282	华泰柏瑞积极成长混合	2007-5-29	42.29	44.56	华泰柏瑞基金管理有限公司	中国银行股份有限公司
283	大成创新成长混合	2007-6-12	136.14	128.70	大成基金管理有限公司	中国农业银行股份有限公司
284	广发大盘成长混合	2007-6-13	150.51	141.53	广发基金管理有限公司	中国工商银行股份有限公司
285	华宝兴业行业精选股票	2007-6-14	159.29	174.49	华宝兴业基金管理有限公司	中国建设银行股份有限公司
286	景顺长城精选蓝筹股票	2007-6-18	142.09	142.05	景顺长城基金管理有限公司	中国工商银行股份有限公司
287	博时新兴成长股票	2007-7-6	232.95	224.61	博时基金管理有限公司	交通银行股份有限公司
288	益民创新优势混合	2007-7-11	58.54	55.96	益民基金管理有限公司	中国农业银行股份有限公司
289	工银红利股票	2007-7-18	44.75	47.03	工银瑞信基金管理有限公司	中国建设银行股份有限公司
290	华安策略优选股票	2007-8-2	176.27	146.27	华安基金管理有限公司	交通银行股份有限公司
291	泰达宏利市值优选股票	2007-8-3	100.02	79.11	泰达宏利基金管理有限公司	中国建设银行股份有限公司

续表 6 Continued 6

序号 No.	基金名称 Investment Funds	成立时间 Date Founded	基金规模（亿份）Size	基金总资产净值（亿元）Net Value of Total Assets	基金管理公司 Administrant	基金托管银行 Fund Custodian Bank
292	长城品牌优选股票	2007-8-6	167.49	155.26	长城基金管理有限公司	中国建设银行股份有限公司
293	交银蓝筹股票	2007-8-8	156.29	144.95	交银施罗德基金管理有限公司	中国建设银行股份有限公司
294	金元比联宝石保本混合	2007-8-15	24.20	25.34	金元比联基金管理有限公司	中国工商银行股份有限公司
295	中邮核心成长股票	2007-8-17	345.03	277.23	中邮创业基金管理有限公司	中国农业银行股份有限公司
296	光大保德信优势配置股票	2007-8-24	167.82	140.99	光大保德信基金管理有限公司	招商银行股份有限公司
297	诺安优化收益债券	2007-8-29	4.66	5.06	诺安基金管理有限公司	华夏银行股份有限公司
298	华夏复兴股票	2007-9-10	37.99	48.36	华夏基金管理有限公司	中国农业银行股份有限公司
299	长盛同德主题股票	2007-10-25	115.34	110.61	长盛基金管理有限公司	中国农业银行股份有限公司
300	南方隆元产业主题股票	2007-11-9	98.40	69.61	南方基金管理有限公司	中国工商银行股份有限公司
301	国泰沪深300指数	2007-11-11	110.32	78.40	国泰基金管理有限公司	中国银行股份有限公司
302	华夏行业股票(LOF)	2007-11-22	128.05	128.32	华夏基金管理有限公司	中国银行股份有限公司
303	嘉实优质企业股票	2007-12-8	57.25	47.09	嘉实基金管理有限公司	上海浦东发展银行股份有限公司
304	大成景阳领先股票	2007-12-17	58.92	46.77	大成基金管理有限公司	中国农业银行股份有限公司
305	易方达科讯股票	2007-12-18	92.05	73.95	易方达基金管理有限公司	交通银行股份有限公司
306	国投瑞银成长优选股票	2008-1-10	35.24	36.89	国投瑞银基金管理有限公司	中国工商银行股份有限公司
307	国投瑞银稳定增利债券	2008-1-11	15.12	16.39	国投瑞银基金管理有限公司	中国银行股份有限公司
308	汇添富增强收益债券	2008-3-6	14.32	15.24	汇添富基金管理有限公司	中国工商银行股份有限公司
309	华夏希望债券	2008-3-10	67.37	75.11	华夏基金管理有限公司	中国工商银行股份有限公司
310	易方达增强回报债券	2008-3-19	7.61	8.52	易方达基金管理有限公司	中国建设银行股份有限公司
311	南方盛元红利股票	2008-3-21	37.36	40.37	南方基金管理有限公司	中国建设银行股份有限公司
312	广发增强债券	2008-3-27	15.71	17.34	广发基金管理有限公司	中国工商银行股份有限公司
313	交银增利债券	2008-3-31	33.01	35.68	交银施罗德基金管理有限公司	中国建设银行股份有限公司
314	中银策略股票	2008-4-3	15.80	22.60	中银基金管理有限公司	中国工商银行股份有限公司
315	中海稳健收益债券	2008-4-10	11.39	12.83	中海基金管理有限公司	中国工商银行股份有限公司
316	工银添利债券	2008-4-14	28.96	32.69	工银瑞信基金管理有限公司	中国建设银行股份有限公司
317	宝盈资源优选股票	2008-4-15	2.14	2.74	宝盈基金管理有限公司	中国建设银行股份有限公司
318	浦银安盛价值成长股票	2008-4-16	11.34	10.82	浦银安盛基金管理有限公司	中国工商银行股份有限公司
319	天弘永利债券	2008-4-18	0.63	0.64	天弘基金管理有限公司	兴业银行股份有限公司
320	东吴行业轮动股票	2008-4-23	9.67	10.09	东吴基金管理有限公司	华夏银行股份有限公司
321	兴业社会责任股票	2008-4-30	48.55	69.15	兴业全球基金管理有限公司	中国建设银行股份有限公司
322	华安稳定收益债券	2008-4-30	5.00	5.53	华安基金管理有限公司	中国建设银行股份有限公司
323	天治创新先锋股票	2008-5-8	0.42	0.52	天治基金管理有限公司	交通银行股份有限公司
324	宝盈增强收益债券	2008-5-15	6.12	7.01	宝盈基金管理有限公司	中国建设银行股份有限公司
325	诺安灵活配置混合	2008-5-20	8.91	9.52	诺安基金管理有限公司	中国工商银行股份有限公司
326	益民多利债券	2008-5-21	0.62	0.65	益民基金管理有限公司	招商银行股份有限公司
327	上投摩根双核平衡混合	2008-5-21	8.68	10.70	上投摩根基金管理有限公司	中国工商银行股份有限公司
328	银河成长股票	2008-5-26	1.66	2.56	银河基金管理有限公司	中国银行股份有限公司
329	嘉实研究精选股票	2008-5-27	26.62	41.55	嘉实基金管理有限公司	中国银行股份有限公司
330	富国天成红利混合	2008-5-28	4.37	5.83	富国基金管理有限公司	中国农业银行股份有限公司
331	鹏华丰收债券	2008-5-28	4.73	5.62	鹏华基金管理有限公司	中国建设银行股份有限公司
332	华富收益增强债券	2008-5-28	7.37	8.19	华富基金管理有限公司	中国建设银行股份有限公司
333	博时特许价值股票	2008-5-28	9.88	14.91	博时基金管理有限公司	中国建设银行股份有限公司
334	东方策略成长股票	2008-6-3	0.59	0.85	东方基金管理有限责任公司	中国建设银行股份有限公司
335	长盛创新先锋混合	2008-6-4	1.56	1.78	长盛基金管理有限公司	中国银行股份有限公司
336	信诚盛世蓝筹股票	2008-6-4	3.45	5.99	信诚基金管理有限公司	中国建设银行股份有限公司

续表 7 Continued 7

序号 No.	基金名称 Investment Funds	成立时间 Date Founded	基金规模(亿份)Size	基金总资产净值(亿元)Net Value of Total Assets	基金管理公司 Administrant	基金托管银行 Fund Custodian Bank
337	国投瑞银稳健增长混合	2008-6-11	1.25	1.77	国投瑞银基金管理有限公司	中国工商银行股份有限公司
338	国泰金鹿保本混合(二期)	2008-6-12	20.55	21.62	国泰基金管理有限公司	中国银行股份有限公司
339	南方优选价值股票	2008-6-18	4.10	5.55	南方基金管理有限公司	中国工商银行股份有限公司
340	招商大盘蓝筹股票	2008-6-19	10.79	17.37	招商基金管理有限公司	中国工商银行股份有限公司
341	长信双利优选混合	2008-6-19	1.39	1.34	长信基金管理有限责任公司	中国农业银行股份有限公司
342	易方达中小盘股票	2008-6-19	9.10	15.34	易方达基金管理有限公司	中国银行股份有限公司
343	建信稳定增利债券	2008-6-25	24.83	28.60	建信基金管理有限责任公司	中国工商银行股份有限公司
344	泰信优势增长混合	2008-6-25	1.07	1.33	泰信基金管理有限公司	中国工商银行股份有限公司
345	万家双引擎灵活配置混合	2008-6-27	1.10	1.16	万家基金管理有限公司	兴业银行股份有限公司
346	国富深化价值股票	2008-7-3	9.21	13.27	国海富兰克林基金管理有限公司	中国农业银行股份有限公司
347	申万巴黎竞争优势股票	2008-7-4	1.08	1.73	申万巴黎基金管理有限公司	中国农业银行股份有限公司
348	汇添富蓝筹稳健混合	2008-7-8	4.42	6.85	汇添富基金管理有限公司	中国工商银行股份有限公司
349	华泰柏瑞价值增长股票	2008-7-16	5.50	7.06	华泰柏瑞基金管理有限公司	中国银行股份有限公司
350	广发核心精选股票	2008-7-16	13.10	20.87	广发基金管理有限公司	中国工商银行股份有限公司
351	汇丰晋信2026周期混合	2008-7-23	0.92	1.23	汇丰晋信基金管理有限公司	中国建设银行股份有限公司
352	新华优选成长股票	2008-7-25	16.03	32.78	新华基金管理有限公司	中国农业银行股份有限公司
353	中欧新蓝筹混合	2008-7-25	0.88	1.10	中欧基金管理有限公司	中国建设银行股份有限公司
354	信达澳银精华配置混合	2008-7-30	0.87	1.16	信达澳银基金管理有限公司	中国建设银行股份有限公司
355	农银行业成长股票	2008-8-4	22.08	28.24	农银汇理基金管理有限公司	交通银行股份有限公司
356	工银大盘蓝筹股票	2008-8-4	7.51	10.96	工银瑞信基金管理有限公司	中国银行股份有限公司
357	大成强化收益债券	2008-8-6	8.67	9.30	大成基金管理有限公司	中国建设银行股份有限公司
358	银华领先策略股票	2008-8-20	3.66	6.95	银华基金管理有限公司	中国银行股份有限公司
359	长城稳健增利债券	2008-8-27	0.80	0.90	长城基金管理有限公司	中国建设银行股份有限公司
360	金元比联成长动力混合	2008-9-3	0.80	0.99	金元比联基金管理有限公司	中国农业银行股份有限公司
361	嘉实多元债券	2008-9-10	11.44	12.73	嘉实基金管理有限公司	中国工商银行股份有限公司
362	华商盛世成长股票	2008-9-23	12.41	21.33	华商基金管理有限公司	中国建设银行股份有限公司
363	泰达宏利集利债券	2008-9-26	1.10	1.12	泰达宏利基金管理有限公司	中国银行股份有限公司
364	信诚三得益债券	2008-9-27	2.11	2.22	信诚基金管理有限公司	中国建设银行股份有限公司
365	华宝兴业大盘精选股票	2008-10-7	10.36	20.02	华宝兴业基金管理有限公司	中国银行股份有限公司
366	长盛积极配置债券	2008-10-8	1.38	1.53	长盛基金管理有限公司	中国建设银行股份有限公司
367	易方达科汇灵活配置混合	2008-10-9	7.53	11.55	易方达基金管理有限公司	交通银行股份有限公司
368	鹏华盛世创新股票(LOF)	2008-10-10	4.22	7.11	鹏华基金管理有限公司	中国建设银行股份有限公司
369	招商安心收益债券	2008-10-22	5.50	6.22	招商基金管理有限公司	中国工商银行股份有限公司
370	景顺长城公司治理股票	2008-10-22	0.73	1.10	景顺长城基金管理有限公司	中国工商银行股份有限公司
371	华安核心股票	2008-10-22	3.15	5.24	华安基金管理有限公司	中国建设银行股份有限公司
372	国联安红利股票	2008-10-22	1.59	2.11	国联安基金管理有限公司	招商银行股份有限公司
373	华夏策略混合	2008-10-23	13.29	25.28	华夏基金管理有限公司	中国银行股份有限公司
374	海富通稳健添利债券	2008-10-24	5.61	6.06	海富通基金管理有限公司	中国工商银行股份有限公司
375	国富强化收益债券	2008-10-24	1.07	1.12	国海富兰克林基金管理有限公司	中国银行股份有限公司
376	光大保德信增利收益债券	2008-10-29	1.36	1.41	光大保德信基金管理有限公司	中国建设银行股份有限公司
377	天治稳健双盈债券	2008-11-5	1.92	1.97	天治基金管理有限公司	中国农业银行股份有限公司
378	诺德灵活配置混合	2008-11-5	0.89	1.12	诺德基金管理有限公司	中国建设银行股份有限公司
379	东吴优信稳健债券	2008-11-5	2.46	2.50	东吴基金管理有限公司	中国建设银行股份有限公司
380	南方恒元保本混合	2008-11-12	27.26	30.94	南方基金管理有限公司	中国工商银行股份有限公司
381	中银增利债券	2008-11-13	5.18	5.47	中银基金管理有限公司	中国工商银行股份有限公司

续表 8 Continued 8

序号 No.	基金名称 Investment Funds	成立时间 Date Founded	基金规模 (亿份)Size	基金总资产净值 (亿元)Net Value of Total Assets	基金管理公司 Administrant	基金托管银行 Fund Custodian Bank
382	易方达科翔股票	2008-11-14	4.15	6.15	易方达基金管理有限公司	中国工商银行股份有限公司
383	富国天鼎中证指数增强	2008-11-21	8.13	13.67	富国基金管理有限公司	中国工商银行股份有限公司
384	建信核心精选股票	2008-11-25	6.48	7.25	建信基金管理有限责任公司	中国工商银行股份有限公司
385	大成策略回报股票	2008-11-26	10.88	11.66	大成基金管理有限公司	中国光大银行股份有限公司
386	天弘永定价值成长股票	2008-12-2	0.88	0.99	天弘基金管理有限公司	兴业银行股份有限公司
387	中海蓝筹混合	2008-12-3	3.22	3.49	中海基金管理有限公司	中国农业银行股份有限公司
388	汇丰晋信平稳增利债券	2008-12-3	2.98	2.97	汇丰晋信基金管理有限公司	交通银行股份有限公司
389	银华增强收益债券	2008-12-3	13.27	15.85	银华基金管理有限公司	中国建设银行股份有限公司
390	金鹰红利价值混合	2008-12-4	1.86	2.24	金鹰基金管理有限公司	交通银行股份有限公司
391	申万巴黎添益宝债券	2008-12-4	3.68	3.77	申万巴黎基金管理有限公司	中国工商银行股份有限公司
392	东方稳健回报债券	2008-12-10	1.70	1.69	东方基金管理有限责任公司	中国建设银行股份有限公司
393	农银恒久增利债券	2008-12-23	6.30	6.44	农银汇理基金管理有限公司	交通银行股份有限公司
394	华富策略精选混合	2008-12-24	0.59	0.72	华富基金管理有限公司	中国建设银行股份有限公司
395	长信利丰债券	2008-12-29	2.69	2.74	长信基金管理有限责任公司	中国农业银行股份有限公司
396	广发沪深300指数	2008-12-30	15.51	26.03	广发基金管理有限公司	中国工商银行股份有限公司
397	浦银安盛优化收益债券	2008-12-30	1.04	1.04	浦银安盛基金管理有限公司	中国工商银行股份有限公司
398	长城双动力股票	2009-1-15	0.53	0.70	长城基金管理有限公司	中国建设银行股份有限公司
399	国投瑞银货币	2009-1-19	62.49	62.49	国投瑞银基金管理有限公司	中国工商银行股份有限公司
400	上投摩根中小盘股票	2009-1-21	9.68	14.82	上投摩根基金管理有限公司	中国建设银行股份有限公司
401	交银保本混合	2009-1-21	32.91	35.39	交银施罗德基金管理有限公司	中国工商银行股份有限公司
402	华商收益增强债券	2009-1-23	4.74	4.96	华商基金管理有限公司	中国建设银行股份有限公司
403	汇添富价值精选股票	2009-1-23	8.96	14.67	汇添富基金管理有限公司	中国工商银行股份有限公司
404	华宝兴业增强收益债券	2009-2-17	4.75	5.02	华宝兴业基金管理有限公司	中国工商银行股份有限公司
405	诺德增强收益债券	2009-3-4	1.09	1.13	诺德基金管理有限公司	中国建设银行股份有限公司
406	光大保德信均衡精选股票	2009-3-4	4.55	5.60	光大保德信基金管理有限公司	中国建设银行股份有限公司
407	工银沪深300指数	2009-3-5	43.62	56.19	工银瑞信基金管理有限公司	中国建设银行股份有限公司
408	诺安成长股票	2009-3-10	3.74	4.32	诺安基金管理有限公司	中国工商银行股份有限公司
409	国联安增利债券	2009-3-11	9.41	9.85	国联安基金管理有限公司	中国工商银行股份有限公司
410	国泰双利债券	2009-3-11	4.84	5.27	国泰基金管理有限公司	中国建设银行股份有限公司
411	信诚经典优债债券	2009-3-11	3.71	3.80	信诚基金管理有限公司	中国建设银行股份有限公司
412	宝盈核心优势混合	2009-3-17	1.97	1.97	宝盈基金管理有限公司	中国银行股份有限公司
413	嘉实量化阿尔法股票	2009-3-20	23.38	30.38	嘉实基金管理有限公司	中国工商银行股份有限公司
414	金元比联丰利债券	2009-3-23	3.45	3.46	金元比联基金管理有限公司	中国农业银行股份有限公司
415	兴业有机增长混合	2009-3-25	12.85	14.99	兴业全球基金管理有限公司	兴业银行股份有限公司
416	南方沪深300指数	2009-3-25	16.25	21.52	南方基金管理有限公司	中国工商银行股份有限公司
417	国富成长动力股票	2009-3-25	4.36	5.37	国海富兰克林基金管理有限公司	中国银行股份有限公司
418	易方达行业领先股票	2009-3-26	16.51	22.52	易方达基金管理有限公司	中国工商银行股份有限公司
419	民生加银品牌蓝筹混合	2009-3-27	6.13	7.41	民生加银基金管理有限公司	中国建设银行股份有限公司
420	鹏华沪深300指数(LOF)	2009-4-3	9.07	11.35	鹏华基金管理有限公司	中国工商银行股份有限公司
421	中银优选混合	2009-4-3	9.07	10.89	中银基金管理有限公司	中国工商银行股份有限公司
422	农银平衡双利混合	2009-4-8	18.81	22.14	农银汇理基金管理有限公司	交通银行股份有限公司
423	信达澳银稳定价值债券	2009-4-8	2.33	2.35	信达澳银基金管理有限公司	中国建设银行股份有限公司
424	泰达宏利品质生活混合	2009-4-9	7.62	9.07	泰达宏利基金管理有限公司	中国建设银行股份有限公司
425	交银先锋股票	2009-4-10	27.07	33.72	交银施罗德基金管理有限公司	中国农业银行股份有限公司
426	华安强化收益债券	2009-4-13	10.46	10.91	华安基金管理有限公司	中国工商银行股份有限公司

续表 9　Continued 9

序号 No.	基金名称 Investment Funds	成立时间 Date Founded	基金规模 (亿份)Size	基金总资产净值 (亿元)Net Value of Total Assets	基金管理公司 Administrant	基金托管银行 Fund Custodian Bank
427	融通内需驱动股票	2009-4-22	8.99	9.74	融通基金管理有限公司	中国工商银行股份有限公司
428	泰信蓝筹精选股票	2009-4-22	3.90	4.23	泰信基金管理有限公司	中国银行股份有限公司
429	银河行业股票	2009-4-24	1.65	2.05	银河基金管理有限公司	中国建设银行股份有限公司
430	中欧稳健收益债券	2009-4-24	2.41	2.46	中欧基金管理有限公司	中国建设银行股份有限公司
431	银华和谐主题混合	2009-4-27	9.50	10.96	银华基金管理有限公司	中国工商银行股份有限公司
432	海富通领先成长股票	2009-4-30	8.74	10.97	海富通基金管理有限公司	中国建设银行股份有限公司
433	东吴进取策略混合	2009-5-6	3.45	3.70	东吴基金管理有限公司	中国农业银行股份有限公司
434	华泰柏瑞货币	2009-5-6	2.77	2.77	华泰柏瑞基金管理有限公司	中国银行股份有限公司
435	万家精选股票	2009-5-18	7.17	8.22	万家基金管理有限公司	中国建设银行股份有限公司
436	诺安增利债券	2009-5-27	2.88	2.93	诺安基金管理有限公司	中国工商银行股份有限公司
437	国泰区位优势股票	2009-5-27	7.91	9.13	国泰基金管理有限公司	中国银行股份有限公司
438	建信收益增强债券	2009-6-2	29.40	30.36	建信基金管理有限责任公司	中国农业银行股份有限公司
439	浦银安盛精致生活	2009-6-4	2.93	3.06	浦银安盛基金管理有限公司	中国建设银行股份有限公司
440	博时信用债券	2009-6-10	12.08	12.09	博时基金管理有限公司	中国工商银行股份有限公司
441	富国优化增强债券	2009-6-10	17.28	17.30	富国基金管理有限公司	中国建设银行股份有限公司
442	申万巴黎消费增长股票	2009-6-12	11.35	13.22	申万巴黎基金管理有限公司	中国工商银行股份有限公司
443	广发聚瑞股票	2009-6-16	42.04	45.18	广发基金管理有限公司	中国工商银行股份有限公司
444	招商行业领先股票	2009-6-19	26.71	30.07	招商基金管理有限公司	中国银行股份有限公司
445	上投摩根纯债债券	2009-6-24	6.53	6.60	上投摩根基金管理有限公司	中国工商银行股份有限公司
446	汇丰晋信大盘股票	2009-6-24	13.80	15.72	汇丰晋信基金管理有限公司	交通银行股份有限公司
447	中海量化策略股票	2009-6-24	13.09	13.64	中海基金管理有限公司	中国工商银行股份有限公司
448	东方核心动力股票	2009-6-24	3.03	3.12	东方基金管理有限责任公司	中国银行股份有限公司
449	长城景气行业龙头混合	2009-6-30	6.39	7.09	长城基金管理有限公司	中国建设银行股份有限公司
450	汇添富上证综合指数	2009-7-1	69.56	73.09	汇添富基金管理有限公司	中国工商银行股份有限公司
451	金鹰行业优势股票	2009-7-1	14.59	15.03	金鹰基金管理有限公司	中国银行股份有限公司
452	银华内需精选股票	2009-7-1	35.04	37.61	银华基金管理有限公司	中国农业银行股份有限公司
453	华夏沪深300指数	2009-7-10	262.41	261.79	华夏基金管理有限公司	中国工商银行股份有限公司
454	新华泛资源优势混合	2009-7-13	18.14	18.62	新华基金管理有限公司	中国工商银行股份有限公司
455	天治趋势精选混合	2009-7-15	2.82	2.84	天治基金管理有限公司	中国建设银行股份有限公司
456	华富价值增长混合	2009-7-15	4.36	4.32	华富基金管理有限公司	深圳发展银行股份有限公司
457	民生加银增强收益债券	2009-7-21	6.66	6.89	民生加银基金管理有限公司	中国建设银行股份有限公司
458	兴业磐稳增利债券	2009-7-23	7.42	7.49	兴业全球基金管理有限公司	交通银行股份有限公司
459	中欧价值发现股票	2009-7-24	5.84	5.49	中欧基金管理有限公司	中国建设银行股份有限公司
460	泰信债券增强收益	2009-7-29	7.19	7.11	泰信基金管理有限公司	中国银行股份有限公司
461	长信恒利优势股票	2009-7-30	6.54	6.39	长信基金管理有限责任公司	中国建设银行股份有限公司
462	华泰柏瑞行业领先股票	2009-8-3	18.31	15.27	华泰柏瑞基金管理有限公司	中国工商银行股份有限公司
463	宝盈货币	2009-8-5	14.20	14.20	宝盈基金管理有限公司	中国建设银行股份有限公司
464	博时策略混合	2009-8-11	51.79	56.66	博时基金管理有限公司	中国建设银行股份有限公司
465	万家稳健增利债券	2009-8-12	5.07	5.17	万家基金管理有限公司	中国银行股份有限公司
466	嘉实回报混合	2009-8-18	60.88	63.63	嘉实基金管理有限公司	中国银行股份有限公司
467	工银上证央企 ETF	2009-8-26	15.83	27.33	工银瑞信基金管理有限公司	招商银行股份有限公司
468	信诚优胜精选股票	2009-8-26	20.06	21.63	信诚基金管理有限公司	中国建设银行股份有限公司
469	易方达沪深300指数	2009-8-26	109.08	116.91	易方达基金管理有限公司	中国建设银行股份有限公司
470	国联安主题驱动股票	2009-8-26	5.05	5.28	国联安基金管理有限公司	中国建设银行股份有限公司
471	国富沪深300指数增强	2009-9-3	17.66	20.40	国海富兰克林基金管理有限公司	中国农业银行股份有限公司

续表 10 Continued 10

序号 No.	基金名称 Investment Funds	成立时间 Date Founded	基金规模 (亿份)Size	基金总资产净值 (亿元)Net Value of Total Assets	基金管理公司 Administrant	基金托管银行 Fund Custodian Bank
472	中银中证100指数增强	2009-9-4	25.18	26.39	中银基金管理有限公司	中国建设银行股份有限公司
473	大成行业轮动股票	2009-9-8	16.84	18.23	大成基金管理有限公司	中国农业银行股份有限公司
474	鹏华精选成长股票	2009-9-9	19.21	19.87	鹏华基金管理有限公司	中国建设银行股份有限公司
475	金元比联价值增长股票	2009-9-11	2.88	3.11	金元比联基金管理有限公司	中国建设银行股份有限公司
476	大摩领先优势股票	2009-9-22	5.83	6.49	摩根士丹利华鑫基金管理有限公司	中国建设银行股份有限公司
477	诺德成长优势股票	2009-9-22	0.79	0.89	诺德基金管理有限公司	中国建设银行股份有限公司
478	南方中证500指数(LOF)	2009-9-25	28.82	33.91	南方基金管理有限公司	中国农业银行股份有限公司
479	交银上证180公司治理ETF	2009-9-25	77.36	70.65	交银施罗德基金管理有限公司	中国农业银行股份有限公司
480	交银上证180公司治理ETF联接	2009-9-29	70.09	71.13	交银施罗德基金管理有限公司	中国农业银行股份有限公司
481	农银策略价值股票	2009-9-29	71.58	74.90	农银汇理基金管理有限公司	中国建设银行股份有限公司
482	华宝兴业中证100指数	2009-9-29	10.26	10.76	华宝兴业基金管理有限公司	中国建设银行股份有限公司
483	华安上证180ETF联接	2009-9-29	9.49	10.66	华安基金管理有限公司	中国建设银行股份有限公司
484	银华沪深300指数(LOF)	2009-10-14	5.80	6.27	银华基金管理有限公司	中国建设银行股份有限公司
485	国投瑞银沪深300指数分级	2009-10-15	31.38	33.27	国投瑞银基金管理有限公司	中国工商银行股份有限公司
486	国泰中小盘成长股票(LOF)	2009-10-19	51.11	51.73	国泰基金管理有限公司	中国建设银行股份有限公司
487	景顺长城能源基建股票	2009-10-20	5.74	5.92	景顺长城基金管理有限公司	中国农业银行股份有限公司
488	诺安中证100指数	2009-10-27	21.09	21.13	诺安基金管理有限公司	中国工商银行股份有限公司
489	中邮核心优势灵活配置混合	2009-10-28	39.14	40.72	中邮创业基金管理有限公司	中国农业银行股份有限公司
490	光大保德信动态优选混合	2009-10-28	4.83	5.03	光大保德信基金管理有限公司	中国建设银行股份有限公司
491	海富通中证100指数(LOF)	2009-10-30	20.87	21.39	海富通基金管理有限公司	中国银行股份有限公司
492	建信沪深300指数(LOF)	2009-11-5	46.10	46.56	建信基金管理有限责任公司	中国工商银行股份有限公司
493	华商动态阿尔法混合	2009-11-24	22.81	22.12	华商基金管理有限公司	中国建设银行股份有限公司
494	长盛量化红利股票	2009-11-25	12.22	12.30	长盛基金管理有限公司	中国工商银行股份有限公司
495	广发中证500指数(LOF)	2009-11-26	86.35	87.15	广发基金管理有限公司	中国工商银行股份有限公司
496	信达澳银中小盘股票	2009-12-1	18.69	18.69	信达澳银基金管理有限公司	中国建设银行股份有限公司
497	易方达深证100ETF联接	2009-12-1	189.24	189.44	易方达基金管理有限公司	中国银行股份有限公司
498	泰达宏利红利先锋股票	2009-12-3	13.96	14.39	泰达宏利基金管理有限公司	中国建设银行股份有限公司
499	浦银安盛红利精选股票	2009-12-3	3.44	3.47	浦银安盛基金管理有限公司	中国工商银行股份有限公司
500	南方深证成份ETF	2009-12-4	41.27	41.44	南方基金管理有限公司	中国工商银行股份有限公司
501	南方深证成份ETF联接	2009-12-9	32.72	32.88	南方基金管理有限公司	中国工商银行股份有限公司
502	华夏盛世股票	2009-12-11	187.10	190	华夏基金管理有限公司	中国建设银行股份有限公司
503	汇丰晋信中小盘股票	2009-12-11	22.35	22.76	汇丰晋信基金管理有限公司	中国建设银行股份有限公司
504	富国沪深300指数增强	2009-12-16	34.89	36.46	富国基金管理有限公司	中国工商银行股份有限公司
505	天弘周期策略股票	2009-12-17	6.98	7.04	天弘基金管理有限公司	中国工商银行股份有限公司
506	华安动态灵活配置混合	2009-12-22	28.85	28.94	华安基金管理有限公司	中国工商银行股份有限公司
507	汇添富策略回报股票	2009-12-22	32.15	32.60	汇添富基金管理有限公司	中国工商银行股份有限公司
508	招商中小盘股票	2009-12-25	26.26	26.40	招商基金管理有限公司	中国工商银行股份有限公司
509	银河沪深300价值指数	2009-12-28	8.71	8.72	银河基金管理有限公司	中国建设银行股份有限公司
510	博时上证超大盘ETF	2009-12-29	14.06	14.15	博时基金管理有限公司	中国建设银行股份有限公司
511	博时上证超大盘ETF联接	2009-12-29	19.06	19.06	博时基金管理有限公司	中国建设银行股份有限公司
512	大摩强收益债券	2009-12-29	3.61	3.61	摩根士丹利华鑫基金管理有限公司	中国银行股份有限公司
513	嘉实基本面50指数(LOF)	2009-12-30	34.37	34.36	嘉实基金管理有限公司	中国工商银行股份有限公司
514	东吴新经济	2009-12-30	8.00	8.02	东吴基金管理有限公司	中国建设银行股份有限公司
515	中欧中小盘股票(LOF)	2009-12-30	14.77	14.77	中欧基金管理有限公司	中国邮政储蓄银行有限责任公司
516	华富中证100指数	2009-12-30	3.37	3.37	华富基金管理有限公司	交通银行股份有限公司

数据来源：中国证监会
Source：CSRC

4－3　QFII 概况表

List of QFII

序号 No.	QFII 名称 QFII	QFII 资格批准时间 Date Approved	批准额度 (亿美元)	资产净值(亿元) Net Asset Value
1	瑞士银行	2003-5-23	8	298.5
2	野村证券株式会社	2003-5-23	3.5	50.93
3	摩根士丹利国际股份有限公司	2003-6-5	4	148.48
4	花旗环球金融有限公司	2003-6-5	5.5	130.16
5	高盛公司	2003-7-4	3	81.09
6	德意志银行	2003-7-30	4	112.64
7	香港上海汇丰银行有限公司	2003-8-4	4	128.85
8	荷兰安智银行股份有限公司	2003-9-10	4	60.67
9	摩根大通银行	2003-9-30	1.5	63.44
10	瑞士信贷(香港)有限公司	2003-10-24	5	139.64
11	渣打银行(香港)有限公司	2003-12-11	0.75	22.5
12	日兴资产管理有限公司	2003-12-11	4.5	33.5
13	美林国际	2004-4-30	3	116.29
14	恒生银行有限公司	2004-5-10	1	28.81
15	大和证券 SMBC 株式会社	2004-5-10	0.5	11.28
16	雷曼兄弟国际(欧洲)公司	2004-7-6	2	55.89
17	比尔及梅林达盖茨信托基金会	2004-7-19	3	46.01
18	景顺资产管理有限公司	2004-8-4	2.5	37.16
19	荷兰银行有限公司	2004-9-2	1.75	66.23
20	法国兴业银行	2004-9-2	0.5	8.36
21	巴克莱银行	2004-9-15	2	39.2
22	德雷斯登银行股份公司	2004-9-27	0.75	7.33
23	富通银行	2004-9-29	5	191.77
24	法国巴黎银行	2004-9-29	2	62.71
25	加拿大鲍尔公司	2004-10-15	0.5	16.09
26	东方汇理银行	2004-10-15	0.75	33.97
27	高盛国际资产管理公司	2005-5-9	5	33.77
28	马丁可利投资管理有限公司	2005-10-25	1.2	51.51
29	新加坡政府投资有限公司	2005-10-25	3	46.9
30	美国国际集团环球投资公司	2005-11-14	0.5	12.52
31	淡马锡富敦投资有限公司	2005-11-15	3	42.73
32	JF 资产管理有限公司	2005-12-28	2.75	44.59
33	日本第一生命保险相互会社	2005-12-28	2	35.04
34	新加坡星展银行有限公司	2006-2-13	1	17.28
35	安保资本投资有限公司	2006-4-10	3	38.32
36	加拿大丰业银行	2006-4-10	1.5	18.53
37	比联金融产品英国有限公司	2006-4-10	1	15.74
38	法国爱德蒙得洛希尔银行	2006-4-10	1	25.92
39	耶鲁大学	2006-4-14	1.5	32.26
40	摩根士丹利投资管理公司	2006-7-7	2	32.32
41	英国保诚资产管理(香港)有限公司	2006-7-7	3	23.12
42	斯坦福大学	2006-8-5	1	10.73
43	通用电气资产管理公司	2006-8-5	2	23.6
44	大华银行有限公司	2006-8-5	0.5	4.97
45	施罗德投资管理有限公司	2006-8-29	2	18.24
46	汇丰环球投资管理(香港)有限公司	2006-9-5	3.5	24.04
47	新光证券株式会社	2006-9-5	0.5	3.09

续表 1　Continued 1

序号 No.	QFII 名称 QFII	QFII 资格批准时间 Date Approved	批准额度 （亿美元）	资产净值（亿元） Net Asset Value
48	瑞银环球资产管理（新加坡）有限公司	2006-9-25	2	18.49
49	三井住友资产管理株式会社	2006-9-25	3	23.04
50	挪威中央银行	2006-10-24	5	44.37
51	百达资产管理有限公司	2006-10-25	1	8.5
52	哥伦比亚大学	2008-3-12	1	11.75
53	保德信资产运用株式会社	2008-4-7	0.75	5.08
54	荷宝基金管理公司	2008-5-5	1.5	10.96
55	道富环球投资管理亚洲有限公司	2008-5-16	0.5	2.51
56	铂金投资管理有限公司	2008-6-2	1.5	15.15
57	比利时联合资产管理有限公司	2008-6-2	1.5	7.99
58	未来资产基金管理公司	2008-7-25	1.5	15.49
59	安达国际控股有限公司	2008-8-5	1.5	10.33
60	魁北克储蓄投资集团	2008-8-22	2	22.59
61	哈佛大学	2008-8-22	2	4.11
62	三星投资信托运用株式会社	2008-8-25	1.5	14.18
63	联博有限公司	2008-8-28	0.5	4.96
64	华侨银行有限公司	2008-8-28	1.5	13.91
65	首域投资管理（英国）有限公司	2008-9-11	1.2	8.96
66	大和证券投资信托委托株式会社	2008-9-11	1	9.54
67	壳牌资产管理有限公司	2008-9-12	1	—
68	普信国际公司	2008-9-12	1.1	11.61
69	法国兴业资产管理有限公司	2008-10-14	1	0
70	瑞士信贷	2008-10-14	2	15.61
71	大华资产管理有限公司	2008-11-28	0.5	1.51
72	阿布达比投资局	2008-12-3	2	19.23
73	德盛安联资产管理卢森堡	2008-12-16	1	6.21
74	资本国际公司	2008-12-18	1	7.71
75	三菱日联证券股份有限公司	2008-12-29	1	7.09
76	韩华投资信托管理株式会社	2009-2-5	0.7	3.31
77	新兴市场管理有限公司	2009-2-10	0.5	3.62
78	DWS 投资管理有限公司	2009-2-24	2	10.83
79	韩国产业银行	2009-4-23	1	—
80	韩国友利银行股份有限公司	2009-5-4	0.5	—
81	马来西亚国家银行	2009-5-19	2	13.57
82	罗祖儒投资管理（香港）有限公司	2009-5-27	0.5	—
83	邓普顿投资顾问有限公司	2009-6-5	2	—
84	东亚联丰投资管理有限公司	2009-6-18	1	—
85	日本住友信托银行股份有限公司	2009-6-26	0.5	—
86	韩国投资信托运用株式会社	2009-7-21	1	—
87	霸菱资产管理有限公司	2009-8-6	—	—
88	安石投资管理有限公司	2009-9-14	—	—
89	纽约银行梅隆资产管理国际有限公司	2009-11-6	—	—
90	宏利资产管理（香港）有限公司	2009-11-20	—	—
91	野村资产管理株式会社	2009-11-23	—	—
92	东洋投资信托运用株式会社	2009-12-11	—	—
93	加拿大皇家银行	2009-12-23	—	—
94	英杰华投资集团全球服务有限公司	2009-12-28	—	—

数据来源：中国证监会
Source：CSRC

4-4　QDII 概况表
List of QDII

序号 No.	QDII 名称 QDII	单位基金净值(元) Unit Net Value of Fund	基金份额(亿份) Fund Share
1	华安国际配置混合(QDII)	6.52	0.97
2	南方全球精选配置(QDII-FOF)	0.74	229.53
3	华夏全球股票(QDII)	0.82	245.83
4	嘉实海外中国股票(QDII)	0.7	245.56
5	上投摩根亚太优势股票(QDII)	0.61	266.29
6	工银全球股票(QDII)	0.92	20.52
7	华宝兴业海外中国股票(QDII)	1.13	1.24
8	银华全球优选(QDII-FOF)	0.95	1.34
9	海富通中国海外股票(QDII)	1.47	3.51
10	交银环球精选股票(QDII)	1.57	2.55
	合　计	15.43	1017.35

数据来源：中国证监会
Source：CSRC

4-5　2009年 QFII 统计表
Statistics of QFII

时间 Date	QFII 数量(家) Number of QFII	QFII 资产净值(亿元) Asset-Net Value	QFII 持股市值(亿元) Market Capitalization of Holding stocks
2009.01	76	1846.60	848.11
2009.02	79	1976.60	810.59
2009.03	79	2065.89	987.10
2009.04	79	2180.75	1117.65
2009.05	82	2245.97	1192.19
2009.06	85	2444.85	1404.63
2009.07	86	2666.42	1585.47
2009.08	87	2315.04	1444.88
2009.09	88	2454.06	1787.73
2009.10	88	2663.62	1996.52
2009.11	91	2835.72	2123.99
2009.12	94	2899.17	2125.04

数据来源：中国证监会
Source：CSRC

4－6　2009年 QDII 统计表

Statistics of QDII

时间 Date	QDII 数量(家) Number of QDII	QDII 产品数量(个) Number of Products	QDII 资产净值(亿元) Asset-Net Value	QDII 股权类投资(亿元) Stocks Investment	QDII 申购赎回金额(亿元) Amount of Purchasing and Redeming Funds	
					申购金额 Purchasing Amount	赎回金额 Redeming Amount
2009.01	27	11	475.36	277.91	1.89	1.43
2009.02	28	11	470.34	279.00	5.14	4.72
2009.03	28	11	521.69	339.38	5.51	5.76
2009.04	29	11	582.80	414.09	5.73	7.15
2009.05	29	11	649.07	450.17	7.97	6.71
2009.06	29	11	678.07	487.12	18.42	13.13
2009.07	30	11	729.76	568.24	10.15	23.62
2009.08	30	11	683.29	507.80	7.10	16.50
2009.09	31	11	716.52	525.35	3.80	10.72
2009.10	31	11	729.02	538.53	2.54	8.81
2009.11	31	11	742.44	547.09	3.01	14.48
2009.12	31	15	742.24	542.86	1.89	11.57

数据来源：中国证监会
Source：CSRC

4－7　基金托管人概况

Summary of Securities Investment Funds Custodian

序号 No.	托管人名称 Custodian Name	注册地域 Registered in	取得托管资格时间 Founding Date	托管基金只数 Number of Funds Custodied	托管基金总规模 (亿份)Fund Share	托管基金资产净值 (亿元) Asset-Net Value
1	中国工商银行股份有限公司	北京	1998-2-24	148	7141.03	7836.28
2	中国农业银行股份有限公司	北京	1998-5-29	74	3287.76	3506.05
3	中国银行股份有限公司	北京	1998-7-7	81	4183.49	4356.59
4	中国建设银行股份有限公司	北京	1998-3-18	143	5720.02	6633.93
5	交通银行股份有限公司	上海	1998-7-3	46	2128.31	2178.71
6	华夏银行股份有限公司	北京	2005-2-23	6	105.6	99.31
7	中国光大银行股份有限公司	北京	2002-10-23	10	529.96	525.36
8	招商银行股份有限公司	深圳	2002-11-6	19	457.6	478.48
9	中信银行股份有限公司	北京	2004-8-18	3	89.46	105.45
10	中国民生银行股份有限公司	北京	2004-7-9	7	226.64	233.21
11	深圳发展银行股份有限公司	深圳	2008-8-6	1	4.37	4.32
12	兴业银行股份有限公司	福建	2005-4-25	11	343.77	458.24
13	上海浦东发展银行股份有限公司	上海	2003-9-10	7	303.1	336.35
14	上海银行股份有限公司	上海	2009-8-18	0	0	0
15	北京银行股份有限公司	北京	2008-6-3	0	0	0
16	广东发展银行股份有限公司	广东	2009-5-4	0	0	0
17	中国邮政储蓄银行有限责任公司	北京	2009-7-16	1	14.78	14.78

数据来源：中国证监会
Source：CSRC

4-8 基金管理公司概况

序号 No.	基金管理公司 Name	注册资本(元) Registered Capital	注册地点 Registered in	办公地域 Office Location	成立时间 Date Founded	管理基金只数 Fund Amounts	董事长 Board Chairman
1	国泰基金管理有限公司	110000000	上海	上海	1998-3-5	15	陈勇胜
2	南方基金管理有限公司	150000000	深圳	深圳	1998-3-6	21	吴万善
3	华夏基金管理有限公司	138000000	北京	北京	1998-3-9	25	王东明
4	华安基金管理有限公司	150000000	上海	上海	1998-5-4	16	俞妙根
5	博时基金管理有限公司	100000000	深圳	深圳	1998-7-13	18	杨 鹇
6	鹏华基金管理有限公司	150000000	深圳	深圳	1998-12-22	14	何 如
7	长盛基金管理有限公司	150000000	深圳	北京	1999-3-26	13	陈 平
8	嘉实基金管理有限公司	150000000	上海	北京	1999-3-25	19	王忠民
9	大成基金管理有限公司	200000000	深圳	深圳	1999-4-12	16	张树忠
10	富国基金管理有限公司	180000000	上海	上海	1999-4-13	15	陈 敏

Summary of Securities Investment Funds Management Corp.

总经理 Manager	管理基金名称 Funds Managed	管理基金规模（亿份） Fund Share	管理基金规模(亿元) Market Capitalization of Holding stocks
金　旭	国泰金龙债券　国泰金鼎价值混合　国泰金牛创新股票　国泰双利债券　国泰金鹰增长股票　国泰货币　国泰金泰封闭　国泰金龙行业混合　国泰中小盘成长股票(LOF)　国泰金马稳健混合　国泰区位优势股票　国泰金鑫封闭　国泰沪深 300 指数　国泰金鹏蓝筹混合　国泰金鹿保本混合(二期)	603.71	594.03
高良玉	南方开元封闭　南方稳健成长贰号混合　南方天元封闭　南方中证 500 指数(LOF)　南方绩优成长股票　南方沪深 300 指数　南方积极配置股票(LOF)　南方深证成份 ETF 联接　南方多利中短期债券　南方稳健成长混合　南方现金增利货币　南方高增长股票(LOF)　南方避险增值混合　南方隆元产业主题股票　南方深证成份 ETF　南方恒元保本混合　南方宝元债券　南方成份精选股票　南方优选价值股票　南方盛元红利股票　南方全球精选配置(QDII－FOF)	1112.50	1222.72
范勇宏	华夏复兴股票　华夏优势增长股票　华夏策略混合　华夏沪深 300 指数　华夏蓝筹混合(LOF)　华夏大盘精选混合　中信稳定双利债券　华夏收入股票　华夏债券　华夏回报二号混合　华夏盛世股票　华夏中小板 ETF　华夏现金增利货币　中信现金优势货币　华夏成长混合　华夏稳增混合　华夏上证 50ETF　华夏兴和封闭　华夏回报混合　华夏经典混合　华夏兴华封闭　华夏红利混合　华夏希望债券　华夏行业股票(LOF)　华夏全球股票(QDII)	1927.32	2657.59
俞妙根	华安中国 A 股增强指数　华安稳定收益债券　华安上证 180ETF 联接　华安宝利配置混合　华安安顺封闭　华安现金富利货币　华安上证 180ETF　华安核心股票　华安安信封闭　华安中小盘成长股票　华安动态灵活配置混合　华安策略优选股票　华安创新混合　华安宏利股票　华安强化收益债券　华安国际配置混合(QDII)	837.23	936.47
肖　风	博时沪深 300 指数　博时现金收益货币　博时稳定价值债券　博时上证超大盘 ETF 联接　博时策略混合　博时平衡配置混合　博时裕阳封闭　博时主题行业股票(LOF)　博时裕泽封闭　博时价值增长贰号混合　博时裕隆封闭　博时第三产业股票　博时上证超大盘 ETF　博时信用债券　博时精选股票　博时价值增长混合　博时新兴成长股票　博时特许价值股票	1358.88	1504.54
邓召明	鹏华精选成长股票　鹏华优质治理股票(LOF)　鹏华普惠封闭　鹏华普天收益混合　鹏华普天债券　鹏华沪深 300 指数(LOF)　鹏华价值优势股票(LOF)　鹏华动力增长混合(LOF)　鹏华丰收债券　鹏华行业成长混合　鹏华普丰封闭　鹏华盛世创新股票(LOF)　鹏华中国 50 混合　鹏华货币	496.75	596.72
陈礼华	长盛货币　长盛中证 100 指数　长盛同智优势混合(LOF)　长盛量化红利股票　长盛同德主题股票　长盛创新先锋混合　长盛成长价值混合　长盛动态精选混合　长盛积极配置债券　长盛全债指数增强债券　长盛同盛封闭　长盛同益封闭　长盛同庆封闭	448.83	484.75
赵学军	嘉实稳健混合　嘉实回报混合　嘉实成长收益混合　嘉实优质企业股票　嘉实货币　嘉实服务增值行业混合　嘉实主题混合　嘉实增长混合　嘉实超短债债券　嘉实基本面 50 指数(LOF)　嘉实研究精选股票　嘉实丰和价值封闭　嘉实策略混合　嘉实泰和封闭　嘉实多元债券　嘉实沪深 300 指数(LOF)　嘉实债券　嘉实量化阿尔法股票　嘉实海外中国股票(QDII)	1569.65	1564.21
王　颢	大成行业轮动股票　大成景宏封闭　大成策略回报股票　大成优选封闭　大成积极成长股票　大成货币　大成价值增长混合　大成债券　大成景阳领先股票　大成 2020生命周期混合　大成沪深 300 指数　大成精选增值混合　大成蓝筹稳健混合　大成景福封闭　大成强化收益债券　大成创新成长混合	1132.39	1060.44
窦玉明	富国天源平衡混合　富国天博创新股票　富国天利增长债券　富国天鼎中证指数增强　富国天丰强化债券封闭　富国天益价值股票　富国天瑞强势混合　富国优化增强债券　富国汉盛封闭　富国沪深 300 指数增强　富国天合稳健股票　富国天成红利混合　富国汉兴封闭　富国天时货币　富国天惠成长混合(LOF)	609.94	653.62

续表 1

序号 No.	基金管理公司 Name	注册资本(元) Registered Capital	注册地点 Registered in	办公地域 Office Location	成立时间 Date Founded	管理基金只数 Fund Amounts	董事长 Board Chairman
11	易方达基金管理有限公司	120000000	珠海	广州	2001-4-17	19	梁　棠
12	宝盈基金管理有限公司	100000000	深圳	深圳	2001-5-18	8	李建生
13	融通基金管理有限公司	125000000	深圳	深圳	2001-5-22	11	孟立坤
14	银华基金管理有限公司	200000000	深圳	北京	2001-5-28	13	彭　越
15	长城基金管理有限公司	150000000	深圳	深圳	2001-12-27	11	杨光裕
16	银河基金管理有限公司	150000000	上海	上海	2002-5-14	9	李锡奎
17	泰达宏利基金管理有限公司	180000000	上海	北京	2002-7-4	12	刘惠文
18	国投瑞银基金管理有限公司	100000000	深圳	深圳	2002-6-13	10	钱　蒙
19	万家基金管理有限公司	100000000	上海	上海	2002-8-23	8	孙国茂
20	金鹰基金管理有限公司	100000000	珠海	广州	2002-12-25	4	梁伟文
21	招商基金管理有限公司	210000000	深圳	深圳	2002-12-27	12	马蔚华
22	华宝兴业基金管理有限公司	150000000	上海	上海	2003-2-7	13	郑安国
23	摩根士丹利华鑫基金管理有限公司	100000000	深圳	深圳	2003-3-3	5	王文学
24	国联安基金管理有限公司	150000000	上海	上海	2003-3-25	8	符学东
25	海富通基金管理有限公司	150000000	上海	上海	2003-4-1	11	邵国有
26	长信基金管理有限责任公司	150000000	上海	上海	2003-4-9	7	田　丹

Continued 1

总经理 Manager	管理基金名称 Funds Managed	管理基金规模(亿份) Fund Share	管理基金规模(亿元) Market Capitalization of Holding stocks
叶俊英	易方达科翔股票 易方达中小盘股票 易方达行业领先股票 易方达稳健收益债券 易方达策略成长混合 易方达平稳增长混合 易方达积极成长混合 易方达沪深300指数 易方达科讯股票 易方达科瑞封闭 易方达价值精选股票 易方达深证100ETF联接 易方达深证100ETF 易方达科汇灵活配置混合 易方达策略成长二号混合 易方达增强回报债券 易方达货币 易方达上证50指数 易方达价值成长混合	1248.42	1595.23
陆金海	宝盈货币 宝盈鸿阳封闭 宝盈鸿利收益混合 宝盈策略增长股票 宝盈核心优势混合 宝盈泛沿海增长股票 宝盈增强收益债券 宝盈资源优选股票	132.46	114.33
吕秋梅	融通深证100指数 融通新蓝筹混合 融通动力先锋股票 融通行业景气混合 融通内需驱动股票 融通易支付货币 融通债券 融通巨潮100指数(LOF) 融通通乾封闭 融通蓝筹成长混合 融通领先成长股票(LOF)	522.28	595.34
王立新	银华领先策略股票 银华-道琼斯88指数 银华沪深300指数(LOF) 银华增强收益债券 银华保本增值混合 银华和谐主题混合 银华富裕主题股票 银华优质增长股票 银华货币 银华价值优选股票 银华优势企业混合 银华内需精选股票 银华全球优选(QDII-FOF)	561.88	747.10
关林戈	长城货币 长城久富股票(LOF) 长城稳健增利债券 长城品牌优选股票 长城景气行业龙头混合 长城久恒平衡混合 长城久泰中信标普300指数 长城消费增值股票 长城久嘉封闭 长城安心回报混合 长城双动力股票	444.83	415.95
裴　勇	银河行业股票 银河银丰封闭 银河成长股票 银河银信添利债券 银河沪深300价值指数 银河稳健混合 银河银富货币 银河收益债券 银河银泰混合	122.65	130.12
缪均伟	泰达宏利首选企业股票 泰达宏利精选股票 泰达宏利红利先锋股票 泰达宏利效率优选混合(LOF) 泰达宏利集利债券 泰达宏利成长股票 泰达宏利风险预算混合 泰达宏利货币 泰达宏利品质生活混合 泰达宏利市值优选股票 泰达宏利稳定股票 泰达宏利周期股票	261.80	302.46
尚　健	国投瑞银瑞福分级封闭 国投瑞银沪深300指数分级 国投瑞银成长优选股票 国投瑞银稳健增长混合 国投瑞银景气行业混合 国投瑞银创新动力股票 国投瑞银稳定增利债券 国投瑞银融华债券 国投瑞银货币 国投瑞银核心企业股票	370.48	384.50
李振伟	万家公用事业行业股票(LOF) 万家精选股票 万家和谐增长混合 万家稳健增利债券 万家双引擎灵活配置混合 万家增强收益债券 万家货币 万家180指数	178.94	150.27
詹松茂	金鹰红利价值混合 金鹰成份优选混合 金鹰中小盘精选混合 金鹰行业优势股票	46.35	46.53
成保良	招商安泰债券 招商安泰平衡混合 招商先锋混合 招商优质成长股票(LOF) 招商行业领先股票 招商安泰股票 招商现金增值货币 招商大盘蓝筹股票 招商核心价值混合 招商安心收益债券 招商中小盘股票 招商安本增利债券	333.98	355.56
裴长江	华宝兴业宝康债券 华宝兴业宝康消费品混合 华宝兴业现金宝货币 华宝兴业先进成长股票 华宝兴业宝康配置混合 华宝兴业动力组合股票 华宝兴业行业精选股票 华宝兴业中证100指数 华宝兴业增强收益债券 华宝兴业收益增长混合 华宝兴业多策略股票 华宝兴业大盘精选股票 华宝兴业海外中国股票(QDII)	513.45	619.54
于　华	大摩强收益债券 大摩资源优选混合(LOF) 大摩货币 大摩基础行业混合 大摩领先优势股票	23.09	32.60
许小松	国联安红利股票 国联安增利债券 国联安主题驱动股票 国联安稳健混合 国联安小盘精选混合 国联安优势股票 国联安精选股票 国联安安心成长混合	101.17	102.32
田仁灿	海富通精选贰号混合 海富通领先成长股票 海富通风格优势股票 海富通中证100指数(LOF) 海富通稳健添利债券 海富通股票 海富通货币 海富通收益增长混合 海富通强化回报混合 海富通精选混合 海富通中国海外股票(QDII)	509.62	458.19
蒋学杰	长信利息收益货币 长信增利动态策略股票 长信金利趋势股票 长信双利优选混合 长信利丰债券 长信银利精选股票 长信恒利优势股票	309.64	274.72

续表 2

序号 No.	基金管理公司 Name	注册资本(元) Registered Capital	注册地点 Registered in	办公地域 Office Location	成立时间 Date Founded	管理基金只数 Fund Amounts	董事长 Board Chairman
27	泰信基金管理有限公司	200000000	上海	上海	2003-5-8	7	孟凡利
28	天治基金管理有限公司	130000000	上海	上海	2003-5-27	7	赵玉彪
29	景顺长城基金管理有限公司	130000000	深圳	深圳	2003-6-12	11	许文明(代行)
30	广发基金管理有限公司	120000000	珠海	广州	2003-7-5	12	马庆泉
31	兴业全球基金管理有限公司	150000000	上海	上海	2003-9-30	7	兰　荣
32	诺安基金管理有限公司	150000000	深圳	深圳	2003-12-9	9	奏维舟
33	申万巴黎基金管理有限公司	150000000	上海	上海	2003-12-15	8	姜国芳
34	中海基金管理有限公司	130000000	上海	上海	2004-3-18	6	储晓明
35	光大保德信基金管理有限公司	160000000	上海	上海	2004-4-22	8	林　昌
36	华富基金管理有限公司	120000000	上海	上海	2004-3-19	7	姚怀然
37	上投摩根基金管理有限公司	250000000	上海	上海	2004-4-12	10	陈开元
38	东方基金管理有限责任公司	100000000	北京	北京	2004-6-11	6	李维雄
39	中银基金管理有限公司	100000000	上海	上海	2004-6-12	8	贾建平
41	东吴基金管理有限公司	100000000	上海	上海	2004-8-2	6	吴永敏
41	国海富兰克林基金管理有限公司	220000000	南宁	上海	2004-9-15	7	张雅锋
42	天弘基金管理有限公司	100000000	天津	天津	2004-10-8	4	李　琦
43	友邦华泰基金管理有限公司	200000000	上海	上海	2004-11-18	7	齐　亮
44	新华基金管理有限公司	100000000	重庆	重庆	2004-12-9	3	陈　重

Continued 2

总经理 Manager	管理基金名称 Funds Managed	管理基金规模(亿份) Fund Share	管理基金规模(亿元) Market Capitalization of Holding stocks
高清海	泰信双息双利债券　泰信蓝筹精选股票　泰信天天收益货币　泰信优质生活股票　泰信债券增强收益　泰信优势增长混合　泰信先行策略混合	156.98	136.27
祖　煜	天治财富增长混合　天治天得利货币　天治稳健双盈债券　天治核心成长股票(LOF)　天治创新先锋股票　天治品质优选混合　天治趋势精选混合	79.99	54.77
许义明	景顺长城鼎益股票(LOF)　景顺长城内需贰号股票　景顺长城能源基建股票　景顺长城公司治理股票　景顺长城内需增长股票　景顺长城动力平衡混合　景顺长城精选蓝筹股票　景顺长城优选股票　景顺长城新兴成长股票　景顺长城货币　景顺长城资源垄断股票(LOF)	528.39	536.81
林传辉	广发货币　广发稳健增长混合　广发聚瑞股票　广发大盘成长混合　广发增强债券　广发小盘成长股票(LOF)　广发策略优选混合　广发聚丰股票　广发核心精选股票　广发中证500指数(LOF)　广发沪深300指数　广发聚富混合	975.23	1104.71
杨　东	兴业可转债混合　兴业磐稳增利债券　兴业社会责任股票　兴业有机增长混合　兴业趋势投资混合(LOF)　兴业全球视野股票　兴业货币	312.36	434.57
奥成文	诺安平衡混合　诺安灵活配置混合　诺安增利债券　诺安货币　诺安成长股票　诺安中证100指数　诺安优化收益债券　诺安价值增长股票　诺安股票	507.88	511.57
毛剑鸣	申万巴黎新动力股票　申万巴黎消费增长股票　申万巴黎竞争优势股票　申万巴黎收益宝货币　申万巴黎盛利精选混合　申万巴黎添益宝债券　申万巴黎盛利强化配置混合　申万巴黎新经济混合	256.90	236.62
陈浩鸣	中海稳健收益债券　中海分红增利混合　中海量化策略股票　中海优质成长混合　中海蓝筹混合　中海能源策略混合	227.20	204.77
傅德修	光大保德信优势配置股票　光大保德信动态优选混合　光大保德信货币　光大保德信新增长股票　光大保德信增利收益债券　光大保德信红利股票　光大保德信均衡精选股票　光大保德信量化股票	388.24	398.26
谢庆阳	华富货币　华富成长趋势股票　华富价值增长混合　华富策略精选混合　华富竞争力优选混合　华富中证100指数　华富收益增强债券	68.60	59.34
王鸿嫔	上投摩根成长先锋股票　上投摩根中国优势混合　上投摩根纯债债券　上投摩根阿尔法股票　上投摩根货币　上投摩根内需动力股票　上投摩根双核平衡混合　上投摩根中小盘股票　上投摩根双息平衡混合　上投摩根亚太优势股票(QDII)	544.15	584.61
单　宇	东方金账簿货币　东方策略成长股票　东方稳健回报债券　东方精选混合　东方龙混合　东方核心动力股票	102.78	103.82
陈　儒	中银策略股票　中银中国混合(LOF)　中银中证100指数增强　中银货币　中银优选混合　中银收益混合　中银增长股票　中银增利债券	293.76	289.99
徐建平	东吴进取策略混合　东吴双动力股票　东吴行业轮动股票　东吴优信稳健债券　东吴新经济　东吴嘉禾优势精选混合	74.67	70.26
金哲非	国富深化价值股票　国富成长动力股票　国富潜力组合股票　国富沪深300指数增强　国富中国收益混合　国富强化收益债券　国富弹性市值股票	145.87	183.48
胡　敏	天弘永利债券　天弘精选混合　天弘周期策略股票　天弘永定价值成长股票	66.79	45.02
陈国杰	友邦华泰积极成长混合　友邦华泰货币　友邦华泰价值增长股票　友邦华泰行业领先股票　友邦华泰上证红利ETF　友邦华泰稳本增利债券　友邦华泰盛世中国股票	233.01	220.68
孙枝来	新华优选成长股票　新华泛资源优势混合　新华优选分红混合	57.03	71.40

续表 3

序号 No.	基金管理公司 Name	注册资本(元) Registered Capital	注册地点 Registered in	办公地域 Office Location	成立时间 Date Founded	管理基金只数 Fund Amounts	董事长 Board Chairman
45	汇添富基金管理有限公司	100000000	上海	上海	2005-1-3	9	桂水发
46	工银瑞信基金管理有限公司	200000000	北京	北京	2005-6-21	11	杨凯生
47	交银施罗德基金管理有限公司	200000000	上海	上海	2005-7-26	11	彭　纯
48	信诚基金管理有限公司	200000000	上海	上海	2005-8-22	6	张翔燕
49	建信基金管理有限责任公司	200000000	北京	北京	2005-9-9	9	江先周
50	华商基金管理有限公司	100000000	北京	北京	2005-9-19	4	李晓安
51	汇丰晋信基金管理有限公司	200000000	上海	上海	2005-10-1	7	杨小勇
52	益民基金管理有限公司	100000000	重庆	北京	2005-12-12	4	翁振杰
53	中邮创业基金管理有限公司	100000000	北京	北京	2006-2-14	3	
54	信达澳银基金管理有限公司	100000000	深圳	深圳	2006-4-17	4	何加武
55	诺德基金管理有限公司	100000000	上海	上海	2006-5-11	4	李格平
56	中欧基金管理有限公司	120000000	上海	上海	2006-7-30	5	常　喆
57	金元比联基金管理有限公司	150000000	上海	上海	2006-11-25	4	冯　辞
58	浦银安盛基金管理有限公司	200000000	上海	上海	2007-7-17	4	姜明生
59	农银汇理基金管理有限公司	200000000	上海	上海	2008-2-25	4	杨　琨
60	民生加银基金管理有限公司	200000000	深圳	深圳	2008-10-15	2	杨　东

数据来源：中国证监会
Source：CSRC

Continued 3

总经理 Manager	管理基金名称 Funds Managed	管理基金规模(亿份) Fund Share	管理基金规模(亿元) Market Capitalization of Holding stocks
林利军	汇添富均衡增长股票　汇添富上证综合指数　汇添富成长焦点股票　汇添富增强收益债券　汇添富蓝筹稳健混合　汇添富货币　汇添富策略回报股票　汇添富优势精选混合　汇添富价值精选股票	559.93	615.47
郭特华	工银核心价值股票　工银货币　工银上证央企 ETF　工银添利债券　工银稳健成长股票　工银红利股票　工银大盘蓝筹股票　工银沪深 300 指数　工银增强收益债券　工银精选平衡混合　工银全球股票(QDII)	692.24	626.77
莫泰山	交银精选股票　交银先锋股票　交银增利债券　交银货币　交银保本混合　交银成长股票　交银蓝筹股票　交银上证 180 公司治理 ETF 联接　交银上证 180 公司治理 ETF　交银稳健配置混合　交银环球精选股票(QDII)	785.24	923.91
王俊锋	信诚优胜精选股票　信诚四季红混合　信诚经典优债债券　信诚三得益债券　信诚精萃成长股票　信诚盛世蓝筹股票	132.01	134.48
孙志晨	建信恒久价值股票　建信货币　建信核心精选股票　建信稳定增利债券　建信优选成长股票　建信收益增强债券　建信优势动力封闭　建信沪深 300 指数(LOF)　建信优化配置混合	443.92	437.32
王　锋	华商收益增强债券　华商动态阿尔法混合　华商盛世成长股票　华商领先企业混合	119.4696	133.8426
李选进	汇丰晋信平稳增利债券　汇丰晋信中小盘股票　汇丰晋信2026周期混合　汇丰晋信动态策略混合　汇丰晋信大盘股票　汇丰晋信龙腾股票　汇丰晋信2016周期混合	76.04	99.48
祖　煜	益民多利债券　益民货币　益民创新优势混合　益民红利成长混合	86.05	76.48
周　克	中邮核心成长股票　中邮核心优选股票　中邮核心优势灵活配置混合	487.92	482.68
王重昆	信达澳银领先增长股票　信达澳银精华配置混合　信达澳银中小盘股票　信达澳银稳定价值债券	83.86	100.38
杨忆风	诺德成长优势股票　诺德灵活配置混合　诺德价值优势股票　诺德增强收益债券	43.76	44.72
刘建平	中欧中小盘股票(LOF)　中欧稳健收益债券　中欧价值发现股票　中欧新趋势股票(LOF)　中欧新蓝筹混合	45.66	47.42
易　强	金元比联成长动力混合　金元比联价值增长股票　金元比联丰利债券　金元比联宝石保本混合	31.35	32.90
刘　斐	浦银安盛优化收益债券　浦银安盛价值成长股票　浦银安盛红利精选股票　浦银安盛精致生活	18.76	18.39
许红波	农银策略价值股票　农银平衡双利混合　农银恒久增利债券　农银行业成长股票	118.78	131.72
张嘉宾	民生加银品牌蓝筹混合　民生加银增强收益债券	12.80	14.30

4－9 历年全国交易所上市基金交易情况汇总表（1994—2009）

Trading Summary of Funds Traded in Stock Exchange in Recent Years（1994—2009）

年份 Year	基金数量（只） Number of Funds	成交数量（亿份） Trading Volume(1000000000)	成交金额（亿元） Turnover(100000000)
1994年	20	237.89	357.50
1995年	22	241.80	510.19
1996年	25	474.30	1566.50
1997年	25	228.72	807.91
1998年	29	555.33	1016.89
1999年	42	1623.12	2485.48
2000年	36	2180.62	2801.84
2001年	48	2208.62	2561.88
2002年	54	1218.60	1166.62
2003年	54	849.18	682.65
2004年	54	589.72	479.47
2005年	65	1098.41	773.15
2006年	72	2058.16	2002.65
2007年	72	2058.16	2002.65
2008年	64	3742.28	5831.05
2009年	73	6531.40	10340.02

注：2000年以前数据中包括非证券投资基金；2005—2009年数据包括 LOF 和 ETF。
数据来源：上海、深圳证券交易所
Source：Shanghai、Shenzhen Stock Exchange

4－10 历年上交所基金交易情况汇总表（1994—2009）

Trading Summary of Funds in Shanghai Stock Exchange（1994—2009）

年份 Year	基金数量(只) Number of Funds	成交数量(亿份) Trading Volume(1000000000)	成交金额(亿元) Turnover(100000000)
1994年	12	56.73	117.34
1995年	12	107.21	305.67
1996年	15	128.01	497.38
1997年	15	55.57	219.53
1998年	19	329.58	605.28
1999年	26	827.95	1365.82
2000年	18	995.32	1334.18
2001年	23	1148.35	1348.92
2002年	25	573.69	556.77
2003年	25	441.62	362.16
2004年	25	297.78	249.10
2005年	26	778.73	576.78
2006年	26	1042.85	1024.35
2007年	17	1981.36	4298.24
2008年	16	2001.43	3700.23
2009年	18	3690.94	6549.06

注：2000年以前数据中包括非证券投资基金；2005—2009年数据包括 ETF。
数据来源：上海证券交易所
Source：Shanghai Stock Exchange

4-11 历年深交所基金交易情况汇总表（1994—2009）
Trading Summary of Funds in Shenzhen Stock Exchange (1994—2009)

年份 Year	基金数量（只） Number of Funds	成交数量（亿份） Trading Volume (1000000000)	成交金额（亿元） Turnover (100000000)
1994年	8	181.16	240.16
1995年	10	134.59	204.52
1996年	10	346.29	1069.12
1997年	10	173.15	588.38
1998年	10	225.75	411.61
1999年	16	795.17	1119.66
2000年	18	1185.30	1467.66
2001年	25	1060.27	1212.96
2002年	29	644.91	609.85
2003年	29	407.56	320.49
2004年	29	291.94	230.37
2005年	39	319.68	196.37
2006年	46	1015.31	978.30
2007年	48	2349.16	4321.85
2008年	48	1740.85	2130.82
2009年	55	2840.46	3790.96

注：2000年以前数据中包括非证券投资基金；2005—2009年数据包括 LOF 和 ETF。
数据来源：深圳证券交易所
Source: Shenzhen Stock Exchange

4－12　2009年全国交易所上市基金成交概况

Trading Summary of Funds Traded in Stock Exchange in 2009

		本年	上年	增减(%)
交易日数(天)	Trading Days	244	246	－0.81
基金上市品种(个)	Variety	73	64	14.06
其中：ETF	ETF	7	5	—
LOF	LOF	33	28	—
基金成交金额(亿元)	Turnover (100000000)	10340.02	5831.05	77.33
其中：ETF	ETF	7652.13	3178.58	—
LOF	LOF	324.73	415.29	—
基金日均成交金额(亿元)	Average Turnover (100000000)	42.38	23.70	78.82
基金成交股数(亿股)	Transcation Volume(100000000)	6531.40	3742.28	74.53
其中：ETF	ETF	3452.19	1411.50	—
LOF	LOF	365.10	378.71	—
基金成交笔数(百万笔)	No. of Transcation(1000000)	30.22	34.11	－11.40
其中：ETF	ETF	12.75	11.41	—
LOF	LOF	2.84	4.53	—
上证基金指数开市	Open Composite Index of Shanghai Stock Exchange	2541.64	5088.47	－50.05
上证基金指数最高	High	4813.13	5525.57	－12.89
上证基金指数最低	Low	2528.83	2214.27	14.21
上证基金指数收市	Close	4765.75	2512.49	89.68
深证基金指数开市	Open Composite Index of Shanghai Stock Exchange	2651.82	5011.70	－47.09
深证基金指数最高	High	4768.90	5404.91	－11.77
深证基金指数最低	Low	2641.21	2373.40	11.28
深证基金指数收市	Close	4720.45	2626.25	79.74

数据来源：上海、深圳证券交易所
Source：Shanghai、Shenzhen Stock Exchange

4-13 2009年上海证券交易所基金成交概况

Trading Summary of Securities Investment Funds in Shanghai Stock Exchange in 2009

		本 年	上 年	增减(%)
交易日数(天)	Trading Days	244	246.00	-0.81
基金上市品种(个)	Variety	18	16.00	12.50
其中：ETF	ETF	5	3.00	66.67
LOF	LOF	0	0.00	—
基金成交金额(亿元)	Turnover (100000000)	6549.06	3700.23	76.99
其中：ETF	ETF	5758.76	2739.07	110.25
LOF	LOF	0.00	0.00	—
基金日均成交金额(亿元)	Average Turnover (100000000)	26.84	15.04	78.46
基金成交份数(亿份)	Transcation Volume(100000000)	3690.94	2001.43	84.42
其中：ETF	ETF	2866.79	1251.28	129.11
LOF	LOF	0.00	0.00	0.00
基金成交笔数(百万笔)	No. of Transcation(1000000)	14.83	16.35	-9.30
其中：ETF	ETF	9.58	9.01	6.33
LOF	LOF	0.00	0.00	0.00
上证基金指数开市	Open Composite Index of Shanghai Stock Exchange	2541.64	5088.47	-50.05
上证基金指数最高	High	4813.13	5525.57	-12.89
上证基金指数最低	Low	2528.83	2214.27	14.21
上证基金指数收市	Close	4765.75	2512.49	89.68

数据来源：上海证券交易所
Source：Shanghai Stock Exchange

4-14 2009年深圳证券交易所基金成交概况

Trading Summary of Securities Investment Funds in Shenzhen Stock Exchange in 2008

		本 年	上 年	增减(%)
交易日数(天)	Trading Days	244	246	-0.81
基金上市品种(个)	Variety	55	48	14.58
其中：ETF	ETF	2	2	0.00
LOF	LOF	33	28	17.86
基金成交金额(亿元)	Turnover (100000000)	3790.96	2130.82	77.91
其中：ETF	ETF	1893.37	439.51	330.79
LOF	LOF	324.73	415.29	-21.81
基金日均成交金额(亿元)	Average Turnover (100000000)	15.54	8.66	79.37
基金成交份数(亿份)	Transcation Volume(100000000)	2840.46	1740.85	63.17
其中：ETF	ETF	585.40	160.22	265.38
LOF	LOF	365.10	378.71	-3.60
基金成交笔数(百万笔)	No. of Transcation(1000000)	15.39	17.76	-13.38
其中：ETF	ETF	3.17	2.40	32.06
LOF	LOF	2.84	4.53	-37.45
深证基金指数开市	Open Composite Index of Shanghai Stock Exchange	2651.82	5011.70	-47.09
深证基金指数最高	High	4768.90	5404.91	-11.77
深证基金指数最低	Low	2641.21	2373.40	11.28
深证基金指数收市	Close	4720.45	2626.25	79.74

数据来源：深圳证券交易所
Source：Shenzhen Stock Exchange

4-15 2009年全国交易所上市证券投资基金每日成交量、成交额

日期 Date	1月 Jan.		2月 Feb.		3月 Mar.		4月 Apr.		5月 May.		6月 Jun.	
	成交额 Turnover	成交量 Volume	成交额 Turnover	成交量 Volume	成交额 Turnover	成交量 Volume	成交额 Turnover	成交量 Volume	成交额 Turnover	成交量 Volume	成交额 Turnover	成交量 Volume
1	0.00	0.00	0.00	0.00	0.00	0.00	41.26	28.70	0.00	0.00	38.18	27.58
2	0.00	0.00	10.39	10.58	24.90	19.97	39.23	28.08	0.00	0.00	37.41	27.00
3	0.00	0.00	19.38	19.02	25.52	20.52	39.89	26.85	0.00	0.00	38.79	29.35
4	0.00	0.00	23.86	23.15	40.17	32.51	0.00	0.00	32.59	23.46	48.91	31.22
5	16.29	17.13	27.06	24.49	46.99	34.98	0.00	0.00	41.04	30.14	31.69	21.40
6	23.94	24.09	30.06	26.09	33.38	22.24	0.00	0.00	38.49	25.15	0.00	0.00
7	16.56	16.10	0.00	0.00	0.00	0.00	25.46	18.71	47.11	31.49	0.00	0.00
8	13.22	13.22	0.00	0.00	0.00	0.00	38.07	26.26	36.81	24.88	37.28	24.88
9	11.98	12.14	34.76	31.55	32.71	23.76	34.88	23.18	0.00	0.00	32.46	22.70
10	0.00	0.00	29.32	25.39	25.58	17.60	35.53	27.06	0.00	0.00	33.86	23.10
11	0.00	0.00	39.28	31.63	28.66	21.28	0.00	0.00	43.82	29.52	31.14	21.60
12	12.25	13.20	32.58	25.68	23.49	16.36	0.00	0.00	36.56	23.91	37.71	24.84
13	10.25	10.96	42.49	34.11	21.23	15.77	43.45	32.87	38.57	26.32	0.00	0.00
14	16.85	17.49	0.00	0.00	0.00	0.00	32.17	23.66	37.87	23.52	0.00	0.00
15	17.87	18.66	0.00	0.00	0.00	0.00	42.71	30.28	23.68	16.61	39.87	26.41
16	26.84	26.61	41.86	34.93	23.27	17.19	41.08	26.86	0.00	0.00	33.39	20.80
17	0.00	0.00	45.37	35.65	36.84	27.37	41.11	26.59	0.00	0.00	35.86	22.80
18	0.00	0.00	47.52	37.18	35.37	25.01	0.00	0.00	25.71	18.31	36.75	23.33
19	26.78	25.75	37.30	28.76	28.22	20.76	0.00	0.00	28.38	19.99	34.81	24.87
20	14.48	13.82	28.21	22.78	31.14	22.58	36.91	26.57	27.09	19.40	0.00	0.00
21	18.97	18.22	0.00	0.00	0.00	0.00	42.35	28.39	38.18	27.93	0.00	0.00
22	16.55	16.16	0.00	0.00	0.00	0.00	52.05	35.21	26.65	19.39	41.59	30.48
23	13.29	13.22	35.18	26.56	30.02	23.23	39.62	26.64	0.00	0.00	47.52	31.39
24	0.00	0.00	42.78	31.10	37.59	25.72	26.07	18.33	0.00	0.00	40.39	27.83
25	0.00	0.00	39.73	29.43	32.27	22.72	0.00	0.00	32.39	20.71	43.25	31.66
26	0.00	0.00	39.99	29.54	37.96	27.47	0.00	0.00	40.64	34.33	28.49	20.38
27	0.00	0.00	34.89	30.43	39.97	28.46	34.22	23.71	33.62	23.70	0.00	0.00
28	0.00	0.00	0.00	0.00	0.00	0.00	24.79	16.78	0.00	0.00	0.00	0.00
29	0.00	0.00	0.00	0.00	0.00	0.00	32.09	21.67	0.00	0.00	28.74	21.06
30	0.00	0.00	0.00	0.00	30.13	21.41	27.78	19.12	0.00	0.00	32.81	21.20
31	0.00	0.00	0.00	0.00	35.90	25.38	0.00	0.00	0.00	0.00	0.00	0.00

数据来源:上海证券交易所
Source:Shanghai Stock Exchange

Daily Trading Volume and Value of Securities Investment Funds in Stock Exchange in 2009

成交量:亿份　成交额:亿元

7月 Jul.		8月 Aug.		9月 Sep.		10月 Oct.		11月 Nov.		12月 Dec.	
成交额 Turnover	成交量 Volume	成交额 Turnover	成交量 Volume	成交额 Turnover	成交量 Volume	成交额 Turnover	成交量 Volume	成交额 Turnover	成交量 Volume	成交额 Turnover	成交量 Volume
35.22	21.20	0.00	0.00	56.81	33.35	0.00	0.00	0.00	0.00	61.02	31.79
38.85	25.56	0.00	0.00	46.14	27.91	0.00	0.00	60.67	35.07	50.04	25.62
44.12	26.55	54.82	28.97	57.40	36.81	0.00	0.00	51.90	30.05	43.14	20.97
0.00	0.00	59.46	30.21	55.41	32.03	0.00	0.00	46.47	26.86	88.39	45.79
0.00	0.00	66.32	33.23	0.00	0.00	0.00	0.00	39.79	23.67	0.00	0.00
43.92	29.70	70.54	36.51	0.00	0.00	0.00	0.00	46.24	26.47	0.00	0.00
48.54	28.56	76.41	37.99	55.48	33.48	0.00	0.00	0.00	0.00	58.05	29.61
61.44	36.42	0.00	0.00	54.60	32.00	0.00	0.00	0.00	0.00	59.47	29.29
44.44	25.17	0.00	0.00	51.91	30.05	32.34	20.07	40.80	24.69	50.79	26.17
39.01	23.32	66.35	34.83	35.97	20.13	0.00	0.00	36.38	21.73	41.88	21.78
0.00	0.00	50.16	24.79	52.71	29.97	0.00	0.00	36.40	21.01	38.70	19.55
0.00	0.00	77.05	39.99	0.00	0.00	30.93	19.24	33.73	20.19	0.00	0.00
31.11	19.13	74.89	40.62	0.00	0.00	27.86	16.35	48.14	28.18	0.00	0.00
41.67	26.79	67.20	35.21	45.97	28.31	53.26	33.99	0.00	0.00	66.56	33.37
37.71	25.24	0.00	0.00	44.94	26.88	45.57	27.35	0.00	0.00	40.58	22.18
47.96	28.43	0.00	0.00	57.02	32.16	39.88	23.46	57.31	33.51	36.51	19.23
33.48	21.48	90.22	50.55	52.28	30.82	0.00	0.00	46.61	25.02	45.53	24.79
0.00	0.00	78.16	46.87	62.09	34.77	0.00	0.00	35.04	19.79	40.71	20.73
0.00	0.00	72.59	42.49	0.00	0.00	47.07	29.16	61.93	36.23	0.00	0.00
43.85	29.30	67.23	39.48	0.00	0.00	60.18	35.04	39.69	23.21	0.00	0.00
55.59	32.83	73.84	43.64	62.31	35.68	45.11	27.42	0.00	0.00	36.31	19.25
54.84	34.36	0.00	0.00	53.49	29.57	40.00	22.47	0.00	0.00	33.29	18.20
39.30	25.46	0.00	0.00	48.17	25.45	48.23	28.42	34.69	20.68	30.55	16.70
57.76	35.25	44.26	26.40	50.56	29.82	0.00	0.00	76.45	43.00	46.23	24.97
0.00	0.00	67.21	39.14	36.12	20.29	0.00	0.00	76.29	38.88	24.90	13.54
0.00	0.00	52.87	29.72	0.00	0.00	42.48	24.68	82.38	41.92	0.00	0.00
43.61	26.97	65.17	34.11	0.00	0.00	62.20	37.91	78.33	41.35	0.00	0.00
45.92	24.62	57.54	33.49	26.06	15.32	63.60	35.98	0.00	0.00	32.26	19.38
84.23	42.82	0.00	0.00	36.13	20.61	46.01	26.65	0.00	0.00	28.14	15.40
93.47	46.39	0.00	0.00	29.10	16.06	45.76	26.14	62.08	33.41	69.85	39.17
61.35	31.80	63.33	40.04	0.00	0.00	0.00	0.00	0.00	0.00	51.38	30.34

4－16　2009年上交所证券投资基金每日成交量、成交额

日期 Date	1月 Jan.		2月 Feb.		3月 Mar.		4月 Apr.		5月 May.		6月 Jun.	
	成交额 Turnover	成交量 Volume	成交额 Turnover	成交量 Volume	成交额 Turnover	成交量 Volume	成交额 Turnover	成交量 Volume	成交额 Turnover	成交量 Volume	成交额 Turnover	成交量 Volume
1	0.00	0.00	0.00	0.00	0.00	0.00	25.62	16.37	0.00	0.00	23.80	14.09
2	0.00	0.00	6.97	5.78	14.84	11.03	24.11	15.06	0.00	0.00	24.03	15.26
3	0.00	0.00	13.33	10.83	15.56	11.65	24.10	14.68	0.00	0.00	23.04	13.75
4	0.00	0.00	16.53	13.17	25.73	18.75	0.00	0.00	20.98	12.70	35.41	19.00
5	11.03	9.76	19.69	14.46	30.81	20.59	0.00	0.00	23.78	14.89	22.00	12.76
6	16.84	13.93	21.76	15.19	20.49	13.30	0.00	0.00	25.78	14.81	0.00	0.00
7	11.20	9.11	0.00	0.00	0.00	0.00	16.54	10.59	28.08	17.18	0.00	0.00
8	9.16	7.36	0.00	0.00	0.00	0.00	24.44	15.21	22.14	12.70	24.96	13.89
9	8.28	6.98	22.84	16.50	20.33	13.52	22.25	13.51	0.00	0.00	21.74	12.43
10	0.00	0.00	19.20	13.86	15.53	10.24	23.49	15.20	0.00	0.00	22.45	12.85
11	0.00	0.00	25.37	17.88	17.12	11.78	0.00	0.00	26.34	15.14	20.78	11.70
12	7.65	6.98	21.00	14.38	14.89	9.84	0.00	0.00	22.30	12.34	24.07	13.43
13	6.80	5.97	27.83	19.29	14.02	9.36	27.98	17.24	25.08	14.83	0.00	0.00
14	11.21	9.89	0.00	0.00	0.00	0.00	18.78	11.88	24.05	13.58	0.00	0.00
15	11.84	10.20	0.00	0.00	0.00	0.00	25.62	15.81	13.69	8.49	28.18	16.58
16	18.64	14.90	27.50	19.16	16.07	10.93	27.73	16.30	0.00	0.00	22.76	12.32
17	0.00	0.00	30.07	20.35	23.69	15.90	27.88	16.42	0.00	0.00	24.21	13.35
18	0.00	0.00	32.32	22.31	22.42	14.64	0.00	0.00	17.47	10.31	24.91	13.39
19	19.72	15.47	24.79	17.23	16.41	11.06	0.00	0.00	18.96	11.32	22.18	13.55
20	10.49	8.37	18.43	13.26	18.06	11.88	24.70	15.46	15.69	9.92	0.00	0.00
21	13.95	11.36	0.00	0.00	0.00	0.00	27.64	16.37	25.46	17.46	0.00	0.00
22	11.86	9.62	0.00	0.00	0.00	0.00	32.86	20.00	16.56	11.56	23.49	14.27
23	9.29	7.67	23.96	16.32	16.59	11.02	24.23	14.84	0.00	0.00	31.91	17.46
24	0.00	0.00	27.28	18.02	23.30	14.44	16.34	10.65	0.00	0.00	23.29	12.05
25	0.00	0.00	25.61	17.35	19.23	12.38	0.00	0.00	18.23	11.58	22.24	11.56
26	0.00	0.00	27.72	18.62	22.78	15.26	0.00	0.00	11.47	7.43	14.62	7.77
27	0.00	0.00	21.72	16.34	25.11	16.34	21.69	13.56	19.73	11.91	0.00	0.00
28	0.00	0.00	0.00	0.00	0.00	0.00	15.14	9.59	0.00	0.00	0.00	0.00
29	0.00	0.00	0.00	0.00	0.00	0.00	23.16	13.70	0.00	0.00	15.35	8.59
30	0.00	0.00	0.00	0.00	17.90	11.89	18.40	10.91	0.00	0.00	20.72	11.11
31	0.00	0.00	0.00	0.00	24.32	15.51	0.00	0.00	0.00	0.00	0.00	0.00

数据来源：上海证券交易所
Source：Shanghai Stock Exchange

Daily Trading Volume and Value of Securities Investment Funds in Shanghai Stock Exchange in 2009

成交量:亿份　成交额:亿元

7月 Jul.		8月 Aug.		9月 Sep.		10月 Oct.		11月 Nov.		12月 Dec.	
成交额 Turnover	成交量 Volume	成交额 Turnover	成交量 Volume	成交额 Turnover	成交量 Volume	成交额 Turnover	成交量 Volume	成交额 Turnover	成交量 Volume	成交额 Turnover	成交量 Volume
23.17	11.89	0.00	0.00	38.46	21.21	0.00	0.00	0.00	0.00	34.99	17.90
23.98	12.79	0.00	0.00	31.98	18.30	0.00	0.00	37.87	19.90	29.07	14.16
29.28	15.03	38.21	17.49	36.90	20.33	0.00	0.00	31.49	16.03	22.81	11.24
0.00	0.00	42.19	18.52	36.20	19.00	0.00	0.00	30.76	16.03	57.33	27.19
0.00	0.00	44.61	20.99	0.00	0.00	0.00	0.00	24.38	12.80	0.00	0.00
28.59	15.89	45.18	21.56	0.00	0.00	0.00	0.00	29.36	14.71	0.00	0.00
31.02	15.84	46.81	22.13	35.51	19.55	0.00	0.00	0.00	0.00	39.19	17.60
43.03	22.00	0.00	0.00	35.84	20.15	0.00	0.00	0.00	0.00	33.62	16.17
28.70	14.10	0.00	0.00	32.79	18.15	20.75	11.52	23.49	12.34	29.54	14.37
24.10	13.13	42.58	20.10	22.17	11.61	0.00	0.00	22.12	10.95	24.04	11.30
0.00	0.00	34.68	16.05	34.37	18.49	0.00	0.00	21.53	11.05	23.86	11.59
0.00	0.00	51.98	25.94	0.00	0.00	20.48	11.61	19.75	10.63	0.00	0.00
19.56	10.56	48.92	25.06	0.00	0.00	18.60	10.10	29.60	15.99	0.00	0.00
28.54	15.85	45.15	22.65	29.13	15.48	32.35	17.99	0.00	0.00	45.45	21.42
19.75	10.81	0.00	0.00	29.30	14.91	27.63	15.32	0.00	0.00	28.76	14.89
28.12	13.94	0.00	0.00	32.29	17.32	25.28	13.44	33.78	17.26	25.58	12.18
20.60	11.56	61.87	31.76	30.84	16.12	0.00	0.00	28.49	14.09	28.01	13.74
0.00	0.00	53.46	28.74	35.03	18.60	0.00	0.00	21.23	10.80	23.92	11.76
0.00	0.00	49.53	26.11	0.00	0.00	27.91	14.37	35.36	17.86	0.00	0.00
23.90	13.11	45.83	24.25	0.00	0.00	35.04	17.75	22.51	10.92	0.00	0.00
35.12	17.63	52.53	27.63	38.88	22.78	27.28	14.60	0.00	0.00	22.62	11.48
34.96	19.57	0.00	0.00	32.69	18.86	23.76	12.11	0.00	0.00	22.01	11.74
26.43	15.11	0.00	0.00	25.45	13.73	29.93	15.42	18.18	9.11	20.46	10.44
36.24	19.25	27.59	14.37	31.81	17.50	0.00	0.00	43.60	21.93	30.73	16.00
0.00	0.00	42.63	23.80	24.16	12.94	0.00	0.00	41.46	20.34	16.39	8.45
0.00	0.00	33.70	17.59	0.00	0.00	23.69	12.09	46.52	22.61	0.00	0.00
28.30	14.79	43.81	21.13	0.00	0.00	39.50	22.91	40.39	21.29	0.00	0.00
31.58	14.54	37.19	19.69	17.53	9.50	37.89	20.37	0.00	0.00	21.67	11.93
58.95	27.37	0.00	0.00	24.05	13.29	26.97	15.13	0.00	0.00	17.66	8.83
67.87	30.94	0.00	0.00	19.01	10.26	26.84	14.52	35.23	17.63	51.37	24.81
42.08	19.05	37.08	21.44	0.00	0.00	0.00	0.00	0.00	0.00	33.46	16.59

4－17　2009年深交所证券投资基金每日成交量、成交额

日期 Date	1月 Jan.		2月 Feb.		3月 Mar.		4月 Apr.		5月 May.		6月 Jun.	
	成交额 Turnover	成交量 Volume	成交额 Turnover	成交量 Volume	成交额 Turnover	成交量 Volume	成交额 Turnover	成交量 Volume	成交额 Turnover	成交量 Volume	成交额 Turnover	成交量 Volume
1	0.00	0.00	0.00	0.00	0.00	0.00	15.64	12.33	0.00	0.00	14.38	13.49
2	0.00	0.00	3.42	4.80	10.06	8.94	15.12	13.02	0.00	0.00	13.38	11.74
3	0.00	0.00	6.05	8.19	9.96	8.87	15.79	12.17	0.00	0.00	15.75	15.60
4	0.00	0.00	7.33	9.98	14.44	13.76	0.00	0.00	11.61	10.76	13.50	12.22
5	5.26	7.37	7.37	10.03	16.18	14.39	0.00	0.00	17.26	15.25	9.69	8.64
6	7.10	10.16	8.30	10.90	12.89	8.94	0.00	0.00	12.71	10.34	0.00	0.00
7	5.36	6.99	0.00	0.00	0.00	0.00	8.92	8.12	19.03	14.31	0.00	0.00
8	4.06	5.86	0.00	0.00	0.00	0.00	13.63	11.05	14.67	12.18	12.32	10.99
9	3.70	5.16	11.92	15.05	12.38	10.24	12.63	9.67	0.00	0.00	10.72	10.27
10	0.00	0.00	10.12	11.53	10.05	7.36	12.04	11.86	0.00	0.00	11.41	10.25
11	0.00	0.00	13.91	13.75	11.54	9.50	0.00	0.00	17.48	14.38	10.36	9.90
12	4.60	6.22	11.58	11.30	8.60	6.52	0.00	0.00	14.26	11.57	13.64	11.41
13	3.45	4.99	14.66	14.82	7.21	6.41	15.47	15.63	13.49	11.49	0.00	0.00
14	5.64	7.60	0.00	0.00	0.00	0.00	13.39	11.78	13.82	9.94	0.00	0.00
15	6.03	8.46	0.00	0.00	0.00	0.00	17.09	14.47	9.99	8.12	11.69	9.83
16	8.20	11.71	14.36	15.77	7.20	6.26	13.35	10.56	0.00	0.00	10.63	8.48
17	0.00	0.00	15.30	15.30	13.15	11.47	13.23	10.17	0.00	0.00	11.65	9.45
18	0.00	0.00	15.20	14.87	12.95	10.37	0.00	0.00	8.24	8.00	11.84	9.94
19	7.06	10.28	12.51	11.53	11.81	9.70	0.00	0.00	9.42	8.67	12.63	11.32
20	3.99	5.45	9.78	9.52	13.08	10.70	12.21	11.11	11.40	9.48	0.00	0.00
21	5.02	6.86	0.00	0.00	0.00	0.00	14.71	12.02	12.72	10.47	0.00	0.00
22	4.69	6.54	0.00	0.00	0.00	0.00	19.19	15.21	10.09	7.83	18.10	16.21
23	4.00	5.55	11.22	10.24	13.43	12.21	15.39	11.80	0.00	0.00	15.61	13.93
24	0.00	0.00	15.50	13.08	14.29	11.28	9.73	7.68	0.00	0.00	17.10	15.78
25	0.00	0.00	14.12	12.08	13.04	10.34	0.00	0.00	14.16	9.13	21.01	20.10
26	0.00	0.00	12.27	10.92	15.18	12.21	0.00	0.00	29.17	26.90	13.87	12.61
27	0.00	0.00	13.17	14.09	14.86	12.12	12.53	10.15	13.89	11.79	0.00	0.00
28	0.00	0.00	0.00	0.00	0.00	0.00	9.65	7.19	0.00	0.00	0.00	0.00
29	0.00	0.00	0.00	0.00	0.00	0.00	8.93	7.97	0.00	0.00	13.39	12.47
30	0.00	0.00	0.00	0.00	12.23	9.52	9.38	8.21	0.00	0.00	12.09	10.09
31	0.00	0.00	0.00	0.00	11.58	9.87	0.00	0.00	0.00	0.00	0.00	0.00

数据来源：深圳证券交易所
Source: Shenzhen Stock Exchange

Daily Trading Volume and Value of Securities Investment Funds in Shenzhen Stock Exchange in 2009

成交量：亿份　成交额：亿元

7月 Jul.		8月 Aug.		9月 Sep.		10月 Oct.		11月 Nov.		12月 Dec.	
成交额 Turnover	成交量 Volume	成交额 Turnover	成交量 Volume	成交额 Turnover	成交量 Volume	成交额 Turnover	成交量 Volume	成交额 Turnover	成交量 Volume	成交额 Turnover	成交量 Volume
12.05	9.31	0.00	0.00	18.35	12.14	0.00	0.00	0.00	0.00	26.03	13.89
14.87	12.77	0.00	0.00	14.16	9.61	0.00	0.00	22.80	15.17	20.97	11.46
14.84	11.52	16.61	11.48	20.50	16.48	0.00	0.00	20.41	14.02	20.33	9.73
0.00	0.00	17.27	11.69	19.21	13.03	0.00	0.00	15.71	10.83	31.06	18.60
0.00	0.00	21.71	12.24	0.00	0.00	0.00	0.00	15.41	10.87	0.00	0.00
15.33	13.81	25.36	14.95	0.00	0.00	0.00	0.00	16.88	11.76	0.00	0.00
17.52	12.72	29.60	15.86	19.97	13.93	0.00	0.00	0.00	0.00	18.86	12.01
18.41	14.42	0.00	0.00	18.76	11.85	0.00	0.00	0.00	0.00	25.85	13.12
15.74	11.07	0.00	0.00	19.12	11.90	11.59	8.55	17.31	12.35	21.25	11.80
14.91	10.19	23.77	14.73	13.80	8.52	0.00	0.00	14.26	10.78	17.84	10.48
0.00	0.00	15.48	8.74	18.34	11.48	0.00	0.00	14.87	9.96	14.84	7.96
0.00	0.00	25.07	14.05	0.00	0.00	10.45	7.63	13.98	9.56	0.00	0.00
11.55	8.57	25.97	15.56	0.00	0.00	9.26	6.25	18.54	12.19	0.00	0.00
13.13	10.94	22.05	12.56	16.84	12.83	20.91	16.00	0.00	0.00	21.11	11.95
17.96	14.43	0.00	0.00	15.64	11.97	17.94	12.03	0.00	0.00	11.82	7.29
19.84	14.49	0.00	0.00	24.73	14.84	14.60	10.02	23.53	16.25	10.93	7.05
12.88	9.92	28.35	18.79	21.44	14.70	0.00	0.00	18.12	10.93	17.52	11.05
0.00	0.00	24.70	18.13	27.06	16.17	0.00	0.00	13.81	8.99	16.79	8.97
0.00	0.00	23.06	16.38	0.00	0.00	19.16	14.79	26.57	18.37	0.00	0.00
19.95	16.19	21.40	15.23	0.00	0.00	25.14	17.29	17.18	12.29	0.00	0.00
20.47	15.20	21.31	16.01	23.43	12.90	17.83	12.82	0.00	0.00	13.69	7.77
19.88	14.79	0.00	0.00	20.80	10.71	16.24	10.36	0.00	0.00	11.28	6.46
12.87	10.35	0.00	0.00	22.72	11.72	18.30	13.00	16.51	11.57	10.09	6.26
21.52	16.00	16.67	12.03	18.75	12.32	0.00	0.00	32.85	21.07	15.50	8.97
0.00	0.00	24.58	15.34	11.96	7.35	0.00	0.00	34.83	18.54	8.51	5.09
0.00	0.00	19.17	12.13	0.00	0.00	18.79	12.59	35.86	19.31	0.00	0.00
15.31	12.18	21.36	12.98	0.00	0.00	22.70	15.00	37.94	20.06	0.00	0.00
14.34	10.08	20.35	13.80	8.53	5.82	25.71	15.61	0.00	0.00	10.59	7.45
25.28	15.45	0.00	0.00	12.08	7.32	19.04	11.52	0.00	0.00	10.48	6.57
25.60	15.45	0.00	0.00	10.09	5.80	18.92	11.62	26.85	15.78	18.48	14.36
19.27	12.75	26.25	18.60	0.00	0.00	0.00	0.00	0.00	0.00	17.92	13.75

4－18 2009年上海证券交易所每日收市基金指数

Daily Close Fund Index of Shanghai Stock Exchange in 2009

日期 Date	1月 Jan.	2月 Feb.	3月 Mar.	4月 Apr.	5月 May.	6月 Jun.	7月 Jul.	8月 Aug.	9月 Sep.	10月 Oct.	11月 Nov.	12月 Dec.
1	0.00	0.00	0.00	3226.43	0.00	3738.98	4122.23	0.00	3718.10	0.00	0.00	4652.68
2	0.00	2805.82	2814.54	3262.77	0.00	3735.11	4176.99	0.00	3774.14	0.00	4446.92	4679.27
3	0.00	2849.27	2791.27	3271.30	0.00	3832.42	4201.47	4692.93	3934.75	0.00	4497.32	4670.37
4	0.00	2918.98	2964.28	0.00	3419.72	3844.25	0.00	4657.59	3943.35	0.00	4542.61	4762.88
5	2571.06	2907.96	2963.84	0.00	3462.19	3834.46	0.00	4572.70	0.00	0.00	4556.21	0.00
6	2640.13	3018.63	2938.62	0.00	3500.61	0.00	4265.06	4469.71	0.00	0.00	4567.65	0.00
7	2631.14	0.00	0.00	3281.52	3506.42	0.00	4220.75	4391.11	3980.64	0.00	0.00	4774.26
8	2575.95	0.00	0.00	3173.82	3546.01	3844.34	4196.82	0.00	4032.09	0.00	0.00	4721.93
9	2620.47	3061.73	2863.46	3199.73	0.00	3855.02	4233.91	0.00	4038.42	4125.51	4581.45	4646.53
10	0.00	3059.86	2889.08	3277.09	0.00	3882.47	4234.71	4375.65	4004.69	0.00	4601.64	4680.52
11	0.00	3054.96	2872.82	0.00	3504.21	3885.95	0.00	4397.34	4098.86	0.00	4590.21	4676.70
12	2624.56	3015.24	2871.93	0.00	3548.26	3823.59	0.00	4207.62	0.00	4110.47	4599.20	0.00
13	2598.03	3110.22	2874.52	3343.86	3584.62	0.00	4185.04	4240.89	0.00	4160.46	4614.29	0.00
14	2686.17	0.00	0.00	3345.86	3569.24	0.00	4269.57	4135.85	4171.07	4233.31	0.00	4729.84
15	2694.97	0.00	0.00	3346.19	3606.72	3872.55	4309.87	0.00	4179.87	4251.23	0.00	4691.73
16	2761.55	3174.20	2914.50	3335.65	0.00	3851.68	4320.87	0.00	4136.11	4248.51	4744.48	4661.86
17	0.00	3093.98	3006.85	3301.82	0.00	3874.87	4339.95	3922.87	4197.57	0.00	4755.62	4577.52
18	0.00	2980.24	3016.29	0.00	3637.37	3925.62	0.00	3979.35	4089.99	0.00	4761.44	4513.97
19	2740.18	2964.99	3067.14	0.00	3693.37	3952.17	0.00	3818.93	0.00	4342.07	4772.27	0.00
20	2756.08	3011.27	3057.86	3369.01	3699.72	0.00	4419.17	3978.41	0.00	4391.70	4761.86	0.00
21	2764.41	0.00	0.00	3337.90	3608.30	0.00	4377.09	4045.92	4104.25	4385.67	0.00	4508.63
22	2794.92	0.00	0.00	3277.81	3595.18	3967.89	4520.35	0.00	4025.83	4359.02	0.00	4423.08
23	2788.51	3068.83	3110.19	3275.63	0.00	3954.51	4616.04	0.00	3986.66	4449.00	4781.90	4438.69
24	0.00	2955.43	3123.41	3258.32	0.00	3964.50	4654.40	4063.28	4004.74	0.00	4650.42	4551.83
25	0.00	2959.11	3076.78	0.00	3596.52	3973.36	0.00	3951.55	3997.18	0.00	4733.74	4528.84
26	0.00	2864.42	3165.67	0.00	3560.56	3991.08	0.00	4018.54	0.00	4459.83	4546.41	0.00
27	0.00	2788.39	3185.91	3214.42	3621.60	0.00	4682.30	3989.11	0.00	4366.97	4437.86	0.00
28	0.00	0.00	0.00	3221.40	0.00	0.00	4662.59	3894.21	3923.08	4356.52	0.00	4610.85
29	0.00	0.00	0.00	3309.05	0.00	4050.33	4449.85	0.00	3928.42	4273.62	0.00	4636.16
30	0.00	0.00	3171.79	3322.82	0.00	4044.17	4547.64	0.00	3961.38	4321.79	4590.40	4731.71
31	0.00	0.00	3177.72	0.00	0.00	0.00	4664.81	3680.06	0.00	0.00	0.00	4765.75

数据来源：上海证券交易所
Source: Shanghai Stock Exchange

4－19　2009年深圳证券交易所每日收市基金指数

Daily Close Fund Index of Shenzhen Stock Exchange in 2009

日期 Date	1月 Jan.	2月 Feb.	3月 Mar.	4月 Apr.	5月 May.	6月 Jun.	7月 Jul.	8月 Aug.	9月 Sep.	10月 Oct.	11月 Nov.	12月 Dec.
1	0.00	0.00	0.00	3213.66	0.00	3711.02	4056.33	0.00	3622.94	0.00	0.00	4607.07
2	0.00	2902.24	2864.21	3255.31	0.00	3716.24	4109.47	0.00	3672.33	0.00	4363.77	4627.53
3	0.00	2935.13	2845.71	3264.24	0.00	3797.12	4124.04	4451.46	3799.35	0.00	4410.26	4615.24
4	0.00	3006.86	2992.96	0.00	3388.11	3803.04	0.00	4406.03	3820.59	0.00	4481.94	4686.24
5	2666.93	2985.24	2979.39	0.00	3443.46	3788.15	0.00	4322.81	0.00	0.00	4500.68	0.00
6	2729.37	3101.82	2957.68	0.00	3469.83	0.00	4182.48	4216.96	0.00	0.00	4505.78	0.00
7	2715.98	0.00	0.00	3265.92	3479.94	0.00	4134.69	4145.11	3862.83	0.00	0.00	4707.63
8	2677.58	0.00	0.00	3177.69	3508.01	3784.45	4106.82	0.00	3898.96	0.00	0.00	4665.74
9	2723.95	3161.34	2903.24	3191.73	0.00	3796.92	4118.92	0.00	3892.18	3977.64	4520.60	4604.94
10	0.00	3163.28	2921.02	3276.22	0.00	3828.92	4128.02	4124.02	3865.54	0.00	4542.20	4639.10
11	0.00	3147.61	2916.33	0.00	3475.88	3856.95	0.00	4157.70	3936.96	0.00	4546.38	4638.97
12	2730.36	3116.61	2922.58	0.00	3508.71	3803.77	0.00	3984.57	0.00	3966.52	4562.97	0.00
13	2715.90	3206.48	2931.59	3326.90	3546.67	0.00	4091.62	3996.63	0.00	4000.31	4559.62	0.00
14	2790.09	0.00	0.00	3318.92	3546.90	0.00	4136.26	3892.61	4004.56	4102.42	0.00	4668.61
15	2811.05	0.00	0.00	3319.43	3599.94	3828.97	4158.11	0.00	4010.65	4122.89	0.00	4642.99
16	2886.72	3248.49	2952.04	3306.30	0.00	3802.96	4152.74	0.00	3985.67	4128.53	4670.35	4612.76
17	0.00	3161.74	3037.93	3272.99	0.00	3810.26	4177.10	3716.35	4031.98	0.00	4676.15	4529.27
18	0.00	3045.70	3044.41	0.00	3621.21	3840.23	0.00	3793.57	3953.50	0.00	4683.85	4466.84
19	2838.08	3039.29	3088.28	0.00	3669.98	3884.70	0.00	3670.03	0.00	4241.21	4708.62	0.00
20	2844.43	3093.77	3087.42	3333.45	3698.91	0.00	4260.42	3814.80	0.00	4293.48	4723.35	0.00
21	2858.00	0.00	0.00	3308.43	3611.26	0.00	4241.74	3881.80	3964.40	4297.02	0.00	4478.02
22	2888.35	0.00	0.00	3261.10	3586.98	3926.61	4384.25	0.00	3917.22	4275.70	0.00	4394.61
23	2880.42	3149.54	3139.63	3253.93	0.00	3909.85	4462.15	0.00	3879.12	4366.87	4748.03	4403.31
24	0.00	3047.61	3151.29	3244.25	0.00	3941.22	4507.51	3888.80	3863.69	0.00	4613.60	4512.84
25	0.00	3030.88	3105.50	0.00	3587.11	3967.37	0.00	3804.77	3861.86	0.00	4694.41	4504.58
26	0.00	2929.77	3161.92	0.00	3565.54	3999.34	0.00	3859.77	0.00	4393.49	4514.95	0.00
27	0.00	2825.49	3181.25	3207.83	3613.26	0.00	4514.85	3830.38	0.00	4306.15	4406.67	0.00
28	0.00	0.00	0.00	3214.14	0.00	0.00	4487.52	3756.03	3818.15	4301.48	0.00	4587.29
29	0.00	0.00	0.00	3279.91	0.00	3994.59	4279.05	0.00	3817.51	4220.30	0.00	4599.00
30	0.00	0.00	3167.42	3305.57	0.00	3992.92	4327.11	0.00	3847.04	4262.08	4549.92	4671.31
31	0.00	0.00	3157.04	0.00	0.00	0.00	4445.24	3601.74	0.00	0.00	0.00	4720.45

数据来源：深圳证券交易所
Source：Shenzhen Stock Exchange

4－20　2009年上市权证概况表

Summary of Warrants in 2009

权证代码 Warrant Code	权证简称 Warrant Name	权证类别(认购\认沽) Warrant Type	标的证券 Target Security	行权方式 Strike type	年末行权价格(元) Exercising Price	上市日 listing date	到期日 Expire date	年末流通数量 Negotiable Volume	上市地点 Trading Spot
580012	云化 CWB 1	认购	600096	欧式	17.83	20070308	20090307	4625382	上海
580013	武钢 CWB 1	认购	600005	欧式	9.58	20070417	20090416	727371139	上海
580014	深高 CWB 1	认购	600548	欧式	13.23	20071030	20091029	107938769	上海
580016	上汽 CWB 1	认购	600104	欧式	26.91	20080108	20100107	226800000	上海
580017	赣粤 CWB 1	认购	600269	欧式	10.04	20080228	20100227	56398268	上海
580018	中远 CWB 1	认购	600428	欧式	19.26	20080226	20090825	51429680	上海
580019	石化 CWB 1	认购	600028	欧式	19.15	20080304	20100303	3030000000	上海
580020	上港 CWB 1	认购	600018	欧式	8.28	20080307	20090306	291455877	上海
580021	青啤 CWB 1	认购	600600	欧式	27.82	20080418	20091019	60068268	上海
580022	国电 CWB 1	认购	600795	欧式	7.47	20080522	20100521	427465000	上海
580023	康美 CWB 1	认购	600518	欧式	5.36	20080526	20090525	20009982	上海
580024	宝钢 CWB 1	认购	600019	欧式	12.16	20080704	20100703	1600000000	上海
580025	葛洲 CWB 1	认购	600068	欧式	7.66	20080711	20100110	301630000	上海
580026	江铜 CWB 1	认购	600362	欧式	15.40	20081010	20101009	1761200000	上海
580027	长虹 CWB 1	认购	600839	欧式	5.23	20090819	20110818	573000000	上海
031005	国安 GAC 1	认购	000839	百幕大混合式	1.19	20070925	20090917	87933309	深圳
031006	中兴 ZXC 1	认购	000063	百幕大混合式	8.94	20080222	20100205	65200000	深圳
031007	阿胶 EJC 1	认购	000423	百幕大混合式	13.02	20080718	20090710	6859558	深圳

数据来源：上海、深圳证券交易所
Source：Shanghai、Shenzhen Stock Exchange

4－21　2009年权证年度成交

Trading Summary of Warrants in 2009

权证代码 Warrant Code	权证简称 Warrant Name	年末流通数量 Negotiable Volume	本年开盘(元) Open	本年最高(元) High	本年最低(元) Low	本年收盘(元) Close	年成交金额(亿元) Trading Value	年成交数量(亿份) Trading Volume	年度流通换手率(%) Turnover Rate	上市地点 Trading Spot
5802	云化 CWB 1	15865179.000	13.800	17.700	8.501	9.053	630.942	51.159	9473.835	上海
580013	武钢 CWB 1	727371139.000	2.031	3.470	0.002	0.004	2636.009	1330.757	18292.192	上海
580014	深高 CWB 1	107938769.000	3.060	4.560	0.011	0.016	1108.385	368.050	34078.666	上海
580016	上汽 CWB 1	226800000.000	2.801	5.720	0.104	0.109	3396.342	896.403	39523.954	上海
580017	赣粤 CWB 1	56398268.000	3.800	8.650	3.783	6.657	1529.294	241.530	42302.370	上海
580018	中远 CWB 1	51429680.000	4.525	7.950	0.831	0.957	1145.204	184.078	35778.121	上海
580019	石化 CWB 1	3030000000.000	1.488	2.210	1.444	1.513	7055.374	4090.882	13501.262	上海
580020	上港 CWB 1	291550000.000	1.576	2.839	0.024	0.024	550.735	387.932	13305.839	上海
580021	青啤 CWB 1	60068268.000	3.655	6.580	0.711	0.748	1842.421	386.073	36768.870	上海
580022	国电 CWB 1	427465000.000	2.330	4.072	2.300	2.958	2199.925	709.537	16598.713	上海
580023	康美 CWB 1	20009982.000	2.430	5.325	2.430	2.671	1354.350	378.651	22741.775	上海
580024	宝钢 CWB 1	1600000000.000	1.260	2.230	1.253	1.555	4595.674	2851.058	17819.112	上海
580025	葛洲 CWB 1	301630000.000	2.461	4.579	2.083	2.098	2747.771	846.444	28062.316	上海
580026	江铜 CWB 1	1761200000.000	1.422	6.984	1.367	5.237	16743.054	4613.179	26193.384	上海
580027	长虹 CWB 1	573000000.000	2.082	3.482	2.082	3.056	1471.886	484.979	8463.849	上海
031005	国安 GAC 1	0.000	4.760	8.336	1.180	1.190	1911.680	337.079	35220.883	深圳
031006	中兴 ZXC 1	0.652	9.700	13.498	6.600	8.941	1681.719	161.441	24760.846	深圳
031007	阿胶 EJC 1	0.000	8.850	14.200	8.800	13.018	1045.935	84.640	8411.854	深圳

数据来源：上海、深圳证券交易所
Source：Shanghai、Shenzhen Stock Exchange

五、上 市 公 司

Listed Companies

2009 年上市公司综述

Summary for Listed Companies Supervising in 2009

截至 2010 年 4 月 30 日，沪深两市 1718 家上市公司中，除中西药业、上实药业和上海航空被合并而无需披露 2009 年年报外，其余 1715 家上市公司均如期披露了年报。2009 年度经济回升的态势明显，上市公司经营业绩出现了一定的好转。

已披露年报的 1715 家公司中，实现盈利公司 1498 家，占 87.35%；亏损公司 217 家，占 12.65%，与 2008 年年报亏损公司占比 15.64%相比，亏损面下降了 2.99 个百分点。

截至 2009 年 12 月 31 日，1715 家上市公司资产总额 61.79 万亿元，2008 年底上市公司资产总额 48.69 万亿元相比，增加了 13.1 万亿元，增幅 26.9%；2009 年度 1715 家上市公司共实现主营业务收入 8.53 万亿元，与 2008 年度主营业务收入 8.82 万亿元相比，减少了 0.29 万亿元，减幅 3.3%。

2009 年度，1715 家上市公司共实现净利润 10032.22 亿元，与 2008 年度上市公司净利润 8199.28 亿元相比，上升 1832.94 亿元，增幅 22.4%。2009 年度每股平均收益 0.38 元，与 2008 年度每股平均收益 0.37 元相比，每股收益上升了 0.01 元。2009 年度净资产收益率为 12.97%，与 2008 年度净资产收益率为 11.35%相比，上升了 1.62 个百分点。

5－1　1990—2009年上市公司数量

Number of Listed Companies (1990—2009)

年份 Year	全国 National	上交所 Shanghai Stock Exchange	深交所 Shenzhen Stock Exchange
1990年	10	8	2
1991年	14	8	6
1992年	53	29	24
1993年	183	106	77
1994年	291	171	120
1995年	323	188	135
1996年	530	293	237
1997年	745	383	362
1998年	851	438	413
1999年	949	484	465
2000年	1088	572	516
2001年	1160	646	514
2002年	1224	715	509
2003年	1287	780	507
2004年	1377	837	540
2005年	1381	834	547
2006年	1434	842	592
2007年	1550	860	690
2008年	1625	864	761
2009年	1718	870	848

数据来源：上海、深圳证券交易所
Source：Shanghai、Shenzhen Stock Exchange

5－2　2009年上市公司行业分类

Industrial Distribution of Listed Companies in 2009

行业 Industries	全国合计 Total		上交所 Shanghai Stock Exchange		深交所 Shenzhen Stock Exchange	
	公司数量 No. of Listed Companies	占总额 (%)	公司数量 No. of Listed Companies	占总额 (%)	公司数量 No. of Listed Companies	占总额 (%)
农、林、牧、副、渔业 Agriculture,Forestry,Fishing and Hunting	41	2.39%	24	2.76%	17	2.00%
采掘业 Mining	38	2.21%	26	2.99%	12	1.42%
食品、饮料 Food,Beverage	66	3.84%	35	4.02%	31	3.66%
纺织、服装、毛皮 Textile,Apparel,Leather	74	4.31%	36	4.14%	38	4.48%
木材、家具 Wood Product	6	0.35%	2	0.23%	4	0.47%
造纸、印刷 Paper,Printing	38	2.21%	17	1.95%	21	2.48%
石油、化学、橡胶、塑料 Petroleum,Chemical Product,Plastics,Rubber	182	10.59%	79	9.08%	103	12.15%
电子 Electrical Equipment	76	4.42%	28	3.22%	48	5.66%
金属、非金属 Metal,Nonmetallic Mineral Product	148	8.61%	72	8.28%	76	8.96%
机械、设备、仪表 Machinery,Equipment,Meter	282	16.41%	127	14.60%	155	18.28%
医药、生物 Medicine,Biologic Product	105	6.11%	54	6.21%	51	6.01%
其他制造业 Other Manufacuring	27	1.57%	12	1.38%	15	1.77%
电力、蒸汽及水的生产及供应业 Electricity,Gas,Water Supply	66	3.84%	43	4.94%	23	2.71%
建筑业 Construction	41	2.39%	25	2.87%	16	1.89%
交通运输、仓储业 Transport,Storage	68	3.96%	47	5.40%	21	2.48%
信息技术业 Information,Technology	117	6.81%	51	5.86%	66	7.78%
批发和零售贸易 Wholesale and Retail Trade	97	5.65%	60	6.90%	37	4.36%
金融、保险业 Finance,Insurance	31	1.80%	24	2.76%	7	0.83%
房地产业 Real Estate	74	4.31%	36	4.14%	38	4.48%
社会服务业 Social Services	55	3.20%	21	2.41%	34	4.01%
传播及文化产业 Transmission,Culture	14	0.81%	8	0.92%	6	0.71%
综合类 Conglomerat	72	4.19%	43	4.94%	29	3.42%
合计 Total	1718	100.00%	870	100.00%	848	100.00%

数据来源：上海、深圳证券交易所
Source：Shanghai、Shenzhen Stock Exchange

5-3 2009年新上市公司行业分类

Industrial Distribution of Newly Listed Companies in 2009

行业 Industries	全国合计 Total		上交所 Shanghai Stock Exchange		深交所 Shenzhen Stock Exchange	
	公司数量 No. of Listed Companies	占总额(%) Percent	公司数量 No. of Listed Companies	占总额(%) Percent	公司数量 No. of Listed Companies	占总额(%) Percent
农、林、牧、副、渔业 Agriculture,Forestry,Fishing and Hunting	2	2.02%	0	0.00%	2	2.22%
采掘业 Mining	0	0.00%	0	0.00%	0	0.00%
制造业 Manufacuring	60	60.61%	2	22.22%	58	64.44%
其中:食品、饮料 Food,Beverage	3	3.03%	0	0.00%	3	3.33%
纺织、服装、毛皮 Textile,Apparel,Leather	3	3.03%	0	0.00%	3	3.33%
木材、家具 Wood Product	0	0.00%	0	0.00%	0	0.00%
造纸、印刷 Paper,Printing	4	4.04%	0	0.00%	4	4.44%
石油、化学、橡胶、塑料 Petroleum,Chemical Product,Plastics,Rubber	5	5.05%	0	0.00%	5	5.56%
电子 Electrical Equipment	4	4.04%	0	0.00%	4	4.44%
金属、非金属 Metal,Nonmetallic Mineral Product	6	6.06%	0	0.00%	6	6.67%
机械、设备、仪表 Machinery,Equipment,Meter	25	25.25%	2	22.22%	23	25.56%
医药、生物 Medicine,Biologic Product	8	8.08%	0	0.00%	8	8.89%
其他制造业 Other Manufacuring	2	2.02%	0	0.00%	2	2.22%
电力、蒸汽及水的生产及供应业 Electricity,Gas,Water Supply	1	1.01%	1	11.11%	0	0.00%
建筑业 Construction	5	5.05%	2	22.22%	3	3.33%
交通运输、仓储业 Transport,Storage	3	3.03%	1	11.11%	2	2.22%
信息技术业 Information,Technology	16	16.16%	0	0.00%	16	17.78%
批发和零售贸易 Wholesale and Retail Trade	2	2.02%	0	0.00%	2	2.22%
金融、保险业 Finance,Insurance	2	2.02%	2	22.22%	0	0.00%
房地产业 Real Estate	2	2.02%	0	0.00%	2	2.22%
社会服务业 Social Services	5	5.05%	1	11.11%	4	4.44%
传播及文化产业 Transmission,Culture	1	1.01%	0	0.00%	1	1.11%
综合类 Conglomerat	0	0.00%	0	0.00%	0	0.00%
合计 Total	99	100.00%	9	100.00%	90	100.00%

数据来源:上海、深圳证券交易所
Source: Shanghai、Shenzhen Stock Exchange

5-4 1994—2009年全国按股份类别划分的上市公司年末数量

Number of Listed Companies by Stock Type (1994—2009)

年份 Year	1994	1995	1996	1997	1998	1999	2000	2001	2002	2003	2004	2005	2006	2007	2008	2009
仅发A股 Only A Shares	227	242	431	627	727	822	955	1025	1085	1146	1236	1240	1287	1389	1459	1549
仅发A、H股 A&H Shares	6	11	14	17	18	19	19	23	28	30	31	32	38	52	57	61
仅发A、B股 A&B Shares	54	58	69	76	80	82	86	88	87	87	86	86	86	86	85	85
仅发B股 Only B Shares	4	12	16	25	26	26	28	24	24	24	24	23	23	23	23	22
发A、B、H股 A&B&H Shares	0	0	0	0	0	0	0	0	0	0	0	0	0	0	1	1
合 计 Total	291	323	530	745	851	949	1088	1160	1224	1287	1377	1381	1434	1550	1625	1718
A股合计 Total of A Shares	287	311	514	720	825	923	1060	1136	1200	1263	1353	1358	1411	1527	1602	1696
B股合计 Total of B Shares	58	70	85	101	106	108	114	112	111	111	110	109	109	109	109	108

数据来源:上海、深圳证券交易所
Source: Shanghai、Shenzhen Stock Exchange

按股份类别划分的上市公司年末数量(2009)

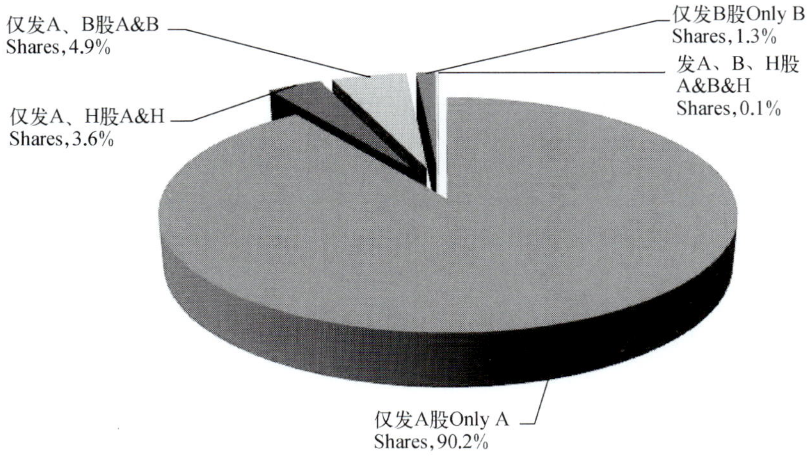

5-5 上交所按股份类别划分的上市公司年末数量

Number of Listed Companies by Stock Type (Shanghai Stock Exchange)

年份 Year	1994	1995	1996	1997	1998	1999	2000	2001	2002	2003	2004	2005	2006	2007	2008	2009
仅发 A 股 Only A Shares	131	142	240	321	373	417	504	573	639	702	759	755	756	761	760	762
仅发 A、H 股 A&H Shares	6	10	11	12	13	13	13	19	22	24	24	25	32	45	50	54
仅发 A、B 股 A&B Shares	32	32	36	39	39	41	42	44	44	44	44	44	44	44	44	44
仅发 B 股 Only B Shares	2	4	6	11	13	13	13	10	10	10	10	10	10	10	10	10
合计 Total	171	188	293	383	438	484	572	646	715	780	837	834	842	860	864	870
A 股合计 Total of A Shares	169	184	287	372	425	471	559	636	705	770	827	824	832	850	854	860
B 股合计 Total of B Shares	34	36	42	50	52	54	55	54	54	54	54	54	54	54	54	54

数据来源：上海证券交易所
Source：Shanghai Stock Exchange

5-6 深交所按股份类别划分的上市公司年末数量

Number of Listed Companies by Stock Type (Shenzhen Stock Exchange)

年份 Year	1994	1995	1996	1997	1998	1999	2000	2001	2002	2003	2004	2005	2006	2007	2008	2009
仅发 A 股 Only A Shares	96	100	191	306	354	405	451	452	446	444	477	485	531	628	699	787
仅发 A、H 股 A&H Shares	0	1	3	5	5	6	6	4	6	6	7	7	6	7	7	7
仅发 A、B 股 A&B Shares	22	26	33	37	41	41	44	44	43	43	42	42	42	42	41	41
仅发 B 股 Only B Shares	2	8	10	14	13	13	15	14	14	14	14	13	13	13	13	12
发 A、B、H 股 A&B&H Shares	0	0	0	0	0	0	0	0	0	0	0	0	0	0	1	1
合计 Total	120	135	237	362	413	465	516	514	509	507	540	547	592	690	761	848
A 股合计 Total of A Shares	118	127	227	348	400	452	501	500	495	493	526	534	579	677	748	836
B 股合计 Total of B Shares	24	34	43	51	54	54	59	58	57	57	56	55	55	55	55	54

数据来源：深圳证券交易所。截至2009年底，晨鸣纸业是唯一一家发行 A、B、H 股的公司。
Source：Shenzhen Stock Exchange

5-7 2009年按股本规模划分的上市公司年末数量
Number of Listed Companies by Equity Scale in 2009

股本规模 Stock Capital	上海 Shanghai	深圳 Shenzhen	合计 Total
1亿以下	16	79	95
1—2亿	118	220	338
2—3亿	137	185	322
3—5亿	233	161	394
5—10亿	176	122	298
10亿以上	190	81	271
合计 Total	870	848	1718

数据来源：上海、深圳证券交易所
Source：Shanghai、Shenzhen Stock Exchange

5-8 2009年全国上市公司股本结构
Equity Structure of Listed Companies in 2009

单位：亿股

	期初股数 No. at the beginning of 2008	比重 Ratio (%)	本期增减 Changes				期末股数 No. at the end if 2008	比重 Ratio (%)
			首发 First Issuing	配股 Right Issuing	送股 Bonus Shares	其他 Others		
股本总数 Total Capitalization	18919.01	100.00	862.79	17.27	484.21	369.33	20649.55	100.00
流通股股数 Negotiable Shares	18784.91	99.29	862.78	17.27	482.23	398.20	20542.33	99.48
已上市部分 Listed Shares	7003.06	37.02	148.28	13.88	328.23	6744.62	14235.02	68.94
A股 A-Shares	6734.81	35.60	148.28	13.88	321.21	6748.34	13963.47	67.62
B股 B-Shares	268.25	1.42	0.00	0.00	7.02	−3.72	271.55	1.32
暂未上市部分 Non-listed Shares	11781.85	62.28	714.50	3.38	154.00	−6346.42	6307.31	30.54
A股 A-Shares	11781.85	62.28	714.50	3.38	154.00	−6346.42	6307.31	30.54
B股 B-Shares	0.00	0.00	0.00	0.00	0.00	0.00	0.00	0.00
非流通股股数 Non-negotiable Shares	134.09	0.71	0.01	0.00	1.99	−28.87	107.23	0.52
国家股 State-owned Shares	10.51	0.06	0.00	0.00	0.00	−8.71	1.80	0.01
国有法人股 State-owned Legal Person's Shares	64.84	0.34	0.00	0.00	0.00	−4.67	60.18	0.29
境内法人股 Domestic Legal Person's Shares	48.61	0.26	0.00	0.00	0.09	−14.60	34.10	0.17
境外法人股 Foreign Legal Person's Shares	9.48	0.05	0.00	0.00	1.76	−0.15	11.09	0.05
职工股 Staff Shares	0.65	0.00	0.01	0.00	0.14	−0.75	0.05	0.00
其他 Others	0.00	0.00	0.00	0.00	0.00	0.00	0.00	0.00

数据来源：中国证券登记结算公司
Source：China Securities Depository and Clearing Corporation Limited

5-9 2009年中小板上市公司股份结构

Capital Structure Figures of SME Board in 2009

单位：亿(100000000)

股份结构 Capital Structure	股份数量 Number
发起人股 Sponsor's Shares	0.00
国家股 State-owned Shares	0.00
发起人法人股 Sponsor's Legal Person's Shares	0.00
境外法人股 Foreign Legal Person's Shares	0.00
定向募集法人股 Private Placement of Legal Person's Shares	0.00
其他发起人股 Others Sponsor's Shares	0.00
其他未流通股 Other Nonnegotiable Shares	388.21
尚未流通股份合计 Total Nonnegotiable Shares	388.21
境内上市人民币普通股 A Shares	405.92
境内上市外资股 B Shares	0.00
境外上市外资股 H Shares	0.00
其他已流通股 Other Negotiable Shares	0.00
已流通股份合计 Negotiable Shares	405.92
股份总数 Total Shares	794.13

数据来源：深圳证券交易所
Source：Shenzhen Stock Exchange

5-10(1) 2009年中小板上市公司分行业信息汇总

Information for SME Board Listed Companies by Industries in 2009

	家数 Number	总股本 (万股) Total Shares	流通股本 (万股) Negotiable Shares	总市值 (万元) Market Capitalization	流通市值 (万元) Negotiable Capitalization	成交金额 (万元) Turnover	每股收益 EPS	市盈率 PE Ratio	换手率 (%) Turnover Rate	平均价格 (元) Average Price	筹资总额 (万元) Rasied Capital
农林牧渔 Agriculture	7	146163.71	81767.77	3822430.30	2205868.75	49531.48	0.38	69.50	2.47	26.15	143801.00
采掘业 Mining	3	175243.05	56884.38	4680435.47	1494449.39	38952.18	0.46	57.80	2.72	26.71	0.00
食品饮料 Food & Beverage	10	191205.45	71035.70	8341454.42	1729138.20	54494.61	0.64	63.05	3.04	43.63	467920.00
纺织服装 Textiles & Apparel	18	418729.89	218878.48	6132504.77	2935410.29	113961.73	0.20	62.96	3.18	14.65	493749.84
木材家具 Timber & Furnishings	3	70469.00	37515.13	687477.19	335166.68	15277.33	0.18	53.53	4.30	9.76	0.00
造纸印刷 Paper & Printing	13	326695.88	173507.80	5588184.89	2682875.99	69839.28	0.24	53.02	2.75	17.11	268200.00
石化塑胶 Petrochemicals	42	804408.58	464419.05	16579687.23	9794306.49	324798.78	0.39	38.50	3.65	20.61	257777.36
电子 Electronics	31	698429.63	398447.71	10836889.64	5842806.05	245938.71	0.28	55.69	4.85	15.52	55998.00
金属非金属 Metals & Non-metals	33	766918.28	330852.08	13930413.98	5599515.45	237274.29	0.23	54.08	3.89	18.16	571463.66
机械设备 Machinery	63	1358850.91	603961.59	31777461.54	12746987.37	488856.17	0.47	48.02	4.26	23.39	1323105.66
医药生物 Pharmaceuticals	17	348916.55	183644.92	11231030.22	6005982.53	141321.50	0.46	68.69	2.80	32.19	369144.00
其他制造业	12	188374.94	110102.79	3530327.91	1880468.31	68989.77	0.31	60.80	3.35	18.74	129040.83
水电煤气 Utilities	2	64867.47	22338.22	1385235.24	448722.98	7706.60	0.70	30.62	1.62	21.36	0.00
建筑业 Construction	8	160872.73	57713.50	3587050.09	1074252.40	50935.94	0.44	51.19	4.45	22.30	206725.00
运输仓储 Transportation	3	59151.16	28798.11	1413318.09	539009.95	42164.06	0.30	80.22	6.21	23.89	132720.00
信息技术 IT	30	523658.49	255029.63	13207766.10	5888288.77	204021.70	0.40	62.78	3.51	25.22	611641.90
批发零售 Wholesale & Retail	9	704238.12	383341.74	15392622.83	8138675.03	97790.75	0.51	43.22	1.20	21.86	403422.30
金融保险 Financials	1	250000.00	105354.12	4372500.00	1842643.54	35630.39	0.52	33.70	1.95	17.49	0.00
房地产业 Real Estate	7	397614.69	95333.76	6858814.75	1524540.16	53293.98	0.38	45.08	3.30	17.25	242016.00
社会服务 Social Services	12	199559.16	83701.20	4261846.16	1813760.90	66151.04	0.37	58.19	4.11	21.36	94500.00
传播文化 Media	2	61707.74	31616.14	916034.29	431403.69	11056.13	0.14	107.57	2.12	14.85	0.00
综合类 Conglomerates	1	25200.00	10679.44	192024.00	81377.32	1622.79	0.01	762.00	2.00	7.62	0.00

数据来源：深圳证券交易所
Source：Shenzhen Stock Exchange

5-10(2) 2009年创业板上市公司分行业信息汇总

Information for SME Board Listed Companies by Industries in 2009

	家数 Number	总股本(万股) Total Shares	流通股本(万股) Negotiable Shares	总市值(万元) Market Capitalization	流通市值(万元) Negotiable Capitalization	成交金额(万元) Turnover	每股收益 EPS	市盈率 PE Ratio	换手率(%) Turnover Rate	平均价格(元) Average Price	筹资总额(万元) Rasied Capital
造纸印刷 Paper & Printing	1	6700.00	1360.00	289239.00	58711.20	2860.84	0.38	113.31	4.89	43.17	33660.00
石化塑胶 Petrochemicals	2	10100.00	2040.00	505224.00	101919.60	9460.34	0.55	90.38	8.76	50.02	77400.00
电子 Electronics	2	23070.00	4616.00	773286.00	154716.80	13790.29	0.25	133.90	9.49	33.52	107430.00
金属非金属 Metals & Non-metals	1	11777.12	2400.00	406663.94	82872.00	0.00	0.27	129.81	0.00	34.53	58590.00
机械设备 Machinery	12	133562.60	22043.85	6049229.40	969840.81	74567.83	0.44	101.95	8.23	45.29	704508.30
医药生物 Pharmaceuticals	4	29373.05	5887.20	1359683.49	272381.44	9807.53	0.54	85.33	3.84	46.29	179552.00
运输仓储 Transportation	1	6000.00	1200.00	196500.00	39300.00	2636.17	0.39	84.19	6.77	32.75	23400.00
信息技术 IT	8	73146.43	14712.00	3786161.77	760275.44	53101.06	0.47	110.64	7.37	51.76	513594.00
批发零售 Wholesale & Retail	1	8935.00	1792.00	542801.25	108864.00	0.00	0.33	186.35	0.00	60.75	39760.00
社会服务 Social Services	3	26567.00	5368.00	1260822.18	254576.48	9445.51	0.53	88.84	3.77	47.46	182966.00
传播文化 Media	1	16800.00	3360.00	931224.00	186244.80	6514.89	0.41	136.86	3.52	55.43	120036.00

数据来源：深圳证券交易所
Source：Shenzhen Stock Exchange

5-11 2009年上市公司地区分布

Regional Distribution of Listed Companies in 2009

地区 Area	上市公司家数 Listed Companies		
	上交所 Shanghai	深交所 Shenzhen	全国合计 National
安徽	28	29	57
北京	82	45	127
福建	29	29	58
甘肃	10	12	22
广东	39	186	225
广西	11	15	26
贵州	9	8	17
海南	7	14	21
河北	16	19	35
河南	20	21	41
黑龙江	21	6	27
湖北	34	33	67
湖南	18	34	52
吉林	18	16	34
江苏	66	64	130
江西	16	10	26
辽宁	26	26	52
内蒙古	15	5	20
宁夏	4	7	11
青海	6	3	9
山东	48	52	100
山西	16	11	27
陕西	15	15	30
上海	151	16	167
四川	32	39	71
天津	17	11	28
西藏	6	3	9
新疆	21	13	34
云南	13	14	27
浙江	61	76	137
重庆	15	16	31
总计	870	848	1718

数据来源：上海、深圳证券交易所
Source：Shanghai、Shenzhen Stock Exchange

5－12 1992—2009年上市公司主要财务指标一览表

Financial Figures of Listed Companies (1992—2009)

年份 year	资产总额(亿元) Total Assets (100000000)	净资产额(亿元) Net Assets (100000000)	主营收入(亿元) Revernue (100000000)	利润总额(亿元) Total Profit (100000000)	净利润(亿元) Net Profit (100000000)	资产负债率% Asset-Liability Ratio	净资产收益率% ROE	每股净资产(元) Net Asset Per Share	每股收益(元) EPS
1992年	481.00	168.27	225.55	31.64	24.03	65.02	14.28	2.44	0.35
1993年	1821.00	933.00	954.00	157.00	137.00	48.76	14.68	2.44	0.36
1994年	3309.00	1628.00	1680.00	256.00	214.12	50.80	13.15	2.39	0.31
1995年	4295.00	1958.00	2204.00	256.00	211.00	54.41	10.78	2.31	0.25
1996年	6352.00	2940.00	3235.00	344.00	282.00	53.72	9.59	2.41	0.23
1997年	9660.58	4824.77	5076.51	577.33	467.76	50.06	9.69	2.47	0.24
1998年	12407.52	6266.76	6269.71	614.40	466.97	49.49	7.45	2.48	0.19
1999年	16107.36	7639.35	7974.56	806.31	628.88	52.57	8.23	2.48	0.20
2000年	21673.88	10079.77	10783.87	1007.43	769.22	53.49	7.63	2.66	0.20
2001年	29257.03	12975.66	15475.80	1016.48	694.22	55.65	5.35	2.49	0.13
2002年	41526.17	14636.98	19001.97	1298.89	826.95	64.75	5.65	2.49	0.14
2003年	53246.30	17044.80	25047.16	1890.11	1256.83	67.99	7.37	2.39	0.19
2004年	63472.40	19261.59	34064.44	2671.98	1757.06	69.65	9.12	2.71	0.25
2005年	72712.99	20461.59	41042.29	2627.31	1674.82	71.86	8.19	2.74	0.22
2006年	218489.62	33418.35	50774.97	5109.75	3400.76	84.70	10.18	2.25	0.23
2007年	414151.60	67772.61	73144.42	13433.60	9962.23	83.64	14.70	3.31	0.37
2008年	486892.35	72228.88	88241.06	10738.72	8199.28	85.17	11.35	2.85	0.37
2009年	597347.83	77364.18	85305.95	13678.97	10032.22	85.93	12.97	2.96	0.38

数据来源：上海、深圳证券交易所

Source: Shanghai、Shenzhen Stock Exchange

5-13 2009年上市公司行业、地区交叉分布

	安徽	北京	福建	甘肃	广东	广西	贵州	海南	河北	河南	黑龙江	湖北	湖南
农、林、牧、副、渔业 Agriculture, Forestry, Fishing and Hunting	1	4	3	2	1	0	0	1	1	1	1	1	3
采掘业 Mining	1	6	1	1	1	0	1	0	2	2	0	0	1
食品、饮料 Food, Beverage	3	4	1	4	5	2	1	1	2	3	2	1	3
纺织、服装、毛皮 Textile, Apparel, Leather	2	1	4	1	8	0	0	1	2	2	0	3	1
木材、家具 Wood Product	0	0	0	0	2	0	0	0	0	0	1	0	0
造纸、印刷 Paper, Printing	1	1	5	0	7	0	0	0	0	1	2	0	1
石油、化学、橡胶、塑料 Petroleum, Chemical Product, Plastics, Rubber	12	3	1	3	14	4	4	0	9	3	4	12	8
电子 Electrical Equipment	2	3	5	1	24	0	2	0	2	3	0	2	1
金属、非金属 Metal, Nonmetallic Mineral Product	6	7	5	3	14	1	2	1	7	10	2	4	3
机械、设备、仪表 Machinery, Equipment, Meter	13	14	8	2	33	3	4	1	4	8	5	12	10
医药、生物 Medicine, Biologic Product	2	6	1	1	13	5	1	1	1	4	1	5	3
其他制造业 Other Manufacuring	1	3	2	0	4	0	0	1	1	0	0	1	1
电力、蒸汽及水的生产及供应业 Electricity, Gas, Water Supply	2	4	1	1	11	1	1	0	2	2	2	4	2
建筑业 Construction	2	9	1	0	5	0	0	0	0	0	1	1	0
交通运输、仓储业 Transport, Storage	2	5	4	0	12	2	0	4	0	1	0	1	1
信息技术业 Information, Technology	2	21	5	1	20	1	0	0	0	1	1	4	3
批发和零售贸易 Wholesale and Retail Trade	1	8	4	2	6	1	0	1	1	0	1	5	4
金融、保险业 Finance, Insurance	1	8	1	0	5	0	0	0	0	0	0	1	0
房地产业 Real Estate	1	7	0	0	19	1	0	1	1	0	0	4	1
社会服务业 Social Services	2	11	0	0	8	2	0	1	0	0	1	1	4
传播及文化产业 Transmission, Culture	0	2	0	0	2	0	0	0	0	0	0	1	1
综合类 Conglomerat	0	0	6	0	11	3	1	7	0	0	3	4	1
合计	57	127	58	22	225	26	17	21	35	41	27	67	52

数据来源：上海、深圳证券交易所
Source：Shanghai、Shenzhen Stock Exchange

Industries-Region Distribution of Listed Companies in 2009

吉林	江苏	江西	辽宁	内蒙古	宁夏	青海	山东	山西	陕西	上海	四川	天津	西藏	新疆	云南	浙江	重庆	合计
1	0	0	1	0	0	0	6	0	1	2	3	0	0	6	2	0	0	41
1	0	0	0	3	0	1	2	6	1	1	1	3	1	1	1	0	0	38
1	3	1	1	2	0	0	5	1	0	4	6	0	1	4	1	3	1	66
0	14	0	2	1	1	1	5	0	0	9	3	0	0	1	0	12	0	74
0	0	0	0	0	0	0	0	0	0	0	1	0	0	1	0	1	0	6
2	1	0	1	0	1	0	5	0	1	1	2	0	0	1	1	4	0	38
2	18	2	5	4	2	3	15	7	1	14	10	1	0	3	2	14	2	182
1	3	1	1	0	0	0	3	0	2	3	3	2	0	0	0	12	0	76
2	10	4	5	3	3	1	11	5	3	7	7	0	1	6	6	7	2	148
3	26	9	11	3	2	1	20	2	9	28	8	3	1	2	3	26	8	282
6	6	3	2	1	1	2	6	1	1	7	2	4	2	0	2	9	6	105
1	2	0	0	0	0	0	1	0	0	2	0	1	0	0	0	6	0	27
2	1	2	4	2	0	0	2	2	1	4	6	0	0	1	1	2	3	66
0	3	0	1	0	0	0	1	0	0	5	3	0	0	3	0	5	1	41
2	5	2	3	0	0	0	2	1	0	8	2	5	1	0	0	3	2	68
2	13	0	3	0	0	0	4	1	2	11	4	1	0	0	1	14	2	117
3	11	1	5	0	1	0	4	1	3	14	4	1	1	3	1	9	1	97
1	1	0	0	0	0	0	0	0	1	7	1	0	0	1	1	1	1	31
3	4	1	3	1	0	0	2	0	0	11	1	3	0	1	2	5	2	74
0	4	0	1	0	0	0	1	0	3	8	1	3	1	0	2	1	0	55
0	0	0	1	0	0	0	0	0	1	3	2	0	0	0	0	1	0	14
1	5	0	2	0	0	0	5	0	0	18	1	1	0	0	1	2	0	72
34	130	26	52	20	11	9	100	27	30	167	71	28	9	34	27	137	31	1718

5-14 2009年报上市公司分地区主要财务指标

Regional Statistics of Financial Figures for Listed Companies 2009

	总资产(亿元) Total Assets	股东权益(亿元) Stockholders' Equtiy	净利润(亿元) Net Profit	每股收益(元) EPS	净资产收益率(%) ROE	资产负债率(%) Asset-liability Ratio	每股净资产(元) Net Asset Per Share
安徽	3224.30	1434.80	116.84	0.37	8.14	55.50	4.49
北京	413604.99	44079.98	6453.81	0.44	14.64	89.34	3.02
福建	15508.20	1432.78	238.62	0.81	16.65	90.76	4.85
甘肃	1473.51	353.79	14.55	0.13	4.11	75.99	3.16
广东	52881.32	8139.18	998.47	0.54	12.27	84.61	4.40
广西	850.19	323.29	30.67	0.27	9.49	61.97	2.85
贵州	836.49	396.76	71.74	1.06	18.08	52.57	5.85
海南	990.10	309.74	9.82	0.07	3.17	68.72	2.20
河北	2667.20	887.06	56.81	0.26	6.40	66.74	4.14
河南	1893.20	736.83	56.76	0.28	7.70	61.08	3.60
黑龙江	914.76	374.69	19.58	0.14	5.23	59.04	2.73
湖北	3602.15	1216.35	94.58	0.26	7.78	66.23	3.38
湖南	2459.47	819.33	79.53	0.38	9.71	66.69	3.94
吉林	1475.57	577.13	69.45	0.38	12.03	60.89	3.16
江苏	6189.10	2050.09	215.58	0.34	10.52	66.88	3.23
江西	1465.44	672.23	62.99	0.42	9.37	54.13	4.44
辽宁	4050.86	1517.15	50.18	0.14	3.31	62.55	4.12
内蒙古	1833.37	613.85	53.10	0.29	8.65	66.52	3.32
宁夏	231.13	76.36	8.27	0.30	10.82	66.96	2.77
青海	550.87	267.86	32.30	0.41	12.06	51.38	3.43
山东	6153.52	2445.53	259.91	0.41	10.63	60.26	3.87
山西	2892.56	1293.69	150.64	0.16	11.64	55.28	1.38
陕西	851.88	474.27	11.23	0.08	2.37	44.33	3.29
上海	74099.46	10200.06	1048.85	0.36	10.28	86.23	3.54
四川	3555.73	1161.95	102.49	0.28	8.82	67.32	3.14
天津	3264.71	1233.64	−11.62	−0.03	−0.94	62.21	3.42
西藏	135.41	50.68	4.48	0.18	8.83	62.57	1.99
新疆	1667.53	566.45	68.90	0.41	12.16	66.03	3.33
云南	1358.82	489.14	28.02	0.22	5.73	64.00	3.79
浙江	5992.91	1970.47	242.17	0.45	12.29	67.12	3.64
重庆	1177.36	414.54	39.49	0.27	9.53	64.79	2.84

数据来源：上海、深圳证券交易所
Source：Shanghai、Shenzhen Stock Exchange

5-15 2009年报上市公司分行业主要财务指标

Industry Summary of Financial Figures for Listed Companies 2009

	总资产（亿元）Total Assets	股东权益（亿元）Stockholders' Equtiy	净利润（亿元）Net Profit	每股收益（元）EPS	净资产收益率(%) ROE	资产负债率(%) Asset-Liability Ratio	每股净资产（元）Net Asset Per Share
农、林、牧、副、渔业 Agriculture, Forestry, Fishing and Hunting	962.82	388.26	19.41	0.12	5.00	59.67	2.42
采掘业 Mining	33482.47	17355.29	2327.73	0.65	13.41	48.17	4.85
食品、饮料 Food, Beverage	2199.29	1234.46	195.53	0.58	15.84	43.87	3.68
纺织、服装、毛皮 Textile, Apparel, Leather	2011.08	870.82	73.02	0.24	8.39	56.70	2.90
木材、家具 Wood Product	130.37	66.30	3.38	0.14	5.10	49.14	2.76
造纸、印刷 Paper, Printing	1416.36	637.27	40.52	0.27	6.36	55.01	4.24
石油、化学、橡胶、塑料 Petroleum, Chemical Product, Plastics, Rubber	5970.79	2353.10	98.60	0.13	4.19	60.59	3.00
电子 Electrical Equipment	2336.92	1080.15	1.03	0.00	0.10	53.78	2.78
金属、非金属 Metal, Nonmetallic Mineral Product	16276.54	6496.57	279.81	0.19	4.31	60.09	4.34
机械、设备、仪表 Machinery, Equipment, Meter	15607.66	5633.58	693.10	0.42	12.30	63.91	3.40
医药、生物 Medicine, Biologic Product	2493.84	1308.91	207.68	0.53	15.87	47.51	3.36
其他制造业 Other Manufacuring	671.14	267.20	27.58	0.24	10.32	60.19	2.32
电力、蒸汽及水的生产及供应业 Electricity, Gas, Water Supply	12905.96	3382.30	249.80	0.26	7.39	73.79	3.53
建筑业 Construction	13892.14	2856.93	303.82	0.31	10.63	79.43	2.88
交通运输、仓储业 Transport, Storage	10686.71	4240.82	207.86	0.10	4.90	60.32	1.96
信息技术业 Information, Technology	7317.79	2075.85	163.79	0.28	7.89	71.63	3.59
批发和零售贸易 Wholesale and Retail Trade	4385.30	1498.58	156.47	0.37	10.44	65.83	3.58
金融、保险业 Finance, Insurance	471668.45	29951.33	5155.96	0.49	17.21	93.65	2.82
房地产业 Real Estate	8706.25	2874.06	309.82	0.44	10.78	66.99	4.06
社会服务业 Social Services	2065.60	939.58	90.48	0.29	9.63	54.51	3.04
传播及文化产业 Transmission, Culture	307.49	169.29	8.01	0.16	4.73	44.94	3.44
综合类 Conglomerat	2357.13	898.90	64.68	0.16	7.20	61.86	2.21

数据来源：上海、深圳证券交易所
Source: Shanghai、Shenzhen Stock Exchange

5－16　2009年报上市公司分行业每股收益分布

EPS of Listed Companies by Industries 2009

	1.00元以上	1.00—0.80	0.80—0.50	0.50—0.20	0.20—0.10	0.10—0.05	0.05—0.00	亏损	合计
农、林、牧、副、渔业 Agriculture, Forestry, Fishing and Hunting	0	1	2	10	6	6	8	8	41
采掘业 Mining	12	4	9	7	3	1	1	1	38
食品、饮料 Food, Beverage	5	6	11	13	14	0	8	9	66
纺织、服装、毛皮 Textile, Apparel, Leather	3	0	7	14	20	8	12	10	74
木材、家具 Wood Product	0	0	0	1	1	3	0	1	6
造纸、印刷 Paper, Printing	1	3	5	12	4	5	2	6	38
石油、化学、橡胶、塑料 Petroleum, Chemical Product, Plastics, Rubber	12	6	26	30	26	16	24	42	182
电子 Electrical Equipment	2	1	9	19	10	8	14	13	76
金属、非金属 Metal, Nonmetallic Mineral Product	5	4	23	32	25	17	19	23	148
机械、设备、仪表 Machinery, Equipment, Meter	34	12	34	83	35	28	23	33	282
医药、生物 Medicine, Biologic Product	13	6	22	23	15	7	10	8	104
其他制造业 Other Manufacuring	1	1	3	10	3	2	4	3	27
电力、蒸汽及水的生产及供应业 Electricity, Gas, Water Supply	0	2	4	23	20	5	5	7	66
建筑业 Construction	4	2	3	15	10	1	2	4	41
交通运输、仓储业 Transport, Storage	2	1	5	29	11	4	10	5	67
信息技术业 Information, Technology	7	8	22	28	15	4	19	14	117
批发和零售贸易 Wholesale and Retail Trade	3	4	16	32	15	5	14	7	96
金融、保险业 Finance, Insurance	8	5	10	4	2	1	0	1	31
房地产业 Real Estate	2	6	12	32	13	1	8	1	75
社会服务业 Social Services	3	3	6	21	5	6	6	5	55
传播及文化产业 Transmission, Culture	0	0	2	4	0	1	1	6	14
综合类 Conglomerat	2	1	4	18	13	9	14	10	71
合计	119	76	235	460	266	138	204	217	1715

注：1. 各区间包括下限不包括上限；

2. 由于2010年初，上海医药合并中西药业和上实药业；东方航空合并上海航空，因此，根据信息披露有关规定，被合并的3家上市公司不再披露年报。

数据来源：上海、深圳证券交易所

Source: Shanghai、Shenzhen Stock Exchange

5－17　2009年报上市公司分行业每股净资产分布

Net Asset Per Share of Listed Companies by Industries 2009

	5元以上	5—3元	2—3元	1—2元	0.5—1元	0—0.5元	小于0元	合计
农、林、牧、副、渔业 Agriculture, Forestry, Fishing and Hunting	4	11	9	11	3	1	2	41
采掘业 Mining	14	17	6	1	0	0	0	38
食品、饮料 Food, Beverage	10	19	17	14	1	1	4	66
纺织、服装、毛皮 Textile, Apparel, Leather	8	17	21	19	4	1	4	74
木材、家具 Wood Product	1	0	4	0	0	0	1	6
造纸、印刷 Paper, Printing	11	11	4	8	1	2	1	38
石油、化学、橡胶、塑料 Petroleum, Chemical Product, Plastics, Rubber	28	52	40	36	5	9	12	182
电子 Electrical Equipment	11	18	26	12	4	3	2	76
金属、非金属 Metal, Nonmetallic Mineral Product	31	57	23	20	4	3	10	148
机械、设备、仪表 Machinery, Equipment, Meter	56	88	58	48	11	10	11	282
医药、生物 Medicine, Biologic Product	19	33	22	16	6	1	7	104
其他制造业 Other Manufacuring	4	9	8	3	1	1	1	27
电力、蒸汽及水的生产及供应业 Electricity, Gas, Water Supply	5	30	17	10	1	0	3	66
建筑业 Construction	8	12	12	6	1	2	0	41
交通运输、仓储业 Transport, Storage	9	21	22	9	3	1	2	67
信息技术业 Information, Technology	27	38	15	20	2	3	12	117
批发和零售贸易 Wholesale and Retail Trade	19	22	24	20	5	3	3	96
金融、保险业 Finance, Insurance	14	7	6	2	1	0	1	31
房地产业 Real Estate	14	23	18	13	4	1	2	75
社会服务业 Social Services	10	17	15	10	1	1	1	55
传播及文化产业 Transmission, Culture	1	6	1	1	0	1	4	14
综合类 Conglomerat	3	13	15	24	7	3	6	71
合计	307	521	383	303	65	47	89	1715

注：1. 各区间包括下限不包括上限

2. 由于2010年初，上海医药合并中西药业和上实药业；东方航空合并上海航空，因此，根据信息披露有关规定，被合并的3家上市公司不再披露年报。

数据来源：上海、深圳证券交易所

Source: Shanghai、Shenzhen Stock Exchange

5－18　2009年报上市公司分行业净资产收益率分布

ROE of Listed Companies by Industries 2009

	100%以上	60%—100%	40%—60%	30%—40%	20%—30%	10%—20%	5%—10%	0%—5%	小于0	合计
农、林、牧、副、渔业 Agriculture, Forestry, Fishing and Hunting	0	0	0	0	1	9	6	17	8	41
采掘业 Mining	0	0	0	3	7	19	4	4	1	38
食品、饮料 Food, Beverage	0	0	0	3	8	16	17	13	9	66
纺织、服装、毛皮 Textile, Apparel, Leather	0	0	1	0	2	15	14	32	10	74
木材、家具 Wood Product	0	0	0	0	0	1	1	3	1	6
造纸、印刷 Paper, Printing	1	0	0	0	1	11	12	8	5	38
石油、化学、橡胶、塑料 Petroleum, Chemical Product, Plastics, Rubber	5	2	2	3	12	37	34	52	35	182
电子 Electrical Equipment	0	0	0	0	1	16	19	25	15	76
金属、非金属 Metal, Nonmetallic Mineral Product	3	1	1	0	4	36	32	53	18	148
机械、设备、仪表 Machinery, Equipment, Meter	0	0	1	6	24	75	86	62	28	282
医药、生物 Medicine, Biologic Product	0	0	1	3	10	37	22	21	10	104
其他制造业 Other Manufacuring	0	0	0	0	1	6	8	9	3	27
电力、蒸汽及水的生产及供应业 Electricity, Gas, Water Supply	0	0	0	1	1	15	24	19	6	66
建筑业 Construction	0	0	0	1	2	11	16	7	4	41
交通运输、仓储业 Transport, Storage	0	0	1	1	3	19	20	19	4	67
信息技术业 Information, Technology	2	1	0	0	9	29	36	32	8	117
批发和零售贸易 Wholesale and Retail Trade	1	0	0	0	10	29	24	25	7	96
金融、保险业 Finance, Insurance	0	0	0	0	5	21	4	0	1	31
房地产业 Real Estate	0	0	2	1	5	29	24	12	2	75
社会服务业 Social Services	0	0	0	0	0	16	22	13	4	55
传播及文化产业 Transmission, Culture	0	0	0	0	1	1	4	2	6	14
综合类 Conglomerat	1	1	1	2	3	13	21	21	8	71
合计	13	5	10	24	110	461	450	449	193	1715

注：1. 各区间包括下限不包括上限；
　　2. 由于2010年初，上海医药合并中西药业和上实药业；东方航空合并上海航空，因此，根据信息披露有关规定，被合并的3家上市公司不再披露年报。

数据来源：上海、深圳证券交易所

Source: Shanghai、Shenzhen Stock Exchange

5－19　2009 年报上市公司每股未分配利润分布

Retained profits after appropriation Per Share of Listed Companies by Industries (2009)

	3.00 元以上	2.50—3.00	2.00—2.50	1.50—2.00	1.00—1.50	0.50—1.00	0.00—0.50	小于 0	合计
农、林、牧、副、渔业 Agriculture, Forestry, Fishing and Hunting	0	0	1	2	3	8	14	13	41
采掘业 Mining	6	4	7	4	4	8	5	0	38
食品、饮料 Food, Beverage	3	0	1	8	9	14	13	18	66
纺织、服装、毛皮 Textile, Apparel, Leather	0	1	0	6	14	12	14	27	74
木材、家具 Wood Product	0	0	0	0	1	2	2	1	6
造纸、印刷 Paper, Printing	1	1	1	4	5	10	7	9	38
石油、化学、橡胶、塑料 Petroleum, Chemical Product, Plastics, Rubber	4	1	7	12	33	35	39	51	182
电子 Electrical Equipment	1	0	0	2	11	20	19	23	76
金属、非金属 Metal, Nonmetallic Mineral Product	4	1	8	16	30	32	27	30	148
机械、设备、仪表 Machinery, Equipment, Meter	10	8	6	24	53	71	48	62	282
医药、生物 Medicine, Biologic Product	6	5	4	9	11	31	17	21	104
其他制造业 Other Manufacuring	0	0	1	1	4	11	5	5	27
电力、蒸汽及水的生产及供应业 Electricity, Gas, Water Supply	0	0	1	1	10	18	21	15	66
建筑业 Construction	1	1	5	3	6	9	12	4	41
交通运输、仓储业 Transport, Storage	3	1	2	1	12	16	20	12	67
信息技术业 Information, Technology	1	5	5	13	24	26	21	22	117
批发和零售贸易 Wholesale and Retail Trade	2	1	5	11	8	24	24	21	96
金融、保险业 Finance, Insurance	1	1	3	3	7	7	7	2	31
房地产业 Real Estate	2	0	2	13	8	20	17	13	75
社会服务业 Social Services	1	0	0	6	8	18	14	8	55
传播及文化产业 Transmission, Culture	0	0	0	1	2	4	1	6	14
综合类 Conglomerat	0	0	0	4	7	16	25	19	71
合　计	46	30	59	144	270	412	372	382	1715

注：1. 各区间包括下限不包括上限；

2. 由于 2010 年初，上海医药合并中西药业和上实药业；东方航空合并上海航空，因此，根据信息披露有关规定，被合并的 3 家上市公司不再披露年报。

数据来源：上海、深圳证券交易所

Source：Shanghai、Shenzhen Stock Exchange

5-20 2009年报上市公司每股经营活动现金分布

Cash Flow from Operating Activities Per Share of Listed Companies by Industries (2009)

	3.00元以上	2.50—3.00	2.00—2.50	1.50—2.00	1.00—1.50	0.50—1.00	0.00—0.50	小于0	合计
农、林、牧、副、渔业 Agriculture, Forestry, Fishing and Hunting	0	1	1	1	0	8	20	10	41
采掘业 Mining	7	2	1	6	7	6	7	2	38
食品、饮料 Food, Beverage	2	3	3	6	8	9	21	14	66
纺织、服装、毛皮 Textile, Apparel, Leather	0	1	0	1	5	13	37	17	74
木材、家具 Wood Product	0	0	0	0	0	2	3	1	6
造纸、印刷 Paper, Printing	0	0	1	1	5	8	16	7	38
石油、化学、橡胶、塑料 Petroleum, Chemical Product, Plastics, Rubber	0	3	1	4	15	40	76	43	182
电子 Electrical Equipment	0	0	0	0	2	16	44	14	76
金属、非金属 Metal, Nonmetallic Mineral Product	3	1	3	4	18	30	58	31	148
机械、设备、仪表 Machinery, Equipment, Meter	10	4	1	7	20	60	116	64	282
医药、生物 Medicine, Biologic Product	1	2	0	3	12	29	43	14	104
其他制造业 Other Manufacuring	0	0	0	1	3	7	11	5	27
电力、蒸汽及水的生产及供应业 Electricity, Gas, Water Supply	2	2	3	1	15	22	17	4	66
建筑业 Construction	3	2	1	2	3	11	14	5	41
交通运输、仓储业 Transport, Storage	1	1	0	1	5	14	36	9	67
信息技术业 Information, Technology	0	2	2	3	8	28	46	28	117
批发和零售贸易 Wholesale and Retail Trade	6	3	2	5	10	19	30	21	96
金融、保险业 Finance, Insurance	12	1	2	2	1	0	8	5	31
房地产业 Real Estate	2	0	5	3	9	17	12	27	75
社会服务业 Social Services	0	1	1	1	7	14	26	5	55
传播及文化产业 Transmission, Culture	0	1	0	0	2	1	7	3	14
综合类 Conglomerat	2	0	1	2	3	13	32	18	71
合计	51	30	28	54	158	367	680	347	1715

注：1. 各区间包括下限不包括上限；
 2. 由于2010年初，上海医药合并中西药业和上实药业；东方航空合并上海航空，因此，根据信息披露有关规定，被合并的3家上市公司不再披露年报。

数据来源：上海、深圳证券交易所

Source: Shanghai、Shenzhen Stock Exchange

5-21 2009年上市公司配股情况一览表

Rights Issuing of Listed Companies in 2009

序号 No.	股权登记日 Register Date	交易所 Exchange	股票代码 Code	公司简称 Companies	配股比例 Proportion	配股价(元/股) Price	配股前总股本(股) Shares Before Rights Issue	配股后总股本(股) Shares After Rights Issue	筹资总额(万元) Raised Capital	增加股本(股) Shares Changes
1	20090805	深交所	000635	英 力 特	0.30	12.00	97887668	137474400	47504.08	39586732
2	20090918	深交所	000988	华工科技	0.25	5.58	250192184	328900000	43918.96	78707816
3	20091009	深交所	000516	开元控股	0.30	3.98	217138024	296311044	31510.86	79173020
4	20091106	深交所	000783	长江证券	0.30	6.50	1178366161	1674800000	322682.00	496433839
5	20091204	深交所	002017	东信和平	0.30	4.60	108341496	153452000	20750.83	45110504
6	20090729	上交所	600590	泰豪科技	0.30	7.56	294495615	379438093	64216.51	84942478
7	20090818	上交所	600525	长园集团	0.30	8.88	166586420	215877528	43770.50	49291108
8	20091102	上交所	600068	葛 洲 坝	0.30	4.26	1665409218	2147583297	205406.16	482174079
9	20091130	上交所	600497	驰宏锌锗	0.30	7.69	780000000	1007765961	175152.02	227765961
10	20091209	上交所	600755	厦门国贸	0.30	7.31	496485998	639824946	104780.77	143338948

数据来源：上海、深圳证券交易所

Source: Shanghai、Shenzhen Stock Exchange

5-22 2009年上市公司送转股情况一览表

Bonus Shares of Listed Companies in 2009

单位：股

序号 No.	交易所 Exchange	股票代码 Code	公司简称 Companies	送转股比例 Proportion	股权登记日期 Register Date	送转股上市交易日 Bonus Shares Trading Date	送转股前总股本 Previous Shares	送股股本数 Bonus Shares 1	转股股本数 Bonus Shares 2	送转股后总股本 Shares Now
1	上交所	600892	*ST湖科	0.25	20090210	20090212	50500000	0	12625000	63125000
2	上交所	600435	中兵光电	1.00	20090223	20090225	222717518	0	222717518	445435036
3	上交所	600800	ST磁卡	0.11	20090302	20090304	551659203	0	59611742	611271047
4	上交所	600106	重庆路桥	0.10	20090416	20090420	375100000	0	37510000	412610000
5	上交所	600518	康美药业	1.00	20090421	20090423	764400000	382200000	382200000	1528800000
6	上交所	600410	华胜天成	0.10	20090422	20090424	419105160	0	41910516	461015676
7	上交所	600379	宝光股份	0.20	20090423	20090427	178680500	0	35736100	214416600
8	上交所	600256	广汇股份	0.10	20090422	20090424	866061245	86606125	0	952667370
9	上交所	600059	古越龙山	0.50	20090428	20090430	372480000	0	186240000	558720000
10	上交所	600824	益民商业	0.20	20090410	20090414	609969371	60996937	60996937	731963245
11	上交所	600547	山东黄金	1.00	20090424	20090428	355768102	0	355768102	711536204
12	上交所	600246	万通地产	1.00	20090415	20090417	507000000	0	507000000	1014000000
13	上交所	600971	恒源煤电	0.20	20090420	20090422	190575719	0	38115144	228690863
14	上交所	900907	鼎立B股	0.70	20090423	20090427	70966500	0	49676550	120643050
15	上交所	600022	济南钢铁	0.80	20090422	20090424	1733600000	0	1386880000	3120480000
16	上交所	600351	亚宝药业	1.00	20090417	20090421	158238000	0	158238000	316476000
17	上交所	600118	中国卫星	0.20	20090420	20090422	293781658	58756332	0	352537990
18	上交所	600570	恒生电子	0.50	20090422	20090424	297024000	74256000	74256000	445536000
19	上交所	600588	用友软件	0.30	20090428	20090430	466683575	0	140005073	606682468
20	上交所	600614	鼎立股份	0.70	20090420	20090422	262799733	0	183959813	446759546
21	上交所	600804	鹏 博 士	0.80	20090508	20090512	641951376	0	513561101	1155512477
22	上交所	600991	长丰汽车	0.30	20090515	20090519	400670300	0	120201090	520871390
23	上交所	600202	哈 空 调	0.20	20090508	20090512	319450560	63890112	0	383340672
24	上交所	600300	维维股份	1.20	20090508	20090512	760000000	0	912000000	1672000000
25	上交所	600583	海油工程	0.50	20090525	20090527	2160800000	216080000	864320000	3241200000
26	上交所	600831	广电网络	0.30	20090513	20090515	333395584	0	100018675	433414259
27	上交所	600551	时代出版	1.00	20090518	20090520	195303040	0	195303040	390606080
28	上交所	600053	中江地产	0.20	20090511	20090513	301070000	0	60214000	361284000
29	上交所	600276	恒瑞医药	0.20	20090429	20090504	517286016	103457203	0	620743220
30	上交所	600565	迪马股份	0.80	20090514	20090518	400000000	0	320000000	720000000
31	上交所	600997	开滦股份	1.00	20090520	20090522	617320000	0	617320000	1234640000
32	上交所	600315	上海家化	0.50	20090520	20090522	217031270	0	108515635	325546905
33	上交所	600676	交运股份	0.30	20090513	20090515	562612268	0	168783680	731395948
34	上交所	601958	金钼股份	0.20	20090518	20090520	2688837000	0	537767400	3226604400
35	上交所	600439	瑞 贝 卡	0.30	20090525	20090527	474225000	47422500	94845000	616492500
36	上交所	600995	文山电力	0.20	20090521	20090525	398772000	79754400	0	478526400

续表 1 Continued 1

序号 No.	交易所 Exchange	股票代码 Code	公司简称 Companies	送转股比例 Proportion	股权登记日期 Register Date	送转股上市交易日 Bonus Shares Trading Date	送转股前总股本 Previous Shares	送股股本数 Bonus Shares 1	转股股本数 Bonus Shares 2	送转股后总股本 Shares Now
37	上交所	600432	吉恩镍业	0.50	20090515	20090519	508894028	254447014	0	763341042
38	上交所	600881	亚泰集团	0.50	20090525	20090527	1263154705	631577353	0	1894732058
39	上交所	600479	千金药业	0.20	20090522	20090526	181440000	0	36288000	217728000
40	上交所	600557	康缘药业	0.20	20090508	20090512	266440186	0	53288037	319728224
41	上交所	600169	太原重工	0.60	20090522	20090526	446772425	178708970	89354485	714835880
42	上交所	600251	冠农股份	0.50	20090511	20090513	241400000	0	120700000	362100000
43	上交所	600141	兴发集团	0.20	20090504	20090506	252000000	0	50400000	302400000
44	上交所	600082	海泰发展	1.00	20090508	20090512	323057913	0	323057913	646115826
45	上交所	600048	保利地产	0.30	20090429	20090504	2452343186	735702956	0	3188046142
46	上交所	600248	延长化建	0.50	20090515	20090519	202852000	0	101426000	304278000
47	上交所	600489	中金黄金	1.20	20090604	20090608	359366350	0	431239620	790605970
48	上交所	600545	新疆城建	0.50	20090615	20090617	450523852	0	225261926	675785778
49	上交所	600655	豫园商城	0.10	20090611	20090615	725920190	0	72592019	798512209
50	上交所	600346	大 橡 塑	1.00	20090608	20090610	105000000	0	105000000	210000000
51	上交所	600986	科达股份	1.00	20090619	20090623	167634854	83817427	83817427	335269708
52	上交所	600692	亚通股份	0.10	20090615	20090617	319785513	0	31978551	351764064
53	上交所	600252	中恒集团	0.20	20090611	20090615	217447402	21744740	21744740	260936882
54	上交所	600020	中原高速	0.01	20090611	20090615	2119162500	21191625	0	2140354125
55	上交所	600693	东百集团	0.30	20090605	20090609	264017380	79205214	0	343222594
56	上交所	600517	置信电气	0.50	20090608	20090610	412470000	82494000	123741000	618705000
57	上交所	600260	凯乐科技	1.00	20090624	20090626	263820000	263820000	0	527640000
58	上交所	600970	中材国际	1.00	20090601	20090603	210898391	84359356	126539035	421796782
59	上交所	600499	科达机电	0.30	20090605	20090609	343770000	0	103131000	446901000
60	上交所	600110	中科英华	0.50	20090527	20090602	677541398	0	338770699	1016312097
61	上交所	600352	浙江龙盛	1.00	20090604	20090608	659000000	0	659000000	1318000000
62	上交所	600139	西部资源	0.40	20090601	20090603	120978929	0	48391572	169370501
63	上交所	600867	通化东宝	0.30	20090616	20090618	368571948	0	110571584	479143532
64	上交所	600798	宁波海运	0.50	20090526	20090601	580763800	0	290381900	871145700
65	上交所	600641	万业企业	0.80	20090605	20090609	447865971	0	358292777	806158748
66	上交所	600089	特变电工	0.50	20090602	20090604	1198250482	239650096	359475145	1797375723
67	上交所	600511	国药股份	1.00	20090602	20090604	239400000	119700000	119700000	478800000
68	上交所	600620	天宸股份	0.10	20090604	20090608	320129190	32012919	0	352142109
69	上交所	900947	振华 B 股	0.30	20090626	20090630	660000000	198000000	0	858000000
70	上交所	600415	小商品城	1.00	20090526	20090601	340200886	340200886	0	680401772
71	上交所	600109	国金证券	1.00	20090604	20090608	500121062	500121062	0	1000242124
72	上交所	600297	美罗药业	1.00	20090604	20090608	175000000	0	175000000	350000000
73	上交所	600271	航天信息	0.50	20090526	20090601	615600000	0	307800000	923400000
74	上交所	600312	平高电气	0.20	20090608	20090610	511243176	102248635	0	613491811
75	上交所	600190	锦 州 港	0.20	20090615	20090617	1115817000	167372550	55790850	1338980400
76	上交所	600288	大恒科技	0.30	20090604	20090608	336000000	0	100800000	436800000

续表 2　Continued 2

序号 No.	交易所 Exchange	股票代码 Code	公司简称 Companies	送转股比例 Proportion	股权登记日期 Register Date	送转股上市交易日 Bonus Shares Trading Date	送转股前总股本 Previous Shares	送股股本数 Bonus Shares 1	转股股本数 Bonus Shares 2	送转股后总股本 Shares Now
77	上交所	600651	飞乐音响	0.10	20090611	20090615	559897963	27994898	27994898	615887759
78	上交所	601666	平煤股份	0.30	20090623	20090625	1074722340	322416702	0	1397139042
79	上交所	600239	云南城投	0.50	20090615	20090617	422271376	0	211135688	633407064
80	上交所	600652	爱使股份	0.10	20090604	20090608	506365967	0	50636597	557002564
81	上交所	600713	南京医药	0.20	20090609	20090611	250766950	22569026	27584365	300920340
82	上交所	600320	振华重工	0.30	20090623	20090625	2717149680	815144904	0	3532294584
83	上交所	600993	马 应 龙	0.80	20090611	20090615	92105532	36842213	36842213	165789958
84	上交所	900952	锦港 B 股	0.20	20090618	20090622	185672475	27850871	9283624	222806970
85	上交所	600000	浦发银行	0.40	20090608	20090610	5661347506	2264539002	0	7925886508
86	上交所	600383	金地集团	0.30	20090601	20090603	1678153846	0	503446154	2181600000
87	上交所	600477	杭萧钢构	0.30	20090630	20090702	247573834	49514767	24757383	321845984
88	上交所	600811	东方集团	0.30	20090713	20090715	1282157980	128215798	256431596	1666805374
89	上交所	600879	火箭股份	0.50	20090630	20090702	540693856	0	270346928	811040784
90	上交所	600543	莫高股份	0.80	20090709	20090713	178400000	0	142720000	321120000
91	上交所	600062	双鹤药业	0.20	20090715	20090717	476413290	95282658	0	571695948
92	上交所	600653	申华控股	0.20	20090721	20090723	1455316931	0	291063386	1746380317
93	上交所	600036	招商银行	0.30	20090702	20090706	14707203828	4412161148	0	19119364976
94	上交所	600712	南宁百货	0.20	20090707	20090709	144672000	28934400	0	173606400
95	上交所	600827	友谊股份	0.10	20090702	20090706	265816586	0	26581659	292398245
96	上交所	600516	方大炭素	1.00	20090713	20090715	639538949	0	639538949	1279077898
97	上交所	900923	友谊 B 股	0.10	20090707	20090709	163380179	0	16338018	179718197
98	上交所	600825	新华传媒	0.50	20090713	20090715	580493250	116098650	174147975	870739875
99	上交所	600317	营 口 港	1.00	20090909	20090911	548785813	0	548785813	1097571626
100	上交所	600269	赣粤高速	1.00	20090911	20090915	1167669211	0	1167669211	2335338422
101	上交所	600139	西部资源	0.40	20090831	20090902	169370501	0	67748200	237118702
102	上交所	600225	ST 天 香	0.08	20091026	20091028	548185486	0	44795690	592981158
103	深交所	002168	深圳惠程	1.00	20090327	20090330	100146240	0	100146240	200292480
104	深交所	000540	中天城投	0.60	20090330	20090331	356811466	0	214086879	570898345
105	深交所	002263	大 东 南	0.50	20090330	20090331	245050232	0	122525116	367575348
106	深交所	002122	天马股份	1.00	20090401	20090402	297000000	0	297000000	594000000
107	深交所	002253	川大智胜	0.20	20090401	20090402	52000000	0	10400000	62400000
108	深交所	002165	红 宝 丽	0.40	20090408	20090409	112500000	0	45000000	157500000
109	深交所	002024	苏宁电器	0.50	20090409	20090410	2991008000	598201600	897302400	4486512000
110	深交所	002123	荣信股份	0.60	20090409	20090410	128000000	0	76800000	204800000
111	深交所	002232	启明信息	1.00	20090409	20090410	127120000	0	127120000	254240000
112	深交所	002138	顺络电子	0.30	20090413	20090414	94000000	0	28200000	122200000
113	深交所	002251	步 步 高	1.00	20090416	20090417	135180000	54072000	81108000	270360000
114	深交所	002028	思源电气	0.60	20090417	20090420	274800000	0	164880000	439680000
115	深交所	002081	金 螳 螂	0.50	20090421	20090422	141000000	0	70500000	211500000
116	深交所	002137	实 益 达	0.30	20090421	20090422	200100000	0	60030000	260130000

续表 3　Continued 3

序号 No.	交易所 Exchange	股票代码 Code	公司简称 Companies	送转股比例 Proportion	股权登记日期 Register Date	送转股上市交易日 Bonus Shares Trading Date	送转股前总股本 Previous Shares	送股股本数 Bonus Shares 1	转股股本数 Bonus Shares 2	送转股后总股本 Shares Now
117	深交所	002188	新 嘉 联	0.50	20090421	20090422	80000000	0	40000000	120000000
118	深交所	002223	鱼跃医疗	0.50	20090421	20090422	103000000	10300000	41200000	154500000
119	深交所	000616	亿城股份	0.50	20090422	20090423	601950516	0	300975258	902925774
120	深交所	002202	金风科技	0.40	20090423	20090424	1000000000	400000000	0	1400000000
121	深交所	002022	科华生物	0.30	20090424	20090427	315562500	63112500	31556250	410231250
122	深交所	002062	宏润建设	0.50	20090428	20090429	200000000	0	100000000	300000000
123	深交所	002070	众和股份	0.35	20090428	20090429	168480000	0	58968000	227448000
124	深交所	002089	新 海 宜	0.40	20090428	20090429	152928000	30585600	30585600	214099200
125	深交所	002169	智光电气	1.00	20090428	20090429	82896000	0	82896000	165792000
126	深交所	002244	滨江集团	0.30	20090428	20090429	1040000000	312000000	0	1352000000
127	深交所	001696	宗申动力	0.30	20090429	20090430	462015680	0	138604704	600620384
128	深交所	002192	路翔股份	1.00	20090429	20090430	60700000	0	60700000	121400000
129	深交所	002194	武汉凡谷	0.30	20090429	20090430	427600000	0	128280000	555880000
130	深交所	002217	联合化工	0.50	20090429	20090430	148656000	0	74328000	222984000
131	深交所	002242	九阳股份	0.90	20090429	20090430	267000000	0	240300000	507300000
132	深交所	002063	远光软件	0.80	20090430	20090504	109820000	0	87856000	197676000
133	深交所	002084	海鸥卫浴	0.10	20090430	20090504	211858156	0	21185815	233043971
134	深交所	002153	石基信息	1.00	20090504	20090505	112000000	0	112000000	224000000
135	深交所	002218	拓日新能	0.50	20090504	20090505	192000000	0	96000000	288000000
136	深交所	000835	四川圣达	0.30	20090505	20090506	234900000	70470000	0	305370000
137	深交所	000861	海印股份	0.20	20090505	20090506	410157472	0	82031494	492188966
138	深交所	002007	华兰生物	0.60	20090505	20090506	225080000	0	135048000	360128000
139	深交所	002268	M 卫士通	0.20	20090506	20090507	67098705	0	13419741	80518446
140	深交所	002036	宜科科技	0.50	20090507	20090508	134832600	0	67416300	202248900
141	深交所	002147	方圆支承	0.20	20090507	20090508	188000000	0	37600000	225600000
142	深交所	002170	芭田股份	0.80	20090507	20090508	169200000	50760000	84600000	304560000
143	深交所	002179	中航光电	0.50	20090507	20090508	178500000	35700000	53550000	267750000
144	深交所	002241	歌尔声学	1.00	20090508	20090511	120000000	0	120000000	240000000
145	深交所	002112	三变科技	0.40	20090511	20090512	80000000	0	32000000	112000000
146	深交所	002199	东晶电子	0.30	20090512	20090513	62000000	0	18600000	80600000
147	深交所	002016	世荣兆业	0.20	20090513	20090514	384580734	0	76916146	461496880
148	深交所	002068	黑猫股份	0.20	20090513	20090514	160200000	32040000	0	192240000
149	深交所	000965	天保基建	0.50	20090514	20090515	307705413	0	153852706	461558119
150	深交所	002096	南岭民爆	0.50	20090514	20090515	88133400	0	44066700	132200100
151	深交所	002152	广电运通	0.20	20090514	20090515	285118020	0	57023604	342141624
152	深交所	002200	绿 大 地	0.80	20090514	20090515	83937280	16787456	50362368	151087104
153	深交所	000606	青海明胶	0.50	20090515	20090518	270642400	27064240	108256960	405963600
154	深交所	000768	西飞国际	1.20	20090515	20090518	1126190200	0	1351428240	2477618440
155	深交所	002128	露天煤业	0.30	20090515	20090518	850439850	0	255131955	1105571805
156	深交所	002249	大洋电机	1.00	20090518	20090519	126000000	0	126000000	252000000
157	深交所	002256	彩虹精化	0.60	20090518	20090519	87000000	0	52200000	139200000
158	深交所	002269	美邦服饰	0.50	20090518	20090519	670000000	0	335000000	1005000000
159	深交所	002273	水晶光电	0.30	20090518	20090519	66700000	0	20010000	86710000

续表 4 Continued 4

序号 No.	交易所 Exchange	股票代码 Code	公司简称 Companies	送转股比例 Proportion	股权登记日期 Register Date	送转股上市交易日 Bonus Shares Trading Date	送转股前总股本 Previous Shares	送股股本数 Bonus Shares 1	转股股本数 Bonus Shares 2	送转股后总股本 Shares Now
160	深交所	002013	中航精机	0.20	20090519	20090520	107100000	21420000	0	128520000
161	深交所	002100	天康生物	0.30	20090519	20090520	126010000	37803000	0	163813000
162	深交所	002191	劲嘉股份	0.50	20090519	20090520	428000000	0	214000000	642000000
163	深交所	002225	濮耐股份	0.30	20090519	20090520	401545619	0	120463685	522009304
164	深交所	002237	恒邦股份	1.00	20090519	20090520	95800000	0	95800000	191600000
165	深交所	002065	东华合创	0.50	20090521	20090522	283990060	56798012	85197018	425985090
166	深交所	002156	通富微电	0.30	20090521	20090522	267000000	0	80100000	347100000
167	深交所	002205	国统股份	0.25	20090521	20090522	80000000	20000000	0	100000000
168	深交所	002230	科大讯飞	0.50	20090521	20090522	107166000	0	53583000	160749000
169	深交所	002140	东华科技	0.30	20090522	20090525	107219840	0	32165952	139385792
170	深交所	002185	华天科技	0.10	20090522	20090525	261000000	0	26100000	287100000
171	深交所	002228	合兴包装	0.90	20090522	20090525	100000000	0	90000000	190000000
172	深交所	000836	鑫茂科技	0.60	20090525	20090526	122754552	0	73652731	196407283
173	深交所	002018	华星化工	0.50	20090525	20090526	163254000	0	81627000	244881000
174	深交所	002121	科陆电子	1.00	20090525	20090526	120000000	60000000	60000000	240000000
175	深交所	002261	拓维信息	0.40	20090525	20090526	79865833	0	31946333	111812166
176	深交所	000407	胜利股份	0.40	20090526	20090527	356720905	71344180	71344180	499409265
177	深交所	000852	江钻股份	0.30	20090526	20090527	308000000	0	92400000	400400000
178	深交所	002037	久联发展	0.10	20090526	20090527	121000000	0	12100000	133100000
179	深交所	002087	新野纺织	0.20	20090526	20090527	234380000	0	46876000	281256000
180	深交所	002154	报 喜 鸟	0.30	20090526	20090527	192000000	0	57600000	249600000
181	深交所	002226	江南化工	0.30	20090526	20090527	53830640	0	16149192	69979832
182	深交所	002235	安妮股份	0.50	20090527	20090601	100000000	0	50000000	150000000
183	深交所	002260	伊 立 浦	0.30	20090527	20090601	120000000	0	36000000	156000000
184	深交所	002130	沃尔核材	0.50	20090601	20090602	108700000	0	54350000	163050000
185	深交所	002173	山 下 湖	0.50	20090601	20090602	67000000	0	33500000	100500000
186	深交所	000061	农 产 品	0.70	20090602	20090603	452063442	0	316444409	768507851
187	深交所	000528	柳　工	0.20	20090602	20090603	506835537	0	99142734	605978271
188	深交所	000651	格力电器	0.50	20090602	20090603	1252395000	0	626197500	1878592500
189	深交所	000698	沈阳化工	0.30	20090602	20090603	508406560	0	152521968	660928528
190	深交所	002177	御银股份	0.50	20090602	20090603	149136000	0	74568000	223704000
191	深交所	002183	怡 亚 通	0.50	20090602	20090603	247148516	0	123574258	370722774
192	深交所	002212	南洋股份	0.50	20090602	20090603	151000000	0	75500000	226500000
193	深交所	002271	东方雨虹	0.50	20090602	20090603	52760000	0	26380000	79140000
194	深交所	002060	粤 水 电	0.20	20090603	20090604	277000000	55400000	0	332400000
195	深交所	000063	中兴通讯	0.30	20090604	20090605	1119118854	0	335735656	1454854510
196	深交所	000516	开元控股	1.00	20090604	20090605	148155522	74077761	74077761	296311044
197	深交所	000718	苏宁环球	0.20	20090604	20090605	1418883724	0	283776744	1702660468
198	深交所	002216	三全食品	1.00	20090604	20090605	93500000	0	93500000	187000000
199	深交所	002086	东方海洋	1.00	20090605	20090608	121925000	60962500	60962500	243850000
200	深交所	002210	飞马国际	0.50	20090605	20090608	136000000	0	68000000	204000000
201	深交所	002239	金 飞 达	0.50	20090608	20090609	134000000	0	67000000	201000000
202	深交所	002030	达安基因	0.20	20090609	20090610	200640000	40128000	0	240768000

续表 5 Continued 5

序号 No.	交易所 Exchange	股票代码 Code	公司简称 Companies	送转股比例 Proportion	股权登记日期 Register Date	送转股上市交易日 Bonus Shares Trading Date	送转股前总股本 Previous Shares	送股股本数 Bonus Shares 1	转股股本数 Bonus Shares 2	送转股后总股本 Shares Now
203	深交所	002262	恩华药业	0.50	20090609	20090610	120000000	0	60000000	180000000
204	深交所	000090	深 天 健	0.50	20090610	20090611	304424680	0	152212340	456637020
205	深交所	002215	诺 普 信	0.30	20090610	20090611	156000000	0	46800000	202800000
206	深交所	000887	中鼎股份	0.20	20090611	20090612	354629280	70925856	0	425555136
207	深交所	002141	蓉胜超微	0.40	20090611	20090612	81200000	0	32480000	113680000
208	深交所	000428	华天酒店	0.50	20090616	20090617	368680000	110604000	73736000	553020000
209	深交所	002021	中捷股份	0.80	20090616	20090617	249020800	0	199216640	448237440
210	深交所	002158	汉钟精机	0.05	20090616	20090617	150500000	0	7525000	158025000
211	深交所	000417	合肥百货	0.40	20090618	20090619	369017540	36901753	73803507	479722800
212	深交所	000758	中色股份	0.10	20090618	20090619	580800000	58080000	0	638880000
213	深交所	000933	神火股份	0.50	20090618	20090619	500000000	250000000	0	750000000
214	深交所	002197	证通电子	0.50	20090618	20090619	87430000	0	43715000	131145000
215	深交所	002272	川润股份	0.10	20090618	20090619	92000000	0	9200000	101200000
216	深交所	002127	新民科技	0.20	20090619	20090622	152301800	0	30460360	182762160
217	深交所	002108	沧州明珠	0.20	20090622	20090623	82150000	0	16430000	98580000
218	深交所	002245	澳洋顺昌	1.00	20090622	20090623	60800000	0	60800000	121600000
219	深交所	002161	远 望 谷	1.00	20090624	20090625	128400000	51360000	77040000	256800000
220	深交所	000541	佛山照明	0.40	20090625	20090626	538099104	0	215239641	753338745
221	深交所	000686	东北证券	0.10	20090625	20090626	581193135	58119313	0	639312448
222	深交所	200541	粤照明 B	0.40	20090625	20090626	96525000	0	64350000	160875000
223	深交所	002055	得润电子	0.30	20090629	20090630	103306040	0	30991812	134297852
224	深交所	002224	三 力 士	0.20	20090630	20090701	74000000	0	14800000	88800000
225	深交所	000998	隆平高科	0.10	20090703	20090706	252000000	25200000	0	277200000
226	深交所	000157	中联重科	0.10	20090709	20090710	1521000000	152100000	0	1673100000
227	深交所	002107	沃华医药	1.00	20090709	20090710	81990000	0	81990000	163980000
228	深交所	002254	烟台氨纶	0.30	20090710	20090713	125500000	0	37650000	163150000
229	深交所	002045	广州国光	0.20	20090716	20090717	208920000	0	41784000	250704000
230	深交所	000655	金岭矿业	0.60	20090720	20090721	372087644	111626293	111626293	595340230
231	深交所	000617	石油济柴	0.20	20090729	20090730	239616000	47923200	0	287539200
232	深交所	000009	中国宝安	0.05	20090805	20090806	1038810028	51940501	0	1090750529
233	深交所	002149	西部材料	0.50	20090819	20090820	116420000	0	58210000	174630000
234	深交所	002258	利尔化学	0.50	20090826	20090827	134962689	0	67481344	202444033
235	深交所	002139	拓邦电子	0.40	20090828	20090831	100000000	0	40000000	140000000
236	深交所	002219	独 一 味	1.00	20090908	20090909	93400000	46700000	46700000	186800000
237	深交所	002229	鸿博股份	0.70	20090908	20090909	80000000	0	56000000	136000000
238	深交所	000925	众合机电	1.00	20090910	20090911	139524054	0	139524054	279048108
239	深交所	002073	青岛软控	0.50	20090915	20090916	329940000	0	164970000	494910000
240	深交所	002167	东方锆业	0.30	20090916	20090917	69120000	0	20736000	89856000
241	深交所	000570	苏常柴 A	0.50	20090917	20090918	274249551	137124775	0	411374326
242	深交所	002054	德美化工	0.60	20090917	20090918	134000000	0	80400000	214400000
243	深交所	200570	苏常柴 B	0.50	20090917	20090918	50000000	50000000	0	100000000
244	深交所	002243	通产丽星	0.60	20090925	20090928	161293098	16129309	80646549	258068956
245	深交所	000011	深物业 A	0.10	20091120	20091123	480339863	48033986	0	528373849
246	深交所	200011	深物业 B	0.10	20091120	20091123	55313381	6145931	0	61459312

数据来源：上海、深圳证券交易所
Source：Shanghai、Shenzhen Stock Exchange

5-23 2009年上市公司红利分配一览表

Summary for Dividend Distributions of Listed Companies in 2009

序号 No.	年月 YMD	交易所 Exchange	公司代码 Code	公司简称 Companies	红利派发日 Ex-dividend Date	每股现金红利 Dividend Per Share	现金分配合计（万元） Total Dividend
1	2009年3月	上交所	600880	博瑞传播	20090318	0.15	5509.31
2	2009年3月	深交所	002233	塔牌集团	20090326	0.12	4800.00
3	2009年3月	深交所	002168	深圳惠程	20090330	0.30	3004.39
4	2009年3月	深交所	000540	中天城投	20090331	0.10	3568.11
5	2009年4月	上交所	900948	伊泰B股	20090401	0.15	10716.77
6	2009年4月	上交所	600388	龙净环保	20090401	0.45	7515.00
7	2009年4月	上交所	600325	华发股份	20090402	0.11	8987.50
8	2009年4月	深交所	002122	天马股份	20090402	0.10	2970.00
9	2009年4月	深交所	002253	川大智胜	20090402	0.50	2600.00
10	2009年4月	上交所	600750	江中药业	20090403	0.39	11539.20
11	2009年4月	深交所	002003	伟星股份	20090403	1.00	20124.59
12	2009年4月	深交所	002258	利尔化学	20090403	0.36	4831.66
13	2009年4月	上交所	600558	大 西 洋	20090408	0.13	1560.00
14	2009年4月	上交所	600114	东睦股份	20090408	0.10	1955.00
15	2009年4月	深交所	002139	拓邦股份	20090409	0.15	1500.00
16	2009年4月	深交所	002165	红 宝 丽	20090409	0.30	3375.00
17	2009年4月	上交所	600173	卧龙地产	20090410	0.09	2970.00
18	2009年4月	上交所	600580	卧龙电气	20090410	0.12	3399.79
19	2009年4月	深交所	002024	苏宁电器	20090410	0.03	8973.02
20	2009年4月	深交所	002123	荣信股份	20090410	0.20	2560.00
21	2009年4月	深交所	002203	海亮股份	20090410	0.12	4801.20
22	2009年4月	深交所	002232	启明信息	20090410	0.29	3686.48
23	2009年4月	上交所	600535	天 士 力	20090413	0.40	19520.00
24	2009年4月	上交所	600824	益民商业	20090413	0.06	3659.82
25	2009年4月	上交所	600227	赤 天 化	20090413	0.10	3271.57
26	2009年4月	深交所	002187	广百股份	20090413	0.35	5600.00
27	2009年4月	上交所	600550	天威保变	20090414	0.20	23360.00
28	2009年4月	上交所	600309	烟台万华	20090414	0.50	83166.72
29	2009年4月	深交所	002138	顺络电子	20090414	0.30	2820.00
30	2009年4月	深交所	000968	煤 气 化	20090415	0.20	10274.94
31	2009年4月	上交所	600246	万通地产	20090416	0.35	17745.00
32	2009年4月	深交所	000950	建峰化工	20090416	0.25	7790.21
33	2009年4月	深交所	002266	浙富股份	20090416	0.23	3293.37
34	2009年4月	上交所	600106	重庆路桥	20090417	0.10	3751.00
35	2009年4月	深交所	002014	永新股份	20090417	0.25	3480.00
36	2009年4月	深交所	002115	三维通信	20090417	0.15	1800.00
37	2009年4月	深交所	002229	鸿博股份	20090417	0.25	2000.00
38	2009年4月	深交所	002251	步 步 高	20090417	0.10	1351.80
39	2009年4月	上交所	600351	亚宝药业	20090420	0.20	3164.76
40	2009年4月	上交所	600488	天药股份	20090420	0.03	1628.67
41	2009年4月	深交所	002028	思源电气	20090420	0.20	5496.00
42	2009年4月	深交所	002091	江苏国泰	20090420	0.15	3600.00

续表 1 Continued 1

序号 No.	年月 YMD	交易所 Exchange	公司代码 Code	公司简称 Companies	红利派发日 Ex-dividend Date	每股现金红利 Dividend Per Share	现金分配合计（万元） Total Dividend
43	2009 年 4 月	上交所	600118	中国卫星	20090421	0.10	2937.82
44	2009 年 4 月	上交所	600971	恒源煤电	20090421	0.30	5717.27
45	2009 年 4 月	深交所	002124	天邦股份	20090421	0.15	2055.00
46	2009 年 4 月	上交所	600518	康美药业	20090422	0.06	4586.40
47	2009 年 4 月	深交所	000155	川化股份	20090422	0.12	5640.00
48	2009 年 4 月	深交所	002081	金 螳 螂	20090422	0.20	2820.00
49	2009 年 4 月	深交所	002137	实 益 达	20090422	0.10	2001.00
50	2009 年 4 月	深交所	002223	鱼跃医疗	20090422	0.30	3090.00
51	2009 年 4 月	深交所	002250	联化科技	20090422	0.30	3874.20
52	2009 年 4 月	上交所	600022	济南钢铁	20090423	0.05	8668.00
53	2009 年 4 月	上交所	600256	广汇股份	20090423	0.10	8660.61
54	2009 年 4 月	上交所	600570	恒生电子	20090423	0.10	2970.24
55	2009 年 4 月	上交所	600410	华胜天成	20090423	0.16	6705.68
56	2009 年 4 月	上交所	600743	华远地产	20090423	0.25	19453.23
57	2009 年 4 月	深交所	000616	亿城股份	20090423	0.05	3009.75
58	2009 年 4 月	深交所	000999	三九医药	20090423	0.20	19578.00
59	2009 年 4 月	深交所	002248	华东数控	20090423	0.10	1200.00
60	2009 年 4 月	深交所	002032	苏 泊 尔	20090424	0.20	8880.80
61	2009 年 4 月	深交所	002202	金风科技	20090424	0.28	28000.00
62	2009 年 4 月	上交所	601168	西部矿业	20090427	0.10	23830.00
63	2009 年 4 月	上交所	600547	山东黄金	20090427	0.30	10673.04
64	2009 年 4 月	深交所	002022	科华生物	20090427	0.20	6311.25
65	2009 年 4 月	上交所	600406	国电南瑞	20090428	0.10	2550.60
66	2009 年 4 月	深交所	000637	茂化实华	20090428	0.02	904.13
67	2009 年 4 月	深交所	000937	金牛能源	20090428	0.15	11819.29
68	2009 年 4 月	深交所	002092	中泰化学	20090428	0.01	536.86
69	2009 年 4 月	深交所	002116	中国海诚	20090428	0.26	2964.00
70	2009 年 4 月	上交所	600553	太行水泥	20090429	0.02	760.00
71	2009 年 4 月	上交所	600588	用友软件	20090429	0.30	14000.51
72	2009 年 4 月	深交所	000895	双汇发展	20090429	0.60	36359.69
73	2009 年 4 月	深交所	002011	盾安环境	20090429	0.25	8059.09
74	2009 年 4 月	深交所	002033	丽江旅游	20090429	0.15	1489.85
75	2009 年 4 月	深交所	002062	宏润建设	20090429	0.20	4000.00
76	2009 年 4 月	深交所	002066	瑞泰科技	20090429	0.10	900.00
77	2009 年 4 月	深交所	002089	新 海 宜	20090429	0.06	917.57
78	2009 年 4 月	深交所	002169	智光电气	20090429	0.08	663.17
79	2009 年 4 月	深交所	002244	滨江集团	20090429	0.12	12688.00
80	2009 年 4 月	上交所	600048	保利地产	20090430	0.13	32370.93
81	2009 年 4 月	上交所	600276	恒瑞医药	20090430	0.10	5172.86
82	2009 年 4 月	深交所	000069	华侨城 A	20090430	0.12	31453.06
83	2009 年 4 月	深交所	001696	宗申动力	20090430	0.20	9240.31
84	2009 年 4 月	深交所	002058	威 尔 泰	20090430	0.05	311.84
85	2009 年 4 月	深交所	002194	武汉凡谷	20090430	0.30	12828.00
86	2009 年 4 月	深交所	002217	联合化工	20090430	0.15	2229.84
87	2009 年 4 月	深交所	002242	九阳股份	20090430	0.80	21360.00
88	2009 年 5 月	上交所	600563	法拉电子	20090504	0.20	4500.00

续表 2 Continued 2

序号 No.	年月 YMD	交易所 Exchange	公司代码 Code	公司简称 Companies	红利派发日 Ex-dividend Date	每股现金红利 Dividend Per Share	现金分配合计（万元） Total Dividend
89	2009 年 5 月	上交所	600966	博汇纸业	20090504	0.08	4036.61
90	2009 年 5 月	上交所	601727	上海电气	20090504	0.06	70043.04
91	2009 年 5 月	上交所	600141	兴发集团	20090505	0.25	6300.00
92	2009 年 5 月	深交所	000988	华工科技	20090505	0.04	1151.15
93	2009 年 5 月	深交所	002153	石基信息	20090505	0.30	3360.00
94	2009 年 5 月	深交所	002218	拓日新能	20090505	0.03	480.00
95	2009 年 5 月	上交所	600310	桂东电力	20090506	0.40	6270.00
96	2009 年 5 月	上交所	600606	金丰投资	20090506	0.10	3902.28
97	2009 年 5 月	上交所	600674	川投能源	20090506	0.07	4470.75
98	2009 年 5 月	深交所	000835	四川圣达	20090506	0.04	939.60
99	2009 年 5 月	深交所	000861	海印股份	20090506	0.04	1722.66
100	2009 年 5 月	深交所	000936	华 西 村	20090506	0.05	2200.04
101	2009 年 5 月	深交所	002007	华兰生物	20090506	0.20	4501.60
102	2009 年 5 月	上交所	600008	首创股份	20090507	0.11	24200.00
103	2009 年 5 月	深交所	002001	新 和 成	20090507	0.20	6841.20
104	2009 年 5 月	深交所	002252	上海莱士	20090507	0.80	12800.00
105	2009 年 5 月	深交所	002268	卫 士 通	20090507	0.20	1341.97
106	2009 年 5 月	上交所	600595	中孚实业	20090508	0.05	3286.28
107	2009 年 5 月	上交所	600389	江山股份	20090508	0.10	1980.00
108	2009 年 5 月	上交所	600587	新华医疗	20090508	0.05	671.97
109	2009 年 5 月	上交所	600779	水 井 坊	20090508	0.53	25892.92
110	2009 年 5 月	深交所	000728	国元证券	20090508	0.18	26353.80
111	2009 年 5 月	深交所	002036	宜科科技	20090508	0.10	1348.33
112	2009 年 5 月	深交所	002109	兴化股份	20090508	0.10	3584.00
113	2009 年 5 月	深交所	002111	威海广泰	20090508	0.15	2159.85
114	2009 年 5 月	深交所	002147	方圆支承	20090508	0.20	3760.00
115	2009 年 5 月	深交所	002170	芭田股份	20090508	0.06	1015.20
116	2009 年 5 月	深交所	002179	中航光电	20090508	0.05	892.50
117	2009 年 5 月	深交所	002182	云海金属	20090508	0.05	960.00
118	2009 年 5 月	上交所	600125	铁龙物流	20090511	0.06	6025.49
119	2009 年 5 月	上交所	600087	长航油运	20090511	0.10	16106.61
120	2009 年 5 月	上交所	600202	哈 空 调	20090511	0.05	1597.25
121	2009 年 5 月	上交所	600300	维维股份	20090511	0.03	2280.00
122	2009 年 5 月	上交所	600082	海泰发展	20090511	0.05	1615.29
123	2009 年 5 月	上交所	601918	国投新集	20090511	0.20	37007.74
124	2009 年 5 月	上交所	600557	康缘药业	20090511	0.15	3996.60
125	2009 年 5 月	上交所	600823	世茂股份	20090511	0.03	1435.07
126	2009 年 5 月	深交所	000731	四川美丰	20090511	0.15	7497.60
127	2009 年 5 月	深交所	000858	五 粮 液	20090511	0.05	18979.83
128	2009 年 5 月	深交所	002241	歌尔声学	20090511	0.30	3600.00
129	2009 年 5 月	上交所	600053	中江地产	20090512	0.05	1505.35
130	2009 年 5 月	上交所	600322	天房发展	20090512	0.03	3317.10
131	2009 年 5 月	上交所	600251	冠农股份	20090512	0.10	2414.00
132	2009 年 5 月	上交所	600230	沧州大化	20090512	0.13	3371.31
133	2009 年 5 月	上交所	600577	精达股份	20090512	0.10	2944.80
134	2009 年 5 月	深交所	002112	三变科技	20090512	0.03	240.00

续表 3 Continued 3

序号 No.	年月 YMD	交易所 Exchange	公司代码 Code	公司简称 Companies	红利派发日 Ex-dividend Date	每股现金红利 Dividend Per Share	现金分配合计（万元） Total Dividend
135	2009 年 5 月	深交所	002270	法因数控	20090512	0.10	1455.00
136	2009 年 5 月	上交所	600572	康 恩 贝	20090513	0.12	3888.00
137	2009 年 5 月	上交所	600416	湘电股份	20090513	0.10	2350.00
138	2009 年 5 月	上交所	600983	合肥三洋	20090513	0.18	5994.00
139	2009 年 5 月	深交所	000630	铜陵有色	20090513	0.10	12943.62
140	2009 年 5 月	深交所	000903	云内动力	20090513	0.15	5673.00
141	2009 年 5 月	深交所	002015	霞客环保	20090513	0.03	513.26
142	2009 年 5 月	深交所	002199	东晶电子	20090513	0.15	930.00
143	2009 年 5 月	深交所	002236	大华股份	20090513	0.23	1503.00
144	2009 年 5 月	上交所	600195	中牧股份	20090514	0.12	4680.00
145	2009 年 5 月	上交所	600510	黑 牡 丹	20090514	0.05	3977.61
146	2009 年 5 月	上交所	600581	八一钢铁	20090514	0.05	3832.24
147	2009 年 5 月	上交所	600079	人福科技	20090514	0.04	1634.16
148	2009 年 5 月	上交所	600596	新安股份	20090514	1.10	31546.52
149	2009 年 5 月	上交所	600589	广东榕泰	20090514	0.02	1066.50
150	2009 年 5 月	上交所	600992	贵绳股份	20090514	0.06	986.22
151	2009 年 5 月	上交所	600831	广电网络	20090514	0.05	1666.98
152	2009 年 5 月	深交所	000748	长城信息	20090514	0.05	1877.81
153	2009 年 5 月	深交所	002068	黑猫股份	20090514	0.03	400.50
154	2009 年 5 月	深交所	002151	北斗星通	20090514	0.10	909.50
155	2009 年 5 月	上交所	600725	云维股份	20090515	0.20	5802.59
156	2009 年 5 月	上交所	600066	宇通客车	20090515	0.60	31193.50
157	2009 年 5 月	上交所	600618	氯碱化工	20090515	0.01	374.92
158	2009 年 5 月	上交所	900908	氯碱 B 股	20090515	0.00	29.76
159	2009 年 5 月	上交所	600255	鑫科材料	20090515	0.05	2247.50
160	2009 年 5 月	上交所	600987	航民股份	20090515	0.15	6353.10
161	2009 年 5 月	上交所	600151	航天机电	20090515	0.03	1871.36
162	2009 年 5 月	上交所	600565	迪马股份	20090515	0.02	800.00
163	2009 年 5 月	上交所	600070	浙江富润	20090515	0.10	1406.76
164	2009 年 5 月	深交所	002019	鑫富药业	20090515	0.10	1911.00
165	2009 年 5 月	深交所	002096	南岭民爆	20090515	0.28	2467.74
166	2009 年 5 月	深交所	002144	宏达经编	20090515	0.10	1073.39
167	2009 年 5 月	深交所	002152	广电运通	20090515	0.20	5702.36
168	2009 年 5 月	深交所	002200	绿 大 地	20090515	0.30	2518.12
169	2009 年 5 月	深交所	002207	准油股份	20090515	0.20	1989.17
170	2009 年 5 月	深交所	002213	特 尔 佳	20090515	0.10	1030.00
171	2009 年 5 月	深交所	002222	福晶科技	20090515	0.25	4750.00
172	2009 年 5 月	深交所	002259	升达林业	20090515	0.07	1505.00
173	2009 年 5 月	上交所	600017	日 照 港	20090518	0.05	6302.96
174	2009 年 5 月	上交所	600981	江苏开元	20090518	0.05	2580.53
175	2009 年 5 月	上交所	600432	吉恩镍业	20090518	0.10	5088.94
176	2009 年 5 月	上交所	600226	升华拜克	20090518	0.22	5948.06
177	2009 年 5 月	上交所	600590	泰豪科技	20090518	0.05	1472.48
178	2009 年 5 月	上交所	600991	长丰汽车	20090518	0.10	4006.70
179	2009 年 5 月	上交所	600197	伊 力 特	20090518	0.18	7938.00
180	2009 年 5 月	上交所	600495	晋西车轴	20090518	0.10	1679.10

续表 4　Continued 4

序号 No.	年月 YMD	交易所 Exchange	公司代码 Code	公司简称 Companies	红利派发日 Ex-dividend Date	每股现金红利 Dividend Per Share	现金分配合计（万元） Total Dividend
181	2009 年 5 月	上交所	600262	北方股份	20090518	0.08	1360.00
182	2009 年 5 月	上交所	600425	青松建化	20090518	0.20	7377.83
183	2009 年 5 月	上交所	600361	华联综超	20090518	0.10	4848.08
184	2009 年 5 月	上交所	600644	乐山电力	20090518	0.08	2611.84
185	2009 年 5 月	深交所	000402	金融街	20090518	0.15	37218.19
186	2009 年 5 月	深交所	000606	青海明胶	20090518	0.01	297.71
187	2009 年 5 月	深交所	000848	承德露露	20090518	0.40	7603.44
188	2009 年 5 月	深交所	002039	黔源电力	20090518	0.15	2103.84
189	2009 年 5 月	深交所	002128	露天煤业	20090518	0.20	17008.80
190	2009 年 5 月	深交所	002231	奥维通信	20090518	0.10	1070.00
191	2009 年 5 月	上交所	600886	国投电力	20090519	0.31	32271.63
192	2009 年 5 月	上交所	601958	金钼股份	20090519	0.40	107553.48
193	2009 年 5 月	上交所	600337	美克股份	20090519	0.01	331.89
194	2009 年 5 月	上交所	600267	海正药业	20090519	0.10	4492.80
195	2009 年 5 月	上交所	600391	成发科技	20090519	0.26	3413.70
196	2009 年 5 月	上交所	600551	时代出版	20090519	0.10	1953.03
197	2009 年 5 月	上交所	600523	贵航股份	20090519	0.05	1443.97
198	2009 年 5 月	深交所	000913	钱江摩托	20090519	0.04	1814.14
199	2009 年 5 月	深交所	000969	安泰科技	20090519	0.08	3530.11
200	2009 年 5 月	深交所	002249	大洋电机	20090519	0.80	10080.00
201	2009 年 5 月	深交所	002256	彩虹精化	20090519	0.30	2610.00
202	2009 年 5 月	深交所	002269	美邦服饰	20090519	0.30	20100.00
203	2009 年 5 月	深交所	002273	水晶光电	20090519	0.30	2001.00
204	2009 年 5 月	上交所	600168	武汉控股	20090520	0.05	1985.18
205	2009 年 5 月	上交所	600496	精工钢构	20090520	0.07	2415.00
206	2009 年 5 月	深交所	000563	陕国投 A	20090520	0.03	1075.24
207	2009 年 5 月	深交所	000600	建投能源	20090520	0.03	2740.98
208	2009 年 5 月	深交所	000623	吉林敖东	20090520	0.20	11467.16
209	2009 年 5 月	深交所	002013	中航精机	20090520	0.05	535.50
210	2009 年 5 月	深交所	002088	鲁阳股份	20090520	0.20	4295.38
211	2009 年 5 月	深交所	002100	天康生物	20090520	0.07	882.07
212	2009 年 5 月	深交所	002132	恒星科技	20090520	0.10	2446.17
213	2009 年 5 月	深交所	002163	中航三鑫	20090520	0.10	2040.00
214	2009 年 5 月	深交所	002191	劲嘉股份	20090520	0.30	12840.00
215	2009 年 5 月	深交所	002206	海利得	20090520	0.22	2750.00
216	2009 年 5 月	深交所	002225	濮耐股份	20090520	0.08	3212.36
217	2009 年 5 月	深交所	002237	恒邦股份	20090520	0.35	3353.00
218	2009 年 5 月	深交所	002238	天威视讯	20090520	0.10	2670.00
219	2009 年 5 月	上交所	600033	福建高速	20090521	0.15	22194.00
220	2009 年 5 月	上交所	600463	空港股份	20090521	0.14	3528.00
221	2009 年 5 月	上交所	600123	兰花科创	20090521	0.61	34728.96
222	2009 年 5 月	上交所	600366	宁波韵升	20090521	0.15	5936.51
223	2009 年 5 月	上交所	900933	华新 B 股	20090521	0.02	360.24
224	2009 年 5 月	上交所	600801	华新水泥	20090521	0.15	3594.00
225	2009 年 5 月	上交所	600616	金枫酒业	20090521	0.20	7311.19
226	2009 年 5 月	上交所	600525	长园集团	20090521	0.10	1665.86

续表 5 Continued 5

序号 No.	年月 YMD	交易所 Exchange	公司代码 Code	公司简称 Companies	红利派发日 Ex-dividend Date	每股现金红利 Dividend Per Share	现金分配合计(万元) Total Dividend
227	2009年5月	上交所	600997	开滦股份	20090521	0.20	12346.40
228	2009年5月	上交所	600736	苏州高新	20090521	0.09	7934.11
229	2009年5月	上交所	600895	张江高科	20090521	0.11	17035.59
230	2009年5月	上交所	600720	祁 连 山	20090521	0.15	5938.53
231	2009年5月	上交所	600315	上海家化	20090521	0.20	4340.63
232	2009年5月	深交所	000926	福星股份	20090521	0.10	7052.28
233	2009年5月	深交所	000978	桂林旅游	20090521	0.30	5310.00
234	2009年5月	深交所	002029	七 匹 狼	20090521	0.10	2829.00
235	2009年5月	深交所	002117	东港股份	20090521	0.27	2970.00
236	2009年5月	深交所	002131	利欧股份	20090521	0.30	4516.80
237	2009年5月	深交所	002255	海陆重工	20090521	0.20	2214.00
238	2009年5月	上交所	900950	新城B股	20090522	0.01	778.33
239	2009年5月	上交所	600491	龙元建设	20090522	0.10	3888.00
240	2009年5月	上交所	600446	金证股份	20090522	0.25	3436.00
241	2009年5月	上交所	600475	华光股份	20090522	0.25	6400.00
242	2009年5月	上交所	600995	文山电力	20090522	0.03	1196.32
243	2009年5月	深交所	000581	威孚高科	20090522	0.16	7328.17
244	2009年5月	深交所	000759	武汉中百	20090522	0.10	5605.05
245	2009年5月	深交所	002004	华邦制药	20090522	0.33	4356.00
246	2009年5月	深交所	002065	东华软件	20090522	0.10	2839.90
247	2009年5月	深交所	002079	苏州固锝	20090522	0.03	828.00
248	2009年5月	深交所	002101	广东鸿图	20090522	0.20	1340.00
249	2009年5月	深交所	002103	广博股份	20090522	0.13	2883.29
250	2009年5月	深交所	002120	新海股份	20090522	0.08	1202.24
251	2009年5月	深交所	002133	广宇集团	20090522	0.08	3988.80
252	2009年5月	深交所	002190	成飞集成	20090522	0.20	2577.84
253	2009年5月	深交所	002196	方正电机	20090522	0.12	925.80
254	2009年5月	深交所	002205	国统股份	20090522	0.04	320.00
255	2009年5月	深交所	002221	东华能源	20090522	0.02	444.00
256	2009年5月	深交所	002230	科大讯飞	20090522	0.25	2679.15
257	2009年5月	深交所	002247	帝龙新材	20090522	0.10	668.00
258	2009年5月	深交所	002267	陕天然气	20090522	0.40	20336.75
259	2009年5月	上交所	600327	大厦股份	20090525	0.15	4891.05
260	2009年5月	上交所	600375	星马汽车	20090525	0.10	1874.81
261	2009年5月	上交所	600426	华鲁恒升	20090525	0.10	4957.50
262	2009年5月	上交所	600400	红豆股份	20090525	0.02	862.15
263	2009年5月	上交所	600601	方正科技	20090525	0.02	3798.27
264	2009年5月	上交所	600408	安泰集团	20090525	0.05	4239.00
265	2009年5月	上交所	600261	浙江阳光	20090525	0.40	9990.74
266	2009年5月	上交所	600418	江淮汽车	20090525	0.01	1546.48
267	2009年5月	上交所	600982	宁波热电	20090525	0.10	1680.00
268	2009年5月	上交所	600169	太原重工	20090525	0.05	2233.86
269	2009年5月	上交所	600449	赛马实业	20090525	0.25	4878.35
270	2009年5月	上交所	600479	千金药业	20090525	0.32	5806.08
271	2009年5月	深交所	002049	晶源电子	20090525	0.11	1485.00
272	2009年5月	深交所	002140	东华科技	20090525	0.85	9113.69

续表 6 Continued 6

序号 No.	年月 YMD	交易所 Exchange	公司代码 Code	公司简称 Companies	红利派发日 Ex-dividend Date	每股现金红利 Dividend Per Share	现金分配合计（万元） Total Dividend
273	2009 年 5 月	深交所	002228	合兴包装	20090525	0.25	2500.00
274	2009 年 5 月	上交所	600016	民生银行	20090526	0.08	150584.02
275	2009 年 5 月	上交所	600575	芜 湖 港	20090526	0.06	2134.80
276	2009 年 5 月	上交所	600560	金自天正	20090526	0.08	795.18
277	2009 年 5 月	上交所	600439	瑞 贝 卡	20090526	0.07	3319.58
278	2009 年 5 月	上交所	600583	海油工程	20090526	0.10	21608.00
279	2009 年 5 月	上交所	600116	三峡水利	20090526	0.05	1047.82
280	2009 年 5 月	上交所	600382	广东明珠	20090526	0.03	1025.24
281	2009 年 5 月	上交所	600356	恒丰纸业	20090526	0.23	4381.10
282	2009 年 5 月	上交所	600210	紫江企业	20090526	0.05	7183.68
283	2009 年 5 月	上交所	600881	亚泰集团	20090526	0.10	12631.55
284	2009 年 5 月	深交所	000836	鑫茂科技	20090526	0.06	736.53
285	2009 年 5 月	深交所	002008	大族激光	20090526	0.10	6962.64
286	2009 年 5 月	深交所	002018	华星化工	20090526	0.10	1632.54
287	2009 年 5 月	深交所	002082	栋梁新材	20090526	0.10	2380.00
288	2009 年 5 月	深交所	002121	科陆电子	20090526	0.10	1200.00
289	2009 年 5 月	深交所	002261	拓维信息	20090526	0.10	798.66
290	2009 年 5 月	深交所	002264	新 华 都	20090526	0.25	2672.00
291	2009 年 5 月	深交所	200581	苏威孚 B	20090526	0.16	1861.73
292	2009 年 5 月	上交所	600861	北京城乡	20090527	0.10	3168.05
293	2009 年 5 月	上交所	600798	宁波海运	20090527	0.20	11615.28
294	2009 年 5 月	上交所	600271	航天信息	20090527	0.27	16621.20
295	2009 年 5 月	上交所	601328	交通银行	20090527	0.10	489943.84
296	2009 年 5 月	上交所	600371	万向德农	20090527	0.20	3100.00
297	2009 年 5 月	上交所	600216	浙江医药	20090527	0.70	31504.20
298	2009 年 5 月	上交所	600566	洪城股份	20090527	0.01	106.31
299	2009 年 5 月	上交所	600500	中化国际	20090527	0.20	28751.79
300	2009 年 5 月	上交所	600845	宝信软件	20090527	0.20	3484.88
301	2009 年 5 月	上交所	600415	小商品城	20090527	0.20	6804.02
302	2009 年 5 月	上交所	900926	宝信 B 股	20090527	0.03	257.57
303	2009 年 5 月	上交所	600521	华海药业	20090527	0.20	5984.53
304	2009 年 5 月	深交所	000407	胜利股份	20090527	0.10	3567.21
305	2009 年 5 月	深交所	000527	美的电器	20090527	0.10	18910.70
306	2009 年 5 月	深交所	000852	江钻股份	20090527	0.10	3080.00
307	2009 年 5 月	深交所	000916	华北高速	20090527	0.14	15260.00
308	2009 年 5 月	深交所	000983	西山煤电	20090527	0.42	101808.00
309	2009 年 5 月	深交所	002037	久联发展	20090527	0.10	1210.00
310	2009 年 5 月	深交所	002050	三花股份	20090527	0.60	15840.00
311	2009 年 5 月	深交所	002054	德美化工	20090527	0.16	2144.00
312	2009 年 5 月	深交所	002080	中材科技	20090527	0.20	3000.00
313	2009 年 5 月	深交所	002099	海翔药业	20090527	0.10	1605.00
314	2009 年 5 月	深交所	002106	莱宝高科	20090527	0.40	13195.52
315	2009 年 5 月	深交所	002142	宁波银行	20090527	0.20	50000.00
316	2009 年 5 月	深交所	002154	报 喜 鸟	20090527	0.20	3840.00
317	2009 年 5 月	深交所	002186	全 聚 德	20090527	0.44	6228.64
318	2009 年 5 月	深交所	002195	海隆软件	20090527	0.10	746.20

续表 7 Continued 7

序号 No.	年月 YMD	交易所 Exchange	公司代码 Code	公司简称 Companies	红利派发日 Ex-dividend Date	每股现金红利 Dividend Per Share	现金分配合计（万元） Total Dividend
319	2009 年 5 月	深交所	002226	江南化工	20090527	0.10	538.31
320	2009 年 6 月	上交所	601857	中国石油	20090601	0.15	2736712.68
321	2009 年 6 月	上交所	600303	曙光股份	20090601	0.05	1110.00
322	2009 年 6 月	深交所	000584	友利控股	20090601	0.10	4088.83
323	2009 年 6 月	深交所	002235	安妮股份	20090601	0.12	1200.00
324	2009 年 6 月	深交所	002260	伊 立 浦	20090601	0.10	1200.00
325	2009 年 6 月	上交所	600012	皖通高速	20090602	0.23	38148.03
326	2009 年 6 月	上交所	600970	中材国际	20090602	0.05	1054.49
327	2009 年 6 月	上交所	600611	大众交通	20090602	0.13	13548.74
328	2009 年 6 月	上交所	600665	天 地 源	20090602	0.04	2880.41
329	2009 年 6 月	上交所	600383	金地集团	20090602	0.10	16781.54
330	2009 年 6 月	上交所	600470	六国化工	20090602	0.12	2712.00
331	2009 年 6 月	上交所	600102	莱钢股份	20090602	0.15	13834.10
332	2009 年 6 月	上交所	600486	扬农化工	20090602	0.20	2340.00
333	2009 年 6 月	上交所	900903	大众 B 股	20090602	0.02	1016.54
334	2009 年 6 月	上交所	600201	金宇集团	20090602	0.10	2808.15
335	2009 年 6 月	上交所	600742	一汽富维	20090602	0.15	3172.85
336	2009 年 6 月	上交所	600132	重庆啤酒	20090602	0.10	4839.71
337	2009 年 6 月	深交所	002104	恒宝股份	20090602	0.10	2937.60
338	2009 年 6 月	深交所	002130	沃尔核材	20090602	0.10	1087.00
339	2009 年 6 月	上交所	600089	特变电工	20090603	0.10	11982.50
340	2009 年 6 月	上交所	600138	中 青 旅	20090603	0.12	4984.20
341	2009 年 6 月	上交所	600511	国药股份	20090603	0.15	3591.00
342	2009 年 6 月	上交所	600235	民丰特纸	20090603	0.10	2634.00
343	2009 年 6 月	上交所	600785	新华百货	20090603	0.10	1728.59
344	2009 年 6 月	上交所	600673	东阳光铝	20090603	0.10	8274.67
345	2009 年 6 月	上交所	600143	金发科技	20090603	0.10	13965.00
346	2009 年 6 月	上交所	601899	紫金矿业	20090603	0.10	145413.09
347	2009 年 6 月	上交所	600549	厦门钨业	20090603	0.15	10229.70
348	2009 年 6 月	上交所	600493	凤竹纺织	20090603	0.03	510.00
349	2009 年 6 月	深交所	000061	农 产 品	20090603	0.15	6780.95
350	2009 年 6 月	深交所	000528	柳 工	20090603	0.10	4957.14
351	2009 年 6 月	深交所	000651	格力电器	20090603	0.30	37571.85
352	2009 年 6 月	深交所	000698	沈阳化工	20090603	0.06	3050.44
353	2009 年 6 月	深交所	000989	九 芝 堂	20090603	0.40	11904.21
354	2009 年 6 月	深交所	002051	中工国际	20090603	0.35	6650.00
355	2009 年 6 月	深交所	002090	金智科技	20090603	0.25	2550.00
356	2009 年 6 月	深交所	002183	怡 亚 通	20090603	0.32	7908.75
357	2009 年 6 月	深交所	002204	华锐铸钢	20090603	0.18	3894.80
358	2009 年 6 月	深交所	002212	南洋股份	20090603	0.55	8305.00
359	2009 年 6 月	深交所	002271	东方雨虹	20090603	0.35	1846.60
360	2009 年 6 月	上交所	600791	京能置业	20090604	0.00	181.15
361	2009 年 6 月	上交所	601398	工商银行	20090604	0.17	5511311.03
362	2009 年 6 月	上交所	600078	澄星股份	20090604	0.01	651.47
363	2009 年 6 月	上交所	601008	连 云 港	20090604	0.04	2150.40
364	2009 年 6 月	上交所	600834	申通地铁	20090604	0.10	4773.82

续表 8　Continued 8

序号 No.	年月 YMD	交易所 Exchange	公司代码 Code	公司简称 Companies	红利派发日 Ex-dividend Date	每股现金红利 Dividend Per Share	现金分配合计（万元） Total Dividend
365	2009 年 6 月	上交所	600531	豫光金铅	20090604	0.05	1141.35
366	2009 年 6 月	深交所	000869	张 裕 A	20090604	1.20	41857.92
367	2009 年 6 月	深交所	002060	粤 水 电	20090604	0.06	1662.00
368	2009 年 6 月	深交所	002098	浔兴股份	20090604	0.10	1550.00
369	2009 年 6 月	深交所	002246	北化股份	20090604	0.06	1187.35
370	2009 年 6 月	上交所	600815	厦工股份	20090605	0.05	3146.73
371	2009 年 6 月	上交所	600297	美罗药业	20090605	0.02	350.00
372	2009 年 6 月	上交所	600489	中金黄金	20090605	0.20	7187.33
373	2009 年 6 月	上交所	600452	涪陵电力	20090605	0.04	640.00
374	2009 年 6 月	上交所	600884	杉杉股份	20090605	0.06	2465.15
375	2009 年 6 月	上交所	600121	郑州煤电	20090605	0.10	6291.40
376	2009 年 6 月	上交所	600219	南山铝业	20090605	0.10	13187.97
377	2009 年 6 月	上交所	600071	凤凰光学	20090605	0.10	2374.72
378	2009 年 6 月	上交所	600258	首旅股份	20090605	0.37	8561.80
379	2009 年 6 月	上交所	600177	雅 戈 尔	20090605	0.30	66798.35
380	2009 年 6 月	上交所	600113	浙江东日	20090605	0.05	737.50
381	2009 年 6 月	上交所	600109	国金证券	20090605	0.12	6001.45
382	2009 年 6 月	上交所	600667	太极实业	20090605	0.01	512.66
383	2009 年 6 月	上交所	600352	浙江龙盛	20090605	0.20	13180.00
384	2009 年 6 月	上交所	600857	工大首创	20090605	0.02	448.64
385	2009 年 6 月	上交所	600539	狮头股份	20090605	0.02	460.00
386	2009 年 6 月	深交所	000063	中兴通讯	20090605	0.30	33573.57
387	2009 年 6 月	深交所	000301	东方市场	20090605	0.07	8527.66
388	2009 年 6 月	深交所	000516	开元控股	20090605	0.10	1481.56
389	2009 年 6 月	深交所	000708	大冶特钢	20090605	0.10	4494.08
390	2009 年 6 月	深交所	000718	苏宁环球	20090605	0.02	2837.77
391	2009 年 6 月	深交所	002118	紫鑫药业	20090605	0.05	607.71
392	2009 年 6 月	深交所	002216	三全食品	20090605	0.20	1870.00
393	2009 年 6 月	深交所	002227	奥 特 迅	20090605	0.20	2171.54
394	2009 年 6 月	上交所	600787	中储股份	20090608	0.04	2947.91
395	2009 年 6 月	上交所	600270	外运发展	20090608	0.10	9054.82
396	2009 年 6 月	上交所	600859	王 府 井	20090608	0.20	7859.46
397	2009 年 6 月	上交所	900936	鄂绒 B 股	20090608	0.01	615.38
398	2009 年 6 月	上交所	600063	皖维高新	20090608	0.02	736.16
399	2009 年 6 月	上交所	600278	东方创业	20090608	0.08	2560.00
400	2009 年 6 月	上交所	600693	东百集团	20090608	0.15	3960.26
401	2009 年 6 月	上交所	600963	岳阳纸业	20090608	0.01	652.20
402	2009 年 6 月	上交所	600284	浦东建设	20090608	0.09	3079.40
403	2009 年 6 月	上交所	600380	健 康 元	20090608	0.12	13174.49
404	2009 年 6 月	上交所	600837	海通证券	20090608	0.10	82278.21
405	2009 年 6 月	上交所	600290	华仪电气	20090608	0.05	1370.10
406	2009 年 6 月	上交所	600499	科达机电	20090608	0.10	3437.70
407	2009 年 6 月	上交所	600231	凌钢股份	20090608	0.05	4020.01
408	2009 年 6 月	上交所	600641	万业企业	20090608	0.45	20153.97
409	2009 年 6 月	上交所	600295	鄂尔多斯	20090608	0.10	6120.00
410	2009 年 6 月	上交所	600269	赣粤高速	20090608	0.23	26856.39

续表 9　Continued 9

序号 No.	年月 YMD	交易所 Exchange	公司代码 Code	公司简称 Companies	红利派发日 Ex-dividend Date	每股现金红利 Dividend Per Share	现金分配合计（万元） Total Dividend
411	2009年6月	上交所	600528	中铁二局	20090608	0.20	29184.00
412	2009年6月	深交所	000002	万 科 A	20090608	0.05	48401.27
413	2009年6月	深交所	000850	华茂股份	20090608	0.05	3145.55
414	2009年6月	深交所	002086	东方海洋	20090608	0.06	731.55
415	2009年6月	深交所	002129	中环股份	20090608	0.03	1448.49
416	2009年6月	深交所	002210	飞马国际	20090608	0.10	1360.00
417	2009年6月	上交所	600282	南钢股份	20090609	0.04	6739.20
418	2009年6月	上交所	600312	平高电气	20090609	0.10	5112.43
419	2009年6月	上交所	600328	兰太实业	20090609	0.01	359.12
420	2009年6月	上交所	600529	山东药玻	20090609	0.06	1544.28
421	2009年6月	上交所	600820	隧道股份	20090609	0.10	7335.21
422	2009年6月	上交所	600007	中国国贸	20090609	0.15	15109.24
423	2009年6月	上交所	600702	沱牌曲酒	20090609	0.07	2192.45
424	2009年6月	上交所	600298	安琪酵母	20090609	0.13	3528.20
425	2009年6月	上交所	600000	浦发银行	20090609	0.23	130210.99
426	2009年6月	上交所	600719	大连热电	20090609	0.02	404.60
427	2009年6月	上交所	600517	置信电气	20090609	0.05	2062.35
428	2009年6月	深交所	000680	山推股份	20090609	0.10	7591.65
429	2009年6月	深交所	000777	中核科技	20090609	0.06	1209.60
430	2009年6月	深交所	000786	北新建材	20090609	0.07	3738.48
431	2009年6月	深交所	002047	成霖股份	20090609	0.10	2835.41
432	2009年6月	深交所	002148	北纬通信	20090609	0.20	1512.00
433	2009年6月	深交所	002150	江苏通润	20090609	0.20	2085.00
434	2009年6月	深交所	002239	金 飞 达	20090609	0.10	1340.00
435	2009年6月	深交所	200869	张 裕 B	20090609	1.20	21415.65
436	2009年6月	上交所	600865	百大集团	20090610	0.08	3009.92
437	2009年6月	上交所	600973	宝胜股份	20090610	0.07	1092.00
438	2009年6月	上交所	600978	宜华木业	20090610	0.01	1004.66
439	2009年6月	上交所	600713	南京医药	20090610	0.01	250.77
440	2009年6月	上交所	600051	宁波联合	20090610	0.20	6048.00
441	2009年6月	深交所	000028	一致药业	20090610	0.10	2332.64
442	2009年6月	深交所	000046	泛海建设	20090610	0.05	11318.48
443	2009年6月	深交所	000793	华闻传媒	20090610	0.02	2720.27
444	2009年6月	深交所	000897	津滨发展	20090610	0.01	1940.73
445	2009年6月	深交所	002030	达安基因	20090610	0.03	521.66
446	2009年6月	深交所	002038	双鹭药业	20090610	0.20	4968.00
447	2009年6月	深交所	002146	荣盛发展	20090610	0.10	8000.00
448	2009年6月	深交所	002164	东力传动	20090610	0.10	1800.00
449	2009年6月	深交所	002180	万 力 达	20090610	0.10	833.22
450	2009年6月	深交所	002181	粤 传 媒	20090610	0.03	1050.49
451	2009年6月	深交所	002211	宏达新材	20090610	0.05	1209.39
452	2009年6月	深交所	002262	恩华药业	20090610	0.10	1200.00
453	2009年6月	上交所	600030	中信证券	20090611	0.50	331523.38
454	2009年6月	上交所	600390	金瑞科技	20090611	0.02	320.10
455	2009年6月	上交所	601699	潞安环能	20090611	1.00	115054.20
456	2009年6月	上交所	600548	深 高 速	20090611	0.12	26168.40

续表 10 Continued 10

序号 No.	年月 YMD	交易所 Exchange	公司代码 Code	公司简称 Companies	红利派发日 Ex-dividend Date	每股现金红利 Dividend Per Share	现金分配合计（万元） Total Dividend
457	2009 年 6 月	上交所	600708	海博股份	20090611	0.10	4639.73
458	2009 年 6 月	上交所	600818	中路股份	20090611	0.05	983.30
459	2009 年 6 月	上交所	600849	上海医药	20090611	0.05	2561.28
460	2009 年 6 月	上交所	900915	中路 B 股	20090611	0.01	50.55
461	2009 年 6 月	上交所	600436	片仔癀	20090611	0.55	7700.00
462	2009 年 6 月	上交所	600888	新疆众和	20090611	0.05	1760.29
463	2009 年 6 月	上交所	601166	兴业银行	20090611	0.45	225000.00
464	2009 年 6 月	深交所	000042	深长城	20090611	0.02	478.93
465	2009 年 6 月	深交所	000065	北方国际	20090611	0.06	974.62
466	2009 年 6 月	深交所	000151	中成股份	20090611	0.09	2663.82
467	2009 年 6 月	深交所	000559	万向钱潮	20090611	0.10	10255.87
468	2009 年 6 月	深交所	000783	长江证券	20090611	0.10	16748.00
469	2009 年 6 月	深交所	000962	东方钽业	20090611	0.08	2851.20
470	2009 年 6 月	深交所	002056	横店东磁	20090611	0.05	2054.50
471	2009 年 6 月	深交所	002059	世博股份	20090611	0.08	1720.00
472	2009 年 6 月	深交所	002078	太阳纸业	20090611	0.20	10048.10
473	2009 年 6 月	深交所	002176	江特电机	20090611	0.03	325.34
474	2009 年 6 月	深交所	002215	诺普信	20090611	0.18	2808.00
475	2009 年 6 月	深交所	002243	通产丽星	20090611	0.12	1935.52
476	2009 年 6 月	深交所	200002	万科 B	20090611	0.05	6575.35
477	2009 年 6 月	上交所	600252	中恒集团	20090612	0.02	326.17
478	2009 年 6 月	上交所	600020	中原高速	20090612	0.05	10595.81
479	2009 年 6 月	上交所	600160	巨化股份	20090612	0.10	5568.00
480	2009 年 6 月	上交所	600527	江南高纤	20090612	0.05	1756.39
481	2009 年 6 月	上交所	600598	北大荒	20090612	0.27	45930.75
482	2009 年 6 月	上交所	600578	京能热电	20090612	0.12	6880.32
483	2009 年 6 月	上交所	600058	五矿发展	20090612	0.32	34301.14
484	2009 年 6 月	上交所	601601	中国太保	20090612	0.30	231000.00
485	2009 年 6 月	上交所	600893	航空动力	20090612	0.10	4467.60
486	2009 年 6 月	上交所	600098	广州控股	20090612	0.09	18532.80
487	2009 年 6 月	上交所	600655	豫园商城	20090612	0.07	5081.44
488	2009 年 6 月	上交所	600993	马应龙	20090612	0.10	921.06
489	2009 年 6 月	上交所	600626	申达股份	20090612	0.10	4734.95
490	2009 年 6 月	上交所	601628	中国人寿	20090612	0.23	650088.22
491	2009 年 6 月	上交所	600675	中华企业	20090612	0.16	17408.48
492	2009 年 6 月	上交所	600896	中海海盛	20090612	0.04	2325.26
493	2009 年 6 月	上交所	600166	福田汽车	20090612	0.02	1832.82
494	2009 年 6 月	深交所	000039	中集集团	20090612	0.15	18478.73
495	2009 年 6 月	深交所	000089	深圳机场	20090612	0.03	5070.73
496	2009 年 6 月	深交所	000159	国际实业	20090612	0.03	721.71
497	2009 年 6 月	深交所	000553	沙隆达 A	20090612	0.05	1819.62
498	2009 年 6 月	深交所	000562	宏源证券	20090612	0.10	14612.04
499	2009 年 6 月	深交所	000612	焦作万方	20090612	0.08	3841.41
500	2009 年 6 月	深交所	000619	海螺型材	20090612	0.05	1800.00
501	2009 年 6 月	深交所	000877	天山股份	20090612	0.17	5304.57
502	2009 年 6 月	深交所	000887	中鼎股份	20090612	0.03	886.57

续表 11　Continued 11

序号 No.	年月 YMD	交易所 Exchange	公司代码 Code	公司简称 Companies	红利派发日 Ex-dividend Date	每股现金红利 Dividend Per Share	现金分配合计（万元） Total Dividend
503	2009 年 6 月	深交所	000970	中科三环	20090612	0.06	2791.80
504	2009 年 6 月	深交所	002023	海特高新	20090612	0.10	1881.40
505	2009 年 6 月	深交所	002031	巨轮股份	20090612	0.08	1952.65
506	2009 年 6 月	深交所	002044	江苏三友	20090612	0.05	812.50
507	2009 年 6 月	深交所	002220	天宝股份	20090612	0.22	2156.00
508	2009 年 6 月	上交所	600607	上实医药	20090615	0.17	6252.85
509	2009 年 6 月	上交所	600409	三友化工	20090615	0.03	2347.84
510	2009 年 6 月	上交所	900934	锦江 B 股	20090615	0.05	799.14
511	2009 年 6 月	上交所	600508	上海能源	20090615	0.10	7227.18
512	2009 年 6 月	上交所	600830	香溢融通	20090615	0.03	1362.97
513	2009 年 6 月	上交所	600064	南京高科	20090615	0.40	13765.84
514	2009 年 6 月	上交所	600019	宝钢股份	20090615	0.18	315216.00
515	2009 年 6 月	上交所	600028	中国石化	20090615	0.09	780321.95
516	2009 年 6 月	上交所	600754	锦江股份	20090615	0.35	15653.43
517	2009 年 6 月	上交所	600782	新钢股份	20090615	0.06	8360.58
518	2009 年 6 月	上交所	600458	时代新材	20090615	0.08	1634.84
519	2009 年 6 月	上交所	600395	盘江股份	20090615	0.58	63995.34
520	2009 年 6 月	上交所	600456	宝钛股份	20090615	0.25	10756.64
521	2009 年 6 月	上交所	600289	亿阳信通	20090615	0.33	11474.26
522	2009 年 6 月	上交所	900914	锦投 B 股	20090615	0.04	708.07
523	2009 年 6 月	上交所	600650	锦江投资	20090615	0.30	11716.80
524	2009 年 6 月	上交所	600319	亚星化学	20090615	0.02	631.19
525	2009 年 6 月	深交所	000045	深纺织 A	20090615	0.05	978.12
526	2009 年 6 月	深交所	000520	长航凤凰	20090615	0.03	1889.22
527	2009 年 6 月	深交所	000554	泰山石油	20090615	0.10	4807.93
528	2009 年 6 月	深交所	000739	普洛股份	20090615	0.02	513.47
529	2009 年 6 月	深交所	002048	宁波华翔	20090615	0.07	3456.18
530	2009 年 6 月	深交所	200028	一　致　B	20090615	0.10	548.85
531	2009 年 6 月	上交所	600545	新疆城建	20090616	0.05	2252.62
532	2009 年 6 月	上交所	601009	南京银行	20090616	0.30	55102.54
533	2009 年 6 月	上交所	600990	四创电子	20090616	0.15	882.00
534	2009 年 6 月	上交所	600755	厦门国贸	20090616	0.15	7447.29
535	2009 年 6 月	上交所	600398	凯诺科技	20090616	0.05	3233.02
536	2009 年 6 月	上交所	600190	锦　州　港	20090616	0.03	3347.45
537	2009 年 6 月	上交所	900952	锦港 B 股	20090616	0.00	81.64
538	2009 年 6 月	上交所	600263	路桥建设	20090616	0.05	2040.67
539	2009 年 6 月	上交所	600015	华夏银行	20090616	0.13	64876.87
540	2009 年 6 月	深交所	000024	招商地产	20090616	0.10	13779.57
541	2009 年 6 月	深交所	000911	南宁糖业	20090616	0.07	1863.16
542	2009 年 6 月	深交所	002010	传化股份	20090616	0.05	1014.00
543	2009 年 6 月	深交所	002040	南　京　港	20090616	0.03	737.62
544	2009 年 6 月	深交所	002155	辰州矿业	20090616	0.10	5474.00
545	2009 年 6 月	上交所	900935	阳晨 B 股	20090617	0.00	73.38
546	2009 年 6 月	上交所	600170	上海建工	20090617	0.13	8991.23
547	2009 年 6 月	上交所	600339	天利高新	20090617	0.06	3153.57
548	2009 年 6 月	深交所	000428	华天酒店	20090617	0.10	3686.80

续表 12　Continued 12

序号 No.	年月 YMD	交易所 Exchange	公司代码 Code	公司简称 Companies	红利派发日 Ex-dividend Date	每股现金红利 Dividend Per Share	现金分配合计（万元） Total Dividend
549	2009年6月	深交所	000548	湖南投资	20090617	0.10	4992.16
550	2009年6月	深交所	000625	长安汽车	20090617	0.02	3112.60
551	2009年6月	深交所	000659	珠海中富	20090617	0.03	2064.89
552	2009年6月	深交所	000816	江淮动力	20090617	0.01	846.00
553	2009年6月	深交所	000932	华菱钢铁	20090617	0.05	13688.25
554	2009年6月	深交所	002158	汉钟精机	20090617	0.25	3762.50
555	2009年6月	深交所	002214	大立科技	20090617	0.10	1000.00
556	2009年6月	深交所	200039	中 集 B	20090617	0.15	21457.64
557	2009年6月	深交所	200553	沙隆达B	20090617	0.05	1150.02
558	2009年6月	上交所	601991	大唐发电	20090618	0.11	129022.12
559	2009年6月	上交所	600037	歌华有线	20090618	0.15	15905.41
560	2009年6月	上交所	600461	洪城水业	20090618	0.08	1120.00
561	2009年6月	上交所	600150	中国船舶	20090618	1.00	66255.65
562	2009年6月	上交所	600396	金山股份	20090618	0.02	681.20
563	2009年6月	上交所	601588	北辰实业	20090618	0.03	10101.06
564	2009年6月	上交所	600573	惠泉啤酒	20090618	0.10	2500.00
565	2009年6月	上交所	600635	大众公用	20090618	0.06	8224.35
566	2009年6月	深交所	000032	深桑达A	20090618	0.17	3958.69
567	2009年6月	深交所	000551	创元科技	20090618	0.10	2417.26
568	2009年6月	深交所	000679	大连友谊	20090618	0.10	2376.00
569	2009年6月	深交所	000860	顺鑫农业	20090618	0.10	4385.40
570	2009年6月	深交所	002064	华峰氨纶	20090618	0.10	3692.00
571	2009年6月	深交所	002189	利达光电	20090618	0.04	796.96
572	2009年6月	深交所	002208	合肥城建	20090618	0.20	3201.00
573	2009年6月	深交所	200045	深纺织B	20090618	0.05	247.48
574	2009年6月	深交所	000417	合肥百货	20090619	0.15	5535.26
575	2009年6月	深交所	000635	英 力 特	20090619	0.03	412.42
576	2009年6月	深交所	000671	阳 光 城	20090619	0.07	1189.26
577	2009年6月	深交所	000758	中色股份	20090619	0.03	1742.40
578	2009年6月	深交所	000828	东莞控股	20090619	0.13	13513.72
579	2009年6月	深交所	000933	神火股份	20090619	0.20	10000.00
580	2009年6月	深交所	002197	证通电子	20090619	0.20	1748.60
581	2009年6月	深交所	002209	达 意 隆	20090619	0.05	570.00
582	2009年6月	深交所	002272	川润股份	20090619	0.35	3220.00
583	2009年6月	深交所	200024	招商局B	20090619	0.10	3393.30
584	2009年6月	深交所	200771	杭汽轮B	20090619	0.40	5407.99
585	2009年6月	上交所	600018	上港集团	20090622	0.10	214106.16
586	2009年6月	上交所	600986	科达股份	20090622	0.06	1005.81
587	2009年6月	上交所	601088	中国神华	20090622	0.46	914922.54
588	2009年6月	上交所	600183	生益科技	20090622	0.15	14355.35
589	2009年6月	上交所	600026	中海发展	20090622	0.30	102136.57
590	2009年6月	上交所	600582	天地科技	20090622	0.15	10116.00
591	2009年6月	上交所	600104	上海汽车	20090622	0.03	17032.68
592	2009年6月	上交所	600761	安徽合力	20090622	0.10	3569.54
593	2009年6月	上交所	600497	驰宏锌锗	20090622	0.15	11700.00
594	2009年6月	上交所	600592	龙溪股份	20090622	0.10	3000.00

续表 13 Continued 13

序号 No.	年月 YMD	交易所 Exchange	公司代码 Code	公司简称 Companies	红利派发日 Ex-dividend Date	每股现金红利 Dividend Per Share	现金分配合计(万元) Total Dividend
595	2009年6月	上交所	600006	东风汽车	20090622	0.09	18000.00
596	2009年6月	深交所	000507	粤富华	20090622	0.03	1034.99
597	2009年6月	深交所	000534	万泽股份	20090622	0.05	1275.56
598	2009年6月	深交所	000713	丰乐种业	20090622	0.03	675.00
599	2009年6月	深交所	002127	新民科技	20090622	0.10	1523.02
600	2009年6月	深交所	200625	长安B	20090622	0.02	1088.73
601	2009年6月	上交所	600233	大杨创世	20090623	0.10	1650.00
602	2009年6月	上交所	600072	中船股份	20090623	0.04	1268.56
603	2009年6月	上交所	600330	天通股份	20090623	0.02	1177.64
604	2009年6月	上交所	600642	申能股份	20090623	0.10	28896.32
605	2009年6月	上交所	600005	武钢股份	20090623	0.22	172439.35
606	2009年6月	上交所	601808	中海油服	20090623	0.14	62934.48
607	2009年6月	上交所	600068	葛洲坝	20090623	0.13	21650.32
608	2009年6月	深交所	000058	深赛格	20090623	0.02	1076.68
609	2009年6月	深交所	000422	湖北宜化	20090623	0.15	8135.67
610	2009年6月	深交所	000960	锡业股份	20090623	0.02	1301.44
611	2009年6月	深交所	002105	信隆实业	20090623	0.10	2680.00
612	2009年6月	深交所	002108	沧州明珠	20090623	0.30	2464.50
613	2009年6月	深交所	002245	澳洋顺昌	20090623	0.06	364.80
614	2009年6月	上交所	601939	建设银行	20090624	0.08	1955977.63
615	2009年6月	上交所	600686	金龙汽车	20090624	0.05	2212.99
616	2009年6月	上交所	600320	振华重工	20090624	0.03	9238.31
617	2009年6月	上交所	600704	中大股份	20090624	0.10	3747.52
618	2009年6月	上交所	600502	安徽水利	20090624	0.02	446.16
619	2009年6月	上交所	600585	海螺水泥	20090624	0.30	52993.03
620	2009年6月	上交所	600897	厦门空港	20090624	0.06	1786.86
621	2009年6月	上交所	600128	弘业股份	20090624	0.06	1480.61
622	2009年6月	上交所	900947	振华B股	20090624	0.00	328.35
623	2009年6月	上交所	601666	平煤股份	20090624	1.12	119831.54
624	2009年6月	上交所	600668	尖峰集团	20090624	0.03	1032.25
625	2009年6月	深交所	000021	长城开发	20090624	0.15	13192.78
626	2009年6月	深交所	000419	通程控股	20090624	0.12	4212.20
627	2009年6月	深交所	000990	诚志股份	20090624	0.08	2159.90
628	2009年6月	深交所	002162	斯米克	20090624	0.03	1140.00
629	2009年6月	上交所	600283	钱江水利	20090625	0.20	5706.60
630	2009年6月	上交所	600487	亨通光电	20090625	0.20	3322.40
631	2009年6月	上交所	600260	凯乐科技	20090625	0.10	2638.20
632	2009年6月	深交所	000726	鲁泰A	20090625	0.20	11043.05
633	2009年6月	深交所	000761	本钢板材	20090625	0.05	13680.00
634	2009年6月	深交所	000900	现代投资	20090625	0.78	30975.27
635	2009年6月	深交所	002069	獐子岛	20090625	0.35	7917.00
636	2009年6月	深交所	002074	东源电器	20090625	0.10	1407.60
637	2009年6月	深交所	002161	远望谷	20090625	0.10	1284.00
638	2009年6月	上交所	600685	广船国际	20090626	0.45	22260.49
639	2009年6月	上交所	601988	中国银行	20090626	0.13	3299909.11
640	2009年6月	上交所	601005	重庆钢铁	20090626	0.10	17331.27

续表 14　Continued 14

序号 No.	年月 YMD	交易所 Exchange	公司代码 Code	公司简称 Companies	红利派发日 Ex-dividend Date	每股现金红利 Dividend Per Share	现金分配合计（万元） Total Dividend
641	2009 年 6 月	上交所	600031	三一重工	20090626	0.18	26784.00
642	2009 年 6 月	上交所	600501	航天晨光	20090626	0.10	3244.03
643	2009 年 6 月	深交所	000006	深振业 A	20090626	0.08	4057.47
644	2009 年 6 月	深交所	000530	大冷股份	20090626	0.15	3525.22
645	2009 年 6 月	深交所	000538	云南白药	20090626	0.30	16021.53
646	2009 年 6 月	深交所	000541	佛山照明	20090626	0.22	11838.18
647	2009 年 6 月	深交所	000552	靖远煤电	20090626	0.06	1067.22
648	2009 年 6 月	深交所	000589	黔轮胎 A	20090626	0.10	2543.27
649	2009 年 6 月	深交所	000686	东北证券	20090626	0.30	5811.93
650	2009 年 6 月	深交所	000705	浙江震元	20090626	0.05	626.65
651	2009 年 6 月	深交所	000792	盐湖钾肥	20090626	1.67	128334.36
652	2009 年 6 月	深交所	000807	云铝股份	20090626	0.08	8428.36
653	2009 年 6 月	深交所	000839	中信国安	20090626	0.10	15600.00
654	2009 年 6 月	深交所	000898	鞍钢股份	20090626	0.21	129129.16
655	2009 年 6 月	深交所	000987	广州友谊	20090626	0.33	11845.62
656	2009 年 6 月	深交所	002026	山东威达	20090626	0.06	810.00
657	2009 年 6 月	深交所	002085	万丰奥威	20090626	0.10	2843.50
658	2009 年 6 月	深交所	002160	常铝股份	20090626	0.03	578.00
659	2009 年 6 月	深交所	200058	深赛格 B	20090626	0.02	492.99
660	2009 年 6 月	上交所	600481	双良股份	20090629	0.23	15526.60
661	2009 年 6 月	上交所	600120	浙江东方	20090629	0.10	5054.73
662	2009 年 6 月	上交所	600096	云 天 化	20090629	0.40	23604.85
663	2009 年 6 月	上交所	600976	武汉健民	20090629	0.05	766.99
664	2009 年 6 月	深交所	000088	盐 田 港	20090629	0.24	29880.00
665	2009 年 6 月	深交所	000514	渝 开 发	20090629	0.02	1267.88
666	2009 年 6 月	深交所	000597	东北制药	20090629	0.10	3338.10
667	2009 年 6 月	深交所	002135	东南网架	20090629	0.06	1200.00
668	2009 年 6 月	深交所	002240	威华股份	20090629	0.10	3066.90
669	2009 年 6 月	深交所	000513	丽珠集团	20090630	0.10	1837.28
670	2009 年 6 月	深交所	000568	泸州老窖	20090630	0.65	90625.57
671	2009 年 6 月	深交所	000912	泸 天 化	20090630	0.15	8775.00
672	2009 年 6 月	深交所	000948	南天信息	20090630	0.22	4632.12
673	2009 年 6 月	深交所	000977	浪潮信息	20090630	0.02	430.00
674	2009 年 6 月	深交所	002055	得润电子	20090630	0.02	206.61
675	2009 年 6 月	深交所	002095	生 意 宝	20090630	0.10	900.00
676	2009 年 6 月	深交所	002157	正邦科技	20090630	0.06	1355.34
677	2009 年 6 月	深交所	200726	鲁 泰 B	20090630	0.20	8854.13
678	2009 年 6 月	深交所	200761	本钢板 B	20090630	0.05	2000.14
679	2009 年 7 月	上交所	600778	友好集团	20090701	0.05	1557.46
680	2009 年 7 月	上交所	600011	华能国际	20090701	0.10	120553.83
681	2009 年 7 月	上交所	601006	大秦铁路	20090701	0.30	389302.71
682	2009 年 7 月	上交所	600519	贵州茅台	20090701	1.16	109103.28
683	2009 年 7 月	上交所	600477	杭萧钢构	20090701	0.06	1485.44
684	2009 年 7 月	上交所	601919	中国远洋	20090701	0.29	296271.96
685	2009 年 7 月	深交所	000667	名流置业	20090701	0.02	2694.31
686	2009 年 7 月	深交所	000888	峨眉山 A	20090701	0.04	1011.31

续表 15　Continued 15

序号 No.	年月 YMD	交易所 Exchange	公司代码 Code	公司简称 Companies	红利派发日 Ex-dividend Date	每股现金红利 Dividend Per Share	现金分配合计（万元） Total Dividend
687	2009 年 7 月	深交所	002224	三 力 士	20090701	0.05	370.00
688	2009 年 7 月	深交所	200530	大 冷 B	20090701	0.15	1725.04
689	2009 年 7 月	深交所	200541	粤照明 B	20090701	0.22	3539.23
690	2009 年 7 月	上交所	900932	陆家 B 股	20090702	0.02	850.98
691	2009 年 7 月	上交所	600829	三精制药	20090702	0.74	28607.84
692	2009 年 7 月	上交所	600316	洪都航空	20090702	0.06	2116.80
693	2009 年 7 月	上交所	600663	陆 家 嘴	20090702	0.11	15482.16
694	2009 年 7 月	深交所	000800	一汽轿车	20090702	0.35	56962.50
695	2009 年 7 月	上交所	600126	杭钢股份	20090703	0.10	8389.39
696	2009 年 7 月	上交所	600827	友谊股份	20090703	0.05	1329.08
697	2009 年 7 月	上交所	600036	招商银行	20090703	0.10	147072.04
698	2009 年 7 月	上交所	600060	海信电器	20090703	0.14	6814.00
699	2009 年 7 月	上交所	900923	友谊 B 股	20090703	0.01	119.56
700	2009 年 7 月	深交所	000012	南 玻 A	20090703	0.10	7751.59
701	2009 年 7 月	深交所	000096	广聚能源	20090703	0.08	4224.00
702	2009 年 7 月	深交所	000401	冀东水泥	20090703	0.10	12127.71
703	2009 年 7 月	深交所	000685	中山公用	20090703	0.20	11979.74
704	2009 年 7 月	深交所	000825	太钢不锈	20090703	0.10	56962.48
705	2009 年 7 月	深交所	000883	三环股份	20090703	0.05	1426.94
706	2009 年 7 月	深交所	002043	兔 宝 宝	20090703	0.10	1830.00
707	2009 年 7 月	深交所	002094	青岛金王	20090703	0.18	3863.00
708	2009 年 7 月	深交所	002126	银轮股份	20090703	0.12	1200.00
709	2009 年 7 月	深交所	200513	丽 珠 B	20090703	0.10	1223.05
710	2009 年 7 月	上交所	600250	南纺股份	20090706	0.02	388.04
711	2009 年 7 月	上交所	600428	中远航运	20090706	0.20	26208.00
712	2009 年 7 月	上交所	600729	重庆百货	20090706	0.20	4080.00
713	2009 年 7 月	上交所	600795	国电电力	20090706	0.03	16343.31
714	2009 年 7 月	上交所	600498	烽火通信	20090706	0.15	6150.00
715	2009 年 7 月	上交所	600806	昆明机床	20090706	0.09	4006.48
716	2009 年 7 月	上交所	600835	上海机电	20090706	0.10	8065.04
717	2009 年 7 月	上交所	601999	出版传媒	20090706	0.05	2754.57
718	2009 年 7 月	深交所	000823	超声电子	20090706	0.10	4448.40
719	2009 年 7 月	深交所	000998	隆平高科	20090706	0.07	1764.00
720	2009 年 7 月	上交所	600962	国投中鲁	20090707	0.10	2017.00
721	2009 年 7 月	上交所	600035	楚天高速	20090707	0.13	12111.48
722	2009 年 7 月	上交所	600345	长江通信	20090707	0.05	990.00
723	2009 年 7 月	上交所	600377	宁沪高速	20090707	0.27	136019.18
724	2009 年 7 月	上交所	600268	国电南自	20090707	0.15	2838.57
725	2009 年 7 月	深交所	000043	中航地产	20090707	0.05	1111.60
726	2009 年 7 月	深交所	000905	厦门港务	20090707	0.10	5310.00
727	2009 年 7 月	深交所	002110	三钢闽光	20090707	0.03	1604.10
728	2009 年 7 月	上交所	600712	南宁百货	20090708	0.17	2459.42
729	2009 年 7 月	上交所	600638	新 黄 浦	20090708	0.13	7295.13
730	2009 年 7 月	上交所	601766	中国南车	20090708	0.03	37888.00
731	2009 年 7 月	深交所	000525	红 太 阳	20090708	0.05	1401.19
732	2009 年 7 月	深交所	000830	鲁西化工	20090708	0.10	10462.33

续表 16　Continued 16

序号 No.	年月 YMD	交易所 Exchange	公司代码 Code	公司简称 Companies	红利派发日 Ex-dividend Date	每股现金红利 Dividend Per Share	现金分配合计（万元） Total Dividend
733	2009 年 7 月	深交所	000951	中国重汽	20090708	0.15	6291.38
734	2009 年 7 月	深交所	200012	南　玻　B	20090708	0.10	4485.73
735	2009 年 7 月	上交所	600100	同方股份	20090709	0.07	6838.79
736	2009 年 7 月	上交所	601333	广深铁路	20090709	0.08	56668.30
737	2009 年 7 月	上交所	600697	欧亚集团	20090709	0.30	4772.64
738	2009 年 7 月	上交所	600279	重庆港九	20090709	0.04	913.56
739	2009 年 7 月	深交所	000917	电广传媒	20090709	0.02	812.76
740	2009 年 7 月	深交所	002274	华昌化工	20090709	0.30	6034.00
741	2009 年 7 月	上交所	900920	上柴 B 股	20090710	0.01	158.97
742	2009 年 7 月	上交所	600841	上柴股份	20090710	0.05	1316.55
743	2009 年 7 月	上交所	600737	中粮屯河	20090710	0.07	7340.91
744	2009 年 7 月	上交所	600631	百联股份	20090710	0.10	11010.27
745	2009 年 7 月	深交所	000016	深康佳 A	20090710	0.05	3991.48
746	2009 年 7 月	深交所	000157	中联重科	20090710	0.10	15210.00
747	2009 年 7 月	深交所	000564	西安民生	20090710	0.06	1622.08
748	2009 年 7 月	深交所	000729	燕京啤酒	20090710	0.15	18154.00
749	2009 年 7 月	深交所	000811	烟台冰轮	20090710	0.17	2981.40
750	2009 年 7 月	深交所	000881	大连国际	20090710	0.20	6178.37
751	2009 年 7 月	深交所	002193	山东如意	20090710	0.05	800.00
752	2009 年 7 月	上交所	601186	中国铁建	20090713	0.10	123375.42
753	2009 年 7 月	上交所	600362	江西铜业	20090713	0.08	24182.67
754	2009 年 7 月	上交所	600690	青岛海尔	20090713	0.15	20077.78
755	2009 年 7 月	上交所	600050	中国联通	20090713	0.07	142441.13
756	2009 年 7 月	上交所	600067	冠城大通	20090713	0.08	4903.35
757	2009 年 7 月	上交所	600157	鲁润股份	20090713	0.02	511.34
758	2009 年 7 月	深交所	002254	烟台氨纶	20090713	1.00	12550.00
759	2009 年 7 月	上交所	600509	天富热电	20090714	0.07	4589.88
760	2009 年 7 月	上交所	601872	招商轮船	20090714	0.10	34333.98
761	2009 年 7 月	上交所	600839	四川长虹	20090714	0.05	9491.06
762	2009 年 7 月	上交所	600038	哈飞股份	20090714	0.10	3373.50
763	2009 年 7 月	上交所	900942	黄山 B 股	20090714	0.01	228.46
764	2009 年 7 月	上交所	600054	黄山旅游	20090714	0.10	3153.50
765	2009 年 7 月	上交所	600622	嘉宝集团	20090714	0.12	6171.65
766	2009 年 7 月	上交所	600321	国栋建设	20090714	0.06	1366.56
767	2009 年 7 月	上交所	600533	栖霞建设	20090714	0.10	10500.00
768	2009 年 7 月	上交所	600513	联环药业	20090714	0.05	450.00
769	2009 年 7 月	上交所	600825	新华传媒	20090714	0.11	6385.43
770	2009 年 7 月	上交所	600280	南京中商	20090714	0.20	2870.84
771	2009 年 7 月	上交所	600811	东方集团	20090714	0.02	1923.24
772	2009 年 7 月	上交所	600368	五洲交通	20090714	0.06	3335.21
773	2009 年 7 月	上交所	600516	方大炭素	20090714	0.25	15732.66
774	2009 年 7 月	上交所	600010	包钢股份	20090714	0.05	32116.98
775	2009 年 7 月	上交所	600814	杭州解百	20090714	0.12	3724.60
776	2009 年 7 月	深交所	000060	中金岭南	20090714	0.10	9726.02
777	2009 年 7 月	深交所	000899	赣能股份	20090714	0.10	5480.32
778	2009 年 7 月	深交所	002009	天奇股份	20090714	0.02	442.02

续表 17 Continued 17

序号 No.	年月 YMD	交易所 Exchange	公司代码 Code	公司简称 Companies	红利派发日 Ex-dividend Date	每股现金红利 Dividend Per Share	现金分配合计(万元) Total Dividend
779	2009年7月	深交所	002184	海得控制	20090714	0.10	2200.00
780	2009年7月	上交所	600323	南海发展	20090715	0.14	3794.96
781	2009年7月	上交所	600236	桂冠电力	20090715	0.13	19238.60
782	2009年7月	上交所	600764	中电广通	20090715	0.03	989.18
783	2009年7月	深交所	000026	飞亚达A	20090715	0.10	1909.98
784	2009年7月	深交所	000027	深圳能源	20090715	0.10	22024.95
785	2009年7月	深交所	200016	深康佳B	20090715	0.05	2028.33
786	2009年7月	深交所	200053	深基地B	20090715	0.17	1912.30
787	2009年7月	上交所	600062	双鹤药业	20090716	0.14	6431.58
788	2009年7月	上交所	601898	中煤能源	20090716	0.15	204355.78
789	2009年7月	上交所	600985	雷鸣科化	20090716	0.10	900.00
790	2009年7月	上交所	600387	海越股份	20090716	0.10	2970.00
791	2009年7月	深交所	000031	中粮地产	20090716	0.02	3627.46
792	2009年7月	深交所	000488	晨鸣纸业	20090716	0.05	5566.39
793	2009年7月	上交所	600332	广州药业	20090717	0.04	3243.60
794	2009年7月	上交所	600206	有研硅股	20090717	0.07	1522.50
795	2009年7月	上交所	900905	中铅B股	20090717	0.01	193.28
796	2009年7月	上交所	600536	中国软件	20090717	0.01	322.74
797	2009年7月	上交所	600612	中国铅笔	20090717	0.10	1449.01
798	2009年7月	深交所	000014	沙河股份	20090717	0.03	605.12
799	2009年7月	深交所	000022	深赤湾A	20090717	0.50	23243.42
800	2009年7月	深交所	000099	中信海直	20090717	0.05	2568.00
801	2009年7月	深交所	000666	经纬纺机	20090717	0.01	423.00
802	2009年7月	深交所	000668	荣丰控股	20090717	0.11	1615.26
803	2009年7月	深交所	000700	模塑科技	20090717	0.03	927.13
804	2009年7月	深交所	000919	金陵药业	20090717	0.15	7560.00
805	2009年7月	深交所	002045	广州国光	20090717	0.05	1044.60
806	2009年7月	深交所	002077	大港股份	20090717	0.05	1260.00
807	2009年7月	上交所	601169	北京银行	20090720	0.18	112096.11
808	2009年7月	深交所	000550	江铃汽车	20090720	0.30	15576.42
809	2009年7月	深交所	000756	新华制药	20090720	0.03	921.94
810	2009年7月	深交所	000819	岳阳兴长	20090720	0.20	3874.25
811	2009年7月	深交所	002083	孚日股份	20090720	0.12	11261.80
812	2009年7月	深交所	200026	飞亚达B	20090720	0.10	583.20
813	2009年7月	上交所	600188	兖州煤业	20090721	0.40	196736.00
814	2009年7月	深交所	000655	金岭矿业	20090721	0.20	7441.75
815	2009年7月	深交所	002102	冠福家用	20090721	0.05	852.55
816	2009年7月	深交所	200488	晨 鸣 B	20090721	0.05	2787.27
817	2009年7月	深交所	000539	粤电力A	20090722	0.06	11964.38
818	2009年7月	深交所	200022	深赤湾B	20090722	0.50	8994.73
819	2009年7月	上交所	601998	中信银行	20090723	0.09	332954.42
820	2009年7月	深交所	000959	首钢股份	20090723	0.10	29665.26
821	2009年7月	深交所	200550	江 铃 B	20090723	0.30	10319.99
822	2009年7月	上交所	600765	中航重机	20090724	0.06	3112.01
823	2009年7月	上交所	600350	山东高速	20090724	0.17	55839.08
824	2009年7月	深交所	000652	泰达股份	20090724	0.08	11804.59

续表 18 Continued 18

序号 No.	年月 YMD	交易所 Exchange	公司代码 Code	公司简称 Companies	红利派发日 Ex-dividend Date	每股现金红利 Dividend Per Share	现金分配合计（万元） Total Dividend
825	2009年7月	上交所	600682	南京新百	20090727	0.12	4299.86
826	2009年7月	上交所	601001	大同煤业	20090727	0.40	33474.00
827	2009年7月	上交所	600600	青岛啤酒	20090727	0.25	32705.48
828	2009年7月	上交所	600664	哈药股份	20090727	0.59	73278.32
829	2009年7月	上交所	600662	强生控股	20090727	0.08	6508.31
830	2009年7月	深交所	200539	粤电力B	20090727	0.06	3991.98
831	2009年7月	上交所	600055	万东医疗	20090728	0.06	1298.70
832	2009年7月	深交所	000695	滨海能源	20090728	0.02	444.30
833	2009年7月	深交所	000715	中兴商业	20090729	0.05	1395.03
834	2009年7月	深交所	000927	一汽夏利	20090729	0.05	7975.87
835	2009年7月	上交所	600819	耀皮玻璃	20090730	0.02	1087.50
836	2009年7月	上交所	900918	耀皮B股	20090730	0.00	54.84
837	2009年7月	深交所	000617	石油济柴	20090730	0.03	599.04
838	2009年7月	上交所	600348	国阳新能	20090731	0.45	43290.00
839	2009年8月	上交所	600864	哈投股份	20090803	0.05	2731.89
840	2009年8月	上交所	600621	上海金陵	20090804	0.05	2620.41
841	2009年8月	上交所	600540	新赛股份	20090804	0.04	931.41
842	2009年8月	上交所	600009	上海机场	20090805	0.05	9634.79
843	2009年8月	上交所	900929	锦旅B股	20090805	0.01	155.20
844	2009年8月	深交所	000690	宝新能源	20090805	0.06	6906.45
845	2009年8月	上交所	600809	山西汾酒	20090806	0.40	17316.97
846	2009年8月	上交所	600874	创业环保	20090806	0.04	5708.91
847	2009年8月	上交所	600004	白云机场	20090806	0.17	19550.00
848	2009年8月	深交所	000009	中国宝安	20090806	0.03	3116.43
849	2009年8月	上交所	600858	银座股份	20090807	0.07	1645.59
850	2009年8月	上交所	600900	长江电力	20090807	0.22	203159.86
851	2009年8月	深交所	000338	潍柴动力	20090807	0.13	8198.39
852	2009年8月	上交所	600308	华泰股份	20090810	0.06	3291.87
853	2009年8月	上交所	600469	风神股份	20090810	0.10	3749.42
854	2009年8月	上交所	900911	金桥B股	20090810	0.02	452.65
855	2009年8月	上交所	601727	上海电气	20090810	0.06	76296.89
856	2009年8月	上交所	600649	城投控股	20090810	0.10	22980.95
857	2009年8月	上交所	600639	浦东金桥	20090810	0.13	7461.92
858	2009年8月	上交所	600189	吉林森工	20090811	0.10	3105.00
859	2009年8月	上交所	600085	同 仁 堂	20090812	0.20	10416.53
860	2009年8月	深交所	000062	深圳华强	20090812	0.05	1544.66
861	2009年8月	上交所	600363	联创光电	20090813	0.02	741.61
862	2009年8月	上交所	600748	上实发展	20090813	0.03	3250.11
863	2009年8月	深交所	000797	中国武夷	20090813	0.03	1168.36
864	2009年8月	上交所	600833	第一医药	20090814	0.07	1115.43
865	2009年8月	上交所	600628	新 世 界	20090817	0.10	5317.99
866	2009年8月	深交所	000429	粤高速A	20090818	0.10	9083.68
867	2009年8月	上交所	600196	复星医药	20090819	0.10	12377.75
868	2009年8月	上交所	600088	中视传媒	20090819	0.10	2367.30
869	2009年8月	上交所	600266	北京城建	20090819	0.05	3705.00
870	2009年8月	深交所	000712	锦龙股份	20090819	0.05	1523.12

续表 19 Continued 19

序号 No.	年月 YMD	交易所 Exchange	公司代码 Code	公司简称 Companies	红利派发日 Ex-dividend Date	每股现金红利 Dividend Per Share	现金分配合计(万元) Total Dividend
871	2009年8月	上交所	600875	东方电气	20090820	0.02	1764.00
872	2009年8月	深交所	002149	西部材料	20090820	0.15	1746.30
873	2009年8月	上交所	600247	成城股份	20090821	0.02	504.66
874	2009年8月	上交所	600797	浙大网新	20090821	0.01	813.04
875	2009年8月	深交所	000629	攀钢钢钒	20090821	0.12	68717.97
876	2009年8月	深交所	200429	粤高速B	20090821	0.10	3487.62
877	2009年8月	深交所	000752	西藏发展	20090824	0.02	527.52
878	2009年8月	上交所	600153	建发股份	20090825	0.25	31079.87
879	2009年8月	上交所	600265	景谷林业	20090825	0.16	2076.80
880	2009年8月	深交所	000023	深天地A	20090825	0.11	1520.77
881	2009年8月	深交所	200706	瓦 轴 B	20090826	0.04	634.37
882	2009年8月	深交所	002258	利尔化学	20090827	0.38	5128.58
883	2009年9月	上交所	601318	中国平安	20090901	0.15	110175.80
884	2009年9月	上交所	600538	北海国发	20090903	0.00	111.69
885	2009年9月	上交所	600965	福成五丰	20090903	0.04	1117.61
886	2009年9月	上交所	601107	四川成渝	20090904	0.13	39754.78
887	2009年9月	深交所	000423	东阿阿胶	20090904	0.16	10464.34
888	2009年9月	深交所	000637	茂化实华	20090908	0.20	9041.31
889	2009年9月	深交所	002219	独 一 味	20090909	0.06	523.04
890	2009年9月	深交所	000428	华天酒店	20090910	0.01	553.02
891	2009年9月	深交所	002264	新 华 都	20090916	0.45	4809.60
892	2009年9月	上交所	601857	中国石油	20090917	0.12	2272571.48
893	2009年9月	深交所	002167	东方锆业	20090917	0.10	691.20
894	2009年9月	深交所	000570	苏常柴A	20090918	0.08	2194.00
895	2009年9月	上交所	601328	交通银行	20090921	0.10	489943.84
896	2009年9月	上交所	600028	中国石化	20090922	0.07	606917.07
897	2009年9月	上交所	600665	天 地 源	20090923	0.05	3600.51
898	2009年9月	深交所	200570	苏常柴B	20090923	0.08	799.96
899	2009年9月	深交所	002151	北斗星通	20090925	0.15	1364.25
900	2009年9月	深交所	002243	通产丽星	20090928	0.02	322.59
901	2009年9月	深交所	002194	武汉凡谷	20090930	0.25	13897.00
902	2009年10月	深交所	000501	鄂武商A	20091015	0.20	10144.97
903	2009年10月	深交所	002212	南洋股份	20091021	0.30	6795.00
904	2009年10月	上交所	600970	中材国际	20091022	0.19	7845.42
905	2009年10月	上交所	601788	光大证券	20091027	0.58	198244.00
906	2009年11月	上交所	600724	宁波富达	20091104	0.06	8671.45
907	2009年11月	深交所	002046	轴研科技	20091112	0.09	929.57
908	2009年11月	深交所	000011	深物业A	20091123	0.01	537.98
909	2009年11月	深交所	200011	深物业B	20091126	0.01	68.81
910	2009年12月	上交所	900941	东信B股	20091208	0.01	307.56
911	2009年12月	上交所	600776	东方通信	20091208	0.07	6692.00
912	2009年12月	上交所	600158	中体产业	20091215	0.07	5223.12

数据来源：上海、深圳证券交易所
Source：Shanghai、Shenzhen Stock Exchange

5－24　2009年上市公司增发一览表

Summary for Re-Issuing of Listed Companies in 2009

序号 No.	交易所 Exchage	股票代码 Code	公司简称 Companies	增发公告日 Issue Date	流通股上市日 Trading Date of Negotiable Shares	增发总股数 Shares Changes	每股增发价格 Re-Issueing Price	筹资总额 Rised Capital
1	上交所	600000	浦发银行	20090930	20091009	904159132	16.59	14999999999.88
2	上交所	600017	日 照 港	20090908	20090909	249510000	5.13	1279986300.00
3	上交所	600027	华电国际	20091203	20091204	750000000	4.70	3525000000.00
4	上交所	600029	南方航空	20090822	20090825	721150000	3.16	2278834000.00
5	上交所	600033	福建高速	20091126	20091221	350000000	6.43	2250500000.00
6	上交所	600048	保利地产	20090716	20090717	331674958	24.12	7999999986.96
7	上交所	600060	海信电器	20091225	20091228	84000000	18.38	1543920000.00
8	上交所	600069	银鸽投资	20090602	20090603	124049429	5.26	652499996.54
9	上交所	600079	人福科技	20090901	20090902	82500000	7.15	589875000.00
10	上交所	600084	ST中葡	20090901	20090902	339558500	5.89	1999999565.00
11	上交所	600108	亚盛集团	20091212	20091215	295800665	3.91	1156580600.15
12	上交所	600115	ST东航	20090703	20090706	1437375000	3.87	5562641250.00
13	上交所	600115	ST东航	20091224	20091225	1350000000	4.75	6412500000.00
14	上交所	600119	长江投资	20090207	20090210	50000000	3.68	184000000.00
15	上交所	600122	宏图高科	20090116	20090119	125000000	7.14	892500000.00
16	上交所	600137	浪莎股份	20090602	20090603	26400000	9.09	239976000.00
17	上交所	600173	卧龙地产	20091110	20091208	72859700	10.98	799999506.00
18	上交所	600175	美都控股	20090619	20090622	171000000	5.31	908010000.00
19	上交所	600185	*ST海星	20090904	20090907	240000000	6.71	1610400000.00
20	上交所	600190	锦 州 港	20090401	20090402	246000000	7.77	1911420000.00
21	上交所	600223	ST万杰	20090108	20090109	464718000	5.78	2686070040.00
22	上交所	600225	ST天香	20091021	20091022	327085485	4.30	1406467585.50
23	上交所	600229	青岛碱业	20090624	20090625	100660000	4.84	487194400.00
24	上交所	600239	云南城投	20090414	20090415	131750000	15.18	1999965000.00
25	上交所	600243	青海华鼎	20090709	20090710	50000000	5.01	250500000.00
26	上交所	600267	海正药业	20091027	20091111	34500000	19.43	670335000.00
27	上交所	600277	亿利能源	20090117	20090120	427490000	11.20	4787888000.00
28	上交所	600290	华仪电气	20090113	20090114	30000000	9.95	298500000.00
29	上交所	600307	酒钢宏兴	20091031	20091103	1172078712	5.79	6786335742.48
30	上交所	600308	华泰股份	20090918	20091013	100000000	12.66	1266000000.00
31	上交所	600312	平高电气	20091105	20091207	68980000	17.70	1220946000.00
32	上交所	600320	振华港机	20090319	20090320	169794680	17.78	3018949410.40
33	上交所	600369	西南证券	20090219	20090220	1658997062	2.57	4263622449.34
34	上交所	600372	*ST昌河	20090709	20090710	74625174	5.18	386558401.32
35	上交所	600376	首开股份	20090721	20090722	339950000	13.96	4745702000.00
36	上交所	600383	金地集团	20090819	20090820	302571429	14.00	4236000006.00
37	上交所	600388	龙净环保	20090523	20090526	40900000	15.50	633950000.00

续表1 Continued 1

序号 No.	交易所 Exchage	股票代码 Code	公司简称 Companies	增发公告日 Issue Date	流通股上市日 Trading Date of Negotiable Shares	增发总股数 Shares Changes	每股增发价格 Re-Issueing Price	筹资总额 Rised Capital
38	上交所	600395	盘江股份	20090417	20090420	509287907	13.68	6967058567.76
39	上交所	600408	安泰集团	20090827	20090828	159000000	6.50	1033500000.00
40	上交所	600429	三元股份	20091118	20091119	250000000	4.00	1000000000.00
41	上交所	600433	冠豪高新	20091226	20091229	60000000	4.60	276000000.00
42	上交所	600435	中兵光电	20090804	20090805	51004964	16.25	828830665.00
43	上交所	600486	扬农化工	20090930	20091009	15435430	30.20	466149986.00
44	上交所	600491	龙元建设	20090602	20090603	85000000	7.20	612000000.00
45	上交所	600495	晋西车轴	20090211	20090212	65000000	13.00	845000000.00
46	上交所	600496	精工钢构	20091110	20091111	42000000	8.39	352380000.00
47	上交所	600498	烽火通信	20091020	20091021	31800000	17.57	558726000.00
48	上交所	600510	黑 牡 丹	20090218	20090219	357151900	6.51	2325058869.00
49	上交所	600522	中天科技	20090306	20090309	50000000	8.60	430000000.00
50	上交所	600536	中国软件	20090701	20090702	64382795	6.21	399817156.95
51	上交所	600545	新疆城建	20090421	20090422	84150000	5.08	427482000.00
52	上交所	600546	山煤国际	20091225	20091228	450000000	5.94	2673000000.00
53	上交所	600568	中珠控股	20090807	20090810	41000000	9.15	375150000.00
54	上交所	600589	广东榕泰	20090805	20090806	68480000	6.06	414988800.00
55	上交所	600591	*ST 上航	20090626	20090629	222222200	4.50	999999900.00
56	上交所	600596	新安股份	20090811	20090827	21933751	44.68	979999994.68
57	上交所	600658	兆维科技	20091217	20091218	413074242	6.03	2490837679.26
58	上交所	600667	太极实业	20090711	20090714	100000000	3.07	307000000.00
59	上交所	600674	川投能源	20091217	20091218	294243219	11.06	3254330002.14
60	上交所	600683	银泰股份	20090411	20090414	211600000	3.73	789268000.00
61	上交所	600703	三安光电	20090930	20091009	31500000	26.00	819000000.00
62	上交所	600704	中大股份	20090821	20090824	64423340	16.57	1067494743.80
63	上交所	600714	ST 金瑞	20091105	20091106	122467041	4.05	495991516.05
64	上交所	600720	祁 连 山	20090626	20090629	79000000	9.11	719690000.00
65	上交所	600724	宁波富达	20090422	20090423	1000559576	7.58	7584241586.08
66	上交所	600725	云维股份	20091102	20091117	52223300	16.16	843928528.00
67	上交所	600726	华电能源	20091216	20091217	597609561	2.51	1499999998.11
68	上交所	600741	巴士股份	20090702	20090715	1110637737	7.67	8518591442.79
69	上交所	600765	力源液压	20090328	20090331	160000000	10.50	1680000000.00
70	上交所	600770	综艺股份	20091219	20091222	39400000	12.00	472800000.00
71	上交所	600787	中储股份	20091210	20091211	103125000	8.00	825000000.00
72	上交所	600822	上海物贸	20091114	20091117	77928307	8.99	700575479.93
73	上交所	600823	世茂股份	20090518	20090519	692240000	12.05	8341492000.00
74	上交所	600844	丹化科技	20090509	20090512	84745700	12.98	1099999186.00
75	上交所	600846	同济科技	20090526	20090527	69000000	7.18	495420000.00
76	上交所	600875	东方电气	20091203	20091204	119930000	42.07	5045455100.00
77	上交所	600886	国投电力	20091205	20091208	940472766	8.18	7693067225.88

续表 2 Continued 2

序号 No.	交易所 Exchage	股票代码 Code	公司简称 Companies	增发公告日 Issue Date	流通股上市日 Trading Date of Negotiable Shares	增发总股数 Shares Changes	每股增发价格 Re-Issueing Price	筹资总额 Rised Capital
78	上交所	600900	长江电力	20091113	20091116	1587914543	12.68	20134756405.24
79	上交所	600970	中材国际	20090411	20090414	42898391	45.37	1946299999.67
80	上交所	600971	恒源煤电	20091225	20091228	137345259	11.18	1535519995.62
81	深交所	002050	三花股份	20081231	20090105	151000000	13.30	2008300000.00
82	深交所	000965	天保基建	20090115	20090116	69000000	14.79	1020510000.00
83	深交所	000887	中鼎股份	20090212	20090213	40000000	6.16	246400000.00
84	深交所	002122	天马股份	20090217	20090218	25000000	47.00	1175000000.00
85	深交所	002108	沧州明珠	20090304	20090305	13400000	9.00	120600000.00
86	深交所	000606	青海明胶	20090306	20090309	46600000	3.39	157974000.00
87	深交所	000631	* ST 兰宝	20090328	20090316	736344195	2.17	1597866903.00
88	深交所	000100	TCL 集团	20090424	20090427	350600000	2.58	904548000.00
89	深交所	000925	ST 海 纳	20090428	20090430	44724054	12.21	546080699.00
90	深交所	002073	青岛软控	20090504	20090505	45000000	13.51	607950000.00
91	深交所	000629	攀钢钢钒	20090505	20090506	951766767	9.59	9127443296.00
92	深交所	000517	* ST 成功	20090509	20090410	828000000	2.92	2417760000.00
93	深交所	002149	西部材料	20090518	20090519	25000000	20.19	504750000.00
94	深交所	002066	瑞泰科技	20090522	20090525	25500000	9.99	254745000.00
95	深交所	002167	东方锆业	20090525	20090526	19120000	16.00	305920000.00
96	深交所	002042	华孚色纺	20090608	20090609	135111000	9.33	1260585630.00
97	深交所	000725	京东方 A	20090609	20090610	5000000000	2.40	12000000000.00
98	深交所	000836	鑫茂科技	20090625	20090626	28591037	7.71	220436895.00
99	深交所	000990	诚志股份	20090625	20090626	27044914	12.82	346715797.00
100	深交所	000529	* ST 美雅	20090629	20090612	187274458	2.15	402640085.00
101	深交所	000655	金岭矿业	20090714	20090715	50833270	24.00	1219998480.00
102	深交所	000882	华联股份	20090714	20090715	244650501	3.39	829365198.00
103	深交所	000961	中南建设	20090714	20090715	478029484	7.82	3738190565.00
104	深交所	000788	西南合成	20090715	20090716	42872311	5.36	229795588.00
105	深交所	000650	仁和药业	20090721	20090722	60000000	11.84	710400000.00
106	深交所	000527	美的电器	20090728	20090812	189106922	15.75	2978434022.00
107	深交所	002123	荣信股份	20090731	20090803	19200000	27.08	519936000.00
108	深交所	000778	新兴铸管	20090805	20090824	300000000	11.70	3510000000.00
109	深交所	000629	攀钢钢钒	20090811	20090812	750000000	9.59	7192500000.00
110	深交所	000425	徐工科技	20090821	20090824	322357031	16.47	5309220301.00
111	深交所	000885	同力水泥	20090821	20090824	92543955	11.48	1062404644.00
112	深交所	002015	霞客环保	20090828	20090831	30000000	5.12	153600000.00
113	深交所	002052	同洲电子	20090904	20090907	47770000	9.00	429930000.00
114	深交所	002146	荣盛发展	20090904	20090907	96000000	12.50	1200000000.00
115	深交所	000950	建峰化工	20090908	20090909	87591240	13.70	1199999988.00
116	深交所	000807	云铝股份	20090914	20090915	130434782	9.20	1199999994.00
117	深交所	002011	盾安环境	20090916	20090917	50000000	10.26	513000000.00

续表 3 Continued 3

序号 No.	交易所 Exchage	股票代码 Code	公司简称 Companies	增发公告日 Issue Date	流通股上市日 Trading Date of Negotiable Shares	增发总股数 Shares Changes	每股增发价格 Re-Issueing Price	筹资总额 Rised Capital
118	深交所	002115	三维通信	20090916	20091009	14100000	17.59	248019000.00
119	深交所	002019	鑫富药业	20090918	20091012	29320000	11.98	351253600.00
120	深交所	002088	鲁阳股份	20090921	20091015	19209659	18.22	349999987.00
121	深交所	002255	海陆重工	20090930	20091009	18400000	25.50	469200000.00
122	深交所	000918	嘉 凯 城	20091019	20091020	1171350000	3.90	4568411900.00
123	深交所	002046	轴研科技	20091022	20091023	10590000	11.63	123161700.00
124	深交所	000728	国元证券	20091027	20091113	500000000	19.80	9900000000.00
125	深交所	002177	御银股份	20091029	20091030	41242500	12.00	494910000.00
126	深交所	000069	华侨城 A	20091110	20091111	486389894	15.16	7373670793.00
127	深交所	002154	报 喜 鸟	20091120	20091208	40080000	19.96	799996800.00
128	深交所	000062	深圳华强	20091209	20091210	358017800	4.13	1478613514.00
129	深交所	000937	金牛能源	20091209	20091208	368489569	12.28	4525051907.00
130	深交所	002209	达 意 隆	20091209	20091210	16162700	12.04	194598908.00
131	深交所	000594	国恒铁路	20091211	20091214	683693750	3.20	2187820000.00
132	深交所	000851	高鸿股份	20091217	20091218	73000000	6.70	489100000.00
133	深交所	002024	苏宁电器	20091230	20091231	177629244	17.20	3055222997.00

数据来源：上海、深圳证券交易所；增发筹资包括资产筹资和现金筹资。
Source：Shanghai、Shenzhen Stock Exchange

5－25 上海证券交易所股改公司一览表

List of Nontradeable Shares Reform Listed Companies in Shanghai Stock Exchange

序号 No.	证券代码 Code	名称 Companies	实施复牌日 Resumption of Trading Date	类型 Type	对价方案摘要 Abstract of Compensation Package
1	600000	浦发银行	2006－5－12	送 股	非流通股东向流通股东每 10 股送 3 股。
2	600001	邯郸钢铁	2006－4－5	送股,权证	非流通股东向流通股东每 10 股送 1 股,派发 7.29504 张行权价 2.80 元、有效期 12 个月的欧式认购权证.
3	600003	ST 东北高	2007－2－8	送 股	非流通股东向流通股东每 10 股送 3.3 股。
4	600004	白云机场	2005－12－20	送股,权证	非流通股东向流通股东每 10 股送 1.9 股,派发 6 份存续期 1 年、行权价 7 元的美式认沽权证。
5	600005	武钢股份	2005－11－21	送股,权证	非流通股东向流通股东每 10 股送 2.5 股,派发 2.5 份存续期 12 个月、行权价 3.13 元的欧式认沽权证,派发 2.5 份存续期 12 个月、行权价 2.9 元的欧式认购权证。
6	600006	东风汽车	2006－11－13	送 股	非流通股东向流通股东每 10 股送 3.3 股。
7	600007	中国国贸	2006－4－28	送 股	非流通股东向流通股东每 10 股送 2.5 股。
8	600008	首创股份	2006－4－19	送股,权证	非流通股股东向流通股东每 10 股送 3 股,1 份存续期为 12 个月,行权价格为 4.55 元的欧式认购权证。
9	600009	上海机场	2006－3－2	送股,权证	非流通股东向流通股东每 10 股送 1.9 股,派发 7.5 份存续期 365 天、行权价 13.60 元的欧式认沽权证。
10	600010	包钢股份	2006－3－28	送股,权证	非流通股东向流通股东每 10 股送 1.6 股,派发 4.5 份行权价 2 元、有效期 12 个月的欧式认购权证和 4.5 份行权价 2.45 元、有效期 12 个月的欧式认沽权证
11	600011	华能国际	2006－4－19	送 股	非流通股东向 A 股流通股东每 10 股送 3 股。
12	600012	皖通高速	2006－4－3	送股,派现	非流通股东向 A 股流通股东每 10 股送 2 股和 4.35 元现金。
13	600015	华夏银行	2006－6－6	送 股	非流通股东向流通股东每 10 股送 3 股。
14	600016	民生银行	2005－10－26	送 股	向全体股东每 10 股转增 1.55 股,非流通股东向流通股东每 10 股送 3.47416 股(按转增前股本),流通股东每 10 股实得 5.02416 股。
15	600018	上港集团	2005－8－22	送股,派现	非流通股东向流通股东每 10 股送 2.2 股和现金 10 元。

续表 1 Continued 1

序号 No.	证券代码 Code	名称 Companies	实施复牌日 Resumption of Trading Date	类型 Type	对价方案摘要 Abstract of Compensation Package
16	600019	宝钢股份	2005-8-18	送股,权证	非流通股东向流通股东每10股送2.2股,派发1份存续期378天、行权价4.5元的欧式认购权证。
17	600020	中原高速	2006-6-22	送股,派现	非流通股东向流通股东每10股送3.08股和现金0.69元。
18	600021	上海电力	2005-11-25	送 股	非流通股东向流通股东每10股送3.2股。
19	600022	济南钢铁	2006-4-24	送 股	非流通股东向流通股东每10股送3股。
20	600026	中海发展	2005-12-30	送 股	非流通股东向A股流通股东每10股送2.9股。
21	600027	华电国际	2006-8-1	送 股	非流通股东向A股流通股东每10股送3股。
22	600028	中国石化	2006-10-10	送 股	非流通股东向A股流通股东每10股送2.8股。
23	600029	南方航空	2007-6-18	权 证	非流通股东向A股流通股东每10股派发14份存续期365天、行权价7.43元的欧式认沽权证。
24	600030	中信证券	2005-8-15	送 股	非流通股东向流通股东每10股送3.5股。
25	600031	三一重工	2005-6-17	送股,派现	非流通股东向流通股东每10股送3.5股和现金8元。
26	600033	福建高速	2006-7-14	送 股	非流通股东向流通股东每10股送2.5股。
27	600035	楚天高速	2006-12-26	送股,派现	非流通股东向流通股东每10股送2.15股,派现3.84元,上市公司向全体股东每10股派现1.65元(相当于流通股股东每10股获送3.23股)。
28	600036	招商银行	2006-2-27	送股,权证	上市公司向全体股东每10股转增0.8589股,非流通股东向流通股东每10股送1.6股(转增后),招商局轮船股份有限公司向流通股东派发6份存续期18个月、行权价5.65元的欧式认沽权证。
29	600037	歌华有线	2006-3-3	送 股	非流通股东向流通股东每10股送3股。
30	600038	哈飞股份	2006-8-24	送股,派现	上市公司向全体股东每10股派现金3.37元,非流通股东向流通股东每10股送1.3股和现金7.71元,流通股东每10股实得1.3股和现金11.08元。
31	600039	四川路桥	2007-1-8	送股,回购	上市公司向流通股东每10股转增6股(相当于流通股股东每10股获送2.9股),定向回购部分非流通股份。
32	600050	中国联通	2006-5-19	送 股	非流通股东向流通股东每10股送2.8股。
33	600051	宁波联合	2006-5-16	送 股	非流通股东向流通股东每10股送3.2股。
34	600052	浙江广厦	2007-4-13	资产重组	公司本次股权分置改革拟与定向发行股份购买优质资产、豁免广厦控股及其一致行动人全面要约收购义务相结合,通过定向发行股份购买优质资产。
35	600053	中江地产	2006-12-29	资产重组	通过向江中集团非公开发行股票换取优质资产置入公司、解决原控股股东占款和公司违规担保问题作为对价安排。
36	600054	黄山旅游	2006-2-17	送 股	非流通股东向A股流通股东每10股送2.9股。
37	600055	万东医疗	2006-4-11	送 股	非流通股东向流通股东每10股送3.8股。
38	600056	中国医药	2006-6-13	送 股	上市公司向全体流通股东每10股转增4.91股(相当于流通股股东每10股获得3股的对价)。
39	600057	*ST夏新	2006-3-3	送 股	非流通股东向流通股东每10股送3.5股。
40	600058	五矿发展	2006-4-5	送 股	非流通股东向流通股东每10股送3股。
41	600059	古越龙山	2006-3-13	送 股	非流通股东向流通股东每10股送3股。
42	600060	海信电器	2006-6-12	送 股	非流通股东向流通股东每10股送2.5股。
43	600061	中纺投资	2006-7-24	送 股	上市公司向全体股东每10股转增1.5股,非流通股东向流通股东每10股送3.8股(流通股东实得5.86455股)
44	600062	双鹤药业	2006-4-6	送 股	非流通股东向流通股东每10股送3.2股。
45	600063	皖维高新	2006-4-13	送 股	非流通股东向流通股东每10股送3.2股。
46	600064	南京高科	2006-4-3	送 股	非流通股东向流通股东每10股送3.2股。
47	600066	宇通客车	2006-3-6	送股,派现	非流通股东向流通股东每10股送0.2股和现金6.5元。
48	600067	冠城大通	2006-1-5	送 股	非流通股东向流通股股东每10股送1股。
49	600068	葛 洲 坝	2006-5-17	送 股	上市公司向全体流通股东每10股转增10股(相当于流通股股东每10股获得3.42股的对价)。
50	600069	银鸽投资	2005-8-23	送 股	非流通股东向流通股东每10股送4股。
51	600070	浙江富润	2006-5-17	送 股	上市公司向全体流通股东每10股转增7.8股(相当于流通股股东每10股获得2.997股的对价)。
52	600071	凤凰光学	2006-5-30	送 股	非流通股东向流通股东每10股送3.1股。
53	600072	中船股份	2006-4-12	送 股	非流通股东向流通股东每10股送3.2股。
54	600073	上海梅林	2005-12-15	送 股	非流通股东向流通股东每10股送3.3股。
55	600074	中达股份	2006-6-26	送 股	上市公司向全体股东转增股本每10股转增7.61392405股,非流通股股东向流通股股东每10股支付4.38607595股对价,流通股股东每10股实得12股。

续表 2 Continued 2

序号 No.	证券代码 Code	名称 Companies	实施复牌日 Resumption of Trading Date	类型 Type	对价方案摘要 Abstract of Compensation Package
56	600075	新疆天业	2006-5-12	送股,回购	非流通股东向流通股东每10股送1股,上市公司向全体流通股东每10股转增1.8股,公司以下属的非主业资产东阜城农场截至2005年12月31日经审计的净资产24027万元定向回购2500万股股份并注销。
57	600076	*ST华光	2006-8-8	送　股	上市公司向全体流通股东每10股转增9股(相当于流通股股东每10股获得3.16股的对价)。
58	600077	百科集团	2006-12-15	送　股	上市公司向全体流通股东每10股转增6.94股(相当于流通股股东每10股获得3.5股的对价)。
59	600078	澄星股份	2006-6-28	送　股	非流通股东向流通股东每10股送1股。
60	600079	人福科技	2005-8-19	送　股	非流通股东向流通股东每10股送2股。
61	600080	ST金花	2006-6-14	送　股	上市公司向全体流通股东每10股转增7.458股(相当于流通股股东每10股获得3.2股的对价)。
62	600081	东风科技	2007-1-10	送　股	非流通股东向流通股东每10股送4股。
63	600082	海泰发展	2006-5-17	送　股	非流通股东向流通股东每10股送2.2股。
64	600083	ST博信	2007-1-16	资产重组	福地公司代本公司一次性以现金1,650万元的方式清偿广东发展银行东莞分行东城支行3,000万元的债务;福地公司同意豁免本公司上述1,650万元的债务。控股股东福地公司与东莞市盈丰油粕工业有限公司签署协议,福地公司将其所持有的29.57%的股份以每股0.1元转让给盈丰公司。
65	600084	ST新天	2006-4-21	送　股	非流通股东向流通股东每10股送3.8股。
66	600085	同仁堂	2005-11-30	送　股	非流通股东向流通股东每10股送2.5股。
67	600086	东方金钰	2006-5-29	送股,资产重组	非流通股东向流通股东每10股送0.5股。公司股东云南兴龙实业有限公司以资产重组作为对价,通过向公司注入优质资产并同时置出不良资产。
68	600087	长航油运	2005-12-20	送　股	非流通股东向流通股东每10股送3.0股。
69	600088	中视传媒	2006-7-4	送　股	非流通股东向流通股东每10股送3股。
70	600089	特变电工	2006-5-8	送　股	上市公司向全体股东每10股转增1股,非流通股东向流通股东每10股送1.883股(流通股东实得3.07股)。
71	600090	啤酒花	2006-2-23	送股,资产重组	非流通股东向流通股东每10股送1股,公司控股股东新疆蓝剑嘉酿投资有限公司将新疆乌苏啤酒有限责任公司50%的股权以及179,979,046元现金资产以捐赠方式注入公司作为本次股权分置改革利益平衡的对价。
72	600091	明天科技	2006-5-31	送　股	非流通股东向流通股东每10股送2.4股。
73	600093	禾嘉股份	2006-12-6	送　股	上市公司向全体流通股东每10股转增3.1股,非流通股东向流通股东每10股送0.7股(流通股东实得3.8股)。
74	600094	*ST华源	2007-3-19	送　股	上市公司向全体A股流通股东每10股转增7.222股(相当于流通股股东每10股获得3.4547股的对价)。
75	600095	哈高科	2006-7-28	送　股	上市公司向全体流通股东每10股转增6.6股(相当于流通股股东每10股获得2.02股的对价)。
76	600096	云天化	2006-4-5	送股,派现	上市公司向全体股东每10股送10元。非流通股股东向流通股股东每10股送1.2股和现金17.14元,流通股股东每10股实际得到1.2股和现金27.14元。
77	600097	开创国际	2006-6-8	送　股	非流通股东向流通股东每10股送3.3股。
78	600098	广州控股	2005-8-22	送　股	非流通股东向流通股东每10股送2.8股。
79	600099	林海股份	2006-8-8	送　股	非流通股东向流通股东每10股送3.2股。
80	600100	同方股份	2006-2-10	送　股	非流通股东向流通股东每10股送3.8股。
81	600101	明星电力	2007-2-26	送　股	非流通股东向流通股东每10股送1股,上市公司向流通股东每10股转增4股(相当于流通股股东每10股获送2.3股)
82	600102	莱钢股份	2007-1-18	送股,派现	非流通股东向流通股东每10股送1股和现金10.84元。
83	600103	青山纸业	2006-12-27	送　股	上市公司向全体流通股东每10股转增4股(相当于流通股股东每10股获得1.17股的对价)。
84	600104	上海汽车	2005-10-24	送　股	非流通股东向流通股东每10股送3.4股。
85	600105	永鼎股份	2005-11-23	送　股	非流通股东向流通股东每10股送3.5股。
86	600106	重庆路桥	2005-10-24	送　股	非流通股东向流通股东每10股送3.8股。
87	600107	美尔雅	2007-2-16	送　股	非流通股东向流通股东每10股送4股。
88	600108	亚盛集团	2006-6-14	送股,派现	上市公司向流通股东每10股定向转增3.4股、每10股定向送红股6.8股、派现金0.358元,流通股东每10股实得10.2股和现金0.358元。
89	600109	国金证券	2007-3-29	资产重组	本公司与大股东持有的国金证券合计51.76%的股权进行资产重组
90	600110	中科英华	2006-7-27	送　股	非流通股东向流通股东每10股送2.3股。
91	600111	包钢稀土	2006-4-13	送　股	非流通股东向流通股东每10股送3.2股。
92	600112	长征电气	2006-2-27	送　股	上市公司向全体股东每10股转增1.5518股,非流通股东向流通股东每10股送3.1股(流通股东实得5.1329股)。
93	600113	浙江东日	2006-2-8	送　股	非流通股东向流通股东每10股送3.8股。

续表 3　Continued 3

序号 No.	证券代码 Code	名称 Companies	实施复牌日 Resumption of Trading Date	类型 Type	对价方案摘要 Abstract of Compensation Package
94	600114	东睦股份	2006-2-22	送　股	非流通股东向流通股东每10股送2.8股。
95	600115	ST东航	2007-1-12	送　股	非流通股东向A股流通股东每10股送3.2股。
96	600116	三峡水利	2006-12-27	送　股	上市公司向全体流通股东每10股转增6股(相当于流通股股东每10股获得3.34股的对价)。
97	600117	西宁特钢	2006-3-27	送　股	非流通股东向流通股东每10股送3股。
98	600118	中国卫星	2006-5-26	送股,资产重组	非流通股东向流通股东每10股送1股股票对价,五院拟将其持有的东方红公司14.79%股权作为自身及公司第二大非流通股股东北京航天卫星应用总公司应支付的股权注入到公司。
99	600119	长江投资	2006-1-4	送　股	非流通股东向流通股股东每10股送3.5股。
100	600120	浙江东方	2006-1-23	送　股	非流通股东向流通股东每10股送3股。
101	600121	郑州煤电	2005-8-22	送　股	非流通股东向流通股东每10股送3.8股。
102	600122	宏图高科	2006-9-5	送股,资产重组	非流通股东向流通股东每10股送1.7股,三胞集团有限公司以其持有的账面价值为335,532,411.40元的南京源久房地产开发有限公司97.11%的股权置换宏图高科持有的账面价值为334,454,857.56元的应收及预付账款,差额部分以现金补齐。
103	600123	兰花科创	2006-2-28	送　股	非流通股东向流通股东每10股送3股
104	600125	铁龙物流	2006-3-27	送　股	非流通股东向流通股东每10股送2.5股。
105	600126	杭钢股份	2006-1-19	送　股	非流通股东向流通股股东每10股送3.6股。
106	600127	金健米业	2006-11-24	送　股	上市公司向全体股东每10股转增6.135股,非流通股东向流通股东每10股送2.9股(流通股东实得10.81股)
107	600128	弘业股份	2006-3-14	送　股	非流通股东向流通股东每10股送3.5股。
108	600129	太极集团	2006-1-6	送　股	非流通股东向流通股股东每10股送3.2股。
109	600130	*ST波导	2006-4-6	送　股	非流通股东向流通股东每10股送3.8股。
110	600131	岷江水电	2007-1-18	送　股	非流通股东向流通股东每10股送3.2股。
111	600132	重庆啤酒	2006-9-27	送　股	上市公司向全体流通股东每10股转增3.85455股(相当于流通股股东每10股获得2.4股的对价)。
112	600133	东湖高新	2007-8-14	送　股	非流通股东向流通股东每10股送2.5股。
113	600135	乐凯胶片	2008-3-13	送　股	非流通股东向流通股东每10股送3股。
114	600136	ST道博	2006-10-16	送股,资产重组	公司第一、二大股东以资产置换方式支付股改对价;公司除第一、二大股东以外的其余非流通股东向流通股股东每10股送1股。
115	600137	浪莎股份	2007-4-13	送股,资产重组	非流通股东向流通股东每10股送2.5股,大股东对公司进行资产重组。
116	600138	中青旅	2006-2-16	送　股	非流通股东向流通股东每10股送3股。
117	600139	西部资源	2007-2-15	送　股	上市公司向全体流通股东每10股转增2股(相当于流通股股东每10股获得1.138股的对价)。
118	600141	兴发集团	2006-4-5	送　股	非流通股东向流通股东每10股送3.5股。
119	600143	金发科技	2005-8-9	送股,派现	上市公司向全体股东每10股派现金0.5556元,非流通股东向流通股东每10股送3股和现金1.4446元。
120	600145	四维控股	2006-11-9	送股,派现	非流通股东向流通股东每10股送1.3股,上市公司向流通股东每10股送红股2.5股,派现0.10008元(相当于流通股股东每10股获送2.8股)。
121	600146	大元股份	2006-2-23	送　股	非流通股东向流通股股东每10股送3.2股。
122	600148	长春一东	2006-7-3	送　股	非流通股东向流通股东每10股送3.3股。
123	600149	华夏建通	2007-3-15	送　股	上市公司向全体流通股东每10股转增6股(相当于流通股股东每10股获得2.86股的对价)。
124	600150	中国船舶	2005-11-30	送　股	非流通股东向流通股东每10股送3.2股。
125	600151	航天机电	2006-4-7	送　股	非流通股东向流通股东每10股送3.2股。
126	600152	维科精华	2006-6-21	送　股	非流通股东向流通股东每10股送3股。
127	600153	建发股份	2006-4-10	送　股	非流通股东向流通股东每10股送1股。
128	600155	*ST宝硕	2006-4-26	送　股	非流通股东向流通股东每10股送3.4股。
129	600156	华升股份	2006-6-27	送　股	非流通股东向流通股东每10股送3.7股。
130	600157	鲁润股份	2007-12-25	送　股	非流通股东向流通股东每10股送2.3股。
131	600158	中体产业	2007-2-1	送　股	非流通股东向流通股东每10股送2.8股。
132	600159	大龙地产	2006-2-6	送　股	非流通股东向流通股东每10股送2股。
133	600160	巨化股份	2006-1-25	送　股	非流通股东向流通股东每10股送3.5股。

续表 4 Continued 4

序号 No.	证券代码 Code	名称 Companies	实施复牌日 Resumption of Trading Date	类型 Type	对价方案摘要 Abstract of Compensation Package
134	600161	天坛生物	2006-5-23	送 股	非流通股东向流通股东每10股送3股。
135	600162	香江控股	2006-10-27	送股,资产重组	上市公司向全体流通股东每10股转增1.6股。
136	600163	福建南纸	2006-5-15	送 股	非流通股东向流通股东每10股送3.3股。
137	600165	宁夏恒力	2006-2-27	送股,回购	公司以截至2005年9月30日对伊斯兰国际信托投资有限公司长期投资账面价值18000万元为对价,以2.671元为每股价格,按非流通股股东的持股比例向其共计回购67390490股非流通股股份,并将回购股份予以注销。并向流通股东每10股转增1股。
138	600166	福田汽车	2006-5-31	送 股	上市公司向全体流通股东每10股转增5.4股(相当于流通股股东每10股获得3股的对价)。
139	600167	联美控股	2007-3-26	送 股	上市公司向全体流通股东每10股转增3.0股(相当于流通股股东每10股获得1.71股的对价)。
140	600168	武汉控股	2006-4-20	送 股	非流通股东向流通股东每10股送3.2股。
141	600169	太原重工	2006-4-11	送 股	非流通股东向流通股东每10股送3.3股。
142	600170	上海建工	2005-11-8	送 股	非流通股东向流通股东每10股送3.4股。
143	600171	上海贝岭	2006-1-23	送 股	非流通股东向流通股股东每10股送3股。
144	600172	黄河旋风	2005-11-18	送 股	非流通股东向流通股东每10股送3股。
145	600173	卧龙地产	2007-10-8	送股,资产重组	与浙江卧龙进行全部资产置换,非流通股东向流通股东每10股送0.5股。
146	600175	美都控股	2006-1-12	送 股	非流通股东向流通股股东每10股送2.5股。
147	600176	中国玻纤	2006-8-17	送股,派现	非流通股东向流通股东每10股送2股和现金3.5元。
148	600177	雅 戈 尔	2006-5-16	权 证	非流通股东向流通股东每10股派发1份存续期12个月、行权价3.80元的欧式认购权证,派发7份存续期12个月、行权价4.25元的欧式认沽权证。
149	600178	东安动力	2006-7-5	送 股	非流通股东向流通股东每10股送3.5股。
150	600179	黑化股份	2006-6-23	送 股	上市公司向全体流通股东每10股转增6股(相当于流通股股东每10股获得3.54股的对价)。
151	600180	*ST九发	2006-1-24	送 股	非流通股东向流通股东每10股送3股。
152	600183	生益科技	2006-3-9	送 股	非流通股东向流通股东每10股送3.3股。
153	600184	新 华 光	2006-11-23	送股,资产重组	非流通股东向流通股东每10股送0.6股,与西光集团进行资产重组,获赠4131.52万股云南天达光伏科技股份有限公司股份。
154	600185	*ST海星	2006-3-15	送 股	上市公司向流通股股东每10股转增5.6股
155	600186	莲花味精	2007-2-16	送 股	非流通股东向流通股东每10股送2.5股。
156	600187	ST国中	2009-4-17	派现,资产重组	非流通股东向流通股东每10股送现金0.20元。公司潜在控股股东国中水务同意进行股权分置改革,以豁免本公司欠国中水务的部分债务作为对价支付给流通股股东,以换取所持非流通股股份的上市流通权。
157	600188	兖州煤业	2006-4-3	送 股	非流通股东向A股流通股东每10股送2.5股
158	600189	吉林森工	2005-12-19	送 股	非流通股东向流通股东每10股送3.8股。
159	600190	锦 州 港	2006-7-11	送 股	上市公司向全体股东每10股转增1.1515股,非流通股东向A股流通股东每10股送2.5股(流通股东实得3.9393股)。
160	600191	华资实业	2006-3-8	送 股	非流通股东向流通股东每10股送3.2股。
161	600192	长城电工	2006-8-9	送 股	非流通股东向流通股东每10股送3.1股
162	600193	创兴置业	2006-2-7	送 股	非流通股东向流通股东每10股送3股。
163	600195	中牧股份	2006-3-28	送 股	非流通股东向流通股东每10股送3.5股。
164	600196	复星医药	2006-4-26	派 现	上市公司向全体股东每10股派送现金3.4元(含税),非流通股东向流通股东每10股送现金4.3143元(流通股东实得7.7143元(含税)。
165	600197	伊 力 特	2006-8-1	送 股	非流通股东向流通股东每10股送3股。
166	600198	大唐电信	2006-5-30	送 股	非流通股东向流通股东每10股送3.4股。
167	600199	金种子酒	2006-7-4	送 股	非流通股东向流通股东每10股送3股。
168	600200	江苏吴中	2005-12-1	送 股	非流通股东向流通股东每10股送5股。
169	600201	金宇集团	2006-7-12	送 股	上市公司向全体流通股东每10股转增6.2股(相当于流通股股东每10股获得2.6股的对价)。
170	600202	哈 空 调	2006-9-5	送 股	非流通股东向流通股东每10股送3.0股。
171	600203	福日电子	2006-8-23	送 股	上市公司向全体流通股东每10股转增6.47股(相当于流通股股东每10股获得4股的对价)。
172	600206	有研硅股	2006-4-17	送 股	非流通股东向流通股东每10股送3.5股。

续表 5　Continued 5

序号 No.	证券代码 Code	名称 Companies	实施复牌日 Resumption of Trading Date	类型 Type	对价方案摘要 Abstract of Compensation Package
173	600207	ST 安彩	2006-6-28	送　股	非流通股东向流通股东每 10 股送 3.4 股。
174	600208	新湖中宝	2006-2-14	送　股	上市公司向全体流通股股东每 10 股转增 6 股。
175	600209	罗顿发展	2006-7-28	送　股	非流通股东向流通股东每 10 股送 3.5 股。
176	600210	紫江企业	2005-7-29	送　股	非流通股东向流通股东每 10 股送 3 股。
177	600211	西藏药业	2007-9-11	送　股	上市公司向全体流通股东每 10 股转增 3.58 股(相当于流通股股东每 10 股获得 2 股的对价)。
178	600212	*ST 江泉	2006-6-26	送　股	上市公司向全体流通股东每 10 股转增 10 股(相当于流通股股东每 10 股获得 3.75 股的对价)。
179	600213	亚星客车	2007-7-5	送　股	上市公司向全体流通股东每 10 股转增 5 股(相当于流通股股东每 10 股获得 2.95 股的对价)。
180	600215	长春经开	2006-12-27	送股,资产重组	非流通股东向流通股东每 10 股送 3 股。
181	600216	浙江医药	2006-3-8	送　股	非流通股东向流通股东每 10 股送 3.3 股。
182	600217	ST 秦岭	2006-7-13	送　股	非流通股东向流通股东每 10 股送 3.8 股。
183	600218	全柴动力	2006-3-6	送　股	非流通股东向流通股东每 10 股送 3.5 股。
184	600219	南山铝业	2006-3-31	送　股	上市公司向全体流通股股东每 10 股转增 10 股
185	600220	江苏阳光	2006-3-7	送　股	非流通股东向流通股东每 10 股送 1.0 股
186	600221	海南航空	2006-9-29	送　股	非流通股东向 A 股流通股东每 10 股送 3.3 股。
187	600222	太龙药业	2006-8-28	送　股	上市公司向全体流通股东每 10 股转增 4.6 股(相当于流通股股东每 10 股获得 3.055 股的对价)。
188	600223	ST 万杰	2006-2-21	送　股	非流通股东向流通股东每 10 股送 2.5 股
189	600225	天津松江	2009-10-28	送股,资产重组	资产重组增加的公司股东权益作为股权分置改革的对价安排的一部分,流通股股东每股获得了 2.16 元权益资产,向流通股股东每 10 股转增 1.8988790 股,向滨海控股每 10 股转增 0.8171627 股,相当于流通股股东每 10 股再获送 1 股。在通过股权分置改革每 10 股增加 1.8988790 股的基础上,每 10 股再增加 1.1011210 股,即每 10 股定向转增 3 股。
190	600226	升华拜克	2006-2-10	送　股	非流通股东向流通股股东每 10 股送 3 股。
191	600227	赤 天 化	2006-1-24	送　股	非流通股东向流通股东每 10 股送 3.5 股。
192	600228	昌九生化	2006-6-6	送　股	非流通股东向流通股东每 10 股送 3.5 股。
193	600229	青岛碱业	2006-7-20	送　股	非流通股东向流通股东每 10 股送 2.5 股。
194	600230	沧州大化	2006-4-7	送　股	非流通股东向流通股东每 10 股送 3.3 股。
195	600231	凌钢股份	2006-2-22	送　股	非流通股东向流通股东每 10 股送 3.2 股。
196	600232	金鹰股份	2006-2-10	送　股	非流通股东向流通股东每 10 股送 3.2 股。
197	600233	大杨创世	2005-11-15	送　股	非流通股东向流通股东每 10 股送 3.2 股。
198	600234	*ST 天龙	2007-2-9	送股,资产重组	上市公司向全体流通股东每 10 股转增 6.8 股,六家债权人收购天龙集团及珠海金正的不良债权 158,172,543.37元,并豁免珠海金正债务 55,521,769.60 元,天龙集团拟用资本公积金向债权人共转增 21,504,200 股股份,本次债务重组导致天龙集团净资产增加 20,301,777.03 元。
199	600235	民丰特纸	2006-4-28	送　股	非流通股东向流通股东每 10 股送 3.5 股。
200	600236	桂冠电力	2006-7-6	送　股	非流通股东向流通股东每 10 股送 2.5 股。
201	600237	铜峰电子	2005-12-7	送　股	非流通股东向流通股东每 10 股送 3.2 股。
202	600238	海南椰岛	2006-2-15	送　股	非流通股东向流通股东每 10 股送 3.6 股。
203	600239	云南城投	2007-11-30	送　股	上市公司向全体股东每 10 股转增 1.320229 股,非流通股东向流通股东每 10 股送 2 股(流通股东实得 3.5843 股)。
204	600240	华业地产	2005-12-26	送　股	非流通股东向流通股东每 10 股送 1.5 股。
205	600241	时代万恒	2006-4-11	送　股	非流通股东向流通股东每 10 股送 3.6 股。
206	600242	ST 华龙	2009-1-5	送　股	上海兴铭向全体流通股股东送股 7,564,543 股,流通股股东每 10 股可获送 0.86 股,上海兴铭将其持有的舟山市普陀中昌海运有限公司 70%股权捐赠给公司,上海兴铭豁免公司对其债务 30,000,000 元,流通股股东可享有的股东权益为 15,162,000 元。上述三项对价安排合计相当于全体流通股股东每 10 股可获送 2.404 股。
207	600243	青海华鼎	2006-12-25	送　股	上市公司向全体流通股东每 10 股转增 5.5 股(相当于流通股股东每 10 股获得 3 股的对价)。
208	600246	万通地产	2006-9-8	送　股	非流通股东向流通股东每 10 股送 3.3 股。
209	600247	成城股份	2005-8-17	送　股	非流通股东向流通股东每 10 股送 5 股。

续表 6 Continued 6

序号 No.	证券代码 Code	名称 Companies	实施复牌日 Resumption of Trading Date	类型 Type	对价方案摘要 Abstract of Compensation Package
210	600248	延长化建	2007-2-15	送 股	上市公司向全体股东每10股转增1股,非流通股东向流通股东每10股送1.53股(流通股东实得2.6838股),控股股东种业集团将929.85公顷林地使用权及地面附着物租赁给秦丰农业经营,种业集团承诺提供经营租赁资产所需要的资金和相关支持,租赁期限自2006年11月1日至2009年10月31日,预计租赁期内秦丰农业在不投入资金和不承担风险的情况下将合计取得6000万元租赁经营收益。
211	600249	两面针	2006-5-10	送 股	非流通股东向流通股东每10股送3.3股。
212	600250	南纺股份	2006-7-20	送 股	非流通股东向流通股东每10股送3股。
213	600251	冠农股份	2006-5-26	送 股	非流通股东向流通股东每10股送3.2股。
214	600252	中恒集团	2006-12-20	送 股	非流通股东向流通股东每10股送2.8股。
215	600253	天方药业	2006-4-19		非流通股东向流通股东每10股送2.664股及送2.49元现金。
216	600255	鑫科材料	2006-6-21	送 股	非流通股东向流通股东每10股送3股。
217	600256	广汇股份	2006-4-14	送 股	非流通股东向流通股东每10股送2.5股。
218	600257	大湖股份	2006-4-25		泓鑫控股向公司无偿注入9761.93万元经营性资产;上市公司向全体股东每10股转增3股,非流通股东向流通股东每10股送0.8787股(流通股东实得4.1423股)。
219	600258	首旅股份	2007-1-18	送 股	非流通股东向流通股东每10股送3股。
220	600259	广晟有色	2009-1-19		非流通股东向流通股东每10股送0.50股,公司第一大股东华顺实业以豁免本公司6,000万元债务作为本次股权分置改革的对价安排,相当于公司流通股股东获送2,659.79万元。
221	600260	凯乐科技	2005-12-22	送 股	非流通股东向流通股东每10股送4股。
222	600261	浙江阳光	2005-11-9	送 股	非流通股东向流通股东每10股送3股和现金1.88元。
223	600262	北方股份	2006-6-28	送 股	非流通股东向流通股东每10股送2股和现金4.84元。相当于每10股获送3.2股。
224	600263	路桥建设	2006-3-29	送 股	非流通股东向流通股东每10股送3.7股。
225	600265	景谷林业	2006-9-21	送 股	上市公司向全体流通股东每10股转增6.2股(相当于流通股股东每10股获得3.105股的对价)。
226	600266	北京城建	2006-2-9	送 股	非流通股东向流通股东每10股送3.9股。
227	600267	海正药业	2006-2-16	送 股	非流通股东向流通股股东每10股送3.1股。
228	600268	国电南自	2006-4-25	送 股	非流通股东向流通股东每10股送3.2股。
229	600269	赣粤高速	2006-6-19	送 股	非流通股东向流通股东每10股送1.9股,公司向控股公司收购温厚高速和九景高速全部资产及相关权益。
230	600270	外运发展	2006-11-2	送 股	非流通股东向流通股东每10股送2.9股。
231	600271	航天信息	2006-5-16	送 股	非流通股东向流通股东每10股送2.7股。
232	600272	开开实业	2007-4-17	送 股	非流通股东向A股流通股东每10股送2股。
233	600273	华芳纺织	2005-12-12	送 股	非流通股东向流通股东每10股送3.3股。
234	600275	ST昌鱼	2006-11-7	送 股	上市公司向全体流通股东每10股转增5股(相当于流通股股东每10股获得3.12股的对价)。
235	600276	恒瑞医药	2006-6-20	送 股	非流通股东向流通股东每10股送2.5股。
236	600277	亿利能源	2006-3-9	送 股	非流通股东向流通股东每10股送3.2股。
237	600278	东方创业	2005-11-23	送 股	非流通股东向流通股东每10股送3.5股。
238	600279	重庆港九	2005-12-9	送 股	非流通股东向流通股东每10股送3.2股。
239	600280	南京中商	2006-8-21	送 股	非流通股东向流通股东每10股送1.56股。
240	600281	太化股份	2006-10-9	送 股	非流通股东向流通股东每10股送3.2股。太化集团以有关土地评估报告中列示的用于抵债的24宗共494784.51平方米土地使用权评估价值19944.32万元及供汽装置评估价值5020.23万元为基础值,折抵债务,偿还占用公司的非经营性占款1914.38万元及经营性占款22281.85万元,其差额768.32万元挂公司其他应付款账目。
241	600282	南钢股份	2006-10-25	派 现	上市公司向全体股东每10股派现2.8元,非流通股东向流通股东每10股送现金3.82元(相当于流通股股东每10股获送1.1股)。
242	600283	钱江水利	2006-12-27	送 股	非流通股东向流通股东每10股送3.5股。
243	600284	浦东建设	2005-12-21	送 股	非流通股东向流通股东每10股送3.2股。
244	600285	羚锐制药	2006-3-13	送 股	非流通股东向流通股东每10股送3股。
245	600287	江苏舜天	2006-4-12	送 股	非流通股东向流通股东每10股送3.7股。
246	600288	大恒科技	2006-3-1	送 股	非流通股东向流通股东每10股送3.5股。
247	600289	亿阳信通	2006-6-26	送 股	上市公司向全体流通股东每10股转增4.08054股(相当于流通股股东每10股获得2.2股的对价)。
248	600290	华仪电气	2007-2-1	送 股	非流通股东向流通股东每10股送1股。本次资产置换和股权分置改革获得临时股东大会及相关股东会议表决通过,华仪集团将预先向本公司支付6,000万元的土地补偿净收益。如果未来土地补偿净额超过6,000万元,华仪集团将在审计机构出具专项审计报告后的10日内,用现金补足差额部分;如果土地补偿净额小于6,000万元,则本公司无需向华仪集团支付差额。

续表 7 Continued 7

序号 No.	证券代码 Code	名称 Companies	实施复牌日 Resumption of Trading Date	类型 Type	对价方案摘要 Abstract of Compensation Package
249	600291	西水股份	2006-3-29	送 股	非流通股东向流通股东每10股送3.2股。
250	600292	九龙电力	2006-1-19	送 股	非流通股东向流通股股东每10股送3.2股。
251	600293	三峡新材	2006-6-19	送 股	上市公司向全体流通股东每10股转增6.5股(相当于流通股股东每10股获得3.14股的对价)。
252	600295	鄂尔多斯	2006-2-8	送 股	非流通股东向A股流通股股东每10股送2股。
253	600297	美罗药业	2006-11-24	送 股	上市公司向全体股东每10股送红股1.913043478股,并派现金0.068938504元(含税)。非流通股股东向流通股股东支付3.586956522股和现金0.129259696元对价,流通股股东每10股实际可获得5.5股和现金0.1981982元。
254	600298	安琪酵母	2006-4-28	送 股	非流通股东向流通股东每10股送3.2股。
255	600299	*ST新材	2006-8-3	送 股	非流通股东向流通股东每10股送3股。
256	600300	维维股份	2006-1-16	送 股	非流通股东向流通股股东每10股送3股。
257	600301	*ST南化	2005-10-25	送 股	非流通股东向流通股东每10股送4股。
258	600302	标准股份	2006-3-8	送 股	非流通股东向流通股东每10股送3.3股。
259	600303	曙光股份	2005-12-13	送 股	非流通股东向流通股东每10股送2.5股。
260	600305	恒顺醋业	2006-6-9	送 股	非流通股东向流通股东每10股送3股。
261	600306	商业城	2006-3-17	送 股	非流通股东向流通股东每10股送3股。
262	600307	酒钢宏兴	2006-4-17	送 股	非流通股东向流通股东每10股送3.2股。
263	600308	华泰股份	2005-11-14	送 股	非流通股东向流通股东每10股送2股。
264	600309	烟台万华	2006-4-24	送 股	非流通股东向流通股东每10股送1.6股,派发2份存续期12个月、行权价9元的欧式认购权证和3份存续期12个月、行权价13元的欧式认沽权证。
265	600310	桂东电力	2006-8-3	送 股	非流通股东向流通股东每10股送3.3股。
266	600311	荣华实业	2006-7-31	送 股	上市公司向全体流通股东每10股转增7股(相当于流通股股东每10股获得3.28股的对价)。
267	600312	平高电气	2006-5-22	送 股	上市公司向全体流通股东每10股转增5.218股(相当于流通股股东每10股获得3股的对价)。
268	600313	*ST中农	2007-12-24	送 股	上市公司向全体流通股东每10股转增6.50股(相当于流通股股东每10股获得3.6795股的对价)。
269	600315	上海家化	2006-7-24	送 股	上市公司向全体股东每10股转增0.46股,非流通股东向流通股东每10股送2.2股(流通股东实得2.76股)。
270	600316	洪都航空	2006-9-19	资产重组	公司控股股东江西洪都飞机工业有限公司将其除对公司的长期股权投资外主要经营性资产及负债注入公司。
271	600317	营口港	2006-1-17	送 股	非流通股东向流通股股东每10股送2股和现金9元,上市公司向全体股东每10股派9.6元。流通股东每10股实得2股,现金18.6元(税前)。
272	600318	巢东股份	2007-7-18	送 股	上市公司向全体流通股东每10股转增5.25股(相当于流通股股东每10股获得2.6股的对价)。
273	600319	亚星化学	2006-4-26	送 股	非流通股东向流通股东每10股送3.3股。
274	600320	振华重工	2006-3-29	送 股	非流通股东向A股流通股东每10股送2.5股。
275	600321	国栋建设	2006-7-6	送 股	非流通股东向流通股东每10股送3股。
276	600322	天房发展	2006-3-28	送 股	非流通股东向流通股东每10股送3.7股。
277	600323	南海发展	2006-5-23	送 股	上市公司向全体股东每10股送1.5元,非流通股东向流通股东每10股送1.3股和1.6元现金,流通股东每10股实得1.3股和现金3.1元。
278	600325	华发股份	2005-8-23	送 股	非流通股东向流通股东每10股送3股。
279	600326	西藏天路	2006-6-8	送 股	非流通股东向流通股东每10股送2.8股。
280	600327	大厦股份	2006-9-26	送 股	非流通股东向流通股东每10股送2.7股。
281	600328	兰太实业	2006-4-18	送 股	非流通股东向流通股东每10股送3.2股。
282	600329	中新药业	2006-7-19	送 股	非流通股东向A股流通股东每10股送2.8股。
283	600330	天通股份	2006-5-22	送 股	非流通股东向流通股东每10股送3股。
284	600331	宏达股份	2005-12-27	送 股	非流通股东向流通股东每10股送2.5股。
285	600332	广州药业	2006-4-24	送 股	非流通股东向A股流通股东每10股送3股。
286	600333	长春燃气	2006-12-22	送 股	上市公司向全体流通股东每10股转增3.4股(相当于流通股股东每10股获得1.80股的对价)。
287	600335	鼎盛天工	2006-12-8	送 股	上市公司向全体流通股东每10股转增6.1股(相当于流通股股东每10股获得3.61股的对价)。
288	600336	澳柯玛	2005-12-12	送 股	非流通股东向流通股东每10股送4.2股。

续表 8 Continued 8

序号 No.	证券代码 Code	名称 Companies	实施复牌日 Resumption of Trading Date	类型 Type	对价方案摘要 Abstract of Compensation Package
289	600337	美克股份	2006-3-1	送 股	非流通股东向流通股东每10股送2.5股。
290	600338	ST珠峰	2006-10-23	送 股	非流通股东向流通股东每10股送2.5股,收购西部矿业股份有限公司拥有的1万吨、3万吨锌冶炼生产系统经营性资产和负债以及西部矿业股份有限公司持有的西部铟业公司51%股权。
291	600339	天利高新	2006-4-10	送 股	公司以新疆金融租赁有限公司9.63%股权及新疆证券有限责任公司4.62%股权向非流通股股东回购47043456股股份,全体非流通股股东以其持有的非流通股份按照1∶0.7217的缩股比例进行单向缩股
292	600340	*ST国祥	2006-6-12	送 股	公司以所拥有的上海贵麟瑞通信设备有限公司全部90%股权回购陈和贵先生4675325股非流通股,非流通股东向流通股东每10股送3股。
293	600343	航天动力	2006-5-16	送 股	非流通股东向流通股东每10股送2.9股。
294	600345	长江通信	2006-8-10	送 股	非流通股东向流通股东每10股送4股。
295	600346	大橡塑	2006-7-11	送 股	非流通股东向流通股东每10股送3.8股。
296	600348	国阳新能	2005-12-29	送 股	非流通股东向流通股股东每10股送3.0股。
297	600350	山东高速	2006-4-24	送 股	非流通股东向流通股东每10股送3.2股。
298	600351	亚宝药业	2006-2-16	缩 股	非流通股份按照1∶0.65的缩股比例进行缩股
299	600352	浙江龙盛	2005-8-5	送 股	非流通股东向流通股东每10股送4股。
300	600353	旭光股份	2006-10-27	送 股	上市公司向流通股股东每10股转增4.3股(相当于流通股股东每10股获送2股)。
301	600354	敦煌种业	2006-9-27	送 股	非流通股东向流通股东每10股送3.2股。
302	600355	*ST精伦	2006-5-29	送 股	非流通股东向流通股东每10股送4.3股。
303	600356	恒丰纸业	2005-11-29	送 股	非流通股东向流通股东每10股送3.3股。
304	600358	国旅联合	2006-7-18	送 股	非流通股东向流通股东每10股送3股。
305	600359	新农开发	2006-5-24	送 股	非流通股东向流通股东每10股送3.5股。
306	600360	华微电子	2006-6-9	送 股	非流通股东向流通股东每10股送2.5股。
307	600361	华联综超	2005-8-29	送 股	非流通股东向流通股东每10股送2.3股。
308	600362	江西铜业	2006-4-19	送 股	非流通股东向A股流通股东每10股送2.2股。
309	600363	联创光电	2006-5-31	送 股	非流通股东向流通股东每10股送3.3股。
310	600365	通葡股份	2006-3-17	送 股	非流通股东向流通股东每10股送3股。
311	600366	宁波韵升	2005-12-6	送 股	非流通股东向流通股东每10股送3.2股。
312	600367	红星发展	2005-12-2	送 股	非流通股东向流通股东每10股送3.9股。
313	600368	五洲交通	2006-7-5	送 股	非流通股东向流通股东每10股送3.2股。
314	600369	西南证券	2006-7-21	送 股	上市公司向全体流通股东每10股转增10股(相当于流通股股东每10股获得4.07股的对价)。
315	600370	三房巷	2006-8-7	送 股	非流通股东向流通股东每10股送2股。
316	600371	万向德农	2006-9-20	送 股	非流通股东向流通股东每10股送0.36667股和现金8.61866元。
317	600372	*ST昌河	2006-8-9	送 股	非流通股东向流通股东每10股送3.5股。
318	600373	*ST鑫新	2006-2-13	送 股	非流通股东向流通股东每10股送3.41股。
319	600375	星马汽车	2006-1-13	送 股	非流通股东向流通股股东每10股送3.3股。
320	600376	首开股份	2006-2-16	送 股	非流通股东向流通股东每10股送3股。
321	600377	宁沪高速	2006-5-16	送 股	非流通股东向A股流通股东每10股送3.2股。
322	600378	天科股份	2006-11-9	送 股	上市公司向全体流通股东每10股转增6.58股(相当于流通股股东每10股获得3.2股的对价)。
323	600379	宝光股份	2007-11-5	送 股	上市公司向全体流通股东每10股转增4.1361股(相当于流通股股东每10股获得2.50股的对价)。
324	600380	健康元	2006-11-24	送 股	非流通股东向流通股东每10股送3.8股。
325	600381	ST贤成	2006-11-27	送 股	上市公司向全体流通股东每10股转增2.24股(相当于流通股股东每10股获得1.43股的对价)。
326	600382	广东明珠	2006-6-26	送 股	非流通股东向流通股东每10股送3.3股。
327	600383	金地集团	2006-8-24	送 股	非流通股东向流通股东每10股送2.5股。
328	600385	ST金泰	2006-9-12	送 股	上市公司向全体流通股东每10股转增1股,非流通股东向流通股东每10股送1.083股,流通股东每10股实得2.083股.
329	600386	北巴传媒	2006-4-5	送 股	非流通股东向流通股东每10股送4股。
330	600387	海越股份	2006-10-16	送 股	非流通股东向流通股东每10股送3股。
331	600388	龙净环保	2006-5-15	送 股	非流通股东向流通股东每10股送2.8股。

续表 9　Continued 9

序号 No.	证券代码 Code	名称 Companies	实施复牌日 Resumption of Trading Date	类型 Type	对价方案摘要 Abstract of Compensation Package
332	600389	江山股份	2006-5-25	送　股	非流通股东向流通股东每10股送3.5股。
333	600390	金瑞科技	2006-4-20	送　股	非流通股东向流通股东每10股送5股。
334	600391	成发科技	2006-8-7	送　股	非流通股东向流通股东每10股送1.7229股。公司非流通股股东以非流通股加现金的方式购买公司经营业绩不佳的燃气轮机修理业务相关资产，并将此部分非流通股予以注销，相当于每10股流通股获送0.7523股非流通股。
335	600392	太工天成	2005-11-10	送　股	非流通股东向流通股东每10股送3.5股。
336	600393	东华实业	2005-11-7	送　股	非流通股东向流通股东每10股送3股。
337	600395	盘江股份	2006-7-28	送　股	非流通股东向流通股东每10股送3.2股。
338	600396	金山股份	2005-10-31	送　股	非流通股东向流通股东每10股送3.8股。
339	600397	安源股份	2006-8-30	送　股	上市公司向全体流通股东每10股转增6.154股(相当于流通股股东每10股获得3.2股的对价)。
340	600398	凯诺科技	2005-8-5	送　股	非流通股东向流通股东每10股送3股。
341	600399	抚顺特钢	2006-3-20	送　股	非流通股东向流通股东每10股送3.4股。
342	600400	红豆股份	2006-2-15	送　股	非流通股东向流通股股东每10股送3股。
343	600401	*ST申龙	2005-11-24	送　股	非流通股东向流通股东每10股送4.5股。
344	600403	欣网视讯	2006-7-12	送　股	非流通股东向流通股东每10股送3股。
345	600405	动 力 源	2006-2-9	送　股	非流通股东向流通股东每10股送3.8股
346	600406	国电南瑞	2006-12-18	送　股	非流通股东向流通股东每10股送1.8股。
347	600408	安泰集团	2005-11-1	送　股	非流通股东向流通股东每10股送3股。
348	600409	三友化工	2005-12-7	送　股	非流通股东向流通股东每10股送3.40股。
349	600410	华胜天成	2006-5-19	送　股	非流通股东向流通股东每10股送2.8股。
350	600415	小商品城	2006-8-14	送　股	非流通股东向流通股东每10股送0.84股。
351	600416	湘电股份	2005-12-8	送　股	非流通股东向流通股东每10股送3.1股。
352	600418	江淮汽车	2005-12-14	送　股	上市公司向全体股东每10股转增6.04股，非流通股东向流通股东每10股送4.96股(流通股东实得11股)。
353	600419	ST天宏	2006-5-26	送　股	非流通股东向流通股东每10股送3.5股。
354	600420	现代制药	2006-4-4	送　股	非流通股东向流通股东每10股送2.5股。
355	600421	ST国药	2006-6-30	送　股	上市公司向全体流通股东每10股转增6股(相当于流通股股东每10股获得3.35股的对价)。
356	600422	昆明制药	2006-3-21	送　股	非流通股东向流通股东每10股送3股。
357	600423	柳化股份	2005-11-3	送　股	非流通股东向流通股东每10股送3股。
358	600425	青松建化	2006-1-9	送　股	非流通股东向流通股股东每10股送3.5股。
359	600426	华鲁恒升	2006-2-22	送　股	非流通股东向流通股东每10股送3.3股。
360	600428	中远航运	2005-12-9	送　股	非流通股东向流通股东每10股送3.0股。
361	600429	三元股份	2006-4-19	送　股	非流通股东向流通股东每10股送4.2股。
362	600432	吉恩镍业	2006-3-15	送　股	非流通股东向流通股东每10股送2.7股。
363	600433	冠豪高新	2006-5-24	送　股	非流通股东向流通股东每10股送3.2股。
364	600435	中兵光电	2006-5-22	送　股	非流通股东向流通股东每10股送3.3股。
365	600436	片 仔 癀	2006-5-22	送　股	非流通股东向流通股东每10股送2.8股。
366	600438	通威股份	2006-3-3	送　股	非流通股东向流通股股东每10股送1.5股。
367	600439	瑞 贝 卡	2005-11-8	送　股	非流通股东向流通股东每10股送3.5股。
368	600444	*ST国通	2005-12-26	送　股	非流通股东向流通股东每10股送3.2股。
369	600446	金证股份	2006-4-7	送　股	非流通股东向流通股东每10股送3.2股。
370	600448	华纺股份	2006-6-29	送　股	上市公司向全体流通股东每10股转增8股(相当于流通股股东每10股获得3.79股的对价)。
371	600449	赛马实业	2006-8-15	送　股	上市公司向全体流通股东每10股转增4.42股(相当于流通股股东每10股获得2.3股的对价)。
372	600452	涪陵电力	2006-1-11	送　股	非流通股东向流通股股东每10股送3.2股。
373	600455	*ST博通	2006-7-25	送　股	非流通股东向流通股东每10股送1.3股。四家非流通股股东拟以其持有的西安博发科技有限责任公司69.23%股权(2006年3月24日评估价值为人民币9003.68万元)与公司审计后账面值为9000万元的资产进行置换，置入资产价值与置出资产价值之间的差额，前述四家非流通股股东同意对公司予以豁免。同时，上述四家非流通股股东委托公司管理和处置全部置出资产，上述资产的经营管理和处置收益归公司所有。

续表 10 Continued 10

序号 No.	证券代码 Code	名称 Companies	实施复牌日 Resumption of Trading Date	类型 Type	对价方案摘要 Abstract of Compensation Package
374	600456	宝钛股份	2005-12-30	送 股	非流通股东向流通股股东每10股送2.6股。
375	600458	时代新材	2006-3-27	送 股	非流通股东向流通股东每10股送3股。
376	600459	贵研铂业	2006-6-5	送 股	非流通股东向流通股东每10股送1.4股,云锡公司将其所持有的元江镍业98%的股权无偿转让给公司。
377	600460	士 兰 微	2005-11-2	送 股	非流通股东向流通股东每10股送3.6股。
378	600461	洪城水业	2006-4-12	送 股	非流通股东向流通股东每10股送2.8股。
379	600462	*ST石岘	2007-3-22	送 股	上市公司向全体流通股东每10股转增7股(相当于流通股股东每10股获得4.1股的对价)。
380	600463	空港股份	2006-2-6	送 股	非流通股东向流通股东每10股送3.6股。
381	600466	迪康药业	2007-1-23	送 股	上市公司向全体流通股东每10股转增6.694股(相当于流通股股东每10股获得3.221股的对价)。
382	600467	好 当 家	2006-6-6	送 股	上市公司向全体流通股东每10股转增3股(相当于流通股股东每10股获得1.818股的对价)。好当家集团以其所属的远近洋捕捞业务的相关资产出资与公司共同成立捕捞公司作为对价的资产安排部分。
383	600468	百利电气	2005-12-8	送 股	非流通股东向流通股东每10股送3.8股。
384	600469	风神股份	2005-8-16	送 股	非流通股东向流通股东每10股送4.2股。
385	600470	六国化工	2006-4-18	送 股	非流通股东向流通股东每10股送2.8股。
386	600475	华光股份	2006-5-24	送 股	非流通股东向流通股东每10股送2.8股。
387	600476	湘邮科技	2006-4-28	送 股	非流通股东向流通股东每10股送3股。
388	600477	杭萧钢构	2006-2-16	送 股	非流通股东向流通股东每10股送3.2股。
389	600478	科 力 远	2007-3-29	送 股	非流通股东向流通股东每10股送3.2股。
390	600479	千金药业	2006-1-12	送 股	非流通股东向流通股东每10股送1.4股和现金15.79元,流通股东每10股实际得到1.4股和现金25.79元。
391	600480	凌云股份	2006-3-1	送 股	非流通股东向流通股东每10股送3.3股。
392	600481	双良股份	2006-1-12	送 股	非流通股东向流通股东每10股送3.0股。
393	600482	风帆股份	2006-2-17	送 股	非流通股东向流通股东每10股送3.3股。
394	600483	福建南纺	2006-5-29	送 股	非流通股东向流通股东每10股送2股,上市公司向全体股东每10股派送现金红利2.162元,流通股股东每10股获得非流通股东3元对价。流通股东每10股实得2股和5.162元。
395	600485	中创信测	2006-3-28	送 股	非流通股东向流通股东每10股送4股。
396	600486	扬农化工	2006-7-5	送 股	非流通股东向流通股东每10股送3.3股。
397	600487	亨通光电	2005-8-8	送 股	非流通股东向流通股东每10股送4.5股。
398	600488	天药股份	2005-10-24	送 股	非流通股东向流通股东每10股送3.8股。
399	600489	中金黄金	2006-6-14	送 股	非流通股东向流通股东每10股送2.8股。
400	600490	*ST合臣	2006-6-15	送 股	上市公司向全体流通股东每10股转增4股(相当于流通股股东每10股获得2.0909股的对价)。
401	600491	龙元建设	2005-11-15	送 股	非流通股东向流通股东每10股送2.5股。
402	600493	凤竹纺织	2006-1-9	送 股	非流通股东向流通股东每10股送2.5股和现金1.5元。
403	600495	晋西车轴	2005-12-29	送 股	非流通股东向流通股东每10股送3.4股。
404	600496	精工钢构	2005-11-10	送 股	非流通股东向流通股东每10股送2.3股。
405	600497	驰宏锌锗	2006-6-12	送 股	非流通股东向流通股东每10股送2.7股。
406	600498	烽火通信	2006-3-7	送 股	非流通股东向流通股东每10股送4.8股
407	600499	科达机电	2006-5-10	送 股	非流通股东向流通股东每10股送3.2股。
408	600500	中化国际	2005-8-12	送 股	非流通股东向流通股东每10股送1.75股和现金5.58元。
409	600501	航天晨光	2006-2-15	送 股	非流通股东向流通股东每10股送2.5股。
410	600502	安徽水利	2006-6-5	送 股	非流通股东向流通股东每10股送3.2股。
411	600503	华丽家族	2008-7-16	送 股	上市公司向全体流通股东每10股转增3.5股(相当于流通股股东每10股获得1.98股的对价)。
412	600505	西昌电力	2007-3-8	送 股	上市公司向全体流通股东每10股转增6.5股(相当于流通股股东每10股获得3.44股的对价)。
413	600506	*ST香梨	2006-7-18	送 股	非流通股东向流通股东每10股送3.2股。以其他应收款和应收账款回购公司股东新疆巴音郭楞蒙古自治州沙依东园艺场8534004股股份和新疆库尔勒市库尔楚园艺场4259123股股份,并注销。
414	600507	方大特钢	2005-8-19	送 股	非流通股东向流通股东每10股送3.5股。

续表 11 Continued 11

序号 No.	证券代码 Code	名称 Companies	实施复牌日 Resumption of Trading Date	类型 Type	对价方案摘要 Abstract of Compensation Package
415	600508	上海能源	2006-1-25	送 股	非流通股东向流通股东每 10 股送 3 股
416	600509	天富热电	2006-5-9	送 股	非流通股东向流通股东每 10 股送 3.3 股。
417	600510	黑 牡 丹	2006-4-3	送 股	非流通股东向流通股东每 10 股送 3 股。
418	600511	国药股份	2006-8-23	送 股	非流通股东向流通股东每 10 股送 3 股。
419	600512	腾达建设	2006-4-17	送 股	非流通股东向流通股东每 10 股送 2.6 股。
420	600513	联环药业	2006-3-22	送 股	非流通股东向流通股股东每 10 股送 3.5 股。
421	600515	* ST 筑信	2007-4-13	送 股	上市公司向全体流通股东每 10 股转增 4 股(相当于流通股股东每 10 股获得 1.5375 股的对价)。
422	600516	方大炭素	2007-1-25	送股,资产重组	上市公司向公司潜在控股股东辽宁方大每 10 股定向转增 10 股;向全体流通股东每 10 股转增 12.096 股(相当于流通股股东每 10 股获得 1.048 股的对价),并清偿大股东资金占用和重大资产购买相结合。
423	600517	置信电气	2006-3-30	送 股	非流通股东向流通股东每 10 股送 2.5 股。
424	600518	康美药业	2005-10-25	送 股	非流通股东向流通股东每 10 股送 2.5 股。
425	600519	贵州茅台	2006-5-25	送 股	上市公司向全体股东每 10 股转增 10 股。以转增后股本数每 10 股派现金 5.91 元,非流通股东向流通股东每 10 股送 1.2 股和现金 14.75 元,派发 16 份存续期 12 个月、行权价 30.3 的欧式认沽权证。以转增前股本流通股东每 10 股实得 12.4 股、现金 41.32 元,32 份存续期 12 个月、行权价 30.3 的欧式认沽权证。
426	600520	三佳科技	2006-7-14	送 股	非流通股东向流通股东每 10 股送 2.8 股。
427	600521	华海药业	2005-8-16	送 股	非流通股东向流通股东每 10 股送 2.5 股和现金 4.643 元。
428	600522	中天科技	2006-5-24	送 股	非流通股东向流通股东每 10 股送 3.2 股。
429	600523	贵航股份	2006-9-14	送 股	非流通股东向流通股东每 10 股送 3 股。
430	600525	长园集团	2005-12-23	送 股	非流通股东向流通股股东每 10 股送 3.3 股。
431	600526	菲达环保	2006-3-8	送 股	非流通股东向流通股东每 10 股送 3 股。
432	600527	江南高纤	2005-11-3	送 股	非流通股东向流通股东每 10 股送 3 股。
433	600528	中铁二局	2005-12-5	送 股	非流通股东向流通股东每 10 股送 3.8 股。
434	600529	山东药玻	2006-2-17	送 股	非流通股东向流通股东每 10 股送 2.6 股。
435	600530	交大昂立	2006-2-27	送 股	非流通股东向流通股东每 10 股送 3.4 股。
436	600531	豫光金铅	2005-12-21	送 股	非流通股东向流通股东每 10 股送 3.5 股。
437	600532	华阳科技	2006-4-12	送 股	非流通股东向流通股东每 10 股送 3.5 股。
438	600533	栖霞建设	2006-1-23	送 股	非流通股东向流通股东每 10 股送 2.8 股。
439	600535	天 士 力	2005-12-30	送 股	非流通股东向流通股股东每 10 股送 2.9 股。
440	600536	中国软件	2006-5-15	送 股	上市公司向全体股东每 10 股转增 0.65 股,非流通股东向流通股东每 10 股送 2.51 股(流通股东实得 3.31 股)。
441	600537	海通集团	2005-12-15	送 股	非流通股东向流通股东每 10 股送 3 股。
442	600538	* ST 国发	2006-1-10	送 股	非流通股东向流通股股东和内部职工股股东每 10 股送 2.1 股。
443	600539	狮头股份	2007-5-23	送 股	非流通股东向流通股东每 10 股送 2 股。
444	600540	新赛股份	2006-6-15	送 股	非流通股东向流通股东每 10 股送 3.2 股。
445	600543	莫高股份	2006-7-10	送 股	非流通股东向流通股东每 10 股送 3.3 股。
446	600545	新疆城建	2006-3-29	送 股	非流通股东向流通股东每 10 股送 3.5 股。
447	600546	山煤国际	2006-7-27	送 股	非流通股东向流通股东每 10 股送 3.4 股。
448	600547	山东黄金	2006-3-31	送 股	非流通股东向流通股东每 10 股送 2.5 股。
449	600548	深 高 速	2006-2-28	送 股	非流通股东向 A 股流通股东每 10 股送 3.2 股。
450	600549	厦门钨业	2006-3-29	送 股	非流通股东向流通股东每 10 股送 2.9 股。
451	600550	天威保变	2005-8-19	送 股	非流通股东向流通股东每 10 股送 4 股。
452	600551	时代出版	2006-7-4	送 股	非流通股东向流通股东每 10 股送 3.3 股。
453	600552	方兴科技	2006-7-18	送 股	非流通股东向流通股东每 10 股送 3 股。
454	600553	太行水泥	2006-3-1	送 股	非流通股东向流通股东每 10 股送 3.3 股
455	600555	九 龙 山	2006-2-21	送 股	非流通股东向 A 股流通股东每 10 股送 3.5 股。

续表 12 Continued 12

序号 No.	证券代码 Code	名称 Companies	实施复牌日 Resumption of Trading Date	类型 Type	对价方案摘要 Abstract of Compensation Package
456	600556	* ST 北生	2006 - 3 - 14	送 股	上市公司向全体股东每 10 股转增 7.58 股,非流通股东向流通股东每 10 股送 3.5 股,流通股东每 10 股实得 13.73 股。
457	600557	康缘药业	2005 - 11 - 16	送 股	非流通股东向流通股东每 10 股送 2.6 股。
458	600558	大 西 洋	2006 - 8 - 16	送 股	非流通股东向流通股东每 10 股送 3.2 股。
459	600559	老白干酒	2006 - 8 - 30	送 股	非流通股东向流通股东每 10 股送 3.0 股。
460	600560	金自天正	2006 - 5 - 12	送 股	非流通股东向流通股东每 10 股送 3.5 股。
461	600561	江西长运	2006 - 4 - 26	送 股	非流通股东向流通股东每 10 股送 1.4376 股,长运集团向江西长运注入现金 80,643,684 元,作为资本公积为全体股东共享。
462	600562	* ST 高陶	2006 - 4 - 13	送 股	非流通股东向流通股东每 10 股送 3.5 股。
463	600563	法拉电子	2006 - 4 - 28	送 股	非流通股东向流通股东每 10 股送 2.5 股。
464	600565	迪马股份	2006 - 2 - 20	送 股	非流通股东向流通股东每 10 股送 2.6 股。
465	600566	洪城股份	2006 - 4 - 12	送 股	非流通股东向流通股东每 10 股送 3.5 股。
466	600567	山鹰纸业	2006 - 5 - 18	送 股	非流通股东向流通股东每 10 股送 2.3771 股。
467	600568	中珠控股	2006 - 8 - 10	送 股	非流通股东向流通股东每 10 股送 0.6 股,上市公司向流通股东每 10 股转增 3 股(相当于流通股股东每 10 股获送 1.85 股)。
468	600569	安阳钢铁	2006 - 5 - 25	送 股	非流通股东向流通股东每 10 股送 3.4 股。
469	600570	恒生电子	2005 - 8 - 9	送 股	非流通股东向流通股东每 10 股送 4 股。
470	600571	信 雅 达	2005 - 11 - 30	送 股	非流通股东向流通股东每 10 股送 3.8 股。
471	600572	康 恩 贝	2005 - 12 - 27	送 股	非流通股东向流通股东每 10 股送 3.2 股。
472	600573	惠泉啤酒	2006 - 7 - 7	送 股	非流通股东向流通股东每 10 股送 2.1 股。
473	600575	芜 湖 港	2006 - 6 - 30	送 股	非流通股东向流通股东每 10 股送 3 股。
474	600576	万好万家	2007 - 1 - 25	送 股	上市公司向全体流通股东每 10 股转增 4 股(相当于流通股股东每 10 股获得 2.4594 股的对价)。从庆丰股份置换出所有的资产(短期投资除外)和负债,将潜在第一大股东万好万家集团有限公司所拥有的优质资产(浙江万家房地产开发有限公司 99%的股权及浙江新宇之星宾馆有限公司 100%的股权)注入上市公司,以提高公司盈利能力及资产质量、实现公司可持续发展,并以此作为主要对价安排方式。
475	600577	精达股份	2006 - 4 - 18	送 股	非流通股东向流通股东每 10 股送 2.5 股。
476	600578	京能热电	2006 - 4 - 3	送 股	非流通股东向流通股东每 10 股送 3.4 股。
477	600579	ST 黄海	2006 - 11 - 2	送 股	上市公司向全体流通股东每 10 股转增 5.5 股(相当于流通股股东每 10 股获得 3.09 股的对价)。
478	600580	卧龙电气	2005 - 8 - 8	送 股	非流通股东向流通股东每 10 股送 3.5 股。
479	600581	八一钢铁	2006 - 2 - 17	送 股	非流通股东向流通股东每 10 股送 3.2 股。
480	600582	天地科技	2007 - 1 - 15	送 股	非流通股东向流通股东每 10 股送 1.2 股。天地科技股份有限公司以非公开发行 2200 万股流通股收购控股股东煤炭科学研究总院所持有的煤炭科学研究总院山西煤机装备有限公司 51%的股权。
481	600583	海油工程	2006 - 1 - 24	送 股	非流通股东向流通股东每 10 股送 2.4 股。
482	600584	长电科技	2005 - 12 - 29	送 股	非流通股东向流通股东每 10 股送 3.2 股。
483	600585	海螺水泥	2006 - 3 - 2	派 现	非流通股东向 A 股流通股东每 10 股送 15.00 元现金对价。
484	600586	金晶科技	2006 - 1 - 10	送 股	非流通股东向流通股股东每 10 股送 3.0 股。
485	600587	新华医疗	2006 - 6 - 9	送 股	非流通股东向流通股东每 10 股送 3.1 股。
486	600588	用友软件	2006 - 2 - 28	送 股	非流通股东向流通股东每 10 股送 5 股。
487	600589	广东榕泰	2005 - 11 - 2	送 股	非流通股东向流通股东每 10 股送 3.5 股。
488	600590	泰豪科技	2005 - 10 - 25	缩 股	非流通股份按照 1∶0.65 的缩股比例单向缩股。
489	600592	龙溪股份	2006 - 2 - 14	送 股	非流通股东向流通股东每 10 股送 3 股。
490	600593	大连圣亚	2006 - 8 - 11	送 股	非流通股东向流通股东每 10 股送 3.4 股。
491	600594	益佰制药	2005 - 12 - 5	送 股	非流通股东向流通股东每 10 股送 3 股。
492	600595	中孚实业	2005 - 8 - 29	送 股	非流通股东向流通股东每 10 股送 1 股。
493	600596	新安股份	2006 - 4 - 11	送 股	上市公司向全体流通股股东每 10 股转增 5.7 股,相当于流通股股东每持有 10 股获送 2.5 股。
494	600597	光明乳业	2006 - 10 - 10	送 股	非流通股东向流通股东每 10 股送 1.2 股和现金 8.46 元。
495	600598	北 大 荒	2006 - 1 - 4	送 股	非流通股东向流通股股东每 10 股送 3.4 股。

续表 13　Continued 13

序号 No.	证券代码 Code	名称 Companies	实施复牌日 Resumption of Trading Date	类型 Type	对价方案摘要 Abstract of Compensation Package
496	600599	熊猫烟花	2007－1－15	送　股	非流通股东向流通股东每 10 股送 2 股。
497	600600	青岛啤酒	2006－12－20	送　股	非流通股东向 A 股流通股东每10股送1.78777股，派现2.4元(相当于流通股股东每10股获送2股)。
498	600602	广电电子	2006－1－13	送　股	非流通股东向 A 股流通股股东每 10 股送 1.9 股。
499	600604	ST 二纺	2006－3－3	送　股	非流通股东向 A 股流通股东每 10 股送 3.5 股。
500	600604	汇通能源	2006－8－3	送　股	非流通股东向流通股东每 10 股送 5.5 股。
501	600604	金丰投资	2006－6－7	送　股	非流通股东向流通股东每 10 股送 3.7 股。
502	600608	＊ST 沪科	2007－6－28	送　股	斯威特集团第一大股东西安通邮向上市公司注入银洞山铁矿探矿权作为斯威特集团和南京泽天向流通股股东支付的对价，除斯威特集团和南京泽天外其他五家非流通股股东向流通股股东每 10 股支付 0.15 股对价；以资本公积金向流通股股东每 10 股定向转增 4.5 股(流通股股东每 10 股实得 4.65 股)。
503	600609	＊ST 金杯	2006－8－10	送　股	非流通股东向流通股东每 10 股送 3.7 股。
504	600611	大众交通	2006－7－19	送　股	非流通股东向 A 股流通股东每 10 股送 2 股。
505	600612	老 凤 祥	2006－2－8	送　股	非流通股东向 A 股流通股股东每 10 股送 3.5 股。
506	600613	永生投资	2006－7－28	送　股	非流通股东向 A 股流通股东每 10 股送 2.2 股。
507	600614	鼎立股份	2006－6－20	送　股	非流通股东向 A 股流通股东每 10 股送 7 股。
508	600615	丰华股份	2007－3－1	送　股	上市公司向全体股东每 10 股转增 2.5 股，沿海投资将所获转增股份保留，其他非流通股东向流通股东每 10 股送 3.02 股(流通股东实得 6.27 股)。本公司将目前所持有的红狮公司 90％股权和即将持有的红狮公司 10％股权按照 16027.01 万元协商确定的转让价格 16000 万元出售给尔泰公司；本公司将 3601 号房产按照基于评估值 11560 万元协商确定的转让价格 11500 万元出售给尔泰公司等股权转让。流通股东相当于每 10 股获得了 5.68 股。
509	600616	金枫酒业	2005－11－24	送　股	非流通股东向流通股东每 10 股送 3.5 股。
510	600617	＊ST 联华	2007－2－5	送　股	非流通股东向 A 股流通股东每 10 股送 3 股。公司以合法拥有的上海联华化纤有限公司 90％的股权、江苏中元实业有限公司 43.95％的股权、苏州恒舜达织造有限公司 18.2％的股权和部分固定资产(机器设备)与南方家园合法所拥有的资产(3.34 万平方米可售商业房屋和 150 亩土地使用权)进行置换。本次资产置换中的置出资产作价为 105407737.11 元，置入资产作价为 115758073.46 元，置换差价 10350336.35 元由公司以本次置入资产经营所产生的现金流支付。
511	600618	氯碱化工	2006－1－11	送　股	非流通股东向 A 股流通股股东每 10 股送 4.3 股。
512	600619	海立股份	2005－12－21	送　股	非流通股东向 A 股流通股东每 10 股送 3.5 股。
513	600620	天宸股份	2006－3－29	送　股	非流通股东向流通股东每 10 股送 3.3 股。
514	600621	上海金陵	2005－10－21	送　股	非流通股东向流通股东每 10 股送 4 股。
515	600622	嘉宝集团	2006－2－27	送　股	非流通股东向流通股东每 10 股送 2.5 股。
516	600623	双钱股份	2006－5－22	送　股	非流通股东向 A 股流通股东每 10 股送 7 股。
517	600624	复旦复华	2006－5－17	送　股	上市公司向全体股东每10股转增3.1股，非流通股东向流通股东每10股送1.489股(流通股东实得5.05股)。
518	600626	申达股份	2006－1－19	送　股	非流通股东向流通股东每 10 股送 3.3 股。
519	600628	新 世 界	2006－3－30	送　股	非流通股东向流通股东每 10 股送 3 股。
520	600629	棱光实业	2007－10－26	资产重组	建材集团对公司债务豁免和注入优质资产。
521	600630	龙头股份	2006－2－16	送　股	非流通股东向流通股东每 10 股送 3.3 股。
522	600631	百联股份	2006－4－18	送　股	非流通股东向流通股东每 10 股送 3.0 股。
523	600633	＊ST 白猫	2006－6－13	送　股	非流通股东向流通股东每 10 股送 5 股。
524	600634	＊ST 海鸟	2006－9－20	送　股	非流通股东向流通股东每 10 股送 2 股。
525	600635	大众公用	2006－4－17	送　股	上市公司向全体股东每 10 股转增股本 3 股，非流通股东向流通股东每 10 股送 1.52 股，流通股东实得 4.98 股。
526	600636	三 爱 富	2006－5－22	送　股	非流通股东向流通股东每 10 股送 2.8 股。
527	600637	广电信息	2006－3－7	送　股	非流通股东向流通股东每 10 股送 2.1 股。广电集团以“专项资金”收购广电信息部分资产(价值 420,000,213.73元)，并且承诺资产的处置所得归上市公司所有。
528	600638	新 黄 浦	2006－5－11	送　股	非流通股东向流通股东每 10 股送 3 股。
529	600639	浦东金桥	2006－1－12	送　股	非流通股东向 A 股流通股股东每 10 股送 3.5 股。
530	600640	中卫国脉	2006－4－25	送　股	非流通股东向流通股东每 10 股送 3.5 股。
531	600641	万业企业	2006－7－26	送　股	非流通股东向流通股东每 10 股送 1.5 股，三林万业以 75％的折让比例将其持有宝山置业 90％的股权转让给上市公司。

续表 14　Continued 14

序号 No.	证券代码 Code	名称 Companies	实施复牌日 Resumption of Trading Date	类型 Type	对价方案摘要 Abstract of Compensation Package
532	600642	申能股份	2005-8-17	送　股	非流通股东向流通股东每10股送3.2股。
533	600643	爱建股份	2008-1-29	送　股	上市公司向全体股东每10股转增3.69865124股,非流通股东向流通股东每10股送1.30134876股(流通股东实得5.00股)。
534	600644	乐山电力	2007-1-5	送　股	非流通股东向流通股东每10股送0.9股,上市公司向流通股东每10股转增5.9912股(相当于流通股股东每10股获送2.9股)。
535	600645	ST中源	2007-1-25	送　股	上市公司向全体流通股东每10股转增6.983股,对除提出股改动议的4家股东外的109家非流通股东每10股非流通股转增3股(相当于流通股股东每10股获得3.06股的对价)。
536	600647	同达创业	2006-4-27	送　股	非流通股东向流通股东每10股送3.9股。
537	600648	外 高 桥	2006-2-16	送　股	非流通股东向A股流通股东每10股送3.8股。
538	600649	城投控股	2006-4-14	送　股	非流通股东向流通股东每10股送2.2股,派发5份存续期300个自然日、行权价5元的欧式认沽权证。
539	600650	锦江投资	2006-2-13	送　股	非流通股东向A股流通股东每10股送3.5股。
540	600654	飞乐股份	2005-12-13	送　股	非流通股东向流通股东每10股送1.6股。
541	600655	豫园商城	2006-6-5	送　股	非流通股东向流通股东每10股送1股。
542	600656	ST方源	2008-7-1	送　股	上市公司向全体股东每10股转增2.30股,非流通股东向流通股东每10股送0.70股(流通股东实得3.00股)。公司实际控制人麦校勋及第二大股东许志榕决定将其合计持有的方达环宇51%的股权无偿注入上市公司。
543	600657	信达地产	2006-8-4	送　股	上市公司向全体流通股东每10股转增11股(相当于流通股股东每10股获得2.86股的对价)。
544	600658	电 子 城	2006-6-26	送　股	非流通股东向流通股东每10股送3.2股。
545	600660	福耀玻璃	2006-3-15	送　股	非流通股东向流通股东每10股送1股。
546	600661	新 南 洋	2006-2-14	送　股	非流通股东向流通股东每10股送3.5股。
547	600662	强生控股	2006-9-5	送　股	非流通股东向流通股东每10股送2.5股。
548	600663	陆 家 嘴	2006-1-6	送　股	非流通股东向A股流通股东每10股送3.5股。
549	600664	哈药股份	2008-9-4	资产重组	哈尔滨市政府同意以豁免哈药股份对哈尔滨市财政局技改项目借款等合计131,958,333元债务的方式代哈药集团向流通股股东支付对价,相当于流通股股东每10股获得0.07股。
550	600665	天 地 源	2006-5-11	送　股	非流通股东向流通股东每10股送3.3股。
551	600666	西南药业	2006-4-12	送　股	非流通股东向流通股东每10股送3股。
552	600667	太极实业	2007-1-8	送　股	非流通股东向流通股东每10股送2.5股。
553	600668	尖峰集团	2006-8-7	送　股	非流通股东向流通股东每10股送3.2股。
554	600671	天目药业	2006-12-18	送　股	非流通股东向流通股东每10股送0.8股。
555	600673	东阳光铝	2006-1-4	送　股	上市公司向全体股东每10股转增1.4386107股,非流通股东向流通股东每10股送1.802股,流通股东每10股实得3.5股。
556	600674	川投能源	2006-7-14	送　股	非流通股东向流通股东每10股送3.4股。
557	600675	中华企业	2005-12-19	送　股	非流通股东向流通股东每10股送3.0股。
558	600676	交运股份	2005-12-27	送　股	非流通股东向流通股股东每10股送3.5股。
559	600677	航天通信	2006-6-9	送　股	非流通股东向流通股东每10股送2.5股。
560	600678	ST金顶	2006-8-17	送　股	非流通股东向流通股东每10股送3.0股。
561	600679	金山开发	2006-2-16	送　股	非流通股东向A股流通股东每10股送3.9股。
562	600680	上海普天	2006-7-27	送　股	非流通股东向A股流通股东每10股送3.5股。
563	600682	南京新百	2008-5-6	送　股	上市公司向全体流通股东每10股转增8.38股(相当于流通股股东每10股获得1.81股的对价)。
564	600683	京投银泰	2006-7-4	送　股	上市公司向全体流通股东每10股转增4股(相当于流通股股东每10股获得1.86股的对价)。
565	600684	珠江实业	2006-4-7	送　股	非流通股东向流通股东每10股送3股。
566	600685	广船国际	2006-5-24	送　股	非流通股东向A股流通股东每10股送2.7股。
567	600686	金龙汽车	2006-3-30	送　股	非流通股东向流通股东每10股送3股。
568	600687	刚泰控股	2006-4-27	送　股	上市公司向全体流通股东每10股转增4股(相当于流通股股东每10股获得2.14股的对价)。
569	600689	上海三毛	2006-8-22	送　股	非流通股东向A股流通股东每10股送3股。

续表 15 Continued 15

序号 No.	证券代码 Code	名称 Companies	实施复牌日 Resumption of Trading Date	类型 Type	对价方案摘要 Abstract of Compensation Package
570	600690	青岛海尔	2006-5-17	送 股	非流通股东向流通股东每10股送1股，派发9份存续期12个月、行权价4.39元的欧式认沽权证。
571	600691	*ST东碳	2007-5-25	送 股	上市公司向全体流通股东每10股转增8股，四川香凤企业有限公司为减轻上市公司及其控股子公司的财务负担，承担东新电碳股份有限公司及其控股子公司自贡机械密封件有限责任公司(控股比例为99.97%)的债务2894万元(其中，承担上市公司债务26,671,727.92元，承担自贡机械密封件有限责任公司债务2,268,272.08元)，并予以豁免。(相当于流通股股东每10股获得3.42股的对价)。
572	600692	亚通股份	2005-12-7	送 股	非流通股东向流通股东每10股送3.4股。
573	600693	东百集团	2006-8-30	送 股	非流通股东向流通股东每10股送1股。
574	600694	大商股份	2006-11-17	送 股	非流通股东向流通股东每10股送2.3股。
575	600695	大江股份	2006-9-20	送 股	非流通股东向A股流通股股东每10股送3股。
576	600696	多伦股份	2006-6-28	送 股	非流通股东向流通股东每10股送2.7股。
577	600697	欧亚集团	2006-10-27	送 股	非流通股东向流通股东每10股送1股，上市公司向流通股东每10股转增2股(相当于流通股股东每10股获送1.727股)。
578	600698	ST轻骑	2008-11-7	送 股	非流通股东向A股流通股东每10股送3股，大股东向上市公司注入资产，抵偿债务(相当于流通股股东每10股获付3.9股)。
579	600699	*ST得亨	2006-8-8	送 股	非流通股东向流通股东每10股送3.8股。
580	600701	*ST工新	2007-2-13	送 股	上市公司向全体流通股东每10股转增10股(相当于流通股股东每10股获得3股的对价)。
581	600702	沱牌曲酒	2006-4-6	送 股	非流通股东向流通股东每10股送3.9股。
582	600703	三安光电	2008-7-8	送 股	上市公司向全体流通股东每10股转增2股(相当于流通股股东每10股获得1股的对价)，公司潜在控股股东三安集团拟将其控股子公司三安电子的LED外延片及芯片经营性资产通过上市公司向其发行股份购买资产的方式注入天颐科技。
583	600704	中大股份	2006-2-17	送 股	非流通股东向流通股东每10股送3.5股。
584	600706	ST长信	2006-5-11	送 股	非流通股东向流通股东每10股送3股。
585	600707	彩虹股份	2006-7-31	送 股	非流通股东向流通股东每10股送4.2股。
586	600708	海博股份	2005-12-22	送 股	非流通股东向流通股东每10股送3.5股。
587	600710	常林股份	2006-5-9	送 股	非流通股东向流通股东每10股送3.2股。
588	600711	ST雄震	2007-1-22	送 股	上市公司向全体流通股东每10股转增5股(相当于流通股股东每10股获得3.33股的对价)。
589	600712	南宁百货	2007-1-5	送 股	非流通股东向流通股东每10股送2.8股。
590	600713	南京医药	2006-7-17	送 股	上市公司向全体流通股东每10股转增6.8股(相当于流通股股东每10股获得3股的对价)。
591	600714	ST金瑞	2006-9-27	送 股	非流通股东向流通股东每10股送3股。
592	600715	ST松辽	2006-11-14	资产重组	华汇销售豁免上市公司所欠其债务12000万元，并以此作为全体非流通股股东对流通股股东的对价安排。
593	600716	凤凰股份	2006-7-21	送 股	非流通股东向流通股东每10股送4股。
594	600717	天 津 港	2005-12-27	送 股	非流通股东向流通股东每10股送1.85股和现金8.12元，相当于控股股东向流通股股东每持有10股股份送3.18股股份。
595	600718	东软集团	2006-4-4	送 股	非流通股东向流通股东每10股送2.5股，派现金3.65元。
596	600719	大连热电	2006-6-22	送 股	非流通股东向流通股东每10股送3股。
597	600720	祁 连 山	2006-7-20	送 股	非流通股东向流通股东每10股送3股。
598	600721	ST百花	2008-1-24	送 股	非流通股东向流通股东每10股送1.0192股，股东兵团国资和一〇二团向公司捐赠现金26,303,660.50元，向特定对象非公开发行股票购买资产，高于认购股票总价款的金额19,909,510.46元，由农六师国资捐赠给公司。
599	600722	*ST金化	2006-11-17	送 股	非流通股东向流通股东每10股送3.4股。
600	600723	西单商场	2006-8-2	送 股	非流通股东向流通股东每10股送3.5股。
601	600724	宁波富达	2006-12-22	送 股	非流通股东向流通股东每10股送1股，上市公司向流通股东每10股转增5.1股(相当于流通股股东每10股获送3.2股)。
602	600725	云维股份	2006-2-10	送 股	非流通股东向流通股东每10股送3.5股。
603	600726	华电能源	2006-9-27	送 股	非流通股东向A股流通股东每10股送3.2股。
604	600727	*ST鲁北	2006-7-21	送 股	非流通股东向流通股东每10股送4股。

续表 16 Continued 16

序号 No.	证券代码 Code	名称 Companies	实施复牌日 Resumption of Trading Date	类型 Type	对价方案摘要 Abstract of Compensation Package
605	600728	* ST 新太	2010-6-9	送 股	公司控股股东佳都集团将其持有的广州高新链100%的股权以及第二大股东番禺通信将其持有的6,000万元现金资产赠与上市公司;向全体流通股股东每10股转增9股,相当于流通股股东每10股获送2.178股的对价安排,总体对价水平为流通股股东每10股获送3.128股。
606	600729	重庆百货	2006-5-29	送 股	非流通股东向流通股东每10股送2.8股。
607	600730	中国高科	2006-6-15	送 股	非流通股东向流通股东每10股送3股。
608	600731	湖南海利	2006-3-10	送 股	非流通股东向流通股东每10股送3.3股。
609	600732	上海新梅	2005-11-29	送 股	非流通股东向流通股东每10股送2.7股。
610	600734	实达集团	2008-12-26	送 股	(一)股票支付:公司除潜在股东昂展置业和中兴鸿基以外的非流通股股东向全体流通股股东支付每10股送出3股;相当于流通股股东按其持有的流通股每10股获付2.6514股股份。(二)资产捐赠:公司潜在股东昂展置业、中兴鸿基以其合计持有长春融创40.146%的股权赠与给上市公司。(三)资产置换:S* ST实达以其持有成都东方龙马100%的股权置换公司潜在股东昂展置业、中兴鸿基合计持有长春融创10.854%的股权。
611	600735	新华锦	2007-8-15	资产重组	重组方鲁锦集团剥离公司亏损资产及置入优质资产、清偿欠款、赠送资产,增加公司净资产值。
612	600736	苏州高新	2006-3-24	送 股	非流通股东向流通股东每10股送3.4股。
613	600737	中粮屯河	2007-1-23	资产重组	中国粮油食品(集团)有限公司拟以其所持有的中粮新疆四方糖业(集团)有限责任公司100%的股权和朔州中粮糖业有限公司100%的股权赠送给公司作为非流通股股东在本次股权分置改革中的对价安排,以获得其所持有非流通股的流通权。
614	600738	兰州民百	2006-6-8		上市公司向全体流通股东每10股转增2.16212股和非流通股东向流通股东每10股送0.73059股以及公司第一大非流通股股东红楼集团向公司无偿注入兰州红楼房地产开发有限公司36.6045%股权。
615	600739	辽宁成大	2006-1-24	送 股	非流通股东向流通股东每10股送3股。
616	600740	* ST 山焦	2006-5-10	送 股	非流通股东向流通股东每10股送3股。
617	600741	华域汽车	2006-3-31	送 股	非流通股东向流通股东每10股送3股。
618	600742	一汽富维	2006-4-18	送 股	非流通股东向流通股东每10股送3.8股。
619	600743	华远地产	2008-8-28	送 股	作为股权分置改革的前提条件本公司全体股东所持股份以每1股减为0.4股的方式减少注册资本,本公司重大资产出售暨以新增股份换股吸收合并华远地产。
620	600744	华银电力	2006-7-18	送 股	非流通股东向流通股东每10股送3.4832股和现金0.34元。
621	600745	中茵股份	2008-7-8	送股,资产重组	非流通股东向流通股东每10股送1.447股,公司本次股权分置改革与重大资产重组相结合进行。
622	600746	江苏索普	2006-7-25	送 股	非流通股东向流通股东每10股送3.2股。
623	600747	大连控股	2006-6-13	送 股	上市公司向全体流通股东每10股转增8股(相当于流通股股东每10股获得3.15股的对价)。
624	600748	上实发展	2005-12-26	送 股	非流通股东向流通股东每10股送3.2股。
625	600749	西藏旅游	2006-1-18	送 股	非流通股东向流通股东每10股送3股。
626	600750	江中药业	2006-5-17	送 股	非流通股东向流通股东每10股送3.2股。
627	600753	东方银星	2006-7-17	送 股	非流通股东向流通股东每10股送3.2股。
628	600754	锦江股份	2006-1-23	送 股	非流通股东向A股流通股股东每10股送3.1股。
629	600755	厦门国贸	2006-7-10	送 股	上市公司向全体流通股东每10股转增4.5股,厦门市商贸国有资产投资有限公司向公司注入3,000万元货币资金,作为资本公积为全体股东共享。
630	600756	浪潮软件	2006-5-24	送 股	非流通股东向流通股东每10股送2.4股。
631	600757	* ST 源发	2007-4-25	送 股	上市公司向全体流通股东每10股转增5.7股(相当于流通股股东每10股获得3.42股的对价)。
632	600758	红阳能源	2007-2-7	资产重组	与非流通股股东沈煤集团进行资产重组。
633	600759	正和股份	2007-11-19	送股,资产重组	公司向北方发展出售所有资产;公司以新增股份向广西正和购买资产;北方发展对公司进行债务重组。潜在非流通股东广西正和向全体流通股东每10股送2股。
634	600760	东安黑豹	2006-3-2	送 股	非流通股东向流通股东每10股送3股。
635	600761	安徽合力	2005-10-28	送 股	非流通股东向流通股东每10股送2.6股。
636	600763	通策医疗	2006-11-9	送 股	大股东宝群实业收购上市公司债权,并向上市公司赠送资产,注入现金(相当于流通股股东每10股获得2.72股的股票对价)。
637	600764	中电广通	2006-3-10	送 股	非流通股东向流通股东每10股送3股。
638	600765	中航重机	2006-6-20	送 股	非流通股东向流通股东每10股送3股。

续表 17 Continued 17

序号 No.	证券代码 Code	名称 Companies	实施复牌日 Resumption of Trading Date	类型 Type	对价方案摘要 Abstract of Compensation Package
639	600766	园城股份	2006-9-21	送 股	非流通股东园城集团向公司注入资产，非流通股东向流通股东每10股送1.3股(相当于流通股股东每10股获送4.3股)。
640	600767	运盛实业	2006-12-28	送 股	非流通股东向流通股东每10股送2.5股。
641	600768	宁波富邦	2006-12-26	送 股	非流通股东向流通股东每10股送2.7股。
642	600769	*ST祥龙	2006-9-26	送 股	上市公司向全体股东每10股转增0.75股，非流通股东向流通股东每10股送4.65股，流通股东每10股实得(相当于流通股股东每10股获送4.5股)。
643	600770	综艺股份	2005-10-24	送 股	非流通股东向流通股东每10股送3.5股。
644	600771	ST东盛	2006-7-11	送 股	上市公司向全体流通股东每10股转增2.6股(相当于流通股股东每10股获得1.788股的对价)。
645	600773	西藏城投	2007-3-7	送 股	上市公司向全体流通股东每10股转增7股(相当于流通股股东每10股获得3.4股的对价)。
646	600774	汉商集团	2006-5-23	送 股	非流通股东向流通股东每10股送3.6股。
647	600775	南京熊猫	2006-9-11	送 股	非流通股东向A股流通股东每10股送3.5股。
648	600776	东方通信	2006-7-26	送 股	非流通股东向A股流通股东每10股送3.3股。
649	600777	新潮实业	2006-5-17	送 股	上市公司向全体流通股东每10股转增5股(相当于流通股股东每10股获得1.56股的对价)。
650	600778	友好集团	2006-6-20	送 股	非流通股东向流通股东每10股送2.8股。
651	600779	水井坊	2006-1-18	送 股	非流通股东向流通股东每10股送2.8股。
652	600780	通宝能源	2005-10-31	送 股	上市公司向全体股东派现金3元，非流通股东向流通股东每10股送2.2股和2.17元现金(流通股东实得2.2股和5.17元现金)。
653	600781	上海辅仁	2006-7-3	送 股	辅仁药业拟将其所持有的河南辅仁堂制药有限公司95%的股权与公司拥有的低效资产进行置换；非流通股东向流通股东每10股送1股。
654	600782	新钢股份	2006-10-24	送 股	非流通股东向流通股东每10股送3.3股。
655	600783	鲁信高新	2006-4-27	送 股	非流通股东向流通股东每10股送3.1股。
656	600784	鲁银投资	2006-6-5	送 股	非流通股东向流通股东每10股送0.6股。
657	600785	新华百货	2006-9-1	送 股	上市公司向全体股东每10股转增2股，物美商业向全体流通股股东每10股免费派送10份认沽权利。
658	600787	中储股份	2006-1-10	送 股	非流通股东向流通股股东每10股送3.7股。
659	600789	鲁抗医药	2006-10-31	送 股	上市公司向全体流通股东每10股转增7股，向中国资本每10股转增4.12股(相当于流通股股东每10股获得2.04股的对价)。
660	600790	轻纺城	2006-12-25	送 股	精功集团在债务重组中实际支付81,436,086.42元，上市公司向全体股东转增2.8股，非流通股东向流通股东每10股送0.240167股对价(流通股股东每10股实得3.107413股)。
661	600791	京能置业	2006-2-10	送 股	非流通股东向流通股东每10股送3股。
662	600792	ST马龙	2006-7-17	送 股	非流通股东向流通股东每10股送3.2股。
663	600793	ST宜纸	2006-9-20	送 股	非流通股东向流通股东每10股送3.3股。
664	600794	保税科技	2006-7-20	送 股	非流通股东向流通股东每10股送3股。
665	600795	国电电力	2006-8-31	送 股	非流通股东向流通股东每10股送2.5股，派发2份存续期为12个月、行权价4.80元的欧式认购权证。(相当于流通股股东每10股获送2.9股)。
666	600796	钱江生化	2006-5-11	送 股	非流通股东向流通股东每10股送3.8股。
667	600797	浙大网新	2005-10-31	送 股	非流通股东向流通股东每10股送2.8股。
668	600798	宁波海运	2006-4-26	送 股	非流通股东向流通股东每10股送2.8股。
669	600800	ST磁卡	2009-3-4	送 股	上市公司向全体股东每10股转增2.28股，非流通股东向流通股东每10股送1.22股(流通股东实得3.5股)，控股股东豁免公司7亿元债务而折算出相当于流通股股东每10股获得2.68股，流通股股东合计每10股获送4.86股。
670	600801	华新水泥	2005-12-29	送 股	非流通股东向A股流通股东每10股送3.0股。
671	600802	福建水泥	2006-8-23	送 股	上市公司向全体流通股东每10股转增6股(相当于流通股股东每10股获得2.624股的对价)。
672	600803	威远生化	2006-4-17	送 股	非流通股东向流通股东每10股送2.5股。
673	600804	鹏博士	2006-7-6	送 股	上市公司向全体流通股东每10股转增3.5股(相当于流通股股东每10股获得1.1股的对价)。
674	600805	悦达投资	2006-10-23	送 股	非流通股东向流通股东每10股送2股，与大股东悦达集团进行资产置换，通过以资抵债方式解决悦达集团截至2006年6月30日占用公司的资金。
675	600806	昆明机床	2007-3-7	送 股	上市公司向全体股东每10股转增1.5606股，非流通股东向A股流通股东每10股送2.7股(流通股东实得4.6819925股)。

续表 18 Continued 18

序号 No.	证券代码 Code	名称 Companies	实施复牌日 Resumption of Trading Date	类型 Type	对价方案摘要 Abstract of Compensation Package
676	600807	天业股份	2007-1-15	送 股	非流通股东向流通股东每10股送0.5股。
677	600808	马钢股份	2006-3-31	送 股	非流通股东向全体A股流通股东每10股送3.4股。
678	600809	山西汾酒	2006-5-9	送 股	非流通股东向流通股东每10股送3.3股。
679	600810	神马股份	2006-4-17	送 股	非流通股东向流通股东每10股送4.7股。
680	600811	东方集团	2006-8-14	送 股	上市公司向全体流通股东每10股转增2.5股(相当于流通股股东每10股获得0.6385股的对价)。
681	600812	华北制药	2006-8-16	送 股	上市公司向全体股东每10股转增3.5股,非流通股东向流通股东每10股送2.18股(流通股东实得5.68股)。
682	600814	杭州解百	2006-6-12	送 股	上市公司向全体流通股东每10股转增7.2股(相当于流通股股东每10股获得3.154股的对价)。
683	600815	厦工股份	2006-3-15	送 股	非流通股东向流通股东每10股送3.2股。
684	600816	安信信托	2006-5-8	资产重组	非流通股东决定将股权分置改革与资产重组相结合,通过资产置换,注入优质资产,置出不良资产。
685	600817	*ST宏盛	2005-8-17	送 股	非流通股东向流通股东每10股送5股。
686	600818	中路股份	2005-12-13	送 股	非流通股东向A股流通股东每10股送5股。
687	600819	耀皮玻璃	2006-2-8	送 股	非流通股东向A股流通股股东每10股送3.5股。
688	600820	隧道股份	2006-1-11	送股,资产重组	公司本次股权分置改革拟与重大资产重组相结合,非流通股东向流通股东每10股送3.0股。
689	600821	津 劝 业	2006-8-25	送 股	上市公司向全体流通股东每10股转增8.5股(相当于流通股股东每10股获得3股的对价)。
690	600822	上海物贸	2006-1-13	送 股	非流通股东向A股流通股股东每10股送3.0股。
691	600823	世茂股份	2006-8-22	送 股	上市公司向全体流通股东每10股转增2.59股(相当于流通股股东每10股获得1.2股的对价)。
692	600824	益民商业	2005-12-1	送 股	非流通股东向流通股东每10股送3.2股。
693	600825	新华传媒	2006-10-17	派现,资产重组	新华集团以其持有的新华传媒100%股权与公司除尚未使用的募集资金以外的全部商业类资产(含负债)进行资产置换;上市公司向全体股东每10派2.3元,新华集团拟向流通股股东每10股送13.2元对价,流通股东每10股实得15.5元现金。
694	600826	兰生股份	2006-1-19	送 股	非流通股东向流通股东每10股送4股。
695	600827	友谊股份	2006-7-3	送 股	非流通股东向A股流通股东每10股送2.5股。
696	600828	成商集团	2006-6-8	送 股	非流通股东向流通股东每10股送2股。
697	600829	三精制药	2006-11-9	派 现	非流通股东向流通股东每10股送现金23.65元。
698	600830	香溢融通	2006-10-24	送 股	上市公司向全体流通股东每10股转增6.6股(相当于流通股股东每10股获得2股的对价)。
699	600831	广电网络	2006-1-17	送股,派现	上市公司向全体股东每10股送红股0.439股派现金0.0488元(含税),非流通东向流通股每10股送2.06997股,流通股股东每10股实得2.6股和现金0.0488元。
700	600832	东方明珠	2005-8-5	送 股	非流通股东向流通股东每10股送4股。
701	600833	第一医药	2006-7-12	送 股	非流通股东向流通股东每10股送2.5股。
702	600834	申通地铁	2005-11-9	送 股	非流通股东向流通股东每10股送3股。
703	600835	上海机电	2006-8-17	派现,资产重组	非流通股东向A股流通股东每10股送现金5元。电气集团以现金方式收购公司所持有的永新彩管24%股权。
704	600836	界龙实业	2005-11-2	送 股	非流通股东向流通股东每10股送3股。
705	600837	海通证券	2005-11-8	送 股	非流通股东向流通股东每10股送3股。
706	600838	上海九百	2006-3-22	送 股	非流通股东向流通股东每10股送3股。
707	600839	四川长虹	2006-4-12	送 股	非流通股东向流通股东每10股送3.4股。
708	600840	新湖创业	2006-10-30	送 股	非流通股东向流通股东每10股送0.75股,上市公司向流通股东每10股转增1股(相当于流通股股东每10股获送1.27股)。
709	600841	上柴股份	2006-5-15	派 现	非流通股东向A股流通股东每10股送现金16元。
710	600842	中西药业	2006-1-18	资产重组	上药集团向中西药业注入现金人民币3.5亿元和上海远东制药机械总厂权益性资产,接替申华控股为中西药业借款所承担的连带担保责任和其他义务。五家非流通股股东向上药集团支付其持有公司股份的30%。
711	600843	上工申贝	2006-6-15	送 股	非流通股东向A股流通股东每10股送6股。
712	600844	丹化科技	2007-4-26	送 股	非流通股东向A股流通股东每10股送3股。
713	600845	宝信软件	2006-6-28	送 股	非流通股东向A股流通股东每10股送3.4股。
714	600846	同济科技	2006-3-10	送 股	非流通股东向流通股东每10股送3股。
715	600847	ST渝万里	2006-6-30	送 股	非流通股东向流通股东每10股送2.5股。

续表 19 Continued 19

序号 No.	证券代码 Code	名称 Companies	实施复牌日 Resumption of Trading Date	类型 Type	对价方案摘要 Abstract of Compensation Package
716	600848	自仪股份	2006-10-26	送 股	非流通股东向A股流通股东每10股送4.5股。
717	600849	上海医药	2006-7-17	派现，认沽权利	非流通股东向流通股股东每10股派送10份认沽权利。即方案实施之日起第十个完整月份的倒数第三个交易日登记在册的全体无限售条件的流通股股东，在该月份最后一个交易日，有权将其持有的无限售条件的流通股份以每股5.1元的行权价格出售给上药集团。
718	600850	华东电脑	2006-3-6	送 股	非流通股东向流通股股东每10股送3.4股。
719	600851	海欣股份	2006-2-9	送 股	非流通股东向A股流通股股东每10股送3.2股。
720	600853	龙建股份	2006-10-13	送 股	上市公司向全体流通股东每10股转增6股(相当于流通股股东每10股获得3.5股的对价)。
721	600854	*ST春兰	2006-7-17	送 股	非流通股东向流通股东每10股送3.3股。
722	600855	航天长峰	2006-5-18	送 股	上市公司向全体流通股东每10股转增5.72股(相当于流通股股东每10股获得2.1股的对价)。
723	600856	长百集团	2006-8-31	送 股	上市公司向全体流通股东每10股转增6.06343股(相当于流通股股东每10股获得2.5股的对价)。
724	600857	工大首创	2006-8-11	送 股	上市公司向全体流通股东每10股转增3.5股(相当于流通股股东每10股获得1.57股的对价)。
725	600858	银座股份	2006-5-18	送 股	非流通股东向流通股东每10股送1.5股。
726	600859	王 府 井	2006-12-18	派 现	非流通股东向流通股东每10股送30元现金。
727	600860	北人股份	2006-3-31	送 股	非流通股东向A股流通股股东每10股送3.8股。
728	600861	北京城乡	2006-6-9	缩 股	非流通股份按照1：0.627的缩股比例单向缩股。
729	600862	南通科技	2008-1-18	送股，注资	南通科工贸向纵横国际划付现金47,723,732.47元，注资6500万元，非流通股东向流通股东每10股送1股。
730	600863	内蒙华电	2006-4-24	送 股	非流通股东向流通股东每10股送3.5股。
731	600864	哈投股份	2006-6-15	送 股	非流通股东向流通股东每10股送3股。
732	600865	百大集团	2008-5-14	送股，派现	上市公司向全体股东每10股转增3.95股，非流通股东向流通股东每10股送0.333股，派现9.91元(流通股股东每10股实得4.4148股，现金13.82元，相当于每10股获送2.83股)。
733	600866	星湖科技	2005-11-28	送 股	非流通股东向流通股东每10股送3.5股。
734	600867	通化东宝	2006-6-7	送 股	非流通股东向流通股东每10股送1股，上市公司向全体流通股东每10股转增4股，流通股东每10股实得5股。
735	600868	ST梅雁	2006-8-28	送 股	上市公司向全体股东每10股转增4.9股，非流通股东向流通股东每10股送1股(流通股东实得6.39股)。
736	600869	三普药业	2006-1-16	送 股	非流通股东向流通股股东每10股送2.0股。
737	600870	*ST厦华	2006-9-8	送 股	非流通股东向流通股东每10股送2.5股。
738	600872	中炬高新	2006-5-17	送 股	上市公司向全体流通股东每10股转增11股(相当于流通股股东每10股获得3.05股的对价)。
739	600873	五洲明珠	2006-6-6	送 股	非流通股东向流通股东每10股送2.8股。
740	600874	创业环保	2006-4-20	送 股	非流通股东向A股流通股东每10股送3.7股。
741	600875	东方电气	2006-4-17	送 股	非流通股东向A股流通股东每10股送2.7股。
742	600876	ST洛玻	2006-6-8	送 股	非流通股东向A股流通股东每10股送4.2股。
743	600877	中国嘉陵	2006-8-11	送 股	上市公司向全体流通股东每10股转增9.718股(相当于流通股股东每10股获得3.6股的对价)。
744	600879	火箭股份	2006-2-13	送 股	上市公司向全体流通股东每10股转增6.8股。
745	600880	博瑞传播	2006-1-18	送 股	非流通股东向流通股股东每10股送3.1股。
746	600881	亚泰集团	2006-8-10	送 股	非流通股东向流通股东每10股送1.5股，上市公司向流通股东每10股转增6股。流通股东每10股实得7.5股。
747	600882	大成股份	2006-4-17	送 股	非流通股东向流通股东每10股送3.2股。
748	600883	博闻科技	2006-7-7	送 股	上市公司向全体流通股东每10股送2.263转增3.737股(相当于流通股股东每10股获得3.43股的对价)。
749	600884	杉杉股份	2006-4-25	送 股	非流通股东向流通股东每10股送1股。
750	600885	力诺太阳	2006-8-3	送 股	上市公司向全体流通股东每10股转增4.8股(相当于流通股股东每10股获得2.5股的对价)。
751	600886	国投电力	2005-8-9	送 股	非流通股东向流通股东每10股送2.6股。
752	600887	*ST伊利	2006-4-24	送股，权证，派现	上市公司向全体股东按每10股转增股本3.2股，非流通股东向流通股东每10股送1.19股(基于转增前股本)(流通股东实得4.39股)，派发3份存期续1年、行权价8元的欧式认股权证；上市公司向全体股东每10股派送现金2.6元，非流通股东向流通股东每10股送现金1.347元(基于转增前股本)。

续表 20 Continued 20

序号 No.	证券代码 Code	名称 Companies	实施复牌日 Resumption of Trading Date	类型 Type	对价方案摘要 Abstract of Compensation Package
753	600888	新疆众和	2006-5-24	送 股	上市公司向全体流通股东每10股转增5.09股(相当于流通股股东每10股获得3.2股的对价)。
754	600889	南京化纤	2006-11-1	送 股	非流通股东向流通股东每10股送3.2股。
755	600890	*ST中房	2007-1-5	送 股	上市公司向全体流通股东每10股转增4.6股(相当于流通股股东每10股获得2.2股的对价)。
756	600892	*ST湖科	2009-2-27	送股,资产重组	向全体股东每10股转增2.5股,流通股股东每10股将增加为15.809股,相当于流通股股东每10股流通股获送2.65股对价股份;华星氟化学以豁免湖大科教公司1,400万元债务作为对价,相当于流通股股东每10股获付0.60股。相当于每持有10股流通股可获付3.25股。
757	600893	航空动力	2008-11-20	送股,资产重组	非流通股东向流通股东每10股送0.50股。
758	600894	广钢股份	2006-4-17	缩 股	非流通股份按照1:0.6608的缩股比例单向缩股,相当于流通股股东每10股流通股获付3.5股股份。
759	600895	张江高科	2005-10-24	送 股	非流通股东向流通股东每10股送3.5股。
760	600896	中海海盛	2006-4-24	送 股	上市公司向全体流通股股东每10股转增8.32股。
761	600897	厦门空港	2006-7-3	送 股	上市公司向全体流通股东每10股转增4.12股(相当于流通股股东每10股获得2.8股的对价)。
762	600898	*ST三联	2007-7-12	送 股	上市公司向全体流通股东每10股送股3股(相当于流通股股东每10股获得1.18股的对价)。
763	600900	长江电力	2005-8-15	送股,权证,派现	上市公司向全体股东每10股送0.421股和1.74元现金,非流通股东向流通股东每10股送1.25股和现金4.14元(按转增前股本),流通股东每10股实得1.67股和5.88元。上市公司向全体股东派发1.5份存续期18个月、行权价5.5元的欧式认股权证。
764	600960	滨州活塞	2006-3-28	送 股	非流通股东向流通股东每10股送3.2股。
765	600961	株冶集团	2005-11-2	送 股	非流通股东向流通股东每10股送3.5股。
766	600962	国投中鲁	2006-3-28	送 股	非流通股东向流通股东每10股送3.5股。
767	600963	岳阳纸业	2005-12-6	送 股	非流通股东向流通股东每10股送3股。
768	600965	福成五丰	2006-7-11	送 股	非流通股东向流通股东每10股送3股。
769	600966	博汇纸业	2005-11-7	送 股	非流通股东向流通股东每10股送3股。
770	600967	北方创业	2006-5-11	送 股	非流通股东向流通股东每10股送3.4股。
771	600969	郴电国际	2006-7-7	送 股	非流通股东向流通股东每10股送3.2股。
772	600970	中材国际	2006-7-6	送 股	非流通股东向流通股东每10股送2.5股。
773	600971	恒源煤电	2006-2-15	送股,派现	上市公司向全体股东每10股送10元,非流通股东向流通股东每10股送2.2股和6元现金,流通股东每10股实得2.2股和现金16元。
774	600973	宝胜股份	2005-8-11	送 股	非流通股东向流通股东每10股送3.5股。
775	600975	新 五 丰	2006-9-6	送 股	非流通股东向流通股东每10股送3.5股。
776	600976	武汉健民	2006-5-8	送 股	非流通股东向流通股东每10股送2.5股。
777	600978	宜华木业	2005-12-21	送 股	非流通股东向流通股东每10股送3股。
778	600979	广安爱众	2006-9-28	送 股	非流通股东向流通股东每10股送2.8股。
779	600980	北矿磁材	2006-4-24	送 股	非流通股东向流通股东每10股送3.3股。
780	600981	江苏开元	2006-4-6	送 股	非流通股东向流通股东每10股送3.5股。
781	600982	宁波热电	2006-3-20	送 股	非流通股东向流通股股东每10股送3股。
782	600983	合肥三洋	2006-4-11	送 股	非流通股东向流通股东每10股送3股。
783	600984	ST建机	2006-8-1	送 股	非流通股东向流通股东每10股送3.8股。
784	600985	雷鸣科化	2006-2-9	送 股	非流通股东向流通股东每10股送3.32股。
785	600986	科达股份	2006-4-7	送 股	非流通股东向流通股东每10股送2.7股。
786	600987	航民股份	2006-5-25	送 股	上市公司向全体流通股东每10股转增4.8股(相当于流通股股东每10股获得2.95股的对价)。
787	600988	ST宝龙	2007-4-20	送 股	上市公司向全体流通股东每10股转增3.6232股(相当于流通股股东每10股获得2.38股的对价)。
788	600990	四创电子	2006-6-21	送 股	非流通股东向流通股东每10股送3.1股。
789	600991	长丰汽车	2006-7-27	送 股	非流通股东向流通股东每10股送3.8股。
790	600992	贵绳股份	2006-7-6	送 股	非流通股东向流通股东每10股送3.3股。
791	600993	马 应 龙	2006-7-19	送股,派现	非流通股东向流通股东每10股送2股和现金5.43元。
792	600995	文山电力	2006-9-22	送 股	上市公司向全体流通股东每10股转增6.44股(相当于流通股股东每10股获得3股的对价)。
793	600997	开滦股份	2006-1-13	送 股	非流通股东向流通股股东每10股送3.3股。

数据来源:上海证券交易所
Source: Shanghai Stock Exchange

5－26 深圳证券交易所股改公司一览表

List of Nontradable Shares Reform Listed Companies in Shenzhen Stock Exchange

序号 No.	证券代码 Code	名称 Companies	获准公告日 Announcement Date	实施复牌日 Resumption of Trading Date	类型 Type	对价方案摘要 Abstract of Compensation Package
1	000001	深发展A	2007－05－24	2007－6－20	送股,权证,派现	上市公司向全体流通股东每10股送红股1股派现金0.09元(相当于流通股股东每10股获得0.257股的对价),派发1份存续期6个月、行权价19元的百慕大式认股权证,派发0.5份存续期12个月、行权价19元的百慕大式认股权证。
2	000002	万科A	2005－10－19	2005－12－2	权证	非流通股东向A股流通股东每10股派发8份存续期9个月、行权价3.73元的百慕大式认沽权证。
3	000004	＊ST国农	2006－07－05	2006－8－18	送股	非流通股东向流通股东每10股送2.5股。
4	000005	世纪星源	2006－05－24	2006－7－31	送股	上市公司向全体流通股股东每10股转增5.5股和非流通股东向流通股东每10股送1股。
5	000006	深振业A	2005－11－23	2006－1－12	送股	非流通股东向流通股东每10股送2股。
6	000007	ST达声	2006－07－12	2006－8－14	送股	上市公司向全体流通股东每10股转增5.2股(相当于流通股股东每10股获得1.8股的对价)。
7	000008	ST宝利来	2005－10－26	2005－12－13	送股	非流通股东向流通股东每10股送2.0股。
8	000009	中国宝安	2006－01－07	2008－5－16	送股	上市公司向流通股东每10股转增1.37996股,非流通股东向流通股东每10股送1.492283股,流通股东每10股实得2.872243股。
9	000011	深物业A	2009－9－2	2009－11－3	送股	非流通股东向A股流通股东每10股送3.9股。
10	000012	南玻A	2006－03－15	2006－5－24	送股	非流通股东向A股流通股东每10股送3.55股。
11	000014	沙河股份	2005－12－28	2006－3－6	送股	非流通股东向流通股股东每10股送2.7股。
12	000016	深康佳A	2006－02－13	2006－3－30	送股	非流通股东向A股流通股东每10股送2.5股。
13	000018	＊ST中冠A	2006－04－19	2006－6－16	送股	非流通股东向A股流通股东每10股送3.5股。
14	000019	深深宝A	2006－06－29	2006－7－27	送股	非流通股东向A股流通股东每10股送3.8股。
15	000020	深华发A	2006－10－20	2007－5－18	送股,资产重组	中恒集团对公司进行资产重组,非流通股东向A股流通股东每10股送1.5股。
16	000021	长城开发	2006－02－21	2006－5－22	送股	非流通股东向流通股东每10股送3股。
17	000022	深赤湾A	2006－04－08	2006－5－30	送股,派现,认沽权利	非流通股东向A股流通股东每10股送1股和现金11.5元,并向A股流通股东每10股赋予8份存续期12个月、行权价13元的认沽权利。
18	000023	深天地A	2006－01－24	2006－3－17	送股	非流通股东向流通股东每10股送3.1股。
19	000024	招商地产	2005－12－24	2006－2－9	送股,派现	非流通股东向A股流通股东每10股送2股及现金3.14元。
20	000025	特力A	2005－11－23	2006－1－4	送股	非流通股东向A股流通股东每10股送4股。
21	000026	飞亚达A	2007－09－28	2007－11－9	送股	非流通股东向A股流通股东每10股送3.1股。
22	000027	深圳能源	2006－04－01	2006－4－26	送股,权证,派现	非流通股东向流通股东每10股送1.35股和现金2.6元,派发9份存续期6个月、行权价7.12元的百慕大式认沽权证。
23	000028	一致药业	2006－03－22	2006－4－28	送股	非流通股东向A股流通股东每10股送3股。
24	000029	深深房A	2005－12－28	2006－2－17	送股	非流通股东向A股流通股股东每10股送4.8股。
25	000030	＊ST盛润A	2006－12－18	2008－12－29	送股	非流通股东向A股流通股东每10股送5股。
26	000031	中粮地产	2005－12－28	2006－2－14	送股,派现	非流通股东向流通股股东每10股送2.6股和现金1.7元(不含税),流通股股东每10股实际得到2.6股和现金2.7元(含税0.1元)。
27	000032	深桑达A	2006－01－04	2006－2－7	送股	非流通股东向流通股股东每10股送3.2股。
28	000033	新都酒店	2006－01－04	2006－4－13	送股	上市公司向全体流通股股东每10股转增6.2股。
29	000034	＊ST深泰	2006－12－01	2008－7－14	送股	上市公司向全体流通股东每10股转增5.5321股(相当于流通股股东每10股获得3.5股的对价)。
30	000035	ST科健	2006－11－08	2007－1－16	送股	上市公司向全体流通股东每10股转增8股(相当于流通股股东每10股获得3.91股的对价)。

续表 1　Continued 1

序号 No.	证券代码 Code	名称 Companies	获准公告日 Announcement Date	实施复牌日 Resumption of Trading Date	类型 Type	对价方案摘要 Abstract of Compensation Package
31	000036	*ST 华控	2006-03-01	2006-3-28	送 股	上市公司向全体股东每10股转增15股，非流通股东向流通股东每10股送1.5股(流通股东实得18.75股)。
32	000037	深南电 A	2006-02-10	2006-3-28	送股，派现	非流通股东向A股流通股东每10股送2.3474股和现金4.1522元。
33	000038	*ST 大通	2008-04-02	—	送股，资产重组	上市公司向全体流通股东每10股转增3股(相当于流通股股东每10股获得2.22股的对价)，潜在非流通股股东亚星实业向深大通赠与资产(资产为2家房地产公司股权，股权对应净资产合计约2.09亿元)，公司原有非流通股股东按10：6.5的比例向亚星实业赠送股份。
34	000039	中集集团	2006-04-06	2006-5-24	权 证	非流通股东向A股流通股东每10股派发7份存续期18个月、行权价10元的百慕大式认沽权证。
35	000040	深 鸿 基	2005-12-26	2006-2-28	送 股	非流通股东向流通股股东每10股送2.8股。
36	000042	深 长 城	2006-07-05	2006-9-1	送股，派现	非流通股东向流通股东每10股送2.158股和现金8.841元。
37	000043	中航地产	2006-01-25	2006-4-11	送 股	非流通股东向流通股东每10股送3.0股。
38	000045	深纺织 A	2006-08-07	2006-9-11	送 股	非流通股东向A股流通股东每10股送4.1股。
39	000046	泛海建设	2006-02-11	2006-3-24	送 股	非流通股东向流通股东每10股送2.2股。
40	000048	ST 康达尔	2005-12-28	2006-2-14	送股，资产重组	非流通股东向流通股股东每10股送3.3股。非流通股股东向流通股股东和中国长城资产管理有限公司共计送出49,122,069股本公司非流通股股份，相当于流通股股东每持有10股获得3.59股对价安排。
41	000049	德赛电池	2005-11-23	2005-12-27	送 股	非流通股东向流通股东每10股送2.8股。
42	000050	深天马 A	2006-01-25	2006-4-26	送 股	非流通股东向流通股东每10股送3.2股。
43	000055	方 大 A	2006-03-02	2006-4-10	送 股	上市公司向全体A股流通股东每10股转增6.8324股(相当于A股流通股股东每10股获得4.145股的对价)。
44	000056	深国商	2005-11-07	2006-1-6	送 股	非流通股东向A股流通股东每10股送3.5股。
45	000058	ST 赛格	2006-05-20	2006-6-14	送 股	上市公司向全体A股流通股东每10股转增4.6445股(相当于A股流通股股东每10股获得3.55股的对价)。
46	000059	辽通化工	2005-09-21	2005-10-25	送 股	非流通股东向流通股东每10股送3.8股。
47	000060	中金岭南	2005-09-22	2005-11-18	送 股	非流通股东向流通股东每10股送2.8股。
48	000061	农 产 品	2005-07-14	2005-9-12	认沽权利	深圳市国资委以承诺形式赋予全体流通股股东以4.25元/股的价格溢价出售股票的权利。
49	000062	深圳华强	2006-03-21	2006-5-15	送 股	上市公司向全体流通股东每10股转增3股(相当于流通股股东每10股获得1.3786股的对价)。
50	000063	中兴通讯	2005-11-23	2005-12-29	送 股	非流通股东向A股流通股东每10股送2.5股。
51	000065	北方国际	2005-10-12	2005-11-11	送 股	非流通股东向流通股东每10股送3.6股。
52	000066	长城电脑	2006-02-21	2006-5-15	送 股	非流通股东向流通股东每10股送3.2股。
53	000068	赛格三星	2007-10-17	2008-1-14	送 股	上市公司向全体流通股东每10股转增4.6028股(相当于流通股股东每10股获得2.8股的对价)。
54	000069	华侨城 A	2005-11-24	2006-1-6	送股，权证	非流通股东向流通股东每10股送2.8股，上市公司向流通股股东每10股派发3.8份存续期12月、行权价7元的百慕大式认股权证。
55	000070	特发信息	2005-11-07	2006-1-10	送 股	非流通股东向流通股东每10股送3.8股。
56	000078	海王生物	2006-03-15	2006-4-13	送 股	上市公司向全体流通股东每10股转增8.85股(相当于流通股股东每10股获得3.203股的对价)。
57	000088	盐 田 港	2006-02-17	2006-3-17	送股，派现	非流通股东向流通股东每10股送2.5股和现金6.53元。
58	000089	深圳机场	2005-11-09	2005-12-16	送股，资产重组	非流通股东向流通股东每10股送2.6股。
59	000090	深 天 健	2005-11-23	2006-1-11	送 股	非流通股东向流通股东每10股送3.1股。
60	000096	广聚能源	2005-12-29	2006-2-6	送 股	非流通股东向流通股股东每10股送3.6股。
61	000099	中信海直	2005-12-27	2006-2-7	送 股	非流通股东向流通股股东每10股送3.2股。
62	000100	TCL 集团	2005-11-28	2006-4-20	送 股	非流通股东向流通股股东每10股送2.5股。

续表 2 Continued 2

序号 No.	证券代码 Code	名称 Companies	获准公告日 Announcement Date	实施复牌日 Resumption of Trading Date	类型 Type	对价方案摘要 Abstract of Compensation Package
63	000150	宜华地产	2007-01-18	2007-11-2	送股,资产重组	非流通股东向流通股东每10股送1股。与青鸟天桥,宜华集团进行资产重组,以改善公司财务状况与资产质量、提高公司盈利能力、促进公司可持续发展作为对价安排。
64	000151	中成股份	2006-02-24	2006-3-31	送 股	非流通股东向流通股东每10股送3.3股。
65	000153	丰原药业	2005-12-10	2006-1-13	送 股	非流通股东向流通股东每10股送3.5股。
66	000155	川化股份	2006-02-24	2006-3-21	送 股	非流通股东向流通股股东每10股送3.2股。
67	000156	*ST嘉瑞	2007-01-06	—	送 股	上市公司向全体流通股东每10股转增5.4062股(相当于流通股股东每10股获得2.5股的对价)。
68	000157	中联重科	2006-05-18	2006-7-14	送 股	非流通股东向流通股东每10股送3.2股。
69	000158	常山股份	2005-11-30	2006-1-13	送 股	非流通股东向流通股东每10股送3.5股。
70	000159	国际实业	2006-06-14	2006-7-20	送 股	上市公司向全体流通股东每10股转增4.68股(相当于流通股股东每10股获得2.33股的对价)。
71	000301	东方市场	2006-04-07	2006-5-24	差价补偿	股权分置改革方案实施后首个交易日起十二个月内最后30个交易日,如果股票加权平均价格低于3.50元/股,流通股东可以获得的现金差价按上述30个交易日公司每股加权平均价格与3.50元的差额计算。每股最高补差限额为1.7元。
72	000400	许继电气	2005-10-19	2005-11-17	送 股	非流通股东向流通股东每10股送3.2股。
73	000401	冀东水泥	2006-04-05	2006-5-24	送 股	非流通股东向流通股东每10股送3.2股。
74	000402	金 融 街	2006-03-02	2006-4-5	送 股	非流通股东向流通股东每10股送2.1股。
75	000404	华意压缩	2006-11-24	2006-12-20	送 股	上市公司向全体流通股东每10股转增6.674股(相当于流通股股东每10股获得3.4股的对价)。
76	000407	胜利股份	2006-06-07	2006-7-11	送 股	上市公司向全体流通股东每10股转增4股(相当于流通股东每10股获得1.29股的对价)。
77	000408	ST玉源	2006-04-29	2006-7-3	送 股	上市公司向全体流通股东每10股转增6.25股(相当于流通股股东每10股获得3.3股的对价)。
78	000409	ST泰格	2006-06-02	2006-9-26	资产重组	蚌埠市第一污水处理厂以5,299.25万元现金置换公司合计经审计账面原值5,299.25万元的应收款项和提取受限的银行存款。
79	000410	沈阳机床	2006-01-18	2006-3-1	送 股	非流通股东向流通股东每10股送3.3股。
80	000411	英特集团	2006-07-29	2006-9-12	送 股	非流通股东向流通股东每10股送2.8股。
81	000413	宝 石 A	2006-02-13	2006-3-29	送 股	非流通股东向A股流通股东每10股送4.3股。
82	000415	汇通集团	2006-04-26	2006-6-27	送 股	上市公司向全体股东每10股转增2.88股,非流通股东向流通股东每10股送3.2股(流通股东实得7股)。
83	000416	民生投资	2006-07-01	2006-8-9	送 股	上市公司向全体流通股东每10股送5.5股(相当于流通股股东每10股获得1.9股的对价)。
84	000417	合肥百货	2006-01-04	2006-2-28	送 股	非流通股东向流通股东每10股送3.2股。
85	000418	小天鹅A	2006-06-28	2006-8-7	送 股	非流通股东向A股流通股东每10股送2.5股。
86	000419	通程控股	2006-05-27	2006-6-21	送 股	非流通股东向流通股东每10股送3.7股。
87	000420	吉林化纤	2006-03-04	2006-4-6	送 股	非流通股东向流通股东每10股送3.2股。
88	000421	南京中北	2006-07-24	2007-1-9	送股,资产重组	上市公司向全体流通股东每10股转增3.71955股(相当于流通股股东每10股获得2股的对价)。南京城建集团承担不良债权及其损失,南京万众企业归还剩余占用款。
89	000422	湖北宜化	2006-03-08	2006-4-20	送 股	非流通股东向流通股东每10股送2.5股。
90	000423	东阿阿胶	2007-05-08	2007-6-1	送股,权证	上市公司向全体流通股东每10股转增4股(相当于流通股股东每10股获得0.925股的对价),转增后向全体股东每10股派2.5份行权价为5.5元的认购权证。
91	000425	徐工科技	2006-11-29	2006-12-28	送 股	非流通股东向流通股东每10股送3.2股。
92	000426	富龙热电	2006-03-08	2006-4-7	送 股	非流通股东向流通股东每10股送3.5股。
93	000428	华天酒店	2006-02-17	2006-3-13	送 股	非流通股东向流通股东每10股送3.8股。
94	000429	粤高速A	2005-11-30	2006-2-17	送 股	非流通股东向A股流通股东每10股送3.1股。

续表 3 Continued 3

序号 No.	证券代码 Code	名称 Companies	获准公告日 Announcement Date	实施复牌日 Resumption of Trading Date	类型 Type	对价方案摘要 Abstract of Compensation Package
95	000430	ST 张家界	2009-04-21	2009-6-8	送　股	上市公司向流通股东每 10 股转增 4.9 股(相当于流通股股东每 10 股获送 2.43273 股)。
96	000488	晨鸣纸业	2006-02-10	2006-3-29	送　股	非流通股东向 A 股流通股东每 10 股送 2.6 股。
97	000498	*ST 丹化	2006-01-11	2006-4-18	送　股	非流通股东向流通股股东每 10 股送 3.4 股。
98	000501	鄂武商 A	2006-01-14	2006-4-3	送　股	非流通股东向流通股东每 10 股送 3.5 股。
99	000502	绿景地产	2006-10-11	2007-1-10	送　股	上市公司向全体流通股东每 10 股转增 5.1 股(相当于流通股股东每 10 股获得 2.72 股的对价)。
100	000503	海虹控股	2006-03-04	2006-5-16	送　股	非流通股东向流通股东每 10 股送 3 股。
101	000504	赛迪传媒	2006-12-01	2007-1-15	送　股	非流通股东向流通股东每 10 股送 3 股。
102	000505	*ST 珠江	2006-07-15	2006-8-17	送股,资产重组	珠江控股将其持有的北京飞凯生物技术、北京新立基真空玻璃技术、北京市万网元通信技术、北京市迪瑞计算机技术、中经网数据五家科技类公司的股权溢价出售给北京新兴,冲减珠江控股向北京新兴借款本金6,404.89万元,同时豁免应支付给北京新兴的借款利息 5,995.02 万元。
103	000506	ST 中润	2006-12-07	2009-6-5	送　股	上市公司向全体流通股东每 10 股转增 3.5 股(相当于流通股股东每 10 股获得 1.2248 股的对价)。
104	000507	粤 富 华	2006-07-08	2006-12-26	送股,资产重组	与珠海国资委进行资产置换,非流通股东向流通股东每 10 股送 2 股
105	000510	金路集团	2006-06-07	2006-7-11	送　股	非流通股东向流通股东每 10 股送 2 股。
106	000511	银基发展	2006-05-19	2006-6-15	送　股	上市公司向全体流通股东每 10 股转增 3.8 股(相当于流通股股东每 10 股获得 1.028 股的对价)。
107	000513	丽珠集团	2006-06-08	2006-12-11	送　股	非流通股东向 A 股流通股东每 10 股送 1 股。
108	000514	渝 开 发	2005-10-22	2005-12-1	送股,注资	全体非流通股股东向上市公司注入 1.0226 亿元现金,上市公司以现金注入而增加的部分资本公积金向全体股东每 10 股转增 5 股。
109	000516	开元控股	2006-01-14	2006-3-31	送　股	上市公司向流通股东每 10 股转增 4.091 股。
110	000517	*ST 成功	2008-01-16	—	送股,派现	非流通股东向流通股东每 10 股送 1.00 股和现金 2.92 元。
111	000518	*ST 生物	2006-10-18	2006-12-6	送　股	非流通股东向流通股东每 10 股送 0.8 股。
112	000519	银河动力	2006-02-22	2006-3-24	送　股	非流通股东向流通股东每 10 股送 3.2 股。
113	000520	长航凤凰	2006-06-03	2006-7-14	送　股	非流通股东向流通股东每 10 股送 1 股,上市公司向流通股东每 10 股转增 5.27 股(相当于流通股股东每 10 股获送 2.75 股)。
114	000521	美菱电器	2007-01-20	2007-8-27	送　股	非流通股东向 A 股流通股东每 10 股送 1.5 股。
115	000522	白云山 A	2006-03-15	2006-4-17	送　股	上市公司向全体流通股东每 10 股转增 6.05 股(相当于流通股股东每 10 股获得 2.809 股的对价)。
116	000523	广州浪奇	2005-11-09	2005-12-30	缩　股	非流通股份按照 1:0.58 的缩股比例单向缩股。
117	000524	东方宾馆	2006-01-04	2006-2-22	送　股	非流通股东向流通股东每 10 股送 3.2 股。
118	000525	红 太 阳	2006-04-26	2006-6-7	送　股	非流通股东向流通股东每 10 股送 3.4 股。
119	000526	旭飞投资	2006-01-16	2006-3-1	送　股	上市公司向全体流通股东每 10 股转增 5.17 股。
120	000527	美的电器	2006-02-25	2006-3-22	送股,派现	非流通股东向流通股东每 10 股送 1.0 股和 5 元现金。
121	000528	柳　　工	2006-02-10	2006-3-17	送　股	非流通股东向流通股东每 10 股送 3 股。
122	000529	*ST 美雅	2008-09-03	—	送股,资产重组	广弘公司以豁免本公司 21,919.11 万元债务和赠送 9,000 万元现金作为本次股权分置改革的对价,非流通股东向流通股东每 10 股送 1.00 股。
123	000530	大冷股份	2005-12-07	2006-1-9	送　股	非流通股东向 A 股流通股东每 10 股送 3.0 股。
124	000531	穗恒运 A	2006-01-04	2006-2-20	送股,派现	非流通股东向流通股东每 10 股送 1 股和现金 9.27 元,流通股股东每 10 股实际得到 1 股和现金 15.57 元(含税)。
125	000532	力合股份	2006-06-09	2006-9-28	送　股	非流通股东向流通股东每 10 股送 0.9 股,上市公司向流通股东每 10 股转增 5 股.(相当于流通股股东每 10 股获送 3.0956 股)。
126	000533	万 家 乐	2006-08-09	2007-2-15	送股,资产重组	非流通股东向流通股东每 10 股送 1.5 股。公司控股股东广州汇顺之实际控制人广州三新协调顺德区政府共同出资收购构成万家乐不良资产的七宗物业。其中广州三新收购两宗物业,作价 131,715,182.18 元。

续表 4 Continued 4

序号 No.	证券代码 Code	名称 Companies	获准公告日 Announcement Date	实施复牌日 Resumption of Trading Date	类型 Type	对价方案摘要 Abstract of Compensation Package
127	000534	汕电力 A	2006-05-30	2006-8-11	送 股	上市公司向全体流通股东每 10 股转增 5.31 股(相当于流通股股东每 10 股获得 2.5 股的对价)。
128	000536	闽闽东	2009-01-19	2009-4-9	送 股	上市公司向全体流通股东每 10 股转增 5.00 股(相当于流通股股东每 10 股获得 2.64 股的对价)。
129	000537	广宇发展	2006-01-25	2006-3-17	送 股	上市公司向流通股东每 10 股转增 6.411 股。
130	000538	云南白药	2006-04-07	2006-5-29	送 股	上市公司向全体流通股东每 10 股转增 3.5815 股(相当于流通股股东每 10 股获得 2.2 股的对价)。
131	000539	粤电力 A	2005-11-16	2006-1-19	送 股	非流通股东向 A 股流通股东每 10 股送 3.1 股。
132	000540	中天城投	2006-11-11	2007-5-9	资产重组	拟采取股权转让后的潜在控股股东金世旗控股低价(1 元人民币)向公司转让一笔价值不低于 7000 万元的现金收益权,以提高公司资产质量的形式作为对价安排;其余非流通股股东将各自所持公司股份的 33.00%支付给金世旗控股。相当于每 10 股流通股获得非流通股股东支付的 1.90 股对价股份。
133	000541	佛山照明	2006-02-20	2006-4-24	派 现	非流通股东向 A 股流通股东每 10 股派现金 24.5 元。
134	000543	皖能电力	2006-01-24	2006-3-7	送 股	非流通股东向流通股东每 10 股送 3.3 股。
135	000544	中原环保	2006-06-07	2007-1-16	送股,资产重组	本公司将和磨料磨具业务相关的资产及部分负债与郑州市污水净化有限公司拥有的王新庄污水处理厂经营性资产进行置换,非流通股东向流通股东每 10 股送 0.5 股。
136	000545	吉林制药	2006-06-22	2006-7-28	送 股	非流通股东向流通股东每 10 股送 0.6 股,上市公司向流通股东每 10 股转增 3.32 股。
137	000546	光华控股	2006-03-06	2006-5-12	送股,资产重组	非流通股东向流通股东每 10 股送 1.8 股,转让子公司股权作价 62,000,000元,由光华实业以现金的形式支付给吉光华。
138	000547	闽福发 A	2006-05-08	2006-6-8	送 股	上市公司向全体股东每 10 股转增 2.5 股,非流通股东向流通股东每 10 股送 1.327914 股(流通股东实得 4.159892 股)。
139	000548	湖南投资	2006-07-12	2006-8-18	送 股	上市公司向全体流通股东每 10 股转增 9 股(相当于流通股股东每 10 股获得 2.96 股的对价)。
140	000550	江铃汽车	2005-12-14	2006-2-14	派 现	非流通股东向流通 A 股股东每 10 股送现金 13.40 元。
141	000551	创元科技	2006-03-01	2006-3-28	送股,派现	非流通股东向流通股东每 10 股送 2.5 股和 2.3 元现金。
142	000552	靖远煤电	2006-01-25	2006-3-30	资产重组	大股东靖远煤业有限责任公司豁免公司所欠的债务 59,006,356.01 元,因豁免债务而使公司增加的资本公积金为全体股东共同享有。
143	000553	沙隆达 A	2006-07-01	2006-8-3	送 股	非流通股东向 A 股流通股东每 10 股送 2.2 股。
144	000554	泰山石油	2007-02-01	2007-3-19	送 股	非流通股东向流通股东每 10 股送 2.3 股。
145	000555	ST 太光	2006-04-25	2006-6-8	送 股	上市公司向全体流通股东每 10 股转增 4 股(相当于流通股股东每 10 股获得 2.64 股的对价)。
146	000557	ST 银广夏	2006-01-25	2006-6-26	送股,资产重组	上市公司向流通股东每 10 股转增 3 股,非流通股股东承担公司与中小股民诉讼有关负债 104,031,710.66 元,非流通股股东向流通股东每 10 股追送 0.57176 股(转增前),流通股东实得 3.57176 股。
147	000558	莱茵置业	2006-03-14	2006-4-19	送股,资产重组	非流通股东向流通股东每 10 股送 2 股,莱茵达集团将其拥有的仪征公司 44%股权、扬州公司 16%股权与公司的无形资产一档口使用权(建筑面积为 4491.1718 平方米)进行置换。
148	000559	万向钱潮	2006-03-23	2006-4-21	送 股	非流通股东向流通股东每 10 股送 2.5 股。
149	000560	昆百大 A	2006-06-23	2006-9-25	送 股	非流通股东向流通股东每 10 股送 3 股。
150	000562	宏源证券	2006-05-08	2006-6-21	送 股	非流通股东向流通股东每 10 股送 3.2 股。
151	000563	陕国投 A	2006-06-29	2006-7-25	送股,资产重组	与大股东陕西省高速公路建设集团公司进行资产重组,上市公司向流通股东每 10 股转增 3.5 股。
152	000564	西安民生	2006-02-11	2006-3-14	送 股	上市公司向流通股东每 10 股转增 5 股。
153	000565	渝三峡 A	2006-03-29	2006-5-18	送股,资产重组	非流通股东向流通股东每 10 股送 1.8 股,化医集团、渝三峡签订的《资产置换协议》,化医集团以其拟出资设立的三峡英力 54.93%股权,置换渝三峡截止 2005 年 12 月 31 日合计经审计账面净值 5,492 万元的应收款项、存货和固定资产。

续表 5　Continued 5

序号 No.	证券代码 Code	名称 Companies	获准公告日 Announcement Date	实施复牌日 Resumption of Trading Date	类型 Type	对价方案摘要 Abstract of Compensation Package
154	000566	海南海药	2005-09-26	2005-11-21	送　股	非流通股东向流通股东每10股送3股。
155	000567	海德股份	2005-12-19	2006-2-17	送　股	非流通股东向流通股股东每10股送2.5股。
156	000568	泸州老窖	2005-09-28	2005-11-3	送　股	非流通股东向流通股东每10股送3股。
157	000570	苏常柴A	2006-05-24	2006-6-19	送　股	非流通股东向A股流通股东每10股送3.2股。
158	000571	新大洲A	2006-07-15	2006-11-13	送　股	非流通股东向流通股东每10股送2.3股。
159	000572	海马股份	2005-10-26	2005-12-5	送　股	非流通股东向流通股东每10股送3.0股。
160	000573	粤宏远A	2006-05-13	2006-6-16	送　股	上市公司向全体流通股东每10股转增5.869589股(相当于流通股股东每10股获得1.5股的对价)。
161	000576	*ST甘化	2006-01-23	2006-3-13	送　股	上市公司向流通股东每10股转增9.7股。
162	000578	盐湖集团	2007-07-04	2008-3-11	送股,资产重组	非流通股东向流通股东每10股送1.1747股。数码网络拟实施重组,本次重组方案包括盐湖集团受让数码网络股份、数码网络以新增股份换股吸收合并盐湖集团暨注销盐湖集团受让股份。公司本次股权分置改革方案与重组方案同步实施,互为前提。
163	000581	威孚高科	2006-03-04	2006-4-5	送　股	非流通股东向A股流通股东每10股送1.7股。
164	000582	北 海 港	2006-12-23	2007-5-22	送　股	非流通股东向流通股东每10股送3.2股。
165	000584	友利控股	2006-01-09	2006-3-28	送　股	非流通股东向流通股东每10股送3.5股。
166	000585	*ST东电	2006-03-20	2006-5-16	送　股	非流通股东向A股流通股东每10股送2.5股。
167	000586	*ST汇源	2005-10-26	2005-12-29	送　股	非流通股东向流通股东每10股送3.8股。
168	000589	黔轮胎A	2006-03-08	2006-4-6	送　股	非流通股东向流通股东每10股送3.6股。
169	000590	紫光古汉	2006-07-13	2006-8-31	送　股	非流通股东向流通股东每10股送3.5股。
170	000591	桐 君 阁	2007-01-05	2007-2-1	送　股	上市公司向全体流通股东每10股转增5.466股(相当于流通股股东每10股获得2.99股的对价)。
171	000592	中福实业	2007-09-29	2008-4-14	送股,资产重组	昌源投资股份有限公司本次股权分置改革拟与资产重组方案相结合。上市公司向全体流通股东每10股转增3股(相当于流通股股东每10股获得1.94股的对价)。
172	000593	大通燃气	2006-07-06	2006-9-12	送　股	上市公司向全体流通股东每10股转增5.3股(相当于流通股股东每10股获得3.037股的对价)。
173	000594	国恒铁路	2005-12-08	2006-1-10	送　股	非流通股东向流通股股东每10股送3.0股。
174	000595	西北轴承	2006-03-23	2006-4-21	送　股	上市公司向全体流通股东每10股转增6.36股(相当于流通股股东每10股获得3.2股的对价)。
175	000596	古井贡酒	2006-05-10	2006-6-19	送　股	非流通股东向A股流通股东每10股送4股。
176	000597	东北制药	2005-12-31	2006-2-14	送　股	非流通股东向流通股股东每10股送3.6股。
177	000598	蓝星清洗	2006-03-23	2006-4-17	送　股	非流通股东向流通股东每10股送3股。
178	000599	青岛双星	2005-10-22	2005-12-5	送　股	非流通股东向流通股东每10股送3.5股。
179	000600	建投能源	2005-09-22	2005-11-28	送　股	非流通股东向流通股东每10股送3.2股。
180	000601	韶能股份	2006-01-06	2006-2-23	送　股	上市公司向全体流通股股东每10股转增8.733股。
181	000602	金马集团	2005-11-12	2005-12-20	送　股	非流通股东向流通股东每10股送3股。
182	000603	*ST威达	2006-05-20	2006-6-30	送　股	上市公司向全体流通股东每10股转增10股(相当于流通股股东每10股获得5.94股的对价)。
183	000605	ST四环	2006-05-24	2006-6-21	送　股	上市公司向全体流通股东每10股转增5.2股(相当于流通股股东每10股获得3.45股的对价)。
184	000606	青海明胶	2005-11-19	2006-1-23	送　股	非流通股东向流通股股东每10股送3.2股。
185	000607	华立药业	2005-11-09	2005-12-22	送　股	上市公司向全体流通股东每10股转增6股。
186	000608	阳光股份	2005-11-30	2006-1-13	送　股	非流通股东向流通股东每10股送3.3股。
187	000609	绵世股份	2006-12-12	2007-1-29	送　股	上市公司向全体股东每10股转增1.5股,非流通股东向流通股东每10股送2.4562股,(相当于流通股股东每10股获送2.1359股)。
188	000610	西安旅游	2005-12-17	2006-2-14	送　股	非流通股东向流通股股东每10股送3.2股。

续表 6　Continued 6

序号 No.	证券代码 Code	名称 Companies	获准公告日 Announcement Date	实施复牌日 Resumption of Trading Date	类型 Type	对价方案摘要 Abstract of Compensation Package
189	000611	时代科技	2006-04-05	2006-8-2	送　股	上市公司向全体流通股东每 10 股转增 5.5 股(相当于流通股股东每 10 股获得 2.53 股的对价)。
190	000612	焦作万方	2006-05-29	2006-9-22	送　股	非流通股东向流通股东每 10 股送 3 股。
191	000613	ST 东海 A	2007-05-31	2007-8-8	送股,资产重组	非流通股东向 A 股流通股东每 10 股送 3 股,控股股东海口食品有限公司组织协调债务重组事宜,承接并最终豁免上市公司约 158,974,468.35元的债务,从根本上改善上市公司的财务状况;
192	000615	湖北金环	2006-01-09	2006-2-15	送　股	上市公司向全体流通股股东每 10 股转增 8 股。
193	000616	亿城股份	2006-06-13	2006-7-18	送　股	非流通股东向流通股东每 10 股送 1.3 股,上市公司向流通股东每 10 股转增 2.1 股(相当于流通股股东每 10 股获送 2.33 股)。
194	000617	石油济柴	2007-01-27	2007-3-6	送　股	非流通股东向流通股东每 10 股送 2.8 股。
195	000619	海螺型材	2006-02-22	2006-3-17	送　股	非流通股东向流通股东每 10 股送 3 股。
196	000623	吉林敖东	2005-07-08	2005-8-4	缩股,派现	非流通股份按照 1：0.6074 的缩股比例进行缩股,非流通股东向流通股东每 10 股送 1.86 元。
197	000625	长安汽车	2006-03-29	2006-5-11	送　股	非流通股东向 A 股流通股东每 10 股送 3.2 股。
198	000626	如意集团	2006-11-13	2006-12-28	送　股	非流通股东向流通股东每 10 股送 3 股。
199	000627	天茂集团	2005-09-27	2005-11-9	送　股	非流通股东向流通股东每 10 股送 3.2 股。
200	000628	高新发展	2006-05-20	2006-7-12	送股,资产重组,注资	上市公司向全体流通股股东每 10 股转增 3 股和高投集团豁免公司对其 1.1 亿元的债务,同时向公司注入 3,750 万元现金以及其他非流通股股东将其所持公司非流通股股份的 35%支付给高投集团。
201	000629	攀钢钢钒	2005-10-11	2005-11-7	送股,权证	上市公司向全体股东每 10 股转增 3 股,非流通股东向流通股东每 10 股送 1.5385 股(实得 5 股),派发 4 份存续期 18 个月、行权价 4.85 元的欧式认沽权证。
202	000630	铜陵有色	2005-09-22	2005-10-27	送　股	非流通股东向流通股东每 10 股送 2.5 股。
203	000631	顺发恒业	2008-06-03	2009-6-5	送　股	上市公司向全体流通股东每 10 股转增 6 股(相当于流通股股东每 10 股获得 2.440 股的对价)。
204	000632	三木集团	2006-08-03	2006-8-31	送　股	上市公司向全体流通股东每 10 股转增 5 股(相当于流通股股东每 10 股获得 3.03 股的对价)。
205	000635	英 力 特	2005-10-19	2005-11-22	送　股	非流通股东向流通股东每 10 股送 3.5 股。
206	000636	风华高科	2006-03-14	2006-4-6	送　股	上市公司向全体流通股东每 10 股转增 8 股(相当于流通股股东每 10 股获得 3.82 股的对价)。
207	000637	茂化实华	2007-01-19	2008-2-25	送　股	非流通股东向流通股东每 10 股送 3.3 股。
208	000638	万方地产	2008-03-28	2009-6-5	资产重组	公司潜在控股股东北京万方源房地产开发有限公司及其控股股东万方投资控股(集团)有限公司通过向上市公司赠送资产的方式,向全体流通股股东作出对价安排,换取非流通股股份的上市流通权。
209	000639	金德发展	2006-08-15	2006-9-26	送　股	非流通股东向流通股东每 10 股送 3 股。
210	000650	仁和药业	2006-11-08	2007-3-29	送　股	上市公司向全体流通股东每 10 股转增 3.045 股(相当于流通股股东每 10 股获得 1.86 股的对价)。
211	000651	格力电器	2005-12-23	2006-3-8	送　股	非流通股东向流通股股东每 10 股 2.7 股。
212	000652	泰达股份	2005-10-24	2005-12-12	送　股	非流通股东向流通股东每 10 股送 3.0 股。
213	000655	金岭矿业	2006-06-07	2006-9-20	资产重组	与山东金岭铁矿进行重大资产重组。
214	000656	ST 东源	2006-07-04	2006-8-24	送　股	上市公司向全体流通股东每 10 股转增 6 股(相当于流通股股东每 10 股获得 3.2 股的对价)。
215	000657	* ST 中钨	2006-07-05	2006-10-26	送　股	上市公司向全体流通股东每 10 股转增 6.91 股(相当于流通股股东每 10 股获得 3 股的对价)。
216	000659	珠海中富	2005-09-12	2005-10-27	送股,派现	非流通股东向流通股东每 10 股送 2.5 股以及 0.772 元的现金。
217	000661	长春高新	2006-09-11	2007-1-19	送股,资产重组	非流通股东向流通股东每 10 股送 1.5 股。本公司控股股东发展总公司拟以其所持本公司 45,475,210 股股份(占本公司总股本 34.63%)与创业科技共同出资设立长春超达,本公司拟与本公司全资子公司开发公司成立长春科建。

续表 7 Continued 7

序号 No.	证券代码 Code	名称 Companies	获准公告日 Announcement Date	实施复牌日 Resumption of Trading Date	类型 Type	对价方案摘要 Abstract of Compensation Package
218	000662	索芙特	2005-09-26	2005-11-4	送股	非流通股东向流通股东每10股送4股。
219	000663	永安林业	2006-07-27	2006-9-1	送股	上市公司向全体流通股东每10股转增6股(相当于流通股股东每10股获得3.196股的对价)。
220	000665	武汉塑料	2006-11-06	2006-12-12	送股,资产重组	上市公司向全体流通股东每10股转增5股,向控股股东武汉经开及非流通股股东工业联社每10股转增2.6股股份,武汉塑料控股股东武汉经开将其合法持有的神龙塑胶100%股权赠与武汉塑料(相当于流通股股东每10股获得3.08股的对价)。
221	000666	经纬纺机	2006-06-19	2006-8-8	送股,派现	非流通股东向A股流通股东每10股送1.2股和现金2.5元。
222	000667	名流置业	2006-01-04	2006-2-20	送股	上市公司以资本公积金向流通股股东每10股转增1.37股,以盈余公积金向流通股股东每10股转增2.5股,流通股股东每10股实得3.87股。
223	000668	荣丰控股	2007-01-20	2009-1-23	送股	非流通股东向流通股东每10股送3.5股。
224	000669	领先科技	2006-04-24	2006-6-16	送股,资产重组	非流通股东向流通股东每10股送1.24股,公司全体非流通股股东提供合计589.6万股非流通股股份,作为信托财产设立信托计划,用于专项偿还公司历史遗留债务(截至2005年12月31日,该笔债务本息合计52,803,265.48元)。
225	000671	阳光城	2006-04-17	2006-7-17	送股	非流通股东向流通股东每10股送1股。
226	000672	*ST铜城	2006-12-22	2007-4-23	送股	上市公司向全体流通股东每10股转增9股(相当于流通股股东每10股获得3.4股的对价)。
227	000673	ST大水	2007-01-26	2007-2-15	送股	上市公司向全体流通股东每10股转增6.8股(相当于流通股股东每10股获得4股的对价)。
228	000676	思达高科	2006-06-05	2006-7-31	送股	非流通股东向流通股东每10股送3.2股。
229	000677	山东海龙	2005-12-21	2006-1-23	送股	非流通股东向流通股东每10股送3.2股。
230	000678	襄阳轴承	2006-05-20	2006-7-13	送股	上市公司向全体流通股东每10股转增3.4股(相当于流通股东每10股获得1.25股的对价)。
231	000679	大连友谊	2006-05-09	2006-7-18	送股,派现	非流通股东向流通股东每10股送2.7股和现金2元。
232	000680	山推股份	2006-04-24	2006-5-29	送股,派现	非流通股股东向流通股股东每10股支付1股股份,公司向全体股东每10股派发现金红利1.23元,流通股股东每10股获0.53元现金对价,公司向全体流通股东每10股转增1股(实得现金1.76元和2股股份)。
233	000681	*ST远东	2006-06-12	2006-8-28	送股	非流通股东向流通股东每10股送3股。
234	000682	东方电子	2006-07-12	2006-10-16	送股,资产重组	上市公司向全体流通股东每10股转增1股,非流通股东向流通股东每10股送1.3股。流通股东每10股实得2.3股股份。
235	000683	远兴能源	2006-03-15	2006-5-22	送股	非流通股东向流通股东每10股送3股。
236	000685	中山公用	2005-12-14	2006-1-24	送股	非流通股东向流通股股东每10股送3.2股。
237	000686	东北证券	2006-12-30	2007-8-27	送股,回购,资产重组	定向回购并注销中油锦州所持公司全部股份,以新增股份吸收合并东北证券,非流通股东向流通股东每10股送4股,上市公司向全体股东每10股转增8股(本方案相当于流通股每10股获送2.22223股)。
238	000687	保定天鹅	2005-11-26	2005-12-26	送股	非流通股东向流通股东每10股送3.8股。
239	000690	宝新能源	2005-11-23	2005-12-27	送股	非流通股东向流通股东每10股送3股。
240	000691	*ST联油	2006-07-11	2006-10-9	送股	上市公司向全体流通股东每10股转增5股(相当于流通股股东每10股获得1.98股的对价)。
241	000692	ST惠天	2006-02-22	2006-3-16	送股	非流通股东向流通股东每10股送3.6股。
242	000695	滨海能源	2005-09-26	2005-11-14	送股	非流通股东向流通股东每10股送3股。
243	000697	*ST偏转	2006-07-07	2006-8-4	送股	非流通股东向流通股东每10股送3.2股。
244	000698	沈阳化工	2006-02-13	2006-3-22	送股	非流通股东向流通股东每10股送3.5股。
245	000700	模塑科技	2006-01-04	2006-2-10	送股	非流通股东向流通股股东每10股送3.5股。
246	000701	厦门信达	2006-06-24	2006-7-28	送股	非流通股东向流通股东每10股送1.5股,上市公司向流通股东每10股转增3.5股(相当于流通股股东每10股获送2.49股)。

续表 8　Continued 8

序号 No.	证券代码 Code	名称 Companies	获准公告日 Announcement Date	实施复牌日 Resumption of Trading Date	类型 Type	对价方案摘要 Abstract of Compensation Package
247	000702	正虹科技	2006-03-01	2006-3-29	送　股	非流通股东向流通股东每10股送2.8股。
248	000703	世纪光华	2006-10-11	2006-11-24	送　股	非流通股东向流通股东每10股送2.7股。
249	000705	浙江震元	2006-06-09	2006-7-10	送股,资产重组	绍兴震元集团国有资本投资有限公司注入价值1,885.16万的商业房地产,非流通股东向流通股东每10股送2股。
250	000707	双环科技	2006-05-09	2006-6-8	送　股	非流通股东向流通股东每10股送2.8股。
251	000708	大冶特钢	2005-12-03	2006-2-7	认沽权利	湖北新冶钢有限公司承诺赋予流通股股东在股权分置改革方案实施之日起第十二个月最后一个交易日当日结束后登记在册的全体股东,有权将其持有的全部无限售条件的流通股,在之后三十日内的任何一个交易日内,以每股3.80元的价格出售给湖北新冶钢有限公司。
252	000709	唐钢股份	2005-11-12	2005-12-21	送　股	上市公司向全体流通股股东每10股转增5.5股,相当于每10股流通股获送3.3708股。
253	000710	天兴仪表	2006-07-26	2006-9-1	送　股	非流通股东向流通股东每10股送3.8股。
254	000711	天伦置业	2006-03-08	2006-4-7	送　股	非流通股东向流通股东每10股送3股。
255	000712	锦龙股份	2006-03-01	2006-3-27	送　股	非流通股东向流通股东每10股送3.3股。
256	000713	丰乐种业	2006-01-04	2006-2-14	送　股	非流通股东向流通股东每10股送3.3股。
257	000715	中兴商业	2006-05-18	2006-8-18	送　股	非流通股东向流通股东每10股送3.0股。
258	000716	ST南方	2006-08-14	2006-11-27	送股,注资	南方投资向上市公司注资3,700万元,非流通股东向流通股东每10股送1股。
259	000717	韶钢松山	2005-07-27	2005-8-18	送　股	非流通股东向流通股东每10股送3.5股。
260	000718	苏宁环球	2005-11-09	2005-12-26	资产重组	苏宁集团通过收购*ST吉纸控股权将成为*ST吉纸股东以将经营性资产注入*ST吉纸的方式,向全体流通股股东做出对价安排。
261	000720	*ST能山	2006-05-11	2006-6-7	送　股	非流通股东向流通股东每10股送2.8股。
262	000721	西安饮食	2006-09-16	2007-3-5	送　股	上市公司向全体流通股东每10股转增4.5股(相当于流通股股东每10股获得2.5股的对价)。
263	000722	*ST金果	2006-01-12	2006-4-13	送股,资产重组	金果实业第一大股东湖南湘投控股集团有限公司将其拥有的36.988%的湖南电子信息产业集团股权与金果实业的相关资产进行置换,上市公司向全体流通股股东每10股转增3股。
264	000723	美锦能源	2006-06-09	2007-9-5	送股,资产重组	与美锦能源集团有限公司进行资产置换,非流通股东向流通股东每10股送0.8股。
265	000725	京东方A	2005-11-03	2005-11-30	送　股	非流通股东向A股流通股东每10股送4.2股。
266	000726	鲁 泰 A	2006-04-13	2006-6-12	送　股	非流通股东向A股流通股东每10股送0.7股。
267	000727	华东科技	2006-03-29	2006-5-9	送　股	非流通股东向流通股东每10股送3.2股。
268	000728	国元证券	2007-03-14	2007-10-30	送股,回购,资产重组	北京化二定向回购东方石化持有其的24,121万股非流通股股份并注销;北京化二向东方石化整体出售其拥有的全部资产和负债。以新增股份吸收合并国元证券在回购并注销东方石化所持公司全部股份时,本公司将以新增股份吸收合并国元证券。
269	000729	燕京啤酒	2006-04-12	2006-5-16	送　股	非流通股东向流通股东每10股送2.7股。
270	000731	四川美丰	2007-01-12	2007-3-23	送　股	上市公司向全体流通股东每10股转增6.6股(相当于流通股股东每10股获得3.05股的对价)。
271	000733	振华科技	2006-06-23	2006-7-17	送　股	非流通股东向流通股东每10股送2.85股。
272	000735	罗 牛 山	2006-01-25	2006-4-18	送　股	上市公司向全体流通股东每10股转增9.0股。
273	000736	ST重实	2007-10-12	2008-12-5	送股,资产重组	上市公司向全体流通股东每10股转增4.06505股,增发后的非流通股东每10股向流通股送0.87635股对价,每10股流通股实得4.9414股。重庆渝富公司以豁免上市公司1.5亿元债务方式参与本次股权分置改革的对价安排。
274	000737	南风化工	2006-03-22	2006-4-28	送　股	非流通股东向流通股东每10股送3.5股。
275	000738	ST宇航	2006-01-14	2006-4-21	送　股	非流通股东向流通股东每10股送3.5股。

续表 9　Continued 9

序号 No.	证券代码 Code	名称 Companies	获准公告日 Announcement Date	实施复牌日 Resumption of Trading Date	类型 Type	对价方案摘要 Abstract of Compensation Package
276	000739	普洛股份	2006-01-04	2006-2-15	送　股	非流通股东向流通股东每10股送2.5股。
277	000748	长城信息	2006-04-27	2006-6-5	送股,资产重组	公司以低效资产冲抵控股股东持有的2600万股公司非流通股股份,完成后公司将该部分股份予以注销。非流通股股东向流通股股东每10股支付1.8股股份。
278	000751	*ST锌业	2006-02-24	2006-4-10	送　股	上市公司向全体流通股股东每10股转增6.6股。
279	000752	西藏发展	2006-07-24	2006-9-4	送　股	非流通股东向流通股东每10股送2股。
280	000753	漳州发展	2006-06-20	2006-7-14	送股,回购	定向回购法人股44,453,591股,非流通股东向流通股东每10股送3.5股。
281	000755	山西三维	2006-03-15	2006-4-12	送　股	非流通股东向流通股东每10股送3.1股。
282	000756	新华制药	2006-04-07	2006-6-6	送　股	非流通股东向A股流通股东每10股送3.5股。
283	000757	*ST方向	2006-12-09	2007-1-8	送　股	上市公司向全体流通股东每10股转增7股(相当于流通股股东每10股获得3.58股的对价)。
284	000758	中色股份	2006-05-10	2006-6-7	送　股	非流通股东向流通股东每10股送2.5股。
285	000759	武汉中百	2006-02-15	2006-3-28	送　股	非流通股东向流通股东每10股送1.25股。
286	000760	博盈投资	2006-06-24	2006-9-25	送股,资产重组	以现金清偿原控股股东对上市公司部分欠款,流通股股东每10股可获转增股份4.6股,动议方股东嘉利恒德、环球京彩每10股可获得转增股份1.45股。
287	000761	本钢板材	2006-02-07	2006-3-15	送　股	非流通股东向A股流通股东每10股送3.4股。
288	000762	西藏矿业	2005-12-29	2006-2-10	送　股	向全体股东每10股转增2.5股,非流通股股东将获得的转增股份作为对价,流通股股东每10股获得3.21股的对价(实得6.51股)。
289	000766	通化金马	2006-07-07	2006-8-8	资产重组	永信投资与东方资产签订了《债权转让合同》,永信投资以现金和所持通化金马股份的30%——计35,397,983股收购东方资产拥有的通化金马全部债权本金及利息875,100,435.86元,永信投资成为通化金马上述债务的债权人。
290	000767	漳泽电力	2005-11-30	2005-12-30	送　股	非流通股东向流通股东每10股送3.2股。
291	000768	西飞国际	2006-04-08	2006-5-9	送　股	非流通股东向流通股东每10股送2.5股。
292	000777	中核科技	2006-04-06	2006-5-16	送　股	非流通股东向流通股东每10股送3.2股。
293	000778	新兴铸管	2005-10-11	2005-11-10	送　股	非流通股东向流通股东每10股送3股。
294	000779	ST派神	2007-01-09	2007-2-12	送　股	非流通股东向流通股东每10股送1股,上市公司向全体流通股东每10股转增4股,流通股东每10股实得5股(相当于流通股股东每10股获得2.27股的对价)。
295	000780	平庄能源	2006-03-08	2006-4-6	送　股	上市公司向全体流通股东每10股转增11.02155股(相当于流通股股东每10股获得4股的对价)。
296	000782	美达股份	2006-04-10	2006-5-12	送　股	上市公司向全体流通股东每10股转增4.903股(相当于流通股股东每10股获得2.6股的对价)。
297	000783	长江证券	2007-01-24	2007-12-27	送股,回购,资产重组	本次股权分置改革方案以公司向中国石化出售全部资产,中国石化以承担公司全部债务作为全部资产收购的对价(重大资产出售);同时公司以1元人民币现金为对价回购中国石化所持本公司全部股份并注销(定向股份回购);以新增股份吸收合并长江证券(吸收合并)。
298	000785	武汉中商	2006-01-13	2006-4-3	送　股	非流通股东向流通股东每10股送3.9股。
299	000786	北新建材	2006-05-31	2006-6-29	送股,派现	非流通股东向流通股东每10股送2股和现金3.83元。
300	000787	*ST创智	2006-12-25	2007-2-9	送　股	上市公司向全体流通股东每10股转增9股(相当于流通股股东每10股获得2.58股的对价)。
301	000788	西南合成	2006-03-21	2006-4-20	送　股	上市公司向全体流通股东每10股转增5.01股(相当于流通股股东每10股获得3.3股的对价)。
302	000789	江西水泥	2006-06-28	2006-8-9	送　股	非流通股东向流通股东每10股送3股。
303	000790	华神集团	2006-01-18	2006-2-21	送　股	非流通股东向流通股东每10股送3.2股。

续表 10 Continued 10

序号 No.	证券代码 Code	名称 Companies	获准公告日 Announcement Date	实施复牌日 Resumption of Trading Date	类型 Type	对价方案摘要 Abstract of Compensation Package
304	000791	西北化工	2006-05-17	2006-6-12	送股	非流通股东向流通股东每10股送3.3股。
305	000792	盐湖钾肥	2006-05-12	2006-6-29	送股,权证,派现	非流通股东向流通股东每10股送1.2股和现金12元,派发4份存续期12个月、行权价15.1元的百慕大式认沽权证。
306	000793	华闻传媒	2005-12-23	2006-2-27	送股	非流通股东向流通股股东每10股送3.0股。
307	000795	太原刚玉	2006-02-10	2006-3-7	送股	非流通股东向流通股东每10股送3股。
308	000796	宝商集团	2006-05-16	2006-9-12	送股	上市公司向全体流通股东每10股转增4股(相当于流通股股东每10股获得0.93股的对价)。
309	000797	中国武夷	2006-08-14	2006-10-13	送股	非流通股东向流通股东每10股送3股。
310	000798	中水渔业	2006-03-09	2006-4-27	送股	非流通股东向流通股东每10股送3.8股。
311	000799	酒鬼酒	2007-02-15	2008-1-11	送股	非流通股东向流通股东每10股送2股。
312	000800	一汽轿车	2006-03-15	2006-4-11	送股	非流通股东向流通股东每10股送3.3股。
313	000801	四川湖山	2006-06-24	2006-8-2	送股	非流通股东向流通股东每10股送3.5股。
314	000802	北京旅游	2006-04-10	2006-5-29	送股	上市公司向全体流通股东每10股转增5.4462股(相当于流通股股东每10股获得3.06股的对价)。
315	000803	金宇车城	2006-06-26	2006-8-8	送股	上市公司向全体流通股东每10股转增5.41股(相当于流通股股东每10股获得2.23股的对价)。
316	000805	* ST 炎黄	2009-01-07	—	送股	上市公司向全体流通股东每10股转增4.46股(相当于流通股股东每10股获得3股的对价)。
317	000806	银河科技	2005-11-09	2006-1-9	送股	上市公司以资本公积金向全体股东每10股转增3.8股(流通股东实得6.709股)。
318	000807	云铝股份	2006-04-21	2006-5-23	送股	非流通股东向流通股东每10股送3.2股。
319	000809	中汇医药	2006-05-30	2006-7-21	送股	非流通股东向流通股东每10股送2.6股。
320	000810	华润锦华	2006-08-19	2006-11-17	资产重组	上市公司受让华润锦纶20%股权和华润纤维20%股权,与第一大股东华润纺织资产重组,受赠其他非流通股股东现金,土地等资产。
321	000811	烟台冰轮	2006-04-26	2006-6-1	送股	非流通股东向流通股东每10股送3股。
322	000812	陕西金叶	2006-03-29	2006-7-31	送股	非流通股东向流通股东每10股送2.8股。
323	000813	天山纺织	2006-03-28	2006-6-1	送股	非流通股东向流通股东每10股送3.6股。
324	000815	美利纸业	2005-11-23	2005-12-29	送股	非流通股东向流通股东每10股送3.2股。
325	000816	江淮动力	2006-03-15	2006-4-18	送股	非流通股东向流通股东每10股送2.6股。
326	000818	锦化氯碱	2006-02-15	2006-3-13	送股	非流通股东向流通股东每10股送3.6股。
327	000819	岳阳兴长	2007-02-10	2007-3-28	送股	上市公司向全体流通股东每10股转增5.485股(相当于流通股股东每10股获得3.2股的对价)。
328	000820	金城股份	2006-06-22	2006-8-28	送股,资产重组	向非流通股股东转增3000万股,非流通股股东承担公司7500万元债务,上市公司向流通股东每10股转增6股(相当于流通股股东每10股获送3.54股)。
329	000821	京山轻机	2005-10-26	2005-12-5	送股	非流通股东向流通股东每10股送3.2股。
330	000822	山东海化	2006-02-16	2006-3-22	送股	非流通股东向流通股东每10股送3股。
331	000823	超声电子	2006-02-22	2006-3-20	送股	非流通股东向流通股东每10股送3.5股。
332	000825	太钢不锈	2006-02-17	2006-3-7	送股	非流通股东向流通股东每10股送3.4股。
333	000826	合加资源	2005-12-21	2006-2-10	送股	非流通股东向流通股东每10股送2.5股。
334	000828	东莞控股	2005-11-02	2005-12-30	送股,缩股,派现	非流通股份按照1:0.8的缩股比例进行缩股,非流通股东向流通股东每10股送2股和4.3592元现金。
335	000829	天音控股	2006-07-27	2006-9-5	送股	非流通股东向流通股东每10股送2.6股。
336	000830	鲁西化工	2005-08-01	2005-8-23	送股	非流通股东向流通股东每10股送4股。
337	000831	关铝股份	2006-03-15	2006-4-11	送股	非流通股东向流通股东每10股送3.4股。
338	000833	贵糖股份	2006-12-30	2007-4-13	送股	上市公司向全体流通股东每10股转增4.4股(相当于流通股股东每10股获得2.3股的对价)。

续表 11 Continued 11

序号 No.	证券代码 Code	名称 Companies	获准公告日 Announcement Date	实施复牌日 Resumption of Trading Date	类型 Type	对价方案摘要 Abstract of Compensation Package
339	000835	四川圣达	2006-04-03	2006-5-19	送 股	非流通股东向流通股东每10股送3股。
340	000836	鑫茂科技	2005-12-07	2006-2-20	送股,资产重组	第一大股东与上市公司进行资产置换,以向上市公司注入优质资产并从上市公司置出不良资产的形式作为此次股权分置改革的对价安排,非流通股东向流通股东每10股送1.82股。
341	000837	秦川发展	2005-12-21	2006-2-6	送 股	非流通股东向流通股股东每10股送3.05股。
342	000838	国兴地产	2006-12-02	2007-10-19	送 股	非流通股东向流通股东每10股送3股。
343	000839	中信国安	2005-12-30	2006-2-6	送 股	非流通股东向流通股东每10股送3.5股。
344	000848	承德露露	2006-03-13	2006-6-7	派 现	非流通股东向流通股东每10股送现金6.27元
345	000850	华茂股份	2005-12-07	2006-1-12	送 股	非流通股东向流通股股东每10股送3.4股。
346	000851	高鸿股份	2006-05-11	2006-6-30	送 股	非流通股东向流通股东每10股送3股。
347	000852	江钻股份	2007-02-16	2007-3-19	送 股	非流通股东向流通股东每10股送3股。
348	000856	*ST唐陶	2006-11-22	2007-1-15	送 股	上市公司向全体流通股东每10股转增8股(相当于流通股股东每10股获得3.9股的对价)。
349	000858	五 粮 液	2006-03-01	2006-3-31	送股,权证	非流通股东向流通股东每10股送1.7股,派发4.1份存续期24个月、行权价7.96元的百慕大式认沽权证,派发3.9份存续期24个月、行权价6.93元的百慕大式认购权证。
350	000859	国风塑业	2005-12-28	2006-2-10	送 股	非流通股东向流通股股东每10股送3.7股。
351	000860	顺鑫农业	2005-09-28	2005-10-27	送 股	非流通股东向流通股东每10股送3.5股。
352	000861	海印股份	2006-04-24	2006-7-4	送 股	非流通股东向流通股东每10股送2股。
353	000862	银星能源	2006-04-26	2006-7-18	送 股	非流通股东向流通股东每10股送2.4股,公司向全体流通股东每10股转增1.5股,流通股东实得3.9股。
354	000863	*ST商务	2006-12-25	2007-1-31	送 股	上市公司向全体流通股东每10股转增10股(相当于流通股股东每10股获得5.553股的对价)。
355	000868	安凯客车	2006-05-12	2006-6-1	送 股	上市公司向全体股东每10股转增3.4412股,非流通股东向流通股东每10股送3.0197股(流通股东实得7.5股)。
356	000869	张 裕 A	2006-02-18	2006-3-21	送 股	非流通股东向A股流通股东每10股送2.8股。
357	000875	吉电股份	2006-06-29	2006-7-26	送 股	上市公司向流通股东每10股转增3股(相当于流通股股东每10股获送0.51股)。
358	000876	新 希 望	2005-12-22	2006-2-7	送 股	非流通股东向流通股东每10股送3股。
359	000877	天山股份	2006-04-22	2006-5-26	送 股	非流通股东向流通股东每10股送3.2股。
360	000878	云南铜业	2006-01-23	2006-3-6	送 股	非流通股东向流通股东每10股送3股。
361	000880	潍柴重机	2006-08-19	2007-4-30	资产重组	以山东巨力的重大资产重组为基础,相当于流通股股东获得11,584.42万元的对价,即每10股获得8.8元的对价。
362	000881	大连国际	2005-11-23	2005-12-27	送 股	非流通股东向流通股东每10股送2.8股。
363	000882	华联股份	2006-06-14	2006-7-11	送 股	非流通股东向流通股东每10股送3股。
364	000883	三环股份	2006-05-10	2006-6-6	送 股	非流通股东向流通股东每10股送3.3股。
365	000885	同力水泥	2006-08-07	2007-8-7	送股,资产重组	河南建投与公司实施重大资产置换,非流通股东向流通股东每10股送0.5股(相当于流通股股东每10股获送2.5股)。
366	000886	海南高速	2006-05-09	2006-7-19	送 股	非流通股东向流通股东每10股送3.9股。
367	000887	中鼎股份	2006-07-25	2006-12-22	送股,资产重组	股权收购方中鼎股份的全资子公司密封件公司与飞彩股份进行资产置换。公司向全体股东每10股转增22股,再由非流通股股东将其获增股份中的29,120,000股转送给流通股股东,全体股东以每10股减6.7335股的方式减资弥补亏损。
368	000888	峨眉山A	2006-04-27	2006-5-25	送 股	非流通股东向流通股东每10股送3.2股。
369	000889	渤海物流	2006-04-26	2006-6-21	送 股	非流通股东向流通股东每10股送2.5股。
370	000890	法 尔 胜	2006-02-22	2006-4-3	送 股	非流通股东向流通股东每10股送3股。

续表 12 Continued 12

序号 No.	证券代码 Code	名称 Companies	获准公告日 Announcement Date	实施复牌日 Resumption of Trading Date	类型 Type	对价方案摘要 Abstract of Compensation Package
371	000892	ST 星美	2008-09-27	2009-4-8	资产重组	鑫以实业拟提供现金代上市公司向选择现金受偿的债权人偿还债务，并获得对上市公司的债权，本次改革方案为全体非流通股东以其持有的星美联合非流通股的50%为上市公司偿还债务作为对价，其中40,000,000股偿还给太极集团有限公司等债权人、剩余106,938,440股偿还给鑫以实业。
372	000893	广州冷机	2006-04-18	2006-9-25	送股，派现	非流通股东向流通股东每10股送3.1股，上市公司向全体股东每10股派送现金红利0.2054元，流通股股东每10股获送0.59元的现金对价(流通股东实得0.8元和3.1股)。
373	000895	双汇发展	2006-05-22	2007-6-29	送 股	上市公司向全体股东每10股转增1.8股，非流通股东向流通股东每10股送2.36股(流通股东实得4.58股)。
374	000897	津滨发展	2005-09-30	2005-11-11	送 股	上市公司向全体股东每10股转增2.1股，非流通股东向流通股东每10股送3.8股(流通股东实得6.7股)。
375	000898	鞍钢股份	2005-10-29	2005-12-2	送股，权证	非流通股东向A股流通股东每10股送2.5股，派发1.5份存续期366天、行权价3.6元的欧式认购权证。
376	000899	赣能股份	2006-02-20	2006-3-31	送 股	非流通股东向流通股东每10股送3.3股。
377	000900	现代投资	2006-06-03	2006-6-28	送股，派现	上市公司向全体股东每10股派现7.57元和非流通股东向流通股东每10股送2.2股及将所获现金红利每10股送6.53元(流通股东实得现金14.10元)。
378	000901	航天科技	2006-04-01	2006-4-25	送 股	非流通股东向流通股东每10股送2.9股。
379	000902	中国服装	2006-07-20	2007-3-26	送 股	非流通股东向流通股东每10股送2.6股。
380	000903	云内动力	2005-12-31	2006-2-13	送 股	非流通股东向流通股股东每10股送3.5股。
381	000905	厦门港务	2006-09-05	2006-10-17	送股，派现	上市公司向全体股东每10股转增8股，非流通股东向流通股东每10股送0.505股和现金7.47元(流通股东实得8.909股和现金13.446元)。
382	000906	南方建材	2006-10-23	2008-6-13	送 股	非流通股东向流通股东每10股送3股。
383	000908	天一科技	2006-09-27	2008-6-10	送 股	非流通股东向流通股东每10股送2.6股。
384	000909	数源科技	2005-12-07	2006-1-10	送 股	非流通股东向流通股股东每10股送3.7股。
385	000910	大亚科技	2006-02-14	2006-5-15	送股，资产重组	非流通股东向流通股东每10股送1股，大亚集团拟将其分别持有的三个人造板公司各75%的股权注入到大亚科技。
386	000911	南宁糖业	2006-04-18	2006-5-17	送 股	非流通股东向流通股东每10股送3.3股。
387	000912	泸 天 化	2006-01-06	2006-2-13	送股，派现	非流通股东向流通股股东每10股送2.2股和现金5.12元，流通股股东每10股实际得到2.2股和现金7.68元(含税)。
388	000913	钱江摩托	2006-02-22	2006-4-11	送 股	非流通股东向流通股东每10股送3.2股。
389	000915	山大华特	2006-05-31	2006-7-20	送 股	非流通股东向流通股东每10股送0.33股，上市公司向流通股东每10股转增3.41股(相当于流通股股东每10股获送1.7股)。
390	000916	华北高速	2006-03-08	2006-4-19	送股，派现	上市公司向流通股东每10股派现1.26元，非流通股东向流通股东每10股送2.1股和2.77元现金(实得4.03元)。
391	000917	电广传媒	2005-10-29	2005-12-12	送 股	非流通股东向流通股东每10股送2.8股。
392	000918	* ST 亚华	2008-04-30	2009-4-30	送股，资产重组	非流通股东向流通股东每10股送2.00股。
393	000919	金陵药业	2005-12-28	2006-2-7	送 股	非流通股东向流通股股东每10股送3.5股。
394	000920	南方汇通	2006-05-31	2006-6-26	送 股	非流通股东向流通股东每10股送3.3股。
395	000921	ST 科龙	2006-12-29	2007-3-29	送 股	非流通股东向A股流通股东每10股送1.2股。
396	000922	ST 阿继	2007-01-08	2007-4-11	送 股	非流通股东向流通股东每10股送2.8股。
397	000923	河北宣工	2007-01-06	2008-5-5	送 股	上市公司向全体流通股东每10股转增6股(相当于流通股股东每10股获得3.3333股的对价)。
398	000925	浙江海纳	2008-04-03	2009-4-30	送股，资产重组	上市公司向全体流通股东每10股转增1.6股，非流通股东向流通股东每10股送0.6股(流通股东实得2.2股)。

续表 13　Continued 13

序号 No.	证券代码 Code	名称 Companies	获准公告日 Announcement Date	实施复牌日 Resumption of Trading Date	类型 Type	对价方案摘要 Abstract of Compensation Package
399	000926	福星股份	2005-09-13	2005-11-9	缩　股	非流通股东每 10 股缩 6.3 股。
400	000927	一汽夏利	2006-06-28	2006-7-26	送　股	非流通股东向流通股东每 10 股送 3.6 股。
401	000928	中钢吉炭	2006-03-29	2006-6-5	送股,资产重组,认沽权利	非流通股东向流通股东每 10 股送 0.7 股,流通股股东每 10 股将获得 3 份行权价格为 4 元认沽权利。中钢集团和吉林省国资委全力推动和直接支持下,偿还占用资金,并协调安排吉林炭素的债务重组,吉林炭素净资产增加 303,763,575.56 元。
402	000929	兰州黄河	2006-09-01	2006-12-1	送　股	非流通股东向流通股东每 10 股送 2 股,上市公司向流通股东每 10 股转增 2.75 股(相当于流通股股东每 10 股获送 4.75 股)。
403	000930	丰原生化	2005-10-13	2005-11-7	送　股	非流通股东向流通股东每 10 股送 2.2496 股。
404	000931	中 关 村	2006-10-17	2007-1-9	送　股	非流通股东向流通股东每 10 股送 1.6 股。
405	000932	华菱钢铁	2005-12-14	2006-3-1	权　证	非流通股东向流通股东每 10 股派发 7.19206 份存续期 24 个月、行权价 4.90 元的欧式认沽权证。
406	000933	神火股份	2005-11-28	2006-1-10	送　股	非流通股东向流通股东每 10 股送 3 股。
407	000935	ST 双马	2006-07-03	2007-6-6	送　股	非流通股东向流通股东每 10 股送 3 股。
408	000936	华 西 村	2005-10-12	2005-11-8	送　股	非流通股东向流通股东每 10 股送 4.7 股。
409	000937	金牛能源	2005-05-30	2005-6-28	送　股	非流通股东向流通股东每 10 股送 2.5 股。
410	000938	紫光股份	2006-02-09	2006-3-8	送　股	非流通股东向流通股东每 10 股送 5 股。
411	000939	凯迪电力	2006-07-26	2006-9-7	送　股	非流通股东向流通股东每 10 股送 2.285 股。
412	000948	南天信息	2006-07-08	2006-8-7	送　股	上市公司向全体流通股东每 10 股转增 5.1376 股(相当于流通股股东每 10 股获得 3.2 股的对价)。
413	000949	新乡化纤	2006-04-12	2006-6-8	送　股	非流通股东向流通股东每 10 股送 3.4 股。
414	000950	建峰化工	2005-10-17	2005-12-27	送股,资产重组	公司本次股权分置改革拟与重大资产重组相结合,非流通股东向流通股东每 10 股送 1.5 股。
415	000951	中国重汽	2006-01-11	2006-2-13	送　股	非流通股东向流通股东每 10 股送 2.8 股。
416	000952	广济药业	2006-06-24	2006-7-24	送股,资产重组	由非流通股东按持股比例承担广济药业持有的安华酒店 7973.64 万元不良债权,上市公司向流通股股东每 10 股转增 10.5627 股,向四家非流通股东每 10 股转增 1.43247 股。
417	000953	河池化工	2006-05-18	2006-11-13	送　股	非流通股东向流通股东每 10 股送 3 股。
418	000955	*ST 欣龙	2006-02-10	2006-3-23	送　股	非流通股东向流通股东每 10 股送 3.2 股。
419	000957	中通客车	2006-05-20	2006-6-20	送　股	非流通股东向流通股东每 10 股送 3 股。
420	000958	东方热电	2006-05-18	2006-6-9	送　股	非流通股东向流通股东每 10 股送 3.8 股。
421	000959	首钢股份	2005-10-19	2005-11-18	送股,派现	非流通股东向流通股东每 10 股送 2.4 股和现金 2.71 元。
422	000960	锡业股份	2005-12-31	2006-2-14	送　股	非流通股东向流通股股东每 10 股送 3.0 股。
423	000961	大连金牛	2006-02-22	2006-3-21	送　股	非流通股东向流通股东每 10 股送 3.4 股。
424	000962	东方钽业	2006-01-25	2006-3-16	送　股	非流通股东向流通股东每 10 股送 3.4 股。
425	000963	华东医药	2006-07-04	2006-11-1	送　股	上市公司向全体流通股东每 10 股转增 4.278 股(相当于流通股股东每 10 股获得 2.5 股的对价)。
426	000965	天保基建	2006-12-25	2007-9-27	资产重组	天保控股通过重大资产重组以优质房地产公司的全部股权置换出上市公司原有房地产类等盈利能力较差的资产,同时向全体流通股股东承诺未来三年上市公司经营业绩。
427	000966	长源电力	2006-06-28	2006-7-31	送　股	非流通股东向流通股东每 10 股送 3.5 股。
428	000967	上风高科	2006-04-14	2006-9-21	送股,资产重组	非流通股东向流通股东每 10 股送 1.7 股,盈峰集团拟将其持有的佛山市威奇电工材料有限公司 75%的股权按经审计后的净资产的 75%作价 75,477,760.53 元注入到上风高科。
429	000968	煤 气 化	2005-10-19	2005-12-5	送　股	非流通股东向流通股东每 10 股送 3.0 股。
430	000969	安泰科技	2005-11-02	2005-12-5	送　股	非流通股东向流通股东每 10 股送 3.2 股。
431	000970	中科三环	2006-01-04	2006-3-17	送　股	非流通股东向流通股东每 10 股送 2.8 股。

续表 14 Continued 14

序号 No.	证券代码 Code	名称 Companies	获准公告日 Announcement Date	实施复牌日 Resumption of Trading Date	类型 Type	对价方案摘要 Abstract of Compensation Package
432	000971	* ST 迈亚	2005-11-30	2005-12-29	送股	非流通股东向流通股东每10股送3.6股。
433	000972	新中基	2005-09-22	2005-10-26	送股	非流通股东向流通股东每10股送3.3股。
434	000973	佛塑股份	2005-12-14	2006-1-16	送股	非流通股东向流通股股东每10股送3.7股。
435	000975	科学城	2006-08-25	2008-1-24	送股,缩股,派现	非流通股股份按每10股缩为6.254股的比例单向缩股,上市公司向全体股东每10股转增3.485股,送1.3635股,派现0.1515元(相当于公司流通股股东每10股获得2.7股股份的对价)。
436	000976	春晖股份	2006-04-26	2006-5-31	送股	上市公司向全体流通股东每10股转增8.944股(相当于流通股股东每10股获得3.6股的对价)。
437	000977	浪潮信息	2006-01-25	2006-3-7	送股	非流通股东向流通股东每10股送3.3股。
438	000978	桂林旅游	2006-04-19	2006-5-19	送股	非流通股东向流通股东每10股送3.2股。
439	000979	* ST 科苑	2006-07-08	2006-8-2	送股	上市公司向全体流通股东每10股转增7.5股(相当于流通股股东每10股获得3.27股的对价)。
440	000980	金马股份	2006-02-13	2006-4-7	送股	非流通股东向流通股东每10股送3.5股。
441	000982	中银绒业	2007-01-09	2008-1-28	送股,资产重组	上市公司向全体流通股东每10股转增3股(相当于流通股股东每10股获得1.6股的对价),中银绒业与公司进行资产置换,与圣雪绒集团进行股权转让,中银绒业将成为本公司控股股东。
442	000983	西山煤电	2005-09-22	2005-10-28	送股	非流通股东向流通股东每10股送2.8股。
443	000985	大庆华科	2006-08-02	2006-10-16	送股	上市公司向全体股东每10股转增1.273股,非流通股东向流通股每10股送3.2股对价,每10股流通股实际获得的股数为4.88股。
444	000987	广州友谊	2005-12-22	2006-1-20	送股	非流通股东向流通股股东每10股送3股。
445	000988	华工科技	2005-10-19	2005-11-22	送股	非流通股东向流通股东每10股送4.6股。
446	000989	九芝堂	2006-04-12	2006-5-22	送股,派现	非流通股东向流通股东每10股送2股;上市公司向全体股东每10股送现金红利2元(含税),非流通股东向流通股东每10股送2.2369元(流通股东实得4.2369元(含税))。
447	000990	诚志股份	2005-12-14	2006-1-23	送股	非流通股东向流通股股东每10股送3.4股。
448	000993	闽东电力	2006-06-28	2006-8-2	送股	上市公司向全体流通股东每10股转增7.3股(相当于流通股股东每10股获得3.9股的对价)。
449	000995	* ST 皇台	2006-06-09	2006-7-19	送股	上市公司向全体流通股东每10股转增5.32股(相当于流通股股东每10股获得3.3股的对价)。
450	000996	中国中期	2006-03-01	2006-4-3	送股	非流通股东向流通股东每10股送3.4股
451	000997	新大陆	2005-10-12	2005-11-10	送股	非流通股东向流通股东每10股送3.7股。
452	000998	隆平高科	2005-12-31	2006-3-14	送股	上市公司向全体股东每10股转增5股,非流通股东向流通股东每10股送2股(流通股东实得8股)
453	000999	三九医药	2008-09-02	2008-12-5	送股	非流通股东向流通股东每10股送3.00股。
454	001696	宗申动力	2005-12-21	2006-1-25	送股	非流通股东向流通股股东每10股送3.0股。
455	001896	豫能控股	2006-06-10	2006-7-26	派现	非流通股东向流通股东每10股送现金8元。
456	002001	新和成	2005-07-26	2005-8-19	送股	非流通股东向流通股东每10股送3.5股。
457	002002	* ST 琼花	2005-09-12	2005-10-24	送股	非流通股东向流通股东每10股送4.5股。
458	002003	伟星股份	2005-07-25	2005-9-8	送股	非流通股东向流通股东每10股送4股。
459	002004	华邦制药	2005-09-27	2005-11-4	送股	非流通股东向流通股东每10股送3.3股
460	002005	德豪润达	2005-09-21	2005-11-4	送股	非流通股东向流通股东每10股送3.6股。
461	002006	精工科技	2005-09-21	2005-10-28	送股	非流通股东向流通股东每10股送3.5股。
462	002007	华兰生物	2005-09-21	2005-11-22	送股	非流通股东向流通股东每10股送3.6股。
463	002008	大族激光	2005-09-28	2005-11-28	送股	非流通股东向流通股东每10股送3.5股。
464	002009	天奇股份	2005-09-21	2005-11-2	送股	非流通股东向流通股东每10股送3.3股。

续表 15 Continued 15

序号 No.	证券代码 Code	名称 Companies	获准公告日 Announcement Date	实施复牌日 Resumption of Trading Date	类型 Type	对价方案摘要 Abstract of Compensation Package
465	002010	传化股份	2005-06-28	2005-8-4	送 股	非流通股东向流通股东每10股送4.5股。
466	002011	盾安环境	2005-09-19	2005-11-10	送 股	非流通股东向流通股东每10股送3股。
467	002012	凯恩股份	2005-09-21	2005-11-1	送 股	非流通股东向流通股东每10股送3.5股。
468	002013	中航精机	2005-09-12	2005-11-1	送 股	非流通股东向流通股东每10股送3股。
469	002014	永新股份	2005-06-29	2005-9-8	送 股	非流通股东向流通股东每10股送4股。
470	002015	霞客环保	2005-09-12	2005-11-15	送 股	非流通股东向流通股东每10股送3股。
471	002016	世荣兆业	2005-09-21	2005-10-28	送 股	向全体股东每10股转增1.49股,流通股东每10股获送3.3011股对价股份。
472	002017	东信和平	2005-10-12	2005-11-8	送 股	非流通股东向流通股东每10股送3.5股。
473	002018	华星化工	2005-09-21	2005-10-28	送 股	非流通股东向流通股东每10股送4股。
474	002019	鑫富药业	2005-07-20	2005-8-12	送 股	非流通股东向流通股东每10股送4.5股。
475	002020	京新药业	2005-09-21	2005-11-10	送 股	非流通股东向流通股东每10股送3.8股。
476	002021	中捷股份	2005-07-11	2005-9-8	送 股	非流通股东向流通股东每10股送4.5股。
477	002022	科华生物	2005-09-20	2005-10-28	送 股	非流通股东向流通股东每10股送3.6股。
478	002023	海特高新	2005-07-01	2005-8-9	送 股	非流通股东向流通股东每10股送3.8股。
479	002024	苏宁电器	2005-07-04	2005-8-11	送 股	非流通股东向流通股东每10股送2.5股。
480	002025	航天电器	2005-09-28	2005-11-4	送 股	非流通股东向流通股东每10股送2.5股。
481	002026	山东威达	2005-09-19	2005-11-14	送 股	非流通股东向流通股东每10股送2.5股。
482	002027	七喜控股	2005-09-12	2005-11-10	送 股	非流通股东向流通股东每10股送3股。
483	002028	思源电气	2005-09-28	2005-11-10	送 股	非流通股东向流通股东每10股送3股。
484	002029	七匹狼	2005-06-29	2005-8-9	送 股	非流通股东向流通股东每10股送3股。
485	002030	达安基因	2005-10-19	2005-11-18	送 股	非流通股东向流通股东每10股送3.0股。
486	002031	巨轮股份	2005-09-21	2005-10-26	送 股	非流通股东向流通股东每10股送3.5股。
487	002032	苏泊尔	2005-06-30	2005-8-8	送 股	非流通股东向流通股东每10股送3.5股。
488	002033	丽江旅游	2005-09-27	2005-11-3	送 股	非流通股东向流通股东每10股送3.5股。
489	002034	美欣达	2005-09-28	2005-10-27	送 股	非流通股东向流通股东每10股送3.6股。
490	002035	华帝股份	2005-09-21	2005-10-31	送 股	非流通股东向流通股东每10股送3.3股。
491	002036	宜科科技	2005-09-19	2005-11-15	送 股	非流通股东向流通股东每10股送3.5股。
492	002037	久联发展	2005-09-21	2005-10-28	送 股	非流通股东向流通股东每10股送3.3股。
493	002038	双鹭药业	2005-10-14	2005-11-9	送 股	非流通股东向流通股东每10股送3.2股。
494	002039	黔源电力	2005-11-08	2005-11-30	送 股	非流通股东向流通股东每10股送3.2股。
495	002040	南京港	2005-09-29	2005-11-9	送 股	非流通股东向流通股东每10股送3股。
496	002041	登海种业	2005-09-28	2005-11-28	送股,派现	非流通股东向流通股东每10股送2.7股,公司向全体股东派发股利,每10股流通股实际得到5元现金(含税)。
497	002042	华孚色纺	2005-09-29	2005-11-7	送 股	非流通股东向流通股东每10股送3股。
498	002043	兔宝宝	2005-09-28	2005-11-24	送 股	非流通股东向流通股东每10股送3.2股。
499	002044	江苏三友	2005-09-12	2005-11-28	送 股	非流通股东向流通股东每10股送3股。
500	002045	广州国光	2005-09-28	2005-11-25	送 股	非流通股东向流通股东每10股送3.3股。
501	002046	轴研科技	2005-10-11	2005-11-10	送 股	非流通股东向流通股东每10股送3.0股。
502	002047	成霖股份	2005-09-19	2005-11-30	送 股	上市公司向全体股东每10股转增1.1331股,非流通股东向流通股东每10股送3股(流通股东实得4.4731股)。
503	002048	宁波华翔	2005-09-21	2005-11-11	送 股	非流通股东向流通股东每10股送3.5股。
504	002049	晶源电子	2005-09-28	2005-11-7	送 股	非流通股东向流通股东每10股送3.5股。
505	002050	三花股份	2005-09-19	2005-11-21	送 股	非流通股东向流通股东每10股送3股。

数据来源:深圳证券交易所
Source: Shenzhen Stock Exchange

5-27 上海证券交易所上市公司名录
Listed Companies in Shanghai Stock Exchange

代码 Code	股票简称 Abbreviation	公司全称 Companies	行业代码 Industries Code	董事长 Board Chairman	地 址 Address	电话 Telephone Number
600000	浦发银行	上海浦东发展银行股份有限公司	I	金 运	上海市中山东一路 12 号	021-63502689
600011	华能国际	华能国际电力股份有限公司	D	曹培玺	北京市西城区复兴门南大街丙 2 号天银大厦 C 段西区	010-66491016
600119	长江投资	长发集团长江投资实业股份有限公司	M	居 亮	上海浦东新区世纪大道 1500 号 9 楼	021-68407009
600120	浙江东方	浙江东方集团股份有限公司	H	何志亮	杭州西湖大道 12 号	0571-87600320
600121	郑州煤电	郑州煤电股份有限公司	D	杜工会	郑州市中原区中原西路 188 号	0371-87785169
600122	宏图高科	江苏宏图高科技股份有限公司	G	袁亚非	南京市中山北路 219 号 20/21 层	025-83274691
600123	兰花科创	山西兰花科技创业股份有限公司	B	贺贵元	山西省晋城市凤台东街 2288 号	0356-2189698
600125	铁龙物流	中铁铁龙集装箱物流股份有限公司	F	郑明理	辽宁省大连市中山区新安街 1 号	0411-82590881
600126	杭钢股份	杭州钢铁股份有限公司	C6	李世中	浙江省杭州市半山路 178 号	0571-88132917
600127	金健米业	湖南金健米业股份有限公司	C0	肖立成	湖南省常德市德山经济开发区金健米业总部办公大楼	0736-2588216
600128	弘业股份	江苏弘业股份有限公司	H	刘绥芝	江苏省南京市中华路 50 号弘业大厦	025-52308738
600129	太极集团	重庆太极实业(集团)股份有限公司	C8	白礼西	重庆市涪陵区太极大道 1 号	023-89886719
600012	皖通高速	安徽皖通高速公路股份有限公司	F	王 水	安徽省合肥市望江西路 520 号	0551-5338681
600130	* ST 波导	宁波波导股份有限公司	G	徐立华	浙江省奉化市大成东路 999 号	0574-88918939
600131	岷江水电	四川岷江水利电力股份有限公司	D	吕道斌	四川省都江堰市奎光路 301 号	028-87267038
600132	重庆啤酒	重庆啤酒股份有限公司	C0	黄明贵	重庆市北部新区大竹林恒山东路 9 号	023-89139399
600133	东湖高新	武汉东湖高新集团股份有限公司	M	罗廷元	武汉市洪山区华光大道 1 号东湖高新大楼	027-87172021
600135	乐凯胶片	乐凯胶片股份有限公司	C4	张建恒	河北省保定市乐凯南大街 6 号	15931890076
600136	道博股份	武汉道博股份有限公司	M	杜晓玲	武汉东湖新技术开发区关凤大道特二号 C 栋二楼	027-81732221
600137	浪莎股份	四川浪莎控股股份有限公司	C3	翁荣金	四川省宜宾市外南街 63 号进出口大厦 8 楼	0831-8216216
600138	中 青 旅	中青旅控股股份有限公司	K	张 骏	北京市东城区东直门南大街 5 号中青旅大厦	010-58158777
600139	西部资源	四川西部资源控股股份有限公司	B	李余利	四川省成都市锦江区锦江工业开发区毕升路 168 号	028-85915709
600141	兴发集团	湖北兴发化工集团股份有限公司	C4	李国璋	湖北省宜昌市兴山县古夫镇昭君路昭君山庄	0717-6760939
600015	华夏银行	华夏银行股份有限公司	I	吴 建	北京市东城区建国门内大街 22 号华夏银行大厦	010-85238888
600143	金发科技	金发科技股份有限公司	C4	袁志敏	广州市天河区柯木塱高唐工业区	020-87037616
600145	四维控股	重庆四维控股(集团)股份有限公司	E	雷 刚	重庆市江津油溪镇	023-61088888
600146	大元股份	宁夏大元化工股份有限公司	C4	赵 海	北京市朝阳区北辰东路 8 号北辰时代大厦 1406 室	010-84989022
600148	长春一东	长春一东离合器股份有限公司	C7	李长江	吉林省长春市高新技术产业开发区超然街 2555 号	0431-85158520
600149	* ST 建通	华夏建通科技开发股份有限公司	C7	杨文军	北京市朝阳区望京西路卷石天地大厦 B 座 12 层	021-53960935
600150	中国船舶	中国船舶工业股份有限公司	C7	陈小津	上海市浦东大道 1 号	021-68860618
600151	航天机电	上海航天汽车机电股份有限公司	C7	姜文正	上海市漕溪路 222 号航天大厦南楼八楼	021-64827176
600152	维科精华	宁波维科精华集团股份有限公司	C1	何承命	宁波市体育场路 2 号	0574-87341480
600153	建发股份	厦门建发股份有限公司	H	王宪榕	厦门市鹭江道 52 号海滨大厦七楼	0592-2263616
600155	* ST 宝硕	河北宝硕股份有限公司	C4	赵力宾	河北省保定市国家高新技术产业开发区朝阳北大街 1069 号	0312-3109607
600016	民生银行	中国民生银行股份有限公司	I	董文标	北京市西城区复兴门内大街 2 号	010-68946790
600156	华升股份	湖南华升股份有限公司	C1	刘 政	湖南省长沙市芙蓉中路三段 420 号	0731-85237877
600157	鲁润股份	泰安鲁润股份有限公司	M	王广西	山东省泰安市龙潭路 51 号	0538-6261228
600158	中体产业	中体产业集团股份有限公司	K	王俊生	北京市朝阳区朝外大街 225 号	010-65536158 * 121
600159	大龙地产	北京市大龙伟业房地产开发股份有限公司	C0	赵 川	北京市顺义区仓上街 11 号	010-69445636
600160	巨化股份	浙江巨化股份有限公司	C4	叶志翔	浙江省衢州市柯城区	0570-3091688
600161	天坛生物	北京天坛生物制品股份有限公司	C8	封多佳	北京市朝阳区三间房南里四号(此为通讯地址!)	010-65762911

续表 1　Continued 1

代码 Code	股票简称 Abbreviation	公司全称 Companies	行业代码 Industries Code	董事长 Board Chairman	地　址 Address	电话 Telephone Number
600162	香江控股	深圳香江控股股份有限公司	J	翟美卿	广东省广州市番禺区迎宾路锦绣香江花园香江控股办公楼	020-34821006
600163	福建南纸	福建省南纸股份有限公司	C3	黄国英	福建省南平市滨江北路177号	0599-8808806
600165	宁夏恒力	宁夏恒力钢丝绳股份有限公司	C6	王东明	宁夏回族自治区石嘴山市惠农区河滨街	0952-3671222
600166	福田汽车	北汽福田汽车股份有限公司	C7	徐和谊	北京市昌平区沙河镇沙阳路	010-80716459
600017	日 照 港	日照港股份有限公司	F	杜传志	山东省日照市海滨二路81号	0633-8388802
600167	联美控股	联美控股股份有限公司	J	朱昌一	沈阳市浑南新区新明街8号	024-83782067
600168	武汉控股	武汉三镇实业控股股份有限公司	D	陈莉茜	武汉市武昌区友谊大道长江隧道出口处长江隧道公司管理大楼	027-85790699
600169	太原重工	太原重工股份有限公司	C7	岳普煜	太原市万柏林区玉河街53号	0351-6361155
600170	上海建工	上海建工股份有限公司	E	徐　征	上海市浦东新区福山路33号	021-68876568
600171	上海贝岭	上海贝岭股份有限公司	C5	赵贵武	上海市漕河泾开发区宜山路810号	021-64853333
600172	黄河旋风	河南黄河旋风股份有限公司	C6	乔秋生	河南省长葛市人民路200号	0374-6108899
600173	卧龙地产	卧龙地产集团股份有限公司	C6	陈建成	浙江省上虞市经济开发区人民西路1801号	0575-82177017
600175	美都控股	美都控股股份有限公司	K	闻掌华	杭州市拱墅区密渡桥路70号美都恒升名楼4F	0571-88301608
600176	中国玻纤	中国玻纤股份有限公司	C4	曹江林	北京市海淀区西三环中路10号	010-88028919
600177	雅 戈 尔	雅戈尔集团股份有限公司	C1	李如成	浙江宁波鄞县大道西段2号	0574-87425136
600018	上港集团	上海国际港务(集团)股份有限公司	F	陆海祜	上海市虹口区东大名路358号国际港务大厦	021-35308108
600178	东安动力	哈尔滨东安汽车动力股份有限公司	C7	连　刚	哈尔滨市平房区保国街51号	0451-86528173
600179	黑化股份	黑龙江黑化股份有限公司	C4	王宏伟	黑龙江省齐齐哈尔市富拉基尔区向阳大街2号	0452-8927129
600180	* ST九发	山东九发食用菌股份有限公司	A	蒋绍庆	山东省烟台市南大街9号金都大厦28楼	0535-6603280
600182	S 佳 通	佳通轮胎股份有限公司	C4	李怀靖	上海市长宁区临虹路280-2号	021-22073138
600183	生益科技	广东生益科技股份有限公司	C7	李　锦	广东省东莞市万江区莞穗大道411号	0769-22271828*8183
600184	新 华 光	湖北新华光信息材料股份有限公司	C6	高汝森	湖北省襄樊市长虹北路67号	0710-3349838
600185	* ST海星	西安海星现代科技股份有限公司	K	鲁君四	西安市高新技术产业开发区科技路48号创业广场B座1303室海星科技证券部	029-87997923
600186	莲花味精	河南莲花味精股份有限公司	C0	郑献锋	河南省项城市莲花大道18号	0394-4298889
600187	ST国中	黑龙江国中水务股份有限公司	C3	朱勇军	北京市东城区灯市口大街33号国中商业大厦10层	010-51695732
600188	兖州煤业	兖州煤业股份有限公司	B	王　信	山东省邹城市凫山南路298号	0537-5384031
600019	宝钢股份	宝山钢铁股份有限公司	C6	徐乐江	上海市宝山区牡丹江路1813号宝山宾馆南楼	021-26647000
600189	吉林森工	吉林森林工业股份有限公司	A	柏广新	吉林省长春市朝阳区延安大街1385号	0431-88480580
600190	锦 州 港	锦州港股份有限公司	F	张宏伟	锦州经济技术开发区锦港大街一段1号	0416-3586462
600191	华资实业	包头华资实业股份有限公司	C0	宋卫东	包头市东河区	0472-6957558
600192	长城电工	兰州长城电工股份有限公司	C7	杨　林	兰州市城关区农民巷215号	0931-8415501
600193	创兴置业	厦门创兴置业股份有限公司	M	郭恒达	厦门市建业路18号阳明楼9楼	0592-5311811
600195	中牧股份	中牧实业股份有限公司	C0	王志良	北京市丰台区南四环西路188号总部基地八区16号楼	010-63701111
600196	复星医药	上海复星医药(集团)股份有限公司	C8	汪群斌	上海市复兴东路2号	021-63321165
600197	伊 力 特	新疆伊力特实业股份有限公司	C0	徐勇辉	新疆新源县肖尔布拉克	0991-3667490
600198	大唐电信	大唐电信科技股份有限公司	G	曹　斌	北京市海淀区学院路40号	010-62303607
600199	金种子酒	安徽金种子酒业股份有限公司	C0	锁炳勋	安徽省阜阳市莲花路259号	0558-2210568
600020	中原高速	河南中原高速公路股份有限公司	F	宋春雷	郑州市中原路93号	0371-67717696
600200	江苏吴中	江苏吴中实业股份有限公司	M	赵唯一	江苏省苏州市吴中区宝带东路388号	0512-65626898
600201	金宇集团	内蒙古金宇集团股份有限公司	C8	张翀宇	内蒙古呼和浩特市鄂尔多斯大街26号	0471-3336211
600202	哈 空 调	哈尔滨空调股份有限公司	C7	于明升	哈尔滨市道里区买卖街25号	0451-84612279
600203	福日电子	福建福日电子股份有限公司	C5	刘捷明	福州市五一北路169号福日大厦	0591-83301078
600206	有研硅股	有研半导体材料股份有限公司	C9	周旗钢	北京市新街口外大街2号	010-62355380
600207	ST安彩	河南安彩高科股份有限公司	C5	杨　锋	河南省安阳市中州路南段	0372-3932916*3820

续表 2　Continued 2

代码 Code	股票简称 Abbreviation	公司全称 Companies	行业代码 Industries Code	董事长 Board Chairman	地　址 Address	电话 Telephone Number
600208	新湖中宝	新湖中宝股份有限公司	C9	邹丽华	浙江省杭州市西溪路 128 号新湖商务大厦 11 层	0571－87395003
600209	罗顿发展	罗顿发展股份有限公司	M	李　维	海南省海口市人民大道 68 号北 12 楼	0898－66266364
600210	紫江企业	上海紫江企业集团股份有限公司	C9	沈　雯	上海市虹桥路 2272 号上海虹桥商务大厦 7 楼 C 座	021－62377118＊858
600211	西藏药业	西藏诺迪康药业股份有限公司	C8	陈达彬	成都市中新街 49 号锦贸大厦 18 楼	028－86653915
600021	上海电力	上海电力股份有限公司	D	周世平	上海市中山南路 268 号 1 号楼 36 层	021－51171078
600212	江泉实业	山东江泉实业股份有限公司	C6	田英智	山东省临沂市罗庄双月门北江泉商务楼	0539－7100388
600213	亚星客车	扬州亚星客车股份有限公司	C7	魏　洁	扬州市渡江南路 41 号	0514－82989880
600215	长春经开	长春经开(集团)股份有限公司	J	张树森	吉林省长春市自由大路 5188 号	0431－84644225
600216	浙江医药	浙江医药股份有限公司	C8	李春波	浙江省杭州市拱墅区登云路 268 号	0571－87213883
600217	＊ST 秦岭	陕西秦岭水泥(集团)股份有限公司	C6	周子敬	陕西省铜川市耀州区东郊	0919－6233649
600218	全柴动力	安徽全柴动力股份有限公司	C7	谢　力	安徽省全椒县襄河镇吴敬梓路 788 号	0550－5038369
600219	南山铝业	山东南山铝业股份有限公司	C6	宋建波	山东省龙口市东江镇南山村	0535－8666352
600220	江苏阳光	江苏阳光股份有限公司	C1	陈丽芬	江苏省江阴市新桥镇马嘶桥	0510－86121688
600221	海南航空	海南航空股份有限公司	F	李晓明	海南省海口市海秀路 29 号海航发展大厦	0898－66739996
600222	太龙药业	河南太龙药业股份有限公司	C8	赵庆新	郑州市高新技术产业开发区金梭路 8 号	0371－67982194
600022	济南钢铁	济南钢铁股份有限公司	C6	陈启祥	济南市工业北路 21 号	0531－88865480
600223	ST 鲁置业	鲁商置业股份有限公司	M	李　明	山东省济南市历下区经十路 9777 号 8 层	0531－66697709
600225	ST 松江	天津松江股份有限公司	A	张锦珠	天津市河西区梅江蓝水园 24 号	022－88388166
600226	升华拜克	浙江升华拜克生物股份有限公司	C4	沈德堂	浙江省德清县钟管工业区	0572－8402738
600227	赤 天 化	贵州赤天化股份有限公司	C4	郑才友	贵州省赤水市化工路	0852－2878788
600228	昌九生化	江西昌九生物化工股份有限公司	C4	肖建国	南昌市洪都北大道 516 号四楼	0791－8504560
600229	青岛碱业	青岛碱业股份有限公司	C4	罗方辉	青岛市四流北路 78 号	0532－88082817
600230	沧州大化	沧州大化股份有限公司	C4	平海军	河北省沧州市永济东路 20 号沧州大化办公楼	0317－3556143
600231	凌钢股份	凌源钢铁股份有限公司	C6	张振勇	辽宁省凌源市钢铁路 3 号	0421－6838192
600232	金鹰股份	浙江金鹰股份有限公司	C1	傅国定	浙江省舟山市定海区小沙镇	0580－8021228
600233	大杨创世	大连大杨创世股份有限公司	C1	李桂莲	大连经济技术开发区哈尔滨路 23 号	0411－87610778
600003	ST 东北高	东北高速公路股份有限公司	F	孙熠嵩	吉林省长春市经济开发区浦东路 3499 号	0431－84622168
600026	中海发展	中海发展股份有限公司	F	李绍德	东大名路 700 号海运大楼	021－65967160
600234	＊ST 天龙	太原天龙集团股份有限公司	H	田家俊	太原市迎泽大街 289 号	0351－2025168
600235	民丰特纸	民丰特种纸股份有限公司	C3	盛　军	浙江省嘉兴市甪里街 70 号	0573－82812992
600236	桂冠电力	广西桂冠电力股份有限公司	K	杨　庆	中国广西南宁市民族大道 126 号	0771－6118608
600237	铜峰电子	安徽铜峰电子股份有限公司	C7	王晓云	安徽省铜陵市石城大道中段 978 号	0562－2819188
600238	海南椰岛	海南椰岛(集团)股份有限公司	C0	张春昌	海南省海口市龙昆北路 13－1 号	0898－66532925
600239	云南城投	云南城投置业股份有限公司	J	许　雷	云南省昆明市民航路 400 号云南城投大厦三楼	0871－7199767
600240	华业地产	北京华业地产股份有限公司	J	徐　红	北京市朝阳区东四环中路 39 号华业国际中心 A 座 16 层	010－85710731
600241	时代万恒	辽宁时代万恒股份有限公司	C1	王忠岩	大连市中山区港湾街 7 号时代大厦	0411－82798001＊1212
600242	ST 华龙	广东华龙集团股份有限公司	A	周健民	广东省阳江市江城区安宁路 A7 号金达商贸大厦 7－8 楼	0662－2881777
600243	青海华鼎	青海华鼎实业股份有限公司	C7	于世光	青海省西宁市七一路 318 号	0971－7111668
600027	华电国际	华电国际电力股份有限公司	D	云公民	北京市西城区宣武门内大街 2 号 B 座 12 至 16 层	8610－83567779
600246	万通地产	北京万通地产股份有限公司	J	冯　仑	北京市朝阳区朝外大街甲 6 号万通中心写字楼 D 座 4 层	010－59070788
600247	成城股份	吉林成城集团股份有限公司	H	成卫文	北京市朝阳区慧忠路 5 号远大中心 B 座 21 层	010－51238565
600248	延长化建	陕西延长石油化建股份有限公司	A	张恺颙	杨凌农业高新技术产业示范区新桥北路 2 号	029－87033019
600249	两 面 针	柳州两面针股份有限公司	C4	马朝梅	广西柳州市东环路 282 号	0772－2068007
600250	南纺股份	南京纺织品进出口股份有限公司	H	单晓钟	南京市鼓楼区云南北路 77 号	025－83331602

续表 3 Continued 3

代码 Code	股票简称 Abbreviation	公司全称 Companies	行业代码 Industries Code	董事长 Board Chairman	地 址 Address	电话 Telephone Number
600251	冠农股份	新疆冠农果茸集团股份有限公司	A	李 愈	新疆库尔勒市团结南路48号小区	0996-2113816
600252	中恒集团	广西梧州中恒集团股份有限公司	M	许淑清	广西梧州工业园区工业大道1号第1幢	0774-3939138
600253	*ST天方	河南天方药业股份有限公司	C8	年大明	河南省驻马店市光明路2号	0396-3823535
600255	鑫科材料	安徽鑫科新材料股份有限公司	C9	周瑞庭	安徽省芜湖市经济技术开发区珠江路23号	0553-5847323
600256	广汇股份	新疆广汇实业股份有限公司	J	王力源	新疆维吾尔自治区乌鲁木齐经济技术开发区上海路16号	0991-3762327
600028	中国石化	中国石油化工股份有限公司	B	苏树林	中国北京市朝阳区朝阳门北大街22号	010-59962208
600257	大湖股份	湖南洞庭水殖股份有限公司	A	罗祖亮	湖南省常德市洞庭大道西段388号	0736-7252796
600258	首旅股份	北京首都旅游股份有限公司	K	杨 华	北京市西城区复兴门内大街51号(民族饭店四层)	010-66014466*446
600259	ST有色	广晟有色金属股份有限公司	C1	叶列理	海口市国贸大道省建行大厦B座首层	0898-68669470
600260	凯乐科技	湖北凯乐科技股份有限公司	C4	朱弟雄	湖北省武汉市武昌区武珞路五巷46号凯乐花园7号楼1单元2004室	027-87312527
600261	浙江阳光	浙江阳光集团股份有限公司	C5	陈森洁	浙江省上虞市凤山路485号阳光大厦	0575-2027721
600262	北方股份	内蒙古北方重型汽车股份有限公司	C7	陈树清	内蒙古包头稀土高新技术产业开发区北方股份大厦	0472-2207888
600263	路桥建设	路桥集团国际建设股份有限公司	E	毛志远	北京东城区东中街9号东环广场A座写字楼八层	010-64181913
600265	景谷林业	云南景谷林业股份有限公司	A	马春华	云南省景谷傣族彝族自治县威远路47号	0879-5228739
600266	北京城建	北京城建投资发展股份有限公司	E	刘龙华	北京市朝阳区北土城西路11号城建开发大厦	010-82275538
600267	海正药业	浙江海正药业股份有限公司	C8	白 骅	浙江省台州市椒江区外沙路46号	0571-85278141
600029	南方航空	中国南方航空股份有限公司	F	司献民	广东省广州市机场路278号	020-86124738
600268	国电南自	国电南京自动化股份有限公司	C7	白绍桐	江苏省南京市新模范马路38号	025-83410173
600269	赣粤高速	江西赣粤高速公路股份有限公司	F	黄 铮	南昌市西湖区朝阳洲中路367号赣粤大厦	0791-6539322
600270	外运发展	中外运空运发展股份有限公司	F	张建卫	北京市顺义区北京天竺空港工业区A区天柱路20号	010-80418268
600271	航天信息	航天信息股份有限公司	G	方向明	北京市海淀区杏石口路甲18号	010-88439766
600272	开开实业	上海开开实业股份有限公司	C1	何才彪	上海市江宁路565号4楼	021-62876092
600273	华芳纺织	华芳纺织股份有限公司	C1	秦大乾	张家港市塘桥镇人民南路1号	0512-58438222
600275	ST昌鱼	湖北武昌鱼股份有限公司	A	翦英海	北京市朝阳门外大街华普国际大厦十七层	0711-3200330
600276	恒瑞医药	江苏恒瑞医药股份有限公司	C8	孙飘扬	连云港市新浦区人民东路145号	0518-85469805
600277	亿利能源	内蒙古亿利能源股份有限公司	C4	王瑞丰	内蒙古鄂尔多斯市东胜区鄂尔多斯西街亿利科技大厦	0477-8371779
600278	东方创业	东方国际创业股份有限公司	H	蔡鸿生	上海市娄山关路85号A座2003室	021-62785489
600030	中信证券	中信证券股份有限公司	I	王东明	北京市朝阳区新源南路6号京城大厦三层	010-84588581
600279	重庆港九	重庆港九股份有限公司	F	黄 继	重庆市渝中区信义街18号重庆朝天门大酒店15楼	023-63100830
600280	南京中商	南京中央商场(集团)股份有限公司	H	胡晓军	江苏省南京市中山南路79号	025-84717539
600281	太化股份	太原化工股份有限公司	C4	狄重阳	山西省太原市晋源区义井街20号主楼五层	0351-5638016
600282	南钢股份	南京钢铁股份有限公司	C6	杨思明	江苏省南京市六合区卸甲甸	025-57052160
600283	钱江水利	钱江水利开发股份有限公司	D	何中辉	浙江省杭州市三台山路3号	0571-87974399
600284	浦东建设	上海浦东路桥建设股份有限公司	E	葛培健	上海市浦东新区东方路971号钱江大厦24楼	021-58765762
600285	羚锐制药	河南羚锐制药股份有限公司	C8	熊维政	河南省新县向阳路232号	0376-2973569
600287	江苏舜天	江苏舜天股份有限公司	H	成 俊	南京市宁南大道21号B座	025-52875624
600288	大恒科技	大恒新纪元科技股份有限公司	G	张家林	北京市海淀区苏州街3号大恒科技大厦十五层	010-82827855
600289	亿阳信通	亿阳信通股份有限公司	G	常学群	北京市海淀区杏石口路99号西山赢府商务中心B座、哈尔滨南岗区高新技术产业开发区1号楼	010-88158921
600031	三一重工	三一重工股份有限公司	C7	梁稳根	湖南长沙经济技术开发区	0731-84031555
600290	华仪电气	华仪电气股份有限公司	C7	陈道荣	浙江省乐清市经济开发区(盐盆新区)纬四路	0577-62661122
600291	西水股份	内蒙古西水创业股份有限公司	C6	胡佃平	内蒙古乌海市海南区	0473-4661212
600292	九龙电力	重庆九龙电力股份有限公司	D	刘渭清	重庆市九龙坡区杨家坪前进支路15号	023-68787928
600293	三峡新材	湖北三峡新型建材股份有限公司	C9	徐 麟	湖北省当阳市经济技术开发区	0717-3280108

续表 4　Continued 4

代码 Code	股票简称 Abbreviation	公司全称 Companies	行业代码 Industries Code	董事长 Board Chairman	地　址 Address	电话 Telephone Number
600295	鄂尔多斯	内蒙古鄂尔多斯羊绒制品股份有限公司	C1	王林祥	内蒙古鄂尔多斯市东胜区达拉特南路 102 号	0477 - 8543509
600297	美罗药业	美罗药业股份有限公司	C8	张成海	大连高新技术产业园区七贤岭敬贤街 18 号	0411 - 84820297
600298	安琪酵母	安琪酵母股份有限公司	C0	俞学锋	湖北省宜昌市中南路 24 号	0717 - 6371088
600299	蓝星新材	蓝星化工新材料股份有限公司	C4	冯益民	北京市朝阳区北三环东路 19 号	010 - 64428859
600300	维维股份	维维食品饮料股份有限公司	C0	杨启典	江苏省徐州市维维大道 300 号	0516 - 83398078
600301	南化股份	南宁化工股份有限公司	C4	陈载华	广西南宁市南建路 26 号	0771 - 4835135
600033	福建高速	福建发展高速公路股份有限公司	F	吴庭锵	福州市东水路 18 号福建交通综合大楼 26 层	0591 - 87077366
600302	标准股份	西安标准工业股份有限公司	C7	翁锡明	西安市太白南路 335 号	029 - 88279352
600303	曙光股份	辽宁曙光汽车集团股份有限公司	C7	李进巅	丹东市振安区曙光路 50 号	0415 - 4139071
600305	恒顺醋业	江苏恒顺醋业股份有限公司	C0	叶有伟	镇江市中山西路 84 号	0511 - 85233133
600306	商 业 城	沈阳商业城股份有限公司	H	张殿华	沈阳市沈河区中街路 212 号	024 - 24865838
600307	酒钢宏兴	甘肃酒钢集团宏兴钢铁股份有限公司	C6	秦治庚	甘肃省嘉峪关市雄关东路 10 号 诚信广场 6 楼 6015 房间	0937 - 6715370
600308	华泰股份	山东华泰纸业股份有限公司	C3	李建华	山东省东营市广饶县大王镇	0546 - 7798848
600309	烟台万华	烟台万华聚氨酯股份有限公司	C4	丁建生	烟台市幸福南路 7 号	0535 - 6698898
600310	桂东电力	广西桂东电力股份有限公司	D	温昌伟	广西贺州市平安西路 12 号	0774 - 5297796
600311	荣华实业	甘肃荣华实业(集团)股份有限公司	C0	张严德	甘肃省武威市东关街荣华路 1 号	0935 - 6151222
600312	平高电气	河南平高电气股份有限公司	C7	魏光林	河南省平顶山市南环东路 22 号	0375 - 3804022
600035	楚天高速	湖北楚天高速公路股份有限公司	F	祝向军	武汉市汉阳区龙阳大道 9 号	027 - 84863942
600313	* ST 中农	中垦农业资源开发股份有限公司	A	李小平	北京市西城区阜外大街甲 28 号京润大厦 12 层(西楼)	010 - 83607371
600315	上海家化	上海家化联合股份有限公司	C4	葛文耀	上海市保定路 527 号	021 - 65123206
600316	洪都航空	江西洪都航空工业股份有限公司	C7	吴方辉	南昌市新溪桥	0791 - 8467456
600317	营 口 港	营口港务股份有限公司	F	高宝玉	辽宁省营口市鲅鱼圈区新港大路一号	0417 - 6268506
600318	巢东股份	安徽巢东水泥股份有限公司	C6	黄炳钧	巢湖市长江西路 269 号	0565 - 2389232
600319	亚星化学	潍坊亚星化学股份有限公司	C4	陈华森	山东省潍坊市奎文区鸢飞路 899 号	0536 - 8677319
600320	振华重工	上海振华重工(集团)股份有限公司	C7	周纪昌	上海市浦东南路 3470 号	021 - 58395000
600321	国栋建设	四川国栋建设股份有限公司	C6	王春鸣	四川省成都市金盾路 52 号国栋中央商务大厦 28 楼	028 - 86119148
600322	天房发展	天津市房地产发展(集团)股份有限公司	J	张　勇	天津市和平区常德道 80 号	022 - 23317192
600323	南海发展	南海发展股份有限公司	D	何向明	广东省佛山市南海区桂城南海大道建行大厦	0757 - 86324868
600036	招商银行	招商银行股份有限公司	I	秦　晓	深圳市福田区深南大道 7088 号招商银行大厦	0755 - 83195105
600325	华发股份	珠海华发实业股份有限公司	J	袁小波	广东省珠海市拱北丽景花园华发楼	0756 - 8282111
600326	西藏天路	西藏天路股份有限公司	F	多吉罗布	西藏拉萨市夺底路 14 号	0891 - 6902702
600327	大厦股份	无锡商业大厦大东方股份有限公司	H	潘霄燕	江苏省无锡市中山路 343 号	0510 - 82702093
600328	兰太实业	内蒙古兰太实业股份有限公司	C4	李德禄	内蒙古阿拉善经济开发区	0473 - 3443696
600329	中新药业	天津中新药业集团股份有限公司	C8	郝非非	天津市南开区白堤路 17 号	022 - 27020892
600330	天通股份	天通控股股份有限公司	C5	潘建清	浙江省海宁经济开发区双联路 129 号	0573 - 80701333
600331	宏达股份	四川宏达股份有限公司	C4	刘沧龙	成都市锦里东路 2 号宏大大厦	028 - 86141081
600332	广州药业	广州药业股份有限公司	C8	杨荣明	中国广东省广州市沙面北街 45 号	020 - 81218084
600333	长春燃气	长春燃气股份有限公司	D	张志超	长春市朝阳区延安大街 421 号	0431 - 85954615
600335	鼎盛天工	鼎盛天工工程机械股份有限公司	C7	李鹤鹏	天津市新技术产业园华苑产业区(环外)海泰南北大街 5 号	022 - 58396200
600037	歌华有线	北京歌华有线电视网络股份有限公司	L	张　淼	北京市海淀区花园北路 35 号东门	010 - 62035573
600336	澳 柯 玛	青岛澳柯玛股份有限公司	C7	李　蔚	青岛经济技术开发区前湾港路 315 号	0532 - 86765129
600337	美克股份	美克国际家具股份有限公司	C2	寇卫平	新疆乌鲁木齐经济技术开发区迎宾路 160 号	0991 - 3836028
600338	ST 珠峰	西藏珠峰工业股份有限公司	C6	陈汛桥	成都市双流县西南航空港锦华路一段 2 号	028 - 85092553
600339	天利高新	新疆独山子天利高新技术股份有限公司	C4	付德新	新疆独山子区大庆东路 2 号	0992 - 3658000

续表5 Continued 5

代码 Code	股票简称 Abbreviation	公司全称 Companies	行业代码 Industries Code	董事长 Board Chairman	地址 Address	电话 Telephone Number
600340	* ST国祥	浙江国祥制冷工业股份有限公司	C5	陈根伟	浙江省上虞市百官镇中塘	021-67601100
600343	航天动力	陕西航天动力高科技股份有限公司	C7	王新敏	西安高新区锦业路78号	029-81881823
600345	长江通信	武汉长江通信产业集团股份有限公司	G	熊瑞忠	武汉市东湖开发区关东工业园文华路2号	027-67840268
600346	大橡塑	大连橡胶塑料机械股份有限公司	C7	洛少宁	辽宁省大连市甘井子区周水子广场1号	0411-86641378
600348	国阳新能	山西国阳新能股份有限公司	B	白英	山西省阳泉市北大街5号	0353-7078568
600350	山东高速	山东高速公路股份有限公司	K	孙亮	济南市文化东路29号	0531-89260008
600004	白云机场	广州白云国际机场股份有限公司	F	卢光霖	广州白云国际机场南工作区机场综合办公楼南楼	020-36063593
600038	哈飞股份	哈飞航空工业股份有限公司	C7	庞建	哈尔滨市平房区友协大街15号	0451-86528350
600351	亚宝药业	亚宝药业集团股份有限公司	C8	任武贤	山西省风陵渡经济开发区工业大道1号	0359-3388078
600352	浙江龙盛	浙江龙盛集团股份有限公司	C4	阮伟祥	浙江省上虞市道墟镇	0575-82040698
600353	旭光股份	成都旭光电子股份有限公司	C5	葛行	成都市新都区电子路172号	028-83967599
600354	敦煌种业	甘肃省敦煌种业股份有限公司	A	王大和	甘肃省酒泉市肃州区肃州路28号	0937-2669328
600355	精伦电子	精伦电子股份有限公司	C5	张学阳	湖北省武汉市东湖开发区光谷大道70号	027-87921111 * 3231
600356	恒丰纸业	牡丹江恒丰纸业股份有限公司	C3	徐祥	黑龙江省牡丹江市阳明区恒丰路11号	0453-6331111 * 6282
600358	国旅联合	国旅联合股份有限公司	K	张建华	南京汉中路89号金鹰国际商城18层A座	025-84700026
600359	新农开发	新疆塔里木农业综合开发股份有限公司	A	李远晨	新疆阿克苏市南大街2号新农大厦19楼	0997-2134018
600360	华微电子	吉林华微电子股份有限公司	C5	夏增文	吉林省吉林市高新区深圳街99号	0432-64678411
600361	华联综超	北京华联综合超市股份有限公司	H	彭小海	北京西城区阜外大街1号四川大厦东塔楼	010-68365027
600039	四川路桥	四川路桥建设股份有限公司	E	孙云	成都市高新区九兴大道12号	028-85126085
600362	江西铜业	江西铜业股份有限公司	C6	李贻煌	江西省贵溪市冶金大道15号	0701-3777736
600363	联创光电	江西联创光电科技股份有限公司	C5	杨柳	南昌国家高新产业开发区京东大道168号	0791-8161956
600365	通葡股份	通化葡萄酒股份有限公司	C0	王鹏	通化市前兴路28号	0435-3530506
600366	宁波韵升	宁波韵升股份有限公司	C7	竺韵德	浙江省宁波国家高新区扬帆路1号	0574-87776804
600367	红星发展	贵州红星发展股份有限公司	C4	姜志光	贵州省安顺市镇宁县丁旗镇	0853-6780066
600368	五洲交通	广西五洲交通股份有限公司	F	何国纯	广西南宁市民族大道115-1号	0771-5568918
600369	西南证券	西南证券股份有限公司	I	王珠林	重庆市渝中区临江支路2号合景国际大厦A幢	010-88091989
600370	三房巷	江苏三房巷实业股份有限公司	C1	卞平刚	江苏江阴周庄镇三房巷	0510-86229867
600371	万向德农	万向德农股份有限公司	C0	管大源	黑龙江省哈尔滨市南岗区玉山路18号	0451-82368408 * 8807
600372	* ST昌河	江西昌河汽车股份有限公司	C7	卢广山	江西省景德镇市东郊	0798-8462778
600048	保利地产	保利房地产(集团)股份有限公司	J	李彬海	广州市海珠区阅江中路688号保利国际广场北塔29-33层	020-89898882
600373	鑫新股份	江西鑫新实业股份有限公司	C6	温显来	江西省上饶经济开发区	0793-8461271
600375	星马汽车	安徽星马汽车股份有限公司	C7	沈伟良	安徽省马鞍山市经济技术开发区	0555-8323012
600376	首开股份	北京首都开发股份有限公司	J	刘希模	北京市西城区复兴门内大街156号	010-66428156
600377	宁沪高速	江苏宁沪高速公路股份有限公司	F	沈长全	中华人民共和国江苏省南京市马群大道6号	025-84469332
600378	天科股份	四川天一科技股份有限公司	C4	陈宝通	四川省成都市机场路445信箱	028-85963417
600379	宝光股份	陕西宝光真空电器股份有限公司	C7	祁勇	陕西省宝鸡市宝光路53号	0917-3561507
600380	健康元	健康元药业集团股份有限公司	C8	朱保国	深圳市南山区科技园北区郎山路17号健康元药业集团股份有限公司大厦	0755-86252388
600381	ST贤成	青海贤成矿业股份有限公司	C1	黄贤优	广州市天河区珠江新城华夏路8号国际金融广场32楼02单元	020-38880777
600382	广东明珠	广东明珠集团股份有限公司	C7	涂传岚	广东省兴宁市兴城镇赤巷口	0753-3337228
600383	金地集团	金地(集团)股份有限公司	J	凌克	深圳市福田区福强路金地商业大楼5-6楼	0755-82039866
600050	中国联通	中国联合网络通信股份有限公司	G	常小兵	上海市长宁区长宁路1033号联通大厦29楼	021-52733331
600385	ST金泰	山东金泰集团股份有限公司	C8	黄俊钦	山东省济南市洪楼西路29号	0531-88902341
600386	北巴传媒	北京巴士传媒股份有限公司	F	直军	北京市海淀区紫竹院路32号	010-68477383

续表 6　Continued 6

代码 Code	股票简称 Abbreviation	公司全称 Companies	行业代码 Industries Code	董事长 Board Chairman	地　址 Address	电话 Telephone Number
600387	海越股份	浙江海越股份有限公司	F	吕小奎	浙江省诸暨市西施大街 59 号	0575 - 87016161
600388	龙净环保	福建龙净环保股份有限公司	C7	周苏华	福建省龙岩市新罗区陵园路 81 号	0597 - 2210288
600389	江山股份	南通江山农药化工股份有限公司	C4	蔡建国	江苏省南通市姚港路 35 号	0513 - 83558270
600390	金瑞科技	金瑞新材料科技股份有限公司	C9	王晓梅	湖南省长沙市岳麓区麓山南路 966 号	0731 - 88657400
600391	成发科技	四川成发航空科技股份有限公司	C7	杨　锐	成都市新都区三河场蜀龙大道成发工业园	028 - 89358616
600392	太工天成	太原理工天成科技股份有限公司	G	杜文广	山西省太原市平民路 5 北号天成公寓	0351 - 3183393
600393	东华实业	广州东华实业股份有限公司	J	杨树坪	广州市越秀区寺右新马路 170 号第四层	020 - 87397172
600395	盘江股份	贵州盘江精煤股份有限公司	B	周炳军	贵州省六盘水市红果经济开发区干沟桥	0858 - 3703046
600051	宁波联合	宁波联合集团股份有限公司	M	何大元	宁波开发区东海路 1 号联合大厦	0574 - 86222320
600396	金山股份	沈阳金山能源股份有限公司	D	薛　滨	沈阳市和平区南五马路 185 巷 1 号	024 - 23229022
600397	安源股份	安源实业股份有限公司	C7	李良仕	江西省萍乡市高新技术工业园郑和路 8 号	0799 - 6776685
600398	凯诺科技	凯诺科技股份有限公司	C1	陶晓华	江苏省江阴市新桥镇	0510 - 86121388 * 3180
600399	抚顺特钢	抚顺特殊钢股份有限公司	C6	赵明远	辽宁省抚顺市望花区鞍山路东段 8 号	0413 - 6676495
600400	红豆股份	江苏红豆实业股份有限公司	C1	周鸣江	江苏省无锡市锡山区港下镇	0510 - 88358422
600401	* ST 申龙	江苏申龙高科集团股份有限公司	C4	张　健	江苏省江阴市申港镇申圩路	0510 - 86620263
600403	欣网视讯	南京欣网视讯科技股份有限公司	G	张　良	南京市上海路 9 号水利后勤服务中心 6 楼	025 - 84669898
600405	动 力 源	北京动力源科技股份有限公司	C5	何振亚	北京丰台科学城星火路 8 号	010 - 83681321
600406	国电南瑞	国电南瑞科技股份有限公司	G	肖世杰	南京市高新技术产业开发区高新路 20 号	025 - 83097495
600408	安泰集团	山西安泰集团股份有限公司	C4	李安民	山西省介休市安泰工业区安泰集团	0354 - 7531070,7531034
600052	浙江广厦	浙江广厦股份有限公司	J	楼江跃	浙江省杭州市玉古路 166 号	0571 - 87974176
600409	三友化工	唐山三友化工股份有限公司	C4	么志义	河北省唐山市南堡开发区	0315 - 8511337
600410	华胜天成	北京华胜天成科技股份有限公司	G	胡联奎	北京市海淀区学清路 8 号科技财富中心 A 座 10 - 11 层	010 - 82733615
600415	小商品城	浙江中国小商品城集团股份有限公司	H	金方平	浙江省义乌市福田路 105 号海洋商务写字楼	0579 - 85182700
600416	湘电股份	湘潭电机股份有限公司	C7	周建雄	湖南省湘潭市下摄司街 302 号	0731 - 58596588
600418	江淮汽车	安徽江淮汽车股份有限公司	C7	左延安	安徽合肥市东流路 176 号	0551 - 2296838
600419	ST 天宏	新疆天宏纸业股份有限公司	C3	王世超	新疆石河子市西三路(公司办公楼)	0993 - 7526008
600420	现代制药	上海现代制药股份有限公司	C8	周　斌	上海市愚园路 858 号	021 - 62510786
600421	* ST 国药	武汉国药科技股份有限公司	C8	龚晓超	武汉市武昌武路路 628 号亚洲贸易广场 B 座	027 - 87654767
600422	昆明制药	昆明制药集团股份有限公司	C8	何　勤	云南省昆明市国家高新技术开发区科医路 166 号	0871 - 8324311
600423	柳化股份	柳州化工股份有限公司	C4	廖能成	广西壮族自治区柳州市北雀路 67 号	0772 - 2516580
600053	中江地产	江西中江地产股份有限公司	J	钟虹光	江西省南昌市高新区火炬大街 788 号	0791 - 8164127
600425	青松建化	新疆青松建材化工(集团)股份有限公司	C6	甘　军	新疆维吾尔自治区阿克苏市林园	0997 - 2811282
600426	华鲁恒升	山东华鲁恒升化工股份有限公司	C4	程广辉	山东德州市德城区天衢西路 24 号	0534 - 2465426
600428	中远航运	中远航运股份有限公司	F	许立荣	广州市五羊新城江月路颐景轩 2 - 3 楼	020 - 62621007
600429	三元股份	北京三元食品股份有限公司	C0	张福平	北京市海淀区西二旗中路 29 号	010 - 62848020
600432	吉恩镍业	吉林吉恩镍业股份有限公司	C6	柴连志	吉林省磐石市红旗岭镇	0432 - 65610887
600433	冠豪高新	广东冠豪高新技术股份有限公司	C3	林　波	广东省湛江经济技术开发区乐怡路 6 号	0759 - 2820858
600435	中兵光电	中兵光电科技股份有限公司	C7	李保平	北京亦庄经济技术开发区科创十五街 2 号	010 - 58089788
600436	片 仔 癀	漳州片仔癀药业股份有限公司	C8	冯忠铭	福建省漳州市芗城区上街	0596 - 2305239
600438	通威股份	通威股份有限公司	A	刘汉元	四川省成都市二环路南四段十一号	028 - 86168571
600439	瑞 贝 卡	河南瑞贝卡发制品股份有限公司	C1	郑有全	河南许昌市瑞贝卡大道 666 号	0374 - 5136699
600054	黄山旅游	黄山旅游发展股份有限公司	K	程迎峰	安徽黄山市黄山风景区温泉	0559 - 5580567
600444	国通管业	安徽国通高新管业股份有限公司	C4	钱　俊	安徽省合肥市经济技术开发区繁华大道国通工业园	0551 - 3817860
600446	金证股份	深圳市金证科技股份有限公司	G	杜　宣	深圳市南山区高新南五道金证大厦(8 - 9 层)	0755 - 86393989

续表 7　Continued 7

代码 Code	股票简称 Abbreviation	公司全称 Companies	行业代码 Industries Code	董事长 Board Chairman	地　址 Address	电话 Telephone Number
600448	华纺股份	华纺股份有限公司	C1	杜淑明	山东省滨州市黄河二路 819 号	0543 - 3288255
600449	赛马实业	宁夏赛马实业股份有限公司	C6	李永进	宁夏银川市西夏区新小线二公里处	0951 - 2085256
600452	涪陵电力	重庆涪陵电力实业股份有限公司	D	李福昌	重庆市涪陵区望州路 20 号	023 - 72286786
600455	交大博通	西安交大博通资讯股份有限公司	G	康　军	陕西省西安市经济技术开发区凤城十二路 1 号凯瑞大厦 A 座 17 层	029 - 86135059
600456	宝钛股份	宝鸡钛业股份有限公司	C6	邹武装	宝鸡市钛城路 1 号	0917 - 3382636
600458	时代新材	株洲时代新材料科技股份有限公司	C4	曾鸿平	株洲市天元区海天路 18 号	0731 - 22837718
600459	贵研铂业	贵研铂业股份有限公司	C6	汪云曙	云南省昆明市高新技术开发区科技路 988 号	0871 - 8329909
600460	士 兰 微	杭州士兰微电子股份有限公司	C5	陈向东	浙江省杭州市黄姑山路 4 号	0571 - 88210155
600055	万东医疗	北京万东医疗装备股份有限公司	C7	贺　旋	北京市朝阳区酒仙桥东路 9 号 A3	010 - 84569688
600461	洪城水业	江西洪城水业股份有限公司	D	毛木金	江西省南昌市灌婴路 98 号青云水厂内	0791 - 5210336
600462	ST 石岘	延边石岘白麓纸业股份有限公司	C3	郑艳民	吉林省图们市石岘镇	043 - 33810015
600463	空港股份	北京空港科技园区股份有限公司	J	杭金亮	北京天竺空港工业区 B 区裕民大街甲 6 号 5 层	010 - 80489306
600466	迪康药业	四川迪康科技药业股份有限公司	C8	陈　敏	成都市高新区西部园区迪康大道 1 号	028 - 87838286
600467	好 当 家	山东好当家海洋发展股份有限公司	A	李鹏程	荣成市虎山镇沙咀子	0631 - 7438073
600468	百利电气	天津百利特精电气股份有限公司	C7	张文利	天津市西青经济开发区民和道 12 号	022 - 83962538
600469	风神股份	风神轮胎股份有限公司	C7	曹朝阳	河南省焦作市焦东南路 48 号	0391 - 3999006
600470	六国化工	安徽六国化工股份有限公司	C4	黄化锋	安徽省铜陵市铜港路	0562 - 3801675
600475	华光股份	无锡华光锅炉股份有限公司	C7	王福军	无锡市城南路 3 号	0510 - 85225852
600476	湘邮科技	湖南湘邮科技股份有限公司	G	李　雄	长沙市高新技术产业开发区麓谷基地玉兰路 2 号	0731 - 88998688
600056	中国医药	中国医药保健品股份有限公司	H	韩本毅	北京市崇文区光明中街 18 号美康大厦	010 - 67121157
600477	杭萧钢构	浙江杭萧钢构股份有限公司	E	单银木	杭州市中河中路 258 号瑞丰国际商务大厦七楼证券办	0571 - 87246788 * 8216
600478	科 力 远	湖南科力远新能源股份有限公司	C5	钟发平	长沙市岳麓区长沙国家高新技术产业开发区桐梓坡西路 348 号	0731 - 88980623
600479	千金药业	株洲千金药业股份有限公司	C8	朱飞锦	株洲市荷塘区金钩山路 15 号	0731 - 22490083
600480	凌云股份	凌云工业股份有限公司	C4	李喜增	河北省涿州市松林店镇	0312 - 3951002
600481	双良股份	江苏双良空调设备股份有限公司	C7	缪志强	江苏江阴利港双良工业区	0510 - 86632358
600482	风帆股份	风帆股份有限公司	C7	陈孟礼	河北省保定市富昌路 8 号	0312 - 3208588
600483	福建南纺	福建南纺股份有限公司	C1	陈军华	福建省南平市安丰路 63 号	0599 - 8813009
600485	中创信测	北京中创信测科技股份有限公司	G	贾　林	北京市海淀区中关村南大街甲 18 号北京国际 C 座 12 - 14 层	010 - 62100109
600486	扬农化工	江苏扬农化工股份有限公司	C4	戚明珠	江苏省扬州市文峰路 39 号	0514 - 85888888 * 7486
600487	亨通光电	江苏亨通光电股份有限公司	G	钱建林	江苏省吴江市经济开发区亨通路 100 号	0512 - 63430985
600005	武钢股份	武汉钢铁股份有限公司	C6	邓崎琳	武汉市青山区沿港路 3 号	027 - 86802031
600057	* ST 夏新	夏新电子股份有限公司	C5	朱以明	厦门市海沧区霞光路 102 号(新阳工业区夏新电子城)	0592 - 6516777 * 6998
600488	天药股份	天津天药药业股份有限公司	C8	刘永和	天津市河东区八纬路 109 号	022 - 24160861
600489	中金黄金	中金黄金股份有限公司	B	孙兆学	北京市东城区绿荫公园南街 1 号 5 - 7 层	010 - 84121198
600490	中科合臣	上海中科合臣股份有限公司	C4	姜　标	上海市虹桥路 2188 弄 41、47 号楼	021 - 61677380
600491	龙元建设	龙元建设集团股份有限公司	E	赖振元	上海市逸仙路 768 号	021 - 65615689
600493	凤竹纺织	福建凤竹纺织科技股份有限公司	C1	陈澄清	福建省晋江市青阳凤竹工业区	0595 - 85656506
600495	晋西车轴	晋西车轴股份有限公司	C7	李照智	山西省太原市和平北路北巷 5 号	0351 - 6629027
600496	精工钢构	长江精工钢结构(集团)股份有限公司	E	方朝阳	安徽省六安市经济技术开发区长江精工工业园	021 - 54452492 * 2222
600497	驰宏锌锗	云南驰宏锌锗股份有限公司	B	董　英	云南省曲靖市经济技术开发区翠峰路延长线	0874 - 8966698
600498	烽火通信	烽火通信科技股份有限公司	G	童国华	武汉市洪山区关东科技园东信路 6 号线缆楼	027 - 87693931
600499	科达机电	广东科达机电股份有限公司	C7	边　程	广东省佛山市顺德区陈村镇广隆工业园环镇西路 1 号	0757 - 23836396

续表 8 Continued 8

代码 Code	股票简称 Abbreviation	公司全称 Companies	行业代码 Industries Code	董事长 Board Chairman	地址 Address	电话 Telephone Number
600058	五矿发展	五矿发展股份有限公司	H	周中枢	北京市海淀区三里河路5号B座	010-68494205
600500	中化国际	中化国际(控股)股份有限公司	H	潘正义	上海市浦东新区世纪大道88号金茂大厦三区18层	021-50475048
600501	航天晨光	航天晨光股份有限公司	C7	杜　尧	南京市江宁经济技术开发区天元中路188号	025-52826005
600502	安徽水利	安徽水利开发股份有限公司	E	王敬敏	安徽省蚌埠市东海大道张公山南侧	0552-3950270
600503	华丽家族	华丽家族股份有限公司	G	王伟林	上海市虹桥路2272号虹桥商务中心3楼L座	021-62376199
600505	西昌电力	四川西昌电力股份有限公司	D	何永祥	四川省西昌市胜利路66号	0834-3830505
600506	*ST香梨	新疆库尔勒香梨股份有限公司	A	雷　洪	新疆库尔勒市圣果路圣果名苑	0996-8851716
600507	方大特钢	方大特钢科技股份有限公司	C7	钟崇武	南昌市青山湖区冶金大道475号	0791-8394025
600508	上海能源	上海大屯能源股份有限公司	B	李馥友	上海市浦东新区浦东南路256华夏银行大厦12层	021-68865597
600509	天富热电	新疆天富热电股份有限公司	D	刘　伟	新疆石河子市红星路54号	0993-2902860
600510	黑牡丹	黑牡丹(集团)股份有限公司	C1	胥大有	江苏省常州市劳动中路80号	0519-88136510
600059	古越龙山	浙江古越龙山绍兴酒股份有限公司	C0	傅建伟	浙江省绍兴市北海桥	0575-85158435
600511	国药股份	国药集团药业股份有限公司	H	龚家申	北京市崇文区永外三元西巷甲12号	010-67262920
600512	腾达建设	腾达建设集团股份有限公司	E	叶洋友	上海市浦东新区向城路58号11楼东方国际科技大厦	021-68406906
600513	联环药业	江苏联环药业股份有限公司	C8	姚兴田	江苏省扬州市文峰路21号	0514-87813082
600515	ST筑信	海南筑信投资股份有限公司	H	李爱国	海南省海口市大同路38号海口海航国际商务酒店1051室	0898-66561565
600516	方大炭素	方大炭素新材料科技股份有限公司	C6	闫奎兴	甘肃省兰州市红古区海石湾镇2号街坊354号	0931-6239219
600517	置信电气	上海置信电气股份有限公司	C7	徐锦鑫	上海虹桥路2239号	021-62623388
600518	康美药业	康美药业股份有限公司	C8	马兴田	广东省普宁市长春路中段	0663-2913819
600519	贵州茅台	贵州茅台酒股份有限公司	C0	袁仁国	贵州省仁怀市茅台镇	0852-2386002
600520	三佳科技	铜陵三佳科技股份有限公司	C7	黄言勇	安徽省铜陵市石城路电子工业区	0562-2627520
600521	华海药业	浙江华海药业股份有限公司	C8	陈保华	浙江省临海市汛桥镇利庄浙江华海药业股份有限公司证券办	0576-85016009
600060	海信电器	青岛海信电器股份有限公司	C5	于淑珉	青岛市东海西路17号海信大厦1025室证券部	0532-80878435
600522	中天科技	江苏中天科技股份有限公司	G	薛济萍	江苏省南通经济技术开发区中天6号	0513-83599505
600523	贵航股份	贵州贵航汽车零部件股份有限公司	C7	迟耀勇	贵阳市小河经济技术开发区锦江路110号	0851-3802670
600525	长园集团	深圳市长园集团股份有限公司	C9	许晓文	深圳市南山区高新区科苑中路长园新材料港F栋5楼	0755-26717828
600526	菲达环保	浙江菲达环保科技股份有限公司	C7	舒英钢	浙江诸暨市	0575-7385602
600527	江南高纤	江苏江南高纤股份有限公司	C4	陶国平	江苏省苏州市相城区黄埭镇	0512-65481181
600528	中铁二局	中铁二局股份有限公司	E	唐志成	成都市通锦路16号中铁二局大厦	028-66752811
600529	山东药玻	山东省药用玻璃股份有限公司	C6	柴　文	山东省淄博市沂源县城药玻路	0533-3259006
600530	交大昂立	上海交大昂立股份有限公司	C8	杨国平	上海市宜山路700号	54271688-118
600531	豫光金铅	河南豫光金铅股份有限公司	C6	杨安国	河南省济源市荆梁南街1号	0391-6665835
600532	华阳科技	山东华阳科技股份有限公司	C4	闫新华	山东省宁阳县磁窑镇	0538-5826068
600061	中纺投资	中纺投资发展股份有限公司	C4	常俊传	上海市延安西路1228号嘉利大厦33层	021-62838888
600533	栖霞建设	南京栖霞建设股份有限公司	J	陈兴汉	南京市龙蟠路9号兴隆大厦	025-85633668*2101
600535	天士力	天津天士力制药股份有限公司	C8	闫希军	天津市北辰科技园区天士力现代中药城	022-26736699
600536	中国软件	中国软件与技术服务股份有限公司	G	杨　军	北京市昌平区昌盛路18号	010-51508699
600537	海通集团	海通食品集团股份有限公司	C0	陈龙海	浙江慈溪市海通路528号	0574-63039922
600538	北海国发	北海国发海洋生物产业股份有限公司	C8	王世全	广西壮族自治区北海市北京路西侧9号	0779-3200619
600539	狮头股份	太原狮头水泥股份有限公司	C6	邓守信	山西省太原市万柏林区开城街一号	0351-2857002
600540	新赛股份	新疆赛里木现代农业股份有限公司	A	武宪章	新疆博乐市红星路158号	0909-2268156
600543	莫高股份	甘肃莫高实业发展股份有限公司	C0	赵国柱	兰州市城关区庆阳路169号陇鑫大厦15-16层	0931-8433356
600545	新疆城建	新疆城建(集团)股份有限公司	E	刘　军	新疆维吾尔自治区乌鲁木齐市南湖路133号	0991-4889803

续表 9 Continued 9

代码 Code	股票简称 Abbreviation	公司全称 Companies	行业代码 Industries Code	董事长 Board Chairman	地 址 Address	电话 Telephone Number
600546	山煤国际	山煤国际能源集团股份有限公司	B	杜建华	山西省太原市府西街 36 号	0351-4032755
600062	双鹤药业	北京双鹤药业股份有限公司	C8	卫华诚	北京市朝阳区望京利泽东二路 1 号	010-64742227*681
600547	山东黄金	山东黄金矿业股份有限公司	B	陈玉民	山东济南市解放路 16 号	0531-88562836
600548	深高速	深圳高速公路股份有限公司	F	杨 海	深圳市福田区益田路江苏大厦裙楼 2-4 层	0755-82853319
600549	厦门钨业	厦门钨业股份有限公司	C6	刘同高	厦门市湖滨南路 619 号 16 层	0592-5363891
600550	天威保变	保定天威保变电气股份有限公司	C7	丁 强	河北省保定市天威西路 2222 号	0312-3308501
600551	时代出版	时代出版传媒股份有限公司	C5	王亚非	安徽省合肥市蜀山区圣泉路 1118 号 时代出版传媒股份有限公司	0551-3533027
600552	方兴科技	安徽方兴科技股份有限公司	C6	关长文	安徽省蚌埠市涂山路 767 号	0552-4077780
600553	太行水泥	河北太行水泥股份有限公司	C6	姜德义	北京市崇文区永定门外大街 64 号	010-87203935
600555	九 龙 山	上海九龙山股份有限公司	C1	李勤夫	上海市淮海中路 1045 号淮海国际广场 43 楼	021-64675252*658
600556	*ST 北生	广西北生药业股份有限公司	C8	何京云	广西北海市北海大道 168 号	0779-2228937
600557	康缘药业	江苏康缘药业股份有限公司	C8	肖 伟	江苏省连云港市海昌南路 58 号	0518-85521997
600063	皖维高新	安徽皖维高新材料股份有限公司	C4	吴福胜	安徽省巢湖市皖维路 56 号	0565-2317280
600558	大 西 洋	四川大西洋焊接材料股份有限公司	C6	余大全	四川省自贡市大安区马冲口街 2 号	0813-5100549
600559	老白干酒	河北衡水老白干酒业股份有限公司	C0	张新广	河北省衡水市人民东路 809 号衡水老白干酒董秘办	0318-2122755
600560	金自天正	北京金自天正智能控制股份有限公司	C7	张剑武	北京市丰台区科学城富丰路 6 号	010-63713213
600561	江西长运	江西长运股份有限公司	F	张 平	江西省南昌市高新开发区火炬大街 759 号	0791-8283101
600562	高淳陶瓷	江苏高淳陶瓷股份有限公司	C6	孔德双	江苏南京高淳县固城镇	025-57377918
600563	法拉电子	厦门法拉电子股份有限公司	C5	曾福生	福建省厦门市新园路 99 号	0592-6208590
600565	迪马股份	重庆市迪马实业股份有限公司	C7	罗韶颖	重庆市南岸区南城大道 199 号正联大厦 22 楼	023-89021877,8902187
600566	洪城股份	湖北洪城通用机械股份有限公司	C7	王洪运	湖北省荆州市红门路 3 号	0716-8221198
600567	山鹰纸业	安徽山鹰纸业股份有限公司	C3	王德贤	安徽省马鞍山市勤俭路 3 号	0555-2826275
600568	中珠控股	湖北潜江制药股份有限公司	C8	许德来	湖北省武汉经济技术开发区高科技产业园 28 号	027-59409639
600064	南京高科	南京新港高科技股份有限公司	J	徐益民	南京经济技术开发区新港大道 129 号	025-85800728
600569	安阳钢铁	安阳钢铁股份有限公司	C6	王子亮	河南省安阳市殷都区梅元庄	0372-3120175
600570	恒生电子	恒生电子股份有限公司	G	彭政纲	杭州市滨江区江南大道 3588 号恒生大厦	0571-28829702
600571	信 雅 达	信雅达系统工程股份有限公司	G	郭华强	杭州市滨江区江南大道 3888 号	0571-56686627
600572	康 恩 贝	浙江康恩贝制药股份有限公司	C8	胡季强	浙江省杭州市高新技术开发区滨江科技经济园滨康路 568 号	0571-87774711
600573	惠泉啤酒	福建省燕京惠泉啤酒股份有限公司	C0	李秉骥	福建省惠安县螺城镇建设大街 157 号	0595-87389018
600575	芜 湖 港	芜湖港储运股份有限公司	F	孙新华	安徽省芜湖市芜湖经济开发区内	0553-5840528
600576	万好万家	浙江万好万家实业股份有限公司	C1	孔德永	浙江省杭州市密渡桥路 1 号白马大厦 12 楼	0571-85866518
600577	精达股份	铜陵精达特种电磁线股份有限公司	C7	王世根	安徽铜陵经济技术开发区	0562-2809086
600578	京能热电	北京京能热电股份有限公司	D	刘海峡	北京石景山区广宁路 10 号	010-88992758
600579	ST 黄海	青岛黄海橡胶股份有限公司	C4	孙振华	山东省青岛市沧安路 1 号	0532-84678058
600066	宇通客车	郑州宇通客车股份有限公司	C7	汤玉祥	郑州市管城回族区宇通路宇通工业园	0371-66806003
600580	卧龙电气	卧龙电气集团股份有限公司	C7	王建乔	浙江上虞人民西路 1801 号	0575-82176628
600581	八一钢铁	新疆八一钢铁股份有限公司	C6	沈东新	新疆乌鲁木齐市头屯河区新钢路	0991-3890166
600582	天地科技	天地科技股份有限公司	C7	王金华	北京朝阳区和平里青年沟东路 5 号天地大厦 6 层	010-84262803
600583	海油工程	海洋石油工程股份有限公司	B	周守为	天津市塘沽区丹江路 1078 号	022-66908035
600584	长电科技	江苏长电科技股份有限公司	C5	王新潮	江苏省江阴市滨江中路 275 号	0510-86199015
600585	海螺水泥	安徽海螺水泥股份有限公司	C6	郭文叁	安徽省芜湖市九华南路 1011 号海螺国际会议中心	0553-8398918
600586	金晶科技	山东金晶科技股份有限公司	C6	王 刚	淄博市高新技术开发区宝石镇王庄	0533-3586666
600587	新华医疗	山东新华医疗股份有限公司	C7	赵毅新	山东省淄博高新技术产业开发区新华医疗科技园	0533-3587766

续表 10 Continued 10

代码 Code	股票简称 Abbreviation	公司全称 Companies	行业代码 Industries Code	董事长 Board Chairman	地 址 Address	电话 Telephone Number
600588	用友软件	用友软件股份有限公司	G	王文京	北京市海淀区北清路 68 号	010 - 62436838
600589	广东榕泰	广东榕泰实业股份有限公司	C6	杨启昭	广东省揭阳市榕城区新兴东二路 1 号	0663 - 8676616
600067	冠城大通	冠城大通股份有限公司	C7	韩国龙	福建省福州市鼓楼区五一中路 32 号元洪大厦 26 层	0591 - 83350026
600590	泰豪科技	泰豪科技股份有限公司	C7	毛 勇	江西省南昌高新开发区泰豪大厦 B 座 3 楼	0791 - 8102663
600591	*ST 上航	上海航空股份有限公司	F	周 赤	上海市江宁路 212 号	021 - 62552072,62558888*67
600592	龙溪股份	福建龙溪轴承(集团)股份有限公司	C7	陈福胜	福建省漳州市延安北路	0596 - 2072200
600593	大连圣亚	大连圣亚旅游控股股份有限公司	K	张光臣	大连市沙河区中山路 608—6 号	0411 - 84685225
600594	益佰制药	贵州益佰制药股份有限公司	C8	窦啟玲	贵州省贵阳市白云大道 220 - 1 号	0851 - 4705590*8223
600595	中孚实业	河南中孚实业股份有限公司	C6	贺怀钦	河南省巩义市新华路 31 号	0371 - 64569088
600596	新安股份	浙江新安化工集团股份有限公司	C4	王 伟	浙江省建德市新安江镇新安东路 555 号	0571 - 64715693
600597	光明乳业	光明乳业股份有限公司	C0	赵柏礼	上海市吴中路 578 号	021 - 64658100
600598	北大荒	黑龙江北大荒农业股份有限公司	A	奚河滨	黑龙江省哈尔滨市南岗区汉水路 263 号	0451 - 55196916
600599	熊猫烟花	熊猫烟花集团股份有限公司	C4	赵伟平	湖南省浏阳市金沙北路 589 号	0731 - 83620966
600006	东风汽车	东风汽车股份有限公司	C7	徐 平	湖北省武汉经济技术开发区创业路 136 号	027 - 84287977
600068	葛洲坝	中国葛洲坝集团股份有限公司	E	杨继学	湖北省武汉市解放大道 558 号葛洲坝大酒店 B 座 7 层	027 - 83790801
600600	青岛啤酒	青岛啤酒股份有限公司	C0	金志国	青岛市香港中路五四广场青啤大厦	0532 - 85713831
600601	方正科技	方正科技集团股份有限公司	G	方中华	上海市浦东南路 360 号新上海国际大厦 36 楼	021 - 58407668*650
600602	广电电子	上海广电电子股份有限公司	C5	傅新华	上海市长寿路 97 号世纪商务大厦 26 楼	021 - 51962045
600603	ST 兴业	上海兴业房产股份有限公司	J	陈铁铭	上海市吴淞路 218 号(宝矿国际大厦)33 楼	021 - 63563309
600604	ST 二纺	上海二纺机股份有限公司	C7	李培忠	上海场中路 687 号	021 - 65318494
600605	汇通能源	上海汇通能源股份有限公司	C7	郑树昌	上海南京西路 1576 号	021 - 62560000*108,6215335
600606	金丰投资	上海金丰投资股份有限公司	M	阮人旦	上海市南京西路 338 号天安中心 29 楼	021 - 63592020
600607	上实医药	上海实业医药投资股份有限公司	M	吕明方	上海淮海中路 98 号金钟广场 16 楼	021 - 53858898*220,5385907
600608	ST 沪科	上海宽频科技股份有限公司	G	肖义南	上海市东方路 989 号 20 楼	021 - 68761098
600609	金杯汽车	金杯汽车股份有限公司	C7	祁玉民	沈阳市沈河区万柳塘路 38 号	024 - 24133426
600069	银鸽投资	河南银鸽实业投资股份有限公司	C3	杨松贺	河南省漯河市银鸽路中段	0395 - 2355681
600610	SST 中纺	中国纺织机械股份有限公司	C7	李培忠	上海市长阳路 1687 号	021 - 65701961
600611	大众交通	大众交通(集团)股份有限公司	K	杨国平	上海市中山西路 1515 号大众大厦 11 楼	021 - 64285708
600612	老凤祥	老凤祥股份有限公司	C9	胡书刚	上海浦东金桥出口加工区川桥路 1295 号	021 - 58543307
600613	永生数据	上海永生数据科技股份有限公司	L	卡先加	上海市威海路 128 号长发大厦 613 室	021 - 53750009
600614	鼎立股份	上海鼎立科技发展(集团)股份有限公司	C4	许宝星	上海浦东王桥路 999 号中邦商务园区 1037 号	021 - 58383188*201
600615	丰华股份	上海丰华(集团)股份有限公司	C0	蔡少斌	上海浦东新区浦建路 76 号 901 室	021 - 50890600
600616	金枫酒业	上海金枫酒业股份有限公司	H	葛俊杰	上海市浦东新区张杨路 579 号(三鑫大厦内)	021 - 58352625
600617	ST 联华	上海联华合纤股份有限公司	C4	王连景	上海浦东新区世纪大道 1600 号浦项商务广场 12 - 5	13918896218
600618	氯碱化工	上海氯碱化工股份有限公司	C4	李 军	上海市龙吴路 4747 号	021 - 64340601
600619	海立股份	上海海立(集团)股份有限公司	C7	沈建芳	上海市浦东新区金桥出口加工区宁桥路 888 号	021 - 50326956
600070	浙江富润	浙江富润股份有限公司	C1	赵林中	浙江省诸暨市陶朱南路 12 号	0575 - 87016551
600620	天宸股份	上海市天宸股份有限公司	M	叶茂菁	上海市长宁区仙霞路 8 号 29 楼	021 - 62788696
600621	上海金陵	上海金陵股份有限公司	G	蒋 耀	上海福州路 666 号 26 楼	021 - 63222658
600622	嘉宝集团	上海嘉宝实业(集团)股份有限公司	M	钱 明	上海市嘉定区清河路 55 号嘉宝商厦 6 - 7F	021 - 59529711
600623	双钱股份	双钱集团股份有限公司	C4	刘训峰	上海市四川中路 63 号	021 - 63390372
600624	复旦复华	上海复旦复华科技股份有限公司	M	王生洪	上海国权路 525 号	021 - 63872288
600626	申达股份	上海申达股份有限公司	C1	席时平	上海市武宁南路 488 号(智慧广场)18 楼	021 - 62310242

续表 11 Continued 11

代码 Code	股票简称 Abbreviation	公司全称 Companies	行业代码 Industries Code	董事长 Board Chairman	地 址 Address	电话 Telephone Number
600628	新 世 界	上海新世界股份有限公司	H	顾振奋	上海市南京西路 2 号-88 号	021-63587734
600629	棱光实业	上海棱光实业股份有限公司	C6	施德容	上海市延安西路 2558 号 2 号楼	021-63392321
600630	龙头股份	上海龙头(集团)股份有限公司	C1	朱 勇	上海市制造局路 584 号 A 座 4 楼	021-34061116
600631	百联股份	上海百联集团股份有限公司	H	马新生	上海南京东路 800 号新一百大厦 22 楼	63223344-62201
600071	凤凰光学	凤凰光学股份有限公司	C7	王熙晏	江西省上饶市光学路 1 号	0793-8259523
600633	* ST 白猫	上海白猫股份有限公司	C4	马立行	上海市金沙江路 1829 号	021-32023251
600634	海鸟发展	上海海鸟企业发展股份有限公司	J	张宗宝	上海市虹桥路 2451 号 2 楼	021-62696296
600635	大众公用	上海大众公用事业(集团)股份有限公司	M	杨国平	上海中山西路 1515 号大众大厦 8 楼	021-64288888 * 5609
600636	三 爱 富	上海三爱富新材料股份有限公司	C4	周云鹤	上海市漕溪路 250 号银海大楼 A805 室	021-64823552
600637	广电信息	上海广电信息产业股份有限公司	C5	马坚泓	上海市金都路 3800 号	021-64189198
600638	新 黄 浦	上海新黄浦置业股份有限公司	J	王伟旭	上海北京东路 668 号东楼 32、33 层	021-53086681
600639	浦东金桥	上海金桥出口加工区开发股份有限公司	J	俞 标	上海浦东新金桥路 27 号 1 号楼	021-50307702
600640	中卫国脉	中卫国脉通信股份有限公司	L	鲍康荣	上海市江宁路 1207 号国脉大厦	021-62762171
600641	万业企业	上海万业企业股份有限公司	J	程 光	上海市浦东大道 720 号 9 层	021-50367878 转
600642	申能股份	申能股份有限公司	D	仇伟国	上海市复兴中路 1 号 22 楼	021-63900133
600072	中船股份	中船江南重工股份有限公司	C7	谭作钧	上海市鲁班路 600 号江南造船大厦 11-13 楼	021-53023456 * 672
600643	爱建股份	上海爱建股份有限公司	I	徐 风	上海市零陵路 599 号(爱建城内)	021-64396600
600644	乐山电力	乐山电力股份有限公司	D	廖政权	四川省乐山市市中区嘉定北路 46 号	0833-2445887
600645	ST 中源	中源协和干细胞生物工程股份公司	C1	王 勇	天津市和平区大理道 106 号	13302167889
600647	同达创业	上海同达创业投资股份有限公司	M	周立武	上海市浦东新区金新路 58 号银桥大厦 2 楼	021-50318029
600648	外 高 桥	上海外高桥保税区开发股份有限公司	J	舒榕斌	上海外高桥保税区富特北路 458 号	021-58668890
600649	城投控股	上海城投控股股份有限公司	D	孔庆伟	上海市浦东南路 500 号国家开发银行大厦 39 楼	021-58772103
600650	锦江投资	上海锦江国际实业投资股份有限公司	K	沈懋兴	上海市延安东路 100 号 28 楼	021-63218800 * 705
600651	飞乐音响	上海飞乐音响股份有限公司	M	邵礼群	上海市嘉定区嘉新公路 1001 号	021-59978606
600652	爱使股份	上海爱使股份有限公司	M	肖 勇	上海市肇嘉浜路 666 号	021-64717222
600653	申华控股	上海申华控股股份有限公司	M	王世平	上海市宁波路 1 号申华金融大厦上海申华控股股份有限公司证券法律部	021-63372010,633720
600073	上海梅林	上海梅林正广和股份有限公司	C0	周海鸣	上海市通北路 400 号	021-65411993
600654	飞乐股份	上海飞乐股份有限公司	G	樊志强	上海市昭化路 68 号	021-62515242
600655	豫园商城	上海豫园旅游商城股份有限公司	H	吴 平	中国上海市方浜中路 269 号	021-63552405
600656	ST 方源	东莞市方达再生资源产业股份有限公司	C4	任昌建	广东省珠海市香洲区人民西路 291 号日荣大厦 8 楼 806 室	0756-2660313 * 818
600657	信达地产	信达地产股份有限公司	G	贾 放	北京市海淀区中关村南大街甲 18 号北京国际大厦 C 座 16 层	010-82190959
600658	兆维科技	北京兆维科技股份有限公司	G	卜世成	北京市朝阳区酒仙桥路 14 号	010-84543648
600660	福耀玻璃	福耀玻璃工业集团股份有限公司	C6	曹德旺	福建省福清市福耀工业村	0591-85363956
600661	新 南 洋	上海新南洋股份有限公司	M	朱其椋	上海番禺路 667 号六楼	021-62826347
600662	强生控股	上海强生控股股份有限公司	K	张同恩	上海南京西路 920 号 18 楼	021-62582098
600663	陆 家 嘴	上海陆家嘴金融贸易区开发股份有限公司	J	杨小明	上海峨山路 101 号 1 号楼	021-33848816
600664	哈药股份	哈药集团股份有限公司	C8	郝伟哲	哈尔滨市道里区友谊路 431 号	0451-84856695
600074	中达股份	江苏中达新材料集团股份有限公司	C4	童爱平	江苏省江阴市滨江西路 589 号亚包商务大厦	0510-86686352
600665	天 地 源	天地源股份有限公司	J	俞向前	西安高新技术产业开发区科技路 33 号国际商务中心数码大厦 27 层	029-88337300
600666	西南药业	西南药业股份有限公司	C8	李 标	重庆市沙坪坝区天星桥 21 号	023-89855628
600667	太极实业	无锡市太极实业股份有限公司	C4	顾 斌	无锡市华清大桥南堍	0510-85419120
600668	尖峰集团	浙江尖峰集团股份有限公司	C6	蒋晓萌	浙江金华市婺江东路 88 号	0579-82320582

续表 12 Continued 12

代码 Code	股票简称 Abbreviation	公司全称 Companies	行业代码 Industries Code	董事长 Board Chairman	地 址 Address	电话 Telephone Number
600671	天目药业	杭州天目山药业股份有限公司	C8	范建国	浙江省临安市苕溪南路 78 号	0571 - 63920009
600673	东阳光铝	广东东阳光铝业股份有限公司	C7	郭京平	广东东莞市长安镇上沙村第五工业区	0751 - 5282740
600674	川投能源	四川川投能源股份有限公司	D	黄顺福	四川省成都市小南街 23 号	028 - 86098646
600675	中华企业	中华企业股份有限公司	J	朱胜杰	上海市华山路 2 号中华企业大厦	021 - 62170088
600676	交运股份	上海交运股份有限公司	C7	陈辰康	上海市平武路 38 号仁达商务楼三楼	021 - 62116009,60850609
600677	航天通信	航天通信控股集团股份有限公司	C1	杜　尧	浙江省杭州市解放路 138 号	0571 - 87916327
600075	新疆天业	新疆天业股份有限公司	A	侯国俊	新疆石河子市经济技术开发区北三东路 36 号	0993 - 2623118
600678	ST 金 顶	四川金顶(集团)股份有限公司	C6	范晓岚	四川省峨眉山市乐都镇	0833 - 5578301
600679	金山开发	金山开发建设股份有限公司	C7	夏　杰	上海市控江路 1690 号	021 - 60951588
600680	上海普天	上海普天邮通科技股份有限公司	G	曹宏斌	上海市宜山路 700 号	021 - 64834310
600681	S* ST 万鸿	万鸿集团股份有限公司	L	戚围岳	武汉市武昌武珞路 28 号长信大厦四楼	027 - 88066666 * 8888
600682	南京新百	南京新街口百货商店股份有限公司	H	王　恒	南京市中山南路 3 号	025 - 84761613
600683	京投银泰	京投银泰股份有限公司	H	王　灏	北京市朝阳区小营北路 6 号京投大厦 3 号楼 9 层	010 - 84385004
600684	珠江实业	广州珠江实业开发股份有限公司	J	郑署平	广州市环市东路 362 - 366 号好世界广场 30 楼	020 - 83752355
600685	广船国际	广州广船国际股份有限公司	C7	李柱石	广州市荔湾区芳村大道南 40 号	020 - 81807839
600686	金龙汽车	厦门金龙汽车集团股份有限公司	C7	郭清泉	厦门市厦禾路 820 号帝豪大厦 27 - 28 层	0592 - 2969878
600687	刚泰控股	浙江刚泰控股(集团)股份有限公司	G	徐建刚	上海陆家嘴环路 958 号华能联合大厦 18 楼	021 - 68865396
600076	* ST 华光	潍坊北大青鸟华光科技股份有限公司	G	周燕军	山东省潍坊市高新技术产业开发区北宫东街 6 号	0536 - 2991601
600688	S 上石化	中国石化上海石油化工股份有限公司	C4	戎光道	上海市金山区金一路 48 号	8621 - 57943143
600689	上海三毛	上海三毛企业(集团)股份有限公司	C1	张文卿	上海斜土路 791 号 B 幢 6 楼	021 - 63059496
600690	青岛海尔	青岛海尔股份有限公司	C7	杨绵绵	青岛市崂山区海尔工业园内	0532 - 88938355
600691	ST 东 碳	东新电碳股份有限公司	C6	黄　彬	四川自贡自井区东光路桌子山 22 号	13666227290
600692	亚通股份	上海亚通股份有限公司	F	黄　胜	上海市崇明县南门路 281 号	021 - 69692714
600693	东百集团	福建东百集团股份有限公司	H	毕德才	福建省福州市八一七北路 84 号东百大厦 18 层	0591 - 87531724
600694	大商股份	大商集团股份有限公司	H	牛　钢	辽宁省大连市中山区青三街 1 号	0411 - 83643215
600695	大江股份	上海大江(集团)股份有限公司	C0	陈国邦	上海莲花路 1555 号华一大厦 7 楼	021 - 34225027
600696	多伦股份	上海多伦实业股份有限公司	C6	林建星	上海市虹口区甜爱路 36 号	021 - 56715833
600697	欧亚集团	长春欧亚集团股份有限公司	H	曹和平	长春市绿园区南阳路 418 号	0431 - 87666905
600077	百科集团	辽宁百科集团(控股)股份有限公司	G	周立明	辽宁省沈阳市浑南新区科幻路 9 号	024 - 83601013
600698	ST 轻 骑	济南轻骑摩托车股份有限公司	C7	吕红献	济南市历下区和平路 34 号	0531 - 86599896
600699	ST 得亨	辽源得亨股份有限公司	C4	赵　利	吉林省辽源市福兴路 3 号	0437 - 3512077
600701	* ST 工新	哈尔滨工大高新技术产业开发股份有限公司	M	张大成	哈尔滨市南岗区西大直街 118 号	0451 - 86269018
600702	沱牌曲酒	四川沱牌曲酒股份有限公司	C0	李家顺	四川省射洪县柳树镇中街 149 号	0825 - 6618268
600703	三安光电	三安光电股份有限公司	C4	林秀成	厦门市思明区吕岭路 1721 - 1725 号	0716 - 4138696
600704	中大股份	浙江中大集团股份有限公司	H	陈继达	杭州市中大广场 A 座 29 楼	0571 - 85777029
600705	S* ST 北亚	北亚实业(集团)股份有限公司	M	王则瑞	哈尔滨市道里区友谊路 111 号新吉财富大厦 23 层	0451 - 84878663
600706	ST 长 信	长安信息产业(集团)股份有限公司	G	蔡世杰	陕西省西安市友谊东路 41 号	029 - 82214266
600707	彩虹股份	彩虹显示器件股份有限公司	C5	邢道钦	陕西省咸阳市彩虹路一号	029 - 33332866
600708	海博股份	上海海博股份有限公司	M	洪明德	上海市宜山路 829 号	021 - 61132700
600007	中国国贸	中国国际贸易中心股份有限公司	K	洪敬南	北京市建国门外大街 1 号国贸西楼 6 层	010 - 65052288
600078	澄星股份	江苏澄星磷化工股份有限公司	C4	李　兴	江苏省江阴市花山路 208 号	0510 - 86281316 * 432
600710	常林股份	常林股份有限公司	C7	王伟炎	江苏省常州市常林路 10 号	0519 - 86781168
600711	ST 雄震	厦门雄震矿业集团股份有限公司	M	陈　东	厦门市湖滨北路 72 号中闽大厦 9 楼 2 单元	0592 - 5891697
600712	南宁百货	南宁百货大楼股份有限公司	H	陈民群	广西南宁市朝阳路 39 - 41,45 号	0771 - 2610906,2098826

续表 13 Continued 13

代码 Code	股票简称 Abbreviation	公司全称 Companies	行业代码 Industries Code	董事长 Board Chairman	地址 Address	电话 Telephone Number
600713	南京医药	南京医药股份有限公司	C8	周耀平	江苏省南京市中山东路486号南京医药大厦	025-84552628
600714	ST金瑞	青海金瑞矿业发展股份有限公司	C6	程国勋	青海省西宁市新宁路36号	0971-6321867
600715	ST松辽	松辽汽车股份有限公司	C7	宣守招	辽宁省沈阳市苏家屯区白松路22号(110101)	024-31489909
600716	ST耀华	秦皇岛耀华玻璃股份有限公司	C6	曹田平	河北省秦皇岛市西港路	0335-3028173
600717	天津港	天津港股份有限公司	F	于汝民	天津市塘沽区津港路99号	022-25705418
600718	东软集团	东软集团股份有限公司	G	刘积仁	沈阳市浑南新区新秀街2号	024-83663371
600719	大连热电	大连热电股份有限公司	D	于长敏	大连市西岗区沿海街90号	0411-84498988
600079	人福科技	武汉人福高科技产业股份有限公司	M	王学海	武汉市洪山区关山街鲁磨路369号	027-87597232
600720	祁连山	甘肃祁连山水泥集团股份有限公司	C6	脱利成	兰州市城关区酒泉路力行新村3号祁连山大厦	0931-4900606
600721	ST百花	新疆百花村股份有限公司	H	刘威东	乌鲁木齐市中山路141号	0991-2356620
600722	ST金化	河北金牛化工股份有限公司	C4	王社平	河北省沧州市黄河东路20号	0317-3509970
600723	西单商场	北京市西单商场股份有限公司	H	刘秀玲	北京市西城区西单北大街120号西单商场五楼证券办公室	010-66024984
600724	宁波富达	宁波富达股份有限公司	C7	王宏祥	浙江省余姚市阳明西路355号	0574-62814275
600725	云维股份	云南云维股份有限公司	C4	张跃龙	云南省曲靖市沾益县盘江镇花山工业区	0874-3068588
600726	华电能源	华电能源股份有限公司	D	任书辉	哈尔滨市南岗区大成街209号	0451-82525998
600727	*ST鲁北	山东鲁北化工股份有限公司	C4	冯久田	山东省无棣县埕口镇	0543-6451265
600728	S*ST新太	新太科技股份有限公司	G	刘伟	广州市天河高新技术产业开发区工业园建工路4号	020-85520635
600729	重庆百货	重庆百货大楼股份有限公司	H	肖诗新	重庆市渝中区民权路2号	023-63843058
600080	ST金花	金花企业(集团)股份有限公司	C8	吴一坚	西安高新技术产业开发区高新2路16号(710075)	029-82301805
600730	中国高科	中国高科集团股份有限公司	M	周伯勤	上海市浦东新金桥路1122号方正大厦9-10层	021-50326432
600731	湖南海利	湖南海利化工股份有限公司	C4	王晓光	湖南长沙市芙蓉中路二段251号	0731-85357829
600732	上海新梅	上海新梅置业股份有限公司	C7	张静静	上海天目中路585号20楼	021-51005380
600733	S前锋	成都前锋电子股份有限公司	G	杨晓斌	四川省成都市人民南路四段1号	028-86316723
600734	实达集团	福建实达集团股份有限公司	G	陈炎	福州市福二工业区实达科技城A座9楼	0591-83725878
600735	新华锦	山东新华锦国际股份有限公司	C0	张建华	山东省青岛市彰化路4号	0532-85877680
600736	苏州高新	苏州新区高新技术产业股份有限公司	J	纪向群	苏州市高新区狮山路35号金河大厦25层	0512-68096283
600737	中粮屯河	中粮屯河股份有限公司	C0	郑弘波	新疆乌市黄河路2号招商银行大厦20楼	0991-5571601
600738	兰州民百	兰州民百(集团)股份有限公司	H	杜永忠	兰州市中山路368号亚欧商厦9-10层	0931-8435839
600739	辽宁成大	辽宁成大股份有限公司	H	尚书志	辽宁省大连市中山区人民路71号	0411-82512731
600081	东风科技	东风电子科技股份有限公司	C7	欧阳洁	上海市中山北路2000号22楼	021-62033003*52
600740	山西焦化	山西焦化股份有限公司	C4	潘得国	山西洪洞广胜寺镇	0357-6626012
600741	华域汽车	华域汽车系统股份有限公司	C7	胡茂元	上海市威海路489号	021-22011701
600742	一汽富维	长春一汽富维汽车零部件股份有限公司	C7	滕铁骑	吉林省长春市东风南街1399号	0431-85765798
600743	华远地产	华远地产股份有限公司	M	任志强	北京市西城区北展北街11号华远·企业号11号楼	010-68036966
600744	华银电力	大唐华银电力股份有限公司	D	刘顺达	湖南省长沙市芙蓉中路3段255号五华酒店915房	0731-85388003
600745	中茵股份	中茵股份有限公司	J	高建荣	湖北省黄石市团城山6号小区	0714-3066686
600746	江苏索普	江苏索普化工股份有限公司	C4	宋勤华	江苏省镇江市谏壁越河街50号	0511-3366244
600747	大连控股	大连大显股份有限公司	C5	刘秉强	大连市甘井子区革镇堡	0411-86459612
600748	上实发展	上海实业发展股份有限公司	C6	陆申	上海市淮海中路98号19楼	021-53859026
600749	西藏旅游	西藏旅游股份有限公司	K	欧阳旭	拉萨市林廓东路6号喜马拉雅饭店三层	0891-6339150
600082	海泰发展	天津海泰科技发展股份有限公司	J	杨川	天津市华苑产业区海泰西路18号	022-85689897
600750	江中药业	江中药业股份有限公司	C8	董全臣	江西省南昌市火炬大道788号	0791-8169323
600751	SST天海	天津市海运股份有限公司	F	李维艰	天津空港物流加工区华盈大厦8楼	022-58679088
600753	东方银星	河南东方银星投资股份有限公司	C7	李大明	河南省商丘市神火大道99号悦华大酒店25层	0370-2790635

续表 14 Continued 14

代码 Code	股票简称 Abbreviation	公司全称 Companies	行业代码 Industries Code	董事长 Board Chairman	地 址 Address	电话 Telephone Number
600754	锦江股份	上海锦江国际酒店发展股份有限公司	K	俞敏亮	上海市延安东路 100 号 25 楼	021 - 63217132
600755	厦门国贸	厦门国贸集团股份有限公司	H	何福龙	中国福建省厦门市湖滨南路国贸大厦 16 - 18 层	0592 - 5898578
600756	浪潮软件	山东浪潮齐鲁软件产业股份有限公司	G	王茂昌	山东省济南市山大路 224 号	0531 - 85105606
600757	ST 源 发	上海华源企业发展股份有限公司	C1	陆俊德	上海浦东新区商城路 660 号乐凯大厦 20 - 21 层	021 - 58796556
600758	红阳能源	辽宁红阳能源投资股份有限公司	E	林守信	沈阳市皇姑区黄河南大街 96 - 6 号启运大厦	024 - 86131806
600759	正和股份	海南正和实业集团股份有限公司	M	林 端	海南省海口市国贸大道 2 号海南时代广场 17 层	0898 - 66787367
600760	东安黑豹	东安黑豹股份有限公司	C7	王 军	山东省文登市龙山路 107 号	0631 - 8087751
600083	ST 博信	广东博信投资控股股份有限公司	C5	杨志茂	广东省清远市新城方正二街 1 号自来水大厦	0755 - 86278086
600761	安徽合力	安徽合力股份有限公司	C7	张德进	安徽省合肥市望江西路 15 号	15255166611
600763	通策医疗	通策医疗投资股份有限公司	C1	吕建国	浙江省杭州市西湖区天目山路 304 号	0571 - 28821296
600764	中电广通	中电广通股份有限公司	G	倪剑云	北京市海淀区中关村南大街 17 号韦伯时代中心 C 座 21 层	010 - 88578820
600765	中航重机	中航重机股份有限公司	C7	谭卫东	贵阳市小河区锦江路 110 号	0851 - 3808871
600766	园城股份	烟台园城企业集团股份有限公司	H	徐诚惠	山东省烟台市芝罘区文化宫后街 88 号	0535 - 6626431
600767	运盛实业	运盛(上海)实业股份有限公司	J	钱仁高	上海市浦东新区银城中路 168 号上海银行大厦 22 楼 2201 - 2205 室	021 - 68590767
600768	宁波富邦	宁波富邦精业集团股份有限公司	F	郑锦浩	宁波市鄞州区天童北路 702 号工业城办公大楼三楼	0574 - 87410500
600769	祥龙电业	武汉祥龙电业股份有限公司	D	杨守峰	武汉市洪山区葛化街化工路 31 号	027 - 87602482
600770	综艺股份	江苏综艺股份有限公司	M	昝圣达	江苏省通州市兴东镇综艺数码城	0513 - 86639987
600771	ST 东 盛	东盛科技股份有限公司	C8	张 斌	陕西省西安市高新技术开发区唐延路 23 号东盛大厦	029 - 88330835
600084	ST 中 葡	中信国安葡萄酒业股份有限公司	H	李新萍	新疆维吾尔自治区乌鲁木齐市西虹东路 751 号	0991 - 8871867
600773	* ST 雅 砻	西藏雅砻藏药股份有限公司	H	朱贤麟	上海市闸北区天目中路 380 号北方大厦 22 楼	021 - 63536929
600774	汉商集团	武汉市汉商集团股份有限公司	H	张宪华	湖北省武汉市汉阳大道 134 号	027 - 84774966
600775	南京熊猫	南京熊猫电子股份有限公司	G	李安建	中国南京市中山东路 301 号	8625 - 84801442
600776	东方通信	东方通信股份有限公司	G	张泽熙	中国浙江省杭州市滨江高新技术开发区东信大道 66 号	0571 - 86676199
600777	新潮实业	烟台新潮实业股份有限公司	C5	宋向阳	山东省烟台市牟平区牟山路 98 号	0535 - 4259777
600778	友好集团	新疆友好(集团)股份有限公司	H	聂如旋	乌鲁木齐市友好南路 30 号	0991 - 4541008
600779	水井坊	四川水井坊股份有限公司	C0	黄建勇	四川省成都市金牛区全兴路 9 号	028 - 86252847
600780	通宝能源	山西通宝能源股份有限公司	D	常小刚	太原市长治路 272 号	0351 - 7021857
600781	上海辅仁	上海辅仁实业(集团)股份有限公司	C1	关永进	上海市建国西路 285 号(科投大厦)13 楼	021 - 51573890
600782	新钢股份	新余钢铁股份有限公司	C6	熊小星	江西省新余市冶金路	0790 - 6292577
600085	同 仁 堂	北京同仁堂股份有限公司	C8	顾海鸥	北京市崇文区崇外大街 42 号,北京市崇文区东兴隆街 52 号	010 - 67020018
600783	鲁信高新	山东鲁信高新技术产业股份有限公司	C6	李功臣	山东省淄博市张店区南定车站街 69 号	0533 - 2978300
600784	鲁银投资	鲁银投资集团股份有限公司	M	刘相学	山东省济南市经十路 20518 号	0531 - 82024116
600785	新华百货	银川新华百货商店股份有限公司	H	徐鸣凤	宁夏银川市兴庆区新华东街 97 号	0951 - 4010058
600787	中储股份	中储发展股份有限公司	F	韩铁林	北京市丰台区南四环西路 188 号 6 区 18 号楼	010 - 83673209
600789	鲁抗医药	山东鲁抗医药股份有限公司	C8	高祥友	山东省济宁市太白楼西路 152 号	0537 - 2983174
600790	轻纺城	浙江中国轻纺城集团股份有限公司	M	沈小军	浙江省绍兴县柯桥街道鉴湖路 1 号中轻大厦	0575 - 84116158
600791	京能置业	京能置业股份有限公司	J	徐京付	北京市海淀区彩和坊路 8 号天创科技大厦 12 层西侧	010 - 62698639
600792	ST 马 龙	云南马龙产业集团股份有限公司	C6	杨授诚	云南省昆明市人民中路 35 号阳光 A 版大厦三楼	0871 - 3018278
600793	ST 宜 纸	宜宾纸业股份有限公司	C3	易 从	四川省宜宾市岷江西路 54 号	0831 - 3560668
600794	保税科技	张家港保税科技股份有限公司	C3	徐品云	江苏省张家港保税区北京路保税科技大厦六楼	0512 - 58320358
600086	东方金钰	湖北东方金钰股份有限公司	C1	赵兴龙	深圳市罗湖区贝丽北路正福国际珠宝交易中心(水贝工业区)2 栋 3 楼	0755 - 25601399
600795	国电电力	国电电力发展股份有限公司	D	朱永芃	北京市朝阳区安慧北里安园 19 号楼	010 - 58682200

续表 15 Continued 15

代码 Code	股票简称 Abbreviation	公司全称 Companies	行业代码 Industries Code	董事长 Board Chairman	地址 Address	电话 Telephone Number
600796	钱江生化	浙江钱江生物化学股份有限公司	C8	马 炎	浙江省海宁市西山路 598 号 7 楼	0573－87042800
600797	浙大网新	浙大网新科技股份有限公司	G	陈 纯	杭州市天目山路 226 号中融大厦 12 层	0571－87950500
600798	宁波海运	宁波海运股份有限公司	F	管雄文	宁波市北岸财富中心 1 幢	0574－87352405
600800	ST 磁卡	天津环球磁卡股份有限公司	C9	阮 强	天津市河西区解放南路 325 号	022－58585662
600801	华新水泥	华新水泥股份有限公司	C6	陈木森	湖北黄石市黄石大道 897 号	027－87773896
600802	福建水泥	福建水泥股份有限公司	C6	李建寅	福州市杨桥东路 118 号宏杨新城建福大厦	0591－87617751
600803	威远生化	河北威远生物化工股份有限公司	C4	王玉锁	石家庄市和平东路 393 号	0311－85915898
600804	鹏 博 士	成都鹏博士电信传媒集团股份有限公司	C6	杨学平	四川省成都市顺城大街 229 号顺城大厦 5 楼	028－86755190
600805	悦达投资	江苏悦达投资股份有限公司	M	胡友林	江苏盐城市开放大道 78 号	0515－88202778
600087	长航油运	中国长江航运集团南京油运股份有限公司	F	刘锡汉	南京市中山北路 324 号油运大厦	025－58586158
600806	昆明机床	沈机集团昆明机床股份有限公司	C7	高明辉	中华人民共和国云南省昆明市茨坝路 23 号	0871－6166612
600807	天业股份	山东天业恒基股份有限公司	H	曾昭秦	济南市高新开发区新宇南路 1 号济南国际会展中心 A 区	0531－82685365
600808	马钢股份	马鞍山钢铁股份有限公司	C6	顾建国	安徽省马鞍山市九华西路 8 号	0555－2888158
600809	山西汾酒	山西杏花村汾酒厂股份有限公司	C0	郭双威	山西汾阳市杏花村	0358－7229381
600810	神马实业	神马实业股份有限公司	C4	马 源	河南平顶山建设路中段 63 号	0375－2729337
600811	东方集团	东方集团股份有限公司	M	张宏伟	哈尔滨市南岗区花园街 235 号	0451－53666028
600812	华北制药	华北制药股份有限公司	C8	张千兵	河北省石家庄市和平东路 388 号	0311－86219063
600814	杭州解百	杭州解百集团股份有限公司	H	周自力	杭州市上城区解放路 251 号	0571－87016888＊5015
600815	厦工股份	厦门厦工机械股份有限公司	C7	陈 玲	厦门市灌口南路 668 号之八	0592－6389388
600816	安信信托	安信信托投资股份有限公司	I	张春景	上海广东路 689 号海通证券大厦 29 层	021－63529786
600008	首创股份	北京首创股份有限公司	K	刘晓光	北京市朝阳区北三环东路 8 号静安中心七层	010－64689035
600088	中视传媒	中视传媒股份有限公司	L	李 建	上海浦东新区福山路 450 号新天国际大厦 17 层 A 座	021－68761688
600817	＊ST 宏盛	上海宏盛科技发展股份有限公司	M	龙长生	上海市浦东新区商城路 618 号	021－58765800
600818	中路股份	中路股份有限公司	C7	陈 荣	上海市浦东新区花木路 832 号	021－50596906
600819	耀皮玻璃	上海耀华皮尔金顿玻璃股份有限公司	C6	林益彬	上海市浦东新区莲溪路 1210 号 1 号楼	021－58801177
600820	隧道股份	上海隧道工程股份有限公司	E	陈 彬	上海市大连路 118 号	021－65869999＊5072
600821	津 劝 业	天津劝业场(集团)股份有限公司	H	张立津	天津市和平区和平路 290 号	022－27304989
600822	上海物贸	上海物资贸易股份有限公司	H	吕勇明	上海南苏州路 325 号	63231818－4062
600823	世茂股份	上海世茂股份有限公司	J	许荣茂	上海市浦东新区银城中路 68 号 36 楼	021－38968188
600824	益民商业	上海益民商业股份有限公司	H	杨传华	上海市淮海中路 809 号甲	021－64339888
600825	新华传媒	上海新华传媒股份有限公司	H	哈九如	上海市九江路 60 号	021－61371385
600826	兰生股份	上海兰生股份有限公司	H	张黎明	上海市中山北一路 1230 号	021－65446061
600089	特变电工	特变电工股份有限公司	C7	张 新	新疆昌吉市延安南路 52 号	0994－2724766
600827	友谊股份	上海友谊集团股份有限公司	H	吕勇明	上海市商城路 518 号 10 楼	021－58883307
600828	成商集团	成商集团股份有限公司	H	王福琴	成都市东御街 19 号	028－86651945
600829	三精制药	哈药集团三精制药股份有限公司	C6	姜林奎	哈尔滨市道里区霁虹街 24 号	0451－84683877
600830	香溢融通	香溢融通控股集团股份有限公司	H	楼炯友	宁波市开明街 130 弄 48 号	0574－87315310
600831	广电网络	陕西广电网络传媒股份有限公司	L	吕晓明	西安市高新区高新一路 15 号	029－87991255
600832	东方明珠	上海东方明珠(集团)股份有限公司	M	薛沛建	上海浦东世纪大道 1 号	021－58799306
600833	第一医药	上海第一医药股份有限公司	H	盛小洪	上海市徐汇区乌鲁木齐南路 158 号	021－64337282
600834	申通地铁	上海申通地铁股份有限公司	D	张 焰	上海市桂林路 909 号 3 号楼 2 楼	021－54259985
600835	上海机电	上海机电股份有限公司	C7	徐建国	上海市浦东新区民生路 1286 号汇商大厦 9 楼(200135)	021－68547507
600836	界龙实业	上海界龙实业集团股份有限公司	C3	费屹立	上海市浦东新区川周路 7111 号	021－63746888
600090	啤 酒 花	新疆啤酒花股份有限公司	C0	黄开华	新疆乌鲁木齐市北京南路钻石城 36 号新捷大厦 10 楼	0991－3687326

续表 16 Continued 16

代码 Code	股票简称 Abbreviation	公司全称 Companies	行业代码 Industries Code	董事长 Board Chairman	地 址 Address	电话 Telephone Number
600837	海通证券	海通证券股份有限公司	I	王开国	上海市黄浦区广东路 689 号	021-63411298
600838	上海九百	上海九百股份有限公司	H	龚祥荣	上海市常德路 940 号	021-62569867
600839	四川长虹	四川长虹电器股份有限公司	C5	赵 勇	四川省绵阳市高新区绵兴东路 35 号	0816-2418866
600841	上柴股份	上海柴油机股份有限公司	C7	肖国普	上海军工路 2636 号	021-65745656-2707
600842	中西药业	上海中西药业股份有限公司	C8	周德孚	上海市外青松公路 446 号	021-51653688
600843	上工申贝	上工申贝(集团)股份有限公司	C7	张 敏	上海市浦东新区世纪大道 1500 号东方大厦 12 楼	021-68407700*617
600844	丹化科技	丹化化工科技股份有限公司	C4	曾晓宁	上海市闵行区虹许路 788 号名都城别墅 61 幢	021-64015598
600845	宝信软件	上海宝信软件股份有限公司	G	陈在根	上海浦东新区张江高科技园区郭守敬路 515 号	021-50801155*1462
600846	同济科技	上海同济科技实业股份有限公司	M	丁洁民	上海市杨浦区四平路 1398 号同济联合广场 B 座 20 层	021-65983325
600847	ST 渝万里	重庆万里控股(集团)股份有限公司	C7	刘悉承	重庆市巴南区土桥苦竹坝 31 号	023-62595703
600091	明天科技	包头明天科技股份有限公司	C4	董 琦	包头稀土高新技术产业开发区曙光路 22 号	0472-2207068
600848	自仪股份	上海自动化仪表股份有限公司	C7	徐子瑛	上海市虹漕路 41 号	021-54262329
600849	上海医药	上海市医药股份有限公司	C8	吕明方	上海延安西路 1566 号 25 楼	021-52586559
600850	华东电脑	上海华东电脑股份有限公司	G	孙德炜	上海桂林路 418 号	021-64362789
600851	海欣股份	上海海欣集团股份有限公司	C1	徐文彬	上海市福州路 666 号金陵海欣大厦 18 楼	021-63917000-1832
600853	龙建股份	龙建路桥股份有限公司	E	张 厚	黑龙江省哈尔滨市南岗区嵩山路 109-1 号	0451-82281860
600854	ST 春 兰	江苏春兰制冷设备股份有限公司	C7	许承业	江苏省泰州市春兰工业园区春兰路 1 号	0523-86217958、86663
600855	航天长峰	北京航天长峰股份有限公司	C7	全春来	北京市 142 信箱 39 分箱(邮递地址)	010-88219815
600856	长百集团	长春百货大楼集团股份有限公司	H	林大滑	长春市人民大街 1881 号	0431-8965414
600857	工大首创	哈工大首创科技股份有限公司	G	龚东升	宁波市海曙区和义路 77 号汇金大厦 21 层	0574-87367060
600858	银座股份	银座集团股份有限公司	M	张文生	山东省济南市泺源大街 22 号中银大厦 20F	0531-86961088
600093	禾嘉股份	四川禾嘉股份有限公司	A	宋 浩	四川省成都市高新技术开发区九兴大道 3 号	028-85155498
600859	王 府 井	北京王府井百货(集团)股份有限公司	H	郑万河	中国北京王府井大街 253 号	010-65125960
600860	北人股份	北人印刷机械股份有限公司	C7	庞连东	北京市北京经济技术开发区荣昌东街 6 号	010-67802690
600861	北京城乡	北京城乡贸易中心股份有限公司	H	周和平	北京市海淀区复兴路甲 23 号	010-68296595
600862	南通科技	南通科技投资集团股份有限公司	C7	陈照东	江苏南通市任港路 23 号	0513-83580393
600863	内蒙华电	内蒙古蒙电华能热电股份有限公司	D	吴景龙	内蒙古呼和浩特市锡林南路工艺厂巷电力科技楼六楼	0471-6228403
600864	哈投股份	哈尔滨哈投投资股份有限公司	D	邢继军	哈尔滨市南岗区汉水路 172 号二楼	0451-82332828
600865	百大集团	百大集团股份有限公司	H	徐 刚	杭州市延安路 546 号	0571-85064581
600866	星湖科技	广东肇庆星湖生物科技股份有限公司	C8	李 成	广东省肇庆市工农北路 67 号	0758-2237526
600867	通化东宝	通化东宝药业股份有限公司	C8	李一奎	吉林省通化东宝新村	0435-5088025
600868	ST 梅 雁	广东梅雁水电股份有限公司	M	杨钦欢	广东梅州市湾水塘	0753-2218286
600094	*ST 华源	上海华源股份有限公司	C4	董云雄	上海市愚园路 1107 号 1 号楼 201-2 室	021-62478900
600869	三普药业	三普药业股份有限公司	C8	王宝清	江苏省宜兴市高塍远东大道 6 号	0510-87249788
600870	*ST 厦华	厦门华侨电子股份有限公司	C5	王炎元	厦门市湖里大道 22 号	0592-5620620
600871	S 仪 化	中国石化仪征化纤股份有限公司	C4	钱衡格	江苏省仪征市	0514-83232997
600872	中炬高新	中炬高新技术实业(集团)股份有限公司	M	熊 炜	广东省中山市中山火炬高技术产业开发区火炬大厦	0760-85599947
600873	五洲明珠	五洲明珠股份有限公司	C7	庞培德	山东省潍坊市高新区桐荫街 197 号	0536-8363802
600874	创业环保	天津创业环保集团股份有限公司	K	马白玉	天津市南开区卫津南路 76 号创业环保大厦	022-23930128
600875	东方电气	东方电气股份有限公司	C7	斯泽夫	四川省成都市金牛区蜀汉路 333 号	028-87583088
600876	ST 洛玻	洛阳玻璃股份有限公司	C6	宋建明	中华人民共和国河南省洛阳市西工区唐宫中路 9 号	0379-63908507
600877	中国嘉陵	中国嘉陵工业股份有限公司(集团)	C7	龚 兵	重庆市沙坪坝区双碑	023-65192750
600879	航天电子	长征火箭技术股份有限公司	C7	王宗银	武汉市建设大道 847 号瑞通广场 B 座 21 层	010-88530368
600095	哈 高 科	哈尔滨高科技(集团)股份有限公司	C0	张耀辉	哈尔滨开发区迎宾路集中区天平路 2 号	0451-84348141

续表 17 Continued 17

代码 Code	股票简称 Abbreviation	公司全称 Companies	行业代码 Industries Code	董事长 Board Chairman	地　址 Address	电话 Telephone Number
600880	博瑞传播	成都博瑞传播股份有限公司	L	孙旭军	成都市花牌坊街 185 号	028 - 87651183
600881	亚泰集团	吉林亚泰(集团)股份有限公司	M	宋尚龙	长春市吉林大路 1801 号	0431 - 84956688
600882	大成股份	山东大成农药股份有限公司	C4	张庆宽	山东省淄博市张店区洪沟路 25 号	0533 - 2111919
600883	博闻科技	云南博闻科技实业股份有限公司	M	刘志波	云南省昆明国际会展中心写字楼 2 - 303 室	0871 - 7197370
600884	杉杉股份	宁波杉杉股份有限公司	C1	代明华	宁波市望春工业园区杉杉路 228 号杉杉时尚产业园 A 座三楼	0574 - 88323048
600885	力诺太阳	武汉力诺太阳能集团股份有限公司	C4	申英明	武汉市建设大道 568 号新世界国贸大厦Ⅰ座 16 楼	027 - 68850733
600886	国投电力	国投华靖电力控股股份有限公司	D	胡　刚	北京市西城区西直门南小街 147 号 5 号楼 12 层	010 - 88006380
600887	* ST 伊利	内蒙古伊利实业集团股份有限公司	C0	潘　刚	内蒙古呼和浩特市金川开发区金四路 8 号	0471 - 3350092
600888	新疆众和	新疆众和股份有限公司	C6	刘　杰	新疆维吾尔自治区乌鲁木齐市喀什东路 18 号	0991 - 6689856
600889	南京化纤	南京化纤股份有限公司	C4	沈光宇	南京市六合瓜埠镇大庙村	025 - 84529163
600096	云 天 化	云南云天化股份有限公司	C4	张嘉庆	云南省水富县向家坝镇	0870 - 8662000
600890	* ST 中房	中房置业股份有限公司	C7	岳慧欣	北京市海淀区苏州街 18 号院长远天地大厦 C 座 2 层	010 - 82618898
600891	SST 秋林	哈尔滨秋林集团股份有限公司	H	蒋贤云	哈尔滨市南岗区东大直街 319 号	0451 - 58938188
600892	ST 湖科	河北湖大科技教育发展股份有限公司	C7	石予友	石家庄市中山东路 85 号天鸿大厦 403 室	010 - 68096097
600893	航空动力	西安航空动力股份有限公司	C7	蔡　毅	陕西省西安市未央区徐家湾	029 - 86152115
600894	广钢股份	广州钢铁股份有限公司	C6	张若生	广州市芳村区白鹤洞	020 - 81891212 * 3122
600895	张江高科	上海张江高科技园区开发股份有限公司	M	刘小龙	上海浦东张东路 1388 号张江高科 A、B 座	021 - 50800018
600896	中海海盛	中海(海南)海盛船务股份有限公司	F	王大雄	海南省海口市龙昆北路 2 号珠江广场帝豪大厦 25 层	0898 - 68583985
600897	厦门空港	厦门国际航空港股份有限公司	F	王倜傥	厦门高崎国际机场 3＃候机楼西侧	0592 - 5706005
600898	* ST 三联	三联商社股份有限公司	H	王俊洲	济南市历下区泉城路 366 号彩云商城五楼 A 座	010 - 59288705
600900	长江电力	中国长江电力股份有限公司	D	李永安	北京市西城区金融大街 19 号富凯大厦 B 座	010 - 58688891
600097	开创国际	上海开创国际海洋资源股份有限公司	A	朱建忠	上海市杨浦区共青路 448 号	021 - 65688655
600960	滨州活塞	山东滨州渤海活塞股份有限公司	C7	李俊杰	山东省滨州市渤海二十一路 569 号	0543 - 3288868
600961	株冶集团	株洲冶炼集团股份有限公司	C6	傅少武	湖南省株洲市石峰区清水塘(来信来件请寄往该处)	0731 - 28392172
600962	国投中鲁	国投中鲁果汁股份有限公司	A	刘学义	北京市西城区阜成门外大街 7 号国投大厦 15 层	010 - 68095008
600963	岳阳纸业	岳阳纸业股份有限公司	C3	吴佳林	湖南省岳阳市城陵矶洪家洲	0730 - 8590330
600965	福成五丰	河北福成五丰食品股份有限公司	A	李福成	河北省三河市燕郊经济技术开发区	010 - 61595607
600966	博汇纸业	山东博汇纸业股份有限公司	C3	杨延良	山东省桓台县马桥镇工业路北首	0533 - 8539966
600967	北方创业	包头北方创业股份有限公司	C7	缪文民	包头市二号信箱北方创业股份有限公司	0472 - 3117903
600969	郴电国际	湖南郴电国际发展股份有限公司	D	付　国	湖南省郴州市青年大道民生路口万国大厦十五楼1511 室	0735 - 2339232
600970	中材国际	中国中材国际工程股份有限公司	E	王　伟	北京市朝阳区望京北路 16 号	010 - 64399527
600971	恒源煤电	安徽恒源煤电股份有限公司	B	龚乃勤	安徽省宿州市西昌路 157 号	0557 - 3981268
600098	广州控股	广州发展实业控股集团股份有限公司	D	杨丹地	广州市珠江新城临江大道 3 号发展中心 28 - 30 楼	020 - 37850968
600973	宝胜股份	宝胜科技创新股份有限公司	G	孙振华	江苏省宝应县安宜镇苏中路 1 号	0514 - 88248877
600975	新 五 丰	湖南新五丰股份有限公司	A	张跃文	长沙市芙蓉区五一西路二号第一大道十九、二十楼	0731 - 84449593
600976	武汉健民	武汉健民药业集团股份有限公司	C8	汪　诚	武汉市汉阳区鹦鹉大道 484 号	027 - 85355032
600978	宜华木业	广东省宜华木业股份有限公司	C2	刘绍喜	广东省汕头市澄海区莲下槐东工业区	0754 - 85745020
600979	广安爱众	四川广安爱众股份有限公司	D	罗庆红	四川省广安市广安区渠江北路 86 号	0826 - 2983059
600980	北矿磁材	北矿磁材科技股份有限公司	C5	蒋开喜	北京市丰台区南四环西路 188 号六区 5 号楼	010 - 67537184
600981	江苏开元	江苏开元股份有限公司	H	蒋金华	南京市户部街 15 号	025 - 86648112
600982	宁波热电	宁波热电股份有限公司	D	丁　凯	宁波经济技术开发区大港工业城风洋一路 66 号	0574 - 86897102
600983	合肥三洋	合肥荣事达三洋电器股份有限公司	C5	金友华	合肥高新技术产业开发区北区 L - 2 号	0551 - 5310502
600984	ST 建机	陕西建设机械股份有限公司	C7	高　峰	西安市金花北路 418 号	029 - 82592297

续表 18 Continued 18

代码 Code	股票简称 Abbreviation	公司全称 Companies	行业代码 Industries Code	董事长 Board Chairman	地 址 Address	电话 Telephone Number
600009	上海机场	上海国际机场股份有限公司	F	俞吾炎	上海市浦东新区启航路 900 号	021-68341609
600099	林海股份	林海股份有限公司	C7	孙 峰	江苏省泰州市泰九路 14 号	0523-86551888
600985	雷鸣科化	安徽雷鸣科化股份有限公司	C4	张海龙	安徽省淮北市东山路	0561-4948135
600986	科达股份	科达集团股份有限公司	E	刘双珉	山东省东营市府前大街 276 号	0546-8301886
600987	航民股份	浙江航民股份有限公司	C1	朱重庆	浙江省杭州市萧山区瓜沥镇航民村	0571-82575698
600988	ST 宝龙	广州东方宝龙汽车工业股份有限公司	C7	万沛中	广州增城市新塘镇宝龙路 1 号	020-82601663
600990	四创电子	安徽四创电子股份有限公司	G	吴曼青	安徽省合肥市高新技术产业开发区香樟大道 199 号	0551-5391323
600991	广汽长丰	湖南长丰汽车制造股份有限公司	C7	李建新	湖南省长沙市芙蓉中路 2 段 111 号华菱大厦 8 层	0731-82881922
600992	贵绳股份	贵州钢绳股份有限公司	C6	赵 跃	贵州省遵义市桃溪路 47 号	0852-8419247
600993	马 应 龙	马应龙药业集团股份有限公司	C8	陈 平	湖北省武汉市武昌南湖周家湾 100 号	027-87389583
600995	文山电力	云南文山电力股份有限公司	D	杨 斌	云南省昆明市东风东路 48 号金泰大厦 19 楼	0871-3193778
600997	开滦股份	开滦能源化工股份有限公司	B	裴 华	河北省唐山市新华东道 70 号东楼	0315-3026757
600100	同方股份	同方股份有限公司	G	荣泳霖	北京市海淀区五道口清华同方科技广场	010-82399888
600999	招商证券	招商证券股份有限公司	I	宫少林	深圳市福田区益田路江苏大厦 A 座 38-45 层	0755-82943666
601001	大同煤业	大同煤业股份有限公司	B	吴永平	山西省大同市矿区新平旺	0352-7018978
601002	晋亿实业	晋亿实业股份有限公司	C7	蔡永龙	浙江省嘉善经济开发区晋亿大道 8 号	0573-4185001
601003	柳钢股份	柳州钢铁股份有限公司	C6	廖志刚	广西柳州市北雀路 117 号	0772-2595996,259597
601005	重庆钢铁	重庆钢铁股份有限公司	C6	董 林	重庆市大渡口区钢铁路 30 号	023-68845030
601006	大秦铁路	大秦铁路股份有限公司	F	武 汛	山西省大同市站北街 14 号	0352-7121395
601007	金陵饭店	金陵饭店股份有限公司	K	李建伟	南京市汉中路 2 号	025-84711888*4139
601008	连云港	江苏连云港港口股份有限公司	F	李春宏	江苏省连云港市连云区中华西路 48 号海关大楼 6 楼	0518-82389269
601009	南京银行	南京银行股份有限公司	I	林 复	南京市白下区淮海路 50 号	025-84551006
601088	中国神华	中国神华能源股份有限公司	B	张喜武	中国北京市东城区安德路 16 号洲际大厦 12 层	010-58133348
600101	明星电力	四川明星电力股份有限公司	D	张有才	四川省遂宁市明月路 88 号	0825-2210076
601099	太 平 洋	太平洋证券股份有限公司	I	王 超	云南省昆明市青年路 389 号志远大厦 18 层	010-88321918
601107	四川成渝	四川成渝高速公路股份有限公司	F	唐 勇	四川省成都市武侯祠大街 252 号	028-85527504
601111	中国国航	中国国际航空股份有限公司	F	孔 栋	中国北京市顺义区天竺经济开发区天柱路 30 号	010-61461959
601139	深圳燃气	深圳市燃气集团股份有限公司	D	包德元	深圳市福田区深南大道 6021 号喜年中心 B 座 101	0755-83458639
601166	兴业银行	兴业银行股份有限公司	I	高建平	福州市湖东路 154 号	0591-87838598
601168	西部矿业	西部矿业股份有限公司	B	毛小兵	青海省西宁市五四大街 52 号	0971-6108188
601169	北京银行	北京银行股份有限公司	I	闫冰竹	北京市西城区金融大街甲 17 号首层	010-66223811
601186	中国铁建	中国铁建股份有限公司	E	李国瑞	北京市海淀区复兴路四十号东院	010-52688518
601299	中国北车	中国北车股份有限公司	C7	崔殿国	北京市丰台区芳城园一区 15 号楼	010-51897290
601318	中国平安	中国平安保险(集团)股份有限公司	I	马明哲	深圳市福田中心区福华路星河中心大厦 16 楼	0755-22623323
600102	莱钢股份	莱芜钢铁股份有限公司	C6	陈启祥	山东省莱芜市钢城区	0634-6821727
601328	交通银行	交通银行股份有限公司	I	胡怀邦	上海浦东新区银城中路 188 号	021-58400270
601333	广深铁路	广深铁路股份有限公司	F	何玉华	广东省深圳市和平路 1052 号	0755-25587920
601390	中国中铁	中国中铁股份有限公司	E	石大华	北京市丰台区莲花池南里 26 号	010-51843037
601398	工商银行	中国工商银行股份有限公司	I	姜建清	北京市西城区复兴门内大街 55 号	010-66107151
601588	北辰实业	北京北辰实业股份有限公司	J	贺江川	北京朝阳区北辰东路 8 号汇欣大厦 A 座 707	010-64993370
601600	中国铝业	中国铝业股份有限公司	B	肖亚庆	北京市海淀区西直门北大街 62 号	010-82298103
601601	中国太保	中国太平洋保险(集团)股份有限公司	I	高国富	上海市银城中路 190 号交银金融大厦南楼	021-58776688*3991
601618	中国中冶	中国冶金科工股份有限公司	E	沈鹤庭	北京市海淀区高梁桥斜街 11 号	010-62125518
601628	中国人寿	中国人寿保险股份有限公司	I	杨 超	北京市朝阳区朝外大街 16 号中国人寿大厦	010-85659999
601666	平煤股份	平顶山天安煤业股份有限公司	B	陈建生	河南省平顶山市矿工路 21 号	0375-2726764
600103	青山纸业	福建省青山纸业股份有限公司	C3	刘天金	福建省福州市鼓楼区五一北路 171 号新都会花园广场 16 层	0598-5658918
601668	中国建筑	中国建筑股份有限公司	E	孙文杰	北京市	010-88082888
601699	潞安环能	山西潞安环保能源开发股份有限公司	B	任润厚	山西长治市襄垣县侯堡镇	0355-5923838

续表 19 Continued 19

代码 Code	股票简称 Abbreviation	公司全称 Companies	行业代码 Industries Code	董事长 Board Chairman	地 址 Address	电话 Telephone Number
601727	上海电气	上海电气集团股份有限公司	C7	徐建国	上海市兴义路8号30楼	021-52080616
601766	中国南车	中国南车股份有限公司	C7	赵小刚	北京市海淀区西四环中路16号	010-51862188
601788	光大证券	光大证券股份有限公司	I	徐浩明	上海市静安区新闸路1508号	021-22169999
601808	中海油服	中海油田服务股份有限公司	B	刘 健	北京市朝阳门北大街25号海油大厦610A室	010-84522800
601857	中国石油	中国石油天然气股份有限公司	B	蒋洁敏	北京东城区东直门北大街9号	010-59986900
601866	中海集运	中海集装箱运输股份有限公司	F	李绍德	上海市浦东新区福山路450号27楼	021-65966978
601872	招商轮船	招商局能源运输股份有限公司	F	傅育宁	上海市中山东一路9号	0755-26885593
601888	中国国旅	中国国旅股份有限公司	K	盖志新	北京市东城区东直门外小街甲2号A座8层	010-84479696
600104	上海汽车	上海汽车集团股份有限公司	C7	胡茂元	上海市张江高科技园区松涛路563号1号楼509室	021-22011290
601898	中煤能源	中国中煤能源股份有限公司	B	王 安	北京市朝阳区黄寺大街1号	010-82256618
601899	紫金矿业	紫金矿业集团股份有限公司	B	陈景河	厦门市翔云三路128号机场广场右侧紫金科技大楼	0592-3969662
601918	国投新集	国投新集能源股份有限公司	D	张长友	安徽省淮南市洞山中路12号	0551-2231858
601919	中国远洋	中国远洋控股股份有限公司	F	魏家福	天津市天津港保税区通达广场1号3层	010-66492259
601939	建设银行	中国建设银行股份有限公司	I	郭树清	北京市西城区金融大街25号	010-6759 8523
601958	金钼股份	金堆城钼业股份有限公司	B	马宝平	陕西省西安市高新技术产业开发区锦业一路88号金钼股份综合楼A座	029-88320076
601988	中国银行	中国银行股份有限公司	I	肖 钢	北京市复兴门内大街1号	010-66592581
601989	中国重工	中国船舶重工股份有限公司	C7	李长印	北京市海淀区昆明湖南路72号	010-88475267
601991	大唐发电	大唐国际发电股份有限公司	D	翟若愚	北京市西城区广宁伯街9号	010-88008996
601998	中信银行	中信银行股份有限公司	I	孔 丹	中国北京市东城区朝阳门北大街8号富华大厦C座	010-65543981
600105	永鼎股份	江苏永鼎股份有限公司	G	莫林弟	江苏省吴江市芦墟镇汾湖经济技术开发区	0512-63272395
601999	出版传媒	北方联合出版传媒(集团)股份有限公司	L	任慧英	辽宁省沈阳市和平区十一纬路29号	024-23284236
900929	锦旅B股	上海锦江国际旅游股份有限公司	K	宋超麒	上海市延安东路100号联谊大厦27楼	021-63299090转,63901001
900935	阳晨B股	上海阳晨投资股份有限公司	C7	祝世寅	上海市徐家汇路555号10楼C座	021-63901800*11
900939	ST汇丽B	上海汇丽建材股份有限公司	E	金永良	上海市南汇区康桥工业区康桥东路299号	021-58138717
900948	伊泰B股	内蒙古伊泰煤炭股份有限公司	B	张东海	内蒙古鄂尔多斯市东胜区天骄北路伊泰大厦	0477-8565735
900949	东电B股	浙江东南发电股份有限公司	D	毛剑宏	杭州市天目山路152号浙能大厦	0571-85774569
900950	新城B股	江苏新城地产股份有限公司	J	王振华	上海市中山北路3000号长城大厦22楼	021-32522906
900951	大化B股	大化集团大连化工股份有限公司	C4	刘平芹	大连市甘井子区工兴路10号	0411-86893436
900953	凯 马 B	恒天凯马股份有限公司	C7	傅伟民	上海市中山北路1958号华源世界广场15楼	021-62034925
900956	东贝B股	黄石东贝电器股份有限公司	C7	杨百昌	湖北省黄石市铁山区武黄路5号	0714-5415858
600106	重庆路桥	重庆路桥股份有限公司	F	江 津	重庆南坪经济技术开发区丹龙路11号	023-62803729
900957	凌云B股	上海凌云实业发展股份有限公司	E	于爱新	上海浦东新区松林路300号期货大厦14楼	021-68400880
600107	美 尔 雅	湖北美尔雅股份有限公司	C1	杨闻孙	湖北省黄石市团城山开发区8号小区美尔雅工业园	0714-6360299
600108	亚盛集团	甘肃亚盛实业(集团)股份有限公司	A	何宗仁	甘肃省兰州市城关区秦安路105号亚盛大厦东11-16楼	0931-8857037
600010	包钢股份	内蒙古包钢钢联股份有限公司	C6	曹中魁	内蒙古包头市昆区包钢信息大楼东副楼	0472-2189515
600109	国金证券	国金证券股份有限公司	I	冉 云	成都市青羊区东城根上街95号16楼	021-61038220
600110	中科英华	中科英华高技术股份有限公司	C9	陈 远	吉林省长春市高新技术开发区火炬路286号	0431-85161088
600111	包钢稀土	内蒙古包钢稀土(集团)高科技股份有限公司	C6	崔 臣	内蒙古包头市稀土高新技术产业开发区青工南路	0472-2207525
600112	长征电气	贵州长征电气股份有限公司	C7	唐 勇	贵州省遵义市上海路100号	0852-8634986
600113	浙江东日	浙江东日股份有限公司	C9	郑念鸿	浙江省温州市矮凳桥92号	0577-88852188
600114	东睦股份	东睦新材料集团股份有限公司	C6	芦德宝	宁波市鄞州工业园区(姜山)景江路8号	0574-87840906
600115	ST东航	中国东方航空股份有限公司	F	刘绍勇	上海市虹桥路2550号	021-22330920
600116	三峡水利	重庆三峡水利电力(集团)股份有限公司	D	叶建桥	重庆市渝中区邹容路68号大都会商厦1601室	023-63801161
600117	西宁特钢	西宁特殊钢股份有限公司	C6	杨 忠	青海省西宁市柴达木西路52号	0971-5299089
600118	中国卫星	中国东方红卫星股份有限公司	C9	袁家军	北京市海淀区中关村南大街31号神舟大厦12层	010-68197793

数据来源：上海证券交易所

Source：Shanghai Stock Exchange

5-28 深圳证券交易所上市公司名录
Listed Companies in Shenzhen Stock Exchange

代码 Code	股票简称 Abbreviation	公司全称 Companies	行业代码 Industries Code	董事长 Board Chairman	地址 Address	电话 Telephone Number
000001	深发展A	深圳发展银行股份有限公司	I01	法兰克纽曼	广东省深圳市深南中路5047号深圳发展银行大厦	0755-22168622
000002	万科A	万科企业股份有限公司	J01	王石	深圳市盐田区大梅沙环梅路33号万科中心	0755-22198295
000004	*ST国农	深圳中国农大科技股份有限公司	F03	王克昕	广东省深圳市福田区商报路奥林匹克大厦6层D-E室	0755-83521596
000005	世纪星源	深圳世纪星源股份有限公司	M	丁芃	广东省深圳市人民南路发展中心大厦13楼	0755-82208888*40
000006	深振业A	深圳市振业(集团)股份有限公司	J01	李永明	广东省深圳市罗湖区宝安南路2014号振业大厦B座11-17层	0755-25863061
000007	ST达声	深圳市赛格达声股份有限公司	J01	练卫飞	广东省深圳市福田区华强北路现代之窗大厦A座26楼	0755-83280053
000008	ST宝利来	广东宝利来投资股份有限公司	G87	周瑞堂	广东省深圳市南山区内环路5号锦兴工业小区管理楼二楼	0755-26433480
000009	中国宝安	中国宝安集团股份有限公司	M	陈政立	广东省深圳市笋岗东路宝安广场A座28-29层	0755-25170382
000010	S ST华新	深圳市华新股份有限公司	H21	严立虎	广东省深圳市福田区振兴路华美大厦西座五楼530室	0755-83276308
000011	深物业A	深圳市物业发展(集团)股份有限公司	M	陈玉刚	广东省深圳市人民南路国贸大厦39、42层	0755-82210505
000012	南玻A	中国南玻集团股份有限公司	C61	曾南	广东省深圳市蛇口工业区工业六路一号南玻大厦	0755-26860679
000014	沙河股份	沙河实业股份有限公司	J01	吕华	广东省深圳市沙河白石洲沙河商城七楼	0755-86090259
000016	深康佳A	康佳集团股份有限公司	C55	侯松容	广东省深圳市南山区华侨城	0755-26601139
000017	S ST中华	深圳中华自行车(集团)股份有限公司	C75	吴军	广东省深圳市龙华油松工业区中华工业园	0755-28181666
000018	*ST中冠£	深圳中冠纺织印染股份有限公司	C11	胡永峰	广东省深圳市福田区深南中路2008号华联大厦1308室	0755-83667895
000019	深深宝A	深圳市深宝实业股份有限公司	C05	郑煜曦	广东省深圳市罗湖区笋岗路1002号宝安广场BC座28楼	0755-25507480
000020	深华发A	深圳中恒华发股份有限公司	C51	李中秋	广东省深圳市福田区华发北路411栋东座六层	0755-83352206
000021	长城开发	深圳长城开发科技股份有限公司	G83	谭文鋕	广东省深圳市福田区彩田路7006号	0755-83205285
000022	深赤湾A	深圳赤湾港航股份有限公司	F11	王芬	广东省深圳市南山区赤湾石油大厦13楼	0755-26694620
000023	深天地A	深圳市天地(集团)股份有限公司	E01	杨玉科	广东省深圳市南山区高新技术产业园(北区)朗山路东物商业大楼10楼	0755-86154212
000024	招商地产	招商局地产控股股份有限公司	J01	孙承铭	广东省深圳市南山区蛇口兴华路六号南海意库三号楼	0755-26819616
000025	特力A	深圳市特力(集团)股份有限公司	M	张瑞理	广东省深圳市福田区深南中路中核大厦十五楼	0755-83989337
000026	飞亚达A	深圳市飞亚达(集团)股份有限公司	C78	吴光权	广东省深圳市南山区高新南一道飞亚达科技大厦20楼	0755-86013992
000027	深圳能源	深圳能源集团股份有限公司	D01	高自民	广东省深圳市区福田区深南中路2068号华能大厦5,33,35-36,38-41层	0755-83684306
000028	一致药业	深圳一致药业股份有限公司	C81	施金明	广东省深圳市福田区八卦四路15号一致药业大厦	0755-25875195
000029	深深房A	深圳经济特区房地产(集团)股份有限公司	J01	周建国	广东省深圳市人民南路深房广场46—48楼	0755-82289517
000030	*ST盛润£	广东盛润集团股份有限公司	C99	王建宇	广东省深圳市福田区泰然大道劲松大厦5D	0755-83875531
000031	中粮地产	中粮地产(集团)股份有限公司	J01	孙忠人	深圳市福田区福华一路1号大中华国际交易广场35层	0755-27754517
000032	深桑达A	深圳市桑达实业股份有限公司	G81	杨军	广东省深圳市南山区科技园科技路1号桑达科技大厦15-17层	0755-86316169
000033	新都酒店	深圳新都酒店股份有限公司	K32	李聚全	广东省深圳市春风路1号新都酒店3楼	0755-82326536
000034	*ST深泰	深圳市深信泰丰(集团)股份有限公司	M	晏群	广东省深圳市宝安区宝城23区大宝路风采轩深信泰丰商务楼	0755-27848003
000035	ST科健	中国科健股份有限公司	G81	洪和良	广东省深圳市南山区蛇口南海大道1065号南山大厦南座700A	0755-26692595
000036	*ST华控	华联控股股份有限公司	C11	董炳根	广东省深圳市深南中路2008号华联大厦1103室	0755-83667450
000037	深南电A	深圳南山热电股份有限公司	D01	杨海贤	广东省深圳市南山区华侨城汉唐大厦16、17楼	0755-26003683
000038	*ST大通	深圳大通实业股份有限公司	G87	许亚楠	广东省深圳市福田区都市阳光名苑1栋6B	0755-26921699

续表1 Continued 1

代码 Code	股票简称 Abbreviation	公司全称 Companies	行业代码 Industries Code	董事长 Board Chairman	地址 Address	电话 Telephone Number
000039	中集集团	中国国际海运集装箱(集团)股份有限公司	C69	傅育宁	广东省深圳市蛇口工业区港湾大道2号中集集团研发中心	0755-26802706
000040	深鸿基	鸿基地产集团股份有限公司	M	陈泰泉	广东省深圳市罗湖区东门中路1011号鸿基大厦25-27楼	0755-82367726
000042	深长城	深圳市长城投资控股股份有限公司	J01	马兴文	广东省深圳市福田区百花五路长源楼	0755-88393669
000043	中航地产	深圳中航地产股份有限公司	M	仇慎谦	广东省深圳市福田区振华路163号飞亚达大厦六楼	0755-83689888*13221
000045	深纺织A	深圳市纺织(集团)股份有限公司	C11	王滨	广东省深圳市福田区华强北路3号深纺大厦6楼	0755-83776043
000046	泛海建设	泛海建设集团股份有限公司	J01	卢志强	北京市朝阳区建国门外大街22号赛特大厦十五层	010-82985859
000048	ST康达尔	深圳市康达尔(集团)股份有限公司	C01	罗爱华	广东省深圳市罗湖区深南东路1086号集浩大厦二、三楼	0755-25425020*359
000049	德赛电池	深圳市德赛电池科技股份有限公司	C76	刘其	广东省深圳市南山区高新科技园高南新一道富诚科技大厦8楼	0755-86022882
000050	深天马A	天马微电子股份有限公司	C51	吴光权	广东省深圳市南山区马家龙工业城64栋	0755-86225886
000053	深基地B	深圳赤湾石油基地股份有限公司	B50	韩桂茂	广东省深圳市南山区赤湾石油大厦14楼	0755-26694211*2610
000054	建摩B	重庆建设摩托车股份有限公司	C75	李华光	重庆市巴南区花溪工业园建设大道1号	023-66295333
000055	方大A	方大集团股份有限公司	C69	熊建明	广东省深圳市南山区西丽龙井方大城科技大厦	0755-26788571*6622
000056	深国商	深圳市国际企业股份有限公司	H11	李锦全	深圳市福田中心区金田路4028号经贸中心44楼	0755-82222125
000058	深赛格	深圳赛格股份有限公司	C51	张为民	广东省深圳市福田区华强北路群星广场A座31层	0755-83748753
000059	辽通化工	辽宁华锦通达化工股份有限公司	C43	冯恩良	辽宁省盘锦市双台子区红旗大街	0427-5855742
000060	中金岭南	深圳市中金岭南有色金属股份有限公司	C67	李进明	广东省深圳市福田区车公庙深南大厦6013号中国有色大厦24楼	0755-82839363
000061	农产品	深圳市农产品股份有限公司	H01	陈少群	广东省深圳市罗湖区布吉路1021号天乐大厦22楼	0755-25850936
000062	深圳华强	深圳华强实业股份有限公司	M	梁光伟	广东省深圳市深南中路华强路口	0755-83030181
000063	中兴通讯	中兴通讯股份有限公司	G81	侯为贵	广东省深圳市南山区高新技术产业园科技南路中兴通讯大厦	0755-26770254
000065	北方国际	北方国际合作股份有限公司	E01	王金平	北京市广安门内大街338号港中旅大厦11层	
000066	长城电脑	中国长城计算机深圳股份有限公司	G83	杜和平	广东省深圳市南山区科技工业园长城计算机大厦	0755-26634759
000068	赛格三星	深圳赛格三星股份有限公司	C51	胡建平	广东省深圳市大工业区兰竹东路23号	0755-89938888*1860
000069	华侨城A	深圳华侨城控股股份有限公司	K34	刘平春	广东省深圳市南山区华侨城办公大楼	0755-26936078
000070	特发信息	深圳市特发信息股份有限公司	C51	张俊林	广东省深圳市南山区科技工业园科丰路2号通讯大厦	0755-26506648
000078	海王生物	深圳市海王生物工程股份有限公司	C81	张思民	广东省深圳市南山区郎山二路北海王技术中心科研大楼1栋	0755-26983386,26980336
000088	盐田港	深圳市盐田港股份有限公司	F11	郑宏杰	广东省深圳市盐田区盐田港海港大厦18-19层	0755-25290180
000089	深圳机场	深圳市机场股份有限公司	F11	黄传奇	广东省深圳市宝安国际机场机场路机场信息大楼	0755-23456331
000090	深天健	深圳市天健(集团)股份有限公司	E	姚玉伦	广东省深圳市福田区红荔西路7058号市政大厦	0755-83928130
000096	广聚能源	深圳市广聚能源股份有限公司	H03	王建彬	广东省深圳市南山区海德三道天利中央商务广场22楼	0755-86000096
000099	中信海直	中信海洋直升机股份有限公司	F09	毕为	广东省深圳市南山区南海大道21号深圳直升机场	0755-26971630
000100	TCL集团	TCL集团股份有限公司	C55	李东生	广东省惠州市鹅岭南路6号TCL工业大厦九楼	0755-33313801
000150	宜华地产	宜华地产股份有限公司	J	刘绍生	广东省汕头市澄海区文冠路口右侧宜都花园	0754-85899788
000151	中成股份	中成进出口股份有限公司	K99	邹宝中	北京市南四环西路188号二区8号楼	010-83676100
000152	山航B	山东航空股份有限公司	F09	张幸福	山东省济南市历下区二环东路5746号山东航空大厦19F	0531-85698678
000153	丰原药业	安徽丰原药业股份有限公司	C81	徐桦木	安徽省合肥市包河工业区纬四路16号	0551-4846153
000155	川化股份	川化股份有限公司	C43	苏重光	四川省成都市青白江区大弯镇团结路311号	028-89301891
000156	*ST嘉瑞	湖南嘉瑞新材料集团股份有限公司	C49	王政	湖南省长沙市雨花区人民中路238号上城星座大厦2506房	0731-4315918
000157	中联重科	长沙中联重工科技发展股份有限公司	C71	詹纯新	湖南省长沙市银盆南路361号	0731-8928188
000158	常山股份	石家庄常山纺织股份有限公司	C11	汤彰明	河北省石家庄市和平东路183号	0311-86673856

续表 2 Continued 2

代码 Code	股票简称 Abbreviation	公司全称 Companies	行业代码 Industries Code	董事长 Board Chairman	地 址 Address	电话 Telephone Number
000159	国际实业	新疆国际实业股份有限公司	C4115	丁治平	新疆维吾尔自治区乌鲁木齐市黄河路1号招商银行大厦11楼	0991-5854232
000160	ST大路B	承德大路股份有限公司	C11	陈 荣	河北省承德市承德县下板城镇帝贤大厦	0314-3115049
000168	*ST雷伊B	广东雷伊(集团)股份有限公司	C13	陈鸿成	广东省深圳市东门中路东方大厦12楼	0755-82231226
000301	东方市场	江苏吴江中国东方丝绸市场股份有限公司	C11	吴新祥	江苏省吴江市盛泽镇市场路丝绸股份大厦	0512-63573866
000338	潍柴动力	潍柴动力股份有限公司	C75	谭旭光	山东省潍坊市民生东街26号	0536-2297068
000400	许继电气	许继电气股份有限公司	C76	王纪年	河南省许昌市许继大道1298号	0374-3212348
000401	冀东水泥	唐山冀东水泥股份有限公司	C61	张增光	河北省唐山市丰润区林荫路	0315-3244005
000402	金融街	金融街控股股份有限公司	J01	王功伟	北京市西城区金融大街丙17号北京银行大厦11层	010-66573068
000403	S*ST生化	三九宜工生化股份有限公司	C43	史跃武	山西省太原市长治路227号高新国际大厦16层	0351-70386536
000404	华意压缩	华意压缩机股份有限公司	C73	刘体斌	江西省景德镇市新厂东路28号	0798-8470237
000407	胜利股份	山东胜利股份有限公司	C49	王 鹏	山东省济南市高新区天辰大街2238号胜利生物工程园	0531-86930581
000408	ST玉源	玉源控股股份有限公司	C61	路 联	河北省邯郸市峰峰矿区彭东街9号	010-82275906
000409	ST泰格	泰复实业股份有限公司	C73	胡江波	广东省深圳市福田区福华一路国际商会大厦B座2202-2206室	0755-83023002
000410	沈阳机床	沈阳机床股份有限公司	C71	关锡友	辽宁省沈阳市经济技术开发区开发大路17甲1号	024-25190865
000411	英特集团	浙江英特集团股份有限公司	H1160	冯志斌	浙江省杭州市莫干山路110号华龙商务大厦	0571-85067873
000413	宝石A	石家庄宝石电子玻璃股份有限公司	C51	尚建斌	河北省石家庄市高新技术产业开发区黄河大道9号	0311-86917775
000415	汇通集团	新疆汇通(集团)股份有限公司	E01	宋小刚	新疆维吾尔自治区乌鲁木齐市南湖南路66号水清木华A栋7楼	0991-5852082
000416	民生投资	民生投资管理股份有限公司	C03	余 政	山东省青岛市香港中路12号合广场B座601	0532-66777312
000417	合肥百货	合肥百货大楼集团股份有限公司	H11	郑晓燕	安徽省合肥市宿州路96号	0551-2686017
000418	小天鹅A	无锡小天鹅股份有限公司	C76	方洪波	江苏省无锡市惠钱路67号	0510-81082280
000419	通程控股	长沙通程控股股份有限公司	H11	周兆达	湖南省长沙市劳动西路589号	0731-5534994
000420	吉林化纤	吉林化纤股份有限公司	C47	王进军	吉林省吉林市九站街516-1号	0432-3502331
000421	南京中北	南京中北(集团)股份有限公司	K01	朱 明	江苏省南京市通江路16号	025-86383699
000422	湖北宜化	湖北宜化化工股份有限公司	C43	蒋远华	湖北省宜昌市沿江大道52号	0717-6442268
000423	东阿阿胶	山东东阿阿胶股份有限公司	C81	乔世波	山东省聊城市东阿县阿胶街78号	0635-3264069
000425	徐工机械	徐工集团工程机械股份有限公司	C73	王 民	江苏省徐州市金山桥经济开发区桃山路1号	0516-87938766
000426	富龙热电	赤峰富龙热电股份有限公司	D	景树森	内蒙古自治区赤峰市松山区西站大街8号	0476-2216690
000428	华天酒店	湖南华天大酒店股份有限公司	K34	陈纪明	湖南省长沙市解放东路300号本公司贵宾楼五楼	0731-84442888*80928
000429	粤高速A	广东省高速公路发展股份有限公司	F11	周余明	广东省广州市白云路85号	020-83731365
000430	ST张家界	张家界旅游开发股份有限公司	K34	李智勇	湖南省长沙市车站北路459号证券大厦604室	0731-84312122*817
000468	宁通信B	南京普天通信股份有限公司	G81	赵新平	江苏省南京市秦淮区普天路1号	025-52409954
000488	晨鸣纸业	山东晨鸣纸业集团股份有限公司	C31	陈洪国	山东省寿光市圣城街595号	0536-2158011
000498	*ST丹化	丹东化学纤维股份有限公司	C47	王振山	辽宁省丹东市振兴区纤维街58号	0415-6193718
000501	鄂武商A	武汉武商集团股份有限公司	H11	刘江超	湖北省武汉市汉口解放大道690号	027-85714295
000502	绿景地产	绿景地产股份有限公司	J01	余 斌	广东省广州市天河区林和中路8号天誉大厦35楼	020-22082956
000503	海虹控股	海虹企业(控股)股份有限公司	M	曾塞外	海南省海口市滨海大道文华酒店7层	0898-68510496
000504	赛迪传媒	北京赛迪传媒投资股份有限公司	L01	卢 山	北京市海淀区紫竹院路66号赛迪大厦17层	010-68710712
000505	*ST珠江	海南珠江控股股份有限公司	J01	郑 清	海南省海口市滨海大道珠江广场帝豪大厦29层	0898-68581972
000506	ST中润	山东中润投资控股集团股份有限公司	J01	郑峰文	山东省济南市顺河街176号	0531-86935106
000507	粤富华	珠海经济特区富华集团股份有限公司	M	杨润贵	广东省珠海市九洲大道中1146号5楼	0756-3838066
000509	S ST华塑	华塑控股股份有限公司	A07	邢乐成	四川省成都市大业路39号大业大厦20楼	028-86658666
000510	金路集团	四川金路集团股份有限公司	C43	刘 汉	四川省德阳市岷江西路二段57号金路大厦	0838-2301092

续表 3 Continued 3

代码 Code	股票简称 Abbreviation	公司全称 Companies	行业代码 Industries Code	董事长 Board Chairman	地 址 Address	电话 Telephone Number
000511	银基发展	沈阳银基发展股份有限公司	J01	沈志奇	辽宁省沈阳市沈河区青年大街 109 号	024 - 22903598
000512	闽灿坤 B	厦门灿坤实业股份有限公司	C76	简德荣	福建省漳州龙池开发区灿坤工业园	0596 - 6268161
000513	丽珠集团	丽珠医药集团股份有限公司	C81	朱保国	广东省珠海市拱北桂花北路 132 号丽珠大厦	0756 - 8135839
000514	渝 开 发	重庆渝开发股份有限公司	J	粟志光	重庆市南岸区铜元局刘家花园 96 号	023 - 63856995
000516	开元控股	西安开元控股集团股份有限公司	H11	王爱萍	陕西省西安市解放市场 6 号	029 - 87217854
000517	ST 成功	荣安地产股份有限公司	J01	王久芳	浙江省宁波市海曙区尹江路 46 号	0574 - 87312566
000518	* ST 生物	江苏四环生物股份有限公司	C85	孙国建	江苏省江阴市滨江开发区定山路 10 号	0510 - 86408558
000519	银河动力	成都银河动力股份有限公司	C71	郑永龙	四川省成都市新都区龙桥镇	028 - 83068899
000520	长航凤凰	长航凤凰股份有限公司	C41	刘锡汉	湖北省武汉市汉口民权路 39 号汇江大厦	027 - 82763901
000521	美菱电器	合肥美菱股份有限公司	C76	赵 勇	安徽省合肥市经济技术开发区莲花路 2163 号	0551 - 2219021
000522	白云山 A	广州白云山制药股份有限公司	C81	谢 彬	广东省广州市白云区同和街云祥路 88 号	020 - 87062599
000523	广州浪奇	广州市浪奇实业股份有限公司	C43	胡守斌	广东省广州市天河区黄埔大道东 128 号	020 - 82162933
000524	东方宾馆	广州市东方宾馆股份有限公司	K32	冯 劲	广东省广州市流花路 120 号	020 - 83753615
000525	红 太 阳	南京红太阳股份有限公司	C43	杨寿海	江苏省南京市汉中路 89 号金鹰国际商城 19 层 C 座	025 - 84785866
000526	旭飞投资	厦门旭飞投资股份有限公司	M	田 峰	福建省厦门市湖里区东渡路 258 号银龙大厦 16 楼	0755 - 82496036
000527	美的电器	广东美的电器股份有限公司	C76	方洪波	广东省佛山市顺德区北滘镇蓬莱路	0757 - 23604698
000528	柳 工	广西柳工机械股份有限公司	C73	王晓华	广西壮族自治区柳州市柳太路 1 号	0772 - 3886510
000529	广弘控股	广东广弘控股股份有限公司	C0120	崔 河	广东省鹤山市人民西路 40 号	0750 - 8860688
000530	大冷股份	大连冷冻机股份有限公司	C71	张 和	辽宁省大连市沙河口区西南路 888 号	0411 - 86654530
000531	穗恒运 A	广州恒运企业集团股份有限公司	D01	黄中发	广东省广州开发区开发大道 235 号恒运大厦 6～6M 层	020 - 82208965
000532	力合股份	力合股份有限公司	D01	冯冠平	广东省珠海市唐家大学路 101 号清华科技园创业大楼东六楼	0756 - 3612810
000533	万 家 乐	广东万家乐股份有限公司	C76	李 智	广东省佛山市顺德大良顺峰山工业区	0757 - 22321232
000534	万泽股份	广东万泽实业股份有限公司	D01	林伟光	广东省汕头市珠池路 23 号光明大厦 B 幢 8 楼	0754 - 88857179
000536	闽闽东	闽东电机(集团)股份有限公司	C76	唐远生	福建省福州市五一中路 88 号平安大厦 19 层	0591 - 88022590
000537	广宇发展	天津广宇发展股份有限公司	M	赵 健	天津市南开区南京路 358 号今晚报大厦 24 层	022 - 27500420
000538	云南白药	云南白药集团股份有限公司	C81	王明辉	云南省昆明市二环西路 222 号	0871 - 8324116
000539	粤电力 A	广东电力发展股份有限公司	D01	潘 力	广东省广州市天河东路 2 号粤电广场南塔 23 - 26 楼	020 - 85138083
000540	中天城投	中天城投集团股份有限公司	M	罗玉平	贵州省贵阳市中华中路 1 号峰会国际大厦	0851 - 6809072
000541	佛山照明	佛山电器照明股份有限公司	C76	钟信才	广东省佛山市禅城区汾江北路 64 号	0757 - 82810239
000543	皖能电力	安徽省皖能股份有限公司	D01	白泰平	安徽省合肥市马鞍山路 76 号能源大厦七至十楼	0551 - 2225811
000544	中原环保	中原环保股份有限公司	C61	李建平	河南省郑州市纬四路东段 19 号广发大厦 15 层	0371 - 65629981
000545	吉林制药	吉林制药股份有限公司	C81	张守斌	吉林省吉林市长春路 99 号	0432 - 5079887
000546	光华控股	吉林光华控股集团股份有限公司	J01	许 华	吉林省长春市西安大路 727 号中银大厦 1009 号	0512 - 67325655
000547	闽福发 A	神州学人集团股份有限公司	G81	章高路	福建省福州市五一南路 17 号工行五一支行 13 层	0591 - 83283128
000548	湖南投资	湖南投资集团股份有限公司	K01	谭应求	湖南省长沙市芙蓉中路 508 号之三君逸康年大酒店十二楼	0731 - 2327666
000550	江铃汽车	江铃汽车股份有限公司	C75	王锡高	江西省南昌市迎宾北大道 509 号	0791 - 5235675
000551	创元科技	创元科技股份有限公司	C71	曹新彤	江苏省苏州市南门东二路 4 号	0512 - 68241551
000552	靖远煤电	甘肃靖远煤电股份有限公司	B01	毛鹏茜	甘肃省白银市平川区王家山镇	091 - 8512882
000553	沙隆达 A	湖北沙隆达股份有限公司	C43	李作荣	湖北省荆州市北京东路 93 号	0716 - 8208232
000554	泰山石油	中国石化山东泰山石油股份有限公司	H03	冯东青	山东省泰安市东岳大街 104 号	0538 - 8265105
000555	ST 太 光	深圳市太光电信股份有限公司	G8101	厉天福	广东省深圳市福田区滨河路北与彩田路东联合广场 A 座 3608 室	0755 - 82910290
000557	ST 银广夏	广夏(银川)实业股份有限公司	C85	朱关湖	宁夏回族自治区银川市高新技术产业开发区 15 号路东	0951 - 5054694
000558	莱茵置业	莱茵达置业股份有限公司	J01	高继胜	浙江省杭州市文三路 535 号莱茵达大厦 20 楼	0571 - 87851709

续表 4 Continued 4

代码 Code	股票简称 Abbreviation	公司全称 Companies	行业代码 Industries Code	董事长 Board Chairman	地址 Address	电话 Telephone Number
000559	万向钱潮	万向钱潮股份有限公司	C75	鲁冠球	浙江省杭州市萧山经济技术开发区万向路1号	0571-22891106
000560	昆百大A	昆明百货大楼(集团)股份有限公司	H11	何道峰	云南省昆明市东风西路99号	0871-3623414
000561	*ST长岭	长岭(集团)股份有限公司	C76	王瑄	陕西省宝鸡市清姜路75号	0917-3622253
000562	宏源证券	宏源证券股份有限公司	I21	冯戎	新疆维吾尔自治区乌鲁木齐市文艺路233号宏源大厦八楼	0991-2301773
000563	陕国投A	陕西省国际信托股份有限公司	I31	薛季民	陕西省西安市高新区科技路50号金桥国际广场C座24-27层	029-83230252
000564	西安民生	西安民生集团股份有限公司	H11	马永庆	陕西省西安市解放路103号	029-87481961
000565	渝三峡A	重庆三峡油漆股份有限公司	C43	苏中俊	重庆市江津区德感工业园区	023-68824806
000566	海南海药	海南海药股份有限公司	C81	刘悉承	海南省海口市龙昆北路30号宏源证券大厦7楼	0898-66785861
000567	海德股份	海南海德实业股份有限公司	M	纪道林	海南省海口市龙昆南路72号耀江商厦三层	0898-66978322
000568	泸州老窖	泸州老窖股份有限公司	C05	谢明	四川省泸州市泸州老窖营销网络指挥中心	0830-2398898
000570	苏常柴A	常柴股份有限公司	C71	薛国俊	江苏省常州市怀德中路123号	0519-86603656*3155
000571	新大洲A	新大洲控股股份有限公司	C75	赵序宏	上海市浦东新区花园石桥路33号花旗集团大厦7楼	021-61050111*117
000572	海马股份	海马投资集团股份有限公司	M	景柱	海南省海口市金盘工业区金牛路2号	0898-66822672
000573	粤宏远A	东莞宏远工业区股份有限公司	J01	周明轩	广东省东莞市宏远工业区宏远大厦16层	0769-22412655
000576	*ST甘化	江门甘蔗化工厂(集团)股份有限公司	C01	邹敦华	广东省江门市甘化路62号	0750-3277651
000578	盐湖集团	青海盐湖工业集团股份有限公司	C43	安平绥	青海省格尔木市黄河路28号	0979-8448019
000581	威孚高科	无锡威孚高科技股份有限公司	C71	王伟良	江苏省无锡市人民西路107号	0510-82719579
000582	北海港	北海市北海港股份有限公司	F	黄葆源	广西壮族自治区北海市海角路145号	0779-3922206
000584	友利控股	四川友利投资控股股份有限公司	M	李峰林	四川省成都市蜀都大道暑袜北三街20号	028-86757539
000585	*ST东电	东北电气发展股份有限公司	C76	苏伟国	辽宁省沈阳市铁西区景星北街38号	024-23527080
000586	*ST汇源	四川汇源光通信股份有限公司	H21	徐明君	四川省成都市高新西区西芯大道5号	028-85516608
000587	S*ST光明	光明集团家具股份有限公司	C25	马中文	黑龙江省伊春市伊春区青山西路118号	0458-6135587
000589	黔轮胎A	贵州轮胎股份有限公司	C48	马世春	贵州省贵阳市百花大道41号	0851-4767826
000590	紫光古汉	紫光古汉集团股份有限公司	C81	李义	湖南省衡阳市蒸湘区白云路42号	0734-8239335
000591	桐君阁	重庆桐君阁股份有限公司	C81	王小军	重庆市渝中区解放西路1号	023-89885208
000592	中福实业	福建中福实业股份有限公司	A	刘平山	福建省福州市五四路159号世界金龙大厦23层	0591-87871990*616
000593	大通燃气	四川大通燃气开发股份有限公司	H11	李占通	四川省成都市八宝街88号国信广场21层	028-86637727
000594	国恒铁路	天津国恒铁路控股股份有限公司	B07	刘正浩	天津市华苑新技术产业园区榕苑路1号天津天财酒店8层	022-58396826
000595	西北轴承	西北轴承股份有限公司	C71	赵家国	宁夏回族自治区银川市西夏区北京西路630号	0951-2029011
000596	古井贡酒	安徽古井贡酒股份有限公司	C03	曹杰	安徽省亳州市古井镇	0558-5710057
000597	东北制药	东北制药集团股份有限公司	C81	刘震	辽宁省沈阳市铁西区重工北街37号	024-25806963
000598	蓝星清洗	蓝星清洗股份有限公司	C43	陆韶华	北京市朝阳区北三环东路19号	010-64437356
000599	青岛双星	青岛双星股份有限公司	C48	汪海	山东省青岛市瞿塘峡路45号(即原贵州路5号)海富楼三楼	0532-82657986
000600	建投能源	河北建投能源投资股份有限公司	D0101	李连平	河北省石家庄市裕华西路9号裕园广场A座17层	0311-85518875
000601	韶能股份	广东韶能集团股份有限公司	D01	徐兵	广东省韶关市武江区沿江路16号	0751-8153162
000602	金马集团	广东金马旅游集团股份有限公司	G85	王志华	广东省潮州市潮枫路旅游大厦四层	0768-2268969
000603	*ST威达	威达医用科技股份有限公司	C73	朱胜利	重庆市渝中区中山三路168号中安国际大厦14-5	023-63639600
000605	ST四环	四环药业股份有限公司	C81	刘惠文	北京市西城区阜外大街3号东润时代大厦八层	010-68003377
000606	青海明胶	青海明胶股份有限公司	C43	赵华	青海省西宁市城北区(生物园)纬一路18号	0971-8013495
000607	华立药业	重庆华立药业股份有限公司	C78	刘小斌	重庆市北碚区童家溪镇同兴工业园区一路8号	023-68269911，68269922
000608	阳光股份	阳光新业地产股份有限公司	J01	唐军	北京市西城区西直门外大街112号阳光大厦11层	010-88365256

续表 5 Continued 5

代码 Code	股票简称 Abbreviation	公司全称 Companies	行业代码 Industries Code	董事长 Board Chairman	地 址 Address	电话 Telephone Number
000609	绵世股份	北京绵世投资集团股份有限公司	C43	李 方	北京市东城区建国门内大街19号中纺大厦3层	010-65275609
000610	西安旅游	西安旅游股份有限公司	K34	夏富喜	陕西省西安市南二环西段27号西安旅游大厦七层	029-82065555
000611	时代科技	内蒙古时代科技股份有限公司	C78	濮黎明	浙江绍兴柯桥时代广场H座19楼西	0575-81182951
000612	焦作万方	焦作万方铝业股份有限公司	C67	周传良	河南省焦作市马村区待王镇东	0391-3261289
000613	ST东海A	海南大东海旅游中心股份有限公司	K32	黎愿斌	海南省三亚市大东海	0898-88219921,88219768
000615	湖北金环	湖北金环股份有限公司	C47	蒋 岚	湖北省襄樊市樊城区陈家湖	0710-2108234
000616	亿城股份	亿城集团股份有限公司	J01	张丽萍	北京市海淀区长春桥路11号万柳亿城大厦A座16-17层	010-58816885
000617	石油济柴	济南柴油机股份有限公司	C71	姜小兴	山东省济南市经十西路1999号	0531-87423353
000619	海螺型材	芜湖海螺型材科技股份有限公司	C49	任 勇	安徽省芜湖市经济技术开发区港湾路	0553-5840156
000620	S*ST圣方	黑龙江圣方科技股份有限公司	C41	傅 军	黑龙江省牡丹江市西三条路平安街海洋大厦6楼	0453-6926101
000622	S*ST恒立	岳阳恒立冷气设备股份有限公司	C73	陈少波	湖南省岳阳市青年中路	0730-8245282
000623	吉林敖东	吉林敖东药业集团股份有限公司	C81	李秀林	吉林省敦化市敖东大街2158号	0433-6238973
000625	长安汽车	重庆长安汽车股份有限公司	C75	徐留平	重庆市江北区建新东路260号	023-67591156
000626	如意集团	连云港如意集团股份有限公司	M	秦兆平	江苏省连云港市新浦北郊路6号	0518-85153595
000627	天茂集团	天茂实业集团股份有限公司	C43	刘益谦	湖北省荆门市杨湾路132号	0724-2223218
000628	高新发展	成都高新发展股份有限公司	J01	方 兆	四川省成都市高新技术产业开发区九兴大道8号	028-85130316
000629	攀钢钢钒	攀枝花新钢钒股份有限公司	C65	樊政炜	四川省攀枝花市东区向阳村新钢钒公司办公大楼	0812-3393695
000630	铜陵有色	铜陵有色金属集团股份有限公司	C67	韦江宏	安徽省铜陵市长江西路有色大院西楼	0562-2825029
000631	顺发恒业	顺发恒业股份公司	J01	管大源	吉林省长春市高新产业技术产业开发区蔚山路4370号	0431-85180631
000632	三木集团	福建三木集团股份有限公司	M	兰 隽	福建省福州市群众东路93号三木大厦	0591-83355146
000633	ST合金	沈阳合金投资股份有限公司	M	吴 岩	辽宁省沈阳市浑南新区世纪路55号	024-31309633
000635	英力特	宁夏英力特化工股份有限公司	C43	秦江玉	宁夏回族自治区石嘴山市惠农区河滨工业园钢电路	0952-3689589
000636	风华高科	广东风华高新科技股份有限公司	C51	钟金松	广东省肇庆市风华路18号风华电子工业城	0758-2844724
000637	茂化实华	茂名石化实华股份有限公司	C41	郭劲松	广东省茂名市官渡路162号	0668-2276176
000638	万方地产	万方地产股份有限公司	J01	张 晖	北京市朝阳区曙光西里甲一号第三置业大厦A座30层	010-64618888*273
000639	金德发展	湖南金德发展股份有限公司	C69	杜红云	湖南省株洲市天元区长江北路333号	0733-2867187
000650	仁和药业	仁和药业股份有限公司	C81	梅 强	江西省南昌市洪城路国贸广场A区巨豪峰2601室	0791-6496271
000651	格力电器	珠海格力电器股份有限公司	C76	朱江洪	广东省珠海市前山金鸡西路6号	0756-8668645
000652	泰达股份	天津泰达股份有限公司	F11	刘惠文	天津市河东区十一经路81号天星河畔广场15楼	022-24138617*536
000655	金岭矿业	山东金岭矿业股份有限公司	C61	张相军	山东省淄博市张店区中埠镇	0533-3089979
000656	ST东源	重庆东源产业发展股份有限公司	C65	黄红云	重庆市北部新区高新园星光大道68号天王星商务大厦C座5楼	023-67033790
000657	*ST中钨	中钨高新材料股份有限公司	C67	杨伯华	湖南省长沙经济技术开发区开元大道17号开源鑫城大酒店19楼	0731-4650990
000659	珠海中富	珠海中富实业股份有限公司	C49	Gary John Guernier	珠海市保税区联锋路珠海中富实业股份有限公司	0756-8821350*3503
000661	长春高新	长春高新技术产业(集团)股份有限公司	C81	杨占民	吉林省长春市同志街2400号火炬大厦5层	0431-85666367
000662	索芙特	索芙特股份有限公司	M	梁国坚	广西壮族自治区梧州市新兴二路137号	0774-3863880
000663	永安林业	福建省永安林业(集团)股份有限公司	A03	吴景贤	福建省永安市燕江东路819号	0598-3614875
000665	武汉塑料	武汉塑料工业集团股份有限公司	C49	徐亦平	湖北省武汉市经济技术开发区沌阳大道156号武塑工业园1号楼	027-59405215
000666	经纬纺机	经纬纺织机械股份有限公司	C73	刘海涛	北京市朝阳区亮马桥路39号第一上海中心701室	010-84534132
000667	名流置业	名流置业集团股份有限公司	J01	刘道明	北京市丰台区角门18号名流未来大厦14层	0871-3610134
000668	荣丰控股	荣丰控股集团股份有限公司	J01	王 征	北京宣武区广安门外大街305号荣丰嘉园2号楼10层	010-51757629
000669	领先科技	吉林领先科技发展股份有限公司	G81	李建新	吉林省吉林市高新区恒山西路104号	0432-64569477

续表 6　Continued 6

代码 Code	股票简称 Abbreviation	公司全称 Companies	行业代码 Industries Code	董事长 Board Chairman	地　址 Address	电话 Telephone Number
000670	S* ST 天发	舜元地产发展股份有限公司	J	陈炎表	上海市长宁区天山西路 799 号北大青鸟产业园六楼	021－32506689
000671	阳 光 城	阳光城集团股份有限公司	M	林腾蛟	福建省福州市鼓楼区古田路 56 号名流大厦 22 层	0591－83377141
000672	* ST 铜城	白银铜城商厦(集团)股份有限公司	H11	陈　亮	甘肃省白银市白银区五一街 8 号铜城商厦 4 楼	0943－8223409
000673	ST 大 水	大同水泥股份有限公司	C61	刘　刚	山西省大同市矿区五法路一号	0352－4062400
000676	思达高科	河南思达高科技股份有限公司	C78	刘双河	河南省郑州市经三路北 26 号思达数码大厦 16 楼	0371－65793081
000677	山东海龙	山东海龙股份有限公司	C47	逄奉建	山东省潍坊市寒亭区海龙路 555 号	05362275102
000678	襄阳轴承	襄阳汽车轴承股份有限公司	C75	高少兵	湖北省襄樊市襄城区轴承路 1 号	0710－3577241
000679	大连友谊	大连友谊(集团)股份有限公司	H11	田益群	辽宁省大连市中山区七一街 1 号	0411－82802712
000680	山推股份	山推工程机械股份有限公司	C73	张秀文	山东省济宁市 327 国道 58 号	0537－2909532
000681	* ST 远东	远东实业股份有限公司	C13	姜　放	江苏省常州市新北区岷江路 1 号	010－88262127
000682	东方电子	东方电子股份有限公司	G87	丁振华	山东省烟台市芝罘区机场路 2 号	0535－6582228
000683	远兴能源	内蒙古远兴能源股份有限公司	C43	贺占海	内蒙古自治区鄂尔多斯市东胜区伊煤南路 14 号创业大厦 B 座 16 层	0477－8539874
000685	中山公用	中山公用事业集团股份有限公司	K01	谭庆中	广东省中山市兴中道 18 号财兴大厦北座	0760－88380008
000686	东北证券	东北证券股份有限公司	I21	矫正中	吉林省长春市自由大路 1138 号证券大厦	0431－85096806
000687	保定天鹅	保定天鹅股份有限公司	C47	王东兴	河北省保定市新市区盛兴西路 1369 号	0312－3322362
000688	S* ST 朝华	朝华科技(集团)股份有限公司	G	史建华	重庆市北部新区人和汪家桥新村 119 号天宇大酒店六楼	023－67316603
000690	宝新能源	广东宝丽华新能源股份有限公司	D0101	宁远喜	广东省梅州市梅县华侨城香港花园香港大道宝丽华综合大楼	0753－2511298
000691	ST 亚太	海南亚太实业发展股份有限公司	M	梁德根	海南省海口市国贸大道 56 号北京大厦 26 楼	0898－68528293
000692	ST 惠 天	沈阳惠天热电股份有限公司	D01	孙　杰	辽宁省沈阳市沈河区热闹路 47 号	024－22928062
000693	S* ST 聚友	成都聚友网络股份有限公司	L20	陈　健	四川省成都市上升街 72 号 8 楼	028－86258710
000695	滨海能源	天津滨海能源发展股份有限公司	C43	张继光	天津市开发区第十一大街 27 号	022－66202270
000697	* ST 偏转	咸阳偏转股份有限公司	C51	郑　毅	陕西省咸阳市渭阳西路七十号	029－33628567
000698	沈阳化工	沈阳化工股份有限公司	C43	王大壮	辽宁省沈阳市铁西区卫工北街 46 号	024－25553506
000700	模塑科技	江南模塑科技股份有限公司	C75	曹克波	江苏省江阴市周庄镇长青路 8 号	0510－86242802
000701	厦门信达	厦门信达股份有限公司	M	周昆山	福建省厦门市湖里信宏大厦 2 楼	0592－5608098
000702	正虹科技	湖南正虹科技发展股份有限公司	C01	徐仲康	湖南省岳阳市屈原管理区营田镇	0731－84599909
000703	世纪光华	世纪光华科技股份有限公司	G81	郭迎辉	河南省郑州市花园路 59 号邮政大厦 21 层	0371－67422266
000705	浙江震元	浙江震元股份有限公司	H01	宋逸婷	浙江省绍兴市解放北路 289 号	0575－85144161
000706	瓦　轴 B	瓦房店轴承股份有限公司	C71	王路顺	辽宁省瓦房店市北共济街一段 1 号	0411－85509888－3829
000707	双环科技	湖北双环科技股份有限公司	C43	张忠华	湖北省应城市东马坊团结大道 26 号	0717－6442268
000708	大冶特钢	大冶特殊钢股份有限公司	C65	蔡星海	湖北省黄石市黄石大道 316 号	0714－6297235
000709	唐钢股份	唐山钢铁股份有限公司	C65	王义芳	河北省唐山市滨河路 9 号	0315－2702825
000710	天兴仪表	成都天兴仪表股份有限公司	C75	文　武	四川省成都市外东十陵镇天兴仪表股份公司董事会办公室	028－84613721
000711	天伦置业	黑龙江天伦置业股份有限公司	K	张　雄	广东省广州市天河路 45 号天伦大厦 25 楼	020－38303219
000712	锦龙股份	广东锦龙发展股份有限公司	C11	杨志茂	广东省清远市方正二街 1 号锦龙大厦	0763－3369393
000713	丰乐种业	合肥丰乐种业股份有限公司	A01	陈茂新	安徽省合肥市长江西路 501 号丰乐大厦	0551－2239888
000715	中兴商业	中兴-沈阳商业大厦(集团)股份有限公司	H11	刘芝旭	辽宁省沈阳市和平区太原北街 86 号	024－23836008
000716	ST 南 方	广西南方食品集团股份有限公司	M	韦清文	广西壮族自治区南宁市双拥路 36 号	0771－5308080
000717	韶钢松山	广东韶钢松山股份有限公司	C65	余子权	广东省韶关市曲江区	0751－8787493
000718	苏宁环球	苏宁环球股份有限公司	C31	张桂平	江苏省南京市鼓楼区广州路 188 号苏宁环球大厦十七楼	025－83247946
000719	S* ST 鑫安	焦作鑫安科技股份有限公司	C43	秦海员	河南省焦作市环城北路 28 号	0391－2925951＊256
000720	* ST 能山	山东新能泰山发电股份有限公司	D01	张　奇	山东省泰安市普照寺路 5 号	0538－8232022

续表 7 Continued 7

代码 Code	股票简称 Abbreviation	公司全称 Companies	行业代码 Industries Code	董事长 Board Chairman	地址 Address	电话 Telephone Number
000721	西安饮食	西安饮食股份有限公司	K30	李大有	陕西省西安市南二环西段27号西安旅游大厦6层	029-82065890
000722	*ST金果	湖南金果实业股份有限公司	M	邓军民	湖南省长沙市高新技术开发区麓枫路40号	0731-8992097
000723	美锦能源	山西美锦能源股份有限公司	C4115	姚锦龙	山西省太原市府西街92号天隆仓大厦12层	0351-4236095
000725	京东方A	京东方科技集团股份有限公司	C51	王东升	北京市朝阳区酒仙桥路10号	010-64318888*6259
000726	鲁　泰A	鲁泰纺织股份有限公司	C11	刘石祯	山东省淄博市高新技术开发区铭波路11号	0533-5285166
000727	华东科技	南京华东电子信息科技股份有限公司	C76	司云聪	江苏省南京市华电路1号	025-85311050*2423
000728	国元证券	国元证券股份有限公司	I2121	凤良志	安徽省合肥市寿春路179号	0551-2207968
000729	燕京啤酒	北京燕京啤酒股份有限公司	C05	李福成	北京市顺义区双河路9号	010-89490729
000731	四川美丰	四川美丰化工股份有限公司	C43	张晓彬	四川省德阳市莹华南路10号	0838-2300044
000732	*ST三农	福建三农集团股份有限公司	C43	刘金城	福建省福州市湖东路298号伊法达大厦四楼	0591-87800884
000733	振华科技	中国振华(集团)科技股份有限公司	C51	陈　中	贵州省贵阳市乌当区新添大道北段268号	0851-6301078
000735	罗牛山	海口农工贸(罗牛山)股份有限公司	A05	胡电铃	海南省海口市珠江广场帝豪大厦9楼	0898-68581213
000736	ST重实	重庆国际实业投资股份有限公司	J01	陆伟强	重庆市渝北区紫荆路4号6栋2-1-B(佳华世纪)	023-67530016
000737	南风化工	南风化工集团股份有限公司	C43	万建军	山西省运城市解放路294号	0359-8967035
000738	ST宇航	南方宇航科技股份有限公司	C75	马福安	湖南省株洲市董家塅宇航公司办公大楼	0733-8559515
000739	普洛股份	普洛股份有限公司	C81	徐文财	山东省青岛市市南区湛山一路16号	0532-83870896
000748	长城信息	长城信息产业股份有限公司	G83	聂玉春	湖南省长沙经济技术开发区东三路5号	0731-5559798
000750	S*ST集琦	桂林集琦药业股份有限公司	C81	蒋文胜	广西壮族自治区桂林市驂鸾路23号-1星辰大厦	0773-5878066
000751	*ST锌业	葫芦岛锌业股份有限公司	C67	许　健	辽宁省葫芦岛市龙港区锌厂路24号	0429-2024121
000752	西藏发展	西藏银河科技发展股份有限公司	C05	闫清江	西藏自治区拉萨市色拉路36号	028-85135120
000753	漳州发展	福建漳州发展股份有限公司	F11	庄文海	福建省漳州市胜利东路漳州发展广场21楼	0596-2671753
000755	山西三维	山西三维集团股份有限公司	C43	卢辉生	山西省临汾市洪洞县赵城·山西三维公司	0357-6663123
000756	新华制药	山东新华制药股份有限公司	C81	郭　琴	山东省淄博市高新技术产业开发区化工区	0533-2160469
000757	*ST方向	四川方向光电股份有限公司	C71	李　凯	四川省内江市甜城大道方向光电科技园	0832-2202757
000758	中色股份	中国有色金属建设股份有限公司	E01	罗　涛	北京市朝阳区安定路10号中国有色大厦南楼	010-63951531
000759	武汉中百	武汉中百集团股份有限公司	H11	汪爱群	湖北省武汉市江汉区江汉路129号中百商厦24-25楼	027-82832006
000760	博盈投资	湖北博盈投资股份有限公司	C75	吉朋松	北京市朝阳区亮马桥路39号第一上海中心C座412室	0716-5231009
000761	本钢板材	本钢板材股份有限公司	C65	于天忱	辽宁省本溪市平山区人民路16号	0414-7828010
000762	西藏矿业	西藏矿业发展股份有限公司	B05	曾　泰	西藏自治区拉萨市中和国际城金珠二路8号	028-85355661
000766	通化金马	通化金马药业集团股份有限公司	C81	刘立成	吉林省通化市东昌区江南路100-1号	0435-3910232
000767	漳泽电力	山西漳泽电力股份有限公司	D01	贾　斌	山西省太原市五一路197号	0351-4268602
000768	西飞国际	西安飞机国际航空制造股份有限公司	C75	孟祥凯	陕西省西安市阎良区西飞大道一号西飞国际	029-86846976
000770	*ST武锅B	武汉锅炉股份有限公司	C71	杨国威	湖北省武汉市武珞路586号	027-81993700
000771	杭汽轮B	杭州汽轮机股份有限公司	C71	聂忠海	浙江省杭州市石桥路357号	0571-85780189
000776	广发证券	广发证券股份有限公司	F11	王志伟	广州市天河区天河北路183—187号大都会广场43楼	020-87550265
000777	中核科技	中核苏阀科技实业股份有限公司	C71	邱建刚	江苏省苏州市新区珠江路501号	0512-66672006
000778	新兴铸管	新兴铸管股份有限公司	C69	刘明忠	河北省武安市上洛阳村北(2672厂区)	0310-5793247
000779	三毛派神	兰州三毛实业股份有限公司	C11	阮　英	甘肃省兰州市西固区玉门街486号	0931-7551809
000780	平庄能源	内蒙古平庄能源股份有限公司	B0101	孙金国	内蒙古自治区赤峰市元宝山区平庄镇哈河街	0476-3326075
000782	美达股份	广东新会美达锦纶股份有限公司	C47	梁伟东	广东省新会市会城镇江会路上浅口	0750-6107981
000783	长江证券	长江证券股份有限公司	I2121	胡运钊	湖北省武汉市江汉区新华路特8号	027-65799866
000785	武汉中商	武汉中商集团股份有限公司	H11	郝　健	湖北省武汉市武昌区中南路9号	027-87362507
000786	北新建材	北新集团建材股份有限公司	C61	王　兵	北京市海淀区三里河路甲11号中国建材大厦	010-82981786
000787	*ST创智	创智信息科技股份有限公司	G87	贾　鹏	湖南省长沙市高新技术产业开发区火炬城M2栋3楼	0731-8909008

续表 8　Continued 8

代码 Code	股票简称 Abbreviation	公司全称 Companies	行业代码 Industries Code	董事长 Board Chairman	地　址 Address	电话 Telephone Number
000788	西南合成	北大国际医院集团西南合成制药股份有限公司	C81	李国军	重庆市渝北区洪湖东路 9 号财富大厦 B 座 18 楼	023－67505500
000789	江西水泥	江西万年青水泥股份有限公司	C61	刘明寿	江西省南昌市高新技术开发区京东大道 399 号	0791－8120789
000790	华神集团	成都华神集团股份有限公司	C81	赵卫青	四川省成都市十二桥路 37 号新 1 号华神科技大厦 A 座 6 楼	028－66616656
000791	西北化工	西北永新化工股份有限公司	C43	康海军	甘肃省兰州市城关区北龙口永新化工园区	0931－4862482
000792	盐湖钾肥	青海盐湖钾肥股份有限公司	C43	郑长山	青海省格尔木市察尔汗	0979－8448121
000793	华闻传媒	华闻传媒投资集团股份有限公司	M	温子健	海南省海口市海甸四东路民生大厦	0898－66196060
000795	太原刚玉	太原双塔刚玉股份有限公司	C61	杜建奎	山西省太原市郝庄正街 62 号	0351－4935313
000796	宝商集团	宝鸡商场(集团)股份有限公司	H11	高建平	陕西省宝鸡市渭滨区经二路 114 号	029－88890371
000797	中国武夷	中国武夷实业股份有限公司	E01	黄建民	福建省福州市五四路 89 号置地广场 33 层	0591－83170122
000798	中水渔业	中水集团远洋股份有限公司	A07	刘身利	北京市西单民丰胡同 31 号	010－88067448
000799	酒 鬼 酒	酒鬼酒股份有限公司	C05	王新国	湖南省吉首市振武营酒鬼工业园	0743－8312079
000800	一汽轿车	一汽轿车股份有限公司	C75	徐建一	吉林省长春市高新技术产业开发区蔚山路 4888 号	0431－85781108
000801	四川湖山	四川湖山电子股份有限公司	C55	廖建明	四川省绵阳市九洲大道 259 号	0816－2336252
000802	北京旅游	北京京西风光旅游开发股份有限公司	K34	刘　伟	北京市门头沟区石龙工业区泰安路 9 号	010－60805566
000803	金宇车城	四川金宇汽车城(集团)股份有限公司	C11	陈虹宇	四川省南充市嘉陵区春江路二段九号	0817－6170888
000805	* ST 炎黄	江苏炎黄在线物流股份有限公司	G87	卢　珊	江苏省常州市新北区太湖东路 9 号软件园大楼 A 座 3 楼 315 室	0519－85119993 * 8012
000806	银河科技	北海银河高科技产业股份有限公司	C76	顾勇彪	广西壮族自治区北海市银河软件科技园综合办公楼	0779－3202636
000807	云铝股份	云南铝业股份有限公司	C67	陈　智	云南省昆明市呈贡县	0871－7455858
000809	中汇医药	四川中汇医药(集团)股份有限公司	C11	封　玮	四川省成都市蜀西路 30 号	028－87503810
000810	华润锦华	华润锦华股份有限公司	C11	石善博	四川省遂宁市城区遂州中路 309 号	0825－2287329
000811	烟台冰轮	烟台冰轮股份有限公司	C71	于元波	山东省烟台市芝罘区西山路 80 号	0535－6697075，6243558
000812	陕西金叶	陕西金叶科教集团股份有限公司	C35	袁汉源	陕西省西安市朱宏路 2 号	029－82333711
000813	天山纺织	新疆天山毛纺织股份有限公司	C11	张自强	新疆维吾尔自治区乌鲁木齐市银川路 235 号	0991－4336068
000815	美利纸业	中冶美利纸业股份有限公司	C31	刘崇喜	宁夏回族自治区中卫市城区柔远镇	0953－7679334
000816	江淮动力	江苏江淮动力股份有限公司	C71	胡尔广	江苏省盐城市环城西路 213 号	0515－88881908
000818	ST 锦化	锦化化工集团氯碱股份有限公司	C43	张　旭	辽宁省葫芦岛市连山区化工街	0429－2709065
000819	岳阳兴长	岳阳兴长石化股份有限公司	C41	侯　勇	湖南省岳阳市云溪区	0730－8844021
000820	金城股份	金城造纸股份有限公司	C31	陆剑斌	辽宁省凌海市金城街金城造纸股份有限公司办公楼	0416－2735084
000821	京山轻机	湖北京山轻工机械股份有限公司	C73	孙友元	湖北省荆门市京山县经济技术开发区轻机工业园	0724－7210972
000822	山东海化	山东海化股份有限公司	C43	刘景孟	山东省潍坊市滨海经济开发区	0536－5329931
000823	超声电子	广东汕头超声电子股份有限公司	C51	李大淳	广东省汕头市龙湖区龙江路 12 号	0754－83931133
000825	太钢不锈	山西太钢不锈钢股份有限公司	C65	李晓波	山西省太原市尖草坪街 2 号	0351－3017702
000826	合加资源	合加资源发展股份有限公司	C43	文一波	湖北省宜昌市西陵区绿萝路 77 号	0717－6319012
000828	东莞控股	东莞发展控股股份有限公司	F11	尹锦容	广东省东莞市东城区莞樟大道 55 号	0769－22083321
000829	天音控股	天音通信控股股份有限公司	H	吴继光	江西省赣州市红旗大道 20 号七楼	0755－82091120
000830	鲁西化工	鲁西化工集团股份有限公司	C43	张金成	山东省聊城市东阿县化工工业园	0635－3481286
000831	关铝股份	山西关铝股份有限公司	C67	李福利	山西省运城市解州镇新建路 36 号	0359－2825232
000833	贵糖股份	广西贵糖(集团)股份有限公司	C01	黄振标	广西壮族自治区贵港市广西贵糖(集团)股份有限公司办公大楼	0775－4201339
000835	四川圣达	四川圣达实业股份有限公司	C4115	常　锋	四川省成都市高新区天府大道北段 20 号高新国际广场 B2 座	028－85322966 * 6014
000836	鑫茂科技	天津鑫茂科技股份有限公司	G87	杜克荣	天津市华苑产业园区榕苑路 1 号 13 层	022－23080182
000837	秦川发展	陕西秦川机械发展股份有限公司	C71	龙兴元	陕西省宝鸡市姜谭路 22 号	0917－3670654

续表 9 Continued 9

代码 Code	股票简称 Abbreviation	公司全称 Companies	行业代码 Industries Code	董事长 Board Chairman	地址 Address	电话 Telephone Number
000838	国兴地产	国兴融达地产股份有限公司	E0101	孙庆国	北京市朝阳区姚家园路105号观湖公寓1号楼5层	010-59282503
000839	中信国安	中信国安信息产业股份有限公司	G	李士林	北京市朝阳区关东店北街1号国安大厦五层	010-65068509
000848	承德露露	河北承德露露股份有限公司	C05	王宝林	河北省承德市高新技术产业开发区西区8号	0314-2059888
000850	华茂股份	安徽华茂纺织股份有限公司	C11	詹灵芝	安徽省安庆市纺织南路80号	0556-5919818
000851	高鸿股份	大唐高鸿数据网络技术股份有限公司	C61	付景林	北京市海淀区学院路40号研6楼	010-62301907
000852	江钻股份	江汉石油钻头股份有限公司	C73	张召平	湖北省武汉市东湖新技术开发区华工园一路5号	027-87925236
000856	* ST唐陶	唐山陶瓷股份有限公司	C61	陈 思	河北省唐山市路北区缸窑路110号	0315-3291354
000858	五粮液	宜宾五粮液股份有限公司	C03	唐 桥	四川省宜宾市翠屏区岷江西路150号	0831-3566858
000859	国风塑业	安徽国风塑业股份有限公司	C49	钱军锋	安徽省合肥市高新技术产业开发区天智路36号	0551-5336168
000860	顺鑫农业	北京顺鑫农业股份有限公司	A01	李维昌	北京市顺义区站前街南侧	010-69420860
000861	海印股份	广东海印永业(集团)股份有限公司	C61	邵建明	广东省广州市越秀区东湖西路56-58号	0668-2178008
000862	银星能源	宁夏银星能源股份有限公司	C78	何怀兴	宁夏回族自治区吴忠市朝阳街67号	0953-3929057
000863	* ST商务	深圳和光现代商务股份有限公司	G87	郑 洋	广东省深圳市福田区滨河路北5022号联合广场B座703	0755-82900090 * 5200
000868	安凯客车	安徽安凯汽车股份有限公司	C75	王江安	安徽省合肥市葛淝路1号	0551-2297712
000869	张 裕A	烟台张裕葡萄酿酒股份有限公司	C05	孙利强	山东省烟台市大马路56号	0535-6633656
000875	吉电股份	吉林电力股份有限公司	D01	原 钢	吉林省长春市人民大街9699号	0431-81150815
000876	新希望	四川新希望农业股份有限公司	C01	刘永好	四川省成都市锦江工业园区金石路376号	028-85950011
000877	天山股份	新疆天山水泥股份有限公司	C61	李建伦	新疆维吾尔自治区乌鲁木齐市河北东路1256号天合大厦	0991-6686791
000878	云南铜业	云南铜业股份有限公司	C67	刘才明	云南省昆明市人民东路111号	0871-3106792
000880	潍柴重机	潍柴重机股份有限公司	C75	谭旭光	山东省潍坊市民生东街26号	0536-2297000
000881	大连国际	中国大连国际合作(集团)股份有限公司	M	朱明义	辽宁省大连市西岗区黄河路219号外经贸大厦	0411-83780066
000882	华联股份	北京华联商厦股份有限公司	H	赵国清	北京市西城区阜成门外大街1号四川大厦东塔五层	010-88337937
000883	三环股份	湖北三环股份有限公司	C75	舒 健	湖北省武汉市武汉东湖新技术开发区东信路18号	027-87609688
000885	同力水泥	河南同力水泥股份有限公司	C6101	郭海泉	河南省郑州市农业路41号投资大厦5层	037169158312
000886	海南高速	海南高速公路股份有限公司	F11	林进挺	海南省海口市蓝天路16号高速公路大楼	0898-66768394
000887	中鼎股份	安徽中鼎密封件股份有限公司	C75	夏鼎湖	安徽省宁国市经济技术开发区	0563-4181887
000888	峨眉山A	峨眉山旅游股份有限公司	K34	马元祝	四川省峨眉山市名山南路41号	0833-5528067
000889	渤海物流	秦皇岛渤海物流控股股份有限公司	H11	魏 超	河北省秦皇岛市海港区河北大街146号金原国际商务大厦27层	0335-3023349
000890	法尔胜	江苏法尔胜股份有限公司	C69	刘礼华	江苏省江阴市通江北路203号	0510-86119890
000892	ST星美	星美联合股份有限公司	G85	何家盛	重庆市北部新区高新园星光大道1号星光大厦B座6楼	023-63782555
000893	东凌粮油	广州东凌粮油股份有限公司	C76	赖宁昌	广东省广州市白云区人和镇人和大街68号	020-86453838
000895	双汇发展	河南双汇投资发展股份有限公司	C01	张俊杰	河南省漯河市双汇路1号双汇大厦	0395-2676158
000897	津滨发展	天津津滨发展股份有限公司	K01	许立凡	天津市经济技术开发区第二大街42号滨海发展大厦九楼	022-66223226
000898	鞍钢股份	鞍钢股份有限公司	C65	张晓刚	辽宁省鞍山市铁西区鞍钢厂区	0412-8419192
000899	赣能股份	江西赣能股份有限公司	D01	姚迪明	江西省南昌市高新技术开发区火炬大街199号	0791-8109103
000900	现代投资	现代投资股份有限公司	F11	宋伟杰	湖南省长沙市芙蓉中路二段279号金源大酒店南楼11层	0731-5160786
000901	航天科技	航天科技控股集团股份有限公司	C78	张恩海	北京市丰台区科学城海鹰路1号海鹰科技大厦15,16层	010-83636091
000902	中国服装	中国服装股份有限公司	C13	冯德虎	北京市朝阳区安贞西里三区26号浙江大厦17层	010-65817498
000903	云内动力	昆明云内动力股份有限公司	C71	李映昆	云南省昆明市穿金路715号	0871-5625802
000905	厦门港务	厦门港务发展股份有限公司	F11	柯 东	福建省厦门市湖里区长岸路海天港区联检大楼13楼	0592-5829955/89
000906	南方建材	南方建材股份有限公司	H03	张国强	湖南省长沙市五一大道235号	0731-84588390
000908	天一科技	湖南天一科技股份有限公司	C71	荣十庆	湖南省岳阳市平江县天岳经济开发区天岳大道天一科技	0730-6289517

续表 10　Continued 10

代码 Code	股票简称 Abbreviation	公司全称 Companies	行业代码 Industries Code	董事长 Board Chairman	地　址 Address	电话 Telephone Number
000909	数源科技	数源科技股份有限公司	G81	章国经	浙江省杭州市西湖区教工路 1 号	0571－88271006
000910	大亚科技	大亚科技股份有限公司	C31	陈兴康	江苏省丹阳市经济技术开发区金陵西路 95 号	0511－86883666
000911	南宁糖业	南宁糖业股份有限公司	C01	李俊贵	广西壮族自治区南宁市亭洪路 48 号	0771－4914317
000912	泸 天 化	四川泸天化股份有限公司	C43	任晓善	四川省泸州市纳溪区	0830－4125103
000913	钱江摩托	浙江钱江摩托股份有限公司	C75	林华中	浙江省温岭市经济开发区	0576－86139218
000915	山大华特	山东山大华特科技股份有限公司	M	张兆亮	山东省济南市经十路 17703 号华特广场	0531－85198606
000916	华北高速	华北高速公路股份有限公司	F11	郑海军	北京市经济技术开发区东环北路 9 号	010－58021227
000917	电广传媒	湖南电广传媒股份有限公司	L10	龙秋云	湖南省长沙市浏阳河大桥东金鹰影视文化城	0731－4252080
000918	嘉 凯 城	嘉凯城集团股份有限公司	J01	张德潭	湖南省长沙市劳动中路 65 号亚华控股大厦 5－7 楼	0731－5797818，5320008
000919	金陵药业	金陵药业股份有限公司	C81	倪忠翔	江苏省南京市中央路 238 号金陵药业大厦	025－83118511
000920	南方汇通	南方汇通股份有限公司	C75	黄纪湘	贵州省贵阳市都拉营	0851－4473371
000921	ST 科 龙	海信科龙电器股份有限公司	C76	汤业国	广东省佛山市顺德区容桂区容港路 8 号	0757－28362570
000922	ST 阿 继	阿城继电器股份有限公司	C76	高志军	黑龙江省哈尔滨市阿城区河东街	0451－53709035
000923	河北宣工	河北宣化工程机械股份有限公司	C73	王建军	河北省张家口市宣化区东升路 21 号	0313－3056036
000925	众合机电	浙江众合机电股份有限公司	C7301	陈　均	浙江省杭州市曙光路 122 号世贸中心 A 座 505 室	0571－87959026
000926	福星股份	湖北福星科技股份有限公司	J01	谭功炎	湖北省汉川市沉湖镇福星街 1 号	0712－8741363
000927	一汽夏利	天津一汽夏利汽车股份有限公司	C75	徐建一	天津市西青区中北斜乡李楼南	022－87915000＊3074
000928	中钢吉炭	中钢集团吉林炭素股份有限公司	C61	杨　光	吉林省吉林市和平街九号	0432－2749800
000929	兰州黄河	兰州黄河企业股份有限公司	C05	杨世江	甘肃省兰州市城关区庆阳路 219 号金运大厦 22 层	0931－8449039
000930	丰原生化	安徽丰原生物化学股份有限公司	C03	岳国君	安徽省蚌埠市大庆路 73 号	0552－4926909
000931	中 关 村	北京中关村科技发展（控股）股份有限公司	K01	刘冰洋	北京市海淀区中关村南大街 32 号	010－62140037
000932	华菱钢铁	湖南华菱钢铁股份有限公司	C65	李效伟	湖南省长沙市芙蓉中路二段 111 号华菱大厦 20 楼	0731－2587058
000933	神火股份	河南神火煤电股份有限公司	B01	李孟臻	河南省永城市新城区光明路 17 号	0370－5982466
000935	ST 双 马	四川双马水泥股份有限公司	C61	王铁国	北京市朝阳区东三环北路 2 号南银大厦 29 层	010－58275859
000936	华 西 村	江苏华西村股份有限公司	C47	孙云丰	江苏省江阴市华士镇华西村	0510－86217149
000937	金牛能源	河北金牛能源股份有限公司	B01	王社平	河北省邢台市中兴西大街 191 号	0319－2068282
000938	紫光股份	紫光股份有限公司	G87	徐井宏	北京市海淀区清华大学紫光大楼	010－62770008
000939	凯迪电力	武汉凯迪电力股份有限公司	D01	陈义龙	湖北省武汉市东湖新技术开发区江夏大道特 1 号	027－67869270
000948	南天信息	云南南天电子信息产业股份有限公司	G87	郑南南	云南省昆明市环城东路 455 号	0871－3366327
000949	新乡化纤	新乡化纤股份有限公司	C47	陈玉林	河南省新乡市凤泉区锦园路 1 号	0373－3978861
000950	建峰化工	重庆建峰化工股份有限公司	C43	曾中全	重庆市涪陵区白涛镇	023－72597882
000951	中国重汽	中国重汽集团济南卡车股份有限公司	C7505	王浩涛	山东省济南市市中区党家庄镇南首	0531－85587588
000952	广济药业	湖北广济药业股份有限公司	C81	何　谧	湖北省武穴市江堤路 1 号	0713－6216068
000953	河池化工	广西河池化工股份有限公司	C43	胡冬晨	广西壮族自治区河池市	0778－2266867
000955	＊ST 欣龙	欣龙控股（集团）股份有限公司	C99	郭开铸	海南省海口市龙昆北路 2 号珠江广场帝豪大厦 17 层	0898－68585274
000957	中通客车	中通客车控股股份有限公司	C75	李海平	山东省聊城市建设东路 10 号	0635－8322765
000958	东方热电	石家庄东方热电股份有限公司	D01	安建国	河北省石家庄市建华南大街 161 号	0311－85053913
000959	首钢股份	北京首钢股份有限公司	C65	朱继民	北京市石景山区石景山路 99 号	010－88293727
000960	锡业股份	云南锡业股份有限公司	C67	雷　毅	云南省昆明市高新技术产业开发区	0873－3118606
000961	中南建设	江苏中南建设集团股份有限公司	E01	陈锦石	江苏省南通市江东广场 2 栋 601 室	0513－82738286
000962	东方钽业	宁夏东方钽业股份有限公司	C67	张创奇	宁夏回族自治区石嘴山市大武口区冶金路	0952－2098563
000963	华东医药	华东医药股份有限公司	C81	李邦良	浙江省杭州市莫干山路 866 号	0571－89903300
000965	天保基建	天津天保基建股份有限公司	J01	张　威	天津市天津港保税区海滨九路 131 号 4 楼	022－25762656
000966	长源电力	国电长源电力股份有限公司	D01	张玉新	湖北省武汉市武昌区徐东大街 117 号华中电力金融大厦	027－86610541

续表 11　Continued 11

代码 Code	股票简称 Abbreviation	公司全称 Companies	行业代码 Industries Code	董事长 Board Chairman	地 址 Address	电话 Telephone Number
000967	上风高科	浙江上风实业股份有限公司	C71	何剑锋	浙江省上虞市上浦镇	0757-26330783
000968	煤 气 化	太原煤气化股份有限公司	B01	王良彦	山西省太原市和平南路 83 号	0351-6040050
000969	安泰科技	安泰科技股份有限公司	C99	干　勇	北京市海淀区学院南路 76 号	010-62188403
000970	中科三环	北京中科三环高技术股份有限公司	C67	王震西	北京市海淀区中关村东路 66 号甲 1 号楼 27 层	010-82649988*263
000971	ST 迈 亚	湖北迈亚股份有限公司	C11	唐常军	湖北省仙桃市勉阳大道 131 号	0728-3275828
000972	新 中 基	新疆中基实业股份有限公司	A01	刘　一	新疆维吾尔自治区乌鲁木齐市青年路北一巷 8 号	0991-8852110
000973	佛塑股份	佛山塑料集团股份有限公司	C49	黄　平	广东省佛山市禅城区汾江中路 85 号	0757-83988189
000975	科 学 城	南方科学城发展股份有限公司	K01	杨海飞	北京市朝阳区建国门外大街 2 号银泰中心 C 座 52 层 08 单元	010-65639384
000976	春晖股份	广东开平春晖股份有限公司	C11	罗　伟	广东省开平市长沙港口路 10 号	0750-2276949
000977	浪潮信息	浪潮电子信息产业股份有限公司	G83	孙丕恕	山东省济南市山大路 224 号	0531-85106679
000978	桂林旅游	桂林旅游股份有限公司	K34	陈青光	广西壮族自治区桂林市翠竹路 27-2 号琴潭汽车客运站大楼 309 房	0773-3558955
000979	*ST 科苑	安徽省科苑(集团)股份有限公司	C43	王永红	安徽省宿州市浍水路 271 号	0557-3920707
000980	金马股份	黄山金马股份有限公司	C78	应建仁	安徽省黄山市歙县经济技术开发区	0559-6537831
000981	S*ST 兰光	甘肃兰光科技股份有限公司	G	顾地民	广东省深圳市福田区振华路 56 号兰光大厦	0755-83220636
000982	中银绒业	宁夏中银绒业股份有限公司	C11	马生国	宁夏回族自治区灵武市羊绒工业园区中银大道南侧	0951-6180002
000983	西山煤电	山西西山煤电股份有限公司	B01	车树春	山西省太原市西矿街 318 号	0351-6217295
000985	大庆华科	大庆华科股份有限公司	C43	万志强	黑龙江省大庆市高新技术产业开发区建设路 239 号	0459-6291061
000986	粤华包 B	佛山华新包装股份有限公司	C3105	童来明	广东省佛山市季华五路经华大厦 18 楼	0757-83992076
000987	广州友谊	广州友谊集团股份有限公司	H11	房向前	广东省广州市越秀区环市东路 369 号	020-83483216
000988	华工科技	华工科技产业股份有限公司	C51	马新强	湖北省武汉市东湖高新技术开发区华中科技大学科技园华工科技产业大厦	027-87180126
000989	九 芝 堂	九芝堂股份有限公司	C81	关继峰	湖南省长沙市芙蓉中路一段 129 号	0731-4499762
000990	诚志股份	诚志股份有限公司	C81	荣泳霖	江西省南昌市经济开发区玉屏东大道 299 号清华科技园(江西)华江大厦	0791-3826898
000992	中 鲁 B	山东省中鲁远洋渔业股份有限公司	A07	王兆安	山东省济南市和平路 43 号	0531-86553276
000993	闽东电力	福建闽东电力股份有限公司	D01	郑其桂	福建省宁德市环城路 143 号闽东大广场华隆大厦 8-10 层	0593-2096666*6666
000995	*ST 皇台	甘肃皇台酒业股份有限公司	C05	张力鑫	甘肃省武威市新建路 55 号	0935-6139865
000996	中国中期	中国中期投资股份有限公司	F	姜　新	北京市海淀区学院路 35 号世宁大厦 1203 室	010-82337228
000997	新 大 陆	福建新大陆电脑股份有限公司	G87	胡　钢	福建省福州市马尾区儒江西路 1 号新大陆科技园	0591-83979880
000998	隆平高科	袁隆平农业高科技股份有限公司	A01	伍跃时	湖南省长沙市车站北路 459 号证券大厦 9 楼	0731-2183880
000999	三九医药	华润三九医药股份有限公司	C81	乔世波	广东省深圳市罗湖区银湖路口(北环大道 1028 号)	0755-83360999*3692
001696	宗申动力	重庆宗申动力机械股份有限公司	C75	左宗申	重庆市巴南区宗申工业园	023-66372648
001896	豫能控股	河南豫能控股股份有限公司	D01	张文杰	河南省郑州市农业路东 41 号投资大厦 B 座 8-12 层	0371-69515111
002001	新 和 成	浙江新和成股份有限公司	C43	胡柏藩	浙江省新昌县羽林街道江北路 4 号	0575-6133009
002002	*ST 琼花	江苏琼花高科技股份有限公司	C49	顾宏言	江苏省扬州市邗江区杭集镇曙光路	0514-87271301*8302
002003	伟星股份	浙江伟星实业发展股份有限公司	C99	章卡鹏	浙江省临海市花园工业区	0576-85125002
002004	华邦制药	重庆华邦制药股份有限公司	C81	张松山	重庆市渝北区人和星光大道 69 号	023-67889153
002005	德豪润达	广东德豪润达电气股份有限公司	C76	王冬雷	广东省珠海市香洲区唐家湾镇金凤路 1 号	0756-3390236
002006	精功科技	浙江精功科技股份有限公司	C73	孙建江	浙江省绍兴柯桥经济开发区柯西工业区鉴湖路 1809 号	0575-84138692
002007	华兰生物	华兰生物工程股份有限公司	C85	安　康	新乡市华兰大道甲 1 号	0373-3559989
002008	大族激光	深圳市大族激光科技股份有限公司	C57	高云峰	深圳市南山区高新科技园北区松坪山工厂区 5 号路 8 号	0755-86161224
002009	天奇股份	江苏天奇物流系统工程股份有限公司	C73	白开军	无锡市滨湖区环湖路 287 号双虹园内	0510-82720289
002010	传化股份	浙江传化股份有限公司	C43	徐冠巨	杭州市萧山经济技术开发区	0571-82872991

续表 12　Continued 12

代码 Code	股票简称 Abbreviation	公司全称 Companies	行业代码 Industries Code	董事长 Board Chairman	地　址 Address	电话 Telephone Number
002011	盾安环境	浙江盾安人工环境设备股份有限公司	C71	周才良	浙江诸暨市店口工业区	0571-87113776
002012	凯恩股份	浙江凯恩特种材料股份有限公司	C31	计　皓	浙江省遂昌县妙高镇凯恩路1008号	0578-8128682
002013	中航精机	湖北中航精机科技股份有限公司	C75	罗群辉	湖北省襄樊市高新区追日路8号	0710-3345045
002014	永新股份	黄山永新股份有限公司	C49	江继忠	安徽省黄山市徽州区徽州东路188号	0559-3517878
002015	霞客环保	江苏霞客环保色纺股份有限公司	C11	陈建忠	江苏省江阴市霞客镇马镇东街7号	0510-86520126
002016	世荣兆业	广东世荣兆业股份有限公司	J01	梁家荣	广东省珠海市斗门区珠峰大道288号1区17号楼	0756-5888899
002017	东信和平	东信和平智能卡股份有限公司	C99	周忠国	珠海市南屏科技工业园屏工中路8号	0756-8682669
002018	华星化工	安徽华星化工股份有限公司	C43	谢　平	安徽省巢湖市和县乌江镇	025-84676208
002019	鑫富药业	浙江杭州鑫富药业股份有限公司	C43	过鑫富	浙江省临安市锦城街道琴山50号	0571-63759205
002020	京新药业	浙江京新药业股份有限公司	C81	吕　钢	浙江省新昌县羽林街道新昌大道东路800号	0575-86176531
002021	中捷股份	中捷缝纫机股份有限公司	C73	李瑞元	浙江省玉环县珠港镇陈屿北山村	0576-87378885
002022	科华生物	上海科华生物工程股份有限公司	C85	唐伟国	上海市钦州北路1189号	021-64850088*186
002023	海特高新	四川海特高新技术股份有限公司	F11	张培平	成都市高新区科园南路1号	028-85921029
002024	苏宁电器	苏宁电器股份有限公司	H11	张近东	南京市淮海路68号苏宁电器大厦12楼	025-84418888*888122
002025	航天电器	贵州航天电器股份有限公司	C51	曹　军	贵州省贵阳市361信箱4分箱	0851-8697026
002026	山东威达	山东威达机械股份有限公司	C69	杨桂模	山东省文登市蔄山镇中韩路2号	0631-8549156
002027	七喜控股	七喜控股股份有限公司	G83	易贤忠	广州市黄埔区云埔工业区埔南路63号	020-32211423
002028	思源电气	思源电气股份有限公司	C76	董增平	上海市闵行区华宁路3399号	021-61610958
002029	七匹狼	福建七匹狼实业股份有限公司	C13	周少雄	福建省晋江市金井镇南工业区	0592-5377817
002030	达安基因	中山大学达安基因股份有限公司	C85	何蕴韶	广州市高新技术开发区科学城香山路19号	020-32290237
002031	巨轮股份	广东巨轮模具股份有限公司	C73	吴潮忠	广东省揭东经济开发试验区5号路中段	0663-3271838
002032	苏泊尔	浙江苏泊尔股份有限公司	C69	苏显泽	浙江杭州高新技术产业区江晖路1772号苏泊尔大厦19楼	0571-86858678
002033	丽江旅游	丽江玉龙旅游股份有限公司	K34	王　云	丽江市古城区香格里大道转台东侧丽江玉龙旅游大楼	0871-3160890
002034	美欣达	浙江美欣达印染集团股份有限公司	C11	单建明	浙江省湖州市美欣达路588号	0572-2619936
002035	华帝股份	中山华帝燃具股份有限公司	C69	黄文枝	广东省中山市小榄镇工业大道南华园路1号	0760-222139888*8696
002036	宜科科技	宁波宜科科技实业股份有限公司	C11	石东明	宁波市鄞州区雅源南路501号	0574-88263738
002037	久联发展	贵州久联民爆器材发展股份有限公司	C43	周天爵	贵州省贵阳市宝山北路213号	0851-6751504
002038	双鹭药业	北京双鹭药业股份有限公司	C85	徐明波	北京市石景山区八大处高科技园区中园路9号	010-88799370
002039	黔源电力	贵州黔源电力股份有限公司	D01	张志孝	贵阳市机场路5号黔源大厦	0851-5592187
002040	南京港	南京港股份有限公司	F11	章　俊	江苏省南京市下关区江边路19号	025-58815738
002041	登海种业	山东登海种业股份有限公司	A01	李登海	山东省莱州市城山路农科院南邻	0535-2788889
002042	华孚色纺	华孚色纺股份有限公司	C11	孙伟挺	深圳市福田区滨河大道5022号联合广场B座14楼	0755-83735542
002043	兔宝宝	德华兔宝宝装饰新材股份有限公司	C21	丁鸿敏	浙江省德清县武康镇临溪街588号	0572-8405322
002044	江苏三友	江苏三友集团股份有限公司	C13	张　璞	江苏省南通市人民东路218号	0513-85238163
002045	广州国光	国光电器股份有限公司	C51	周海昌	广州市花都区新华镇镜湖大道8号	020-86609988
002046	轴研科技	洛阳轴研科技股份有限公司	C71	吴宗彦	洛阳市涧西区吉林路	0379-64881139
002047	成霖股份	深圳成霖洁具股份有限公司	C69	颜国基	深圳市南山区科技南十路航天科技创新研究院A座七楼	0755-86022812
002048	宁波华翔	宁波华翔电子股份有限公司	C75	周晓峰	浙江省象山县西周镇象西开发区	021-68948127
002049	晶源电子	唐山晶源裕丰电子股份有限公司	C51	阎永江	河北省玉田县无终西街3129号	0315-6198236
002050	三花股份	浙江三花股份有限公司	C71	张道才	浙江省新昌县七星街道下礼泉	0575-86255360
002051	中工国际	中工国际工程股份有限公司	K99	罗　艳	北京市海淀区丹棱街3号	010-82688606
002052	同洲电子	深圳市同洲电子股份有限公司	G81	袁　明	深圳市南山区高新科技园北区彩虹科技大厦六楼	0755-26525099
002053	云南盐化	云南盐化股份有限公司	C01	杨建东	昆明市拓东路石家巷10号	0871-3126346
002054	德美化工	广东德美精细化工股份有限公司	C43	黄冠雄	佛山市顺德区广珠公路海尾段	0757-28393261

续表 13 Continued 13

代码 Code	股票简称 Abbreviation	公司全称 Companies	行业代码 Industries Code	董事长 Board Chairman	地 址 Address	电话 Telephone Number
002055	得润电子	深圳市得润电子股份有限公司	C51	邱建民	深圳市天安数码城数码时代大厦A座1718	0755-89492168
002056	横店东磁	横店集团东磁股份有限公司	C51	何时金	东阳市横店工业区东磁大厦	0579-86551999
002057	中钢天源	中钢集团安徽天源科技股份有限公司	C43	洪石笙	马鞍山市经济技术开发区红旗南路51号	0555-2108987
002058	威尔泰	上海威尔泰工业自动化股份有限公司	C78	李 彧	上海市虹中路263号	021-64656465*652
002059	世博股份	昆明世博园股份有限公司	K34	永树理	昆明市白龙路世博园	0871-5012363
002060	粤水电	广东水电二局股份有限公司	E01	黄迪领	广州经济技术开发区科学城彩频路11号A栋601	020-61776666
002061	江山化工	浙江江山化工股份有限公司	C43	徐春林	浙江省江山市景星东路38号	0570-4057919
002062	宏润建设	宏润建设集团股份有限公司	E01	郑宏舫	上海市龙漕路200弄28号	021-54976007
002063	远光软件	远光软件股份有限公司	G87	陈利浩	广东省珠海市科技创新海岸远光软件园	0756-3399888*117
002064	华峰氨纶	浙江华峰氨纶股份有限公司	C47	尤小平	浙江省瑞安市莘塍工业园区	0577-65178053
002065	东华软件	东华软件股份公司	G87	薛向东	北京市海淀区知春路128号泛亚大厦301室	010-62662318
002066	瑞泰科技	瑞泰科技股份有限公司	C61	曾大凡	北京市朝阳区管庄东里建材院主楼四层	010-51167282
002067	景兴纸业	浙江景兴纸业股份有限公司	C31	朱在龙	浙江省平湖市曹桥镇	0573-85969328
002068	黑猫股份	江西黑猫炭黑股份有限公司	C43	蔡景章	江西省景德镇市历尧	0798-8399126
002069	獐子岛	大连獐子岛渔业集团股份有限公司	A07	吴厚刚	大连市中山区人民路人寿大厦17层	0411-82592666*8877
002070	众和股份	福建众和股份有限公司	C11	许金和	福建省莆田市秀屿区西许工业区5—8号	0594-5895039
002071	江苏宏宝	江苏宏宝五金股份有限公司	C69	朱剑峰	张家港市大新镇128号	0512-58713681
002072	德棉股份	山东德棉股份有限公司	C11	尉 华	山东德州顺河西路18号	05342436301
002073	青岛软控	青岛高校软控股份有限公司	C73	袁仲雪	青岛市郑州路1号	0532-84012387
002074	东源电器	江苏东源电器集团股份有限公司	C76	孙益源	江苏省通州市十总镇东源大道1号	0513-86268788
002075	*ST张铜	高新张铜股份有限公司	C67	韩大力	江苏省张家港市杨舍工业新区	0512-58690829
002076	雪莱特	广东雪莱特光电科技股份有限公司	C55	柴国生	佛山市南海区狮山工业科技工业园A区	0757-86695590
002077	大港股份	江苏大港股份有限公司	M	朱林华	江苏省镇江新区大港通港路1号江苏大港股份有限公司物流信息中心办公楼	0511-88901898
002078	太阳纸业	山东太阳纸业股份有限公司	C31	李洪信	山东省兖州市西关大街66号	0537-3658715
002079	苏州固锝	苏州固锝电子股份有限公司	C5115	吴念博	江苏省苏州市新区狮山路199号新地中心19楼	0512-68188888*2063
002080	中材科技	中材科技股份有限公司	C61	李新华	北京市海淀区板井路69号商务中心写字楼12Fa	010-88437909
002081	金螳螂	苏州金螳螂建筑装饰股份有限公司	E05	倪 林	苏州市西环路888号	0512-68660622
002082	栋梁新材	浙江栋梁新材股份有限公司	C67	陆志宝	浙江省湖州市八里店镇	0572-2699755
002083	孚日股份	孚日集团股份有限公司	C11	孙日贵	山东省潍坊高密市孚日街1号	0536-2308043
002084	海鸥卫浴	广州海鸥卫浴用品股份有限公司	C69	唐台英	广州市番禺区市桥镇禺山西路联邦工业城内	020-84896096*8809
002085	万丰奥威	浙江万丰奥威汽轮股份有限公司	C75	陈爱莲	浙江省新昌县城关镇新昌工业区(后溪)	0575-86298339
002086	东方海洋	山东东方海洋科技股份有限公司	A07	车 轼	烟台市莱山区澳柯玛大街18号	0535-6729111
002087	新野纺织	河南新野纺织股份有限公司	C11	魏学柱	河南省新野县城关镇书院路15号	0377-66221701*2185
002088	鲁阳股份	山东鲁阳股份有限公司	C6130	鹿成滨	山东省淄博市沂源县沂河路11号	0533-3283708
002089	新海宜	苏州新海宜通信科技股份有限公司	G81	张亦斌	苏州工业园区泾茂路168号新海宜科技园	0512-67606666*8638
002090	金智科技	江苏金智科技股份有限公司	G87	葛 宁	南京市江宁经济技术开发区将军大道100号	025-52762230
002091	江苏国泰	江苏国泰国际集团国贸股份有限公司	H01	王永成	江苏省张家港市人民中路65号国泰时代广场A座24楼	0512-58696853
002092	中泰化学	新疆中泰化学股份有限公司	C4301	王洪欣	新疆乌鲁木齐市西山路78号	0991-8751690
002093	国脉科技	国脉科技股份有限公司	G85	陏榕华	福州市马尾区江滨东大道116号	0591-87307399
002094	青岛金王	青岛金王应用化学股份有限公司	C99	陈索斌	青岛市香港中路18号福泰广场B座25楼	0532-85779728
002095	生意宝	浙江网盛生意宝股份有限公司	G87	孙德良	杭州市莫干山路187号易盛大厦12F	0571-88228222
002096	南岭民爆	湖南南岭民用爆破器材股份有限公司	C4360	陈光正	湖南省双牌县泷泊镇双北路6号	0731-85636968
002097	山河智能	湖南山河智能机械股份有限公司	C73	何清华	长沙市经济技术开发区漓湘路2号	0731-83572669
002098	浔兴股份	福建浔兴拉链科技股份有限公司	C99	施能坑	福建省晋江市深沪乌漏沟东工业区	0595-88290099

续表 14 Continued 14

代码 Code	股票简称 Abbreviation	公司全称 Companies	行业代码 Industries Code	董事长 Board Chairman	地 址 Address	电话 Telephone Number
002099	海翔药业	浙江海翔药业股份有限公司	C81	罗煜竑	浙江省台州市椒江区市府大道507号台州国际商务广场A座8楼	0576-8828065
002100	天康生物	新疆天康畜牧生物技术股份有限公司	C01	杨 焰	新疆乌鲁木齐市高新区长春南路528号天康企业大厦11层	0991-6679232
002101	广东鸿图	广东鸿图科技股份有限公司	C71	朱 伟	广东省高要市金渡世纪大道168号	0758-8512963
002102	冠福家用	福建冠福现代家用股份有限公司	C61	林福椿	福建省泉州市德化县浔中镇土坂村	021-69765909
002103	广博股份	浙江广博集团股份有限公司	C37	王利平	浙江宁波市鄞州区雅戈尔大道501号	0574-28827003
002104	恒宝股份	恒宝股份有限公司	C99	钱云宝	江苏省丹阳市横塘工业区	0511-86644409
002105	信隆实业	深圳信隆实业股份有限公司	C37	廖学金	深圳市龙华街道辦中環路55號	0755-27749423*105
002106	莱宝高科	深圳莱宝高科技股份有限公司	C51	王亚俊	深圳市南山区高新技术产业园区朗山二路	0755-26983383*255
002107	沃华医药	山东沃华医药科技股份有限公司	C81	赵丙贤	潍坊高新技术产业开发区福寿东街创业大厦2楼	0536-8553373
002108	沧州明珠	沧州明珠塑料股份有限公司	C49	孟庆升	河北省沧州市新华西路43号	0317-2075245
002109	兴化股份	陕西兴化化学股份有限公司	C43	陈团柱	陕西省兴平市东城区	029-38839966
002110	三钢闽光	福建三钢闽光股份有限公司	C65	卫才清	福建省三明市梅列区工业中路群工三路	0598-8205188
002111	威海广泰	威海广泰空港设备股份有限公司	C73	李光太	威海市古寨南路160号	0631-5292335
002112	三变科技	三变科技股份有限公司	C76	卢旭日	浙江三门海游镇平安路167号	0576-83381312
002113	天润发展	湖南天润化工发展股份有限公司	C43	林军华	湖南省岳阳市九华山二号办公楼3楼	(0730)8351266
002114	罗平锌电	云南罗平锌电股份有限公司	C67	许克昌	云南省曲靖市罗平县罗雄镇九龙大道南段	0874-8256825
002115	三维通信	三维通信股份有限公司	G81	李越伦	杭州市杭州市火炬大道581号	0571-88866999
002116	中国海诚	中国海诚工程科技股份有限公司	K20	陈鄂生	上海市宝庆路21号	021-64314018
002117	东港股份	东港安全印刷股份有限公司	C35	谷望江	山东省济南市山大北路23号	0531-82672212
002118	紫鑫药业	吉林紫鑫药业股份有限公司	C81	郭春生	吉林省柳河县英利路88号	0431-88661817
002119	康强电子	宁波康强电子股份有限公司	C51	郑康定	浙江省宁波市鄞州区潘火工业区康强路25号	0574-88233889
002120	新海股份	宁波新海电气股份有限公司	C99	黄新华	宁波市慈溪市浒山街道北三环东路239号	0574-63029818
002121	科陆电子	深圳市科陆电子科技股份有限公司	C57	饶陆华	深圳市南山区高新技术产业园南区T2栋五楼	0755-26719528
002122	天马股份	浙江天马轴承股份有限公司	C71	马兴法	浙江省杭州市石祥路208号	0571-88027658
002123	荣信股份	荣信电力电子股份有限公司	C76	左 强	辽宁鞍山高新区鞍千路261号	0412-7213602
002124	天邦股份	宁波天邦股份有限公司	C01	吴天星	上海市松江区松卫北路665号企福天地9楼	021-37745232
002125	湘潭电化	湘潭电化科技股份有限公司	C43	周红旗	湖南省湘潭市滴水埠	0731-55544161
002126	银轮股份	浙江银轮机械股份有限公司	C75	徐小敏	浙江省天台县福溪街道交通运输机械工业园区	0576-83938250
002127	新民科技	江苏新民纺织科技股份有限公司	C11	柳维特	江苏省吴江市盛泽镇五龙路22号	0512-63550591
002128	露天煤业	内蒙古霍林河露天煤业股份有限公司	B01	王树东	内蒙古霍林郭勒市哲里木大街(霍矿珠斯花区)	0475-2352299
002129	中环股份	天津中环半导体股份有限公司	C51	张旭光	天津新技术产业园区华苑产业区(环外)海泰东路12号	022-23789769*2054
002130	沃尔核材	深圳市沃尔核材股份有限公司	C99	周和平	深圳市南山区西丽新围工业区沃尔工业园	0755-28299020
002131	利欧股份	浙江利欧股份有限公司	C73	王相荣	浙江省温岭市工业城中心大道	0576-89986666
002132	恒星科技	河南恒星科技股份有限公司	C69	谢保军	河南省巩义市伊洛北路121号	0371-64349602
002133	广宇集团	广宇集团股份有限公司	J01	王鹤鸣	杭州市平海路8号	0571-87925786
002134	天津普林	天津普林电路股份有限公司	C51	关建华	天津空港物流加工区航海路53号	022-24341967*227
002135	东南网架	浙江东南网架股份有限公司	E01	徐春祥	浙江杭州市萧山区衙前镇周林新村浙江东南网架股份有限公司	0571-82783358
002136	安 纳 达	安徽安纳达钛业股份有限公司	C43	袁菊兴	安徽省铜陵市铜官大道	0562-3867708
002137	实 益 达	深圳市实益达科技股份有限公司	C5110	陈亚妹	深圳市宝安区龙华镇大浪华兴路龙泉科技园	(0755)21177085
002138	顺络电子	深圳顺络电子股份有限公司	C51	袁金钰	深圳市宝安区观澜街道大富苑工业区顺络观澜工业园	0755-29832586
002139	拓邦股份	深圳拓邦股份有限公司	C55	武永强	深圳市南山区高新科技园清华大学研究院B区401-414房	0755-27651888*8193
002140	东华科技	东华工程科技股份有限公司	K20	丁 叮	安徽省合肥市望江东路70号	0551-3626000
002141	蓉胜超微	广东蓉胜超微线材股份有限公司	C51	诸建中	珠海市三灶科技工业园机场西路681号	0756-7512120

续表 15 Continued 15

代码 Code	股票简称 Abbreviation	公司全称 Companies	行业代码 Industries Code	董事长 Board Chairman	地址 Address	电话 Telephone Number
002142	宁波银行	宁波银行股份有限公司	I01	陆华裕	浙江省宁波市中山东路 294 号	0574 - 87050060
002143	高金食品	四川高金食品股份有限公司	C01	金翔宇	四川省遂宁市创新工业园	0825 - 2651999
002144	宏达经编	浙江宏达经编股份有限公司	C11	沈国甫	浙江省海宁市许村镇建设路 118 号	0573 - 87551997
002145	ST 钛白	中核华原钛白股份有限公司	C43	方　丁	甘肃省兰州市西津西路 916 号	0937 - 6765325
002146	荣盛发展	荣盛房地产发展股份有限公司	J01	耿建明	河北省廊坊市新开路 239 号	0316 - 5909688
002147	方圆支承	马鞍山方圆回转支承股份有限公司	C71	钱森力	安徽省马鞍山市慈湖化工路	05553506900
002148	北纬通信	北京北纬通信科技股份有限公司	G85	傅乐民	北京市海淀区首体南路 22 号国兴大厦五层	010 - 88356661
002149	西部材料	西部金属材料股份有限公司	C67	奚正平	西安经济技术开发区泾渭工业园西金路西段 15 号	029 - 86968359
002150	江苏通润	江苏通润工具箱柜股份有限公司	C69	柳振江	江苏省常熟市通港路北	0512 - 52343523
002151	北斗星通	北京北斗星通导航技术股份有限公司	G81	周儒欣	北京市海淀区上地信息产业基地三街 9 号金隅嘉华大厦 A 座 10 层	010 - 62969966
002152	广电运通	广州广电运通金融电子股份有限公司	C73	叶子瑜	广州市萝岗区科学城科林路 9 号	020 - 82188517
002153	石基信息	北京中长石基信息技术股份有限公司	G87	李仲初	北京市海淀区复兴路甲 65 号- A11 层	010 - 68183778 * 670
002154	报 喜 鸟	浙江报喜鸟服饰股份有限公司	C13	周信忠	浙江省永嘉县瓯北镇报喜鸟工业区	0577 - 67379161
002155	辰州矿业	湖南辰州矿业股份有限公司	B07	陈建权	湖南省沅陵县官庄镇	0745 - 4643501 * 2264
002156	通富微电	南通富士通微电子股份有限公司	C51	石明达	江苏省南通市崇川路 288 号	0513 - 85058919
002157	正邦科技	江西正邦科技股份有限公司	C01	李旭荣	江西省南昌市南京西路 277 号金阳光大厦 B 座 15 楼	0791 - 6397153
002158	汉钟精机	上海汉钟精机股份有限公司	C71	廖哲男	上海市金山区枫泾镇亭枫公路 8289 号	021 - 57350280 * 2102
002159	三特索道	武汉三特索道集团股份有限公司	K34	齐　民	湖北省武汉市武昌区八一路 483 号 1 号楼	027 - 87341809
002160	常铝股份	江苏常铝铝业股份有限公司	C67	张　平	江苏省常熟市古里镇白茆西	0512 - 51882100
002161	远 望 谷	深圳市远望谷信息技术股份有限公司	G81	徐玉锁	深圳市南山区高新技术产业园区南区 T2 栋 B 座 3 层	0755 - 26711633
002162	斯 米 克	上海斯米克建筑陶瓷股份有限公司	C61	李慈雄	上海市闵行区浦江镇三鲁公路 2121 号	021 - 64110567 * 228
002163	中航三鑫	中航三鑫股份有限公司	E05	余　霄	深圳市南山区南油大道新保辉大厦 17 楼	0755 - 26063692
002164	东力传动	宁波东力传动设备股份有限公司	C71	宋济隆	宁波市江北工业区荪湖路 1 号	0574 - 87587000
002165	红 宝 丽	南京红宝丽股份有限公司	C43	芮敬功	南京市高淳县太安路 128 号	025 - 57351388
002166	莱茵生物	桂林莱茵生物科技股份有限公司	C85	秦本军	桂林市漓江路 22 号桂林国际会展中心 A 区三层	0773 - 5878809
002167	东方锆业	广东东方锆业科技股份有限公司	C43	陈潮钿	广东省汕头市澄海区莱美路宇田科技园	0754 - 85506186
002168	深圳惠程	深圳市惠程电气股份有限公司	C76	吕晓义	深圳市大工业区(龙岗坪山)兰景北路惠程科技工业厂区	0755 - 89921022
002169	智光电气	广州智光电气股份有限公司	C76	李永喜	广州市黄埔区云埔工业区埔南路 51 号	020 - 32113300
002170	芭田股份	深圳市芭田生态工程股份有限公司	C43	黄培钊	深圳市南山区科技园科苑路 3 号 4 楼 6 楼	0755 - 26951598
002171	精诚铜业	安徽精诚铜业股份有限公司	C67	姜　纯	安徽省芜湖市九华北路 778 号	0553 - 5315978
002172	澳洋科技	江苏澳洋科技股份有限公司	C47	沈学如	江苏省张家港市杨舍镇塘市镇中路 018 号	0512 - 58598699
002173	山 下 湖	浙江山下湖珍珠集团股份有限公司	C99	陈夏英	浙江省诸暨市山下湖镇珍珠工业园区	0575 - 87160898
002174	梅 花 伞	梅花伞业股份有限公司	C99	王安邦	福建省晋江市东石镇金瓯工业区	0595 - 85593001
002175	广陆数测	桂林广陆数字测控股份有限公司	C78	彭　朋	广西壮族自治区桂林国家高新区五号区	0773 - 5820465
002176	江特电机	江西特种电机股份有限公司	C76	朱　军	江西宜春市东风大街 10 号	0795 - 3266280
002177	御银股份	广州御银科技股份有限公司	C73	杨文江	广州市天河区五山路 248 号金山大厦 2605 房	020 - 38468722
002178	延华智能	上海延华智能科技股份有限公司	K20	胡黎明	上海市西康路 1255 号普陀科技大厦六楼	021 - 61818686
002179	中航光电	中航光电科技股份有限公司	C51	李聚文	河南省洛阳市涧西区浅井南路 60 号	0379 - 64326068
002180	万 力 达	珠海万力达电气股份有限公司	C76	庞江华	珠海市高新区科技创新海岸科技一路万力达继保科技园	0756 - 3395968
002181	粤 传 媒	广东九州阳光传媒股份有限公司	L20	乔　平	广州市东风中路 437 号越秀城市广场南塔 3001 房	020 - 83569336
002182	云海金属	南京云海特种金属股份有限公司	C67	梅小明	江苏省南京市溧水县经济开发区秀山东路 9 号	025 - 57234888
002183	怡 亚 通	深圳市怡亚通供应链股份有限公司	K99	周国辉	深圳市深南中路国际文化大厦 27 楼	0755 - 88393172
002184	海得控制	上海海得控制系统股份有限公司	G87	许　泓	上海市宜山路 900 号科技开发大楼 B 区 17 楼	021 - 54235099
002185	华天科技	天水华天科技股份有限公司	C51	肖胜利	甘肃省天水市秦州区双桥路 14 号	0938 - 8631816
002186	全 聚 德	中国全聚德(集团)股份有限公司	K30	姜俊贤	北京市宣武区前门西河沿 217 号	010 - 83156608
002187	广百股份	广州市广百股份有限公司	H11	荀振英	广东省广州市越秀区西湖路 12 号	020 - 83322348 * 6220
002188	新 嘉 联	浙江新嘉联电子股份有限公司	C51	丁仁涛	浙江省嘉善县经济开发区东升路 36 号	0573 - 84252627

续表 16 Continued 16

代码 Code	股票简称 Abbreviation	公司全称 Companies	行业代码 Industries Code	董事长 Board Chairman	地址 Address	电话 Telephone Number
002189	利达光电	利达光电股份有限公司	C51	张守启	河南省南阳市工业南路508号	0377-63865031
002190	成飞集成	四川成飞集成科技股份有限公司	C73	程福波	成都市青羊区黄田坝	028-87406521
002191	劲嘉股份	深圳劲嘉彩印集团股份有限公司	C35	乔鲁予	深圳市南山区文心二路万商大厦六层	0755-26609999
002192	路翔股份	路翔股份有限公司	C43	柯荣卿	广州市天河北路890号9楼	020-38289069
002193	山东如意	山东济宁如意毛纺织股份有限公司	C11	邱亚夫	山东省济宁市红星东路96号	0537-2933069
002194	武汉凡谷	武汉凡谷电子技术股份有限公司	G81	孟庆南	武汉市江夏区关凤路藏龙岛工业园凡谷电子	027-59830202
002195	海隆软件	上海海隆软件股份有限公司	G87	包叔平	上海市天钥桥路1号煤科大厦14F	021-64689626
002196	方正电机	浙江方正电机股份有限公司	C73	张　敏	浙江省丽水市天宁工业区24号	0578-2276502
002197	证通电子	深圳市证通电子股份有限公司	C73	曾胜强	深圳市南山区南海大道西海岸大厦18楼	0755-26490118
002198	嘉应制药	广东嘉应制药股份有限公司	C81	陈泳洪	广东省梅州市东升工业园B区	0753-2321916
002199	东晶电子	浙江东晶电子股份有限公司	C51	李庆跃	浙江省金华市宾虹西路555号	0579-89186668
002200	绿大地	云南绿大地生物科技股份有限公司	A01	何学葵	昆明市经济技术开发区经浦路6号	0871-7279185
002201	九鼎新材	江苏九鼎新材料股份有限公司	C61	顾清波	江苏省如皋市中山路1号	0513-87530125
002202	金风科技	新疆金风科技股份有限公司	C76	武　钢	新疆乌鲁木齐市经济技术开发区上海路107号	0991-3767495
002203	海亮股份	浙江海亮股份有限公司	C67	冯海良	浙江省诸暨市店口镇工业区	0575-87069033
002204	华锐铸钢	大连华锐重工铸钢股份有限公司	C71	郭永胜	大连市甘井子区新水泥路8号	0411-86427720
002205	国统股份	新疆国统管道股份有限公司	C61	徐永平	新疆米泉市城东工业开发区	0760-22815618
002206	海利得	浙江海利得新材料股份有限公司	C47	高利民	浙江省海宁市马桥镇经编园区内	0573-87989889
002207	准油股份	新疆准东石油技术股份有限公司	B50	秦　勇	新疆维吾尔自治区乌鲁木齐市北京南路416号26层	0994-3830619
002208	合肥城建	合肥城建发展股份有限公司	J01	王晓毅	安徽省合肥市长江中路319号仁和大厦23-24层	0551-2661906
002209	达意隆	广州达意隆包装机械股份有限公司	C73	张颂明	广州市萝岗区云埔一路23号	020-62956877
002210	飞马国际	深圳市飞马国际供应链股份有限公司	K99	黄固喜	深圳市福田区深南大道1056号银座国际大厦2601室	0755-33356333
002211	宏达新材	江苏宏达新材料股份有限公司	C43	朱德洪	扬中市明珠广场	0511-88222923
002212	南洋股份	广东南洋电缆集团股份有限公司	C76	郑钟南	广东省汕头市珠津工业区珠津二街1号	0754-6332188
002213	特尔佳	深圳市特尔佳科技股份有限公司	C75	张慧民	深圳市宝安区观澜高新技术产业园特尔佳观澜厂区	0755-26513588
002214	大立科技	浙江大立科技股份有限公司	C57	庞惠民	浙江省杭州市高新技术开发区(滨江)滨康路639号	0571-86695670
002215	诺普信	深圳诺普信农化股份有限公司	C43	卢柏强	深圳市宝安区西乡水库路113号	0755-29977586
002216	三全食品	郑州三全食品股份有限公司	C03	陈　南	郑州市综合投资区长兴路中段	0371-63987832
002217	联合化工	山东联合化工股份有限公司	C43	王宜明	山东省沂源县城东风路36号	0533-3251274
002218	拓日新能	深圳市拓日新能源科技股份有限公司	C57	陈五奎	深圳市石岩镇塘头南岗第三工业区3栋3楼	0755-86612658
002219	独一味	甘肃独一味生物制药股份有限公司	C81	朱　锦	成都市锦江工业开发区金石路456号	028-85950888*8618
002220	天宝股份	大连天宝绿色食品股份有限公司	C01	黄作庆	大连市金州区拥政街道三里村624号	0411-39330110
002221	东华能源	东华能源股份有限公司	H03	周一峰	张家港保税区出口加工区东华路668号	0512-58322506
002222	福晶科技	福建福晶科技股份有限公司	C51	陈　辉	福建省福州市鼓楼区杨桥西路155号	0591-83719323
002223	鱼跃医疗	江苏鱼跃医疗设备股份有限公司	C73	吴光明	江苏省丹阳市云阳工业园(振新路南)	0511-86900876
002224	三力士	浙江三力士橡胶股份有限公司	C48	吴培生	浙江省绍兴县柯岩街道余渚村	0575-84365558
002225	濮耐股份	濮阳濮耐高温材料(集团)股份有限公司	C61	刘百宽	河南省濮阳县西环路中段	0393-3214228
002226	江南化工	安徽江南化工股份有限公司	C43	熊立武	安徽省宁国市港口镇分界山	0563-2803087
002227	奥特迅	深圳奥特迅电力设备股份有限公司	C76	廖晓霞	深圳市南山区高新技术产业园南区高新南一道29号	0755-26520515
002228	合兴包装	厦门合兴包装印刷股份有限公司	C31	许晓光	厦门市同安区同集北路556号	0592-7896888
002229	鸿博股份	福建鸿博印刷股份有限公司	C35	尤丽娟	福州市金山开发区金达路16号	0591-88070028
002230	科大讯飞	安徽科大讯飞信息科技股份有限公司	G87	刘庆峰	安徽省合肥市高新开发区黄山路616号	0551-5331880
002231	奥维通信	奥维通信股份有限公司	G81	杜　方	辽宁省沈阳市浑南新区高歌路6号	024-83782200
002232	启明信息	启明信息技术股份有限公司	G87	徐建一	长春市东风大街2489号	0431-85904929
002233	塔牌集团	广东塔牌集团股份有限公司	C61	钟烈华	广东省蕉岭县蕉城镇塔牌大厦	0753-7887036
002234	民和股份	山东民和牧业股份有限公司	A05	孙希民	山东蓬莱南关路2-3号	0535-5637723

续表 17　Continued 17

代码 Code	股票简称 Abbreviation	公司全称 Companies	行业代码 Industries Code	董事长 Board Chairman	地　址 Address	电话 Telephone Number
002235	安妮股份	厦门安妮股份有限公司	C31	张　杰	厦门市集美区杏林锦园南路 99 号	0592 - 3152193
002236	大华股份	浙江大华技术股份有限公司	C57	傅利泉	浙江省杭州市滨江区滨安路 1187 号	0571 - 28939522
002237	恒邦股份	山东恒邦冶炼股份有限公司	C67	曲胜利	山东省烟台市牟平区水道镇	0535 - 4631769
002238	天威视讯	深圳市天威视讯股份有限公司	L10	吕建杰	深圳市福田区彩田路 6001 号	0755 - 83069184
002239	金 飞 达	江苏金飞达服装股份有限公司	C13	王进飞	江苏省通州经济开发区世纪大道 288 号	0513 - 80169096
002240	威华股份	广东威华股份有限公司	C21	李建华	广州市天河北路 183 号大都会广场 17 楼	020 - 87551736
002241	歌尔声学	歌尔声学股份有限公司	C51	姜　滨	山东省潍坊高新技术产业开发区东方路 268 号	0536 - 8525688
002242	九阳股份	九阳股份有限公司	C76	王旭宁	浙江杭州经济技术开发区 22 号大街 52 号	0571 - 81639093
002243	通产丽星	深圳市通产丽星股份有限公司	C49	陈志升	深圳市坂田五和南路 49 号	0755 - 28483234
002244	滨江集团	杭州滨江房产集团股份有限公司	J01	戚金兴	浙江省杭州市庆春东路 38 号	0571 - 86987771
002245	澳洋顺昌	江苏澳洋顺昌金属材料股份有限公司	K99	沈学如	江苏张家港新泾中路 10 号	0512 - 58161276
002246	北化股份	四川北方硝化棉股份有限公司	C43	张永长	四川成都市锦江区工业园三色路 209 号火炬动力港 A 区 8 栋 9 楼	0830 - 2796298
002247	帝龙新材	浙江帝龙新材料股份有限公司	C99	姜飞雄	浙江临安玲珑工业区环南路 1958 号	0571 - 63818733
002248	华东数控	威海华东数控股份有限公司	C71	汤世贤	山东省威海经济技术开发区环山路 698 号	0631 - 5902248
002249	大洋电机	中山大洋电机股份有限公司	C76	鲁楚平	广东省中山市西区沙朗第三工业区	0760 - 88555306
002250	联化科技	联化科技股份有限公司	C43	牟金香	浙江省台州市黄岩区劳动北路总商会大厦 17 楼	0576 - 84275238
002251	步 步 高	步步高商业连锁股份有限公司	H11	王　填	湖南省湘潭市韶山西路 309 号步步高大厦	0731 - 52339869
002252	上海莱士	上海莱士血液制品股份有限公司	C85	郑跃文	上海市闵行区北斗路 55 号	021 - 64303911
002253	川大智胜	四川川大智胜软件股份有限公司	G87	游志胜	成都市武侯区武科东一路 07 号	028 - 85372506
002254	烟台氨纶	烟台氨纶股份有限公司	C47	朱敏英	烟台经济技术开发区黑龙江路 10 号	0535 - 6394123
002255	海陆重工	苏州海陆重工股份有限公司	C71	徐元生	张家港市杨舍镇人民西路 1 号[省经济开发区]	0512 - 58799515
002256	彩虹精化	深圳市彩虹精细化工股份有限公司	C43	陈永弟	深圳市宝安区石岩镇上屋彩虹工业城	0755 - 33236829
002258	利尔化学	利尔化学股份有限公司	C43	李天理	四川省绵阳经济技术开发区	0816 - 2841069
002259	升达林业	四川升达林业产业股份有限公司	C21	江昌政	四川省成都市锦江区东华正街 42 号	028 - 86788818
002260	伊 立 浦	广东伊立浦电器股份有限公司	C76	简伟文	广东省佛山市南海区松岗松夏工业园工业大道西	0757 - 88374384
002261	拓维信息	拓维信息系统股份有限公司	G85	李新宇	长沙市桐梓坡西路 298 号	0731 - 88799888
002262	恩华药业	江苏恩华药业股份有限公司	H01	孙彭生	徐州市民主南路 69 号	0516 - 87661012
002263	大 东 南	浙江大东南包装股份有限公司	C49	黄飞刚	浙江省诸暨市城西工业区千禧路 5 号	0575 - 87380698
002264	新 华 都	福建新华都购物广场股份有限公司	H11	陈志程	福州市五四路 162 号华城国际 5 层	059187987972
002265	西仪股份	云南西仪工业股份有限公司	C71	闫　飞	云南省昆明市西山区海口镇山冲	0871 - 8598378
002266	浙富股份	浙江富春江水电设备股份有限公司	C76	孙　毅	浙江省桐庐县富春江镇红旗畈工业功能区	0571 - 69969188
002267	陕天然气	陕西省天然气股份有限公司	D03	袁小宁	西安市经济技术开发区 A1 区	029 - 86156060
002268	卫 士 通	成都卫士通信息产业股份有限公司	G85	罗天文	四川省成都市高新区创业路 6 号	028 - 85168115
002269	美邦服饰	上海美特斯邦威服饰股份有限公司	H11	周成建	上海市南汇区康桥镇康桥东路 800 号	021 - 38119999
002270	法因数控	山东法因数控机械股份有限公司	C71	李胜军	山东省济南市天辰大街 389 号	0531 - 82685200
002271	东方雨虹	北京东方雨虹防水技术股份有限公司	C61	李卫国	北京市朝阳区高碑店北路康家园 4 号楼	010 - 85762629
002272	川润股份	四川川润股份有限公司	C73	罗丽华	四川省自贡市盐都大道(川润大楼)	028 - 61836677
002273	水晶光电	浙江水晶光电科技股份有限公司	C51	林　敏	浙江省台州市椒江区星星电子产业区A5号(洪家后高桥村)	0576 - 88038228
002274	华昌化工	江苏华昌化工股份有限公司	C43	朱郁健	张家港市金港镇保税区扬子江国际化学工业园南海路 1 号	0512 - 58727158
002275	桂林三金	桂林三金药业股份有限公司	C81	邹节明	广西壮族自治区桂林市金星路 1 号	0773 - 5829106
002276	万马电缆	浙江万马电缆股份有限公司	C76	潘水苗	浙江省临安经济开发区南环路 88 号	0571 - 63755192
002277	家 润 多	家润多商业股份有限公司	H11	胡子敬	湖南省长沙市芙蓉区八一路 1 号	0731 - 82295528
002278	神开股份	上海神开石油化工装备股份有限公司	C73	顾　正	上海市闵行区浦星公路 1769 号	021 - 64293895

续表 18 Continued 18

代码 Code	股票简称 Abbreviation	公司全称 Companies	行业代码 Industries Code	董事长 Board Chairman	地 址 Address	电话 Telephone Number
002279	久其软件	北京久其软件股份有限公司	G87	赵福君	北京市经济技术开发区西环中路 6 号	010－58561199＊9799
002280	新世纪	杭州新世纪信息技术股份有限公司	G87	徐智勇	杭州市滨江区南环路 3766 号	0571－28996018
002281	光迅科技	武汉光迅科技股份有限公司	G81	童国华	武汉市洪山区邮科院路 88 号	0278－7694061
002282	博深工具	博深工具股份有限公司	C99	陈怀荣	石家庄高新技术产业开发区海河道 10 号	0311－85962650
002283	天润曲轴	天润曲轴股份有限公司	C75	邢运波	山东省文登市天润路 2－13 号	0631－8982313
002284	亚太股份	浙江亚太机电股份有限公司	C75	黄伟潮	杭州市萧山区亚太路 1399 号	0571－82765229
002285	世联地产	深圳世联地产顾问股份有限公司	J09	陈劲松	深圳市罗湖区深南东路 5047 号深圳发展银行大厦 13 楼	0755－22162597
002286	保龄宝	保龄宝生物股份有限公司	C03	刘宗利	山东禹城高新开发区东外环路 1 号	0534－8918607
002287	奇正藏药	西藏奇正藏药股份有限公司	C81	雷菊芳	西藏林芝地区八一镇泉州路 1 号	010－64972881
002288	超华科技	广东超华科技股份有限公司	C51	梁俊丰	广东省梅县雁洋镇松坪村	0755－83432838
002289	宇顺电子	深圳市宇顺电子股份有限公司	C51	魏连速	深圳市南山区高新技术产业园区中区 M－6 栋	0755－86028112
002290	禾盛新材	苏州禾盛新型材料股份有限公司	C99	赵东明	苏州工业园区后戴街 108 号	0512－65073528
002291	星期六	佛山星期六鞋业股份有限公司	C14	张泽民	广东省佛山市南海区桂城科技园(简平路)B－3 号	0757－86256351
002292	奥飞动漫	广东奥飞动漫文化股份有限公司	C37	蔡东青	广州市广州大道北 193 号新达城广场南塔 11 楼	020－37597283＊3029
002293	罗莱家纺	罗莱家纺股份有限公司	C11	薛伟成	江苏省南通经济技术开发区星湖大道 1699 号	0513－85928751
002294	信立泰	深圳信立泰药业股份有限公司	C81	叶澄海	深圳市福田区深南大道 6007 号创展中心 1901、1902、1903、1923 室	0755－83867888
002295	精艺股份	广东精艺金属股份有限公司	C6760	冯境铭	广东省佛山市顺德区北滘镇西海工业区	0757－26336931
002296	辉煌科技	河南辉煌科技股份有限公司	G87	李海鹰	河南省郑州高新技术开发区科学大道 74 号	0371－67980218
002297	博云新材	湖南博云新材料股份有限公司	C7530	蒋辉珍	长沙市岳麓区雷锋大道 346 号	0731－88122831
002298	鑫龙电器	安徽鑫龙电器股份有限公司	C76	束龙胜	芜湖市经济技术开发区电器部件园(九华北路 118 号)	0553－5316528
002299	圣农发展	福建圣农发展股份有限公司	A05	傅光明	福建省光泽县十里铺圣农总部办公大楼	0599－7951242
002300	太阳电缆	福建南平太阳电缆股份有限公司	C76	李云孝	福建省南平市工业路 102 号	0599－8736341
002301	齐心文具	深圳市齐心文具股份有限公司	C37	陈钦鹏	深圳市南山区深南大道高新科技园南区 W2－A7 楼	0755－83679273
002302	西部建设	新疆西部建设股份有限公司	C61	张智峰	新疆维吾尔自治区乌鲁木齐市西虹东路 456 号腾飞大厦 12 楼	0991－8853519
002303	美盈森	深圳市美盈森环保科技股份有限公司	C31	王海鹏	深圳市宝安区光明新陂头村美盈森厂区 A 栋	0755－29751877
002304	洋河股份	江苏洋河酒厂股份有限公司	C05	杨廷栋	江苏省宿迁市洋河中大街 118 号	025－52489218
002305	南国置业	武汉南国置业股份有限公司	J01	许晓明	武汉市汉口解放大道 201 号	027－83983726
002306	湘鄂情	北京湘鄂情股份有限公司	K30	孟凯	北京市丰台区大成路九号北楼一单元七层	010－88138998
002307	北新路桥	新疆北新路桥建设股份有限公司	E01	朱建国	新疆维吾尔自治区乌鲁木齐市河滩北路 822 号	0991－6686277
002308	威创股份	广东威创视讯科技股份有限公司	G83	何正宇	广州高新技术产业开发区彩频路 6 号	020－22328888＊3338
002309	中利科技	中利科技集团股份有限公司	C76	王柏兴	江苏省常熟东南经济开发区常昆路 8 号	0512－52571118
002310	东方园林	北京东方园林股份有限公司	E01	何巧女	北京市朝阳区来广营西路 5 号森根国际 3B－3C	010－84900497
002311	海大集团	广东海大集团股份有限公司	C01	薛华	广州市番禺区迎宾路 730 号天安科技创新大厦 213	020－39388960
002312	三泰电子	成都三泰电子实业股份有限公司	C73	补建	四川省成都市蜀西路 42 号	028－87506876
002313	日海通讯	深圳日海通讯技术股份有限公司	G81	王文生	深圳市南山区科苑路清华信息港研发楼 A 栋 2 层	0755－86185752
002314	雅致股份	雅致集成房屋股份有限公司	C69	韩桂茂	深圳市南山区高新技术产业园区南区高新南十二路九洲电器大厦五楼	0755－26994789
002315	焦点科技	焦点科技股份有限公司	G87	沈锦华	南京高新开发区星火路软件大厦 A 座 12F	025－66677777
002316	键桥通讯	深圳键桥通讯技术股份有限公司	G85	叶琼	深圳市南山区深南路高新技术工业村 R3A－6 层	0755－26551650
002317	众生药业	广东众生药业股份有限公司	C81	张绍日	广东省东莞市石龙镇西湖工业区信息产业园	0769－86188131
002318	久立特材	浙江久立特材科技股份有限公司	C65	周志江	浙江省湖州市双林镇西	0572－7362041
002319	乐通股份	珠海市乐通化工股份有限公司	C43	张彬贤	珠海市金鼎官塘乐通工业园	0756－3383338
002320	海峡股份	海南海峡航运股份有限公司	F07	林毅	海口市滨海大道东方洋大厦第七层	0898－68612566
002321	华英农业	河南华英农业发展股份有限公司	A05	曹家富	河南省潢川县跃进东路 308 号	0376－3119896

续表 19 Continued 19

代码 Code	股票简称 Abbreviation	公司全称 Companies	行业代码 Industries Code	董事长 Board Chairman	地 址 Address	电话 Telephone Number
002322	理工监测	宁波理工监测科技股份有限公司	C76	余 艇	宁波保税区留学生创业园2期4号楼2楼	0574-86823888
002323	中联电气	江苏中联电气股份有限公司	C73	季奎余	江苏省盐城市盐都区潘黄镇宝才工业园区内	0515-88448188
002324	普 利 特	上海普利特复合材料股份有限公司	C49	周 文	上海市青浦工业园区新业路558号	021-69210096
002325	洪涛股份	深圳市洪涛装饰股份有限公司	E05	刘年新	广东省深圳市罗湖区泥岗西洪涛路17号	0755-29999999
002326	永太科技	浙江永太科技股份有限公司	C43	王莺妹	浙江省化学原料药基地临海园区	0576-85588006
002327	富 安 娜	深圳市富安娜家居用品股份有限公司	C11	林国芳	深圳市南山区创业南南油大道西路自行车加工厂1栋	0755-26064656
002328	新朋股份	上海新朋实业股份有限公司	C69	宋伯康	上海市青浦区嘉松中路518号	021-59798306
300001	特 锐 德	青岛特锐德电气股份有限公司	C76	于德翔	青岛市崂山区株洲路101号中韩工业园内	0532-88706559
300002	神州泰岳	北京神州泰岳软件股份有限公司	G87	王 宁	北京市海淀区万泉庄路28号万柳新贵大厦A座5层	010-58847002
300003	乐普医疗	乐普(北京)医疗器械股份有限公司	C73	孙建科	北京市西城区西外大街1号西环广场T2座20层	010-58305102
300004	南风股份	南方风机股份有限公司	C73	杨泽文	佛山市南海区狮山大道	0757-81006199
300005	探 路 者	北京探路者户外用品股份有限公司	C37	盛发强	北京市海淀区知春路6号锦秋国际大厦A座21层	010-81788188
300006	莱美药业	重庆莱美药业股份有限公司	C81	邱 宇	重庆市南岸区月季路8号	023-67300382
300007	汉威电子	河南汉威电子股份有限公司	C78	任红军	郑州市高新技术开发区雪松路169号	0371-67169158
300008	上海佳豪	上海佳豪船舶工程设计股份有限公司	K20	刘 楠	上海市漕宝路111号	021-54486679
300009	安科生物	安徽安科生物工程(集团)股份有限公司	C85	宋礼华	安徽省合肥市高新区海关路K-1	0551-5316867
300010	立思辰	北京立思辰科技股份有限公司	G87	池燕明	北京市海淀区学清路8号科技财富中心B座3A层	010-82736996
300011	鼎汉技术	北京鼎汉技术股份有限公司	C75	顾庆伟	北京市丰台区南四环西路188号7区3号楼	010-51103366*8004
300012	华测检测	深圳市华测检测技术股份有限公司	K20	万 峰	深圳市宝安区70区留仙三路6号鸿威工业园C栋厂房1楼	0755-33682137
300013	新宁物流	江苏新宁现代物流股份有限公司	F21	王雅军	江苏省昆山市张浦镇阳光西路760号	0512-57120911
300014	亿纬锂能	惠州亿纬锂能股份有限公司	C51	刘金成	惠州市惠环镇西坑工业区亿纬工业园	0752-2605878
300015	爱尔眼科	爱尔眼科医院集团股份有限公司	K37	陈邦	长沙市芙蓉中路二段198号新世纪大厦12楼	0731-85179288*8833
300016	北陆药业	北京北陆药业股份有限公司	C81	王代雪	北京市海淀区成府路35号北楼	010-62625287
300017	网宿科技	上海网宿科技股份有限公司	G85	刘成彦	上海市徐汇区斜土路2669号15楼	021-64871177*188
300018	中元华电	武汉中元华电科技股份有限公司	C7610	邓志刚	中国湖北武汉东湖新技术开发区华中科技大学科技园六路6号	027-87180718
300019	硅宝科技	成都硅宝科技股份有限公司	C43	王跃林	四川省成都高新区新园大道16号	028-85317909
300020	银江股份	浙江银江电子股份有限公司	G87	王 辉	杭州市西湖科技经济园西园八路2号G座7楼	0571-89930206
300021	大禹节水	甘肃大禹节水股份有限公司	C73	王 栋	甘肃省酒泉市解放路53号	0937-2689028
300022	吉峰农机	四川吉峰农机连锁股份有限公司	H11	王新明	成都市郫县成都现代工业港北部园区港通北二路219号	028-67518546
300023	宝德股份	西安宝德自动化股份有限公司	C73	赵 敏	西安市高新区科技路48号创业广场A座604室	029-88323387
300024	机 器 人	沈阳新松机器人自动化股份有限公司	C73	王天然	沈阳市浑南新区金辉街16号	024-23815033
300025	华星创业	杭州华星创业通信技术股份有限公司	G85	程小彦	杭州市西湖区文三路553-555号浙江省中小企业科技楼10楼	0571-87208518
300026	红日药业	天津红日药业股份有限公司	C81	姚小青	天津新技术产业园区武清开发区泉发路西	022-59623100
300027	华谊兄弟	华谊兄弟传媒股份有限公司	L10	王忠军	北京市朝外大街18号丰联广场A座909室	010-65805818
300028	金亚科技	成都金亚科技股份有限公司	G81	周旭辉	四川省成都市蜀西路50号	028-68232103
300029	天龙光电	江苏华盛天龙光电设备股份有限公司	C73	冯金生	江苏省金坛市思母路1号	0519-82330395
300030	阳普医疗	广州阳普医疗科技股份有限公司	C73	邓冠华	广州市荔湾区花海街16号	020-81587393
300031	宝通带业	无锡宝通带业股份有限公司	C48	包志方	江苏省无锡市新区张公路19号	0510-83709871
300032	金龙机电	金龙机电股份有限公司	C51	金绍平	浙江省温州市乐清市北白象镇进港大道边金龙科技园	0577-61806666*8982
300033	同 花 顺	浙江核新同花顺网络信息股份有限公司	G87	易 峥	杭州市教工路123号华门商务中心8楼	0571-88852766
300034	钢研高纳	北京钢研高纳科技股份有限公司	C67	干 勇	北京市海淀区大柳树南村19号	010-62182656
300035	中科电气	湖南中科电气股份有限公司	C73	余 新	湖南省岳阳经济开发区168号	0730-8752229
300036	超图软件	北京超图软件股份有限公司	G87	钟耳顺	北京市海淀区学清路8号科技财富中心B座7层	010-82736655

数据来源：深圳证券交易所
Source：Shenzhen Stock Exchange

六、登 记 结 算

Securities Depository and Clearing

2009 年登记结算业务运行及发展情况

An Overview of Securities Depository, Clearing and Settlement in 2009

一、证券登记结算业务运行情况

（一）新开账户数有所增加

2009 年全年新开股票账户约 1732.76 万户，较上年增加约 296.13 万户，同比上升约 20.61%。其中，新开 A 股账户 1726.57 万户，较上年增加 296.13 万户，上升 20.70%；新开 B 股账户 6.19 万户，基本与上年持平。

新增 A 股账户数

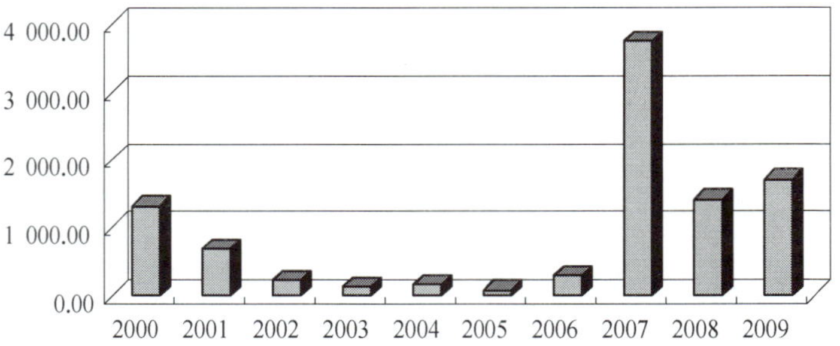

截止到 2009 年底，期末股票账户数约 14027.88 万户；其中，A 股账户数为 13781.78 万户，比上年增加 1658.24 万户，增长 13.68%；B 股账户 246.10 万户，比上年增加 5.75 万户，增长 2.39%。经证券公司核实、申报的休眠账户数为 1990.19 万户。剔除休眠账户后，期末有效账户数为 12037.69 万户。

截止到 2009 年底，中国结算沪市 A 股账户开户代办点 3801 个，比上年增加 676 个；深市 A 股账户开户代办点 3787 个，比上年增加 402 个。

（二）登记存管的证券数量有所增加

截止到 2009 年末，中国结算登记存管的证券达到 2240 只。其中，A 股 1667 只，比上年增加 63 只；B 股 108 只，比上年减少 1 只；权证 12 只，国债 94 只，企业债 100 只，公司债 124 只，可转债 13 只，分离式可转债 21 只，封闭式基金 33 只，ETF9 只，LOF49 只，资产证券化产品 10 只。

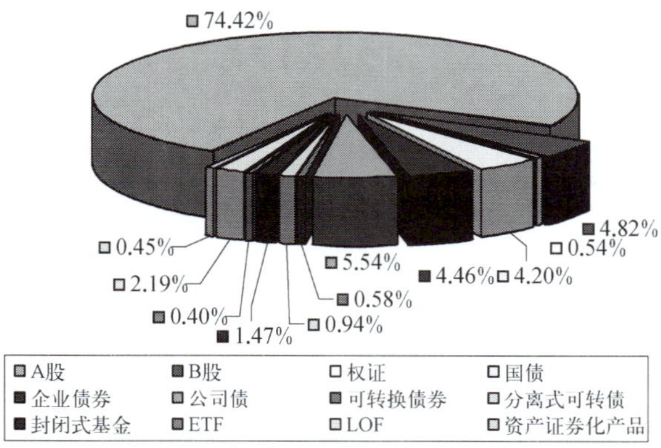

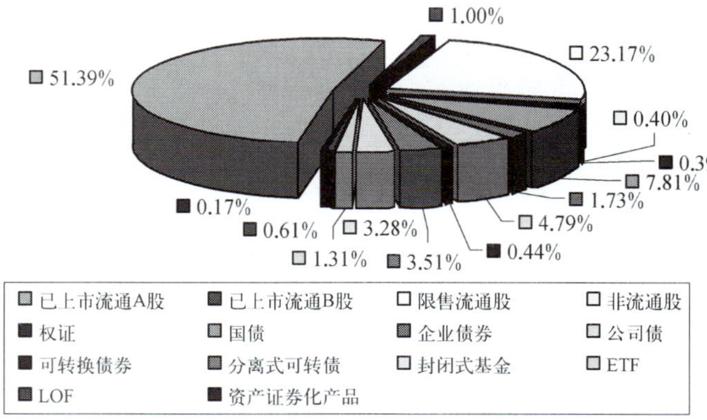

截止到 2009 年末，中国结算登记存管的证券面值为 2.71 万亿元。其中，已上市流通 A 股面值 1.39 万亿元，流通 B 股面值 271.55 亿元，限售流通股面值 6269.41 亿元，非流通股面值 107.22 亿元，权证面值 104.30 亿元，国债面值 2113.15 亿元，企业债面值 467.32 亿元，公司债面值 1296.49 亿元，可转债面值 119.81亿元，分离式可转债面值 950.65 亿元，封闭式基金面值 888.66 亿元，ETF 面值 354.96 亿元，LOF 面

值 165.18 亿元，资产证券化产品 46.46 亿元。

2009 年末登记存管证券已上市流通市值为 16.09 万亿元。其中，A 股已上市流通市值 15.01 万亿元，B 股流通市值 1806.40 亿元，权证流通市值 2537.70 亿元，国债流通市值 1947.66 亿元，企业债流通市值 464.36 亿元，公司债流通市值 1304.75 亿元，可转债流通市值 165.94 亿元，分离式可转债流通市值 816.25 亿元，封闭式基金流通市值 976.17 亿元，ETF 流通市值 625.38 亿元，LOF 流通市值 175.87 亿元，资产证券化产品流通市值 41.32 亿元。

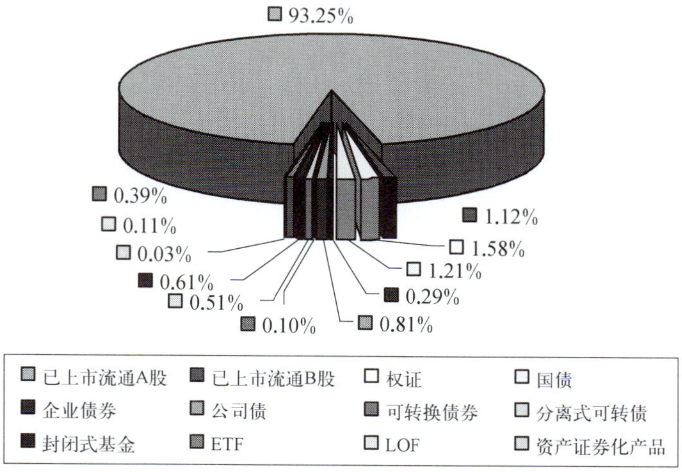

（三）结算总额、结算净额均较上年略有增加

随着市场转暖，2009 年中国结算的证券结算总额为 185.22 万亿元，较 2008 年增长 0.71 万亿元；结算净额为 6.99 万亿元，较 2008 年增长 0.73 万亿元。

（四）积极拓展开放式基金业务

2009 年，新增基金公司 1 家、券商类管理人 13 家；代理发行了 26 只基金、43 只证券公司集合理财产品；与 9 家券商类销售代理机构、3 家银行类销售代理机构实现联网。截止 2009 年底，公司开放式基金系统内的管理人共有 67 家；累计代理发行理财产品 211 只；券商类销售代理机构总数达 87 家，银行类销售代理机构达到 22 家，其他类销售代理机构 1 家。

6－1　1993—2009 年投资者账户情况

Summary of Investors Accounts (1993—2009)

单位：万户　unit：10000

	1993 年	1994 年	1995 年	1996 年	1997 年	1998 年	1999 年	2000 年	2001 年	2002 年	2003 年	2004 年	2005 年	2006 年	2007 年	2008 年	2009 年
全国 Total																	
开户总数 Accounts Opening	835.17	1107.76	1294.19	2422.08	3480.26	4259.88	4810.63	6154.53	6965.90	7202.16	7344.41	7588.29	7712.33	8249.28	14306.61	15980.68	18001.57
新增开户数 Newly Opening Accounts	561.40	272.59	186.43	1127.89	1058.18	779.62	550.74	1343.93	811.35	236.25	142.27	248.10	124.05	537.63	6057.34	1674.06	2020.89
比例 Rate	67.22	24.61	14.41	46.57	30.41	18.30	11.45	21.84	11.65	3.28	1.94	3.27	1.61	6.52	42.34	10.48	11.23
账户总数 Accounts								6123.24	6898.68	6841.84	6981.24	7215.74	7336.07	7854.00	13886.18	15198.01	17149.68
新增账户数 Newly Opening Accounts									775.44	−56.84	139.40	240.04	120.33	517.94	6032.17	1311.83	1951.67
上海 Shanghai																	
开户总数 Accounts Opening	423.51	574.89	685.20	1207.87	1713.31	2006.57	2288.54	2966.99	3429.61	3566.61	3643.93	3787.22	3856.24	4101.47	7130.54	7972.86	8965.43
新增开户数 Newly Opening Accounts	312.28	151.38	110.31	522.67	505.44	293.26	281.96	678.47	462.60	137.00	77.33	147.54	69.02	245.90	3029.07	842.32	992.57
比例 Rate	73.74	26.33	16.10	43.27	29.50	14.61	12.32	22.87	13.49	3.84	2.12	3.90	1.79	6.00	42.48	10.56	11.07
账户总数 Accounts								2958.47	3388.71	3513.51	3589.25	3731.22	3799.00	4034.47	7046.10	7689.18	8646.89
新增账户数 Newly Opening Accounts									430.24	124.80	75.74	147.51	67.78	235.47	3011.63	643.08	957.71
深圳 Shenzhen																	
开户总数 Accounts Opening	411.66	532.87	608.99	1214.21	1766.95	2253.31	2522.09	3187.54	3536.29	3635.55	3700.48	3801.07	3856.09	4147.81	7176.07	8007.82	9036.13
新增开户数 Newly Opening Accounts	249.12	121.21	76.12	605.22	552.74	486.36	268.78	665.46	348.75	99.25	64.94	100.56	55.03	291.72	3028.27	831.74	1028.32
比例 Rate	60.52	22.75	12.50	49.84	31.28	21.58	10.66	20.88	9.86	2.73	1.75	2.65	1.43	7.03	42.20	10.39	11.38
账户总数 Accounts								3164.77	3509.97	3328.33	3391.99	3484.52	3537.07	3819.54	6840.08	7508.83	8502.79
新增账户数 Newly Opening Accounts									345.20	−181.64	63.66	92.53	52.55	282.47	3020.54	668.75	993.96

注：1. 账户总数＝开户总数－销户总数(包括注销账户和被清理账户)，开户总数、账户总数和新增开户数包括 A 股账户、B 股账户和基金账户；

2. 比例指新增开户数(新增账户数)占开户总数(账户总数)的比率；

3. 2002 年由于对不规范账户进行了集中清理，致使账户总数比上年出现了减少；

4. 2004 年对账户统计口径和方法进行了调整。

数据来源：中国证券登记结算公司

Source：China Securities Depository and Clearing Corporation Limited

6－2　2009 年 A 股投资者账户情况

A－Share Investors Accounts Summary in 2009

单位：万户　unit：10000

	全国 Total	上海 Shanghai	深圳 Shenzhen
账户总数 Total Accounts	13781.78	6939.87	6841.91
机　　构 Legal	54.06	29.05	25.00
个　　人 Person	13727.72	6910.82	6816.91
新增开户数 Newly Opening Accounts	1726.57	859.57	867.00
机　　构 Legal	6.59	3.35	3.24
个　　人 Person	1719.98	856.22	863.76

数据来源：中国证券登记结算公司

Source：China Securities Depository and Clearing Corporation Limited

6-3 2009年B股投资者账户情况

B-Share Investors Accounts Summary in 2009

单位：万户 unit：10000

	全国 Total	上海 Shanghai	深圳 Shenzhen
账户总数 Total Accounts	246.10	149.50	96.60
机　构 Legal	2.38	1.21	1.17
境内	0.02	0.00	0.02
境外	2.36	1.21	1.15
个　人 Person	243.72	148.29	95.43
境内	216.25	130.82	85.43
境外	27.47	17.47	10.00
新增开户数 Newly Opening Accounts	6.19	3.19	2.99
机　构 Legal	0.18	0.09	0.09
境内	0.00	0.00	0.00
境外	0.18	0.09	0.09
个　人 Person	6.00	3.10	2.90
境内	5.79	3.01	2.78
境外	0.21	0.09	0.12

数据来源：中国证券登记结算公司
Source：China Securities Depository and Clearing Corporation Limited

6-4 2009年上海证券交易所A股账户地区分布统计表

Regional Statistics of A-Share Investors Accounts in Shanghai Stock Exchange in 2009

单位：万户 unit：10000

地区 Area	本年末账户总数 Total in 2008	所占比例(%) Percent	本年新增开户数 Newly Opening Accounts	所占比例(%) percent
安　徽	139.16	2.01	12.93	1.50
北　京	430.32	6.20	100.27	11.66
重　庆	99.52	1.43	11.12	1.29
福　建	221.80	3.20	19.09	2.22
甘　肃	64.92	0.94	12.42	1.44
广　东	571.04	8.23	85.07	9.90
广　西	93.84	1.35	18.03	2.10
贵　州	39.49	0.57	6.66	0.77
海　南	41.45	0.60	0.77	0.09
河　北	161.64	2.33	18.53	2.16
河　南	223.78	3.22	25.97	3.02
黑龙江	159.64	2.30	12.39	1.44
湖　北	249.12	3.59	35.01	4.07
湖　南	184.63	2.66	16.87	1.96
吉　林	116.91	1.68	10.05	1.17
江　苏	551.91	7.95	56.41	6.56
江　西	109.05	1.57	10.56	1.23

续表 Continued

地区 Area	本年末账户总数 Total in 2008	所占比例(%) Percent	本年新增开户数 Newly Opening Accounts	所占比例(%) percent
辽　宁	270.69	3.90	21.62	2.52
内蒙古	63.09	0.91	10.23	1.19
宁　夏	33.40	0.48	3.87	0.45
青　海	26.47	0.38	2.08	0.24
山　东	402.61	5.80	43.88	5.11
山　西	117.24	1.69	19.52	2.27
陕　西	127.95	1.84	10.92	1.27
上　海	1012.45	14.59	120.93	14.07
深　圳	512.63	7.39	74.06	8.62
四　川	288.20	4.15	25.14	2.92
天　津	104.11	1.50	5.49	0.64
西　藏	2.13	0.03	0.00	0.00
新　疆	95.25	1.37	16.75	1.95
云　南	66.52	0.96	11.17	1.30
浙　江	358.92	5.17	41.77	4.86
其　他	0.00	0.00	0.00	0.00
合　计	6939.87	100.00	859.57	100.00

数据来源：中国证券登记结算公司
Source: China Securities Depository and Clearing Corporation Limited

6-5　2009年上海证券交易所B股账户地区分布统计表
Regional Statistics of B-Share Investors Accounts in Shanghai Stock Exchange in 2009

单位：户

国家或地区 Area	账户总数 Total	比例(%)Percent
一、境内合计 Total of Local(156)	1433303.00	95.87
二、境外合计 Total of Overseas	59935.00	4.01
中国香港 Hongkong(344)	15559.00	1.04
中国台湾 Taiwan(158)	8179.00	0.55
中国澳门 Macao(446)	781.00	0.05
新加坡 Singapore(702)	1696.00	0.11
韩国 Korea(410)	1636.00	0.11
美国 USA(840)	11632.00	0.78
英国 U.K(826)	1673.00	0.11
日本 Japan(392)	4138.00	0.28
马来西亚 Malaysia(458)	566.00	0.04
印尼 Indonesia(360)	114.00	0.01
其他国家或地区 Others	13961.00	0.93
三、其他 Others	1772.00	0.12

数据来源：中国证券登记结算公司
Source: China Securities Depository and Clearing Corporation Limited

6-6 2009年深圳证券交易所A股账户地区分布统计表

Regional Statistics of A-Share Investors in Shenzhen Stock Exchange in 2009

单位：万户 unit：10000

地区 Area	本年末账户总数 Total in 2008	所占比例(%) Percent	本年新增开户数 Newly Opening Accounts	所占比例(%) percent
安 徽	121.31	1.77	17.97	1.41
北 京	359.64	5.26	45.31	5.73
重 庆	114.74	1.68	12.77	1.47
福 建	242.11	3.54	32.23	3.72
甘 肃	67.73	0.99	13.00	1.50
广 东	688.89	10.07	91.87	8.90
广 西	117.58	1.72	25.40	2.97
贵 州	39.74	0.58	6.58	0.79
海 南	59.87	0.88	3.05	0.35
河 北	169.30	2.47	22.64	2.73
河 南	279.89	4.09	43.60	5.03
黑龙江	163.80	2.39	16.64	1.92
湖 北	270.91	3.96	28.95	3.52
湖 南	241.19	3.53	31.54	3.63
吉 林	111.77	1.63	13.31	1.54
江 苏	548.10	8.01	59.38	6.85
江 西	131.92	1.93	19.08	2.32
辽 宁	284.42	4.16	32.72	3.40
内蒙古	59.70	0.87	10.29	1.19
宁 夏	22.37	0.33	3.51	0.41
青 海	18.59	0.27	1.65	0.19
山 东	408.65	5.97	54.55	6.46
山 西	114.61	1.68	18.69	2.11
陕 西	151.40	2.21	17.49	2.03
上 海	541.64	7.92	56.09	6.45
深 圳	485.17	7.09	46.54	7.11
四 川	306.51	4.48	36.47	3.92
天 津	120.98	1.77	14.35	1.84
西 藏	2.94	0.04	0.38	0.00
新 疆	89.14	1.30	12.32	1.42
云 南	75.47	1.10	13.47	1.51
浙 江	418.86	6.12	60.00	6.94
其 他	12.95	0.19	5.13	0.64
合 计	6841.91	100.00	867.00	100.00

数据来源：中国证券登记结算公司
Source：China Securities Depository and Clearing Corporation Limited

6-7 2009年深圳证券交易所B股账户地区分布统计表

Regional Statistics of B-Share Investors Accounts in Shenzhen Stock Exchange in 2009

单位：户

国家或地区 Area	账户总数 Total	比例(%)Percent
一、境内合计 Total of Local(156)	854509	88.46
二、境外合计 Total of Overseas	111429	11.54
中国香港 Hongkong(344)	79603	8.24
中国台湾 Taiwan(158)	5511	0.57
中国澳门 Macao(446)	3832	0.40
新加坡 Singapore(702)	1121	0.12
韩国 Korea(410)	1051	0.11
美国 USA(840)	6886	0.71
英国 U.K(826)	1440	0.15
日本 Japan(392)	1184	0.12
马来西亚 Malaysia(458)	526	0.05
印尼 Indonesia(360)	100	0.01
其他国家或地区 Others	10175	1.05
三、其他 Others	69	0.01

数据来源：中国证券登记结算公司
Source: China Securities Depository and Clearing Corporation Limited

6-8 2009年A股流通股托管市值地区分布

Regional Statistics of A-Share Negotiable Custodied Capitalization in 2009

地区 Area	A股托管市值(亿元)A-share Negotiable Custodied Capitalization(100000000yuan)			比例(%)
	合计 Totle	上海 Shanghai	深圳 Shenzhen	Percent
安　徽	2263.26	1309.65	953.61	0.94
北　京	75582.16	70307.20	5274.96	31.46
重　庆	2372.24	1461.44	910.80	0.99
福　建	3421.37	2376.21	1045.16	1.42
甘　肃	691.49	417.82	273.67	0.29
广　东	12325.93	7759.16	4566.77	5.13
广　西	1630.04	372.73	1257.31	0.68
贵　州	562.18	264.34	297.84	0.23
海　南	475.20	293.90	181.30	0.20
河　北	1506.69	1032.38	474.31	0.63
河　南	2049.13	1120.88	928.25	0.85
黑龙江	1566.05	1223.05	343.00	0.65
湖　北	3432.52	1969.93	1462.59	1.43
湖　南	1406.78	822.21	584.57	0.59
吉　林	1373.03	888.14	484.89	0.57
江　苏	5411.47	2962.95	2448.52	2.25

续表 Continued

地区 Area	A股托管市值(亿元)A－share Negotiable Custodied Capitalization(100000000yuan)			比例(%)
	合计 Totle	上海 Shanghai	深圳 Shenzhen	Percent
江　西	1083.02	594.20	488.82	0.45
辽　宁	2082.36	933.08	1149.28	0.87
内蒙古	746.48	566.09	180.39	0.31
宁　夏	258.48	257.68	0.80	0.11
青　海	776.95	109.30	667.65	0.32
山　东	5313.41	3527.11	1786.30	2.21
山　西	3831.66	2504.05	1327.61	1.60
陕　西	1283.77	633.87	649.90	0.53
上　海	41207.65	33126.63	8081.02	17.15
深　圳	26776.84	14102.18	12674.66	11.15
四　川	2653.26	1086.05	1567.21	1.10
天　津	1198.57	686.84	511.73	0.50
西　藏	0.00	0.00	0.00	0.00
新　疆	3114.96	2530.74	584.22	1.30
云　南	1471.36	760.38	710.98	0.61
浙　江	6392.87	3653.93	2738.94	2.66
其　他	25951.24	23417.21	2534.03	10.80
合　计	240212.42	183071.33	57141.09	100.00

注：沪市未办理指定交易的、深市暂不能识别地区的，归入其他。
数据来源：中国证券登记结算公司
Source：China Securities Depository and Clearing Corporation Limited

6－9　2009年B股流通股托管市值地区分布

Regional Statistics of B－share Negotiable Custodied Capitalization in 2009

单位：万　unit：10000

	B股托管市值(万元)	B股托管市值(万美元)	B股托管市值(万港币元)	比例(%)
一、境内合计 Total of Local	14278698.30	930419.89	8999528.03	79.05
二、境外合计 Total of Overseas	2465523.03	137658.32	1732265.00	13.65
中国香港 Hongkong	2315569.48	129461.94	1625543.66	12.82
中国台湾 Taiwan	0.00	0.00	0.00	0.00
新加坡 Singapore	601.13	88.04	0.00	0.00
韩　国 Korea	194.99	0.00	221.40	0.00
美　国 USA	0.00	0.00	0.00	0.00
英　国 U.K	0.00	0.00	0.00	0.00
日　本 Japan	149157.09	8108.34	106499.55	0.83
马来西亚 Malaysia	0.00	0.00	0.00	0.00
印　尼 Indonesia	0.00	0.00	0.00	0.00
其他国家或地区 Others	0.00	0.00	0.00	0.00
三、其他 Others	1319743.77	189234.10	31420.76	7.31
合计 Total	18063965.11	1257312.31	10763213.79	100.00

数据来源：中国证券登记结算公司
Source：China Securities Depository and Clearing Corporation Limited

6-10 2009年投资者流通股持股情况统计表

Negotiable Shares Holding of Investors for 2009

		A股			B股		
		户数（万户）	总持股数（亿）	总持股市值（亿元）	户数（万户）	总持股数（亿）	总持股市值（亿美元/港元）
沪市	小于1000股	777.97	34.47	429.36	9.82	0.51	0.84
	1000—4999股	1263.26	298.02	3348.54	40.35	9.89	9.65
	5000—9999股	420.02	290.09	3159.45	15.29	10.62	9.65
	10000—49999股	453.44	906.21	9794.52	17.04	34.76	30.78
	50000—99999股	50.78	344.71	3762.84	2.15	14.67	12.98
	10万—50万股(不含)	29.78	550.30	6192.49	1.27	23.37	21.10
	50万—100万股(不含)	2.23	150.83	1744.98	0.08	5.30	5.35
	100万股以上	1.55	8880.48	85588.91	0.05	24.41	35.38
	合计	2999.03	11455.11	114021.08	86.05	123.53	125.73
深市主板	小于1000股	614.14	25.20	315.35	6.18	0.30	2.23
	1000—4999股	743.80	164.56	1885.14	18.67	4.66	28.51
	5000—9999股	190.17	128.64	1431.38	7.74	5.42	31.78
	10000—49999股	182.27	351.55	3834.02	10.77	22.91	129.53
	50000—99999股	18.93	127.69	1385.10	1.76	12.13	67.43
	10万—50万股(不含)	11.63	214.03	2352.04	1.28	24.43	136.22
	50万—100万股(不含)	0.86	57.96	653.02	0.10	7.01	43.20
	100万股以上	0.58	1030.29	16188.77	0.08	71.14	637.41
	合计	1762.38	2099.92	28044.81	46.58	148.00	1076.31
深市中小板	小于1000股	251.45	9.97	212.71	0.00	0.00	0.00
	1000—4999股	207.05	42.35	831.20	0.00	0.00	0.00
	5000—9999股	39.51	26.28	498.62	0.00	0.00	0.00
	10000—49999股	33.53	62.57	1154.39	0.00	0.00	0.00
	50000—99999股	3.05	20.37	365.70	0.00	0.00	0.00
	10万—50万股(不含)	1.81	33.36	595.46	0.00	0.00	0.00
	50万—100万(不含)	0.15	9.94	180.39	0.00	0.00	0.00
	100万以上	0.19	203.60	4168.01	0.00	0.00	0.00
	合计	536.74	408.44	8006.46	0.00	0.00	0.00
深市创业板	小于1000股	37.34	1.51	50.17	0.00	0.00	0.00
	1000—4999股	14.01	2.44	98.85	0.00	0.00	0.00
	5000—9999股	1.47	0.99	45.23	0.00	0.00	0.00
	10000—49999股	0.98	1.76	81.52	0.00	0.00	0.00
	50000—99999股	0.06	0.41	19.58	0.00	0.00	0.00
	10万—50万股(不含)	0.02	0.35	17.93	0.00	0.00	0.00
	50万—100万(不含)	0.00	0.04	2.45	0.00	0.00	0.00
	100万以上	0.00	0.01	0.40	0.00	0.00	0.00
	合计	53.88	7.51	316.13	0.00	0.00	0.00

数据来源：中国证券登记结算公司

Source: China Securities Depository and Clearing Corporation Limited

6－11　2009年沪深两市股改限售股解禁及减持情况

Release and Sell-off of Restricted Shares in Share Reform of Shanghai and Shenzhen Markets for 2009

时　间	大　非		小　非		合　计		
	解禁数量（亿股）	减持数量（亿股）	解禁数量（亿股）	减持数量（亿股）	解禁数量（亿股）	减持数量（亿股）	减持金额（亿元）
2006年6月	0.00	0.00	0.11	0.00	0.11	0.00	0.06
2006年7月	0.00	0.00	0.00	0.00	0.00	0.00	0.00
2006年8月	9.40	0.10	23.42	2.10	32.82	2.20	19.75
2006年9月	0.83	0.10	0.52	1.57	1.36	1.67	18.01
2006年10月	0.88	0.19	22.85	2.07	23.73	2.25	19.05
2006年11月	7.87	1.09	10.56	5.79	18.44	6.88	59.81
2006年12月	11.22	1.80	14.01	7.40	25.24	9.20	87.14
2007年1月	10.07	3.68	12.52	8.68	22.59	12.35	163.16
2007年2月	9.76	2.00	13.08	5.24	22.84	7.23	92.58
2007年3月	14.58	3.75	22.40	9.95	36.98	13.69	143.18
2007年4月	27.32	5.92	56.40	20.33	83.72	26.25	311.72
2007年5月	18.53	6.61	38.49	18.84	57.02	25.46	423.33
2007年6月	14.37	3.51	16.86	11.49	31.22	15.01	272.30
2007年7月	15.41	2.67	20.96	8.68	36.37	11.35	152.92
2007年8月	34.67	5.36	16.39	13.24	51.05	18.60	311.51
2007年9月	12.33	6.11	9.81	9.89	22.14	16.00	305.71
2007年10月	75.20	3.54	48.81	4.43	124.01	7.96	183.53
2007年11月	29.90	3.83	10.10	4.50	40.00	8.33	133.39
2007年12月	16.25	7.71	5.64	7.95	21.89	15.66	237.77
2008年1月	16.18	6.68	9.08	9.74	25.27	16.43	297.87
2008年2月	11.24	2.56	35.82	4.89	47.06	7.45	136.38
2008年3月	17.20	3.13	6.34	5.83	23.54	8.96	146.20
2008年4月	25.32	1.60	6.35	4.38	31.68	5.98	92.57
2008年5月	30.05	1.96	4.22	4.69	34.27	6.65	79.20
2008年6月	23.58	1.39	6.03	3.11	29.61	4.51	47.34
2008年7月	21.68	2.93	3.66	5.56	25.34	8.49	73.62
2008年8月	210.37	0.94	5.10	3.87	215.47	4.80	34.88
2008年9月	9.05	1.47	1.58	3.05	10.62	4.53	25.90
2008年10月	79.44	1.42	10.61	2.62	90.05	4.04	23.81
2008年11月	47.70	2.50	6.14	4.44	53.85	6.94	45.70
2008年12月	110.01	3.63	16.02	4.60	126.03	8.23	52.36
2009年1月	54.42	3.03	26.06	2.68	80.48	5.71	41.07
2009年2月	107.39	4.55	30.44	5.64	137.83	10.19	88.14
2009年3月	106.52	5.28	20.67	5.56	127.19	10.84	96.78
2009年4月	153.37	4.11	18.32	6.05	171.69	10.16	84.44
2009年5月	227.77	4.85	18.83	5.69	246.60	10.54	88.65
2009年6月	111.13	6.52	15.54	5.88	126.67	12.40	131.14
2009年7月	77.26	7.29	6.09	6.34	83.35	13.63	149.67
2009年8月	108.92	4.50	2.30	2.57	111.22	7.07	68.13
2009年9月	100.00	6.11	9.56	3.43	109.56	9.54	98.86
2009年10月	602.31	4.59	4.93	3.72	607.24	8.31	98.28
2009年11月	42.40	9.55	4.36	5.59	46.76	15.14	186.00
2009年12月	38.63	7.17	8.83	5.11	47.46	12.28	138.39
合　计	2640.53	155.73	619.81	257.19	3260.37	412.91	5260.30

注：1. 大非账户指在股改实施日日终持有某证券的股改限售股数量占该证券股本的比重大于等于5%的证券账户；
2. 小非账户指在股改实施日日终持有某证券的股改限售股数量占该证券股本的比重小于5%的证券账户；
3. 减持包括通过大宗交易方式和集中竞价方式进行的减持；
4. 解禁金额根据解禁日收盘价计算，减持金额根据交易价格计算的；
5. 全市场成交量是沪深两市合计的成交股数；
6. 减持占成交量的比例是指当月合计减持数量占当月全市场成交量的比重。

数据来源：中国证券登记结算公司

Source：China Securities Depository and Clearing Corporation Limited

七、期　　货

Futures

2009 年中国期货市场概述

Summary for Futures Market in 2009

2009 年,我国期货市场继续保持稳健发展的良好势头,全年成交量和成交金额分别为 21.6 亿手和 130.5万亿元,同比分别增长 58.18%和 81.48%,再创历史新高。商品期货成交量占全球总量的 43%,居全球第一。期货市场投资者开户数量接近 90 万户,保证金规模突破 1000 亿元。

2009 年我国期货市场加快了创新步伐,螺纹钢、线材、早籼稻、聚氯乙烯(PVC)等商品期货品种先后上市。至此,我国期货市场商品期货品种已达 23 个,除原油外的国际大宗商品基本都已在国内上市交易,关系国计民生的大宗商品期货品种体系基本形成,使我国商品期货市场形成了相对完善的农产品、能源化工、金属三大品种体系,进一步扩大了服务现货产业和实体经济的范围,提升了期货市场服务国民经济发展的能力。

面对国际金融危机的冲击,党中央、国务院及时出台了应对国际金融危机的一揽子计划,使我国的宏观经济遏制住了下跌的势头,呈现出快速企稳回升的良好态势。在此背景下,2009 年各品种期货价格相比 2008 年年末均有较大幅度的上涨,其中上海期货交易所黄金、铜、铝和锌主力期货合约价格分别上涨 30.81%、151.76%、50.69%和 111.22%,燃料油主力期货合约价格上涨 76.34%,天然橡胶主力期货合约价格上涨 123.18%;郑州商品交易所强筋小麦、硬白小麦、棉花和白糖主力期货合约价格分别上涨 13.77%、11.6%、40.06%和 102%,菜籽油主力期货合约价格上涨 35.73%,精对苯二甲酸(PTA)主力期货合约价格上涨 56.86%;大连商品交易所玉米、黄大豆 1 号、2 号、豆粕主力期货合约价格分别上涨 20.99%、19.4%、21.04%和 21.82%,豆油和棕榈油主力期货合约价格分别上涨 31.27%和 45.46%,线型低密度聚乙烯(LLDPE)主力期货合约价格上涨 74.88%。

期货市场监管工作得到进一步强化:一是发布实施了期货交易所交易、交割和信息报告等业务活动监管工作指引,进一步推动了期货市场监管工作的制度建设,提高了规范化水平;二是期货市场运行监测监控系统建设进一步推进,风险监控水平和打击违法违规行为的能力进一步提高;三是期货市场统一开户工作顺利实施,进一步夯实了期货市场稳步发展的基础;四是加强了对期货保证金存管银行期货业务活动的监管工作,促进了期货市场的稳定运行。

2009年上海期货市场综述

Summary for Shanghai Futures Market in 2009

2009年是国际形势继续发生深刻变化、我国改革发展进入关键阶段的一年。我们迎来了新中国成立60周年，又时逢上海期货交易所成立10周年。面对国际金融市场动荡加剧、宏观经济不确定因素增加、甲型H1N1流感爆发等严峻挑战，在中国证监会的正确领导下，在有关方面的支持配合下，上海期货交易所以科学发展观为统领，认真落实证券期货监管工作会议和期货监管工作座谈会精神，根据交易所五年战略规划确定的目标和策略主线，在坚持稳健运行和稳步发展的基本方针基础上，以改革创新和深化服务为动力，在推进期货市场改革发展和交易所自身建设方面迈出了新步子，开创了新局面。

一、取得的主要成效

（一）运行稳健，风险可控。全面落实证监会"维稳"工作部署，把维护市场稳定和安全运行放在首位，不断强化应急能力建设，化解了潜在风险；继续坚持"双稳"方针，采取有效措施强化监管，加大对违法违规交易行为的查处力度，提升风险管理系统效能，确保了市场平稳运行。

（二）品种增加，规模扩大。产品创新取得显著成果，钢材期货成功上市并平稳运行，加大了对铅、白银等期货品种的开发力度，石油期货、期权、金属商品指数等产品的研究进一步深化；市场交易活跃，全年成交金额达73.76万亿元，同比增长155.47%；期货市场发现价格、套期保值的风险管理功能得到有效发挥。

（三）深化服务，成果显著。做深做精现有品种，实施"千厂万企辅导计划"，深入行业，跟踪研究现货市场，为实体经济企业提供引导与培训，积极培育金融类机构投资者；大力提高市场服务的质量和水平，加大投资者教育力度，将政府、党校、金融机构作为期货宣传的重要阵地，充实丰富教育的内容和形式，扩大覆盖面和影响力，强化投资者风险意识，推动市场诚信文化建设。

（四）基础巩固，影响增强。整体修订完善业务规则和细则，初步形成新的框架结构编排方案，提高了系统性、前瞻性、合规性、针对性和有效性；加快落实技术创新，业务系统建设稳步推进，顺利完成两个数据中心的切换运行和办公内外网物理隔离，并启动了异地灾备系统建设；交流合作稳步推进，成功举办第六届年会和交易所十周年纪念活动，稳步推进市场对外开放。

（五）管理加强，素质提升。健全完善学习实践科学发展观长效机制，抓好整改落实工作；深化内部管理改革取得积极进展，组织落实了机构改革方案，制定了人力资源配置和培养计划；启动并推进了业务流程优化重组BPR工程，加强了执行力和文化建设，改进和完善协调和督办机制，促进了内部管理水平、效率再上台阶。

二、开展的重点工作

（一）有效控制市场风险，确保交易运行平稳。在世界经济形势不确定因素增加、国内贷款投放超常增长的背景下，今年以来，上海期货交易所各期货品种交易量持续增加，价格波动频繁，市场风险凸显，监管压力加大。我们坚持"双稳"方针，持续加大投资者教育力度，强化市场合规意识，完善对投资行为事先研判的机制，严格查处违规行为，取得积极成效。

（二）加强应急能力建设，全力做好维稳工作。维护市场稳定、确保安全运行是一项长期和艰巨的任务。上海期货交易所从全国经济社会发展的全局出发，从资本市场和期货市场的具体状况出发，把维稳工作摆在突出位置，结合当年的形势和任务，认真落实证监会提出的工作要求。

（三）扎实开展自主创新，增强市场发展后劲。市场发展的关键在创新，今年以来，交易所把推进各方面的创新摆在重要位置，立足现实，着眼未来，抓住机遇，突出重点，有步骤地推进产品、技术、业务等方面的创新。

（四）提升服务质量和水平，做深做精现有品种。在加强市场监管的同时，上海期货交易所着眼于期货功能的发挥,重视并采取多项举措提高服务水平,在做深做精现有品种上下工夫,进一步扩大和加深同有关方面的联系,努力拓展服务国民经济的广度和深度。

(五)深化内部改革,提高科学管理水平。为适应市场发展形势,进一步完善内部运作系统及机制,一年来,以“职能明确、运行有序、协作互补、执行有力”为目标的内部管理改革继续深入推进。

(六)推进党建和组织文化建设,为实现战略提供保障。始终把加强党建和组织文化建设摆在重要位置,以增强使命感、责任心为着眼点,以加强执行力建设为抓手,促进整体素质和竞争能力的不断提高。

2009年郑州期货市场综述

Summary for Zhengzhou Futures Market in 2009

2009年，在中国证监会的正确领导下，郑州商品交易所(以下简称“郑商所”)按照年初证券期货监管工作会议的部署，认真贯彻科学发展观，坚持以打造“三公”、高效、安全的交易平台为工作目标，以积极稳妥推进市场发展和提高市场运行质量为工作重心，创新监管理念，重视风险防范，强化基础建设，深入练好内功，各项工作均取得了良好效果。2009年，累计成交量4.54亿手，同比增长2.04%；累计成交金额19.11万亿元，同比增长22.83%。

一、做精做细已上市品种，进一步发挥期货市场服务国民经济的功能和作用。2009年，郑商所继续加大已上市品种培育力度，做精做细已上市品种，进一步发挥市场功能，不断增强服务实体经济的能力。一是积极探索服务“三农”的有效途径。先后多次派员深入主产、主销区进行调研，全面了解和把握小麦、棉花、白糖、菜籽油和早籼稻等期货品种为“三农”服务的方式、方法和案例。目前已经完成了系列报告，形成了一套完整的品种功能评估指标体系，总结了湖北银丰、河南延津、安徽大平等地开展“订单+期货”农业产业化经营的成功典型，争取找到符合“三农”需要的具有广泛适用性和推广意义的途径和模式。二是开设了“品种功能发挥研究课题”项目。通过向会员定向邀标的方式，挖掘对产业链上、中、下游企业开发和服务的成功模式，共收到课题研究报告和企业服务手册76万余字，总结企业利用期货市场的典型案例83个，相关意见建议91条，为郑商所进一步深化已上市品种培育、市场功能发挥提供了重要参考。三是开展了“走进产业，贴近行业，服务企业”主题活动。完善各区域重点现货企业档案，支持会员针对现货企业举办形式多样的推广活动。结合郑商所品种特点，研究探索企业利用期货价格定价的贸易方式并积极加以推广。四是紧贴现货需求，优化业务制度安排。将棉花仓单由通用改为不通用，调整了新疆棉花升贴水和棉花仓单有效期，修订、完善了相关的业务细则和管理办法。妥善解决菜籽油蓝值问题，允许菜籽原油替代交割方式。推行强麦包装物改革，实行强麦散粮交割方式，有效降低了交割成本。通过一系列措施，使各品种合约设计和相关制度安排更加符合现货市场需求，有利于吸引更多的现货企业和投资者参与交易。

二、强化市场风险防范和化解能力，提高风险监控的效率和效能。郑商所积极适应市场健康稳定发展的新形势新任务新要求，不断强化市场风险防范意识，丰富市场风险监控手段，监管效率和效能得到了进一步提升。一是及时优化完善了交易实时监控系统、风险预警和分析系统，增加了多项风险预警分析新功能。启动了保证金和价幅动态管理模型研究，目前已完成研究初稿，正在运用多品种数据进行检验与完善。二是从防范市场风险与促进市场发展相协调出发，在风险可控的前提下，适时调整了交易保证金和价幅标准，及时防范并化解了相关品种合约存在的潜在交易量大、持仓集中等风险，确保了各品种运行平稳正常，市场风险可控、可测。三是探索建立了以启用库、备用库、候选库为特点的交割仓库三级管理体系，大力发展交割仓库“一库多用”，完善了备用库与启用库的转换机制，增强了库容调节的机动性和灵活性，有效预防了可能出现的交割仓库库容紧张情况。四是制定了《交割仓库风险防范及监管工作指引》，提升了交割商品数量、质量安全及出入库服务等方面监管工作的科学化、制度化、规范化水平。

三、持续加强新品种研究开发，做好上市和品种储备工作。2009年4月20日，郑商所积极贯彻落实《国务院办公厅关于当前金融促进经济发展的若干意见》，正式挂盘交易早籼稻期货合约，形成了小麦、稻谷全国两大粮食品种在同一市场交易的战略格局，为今后郑商所逐步发展成为我国主要农产品交易中心、价格中心和信息中心打下了良好的基础。此外，还系统总结出了新品种研究开发的七个模式与六个流程，最大限度缩短了新品种研发周期，提高了工作效率。根据国民经济发展大局的需要，深入开展了动力煤、化肥、甲醇、液化气、酒精、电力等品种的研究，为郑商所未来发展提供更多的品种储备。积极推进试点上市期货期权的准备工作，力争其作为市场产品创新和交易机制创新早日推出。

四、稳步推动技术进步,打造稳定、安全、高效的信息技术系统。郑商所不断强化对确保信息技术系统稳定、安全、高效运行极端重要性的认识,健全信息技术管理制度和规范,细化信息技术系统操作流程,稳步提高了信息技术系统的开发能力和运维保障水平。一是认真查找梳理了核心交易系统各环节的风险隐患,并积极加以解决。完善了应急处置预案,分阶段对交易主机、核心网络、通信系统等进行了整改加固,提高了会员专线接入容量,完成大商所至郑商所2条三所联网线路的升级。优化了交易系统性能,将处理速度平均提高了5倍以上。二是不断完备信息技术系统功能。上线了新会员服务系统,形成结算查询、仓库仓单管理、仓单交割电子化、交易编码管理及会员席位管理五大模块,有效满足了会员各项需求。与结算银行紧密合作,上线了"银期通"系统,为会员和投资者划拨资金提供了便捷通道。三是完成了同城灾备中心的规划和建设。为提高信息系统容灾能力,保障信息系统可靠运行,实现更高级别的业务连续性,历时5个月完成了郑商所同城灾备中心的建设工作,经过多方面测试后,计划于12月初进入试运行阶段。四是高度重视,切实做好信息安全和保密工作。组织全体员工签订保密承诺书,实现了内部办公网和互联网的物理隔离,对全部计算机进行安全检查,及时采取有效措施解决排查出的问题。初步拟定了《郑州商品交易所非涉密计算机保密管理暂行规定》、《郑州商品交易所非涉密移动存储介质保密管理暂行规定》等工作制度。

五、深入练好内功,构筑可持续发展保障体系。首先,持续深化基础性制度建设,不断提升内部运作制度化、程序化和规范化水平。一是在近年来工作的基础上,结合郑商所学习实践活动整改方案中的有关要求,相继制订、修订完善了《郑州商品交易所财务预算管理办法》、《郑州商品交易所委派财务人员管理办法》、《郑州商品交易所差旅费管理办法》、《郑州商品交易所内部审计制度(试行)》、《郑州商品交易所基本建设管理制度(试行)》、《郑州商品交易所信息系统应急预案》、《郑州商品交易所新闻宣传管理办法》、《郑州商品交易所党委中心组学习制度》等多项内部管理制度。二是在2008年细化各项业务工作流程的基础上,按照精细化、高品质化的要求,邀请专业咨询机构对制定的各项工作流程及标准进行评估、梳理与优化,初步确定了234个业务工作流程和标准。三是将原合署办公的内审室改为独立的审计室,制定了内部审计制度。内部审计工作扎实、有序推进,发挥了及时发现问题、不断改进工作的积极作用。

其次,持续开展人力资源优化工作,建设复合型、专家型人才队伍。一是本着高效、合理、专业的原则,对内设部门进行了调整完善,进一步优化了内部机构设置。在做好两年一度的部门高级总监竞聘工作的基础上,深化干部选拔任用制度改革,开展了总监岗位竞聘试点。二是继续探索完善公平竞争、公正评价、择优录用的人才引进机制。通过与专业机构合作,采用公开招聘的方式,完成了计算机、财务、金融、经济等12名专业人才的招聘工作,同时以借用方式招聘文秘人员12人,及时满足了交易所业务发展的多样化用人需求。三是根据部门岗位及员工的实际情况,进一步优化与业务发展相适应的人才培养机制。采用统一培养和个人选择相结合的培训方式来满足不同层面的培训需求,为员工职业发展提供支持。目前,形式多样的内部培训活动有序开展,并不断探索深化。同时,两次派中层干部分别到北京、上海的专业机构进行轮训,分批次派业务骨干赴海外培训项目也已经实施。

第三,持续全面加强财务管理,切实提高财务保障能力。进一步完善了全面预算管理。在前期实施经验的基础上,继续拓展预算管理的深度和广度,与交易所计划管理的实施相结合,修订完善了包含预算编制、预算控制、预算调整、预算考核在内的全面预算管理制度,为业务发展和目标实现提供良好的财务支持,实现投入产出比的最大化。根据证监会加强交易所财务监管的指导精神,理顺交易所对下属公司财务监管机制,深入推进收支两条线财务管理方案,完善委派财务总监的配备和相关制度,进一步规范了下属公司财务管理工作。

2009年大连期货市场综述

Summary for Dalian Futures Market in 2009

大连商品交易所成立于1993年2月28日，是经国务院批准设立、直接隶属于中国证券监督管理委员会的全国四家期货交易所之一，是实行自律性管理的会员制法人。大商所目前的交易品种有玉米、黄大豆1号、黄大豆2号、豆粕、豆油、棕榈油、聚乙烯和聚氯乙烯8个品种。

2009年，在中国证监会的正确领导下，大商所认真贯彻落实全国证券期货监管工作会议精神和各项工作部署，紧紧围绕促进经济增长和服务产业发展这一中心目标，坚定信心，顽强拼搏，奋发进取，推动大连期货市场实现稳步发展，各项工作又迈上了一个新台阶。

一、市场实现跨越式发展，实现向综合性交易所的转变

2009年，大商所的各项工作富有成效。全年共成交8.34亿手，同比增长30.6%；成交额37.6万亿元，同比增长37.0%。截止2009年底客户开户总数达91.6万个，同比增长48%，其中法人开户数由17328个增加到25128个，增加了7800个，同比增长40.2%。大连期货市场连续三年实现了快速发展，成为全球第二大农产品期货市场，第一大油脂期货市场。在市场规模稳步增长的同时，综合性市场的地位得到巩固，全国性市场的特征更加明显，以产业拓展促功能发挥的理念深入人心。

二、切实加强信息安全和风险防控工作，实现了市场的安全稳定运行

大商所严格、坚决地落实证监会的相关指示和要求，把保安全、保稳定作为头等大事抓紧抓实。一是通过加强日常应用维护、实行24小时值班、加强系统外部安全评估和检查、扎实开展应急演练、完善应急预案等举措，确保了信息系统的安全稳定运行。二是密切跟踪、监测、评估市场运行情况，根据情况适时调整保证金和涨跌停板梯度，及时发布风险提示，有效防范了各类市场风险。2009年大商所各主力品种的日振幅和日波动率较2008年大幅下降，涨跌停板数合计仅为2008年的1/9。三是加强了对交割库的资质管理，保证了交割业务顺利进行。全年审核新增14家交割仓库，取消8家交割仓库资格，暂停4家仓库的交割业务，对28家仓库进行了年审，对50多家仓库进行现场检查、管理和指导。四是加强资金结算风险控制。全年执行盘中风险测算1300多次，要求会员盘中追加保证金150余次，会员保证金不足次数比2008年下降了30%，未发生一起因会员资金不足而导致的强平事件。五是强化一线监管和对违规行为的查处，维护正常的交易秩序。全年查处较大的涉嫌违规交易行为176起，较2008年增长近80%；分析整理大户报告300余份；协助监管部门采取开户冻结等措施9件次。六是加强风险教育和培训工作。举办了首届市场风险管理研讨会，对73家会员单位共78名首席风险官或主管风控工作的人员进行了培训，强化了会员单位规范运作和风险防范的意识。

三、成功推出PVC期货，市场表现良好

在相关部门的共同努力下，经过认真、周密准备，大商所于2009年5月25日成功推出了聚氯乙烯(PVC)期货合约。PVC期货上市以来，我们一方面密切关注运行情况，另一方面通过与中国石油化工协会、氯碱工业协会及相关龙头企业合作开展培训活动，积极培育市场，使市场运行平稳，成交日趋活跃，并于9月16日顺利完成首次交割。截止年底PVC累计交易量达3616万手，成交额1.31万亿元，分别占大商所全部品种交易量、交易额的4.34%和3.49%。PVC日均成交量约23万手，日均持仓约13万手，表现出较好的流动性和成长性。同时，PVC期货价格与现货价格表现出较高的相关性，上市以来有900多家法人企业参与PVC交易，法人客户持仓比例总体上保持在50%—60%之间，PVC期货对现货产业的服务功能得到初步体现。

四、有序推进业务和规则体系建设，夯实了市场发展基础

一是根据会期货一部的统一部署和安排，积极配合、协助做好统一开户的相关工作。二是积极进行监察系统项目的研究论证,完成了风险参数测算模型、会员资金风险评估平台等初期需求研究工作。三是成立了规则统筹修改工作小组,对26项业务规则修改议题进行了研究讨论,根据国标变化情况对大豆、玉米期货合约规则进行了修改,对短线交易、限仓制度、大户报告制度、违规处理办法、标准仓单责任等多个课题开展了专题研究。四是根据市场需求加强业务系统建设,推出了展期交易指令,完成了席位管理电子化、电子出入金系统等12个项目的研发、测试和上线工作,提高了相关业务的电子化水平和工作效率。

五、扎根产业搞拓展,服务于实体经济的能力显著增强

一是提高三个产业大会的产业化程度。我所举办的塑料、玉米、油脂油料三个产业大会参会总人数达2090人,同比增加了13%,其中共有826个产业企业的1319名代表参会,占总人数的64%,产业企业参会人员明显增加。二是深化"千村厂万户"市场服务工程,分别与黑龙江农委、农发行总行、吉林省粮食局等合作举办了多个培训和宣传活动,在农民、农村和涉农企业中进一步普及期货知识。三是通过继续实施"千厂万企"市场服务工程,增强相关品种市场流动性,改善投资者结构。2009年3月份新工程方案实施后,聚乙烯、棕榈油品种的法人持仓比例均有所上升。四是探索推广"基差定价"贸易模式。对油厂、贸易商和重点会员进行了20余次的走访、调研和辅导,搜集和整理了部分豆粕基差定价典型案例,与相关企业合作推广基差定价的工作取得了初步成果;五是充分发挥产业拓展部和三个地区总部贴近市场的优势,加强对重点产业客户的走访和调研,全年走访大中型产业企业150多家次,收集相关企业套期保值案例120多个,积极推动产业企业入市。

六、创新会员服务工作,引导会员提升专业服务能力

一是精心策划并组织了"十大期货研发团队"评选活动,引导会员单位关注对产业客户的研发服务,提高专业服务能力。共有108家期货公司的179支团队参与评选,在业内产生了广泛影响。二是继续做好期货专业人才培训工作。2009年期货学院新增设6个分院,总数达到24个,覆盖了全国主要中心城市,共培训2000余人。三是大力支持会员单位面向产业开展市场推广活动。全年大商所与会员单位联合举办了188场市场推介会,合计受众超过2万人次。四是针对期货市场总体交易量持续增长的情况,继续为会员单位提供技术支持,为远程会员升级专线链路170条,组织对会员进行了2次视频技术培训,300多家次会员参加培训。

七、进一步加强新闻宣传和舆论引导,营造良好的外部环境

一是联合大连市政府、中央党校学习时报社成功举办了"大连期货市场与产业及区域经济发展高层论坛",使大连期货市场得到了国家部委和相关地方政府的高度关注。二是进一步增强主动宣传意识,加强新闻宣传工作。全年发放新闻通稿130多篇,协调相关报刊推出专版30余个,各级电视台播出大商所相关新闻50多次,并举办了"大连商品交易所期货学院新闻记者期货研讨班",对48家国内知名媒体的近80名记者编辑进行了培训。三是全方位拓宽媒体信息推广渠道。与央视财经频道签署了战略合作协议,使大商所成为中央电视台在期货市场唯一的一个直播点;与辽宁、北京、天津、浙江、广州等地方电视台或广播电台合作,定期发布大商所品种和行情信息。此外,还组织翻译、编写、出版了三本专业书籍。

八、全面推进对外交流与合作工作,进一步扩大了国际影响力

2009年我们与国外同行和涉外机构保持密切的日常交往和联系,全年共组织出访8起(其中5次为组团参加国际性衍生品会议),涉及11个国家和地区,接待35个境外团组近200人次来访。我们与LIFFE、大马交易所、新加坡交易所等国外交易所开展实质性合作的探索取得了新进展;与CME集团、德意志交易所集团(DBAG)以及巴西、阿根廷的期货交易所保持了密切联系和交流;聘任国际知名金融投资家罗杰斯先生担任大商所高级顾问;与国际知名的技术公司在交易撮合系统、算法交易、信息运营等方面进行了多次合作交流和探讨。

九、加强制度和机制建设,不断改进和规范内部管理

一是加强内部管理制度建设,制订了《领导干部岗位职责与工作规范》、《内部审计制度》以及信访、档案方面的一批管理制度,推动内部管理进一步规范化。二是强化资产财务管理。建立月度预算实施反馈制度,深化预算管理;加强财务会计核算和内部财务检查;启用资产管理系统,加强了对房产、车辆、办公设备等资产的管理;加强了合同审核和综合采购工作。三是适应发展需要,按照市场化、专业化方向进行行政后勤管理体制改革,成立了行政服务公司。四是加强内部审计工作。充实了审计人员队伍,开展了部门负责人离任审计、IT应用控制审计、产业大会财务收支审计等7个审计项目,促进了内部控制和内部管理的规范化。五是加强纪检监察工作。调整和充实了纪检干部队伍建设,加强了对综合采购以及期货大厦建设招标等重点项目实施过程的介入监督,全年纪检部门参与评标20余次。

十、深化人才战略,加强队伍和企业文化建设

一是深化绩效管理。制订了更为科学、更具可操作性的绩效考核方案,充分发挥审计等职能部门和被考核部门在绩效管理中的作用。二是开展了人力资源盘点工作,初步建立形成了人力资源数据库,根据盘点情况制定人员招聘计划。三是加快了人才国际化步伐,引进了8名海外归国人才,招聘了2名外籍员工,优化人才队伍构成。选拔了一批业务骨干到国外交易所进行短期访问交流,接收16名香港大学生到大商所实习。四是有针对性地开展员工培训,通过组织新员工入职培训、通用工作技能培训、专项业务培训等,提高了员工的工作水平。五是加强企业文化建设,通过举办"家园·责任·行动·超越"主题演讲比赛,创办《期望》内刊,组织了全所员工徒步大会、所庆十六周年晚会等集体活动,提高了队伍的向心力和凝聚力。

十一、扎实做好期货大厦建设和迁移准备工作

2009年期货大厦进入后期精装修、信息系统安装部署和设备调试阶段,为保证工程质量,实现信息系统和办公场所平稳迁移,大商所一方面高标准搞好期货大厦信息系统建设,另一方面相继组建了期货大厦搬迁工作领导小组、期货大厦基建结算工作小组,并成立行政服务公司,为期货大厦搬迁使用做好组织准备。

7－1　2009年全国期货交易所交易品种一览表

交易所 (Exchanges)	简称 (Abbreviation)
大连商品交易所 上海期货交易所 郑州商品交易所	大连商品交易所 (DCE) 上海期货交易所 (SHFE) 郑州商品交易所 (ZCE)

注：① 数据来源：上海期货交易所、大连商品交易所、郑州商品交易所；② 螺纹钢、线材、早籼稻、聚氯乙烯为2009年新增的期货品种。
Source：SHFE、DCE、ZCE

7－2　2009年农产品期货合约汇总

品种 Items	硬　麦	强　麦	一号棉花	绿　豆	白 砂 糖	菜 籽 油
交易单位 Trading Unit	10吨/手	10吨/手	5吨/手	10吨/手	10吨/手	5吨/手
报价单位 Exchange	元(人民币)/吨	元(人民币)/吨	元(人民币)/吨	元(人民币)/吨	元(人民币)/吨	元(人民币)/吨
最小变动价位 Tick	1元/吨	1元/吨	5元/吨	2元/吨	1元/吨	2元/吨
每日价格最大波动限制 Daily Price Limit	不超过上一交易日结算价±3%	不超过上一交易日结算价±3%	不超过上一交易日结算价±4%	每吨不高于或低于上一交易日结算价格的±120元	不超过上一交易日结算价±4%	不超过上一交易日结算价±4%
合约交割月份 Contract Delivery Months	1、3、5、7、9、11	1、3、5、7、9、11	1、3、5、7、9、11	1、3、5、7、9、11	1、3、5、7、9、11	1、3、5、7、9、11
交易时间 Trading Time	每周一至五 Am 9:00—11:30 Pm 1:30—3:00	每周一至五 Am 9:00—11:30 Pm 1:30—3:00	每周一至五 Am 9:00—11:30 Pm 1:30—3:00	每周一至五 Am 9:00—11:30 Pm 1:30—3:00	每周一至五 Am 9:00—11:30 Pm 1:30—3:00	每周一至周五 Am 9:00—11:30 Pm 1:30—3:00
最后交易日 Last Day of Trading	合约交割月份的倒数第七个交易日	合约交割月份的倒数第七个交易日	合约交割月份的第十个交易日	合约交割月份的倒数第七个交易日	合约交割月份的第十个交易日	合约交割月份第十个交易日
交割日期 Delivery Date	合约交割月份的第一交易日至最后交易日	合约交割月份的第一交易日至最后交易日	合约交割月份的第十二交易日	合约交割月份的第一交易日至最后交易日	合约交割月份的第十二交易日	合约交割月份第是十二个交易日
交割等级 Delivery Grade	基准交割品：三等硬白小麦（符合GB 1351—2008《小麦》)；替代品及升贴水见《郑州商品交易所期货交割细则》	标准交割品：符合郑州商品交易所期货交易用优质强筋小麦标准（Q/ZSJ 001—2003）二等优质强筋小麦，替代品升贴水见《郑州商品交易所期货交割细则》	符合GB 1103—1999规定的328B级国产锯齿细绒白棉及其替代品	符合GB 10462—89的的二等杂绿豆及其替代品	标准品：一级白糖（符合《郑州商品交易所白砂糖期货交易质量标准》(Q/ZSJ 002—2005))；替代品升贴水见《郑州商品交易所期货交割细则》	基准交割品：符合《郑州商品交易所期货交易用菜籽油》(Q/ZSJ 003—2007)四级质量指标及《郑州商品交易所菜籽油交割细则》规定的菜籽油。替代品及升贴水见《郑州商品交易所菜籽油交割细则》
交割地点 Delivery Local	交易所指定交割仓库	交易所指定交割仓库	交易所指定交割仓库	交易所指定交割仓库	交易所指定交割仓库	交易所指定交割仓库
保证金 Margin Requirements	合约价值的5%	合约价值的5%	合约价值的5%	合约价值的20%	合约价值的6%	合约价值的5%
交易手续费 Trading Fee	2元/手 (含风险准备金)	2元/手 (含风险准备金)	8元/手 (含风险准备金)	6元/手 (含风险准备金)	4元/手 (含风险准备金)	4元/手(含风险准备金)
交割方式 Trading Form	实物交割	实物交割	实物交割	实物交割	实物交割	实物交割
交易代码 Trading Code	WT	WS	CF	GN	SR	RO
上市交易所 Listed Exchange	郑州商品交易所	郑州商品交易所	郑州商品交易所	郑州商品交易所	郑州商品交易所	郑州商品交易所

Items of Futures Exchanges in 2009

品种（Formal Items）
黄大豆一号、黄大豆二号、豆粕、玉米、大豆原油、啤酒大麦、棕榈油、聚乙烯、聚氯乙烯 铜、铝、锌、黄金、天然橡胶、燃料油、螺纹钢、线材 强麦、硬麦、一号棉花、绿豆、白糖、PTA、菜籽油、早籼稻

Summary for Agricultural Product Contracts in 2009

天然橡胶	黄大豆1号	豆　粕	玉　米	黄大豆2号	大豆原油	棕　榈　油	早籼稻
5吨/手	10吨/手	10吨/手	10吨/手	10吨/手	10吨/手	10吨/手	10吨/手
元(人民币)/吨	元(人民币)/吨	元(人民币)/吨	元(人民币)/吨	元(人民币)/吨	元(人民币)/吨	元(人民币)/吨	元(人民币)/吨
5元/吨	1元/吨	1元/吨	1元/吨	1元/吨	2元/吨	2元/吨	1元/吨
不超过上一交易日结算价±3%	上一交易日结算价的4%	上一交易日结算价的4%(当前暂执行5%)	上一交易日结算价的4%	上一交易日结算价的4%	上一交易日结算价的4%(当前暂为5%)	上一交易日结算价的4%(当前暂为5%)	不超过上一交易日结算价±3%
1、3、4、5、6、7、8、9、10、11	1、3、5、7、9、11	1、3、5、7、8、9、11、12	1、3、5、7、9、11	1、3、5、7、9、11	1、3、5、7、8、9、11、12	1、2、3、4、5、6、7、8、9、10、11、12	1、3、5、7、9、11
上午9:00—11:30 下午1:30—3:00	每周一至周五 9:00—11:30 13:30—15:00	每周一至周五 9:00—11:30 13:30—15:00	每周一至周五 上午9:00—11:30 下午13:30—15:00	每周一至周五 上午9:00—11:30 下午13:30—15:00	每周一至周五 上午9:00—11:30 下午13:30—15:00	每周一至周五 上午9:00—11:30 下午13:30—15:00	每周一至五 Am 9:00—11:30 Pm 1:30—3:00
合约交割月份的15日(遇法定假日顺延)	合约月份第十个交易日	合约月份第十个交易日	合约月份第十个交易日	合约月份第10个交易日	合约月份第10个交易日	合约月份第10个交易日	合约交割月份的倒数第七个交易日
合约交割月份的16日至20日(遇法定假日顺延)	最后交易日后七日(遇法定节假日顺延)	最后交易日后第4个交易日	最后交易日后第二个交易日	最后交易日后第3个交易日	最后交易日后第3个交易日	最后交易日后第2个交易日	合约交割月份的第一个交易日至倒数第五个交易日
标准品：1. 国产天然橡胶(SCRWF)，质量符合国标GB/T 8081—2008。 2. 进口3号烟胶片(RSS 3)，质量符合《天然橡胶等级的品质与包装国际标准(绿皮书)》(1979年版)。	大连商品交易所黄大豆1号交割质量标准(FA/DCED 001—2009)	大连商品交易所豆粕交割质量标准	大连商品交易所玉米交割质量标准(FC /DCED 001—2009)	大连商品交易所黄大豆2号交割质量标准(FB/DCE D 001—2009)	符合《大连商品交易所豆油交割质量标准》	符合《大连商品交易所棕榈油交割质量标准》	基准交割品：符合《中华人民共和国标准 稻谷》(GB 1350—1999)三级及以上等级质量指标及《郑州商品交易所期货交割细则》规定的早籼稻。替代品及升贴水见《郑州商品交易所期货交割细则》。
交易所指定交割仓库	大连商品交易所指定交割仓库	大连商品交易所指定交割仓库	大连商品交易所玉米指定交割仓库	大连商品交易所指定交割仓库	大连商品交易所指定交割仓库	大连商品交易所指定交割仓库	郑州商品交易所指定交割仓库
合约价值的5%	合约价值的5%	合约价值的5%	合约价值的5%	合约价值的5%	合约价值的5%(当前暂为7%)	合约价值的5%(当前暂为7%)	合约价值的5%
不高于成交金额的万分之一点五(含风险准备金)	不超过4元/手	不超过3元/手	不超过3元/手	不超过4元/手	不超过6元/手	不超过6元/手	2元/手 (含风险准备金)
实物交割	实物交割	实物交割	实物交割	实物交割	实物交割	实物交割	实物交割
RU	A	M	C	B	Y	P	ER
上海期货交易所	大连商品交易所	大连商品交易所	大连商品交易所	大连商品交易所	大连商品交易所	大连商品交易所	郑州商品交易所

附表1：黄大豆1号品质技术要求

交割等级		纯粮率最低指标%	种　皮	杂质%	水分%
标准品	三等黄大豆	91.0	黄色混有异色粒限度为5.0%	1.0	13.0
替代品	一等黄大豆	96.0			
	二等黄大豆	93.5			
	四等黄大豆	88.5			

注：1. 黄大豆：种皮为黄色，脐色为黄褐、淡褐、深褐、黑色或其他颜色，粒形一般为圆形、椭圆形或扁圆形；
2. 转基因大豆不得以标准品或替代品交割；
3. 标准品交割价＝交割结算价；
4. 替代品交割价＝交割结算价＋替代品升贴水＋质量差异升扣价；
5. 质量检验标准及方法按照GB 5490～5539-85《粮食、油料及植物油脂检验》执行；
6. 卫生标准和动植物检疫项目按国家有关规定执行；
7. 水份、杂质允许范围见附表2；
8. 包装物具体要求详见大商所交割的有关规定；
9. 入库指标：粗脂肪酸价≤3.5、蛋白质溶解比率≥75；出库指标：粗脂肪酸价≤5、蛋白质溶解比率≥60。

附表2：黄大豆1号质量差异升扣价

	项目	质量标准%	允许范围%	质量差异%(高＋;低－)	升扣价(元/吨)	备　注
质量差异升扣价	水分	13	11,1,3合约月份<15.0	－1	20	1. 升水升至水份含量12.0% 2. 低于或高于标准不足1.0%不计算升扣价
			5,7,9合约月份≤13.5	1	－55	
	杂质	1	<2.0	－0.5	10	低于或高于标准不足0.5% 不计算升扣价
				0.5	－30	

注：质量差异升扣价＝水份升扣价＋杂质升扣价
数据来源：上海期货交易所、大连商品交易所、郑州商品交易所
Source：SHFE、DCE、ZCE

7－3　2009年金属期货合约汇总

Summary for Metal Product Contracts in 2009

品种 Items	阴　极　铜	铝	锌	黄　金
交易单位 Trading Unit	5吨/手	5吨/手	5吨/手	1000克/手
报价单位 Unit	元(人民币)/吨	元(人民币)/吨	元(人民币)/吨	元(人民币)/克
最小变动价位 Tick	10元/吨	10元/吨	5元/吨	0.01元/克
每日价格最大波动限制 Daily Price Limit	不超过上一交易日结算价±3%	不超过上一交易日结算价±3%	不超过上一交易日结算价±4%	不超过上一交易日结算价±5%
合约交割月份 Contract Delivery Months	1—12月	1—12月	1—12月	1—12月
交易时间 Trading Time	上午9:00—11:30 下午1:30—3:00	上午9:00—11:30 下午1:30—3:00	上午9:00—11:30 下午1:30—3:00	上午9:00—11:30 下午1:30—3:00
最后交易日 Last Day of Trading	合约交割月份的15日(遇法定假日顺延)	合约交割月份的15日(遇法定假日顺延)	合约交割月份的15日(遇法定假日顺延)	合约交割月份的15日(遇法定假日顺延)

续表　Continued

品种 Items	阴　极　铜	铝	锌	黄　金
交割日期 Delivery Date	合约交割月份的16日至20日 （遇法定假日顺延）	合约交割月份的16日至20日 （遇法定假日顺延）	最后交易日后连续五个工作日	最后交易日后连续五个工作日
交割品级 Delivery Grade	标准品：标准阴极铜，符合国标 GB/T 467—1997 标准阴极铜规定，其中主成份铜加银含量不小于99.95%。 替代品：高纯阴极铜，符合国标 GB/T 467—1997 高纯阴极铜规定；或符合 BS EN 1978：1998高纯阴极铜规定。	标准品：铝锭，符合国标 GB/T 1196—2008 AL 99.70 规定，其中铝含量不低于99.70%。 替代品：1. 铝锭，符合国标 GB/T 1196—2008 AL 99.85，AL 99.90 规定。2. 铝锭，符合 P 1020 A 标准。	标准品：锌锭，符合国标 GB/T 470—2008 ZN 99.995规定，其中锌含量不小于99.995%。 替代品：锌锭，符合 BS EN 1179：2003 Z 1规定，其中锌含量不小于99.995%。	金含量不小于99.95%的国产金锭及经交易所认可的伦敦金银市场协会（LBMA）认定的合格供货商或精炼厂生产的标准金锭
交割地点 Delivery Local	交易所指定交割仓库	交易所指定交割仓库	交易所指定交割仓库	交易所指定交割金库
保证金 Margin Requirements	合约价值的5%	合约价值的5%	合约价值的5%	合约价值的7%
交易手续费 Trading Fee	不高于成交金额的万分之二 （含风险准备金）	不高于成交金额的万分之二 （含风险准备金）	不高于成交金额的万分之二 （含风险准备金）	不高于成交金额的万分之二 （含风险准备金）
最小交割单位 phisical delivery unit	无	无	25吨	
交割方式 Trading Form	实物交割	实物交割	实物交割	实物交割
交易代码 Trading Code	CU	AL	ZN	AU
上市交易所 Listed Exchange	上海期货交易所	上海期货交易所	上海期货交易所	上海期货交易所

数据来源：上海期货交易所
Source：SHFE

7－4　2009年能源期货合约汇总

Summary for Energy Products Contracts in 2009

品种 Items	燃　料　油	精对苯二甲酸(PTA)	线型低密度聚乙烯	聚氯乙烯
交易单位 Trading Unit	10吨/手	5吨/手	5吨/手	5吨/手
报价单位 Unit	元(人民币)/吨	元(人民币)/吨	元(人民币)/吨	元(人民币)/吨
最小变动价位 Tick	1元/吨	2元/吨	5元/吨	5元/吨
每日价格最大波动限制 Daily Price Limit	上一交易日结算价±5%	不超过上一交易日结算价±4%	上一交易日结算价的4% (当前暂为5%)	上一交易日结算价的4% (当前暂为5%)
合约交割月份 Contract Delivery Months	1—12月(春节月份除外)	1、2、3、4、5、6、7、8、9、10、11、12	1、2、3、4、5、6、7、8、9、10、11、12	1、2、3、4、5、6、7、8、9、10、11、12
交易时间 Trading Time	上午9:00 — 11:30 下午1:30 — 3:00	每周一至五 Am 9:00—11:30 Pm 1:30—3:00	每周一至周五 9:00—11:30 13:30—15:00	每周一至周五 9:00—11:30 13:30—15:00
最后交易日 Last Day of Trading	合约交割月份前一月份的最后一个交易日	合约交割月份的第十个交易日	合约月份第10个交易日	合约月份第10个交易日

续表 Continued

品种 Items	燃料油	精对苯二甲酸(PTA)	线型低密度聚乙烯	聚氯乙烯
交割日期 Delivery Date	最后交易日后连续五个工作日	合约交割月份的第十二交易日	最后交易日后第2个交易日	最后交易日后第2个交易日
交割品级 Delivery Grade	180CST燃料油(具体质量规定见附件)或质量优于该标准的其他燃料油。	符合工业用精对苯二甲酸SH/T 1612.1—2005质量标准的优等品PTA	大连商品交易所线型低密度聚乙烯交割质量标准	质量标准符合《悬浮法通用型聚氯乙烯树脂(GB/T 5761—2006)》规定的SG 5型一等品和优等品
交割地点 Delivery Local	交易所指定交割地点	交易所指定交割仓库	大连商品交易所线型低密度聚乙烯指定交割仓库	大连商品交易所指定交割仓库
保证金 Margin Requirements	合约价值的8%	合约价值的6%	合约价值的5%(当前暂为7%)	合约价值的5%(当前暂为7%)
交易手续费 Trading Fee	不高于成交金额的万分之二(含风险准备金)	不高于4元/手(含风险准备金)	不超过8元/手	不超过6元/手(当前暂为4元/手)
交割方式 Trading Form	实物交割	实物交割	实物交割	实物交割
交易代码 Trading Code	FU	TA	L	V
上市交易所 Listed Exchange	上海期货交易所	郑州商品交易所	大连商品交易所	大连商品交易所

数据来源：上海期货交易所、大连商品交易所、郑州商品交易所
Source：SHFE、DCE、ZCE

7-5 2009年钢材期货合约汇总
Summary for Steel Products Contracts in 2009

品种 Items	螺纹钢	线材
交易单位 Trading Unit	10吨/手	10吨/手
报价单位 Unit	元(人民币)/吨	元(人民币)/吨
最小变动价位 Tick	1元/吨	1元/吨
每日价格最大波动限制 Daily Price Limit	不超过上一交易日结算价±5%	不超过上一交易日结算价±5%
合约交割月份 Contract Delivery Months	1—12月	1—12月
交易时间 Trading Time	上午9:00—11:30 下午1:30—3:00	上午9:00—11:30 下午1:30—3:00
最后交易日 Last Day of Trading	合约交割月份的15日(遇法定假日顺延)	合约交割月份的15日(遇法定假日顺延)
交割日期 Delivery Date	最后交易日后连续五个工作日	最后交易日后连续五个工作日
交割品级 Delivery Grade	标准品：符合国标GB 1499.2—2007《钢筋混凝土用钢 第2部分：热轧带肋钢筋》HRB 400或HRBF 400牌号的ϕ16mm、ϕ18mm、ϕ20mm、ϕ22mm、ϕ25mm螺纹钢。	标准品：符合国标GB 1499.1—2008《钢筋混凝土用钢 第1部分：热轧光圆钢筋》HPB 235牌号的ϕ8mm线材。
交割地点 Delivery Local	交易所指定交割仓库	交易所指定交割仓库
最低交易保证金 Margin Requirements	合约价值的7%	合约价值的7%

续表　Continued

品种 Items	螺　纹　钢	线　　材
交易手续费 Trading Fee	不高于成交金额的万分之二(含风险准备金)	不高于成交金额的万分之二(含风险准备金)
最小交割单位 phisical delivery unit	300吨	300吨
交割方式 Trading Form	实物交割	实物交割
交易代码 Trading Code	RB	WR
上市交易所 Listed Exchange	上海期货交易所	上海期货交易所

7－6　1993—2009年全国期货市场概况

Futures Market Reviews (1993—2009)

金额单位：亿元

年份 Year	全年总成交额 Total Trading Turnover	全年总成交量（万手） Total Trading Volume	全年总实物交割额 Physical Delivery Amount	全年总实物交割量(万手) Physical Delivery Volume
1993	5521.99	890.69	—	—
1994	31601.41	12110.72	—	—
1995	100565.30	63612.07	181.52	83.09
1996	84119.16	34256.77	174.13	78.33
1997	61170.66	15876.32	93.75	38.18
1998	36967.24	10445.57	48.04	20.56
1999	22343.01	7363.91	109.41	16.12
2000	16082.29	5461.07	65.11	8.40
2001	30144.98	12046.35	57.54	64.85
2002	39490.28	13943.37	101.44	141.16
2003	108396.59	27992.43	127.34	129.54
2004	146935.32	30569.76	181.68	31.32
2005	134463.38	32287.41	141.87	29.23
2006	210063.37	44950.82	216.93	28.68
2007	409740.77	72846.08	275.49	230.88
2008	719173.33	136396.00	323.52	51.29
2009	1305142.92	215751.76	266.73	45.95

数据来源：上海期货交易所、大连商品交易所、郑州商品交易所
Source：SHFE、DCE、ZCE

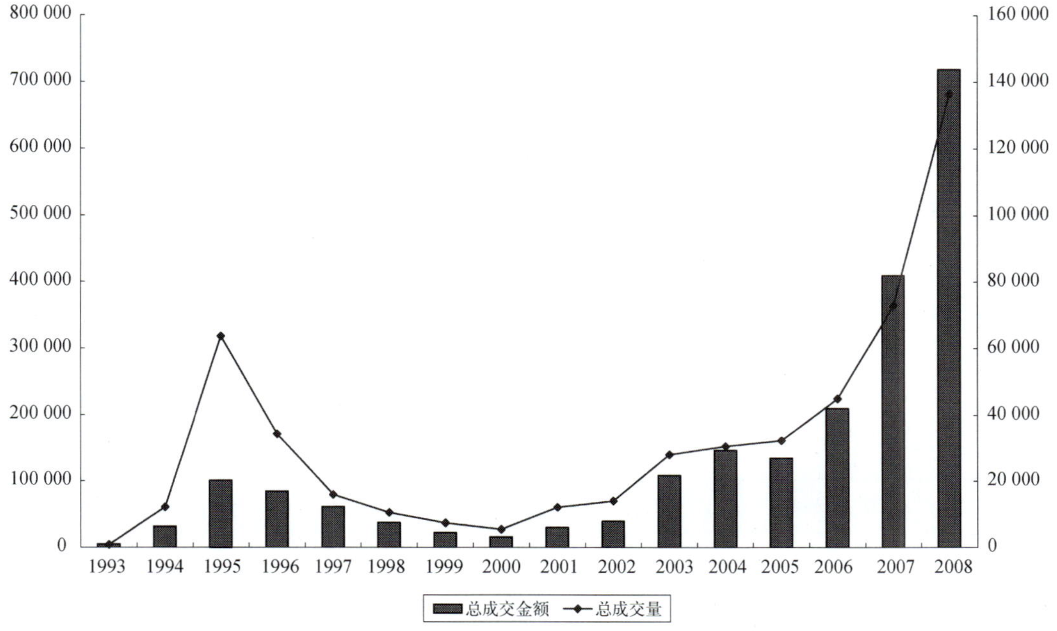

7-7 2009年全国期货交易分布概况

Futures Transaction Distribution of 2009

金额单位：亿元

	成交金额 Turnover	比重(%) of Total	成交量(万) Trading Volume	比重(%) of Total
农产品 Agricultural Products	621778.34	47.64	123469.28	57.23
金属 Metal products	421866.45	32.32	27481.52	12.74
能源 Energy Products	127647.46	9.78	32267.66	14.96
钢材 steel products	133850.92	10.26	32533.31	15.08
总计 Total	1305143.17	100.00	215751.77	100.00

数据来源：上海期货交易所、大连商品交易所、郑州商品交易所
Source：SHFE、DCE、ZCE

7-8 2009年全国期货交易所会员情况

Statistics of Membership in 2009

交易所 Exchanges	会员总数 No. Of Members	经纪公司会员 Broker Members	非经纪公司会员 Nonbroker Members
大连商品交易所	190	175	15
上海期货交易所	210	167	43
郑州商品交易所	215	173	42

数据来源：上海期货交易所、大连商品交易所、郑州商品交易所
Source：SHFE、DCE、ZCE

7-9 2009年全国期货交易所市场概况

Futures Market Review 2009

金额单位：万元

交易所 Exchanges	期货品种 Trading Items	会员总数 No. Of Members	总成交额 Total Trading Turnover	总成交量 Total Trading Volume	总实物交割额 Physical Delivery Amount	总实物交割量 Physical Delivery Volume
大连商品交易所	8	190	3764369982.56	833564522.00	372326.35	96543.00
上海期货交易所	8	210	7375834469.39	869728136	1920057.33	259493
郑州商品交易所	7	215	1911227234.81	454225042	374930.82	103448
合　计	23	613	13051431686.76	2157517700.00	2667314.50	459484.00

数据来源：上海期货交易所、大连商品交易所、郑州商品交易所
Source：SHFE、DCE、ZCE

7-10 2009年农产品期货交易分布概况

Agricultural Products Transaction Distribution in 2009

金额单位：万元

品种 Items	成交金额 Turnover	比重(%) of Total	成交量 Trading Volume	比重(%) of Total
黄大豆1号	311218488.92	5.01	85014152	6.89
黄大豆2号	233177.03	0.00	64096	0.01

续表　Continued

品种 Items	成交金额 Turnover	比重(%) of Total	成交量 Trading Volume	比重(%) of Total
玉　米	56848993.44	0.91	33488176	2.71
豆　粕	891163570.95	14.33	310808058	25.17
棕榈油	552823314.55	8.89	88852996	7.20
大豆原油	1378258103.94	22.17	189673762	15.36
天然橡胶	1497472606.73	24.08	178071918	14.42
一号棉花	129711040.82	2.09	17069376	1.38
白砂糖	1281506160.01	20.61	292126688	23.66
早籼稻	8129722.31	0.13	3900166	0.32
强　麦	29037306.00	0.47	13669380	1.11
硬　麦	76997.52	0.00	40340	0.00
菜籽油	81303886.93	1.31	21913726	1.77
合　计	6217783369.15	100.00	1234692834	100.00

数据来源：上海期货交易所、大连商品交易所、郑州商品交易所
Source：SHFE、DCE、ZCE

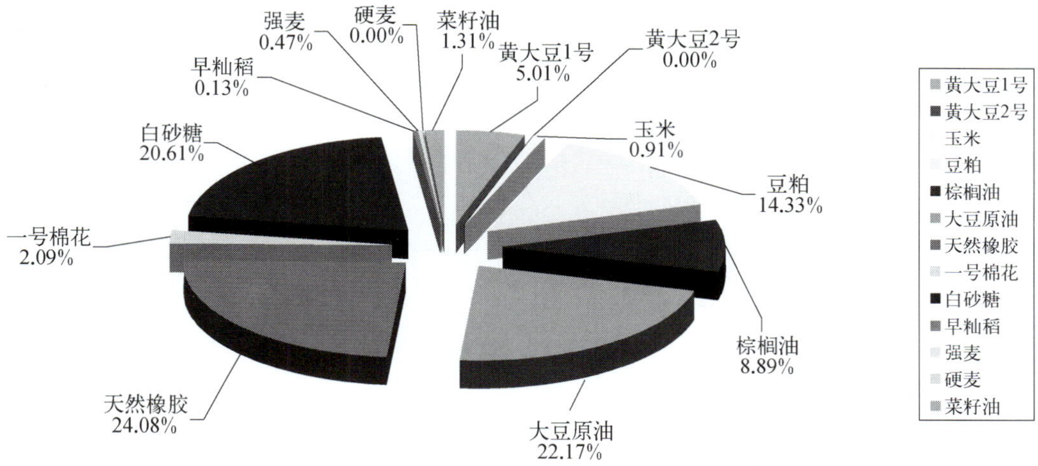

7－11　2009 年金属期货交易分布概况

Metal Products Transaction Distribution in 2009

金额单位：万元

品种 Items	成交金额 Turnover	比重(%) of Total	成交量 Trading Volume	比重(%) of Total
铜	3317856258.77	78.64	162434872	59.11
铝	279429145.29	6.62	41061096	14.94
锌	468650838.30	11.11	64506772	23.47
黄金	152728221.60	3.62	6812466	2.48
总计	4218664463.95	100.00	274815206	100.00

数据来源：上海期货交易所
Source：SHFE

7-12　2009年建材及能源化工期货交易分布概况

Building Materials, Energy & Chemical Products Transaction Distribution in 2009

金额单位：万元

品种 Items	成交金额 Turnover	比重(%) of Total	成交量 Trading Volume	比重(%) of Total
聚乙烯	442366052.33	34.66	89505958	27.74
聚氯乙烯	131458281.41	10.30	36157324	11.21
燃料油	321188164.24	25.16	91507938	28.36
PTA	381462121.22	29.88	105505366	32.70
总　计	1276474619.19	100.00	322676586	100.00

数据来源：上海期货交易所、大连商品交易所、郑州商品交易所
Source：SHFE、DCE、ZCE

7-13　2009年钢材期货交易分布概况

Steel Products Transaction Distribution in 2009

金额单位：万元

品种 Items	成交金额 Turnover	比重(%) of Total	成交量 Trading Volume	比重(%) of Total
螺纹钢	1330252336.36	99.38	323149042	99.33
线　材	8256898.11	0.62	2184032	0.67
总　计	1338509234.47	100.00	325333074	100.00

数据来源：上海期货交易所
Source：SHFE

7-14　2009年农产品期货交易情况

Transaction of Agricultural Product Futures in 2009

金额单位：万元

品种 Items	交易所 Exchange	合约 Contracts	年开盘价 Open Price	年最高价 High Price	最高价日 High Date	年最低价 Low Price	最低价日 Low Date	成交金额 Turnover	交易日数 Trading Days	日均成交金额 Daily Turnover
黄大豆1号	DCE	a0901	3736	3753	20090116	3550	20090113	6302.27	10	630.23
		a0903	3621	3750	20090209	3550	20090113	14269.53	45	317.10
		a0905	3409	3717	20090323	3232	20090429	16052602.73	88	182415.94
		a0907	3300	3845	20090525	3250	20090106	38739.10	128	302.65
		a0909	3273	3950	20090605	3201	20090106	79653517.13	172	463101.84
		a0911	3250	3897	20090812	3168	20090106	33909.06	210	161.47
		a1001	3230	4124	20091230	3124	20090303	60878112.22	244	249500.46
		a1003	3288	4191	20091208	3137	20090106	27149.46	244	111.27
		a1005	3214	4198	20091208	3171	20090106	64579815.68	244	264671.38
		a1007	3478	4189	20091209	3216	20090202	38199.90	234	163.25
		a1009	3420	4130	20091208	3299	20090427	89423426.20	199	449363.95
		a1011	3300	4095	20091207	3300	20090518	27917.69	156	178.96
		a1101	3584	4062	20091207	3463	20090715	424933.21	116	3663.22
		a1103	3644	4058	20091208	3558	20091009	5115.57	72	71.05
		a1105	3777	4075	20091201	3752	20091117	14479.15	34	425.86

续表 1　Continued 1

品种 Items	交易所 Exchange	合约 Contracts	年开盘价 Open Price	年最高价 High Price	最高价日 High Date	年最低价 Low Price	最低价日 Low Date	成交金额 Turnover	交易日数 Trading Days	日均成交金额 Daily Turnover
黄大豆 2 号	DCE	b0901	3990	3990	20090105	3990	20090105	23.94	10	2.39
		b0903	3635	3850	20090216	3440	20090203	182.02	45	4.04
		b0905	3380	3924	20090515	3363	20090108	12706.32	88	144.39
		b0907	4310	4310	20090108	3362	20090429	703.15	128	5.49
		b0909	3289	4446	20090827	3200	20090106	84427.32	172	490.86
		b0911	3180	4168	20090930	3169	20090108	11101.04	210	52.86
		b1001	3300	4316	20091231	3160	20090219	44267.77	234	189.18
		b1003	3250	4275	20091228	3240	20090320	12005.64	199	60.33
		b1005	3535	4390	20091215	3350	20090519	38151.53	156	244.56
		b1007	3678	4186	20091207	3506	20090722	3683.07	116	31.75
		b1009	3580	4180	20091208	3516	20090929	24511.61	72	340.44
		b1011	3500	4218	20091217	3500	20091116	1413.63	34	41.58
玉米	DCE	c0901	1438	1477	20090109	1378	20090109	10059.37	10	1005.94
		c0903	1455	1530	20090310	1417	20090205	8232.68	45	182.95
		c0905	1551	1660	20090327	1520	20090108	4868595.50	88	55324.95
		c0907	1553	1687	20090317	1553	20090105	5941.63	128	46.42
		c0909	1610	1800	20090903	1585	20090108	14290247.46	172	83082.83
		c0911	1642	1784	20091009	1597	20090113	19047.30	210	90.70
		c1001	1639	1859	20091231	1596	20090708	7920980.60	234	33850.34
		c1003	1640	1814	20091126	1621	20090708	28319.29	199	142.31
		c1005	1669	1808	20091229	1622	20090708	26359267.77	156	168969.67
		c1007	1656	1830	20091229	1635	20090717	18098.44	116	156.02
		c1009	1778	1881	20091217	1757	20090928	3317865.27	72	46081.46
		c1011	1800	1886	20091228	1800	20091116	2338.13	34	68.77
豆粕	DCE	m0901	2906	3557	20090113	2805	20090105	12726.14	10	1272.61
		m0903	2755	3268	20090216	2570	20090302	8530.78	45	189.57
		m0905	2500	3190	20090413	2430	20090227	45140852.59	88	512964.23
		m0907	2533	3400	20090605	2456	20090303	34033.88	128	265.89
		m0908	2404	3450	20090814	2404	20090105	29834.67	151	197.58
		m0909	2493	3488	20090901	2391	20090303	207356451.09	172	1205560.76
		m0911	2470	3480	20091030	2404	20090227	169626.30	210	807.74
		m0912	2475	3670	20091126	2422	20090302	22505.69	231	97.43
		m1001	2720	3373	20091217	2388	20090303	180490407.34	234	771326.53
		m1003	2480	3387	20091217	2480	20090316	161665.10	199	812.39
		m1005	2633	3144	20091207	2622	20090518	294330046.61	156	1886731.07
		m1007	2730	3080	20091207	2601	20090929	599916.39	116	5171.69
		m1008	3000	3119	20091207	2621	20090929	26169.02	93	281.39
		m1009	2730	3098	20091207	2602	20090928	162731568.40	72	2260160.69
		m1011	2650	3162	20091207	2650	20091116	46738.28	34	1374.66
		m1012	3099	3110	20091218	2952	20091223	2498.65	13	192.20
棕榈油	DCE	p0901	5000	5300	20090107	4850	20090113	7732.02	10	773.20
		p0902	4982	5730	20090112	4982	20090105	11306.14	25	452.25
		p0903	4996	5550	20090112	4900	20090202	398146.05	45	8847.69
		p0904	5208	5638	20090217	4928	20090122	333559.46	67	4978.50
		p0905	5120	7322	20090507	4938	20090203	22249886.20	88	252839.62
		p0906	5160	7340	20090511	4950	20090303	2883486.76	106	27202.71
		p0907	5222	7128	20090605	5002	20090202	612516.54	128	4785.29
		p0908	5284	7044	20090513	5000	20090224	1628989.23	151	10788.01
		p0909	5422	7086	20090513	5010	20090224	120603120.50	172	701180.93
		p0910	5300	6962	20090513	4904	20090220	3628311.61	194	18702.64

续表 2 Continued 2

品种 Items	交易所 Exchange	合约 Contracts	年开盘价 Open Price	年最高价 High Price	最高价日 High Date	年最低价 Low Price	最低价日 Low Date	成交金额 Turnover	交易日数 Trading Days	日均成交金额 Daily Turnover
棕榈油	DCE	p0911	5298	6798	20090602	5102	20090106	2132883.64	210	10156.59
		p0912	5300	7068	20090604	4950	20090303	2212574.17	231	9578.24
		p1001	5310	6946	20091208	4904	20090302	134904548.22	234	576515.16
		p1002	5766	7060	20090608	4902	20090305	229619.13	219	1048.49
		p1003	5200	7130	20091208	5190	20090316	33056.19	199	166.11
		p1004	6600	7050	20091231	5612	20090928	31960.30	177	180.57
		p1005	6332	7096	20091231	5562	20090708	176549626.58	156	1131728.38
		p1006	6104	7216	20091231	5536	20090713	47542.80	138	344.51
		p1007	5730	7314	20091229	5652	20090928	11595.60	116	99.96
		p1008	6640	7336	20091231	5840	20090924	11992.56	93	128.95
		p1009	5950	7280	20091231	5690	20090928	84282976.98	72	1170596.91
		p1010	—	7450	20091208	6080	20091109	11643.86	50	232.88
		p1011	6400	7336	20091229	6400	20091116	5619.32	34	165.27
		p1012	7318	7452	20091229	6752	20091229	620.68	13	47.74
大豆原油	DCE	y0901	7150	7250	20090107	7100	20090107	1380.30	10	138.03
		y0903	6412	6970	20090209	5770	20090224	26417.73	45	587.06
		y0905	6220	7550	20090513	5810	20090303	71060458.29	88	807505.21
		y0907	6284	7950	20090602	5800	20090224	118663.82	128	927.06
		y0908	6190	7996	20090601	5702	20090302	88150.44	151	583.78
		y0909	6300	7880	20090602	5788	20090224	351341432.22	172	2042682.75
		y0911	6564	7968	20090605	5888	20090227	101987.46	210	485.65
		y0912	6258	7990	20090601	5892	20090224	120797.06	231	522.93
		y1001	6130	8056	20091208	5872	20090219	279656337.30	234	1195112.55
		y1003	6006	8094	20091208	6006	20090316	113401.40	199	569.86
		y1005	7050	8100	20091208	6640	20090929	366740709.09	156	2350901.99
		y1007	7188	8070	20091207	6580	20090929	152486.22	116	1314.54
		y1008	7500	8190	20091208	6640	20090930	34036.44	93	365.98
		y1009	7010	8198	20091207	6576	20090929	308673510.82	72	4287132.12
		y1011	7306	8236	20091207	7306	20091116	27967.64	34	822.58
		y1012	8014	8158	20091217	7764	20091222	367.70	13	28.28
天然橡胶	SHFE	ru0901	11905	13795	20090109	11905	20090105	30155.43	9	3350.60
		ru0903	11595	14885	20090302	11595	20090105	1368467.59	46	29749.30
		ru0904	10995	15000	20090413	10995	20090105	218910.24	67	3267.32
		ru0905	11455	15380	20090507	11455	20090105	145004905.58	88	1647783.02
		ru0906	11715	15550	20090417	11635	20090113	601329.63	107	5619.90
		ru0907	11355	15880	20090507	11355	20090105	102254286.23	129	792668.89
		ru0908	15020	17750	20090814	11470	20090310	311371.56	122	2552.23
		ru0909	13600	18000	20090813	11360	20090220	278660528.49	172	1620119.35
		ru0910	15845	18255	20090825	12625	20090320	414389.67	142	2918.24
		ru0911	14260	19960	20091116	11365	20090223	162963519.71	186	876147.96
		ru1001	14260	23680	20091231	11715	20090223	455151640.07	226	2013945.31
		ru1003	12400	23900	20091231	12400	20090319	298775696.74	195	1532183.06
		ru1004	15880	24715	20091229	14300	20090427	130711.88	172	759.95
		ru1005	15700	24530	20091231	15330	20090527	50413746.64	155	325249.98
		ru1006	14850	24645	20091231	14845	20090616	74186.68	134	553.63
		ru1007	16950	24630	20091231	16400	20090717	459805.88	115	3998.31
		ru1008	19380	24795	20091231	17600	20090928	20111.52	80	251.39
		ru1009	18850	24650	20091231	17800	20090924	535140.83	71	7537.19
		ru1010	19705	24430	20091231	19200	20091029	15293.57	54	283.21
		ru1011	21500	24145	20091231	21140	20091118	68408.82	33	2072.99

续表 3　Continued 3

品种 Items	交易所 Exchange	合约 Contracts	年开盘价 Open Price	年最高价 High Price	最高价日 High Date	年最低价 Low Price	最低价日 Low Date	成交金额 Turnover	交易日数 Trading Days	日均成交金额 Daily Turnover
一号棉花	ZCE	CF901	11610	11655	20090107	11355	20090115	17508.24	10	1750.82
		CF903	11730	12020	20090209	11480	20090219	56243.86	45	1249.86
		CF905	11995	13160	20090508	11530	20090219	6270945.42	88	71260.74
		CF907	12030	13800	20090714	11765	20090219	4070074.04	128	31797.45
		CF909	12135	14100	20090727	12035	20090106	5496263.20	172	31955.02
		CF911	12320	14800	20091111	12160	20090113	178280.04	210	848.95
		CF001	13000	16260	20091229	12710	20090310	13687534.28	234	58493.74
		CF003	12830	16425	20091229	12830	20090316	525344.08	199	2639.92
		CF005	13365	16715	20091229	13200	20090521	92934519.03	156	595734.10
		CF007	13720	16810	20091229	13600	20090909	404747.01	116	3489.20
		CF009	14480	17225	20091231	14360	20090930	5745952.43	72	79804.89
		CF011	15440	16595	20091228	15255	20091116	323629.23	34	9518.51
白砂糖	ZCE	SR901	2798	2954	20090115	2797	20090105	2512.96	10	251.30
		SR903	2894	3550	20090313	2791	20090112	198052.69	45	4401.17
		SR905	2955	3860	20090506	2862	20090108	38711829.78	88	439907.16
		SR907	2996	3889	20090608	2888	20090109	2335783.91	128	18248.31
		SR909	3058	4364	20090813	2962	20090108	297163510.52	172	1727694.83
		SR911	3051	4500	20090813	3039	20090108	1877601.28	210	8940.96
		SR001	3295	5301	20091231	3178	20090106	131788396.52	244	540116.38
		SR003	3321	5370	20091231	3228	20090105	1584121.86	244	6492.30
		SR005	3361	5491	20091231	3284	20090106	474185232.71	244	1943382.10
		SR007	3598	5610	20091231	3428	20090120	1063578.75	234	4545.21
		SR009	3912	5766	20091231	3912	20090316	313044102.12	199	1573085.94
		SR011	4205	5585	20091231	4205	20090518	418857.90	156	2684.99
		SR101	4203	5379	20091208	4203	20090715	17557268.35	116	151355.76
		SR103	5070	5379	20091208	4610	20091023	241497.79	72	3354.14
		SR105	4830	5444	20091208	4798	20091116	1333812.87	34	39229.79
早籼稻	ZCE	ER909	2050	2098	20090610	1901	20090821	1534029.22	109	14073.66
		ER911	2066	2121	20090703	1900	20091110	31139.70	146	213.29
		ER001	2075	2154	20090817	1930	20091201	3036135.10	175	17349.34
		ER003	2099	2169	20090629	1985	20090928	152852.31	175	873.44
		ER005	2144	2183	20090817	2034	20090812	3013902.18	154	19570.79
		ER007	2003	2198	20090817	2003	20090731	13260.48	109	121.66
		ER009	2142	2232	20091215	2074	20090930	346200.61	66	5245.46
		ER011	2196	2233	20091215	2135	20091202	2202.72	29	75.96
强麦	ZCE	WS901	1920	1960	20090113	1890	20090115	9735.65	9	1081.74
		WS903	1968	2041	20090205	1900	20090121	28446.06	51	557.77
		WS905	2000	2096	20090205	1858	20090413	6026987.58	90	66966.53
		WS907	1979	2017	20090204	1900	20090422	154615.39	135	1145.30
		WS909	2091	2222	20090209	2035	20090121	15259810.93	178	85729.27
		WS911	2038	2201	20090209	2029	20091012	80027.57	215	372.22
		WS001	2128	2242	20090209	2082	20090928	3099725.47	244	12703.79
		WS003	2116	2242	20090209	2075	20090907	14866.07	244	60.93
		WS005	2159	2280	20090209	2120	20090928	3364658.91	244	13789.59
		WS007	2060	2238	20090226	2060	20090116	75437.06	235	321.01
		WS009	2250	2356	20090413	2185	20090727	861175.67	193	4462.05
		WS011	2251	2280	20090624	2183	20090727	4789.69	154	31.10
		WS101	2226	2296	20091209	2170	20090804	47072.56	109	431.86
		WS103	2193	2321	20091125	2190	20090923	2463.75	66	37.33
		WS105	2299	2315	20091211	2265	20091127	7493.64	29	258.40

续表 4 Continued 4

品种 Items	交易所 Exchange	合约 Contracts	年开盘价 Open Price	年最高价 High Price	最高价日 High Date	年最低价 Low Price	最低价日 Low Date	成交金额 Turnover	交易日数 Trading Days	日均成交金额 Daily Turnover
硬麦	ZCE	WT901	1826	1826	20090105	1748	20090107	2750.51	9	305.61
		WT903	1839	1910	20090302	1712	20090119	2404.31	51	47.14
		WT905	1847	1960	20090518	1782	20090119	8947.05	90	99.41
		WT907	1895	1934	20090402	1676	20090630	3565.05	135	26.41
		WT909	1898	1970	20090205	1746	20090901	10922.18	178	61.36
		WT911	1897	2057	20091021	1841	20090116	9921.37	215	46.15
		WT001	1842	2035	20091021	1827	20091225	20781.92	235	88.43
		WT003	1911	2025	20091022	1853	20090416	5685.40	193	29.46
		WT005	2006	2046	20091029	1880	20090729	5735.76	154	37.25
		WT007	1792	2044	20091228	1792	20090730	2809.58	109	25.78
		WT009	2034	2040	20091130	1943	20090924	3034.53	66	45.98
		WT011	2029	2060	20091126	1966	20091210	439.85	29	15.17
菜籽油	ZCE	RO901	7150	8004	20090112	7110	20090106	33342.85	10	3334.29
		RO903	6800	8050	20090302	6784	20090105	16731.97	45	371.82
		RO905	6470	7882	20090508	6342	20090105	14058172.87	88	159751.96
		RO907	6480	8000	20090601	6422	20090219	33330.70	128	260.40
		RO909	6546	8056	20090513	6288	20090219	41245048.15	172	239796.79
		RO911	6490	8144	20090602	6400	20090105	75766.17	210	360.79
		RO001	6300	8512	20091207	6300	20090119	13271599.09	234	56716.24
		RO003	6660	8654	20091207	6660	20090318	31399.56	199	157.79
		RO005	7994	8676	20091207	7260	20090708	9147959.28	156	58640.76
		RO007	7776	8824	20091207	7312	20090727	8622.67	116	74.33
		RO009	7598	8868	20091207	7200	20090928	3381121.06	72	46960.01
		RO011	8200	9000	20091207	8200	20091117	792.57	34	23.31

数据来源：上海期货交易所、大连商品交易所、郑州商品交易所
Source：SHFE、DCE、ZCE

7－15 2009年金属期货交易情况

Transaction of Metal Procuct Futures in 2009

金额单位：万元

品种 Items	交易所 Exchange	合约 Contracts	年开盘价 Open Price	年最高价 High Price	最高价日 High Date	年最低价 Low Price	最低价日 Low Date	成交金额 Turnover	交易日数 Trading Days	日均成交金额 Daily Turnover
铜	SHFE	cu0901	26080	30100	20090114	25900	20090105	329900.43	9	36655.60
		cu0902	25500	30200	20090210	25230	20090105	2405562.17	26	92521.62
		cu0903	24810	31220	20090305	24530	20090105	31271639.28	46	679818.25
		cu0904	24660	45000	20090414	24470	20090105	86503457.33	67	1291096.38
		cu0905	24640	43000	20090416	24450	20090105	121295448.38	88	1378357.37
		cu0906	24520	43000	20090615	24520	20090105	168219636.37	107	1572146.13
		cu0907	24540	42050	20090612	24540	20090105	221722959.61	129	1718782.63
		cu0908	29490	50990	20090814	25040	20090202	392738907.02	152	2583808.60
		cu0909	38430	51490	20090831	26080	20090218	324996271.45	162	2006149.82
		cu0910	27340	51280	20090814	25250	20090202	401854861.59	187	2148956.48
		cu0911	24520	52030	20091116	24000	20090105	498506014.49	211	2362587.75
		cu0912	24500	55710	20091202	24460	20090105	448489989.98	232	1933146.51
		cu1001	28020	60380	20091231	25350	20090202	246627358.06	234	1053963.07
		cu1002	26660	59900	20091231	26660	20090219	126851738.84	203	624885.41

续表 1　Continued 1

品种 Items	交易所 Exchange	合约 Contracts	年开盘价 Open Price	年最高价 High Price	最高价日 High Date	年最低价 Low Price	最低价日 Low Date	成交金额 Turnover	交易日数 Trading Days	日均成交金额 Daily Turnover
铜	SHFE	cu1003	31500	59900	20091231	30030	20090317	180234334.22	198	910274.42
		cu1004	39040	60020	20091231	33330	20090429	56229814.88	177	317682.57
		cu1005	35650	60120	20091231	35650	20090518	6766867.25	156	43377.35
		cu1006	39850	60250	20091231	37290	20090623	1221140.92	137	8913.44
		cu1007	42000	60300	20091231	41520	20090717	656646.05	115	5709.97
		cu1008	48280	60300	20091231	45690	20090928	349971.74	92	3804.04
		cu1009	48300	60350	20091231	45900	20090928	235013.98	68	3456.09
		cu1010	48900	60300	20091231	48870	20091016	223289.29	55	4059.81
		cu1011	54340	60300	20091231	54000	20091118	94740.01	32	2960.63
		cu1012	55710	60390	20091231	55640	20091218	30695.43	12	2557.95
铝	SHFE	al0901	12120	12690	20090107	11700	20090105	148993.40	9	16554.82
		al0902	12000	12675	20090107	11405	20090123	474592.54	26	18253.56
		al0903	11900	12800	20090316	11250	20090122	22163331.54	46	481811.56
		al0904	12000	14900	20090410	11105	20090122	19191099.35	67	286434.32
		al0905	12100	14200	20090413	11110	20090122	21809317.19	88	247833.15
		al0906	12080	13850	20090605	11150	20090122	21546979.59	107	201373.64
		al0907	12200	13750	20090703	11190	20090122	27587816.48	129	213859.04
		al0908	12225	15390	20090806	11250	20090122	16381385.26	152	107772.27
		al0909	12465	15435	20090803	11305	20090122	14585447.58	173	84308.95
		al0910	12510	15460	20090814	11365	20090122	9277360.92	189	49086.57
		al0911	12920	15470	20090814	11415	20090224	44117070.40	209	211086.46
		al0912	12320	16350	20091214	11205	20090122	26397533.88	232	113782.47
		al1001	11900	16850	20091231	11520	20090310	14665966.13	218	67275.07
		al1002	11840	17000	20091231	11500	20090310	11022612.79	205	53768.84
		al1003	11805	17180	20091231	11805	20090317	19881156.51	198	100409.88
		al1004	12995	17405	20091231	12630	20090429	7297777.03	172	42428.94
		al1005	13150	17500	20091231	13130	20090526	1525296.10	146	10447.23
		al1006	13650	17485	20091231	13415	20090623	733081.77	135	5430.24
		al1007	13720	17550	20091231	13720	20090716	428913.41	113	3795.69
		al1008	15150	17575	20091231	14530	20090914	88399.66	85	1040.00
		al1009	15120	17700	20091231	14705	20090928	60241.16	62	971.63
		al1010	15100	17760	20091231	14860	20091016	25623.28	52	492.76
		al1011	16400	17880	20091231	16280	20091119	18016.99	31	581.19
		al1012	17495	18295	20091231	17365	20091229	1132.37	3	377.46
锌	SHFE	zn0901	10625	11600	20090107	10625	20090105	29544.98	9	3282.78
		zn0902	10605	11495	20090119	10220	20090123	145555.12	26	5598.27
		zn0903	10550	11485	20090107	9900	20090202	10115659.95	46	219905.65
		zn0904	10625	13285	20090415	9880	20090202	12031611.80	67	179576.30
		zn0905	10590	13890	20090417	9855	20090202	17526407.22	88	199163.72
		zn0906	10555	14000	20090612	9900	20090202	18792996.02	107	175635.48
		zn0907	10700	13880	20090417	9930	20090202	33676390.16	129	261057.29
		zn0908	10760	15600	20090814	9950	20090202	44018596.82	152	289596.03
		zn0909	10760	15510	20090904	9980	20090202	35678192.15	173	206232.32
		zn0910	10890	15810	20090909	9995	20090202	26267143.35	188	139718.85
		zn0911	10830	17100	20091116	10040	20090202	43570985.48	210	207480.88
		zn0912	10900	18360	20091203	10100	20090202	50276064.90	231	217645.30
		zn1001	12250	20930	20091231	9960	20090303	49265603.12	224	219935.73
		zn1002	10010	21520	20091231	10010	20090223	39800485.82	207	192272.88
		zn1003	10810	21225	20091231	10810	20090317	62929691.49	196	321069.85
		zn1004	14495	21425	20091231	12200	20090428	22331983.46	176	126886.27

续表 2　Continued 2

品种 Items	交易所 Exchange	合约 Contracts	年开盘价 Open Price	年最高价 High Price	最高价日 High Date	年最低价 Low Price	最低价日 Low Date	成交金额 Turnover	交易日数 Trading Days	日均成交金额 Daily Turnover
锌	SHFE	zn1005	13600	21595	20091231	12835	20090518	1713821.115	154	11128.71
		zn1006	14160	22300	20091231	13380	20090713	219214.31	136	1611.87
		zn1007	13930	21990	20091231	13545	20090721	90127.71	114	790.59
		zn1008	15500	22270	20091229	14780	20090819	49785.585	87	572.25
		zn1009	16400	22200	20091231	15720	20090928	48603.53	62	783.93
		zn1010	16640	22360	20091231	16640	20091016	52817.595	55	960.32
		zn1011	18995	22545	20091231	18020	20091118	11387.57	31	367.34
		zn1012	20300	22660	20091231	20210	20091217	8169.09	11	742.64
黄金	SHFE	au0901	182.00	182.00	20090114	182.00	20090114	218.4	1	218.40
		au0902	189.36	192.90	20090123	180.00	20090114	3575.618	12	297.97
		au0903	191.31	237.30	20090306	176.21	20090115	9049.872	25	361.99
		au0904	183.74	213.56	20090219	175.46	20090115	8772.106	33	265.82
		au0905	191.78	218.23	20090223	176.43	20090115	56377.078	67	841.45
		au0906	191.03	220.00	20090601	176.00	20090115	28715798.85	103	278794.16
		au0907	191.18	227.11	20090225	176.83	20090112	73327.09	109	672.73
		au0908	192.88	217.29	20090603	178.20	20090115	45285.82	117	387.06
		au0909	191.02	221.10	20090914	177.00	20090115	123620.42	151	818.68
		au0910	189.90	223.30	20090918	186.72	20090423	29446.13	118	249.54
		au0911	186.20	238.80	20091029	180.00	20090123	55954.212	166	337.07
		au0912	192.30	274.61	20091130	178.00	20090115	53134783.97	224	237208.86
		au1001	189.30	269.38	20091203	180.20	20090120	242477.294	160	1515.48
		au1002	211.69	269.66	20091203	195.33	20090430	74945.348	116	646.08
		au1003	209.72	277.58	20091207	192.42	20090407	98649.156	86	1147.08
		au1004	195.41	269.59	20091203	195.41	20090423	19307.468	55	351.04
		au1005	210.55	270.35	20091203	199.10	20090827	67971.524	82	828.92
		au1006	218.00	270.49	20091203	200.99	20090713	69849250.45	134	521263.06
		au1007	212.58	271.61	20091203	207.35	20090819	39593.93	86	460.39
		au1008	205.00	270.67	20091203	205.00	20090827	12648.848	51	248.02
		au1009	222.00	279.00	20091203	215.02	20090921	31305.93	63	496.92
		au1010	230.05	270.50	20091203	227.80	20091029	22077.75	46	479.95
		au1011	247.60	271.12	20091202	242.20	20091223	7656.692	33	232.02
		au1012	226.00	252.87	20091216	226.00	20091216	6127.638	12	510.64

数据来源：上海期货交易所
Source：SHFE

7－16　2009 年建材及能源化工期货交易情况

Transaction of Building Materials, Energy & Chemical Product Futures in 2009

金额单位：万元

品种 Items	交易所 Exchange	合约 Contracts	年开盘价 Open Price	年最高价 High Price	最高价日 High Date	年最低价 Low Price	最低价日 Low Date	成交金额 Turnover	交易日数 Trading Days	日均成交金额 Daily Turnover
聚乙烯	DCE	l0901	8600	8840	20090105	8005	20090105	2068	10	207
		l0902	7670	9365	20090209	7670	20090105	80601	25	3224
		l0903	7475	9635	20090204	7340	20090105	3521609	45	78258
		l0904	7460	10285	20090402	7405	20090105	761006	67	11358
		l0905	7540	10300	20090508	7440	20090105	73135043	88	831080
		l0906	7510	9975	20090611	7510	20090105	2357426	106	22240
		l0907	7615	10335	20090707	7480	20090306	98346513	128	768332

续表 1　Continued 1

品种 Items	交易所 Exchange	合约 Contracts	年开盘价 Open Price	年最高价 High Price	最高价日 High Date	年最低价 Low Price	最低价日 Low Date	成交金额 Turnover	交易日数 Trading Days	日均成交金额 Daily Turnover
聚乙烯	DCE	l0908	7560	11550	20090813	7560	20090105	2769968	151	18344
		l0909	7665	12010	20090804	7355	20090105	77543184	172	450832
		l0910	7720	11895	20090813	7550	20090306	6104737	194	31468
		l0911	7640	11980	20090813	7630	20090306	70473682	210	335589
		l0912	7555	12050	20090820	7555	20090105	8381596	231	36284
		l1001	8640	11995	20090813	7700	20090305	47176467	234	201609
		l1002	8385	12005	20090813	7655	20090311	1463788	219	6684
		l1003	8300	12375	20091229	7860	20090317	315534	199	1586
		l1004	9315	12415	20091231	8800	20090429	87291	177	493
		l1005	9785	12520	20091231	9525	20090525	49745793	156	318883
		l1006	10500	12525	20091231	9450	20090929	30329	138	220
		l1007	10300	12550	20091231	9460	20090929	16273	116	140
		l1008	11840	12490	20091229	9610	20090929	5670	93	61
		l1009	10490	12690	20091231	9990	20090928	43470	72	604
		l1010	11220	12800	20091231	10650	20091106	1547	50	31
		l1011	11850	12670	20091228	11410	20091127	1558	34	46
		l1012	12010	13095	20091231	12010	20091217	897	13	69
聚氯乙烯	DCE	v0909	6575	7805	20090811	6430	20090914	12195722	79	154376
		v0910	6645	7890	20090811	6105	20090928	1756912	101	17395
		v0911	6580	8035	20090812	6160	20090928	43212380	117	369337
		v0912	6600	8035	20090812	6260	20090928	4872204	138	35306
		v1001	6605	8075	20090811	6335	20090928	23709411	151	157016
		v1002	6600	8105	20090812	6380	20090526	7372930	151	48827
		v1003	6330	8125	20090814	6330	20090525	31980364	151	211790
		v1004	6360	8155	20090811	6360	20090525	3279503	151	21719
		v1005	6305	8265	20090812	6305	20090525	2587580	151	17136
		v1006	6810	8120	20090812	6560	20090928	103993	138	754
		v1007	7080	8230	20090813	6680	20090928	105716	116	911
		v1008	7775	8290	20091217	6700	20090928	118071	93	1270
		v1009	7500	8165	20091231	6850	20090930	149907	72	2082
		v1010	7565	8195	20091228	7280	20091105	5312	50	106
		v1011	7410	8120	20091229	6880	20091116	8254	34	243
		v1012	7950	8190	20091217	7950	20091217	24	13	2
燃料油	SHFE	fu0902	2645	2899	20090121	2630	20090113	29167.82	15	1944.52
		fu0903	2701	3100	20090209	2582	20090202	13218031.8	35	377658.05
		fu0904	2767	3208	20090209	2694	20090113	85776.402	46	1864.70
		fu0905	2834	3450	20090416	2753	20090113	58581067.18	78	751039.32
		fu0906	2880	3565	20090508	2824	20090113	40931067.54	95	430853.34
		fu0907	2921	3759	20090619	2831	20090106	40215659.97	118	340810.68
		fu0908	2987	3775	20090611	2876	20090106	27202505.78	138	197119.61
		fu0909	3021	4150	20090813	2973	20090113	21442866.95	161	133185.51
		fu0910	3060	4200	20090813	3022	20090113	12706826.38	183	69436.21
		fu0911	3122	4278	20090813	3078	20090108	30398151.8	197	154305.34
		fu0912	3155	4348	20090814	3098	20090303	19995228.86	221	90476.15
		fu1001	3273	4380	20090813	3128	20090108	16496634.9	242	68167.91
		fu1003	3085	4480	20090813	3085	20090304	35148465.24	193	182116.40
		fu1004	3860	4614	20090814	3645	20090429	174745.252	178	981.71
		fu1005	3875	4599	20090813	3806	20090518	4440241.866	163	27240.75
		fu1006	4178	4699	20091124	4033	20090714	63229.122	143	442.16
		fu1007	4220	4660	20091229	4046	20090715	15255.824	121	126.08

续表 2　Continued 2

品种 Items	交易所 Exchange	合约 Contracts	年开盘价 Open Price	年最高价 High Price	最高价日 High Date	年最低价 Low Price	最低价日 Low Date	成交金额 Turnover	交易日数 Trading Days	日均成交金额 Daily Turnover
燃料油	SHFE	fu1008	4350	4759	20091229	4230	20090925	9448.776	85	111.16
		fu1009	4450	4777	20091230	4235	20090928	11408.578	82	139.13
		fu1010	4510	4796	20091231	4406	20091012	8236.46	60	137.27
		fu1011	4530	4891	20091231	4530	20091102	12857.57	44	292.22
		fu1012	4735	4885	20091231	4698	20091204	1290.154	18	71.68
PTA	ZCE	TA901	5420	5800	20090116	5042	20090105	12623.57	10	1262.36
		TA902	5330	6786	20090212	5222	20090105	50497.93	25	2019.92
		TA903	5300	6768	20090211	4996	20090105	330751.30	45	7350.03
		TA904	5200	7050	20090410	5136	20090105	17968.58	67	268.19
		TA905	5358	8090	20090504	5070	20090105	41121782.85	88	467292.99
		TA906	5350	7766	20090504	5146	20090105	86172.11	106	812.94
		TA907	5350	7582	20090504	5192	20090105	47175.61	128	368.56
		TA908	5410	8500	20090813	5224	20090105	50066.79	151	331.57
		TA909	5448	8460	20090805	5266	20090105	119747880.22	172	696208.61
		TA910	5584	8454	20090812	5330	20090105	28938435.59	194	149167.19
		TA911	5500	8416	20090812	5400	20090105	21097622.28	210	100464.87
		TA912	5334	8350	20090812	5334	20090106	26341022.82	231	114030.40
		TA001	5702	8342	20090812	5620	20090305	74156020.65	234	316906.07
		TA002	5732	8340	20090812	5728	20090316	58353721.56	219	266455.35
		TA003	6260	8398	20090812	5802	20090325	10597375.76	199	53253.14
		TA004	6500	8372	20090812	6498	20090421	71566.16	177	404.33
		TA005	7300	8350	20091231	6780	20090526	262099.84	156	1680.13
		TA006	6878	8382	20090813	6848	20090707	40855.28	138	296.05
		TA007	7000	8480	20091124	6872	20090930	35782.18	116	308.47
		TA008	8190	8496	20091126	6900	20090924	17749.05	93	190.85
		TA009	7050	8454	20091231	6930	20090925	26727.06	72	371.21
		TA010	7360	8480	20091124	7302	20091026	25309.92	50	506.20
		TA011	7810	8480	20091207	7810	20091116	25278.05	34	743.47
		TA012	8226	8500	20091216	8026	20091223	7636.06	13	587.39

数据来源：上海期货交易所、大连商品交易所、郑州商品交易所
Source：SHFE、DCE、ZCE

7－17　2009 年钢材期货交易情况

Steel Product Futures in 2009

金额单位：万元

品种 Items	交易所 Exchange	合约 Contracts	年开盘价 Open Price	年最高价 High Price	最高价日 High Date	年最低价 Low Price	最低价日 Low Date	成交金额 Turnover	交易日数 Trading Days	日均成交金额 Daily Turnover
螺纹钢	SHFE	rb0909	3550	4996	20090806	3410	20090407	61551935.28	119	517243.15
		rb0910	3570	4982	20090804	3400	20090929	52706819.63	135	390420.89
		rb0911	3601	4968	20090804	3501	20090407	212519354.63	156	1362303.56
		rb0912	3556	4998	20090804	3462	20090403	228185488.10	174	1311410.85
		rb1001	3566	4997	20090804	3520	20090327	288156941.41	187	1540946.21
		rb1002	3566	5090	20090804	3514	20090327	189747179.59	178	1065995.39
		rb1003	3566	5000	20090804	3566	20090327	24862850.42	190	130857.11
		rb1004	3870	5104	20090804	3636	20090424	1288355.16	162	7952.81
		rb1005	3994	5088	20090804	3802	20090601	265690064.89	155	1714129.45
		rb1006	4115	4999	20090804	3798	20091016	869290.36	133	6536.02

续表　Continued

品种 Items	交易所 Exchange	合约 Contracts	年开盘价 Open Price	年最高价 High Price	最高价日 High Date	年最低价 Low Price	最低价日 Low Date	成交金额 Turnover	交易日数 Trading Days	日均成交金额 Daily Turnover
螺纹钢	SHFE	rb1007	4055	4988	20090804	3923	20090928	259202.26	114	2273.7
		rb1008	4219	4747	20091126	3958	20091013	134010.54	91	1472.64
		rb1009	4302	4882	20091124	3960	20090929	342173.57	69	4959.04
		rb1010	4072	4819	20091207	4051	20091016	3450631.52	55	62738.75
		rb1011	4612	4818	20091126	4588	20091130	444257.42	33	13462.35
		rb1012	4771	4825	20091217	4675	20091223	43781.55	12	3648.46
线材	SHFE	wr0909	3400	4999	20090804	3303	20090407	3875682.80	115	33701.59
		wr0910	3375	4858	20090804	3260	20090930	662654.62	132	5020.11
		wr0911	3310	5000	20090804	3235	20091009	1706290.61	148	11528.99
		wr0912	3408	4800	20090804	3334	20090327	600202.13	164	3659.77
		wr1001	3412	4780	20090805	3302	20090327	648560.26	184	3524.78
		wr1002	3413	4750	20090804	3368	20090327	373327.45	164	2276.39
		wr1003	3363	4760	20090804	3363	20090327	92622.42	177	523.29
		wr1004	3960	4764	20090804	3472	20090423	23674.65	148	159.96
		wr1005	3930	4771	20090805	3750	20090928	141897.16	143	992.29
		wr1006	3710	4785	20090805	3710	20090616	23848.11	126	189.27
		wr1007	4097	4810	20090805	3812	20091020	14423.89	104	138.69
		wr1008	4250	4573	20091214	3876	20091029	11881.26	77	154.30
		wr1009	4111	4475	20091126	3811	20091020	30558.43	67	456.10
		wr1010	4120	4518	20091123	3865	20091019	43798.30	54	811.08
		wr1011	4450	4617	20091126	4290	20091127	7294.34	30	243.14
		wr1012	4532	4646	20091225	4485	20091224	181.69	8	22.71

数据来源：上海期货交易所
Source：SHFE

7－18　2009年农产品期货持仓情况

Open Positions of Agricultural Products in 2009

品种 Items	交易所 Exchange	合约 Contracts	最高持仓量 High Open Positions	最高持仓日期 Date of High Open Positions	最后持仓 Open Positions at the End	最后持仓日期 Date of Open Positions at the End	年末持仓 Open Position at the End of year
黄大豆1号	DCE	a0901	2956	20090105	1912	20090116	0
		a0903	746	20090223	162	20090313	0
		a0905	225826	20090106	1270	20090515	0
		a0907	1836	20090303	176	20090714	0
		a0909	285950	20090218	216	20090914	0
		a0911	348	20090402	0	20091113	0
		a1001	280152	20090525	52	20091231	52
		a1003	260	20090821	146	20091231	146
		a1005	281678	20090922	45376	20091231	45376
		a1007	1462	20091209	1412	20091231	1412
		a1009	455246	20091130	277306	20091231	277306
		a1011	300	20091127	162	20091231	162
		a1101	15044	20091214	13704	20091231	13704
		a1103	230	20091116	104	20091231	104
		a1105	1046	20091231	1046	20091231	1046
黄大豆2号	DCE	b0901	0	20090105	0	20090116	0
		b0903	8	20090105	0	20090313	0

续表 1　Continued 1

品种 Items	交易所 Exchange	合约 Contracts	最高持仓量 High Open Positions	最高持仓日期 Date of High Open Positions	最后持仓 Open Positions at the End	最后持仓日期 Date of Open Positions at the End	年末持仓 Open Position at the End of year
黄大豆2号	DCE	b0905	420	20090312	18	20090515	0
		b0907	10	20090205	0	20090714	0
		b0909	452	20090223	0	20090914	0
		b0911	132	20090526	0	20091113	0
		b1001	456	20090521	0	20091231	0
		b1003	190	20090518	20	20091231	20
		b1005	252	20090708	66	20091231	66
		b1007	88	20090916	14	20091231	14
		b1009	274	20091124	88	20091231	88
		b1011	4	20091217	2	20091231	2
玉米	DCE	c0901	4510	20090105	0	20090116	0
		c0903	2088	20090225	0	20090313	0
		c0905	240780	20090108	0	20090515	0
		c0907	174	20090105	0	20090714	0
		c0909	278198	20090421	13980	20090914	0
		c0911	1404	20090119	0	20091113	0
		c1001	262908	20090710	476	20091231	476
		c1003	1826	20090713	90	20091231	90
		c1005	403034	20090828	123670	20091231	123670
		c1007	664	20090828	128	20091231	128
		c1009	167442	20091229	164854	20091231	164854
		c1011	118	20091229	116	20091231	116
豆粕	DCE	m0901	4352	20090105	1004	20090116	0
		m0903	462	20090114	102	20090313	0
		m0905	261788	20090114	484	20090515	0
		m0907	944	20090211	0	20090714	0
		m0908	296	20090709	254	20090814	0
		m0909	475672	20090603	0	20090914	0
		m0911	2170	20090505	0	20091113	0
		m0912	284	20090327	0	20091214	0
		m1001	627662	20090720	2160	20091231	2160
		m1003	528	20090831	310	20091231	310
		m1005	1138622	20090831	521150	20091231	521150
		m1007	11638	20090914	8856	20091231	8856
		m1008	478	20091126	308	20091231	308
		m1009	1113916	20091208	1035794	20091231	1035794
		m1011	1516	20091210	1170	20091231	1170
		m1012	180	20091225	156	20091231	156
棕榈油	DCE	p0901	5792	20090105	5790	20090116	0
		p0902	12	20090105	0	20090213	0
		p0903	9436	20090106	0	20090313	0
		p0904	50	20090107	0	20090415	0
		p0905	80136	20090210	490	20090515	0
		p0906	2348	20090219	60	20090612	0
		p0907	1728	20090407	0	20090714	0
		p0908	3882	20090508	10	20090814	0
		p0909	176180	20090415	1000	20090914	0
		p0910	4884	20090521	0	20091022	0
		p0911	1132	20090715	0	20091113	0

续表 2　Continued 2

品种 Items	交易所 Exchange	合约 Contracts	最高持仓量 High Open Positions	最高持仓日期 Date of High Open Positions	最后持仓 Open Positions at the End	最后持仓日期 Date of Open Positions at the End	年末持仓 Open Position at the End of year
棕榈油	DCE	p0912	4500	20090914	0	20091214	0
		p1001	296042	20090728	4724	20091231	4724
		p1002	2810	20090915	326	20091231	326
		p1003	346	20090918	164	20091231	164
		p1004	326	20090918	58	20091231	58
		p1005	254966	20090811	23080	20091231	23080
		p1006	390	20090826	184	20091231	184
		p1007	66	20090903	22	20091231	22
		p1008	232	20091222	222	20091231	222
		p1009	349022	20091231	349022	20091231	349022
		p1010	408	20091218	380	20091231	380
		p1011	132	20091228	76	20091231	76
		p1012	4	20091229	4	20091231	4
大豆原油	DCE	y0901	424	20090105	244	20090116	0
		y0903	1012	20090105	214	20090313	0
		y0905	159354	20090106	0	20090515	0
		y0907	1070	20090420	0	20090714	0
		y0908	1096	20090731	1096	20090814	0
		y0909	366276	20090416	4524	20090914	0
		y0911	690	20090715	14	20091113	0
		y0912	824	20090731	0	20091214	0
		y1001	420886	20090710	6806	20091231	6806
		y1003	1136	20091216	736	20091231	736
		y1005	499442	20090909	66346	20091231	66346
		y1007	1936	20090922	442	20091231	442
		y1008	146	20091211	78	20091231	78
		y1009	708780	20091228	642954	20091231	642954
		y1011	508	20091229	498	20091231	498
		y1012	22	20091218	16	20091231	16
天然橡胶	SHFE	ru0901	3266	20090105	588	20090115	0
		ru0903	27278	20090105	5676	20090316	0
		ru0904	2466	20090413	2330	20090415	0
		ru0905	171736	20090218	2972	20090515	0
		ru0906	6216	20090107	1750	20090615	0
		ru0907	127012	20090326	3058	20090715	0
		ru0908	1886	20090723	970	20090817	0
		ru0909	168890	20090506	2048	20090915	0
		ru0910	1356	20090713	1072	20091015	0
		ru0911	200216	20090717	8942	20091116	0
		ru1001	165908	20091029	15610	20091231	15610
		ru1003	225046	20091118	68112	20091231	68112
		ru1004	646	20091231	646	20091231	646
		ru1005	140526	20091230	128864	20091231	128864
		ru1006	368	20091208	318	20091231	318
		ru1007	5396	20091204	5048	20091231	5048
		ru1008	110	20091230	110	20091231	110
		ru1009	10178	20091231	10178	20091231	10178
		ru1010	86	20091123	60	20091231	60
		ru1011	2110	20091231	2110	20091231	2110

续表 3 Continued 3

品种 Items	交易所 Exchange	合约 Contracts	最高持仓量 High Open Positions	最高持仓日期 Date of High Open Positions	最后持仓 Open Positions at the End	最后持仓日期 Date of Open Positions at the End	年末持仓 Open Position at the End of year
一号棉花	ZCE	CF901	4838	20090105	4262	20090115	0
		CF903	2110	20090220	1958	20090312	0
		CF905	60406	20090219	4378	20090514	0
		CF907	45218	20090421	3538	20090713	0
		CF909	42764	20090617	800	20090911	0
		CF911	2930	20090729	368	20091112	0
		CF001	60178	20091020	10940	20091231	10940
		CF003	8846	20091231	8846	20091231	8846
		CF005	284988	20091228	267708	20091231	267708
		CF007	4992	20091231	4992	20091231	4992
		CF009	63024	20091231	63024	20091231	63024
		CF011	13100	20091231	13100	20091231	13100
白砂糖	ZCE	SR901	1800	20090105	1494	20090115	0
		SR903	9854	20090113	7078	20090312	0
		SR905	380290	20090109	13052	20090514	0
		SR907	40984	20090114	9508	20090713	0
		SR909	751320	20090313	24852	20090911	0
		SR911	52000	20090828	2070	20091112	0
		SR001	383664	20090619	19840	20091231	19840
		SR003	23414	20090909	19436	20091231	19436
		SR005	657670	20091103	197826	20091231	197826
		SR007	24116	20091217	22680	20091231	22680
		SR009	852644	20091229	848262	20091231	848262
		SR011	7120	20091231	7120	20091231	7120
		SR101	172916	20091228	152240	20091231	152240
		SR103	4998	20091123	4826	20091231	4826
		SR105	47146	20091230	47128	20091231	47128
早籼稻	ZCE	ER909	17940	20090421	3046	20090921	0
		ER911	1980	20090831	1580	20091119	0
		ER001	68138	20090831	4046	20091231	4046
		ER003	6696	20091209	3706	20091231	3706
		ER005	96972	20091215	87580	20091231	87580
		ER007	886	20091230	880	20091231	880
		ER009	32470	20091231	32470	20091231	32470
		ER011	200	20091215	112	20091231	112
强麦	ZCE	WS901	9718	20090105	8000	20090114	0
		WS903	3978	20090120	820	20090320	0
		WS905	133496	20090115	2750	20090518	0
		WS907	10584	20090216	1012	20090722	0
		WS909	148982	20090416	8820	20090921	0
		WS911	6668	20090213	1540	20091119	0
		WS001	76730	20090703	3596	20091231	3596
		WS003	1990	20090414	204	20091231	204
		WS005	65776	20090901	27842	20091231	27842
		WS007	5534	20090227	1930	20091231	1930
		WS009	33072	20091217	30098	20091231	30098
		WS011	312	20090703	120	20091231	120
		WS101	6590	20091229	6344	20091231	6344
		WS103	38	20090401	28	20091231	28
		WS105	1824	20091231	1824	20091231	1824

续表 4　Continued 4

品种 Items	交易所 Exchange	合约 Contracts	最高持仓量 High Open Positions	最高持仓日期 Date of High Open Positions	最后持仓 Open Positions at the End	最后持仓日期 Date of Open Positions at the End	年末持仓 Open Position at the End of year
硬麦	ZCE	WT901	1494	20090105	1490	20090114	0
		WT903	710	20090105	132	20090320	0
		WT905	1064	20090119	286	20090518	0
		WT907	60	20090401	26	20090630	0
		WT909	620	20090218	126	20090921	0
		WT911	1276	20090304	346	20091119	0
		WT001	1530	20090615	128	20091231	128
		WT003	208	20091225	206	20091231	206
		WT005	430	20091211	410	20091231	410
		WT007	164	20091021	106	20091231	106
		WT009	118	20091229	104	20091231	104
		WT011	32	20091231	32	20091231	32
菜籽油	ZCE	RO901	17172	20090105	8222	20090115	0
		RO903	1450	20090113	160	20090312	0
		RO905	103774	20090213	4508	20090514	0
		RO907	1158	20090311	184	20090630	0
		RO909	173378	20090513	10780	20090911	0
		RO911	3044	20090303	94	20091110	0
		RO001	89514	20090713	7064	20091231	7064
		RO003	1736	20090922	44	20091231	44
		RO005	70600	20091113	23428	20091231	23428
		RO007	520	20091228	518	20091231	518
		RO009	41352	20091231	41352	20091231	41352
		RO011	14	20090526	8	20091231	8

数据来源：上海期货交易所、大连商品交易所、郑州商品交易所
Source：SHFE、DCE、ZCE

7－19　2009 年金属期货持仓情况

Open Positions of Metal Products in 2009

品种 Items	交易所 Exchange	合约 Contracts	最高持仓量 High Open Positions	最高持仓日期 Date of High Open Positions	最后持仓 Open Positions at the End	最后持仓日期 Date of Open Positions at the End	年末持仓 Open Position at the End of year
铜	SHFE	cu0901	13250	20090105	2300	20090115	0
		cu0902	50582	20090105	3390	20090216	0
		cu0903	163072	20090105	2730	20090316	0
		cu0904	131566	20090203	2320	20090415	0
		cu0905	176434	20090217	5510	20090515	0
		cu0906	197984	20090318	5010	20090615	0
		cu0907	220104	20090409	2820	20090715	0
		cu0908	234608	20090506	5170	20090817	0
		cu0909	241334	20090603	5130	20090915	0
		cu0910	269532	20090701	5980	20091015	0
		cu0911	314000	20090727	6610	20091116	0
		cu0912	250282	20090903	9200	20091215	0
		cu1001	217242	20091026	13130	20091231	13130
		cu1002	194682	20091116	24416	20091231	24416
		cu1003	189160	20091208	62556	20091231	62556

续表 1 Continued 1

品种 Items	交易所 Exchange	合约 Contracts	最高持仓量 High Open Positions	最高持仓日期 Date of High Open Positions	最后持仓 Open Positions at the End	最后持仓日期 Date of Open Positions at the End	年末持仓 Open Position at the End of year
铜	SHFE	cu1004	146054	20091230	144812	20091231	144812
		cu1005	37330	20091231	37330	20091231	37330
		cu1006	8592	20091231	8592	20091231	8592
		cu1007	4302	20091231	4302	20091231	4302
		cu1008	3002	20091231	3002	20091231	3002
		cu1009	1650	20091230	1644	20091231	1644
		cu1010	1884	20091231	1884	20091231	1884
		cu1011	714	20091228	714	20091231	714
		cu1012	368	20091231	368	20091231	368
铝	SHFE	al0901	14040	20090105	7710	20090115	0
		al0902	24500	20090105	8070	20090216	0
		al0903	120086	20090106	5640	20090316	0
		al0904	98954	20090120	7530	20090415	0
		al0905	135618	20090220	6410	20090515	0
		al0906	117198	20090326	13750	20090615	0
		al0907	143274	20090421	15550	20090715	0
		al0908	111324	20090504	17040	20090817	0
		al0909	117938	20090605	14660	20090915	0
		al0910	75200	20090713	13660	20091015	0
		al0911	140176	20090731	19710	20091116	0
		al0912	113510	20090909	17010	20091215	0
		al1001	119678	20091028	23500	20091231	23500
		al1002	129290	20091123	37418	20091231	37418
		al1003	143776	20091214	74948	20091231	74948
		al1004	126712	20091231	126712	20091231	126712
		al1005	36156	20091231	36156	20091231	36156
		al1006	29350	20091231	29350	20091231	29350
		al1007	18470	20091231	18470	20091231	18470
		al1008	3076	20091231	3076	20091231	3076
		al1009	1886	20091231	1886	20091231	1886
		al1010	1228	20091217	1140	20091231	1140
		al1011	564	20091229	560	20091231	560
		al1012	40	20091231	40	20091231	40
锌	SHFE	zn0901	2480	20090109	1650	20090115	0
		zn0902	8544	20090105	1700	20090216	0
		zn0903	91836	20090112	2510	20090316	0
		zn0904	89422	20090203	2490	20090415	0
		zn0905	142808	20090217	2880	20090515	0
		zn0906	129394	20090320	4050	20090615	0
		zn0907	149788	20090416	5070	20090715	0
		zn0908	131954	20090504	6640	20090817	0
		zn0909	135570	20090605	6500	20090915	0
		zn0910	180678	20090713	6540	20091015	0
		zn0911	131058	20090728	13020	20091116	0
		zn0912	152734	20090904	11030	20091215	0
		zn1001	185138	20091026	7840	20091231	7840
		zn1002	165170	20091118	14192	20091231	14192
		zn1003	152132	20091211	45368	20091231	45368
		zn1004	162248	20091230	150556	20091231	150556
		zn1005	30586	20091231	30586	20091231	30586

续表 2　Continued 2

品种 Items	交易所 Exchange	合约 Contracts	最高持仓量 High Open Positions	最高持仓日期 Date of High Open Positions	最后持仓 Open Positions at the End	最后持仓日期 Date of Open Positions at the End	年末持仓 Open Position at the End of year
锌	SHFE	zn1006	2936	20091231	2936	20091231	2936
		zn1007	1560	20091228	1382	20091231	1382
		zn1008	1194	20091231	1194	20091231	1194
		zn1009	1042	20091231	1042	20091231	1042
		zn1010	1808	20091231	1808	20091231	1808
		zn1011	338	20091231	338	20091231	338
		zn1012	344	20091231	344	20091231	344
黄金	SHFE	au0901	420	20090105	420	20090115	0
		au0902	110	20090105	54	20090216	0
		au0903	86	20090108	6	20090316	0
		au0904	32	20090206	0	20090415	0
		au0905	100	20090302	60	20090515	0
		au0906	51110	20090106	240	20090615	0
		au0907	230	20090414	36	20090715	0
		au0908	180	20090505	60	20090817	0
		au0909	422	20090213	60	20090915	0
		au0910	78	20090331	6	20091015	0
		au0911	150	20090423	72	20091116	0
		au0912	87826	20090917	456	20091215	0
		au1001	716	20091112	12	20091231	12
		au1002	170	20091202	80	20091231	80
		au1003	136	20091223	94	20091231	94
		au1004	76	20091126	54	20091231	54
		au1005	158	20091204	136	20091231	136
		au1006	103880	20091216	100364	20091231	100364
		au1007	138	20091224	94	20091231	94
		au1008	74	20091230	72	20091231	72
		au1009	84	20091209	78	20091231	78
		au1010	198	20091231	198	20091231	198
		au1011	60	20091229	60	20091231	60
		au1012	86	20091231	86	20091231	86

数据来源：上海期货交易所
Source：SHFE

7－20　2009 年建材及能源化工期货持仓情况

Open Positions of Building Materials, Energy & Chemical Product Futures in 2009

品种 Items	交易所 Exchange	合约 Contracts	最高持仓量 High Open Positions	最高持仓日期 Date of High Open Positions	最后持仓 Open Positions at the End	最后持仓日期 Date of Open Positions at the End	年末持仓 Open Position at the End of year
聚乙烯	DCE	l0901	430	20090105	180	20090116	0
		l0902	1716	20090105	72	20090213	0
		l0903	40994	20090105	264	20090313	0
		l0904	4678	20090108	0	20090415	0
		l0905	90178	20090305	2874	20090515	0
		l0906	4820	20090311	338	20090612	0
		l0907	157004	20090416	2704	20090714	0
		l0908	8206	20090413	1058	20090814	0

续表 1 Continued 1

品种 Items	交易所 Exchange	合约 Contracts	最高持仓量 High Open Positions	最高持仓日期 Date of High Open Positions	最后持仓 Open Positions at the End	最后持仓日期 Date of Open Positions at the End	年末持仓 Open Position at the End of year
聚乙烯	DCE	l0909	126338	20090603	7958	20090914	0
		l0910	8768	20090622	72	20091022	0
		l0911	88734	20090918	13744	20091113	0
		l0912	8442	20090922	2756	20091214	0
		l1001	97034	20091120	4540	20091231	4540
		l1002	3014	20090909	532	20091231	532
		l1003	902	20091125	556	20091231	556
		l1004	2088	20090513	118	20091231	118
		l1005	108988	20091223	85790	20091231	85790
		l1006	684	20090821	470	20091231	470
		l1007	652	20091231	652	20091231	652
		l1008	170	20091228	168	20091231	168
		l1009	740	20091224	638	20091231	638
		l1010	10	20091204	4	20091231	4
		l1011	24	20091130	12	20091231	12
		l1012	2	20091224	0	20091231	0
聚氯乙烯	DCE	v0909	62364	20090720	36872	20090914	0
		v0910	3850	20090701	1716	20091022	0
		v0911	194664	20090811	23110	20091113	0
		v0912	10260	20090904	5546	20091214	0
		v1001	130378	20091118	22462	20091231	22462
		v1002	19178	20091123	9674	20091231	9674
		v1003	162900	20091214	117874	20091231	117874
		v1004	10174	20091207	2502	20091231	2502
		v1005	26134	20091228	26112	20091231	26112
		v1006	2418	20090624	352	20091231	352
		v1007	1166	20090924	148	20091231	148
		v1008	702	20091111	62	20091231	62
		v1009	1768	20091217	1304	20091231	1304
		v1010	74	20091116	40	20091231	40
		v1011	88	20091229	88	20091231	88
		v1012	2	20091224	2	20091231	2
燃料油	SHFE	fu0902	9540	20090105	5400	20090123	0
		fu0903	120412	20090107	18460	20090227	0
		fu0904	1778	20090115	1060	20090331	0
		fu0905	184490	20090210	28440	20090430	0
		fu0906	231090	20090323	24040	20090527	0
		fu0907	225250	20090416	16740	20090630	0
		fu0908	161978	20090521	11940	20090731	0
		fu0909	143404	20090612	14220	20090831	0
		fu0910	97892	20090713	9000	20090930	0
		fu0911	181724	20090812	14180	20091030	0
		fu0912	107370	20090910	31140	20091130	0
		fu1001	107760	20091027	18460	20091231	18460
		fu1003	191538	20091209	40044	20091231	40044
		fu1004	3398	20091209	3032	20091231	3032
		fu1005	111662	20091231	111662	20091231	111662
		fu1006	1708	20091230	1694	20091231	1694
		fu1007	244	20091022	196	20091231	196
		fu1008	274	20091230	252	20091231	252

续表 2　Continued 2

品种 Items	交易所 Exchange	合约 Contracts	最高持仓量 High Open Positions	最高持仓日期 Date of High Open Positions	最后持仓 Open Positions at the End	最后持仓日期 Date of Open Positions at the End	年末持仓 Open Position at the End of year
燃料油	SHFE	fu1009	276	20091231	276	20091231	276
		fu1010	368	20091112	322	20091231	322
		fu1011	520	20091229	516	20091231	516
		fu1012	106	20091230	106	20091231	106
PTA	ZCE	TA901	10524	20090105	4516	20090115	0
		TA902	8272	20090108	4932	20090212	0
		TA903	26564	20090108	2670	20090312	0
		TA904	678	20090105	36	20090414	0
		TA905	142600	20090211	6988	20090514	0
		TA906	4534	20090225	684	20090611	0
		TA907	558	20090107	154	20090713	0
		TA908	2606	20090105	1280	20090813	0
		TA909	258292	20090615	10974	20090911	0
		TA910	122678	20090828	3812	20091021	0
		TA911	178110	20090921	9452	20091112	0
		TA912	190154	20091013	10424	20091211	0
		TA001	228676	20091111	13642	20091231	13642
		TA002	157098	20091217	62730	20091231	62730
		TA003	159296	20091230	145488	20091231	145488
		TA004	2304	20091014	794	20091231	794
		TA005	4982	20091223	4890	20091231	4890
		TA006	2912	20091111	2886	20091231	2886
		TA007	1504	20091202	1066	20091231	1066
		TA008	360	20091020	132	20091231	132
		TA009	308	20090108	308	20091231	308
		TA010	64	20090526	54	20091231	54
		TA011	696	20091231	696	20091231	696
		TA012	134	20091201	134	20091231	134

数据来源：上海期货交易所、大连商品交易所、郑州商品交易所
Source：SHFE、DCE、ZCE

7－21　2009年钢材期货持仓情况

Open Positions of Steel Products in 2009

品种 Items	交易所 Exchange	合约 Contracts	最高持仓量 High Open Positions	最高持仓日期 Date of High Open Positions	最后持仓 Open Positions at the End	最后持仓日期 Date of Open Positions at the End	年末持仓 Open Position at the End of year
螺纹钢	SHFE	rb0909	386812	20090626	5340	20090915	0
		rb0910	397818	20090730	6660	20091015	0
		rb0911	773276	20090819	12480	20091116	0
		rb0912	945416	20090916	11340	20091215	0
		rb1001	1074998	20091021	22262	20091231	22262
		rb1002	925730	20091110	98180	20091231	98180
		rb1003	189126	20091113	136726	20091231	136726
		rb1004	52632	20091228	52264	20091231	52264
		rb1005	1028662	20091228	911846	20091231	911846
		rb1006	29780	20091229	28690	20091231	28690
		rb1007	7070	20091231	7070	20091231	7070

续表 Continued

品种 Items	交易所 Exchange	合约 Contracts	最高持仓量 High Open Positions	最高持仓日期 Date of High Open Positions	最后持仓 Open Positions at the End	最后持仓日期 Date of Open Positions at the End	年末持仓 Open Position at the End of year
螺纹钢	SHFE	rb1008	3712	20091224	3124	20091231	3124
		rb1009	13102	20091217	12396	20091231	12396
		rb1010	86782	20091231	86782	20091231	86782
		rb1011	23868	20091215	22216	20091231	22216
		rb1012	4516	20091228	4498	20091231	4498
线材	SHFE	wr0909	40294	20090506	600	20090915	0
		wr0910	10916	20090730	2460	20091015	0
		wr0911	18380	20090909	4440	20091116	0
		wr0912	8452	20091015	540	20091215	0
		wr1001	12182	20091026	720	20091231	720
		wr1002	8494	20091123	2540	20091231	2540
		wr1003	2736	20091228	2700	20091231	2700
		wr1004	576	20091231	576	20091231	576
		wr1005	5930	20091231	5930	20091231	5930
		wr1006	860	20091028	800	20091231	800
		wr1007	996	20091109	934	20091231	934
		wr1008	996	20091215	988	20091231	988
		wr1009	2842	20091126	2834	20091231	2834
		wr1010	3942	20091228	3932	20091231	3932
		wr1011	958	20091215	952	20091231	952
		wr1012	10	20091228	10	20091231	10

数据来源：上海期货交易所
Source：SHFE

7－22　2009年农产品期货实物交割情况

Summary for Practical Delivery of Agricultural Products in 2009

金额单位：万元

品种 Items	交易所 Exchange	合约 Contract	交割量 Volume of Delivery	合约成交量 Trading Volume of Contract	最高持仓量 High Open Positions	最高持仓日期 Date of High Open Positions	交割金额 Amount of Delivery	合约成交金额 Turnover of Contract	结算价 Clearing Price	交割率(%) Delivery Rate		
										Ⅰ	Ⅱ	Ⅲ
黄大豆1号	DCE	a0901	2471	127751506	560994	20080723	9050.23	543511346.25	3651	0.00	0.88	0.00
		a0903	537	61548	1738	20080715	1982.87	249812.95	3692	1.74	61.80	1.59
		a0905	2582	54885074	481788	20081204	9133.19	183456034.57	3507	0.01	1.07	0.01
		a0907	251	24576	1836	20090303	918.05	88775.46	3688	2.04	27.34	2.07
		a0909	3276	26933752	285950	20090218	12362.42	91611618.17	3758	0.02	2.29	0.03
		a0911	126	17498	348	20090402	471.99	63934.61	3723	1.44	72.41	1.48
黄大豆2号	DCE	b0905	9	14880	420	20090312	33.53	49991.96	3725	0.12	4.29	0.13
玉米	DCE	c0901	3426	47726758	727226	20080512	4983.71	90323743.52	1456	0.01	0.94	0.01
		c0903	1067	271594	23230	20080512	1564.78	521483.18	1512	0.79	9.19	0.60
		c0905	9108	36283386	405230	20080922	14563.15	60789555.60	1600	0.05	4.50	0.05
		c0907	1	60044	2890	20080728	1.57	108911.57	1565	0.00	0.07	0.00
		c0909	6997	10662984	278198	20090421	12021.15	17775472.00	1718	0.13	5.03	0.14
豆粕	DCE	m0901	502	73943794	284874	20080910	1620.46	258571542.11	3228	0.00	0.35	0.00
		m0903	51	14586	462	20090114	140.76	44022.85	2760	0.70	22.08	0.64
		m0905	295	43529132	264982	20081203	867.78	110084751.20	2940	0.00	0.22	0.00

续表 1　Continued 1

品种 Items	交易所 Exchange	合约 Contract	交割量 Volume of Delivery	合约成交量 Trading Volume of Contract	最高持仓量 High Open Positions	最高持仓日期 Date of High Open Positions	交割金额 Amount of Delivery	合约成交金额 Turnover of Contract	结算价 Clearing Price	交割率(%) Delivery Rate		
										Ⅰ	Ⅱ	Ⅲ
豆粕	DCE	m0907	101	17508	944	20090211	303.00	48172.90	3228	1.15	21.40	1.26
		m0908	127	12822	296	20090709	395.10	36894.46	3111	1.98	85.81	2.14
		m0909	104	73664002	475672	20090603	359.99	207606103.39	3460	0.00	0.04	0.00
		m0911	8	61842	2170	20090505	27.65	171224.13	3456	0.03	0.74	0.03
棕榈油	DCE	p0901	2895	4851196	48974	20080919	14683.44	27247010.43	5072	0.12	11.82	0.11
		p0905	245	7127574	89708	20081226	1744.89	36627865.10	7122	0.01	0.55	0.01
		p0906	30	669338	2348	20090219	198.06	3559646.51	6602	0.01	2.56	0.01
		p0908	5	263284	3882	20090508	28.18	1652612.25	5636	0.00	0.26	0.00
		p0909	500	19171172	176180	20090415	2991.00	120639718.79	5982	0.01	0.57	0.00
豆油	DCE	y0901	122	38663222	154808	20080918	876.94	316147692.16	7188	0.00	0.16	0.00
		y0903	107	28930	1270	20081218	658.26	223595.72	6152	0.74	16.85	0.59
		y0905	707	23295250	171020	20081225	5319.47	143455028.18	7376	0.01	0.83	0.01
		y0907	5	23664	1070	20090420	33.51	154495.14	6702	0.04	0.93	0.04
		y0908	548	13574	1096	20090731	3693.52	95675.13	6740	8.07	100.00	7.72
		y0909	10593	50507994	366276	20090416	71637.40	351370344.46	6760	0.04	5.78	0.04
		y0911	106	15320	690	20090715	727.34	107565.79	7012	1.38	30.72	1.35
		y0912	18	16920	824	20090731	130.54	121766.75	7252	0.21	4.37	0.21
天然橡胶	SHFE	ru0901	294	12042698	88876	20081024	1945.55	95133766.59	13235	0.00	0.66	0.00
		ru0903	2838	16820358	118754	20081127	19170.69	93059439.32	13510	0.03	4.78	0.04
		ru0904	1165	66918	2466	20090413	8519.06	450235.94	14625	3.48	94.48	3.78
		ru0905	1486	29108840	171736	20090218	10844.09	178909666.90	14595	0.01	1.73	0.01
		ru0906	875	95854	6216	20090107	6385.31	630302.07	14595	1.83	28.15	2.03
		ru0907	1529	15764512	127012	20090326	11616.58	102503068.60	15195	0.02	2.41	0.02
		ru0908	485	42224	1886	20090723	4081.28	316739.45	16830	2.30	51.43	2.58
		ru0909	1254	37164674	168890	20090506	10125.74	278661909.82	16005	0.01	1.48	0.01
		ru0910	536	54152	1356	20090713	4679.28	414491.91	17460	1.98	79.06	2.26
		ru0911	4471	20922368	200216	20090717	42709.23	162963519.71	19105	0.04	4.47	0.05
一号棉花	ZCE	CF901	2216	4360726	59218	20081007	12706.36	27714333.88	11465	0.10	7.48	0.09
		CF903	1148	91308	2606	20081010	6758.80	610539.98	11775	2.51	88.10	2.21
		CF905	2712	3844782	74068	20081205	17645.78	22118970.22	13020	0.14	7.32	0.16
		CF907	1896	696836	45218	20090421	12535.34	4451034.31	13475	0.54	8.39	0.56
		CF909	392	881894	42764	20090617	2529.38	5814150.50	13200	0.09	1.83	0.09
		CF911	276	34942	2930	20090729	1991.47	224969.76	14700	1.58	18.84	1.77
白砂糖	ZCE	SR901	849	138157128	530150	20080618	2444.07	513204932.56	2880	0.00	0.32	0.00
		SR903	3929	9105198	173522	20080619	13859.72	33746621.93	3528	0.09	4.53	0.08
		SR905	6652	131033056	487886	20081106	24763.84	412187041.38	3734	0.01	2.73	0.01
		SR907	5128	1434804	40984	20090114	19355.21	4841369.08	3751	0.71	25.02	0.80
		SR909	12367	83545814	751320	20090313	50311.49	305809494.10	4127	0.03	3.29	0.03
		SR911	2034	501032	52000	20090828	8346.81	2006130.66	4139	0.81	7.82	0.83
早籼稻	ZCE	ER909	1523	749534	17940	20090421	2974.42	1534029.22	1953	0.41	16.98	0.39
		ER911	790	15468	1980	20090831	1540.50	31139.70	1941	10.21	79.80	9.89
强麦	ZCE	WS901	4448	16497118	188028	20080815	8467.948	34543409.51	1901	0.05	4.73	0.05
		WS903	724	41324	5848	20080326	1407.755	86021.686	1940	3.50	24.76	3.27
		WS905	2912	13566512	187398	20081201	5524.402	27243455.71	1922	0.04	3.11	0.04
		WS907	506	169010	11618	20081225	961.4	338139.938	1900	0.60	8.71	0.57
		WS909	4390	8416384	148982	20090416	9012.64	18081728.27	2061	0.10	5.89	0.10
		WS911	880	128062	10396	20081015	1828.96	280998.84	2080	1.37	16.93	1.30
硬麦	ZCE	WT901	745	43322	3892	20080917	1325.355	78073.446	1779	3.44	38.28	3.40
		WT903	66	127426	14214	20080819	121.11	230735.864	1835	0.10	0.93	0.10

续表 2 Continued 2

品种 Items	交易所 Exchange	合约 Contract	交割量 Volume of Delivery	合约成交量 Trading Volume of Contract	最高持仓量 High Open Positions	最高持仓日期 Date of High Open Positions	交割金额 Amount of Delivery	合约成交金额 Turnover of Contract	结算价 Clearing Price	交割率(%) Delivery Rate		
										Ⅰ	Ⅱ	Ⅲ
硬麦	ZCE	WT905	143	129760	12642	20080813	274.989	236159.136	1960	0.22	2.26	0.23
		WT907	13	5674	84	20081014	22.477	10501.32	1729	0.46	30.95	0.43
		WT909	63	8538	620	20090218	116.613	16078.844	1880	1.48	20.32	1.45
		WT911	155	8062	1276	20090304	300.7	15411.766	1982	3.85	24.29	3.90
菜籽油	ZCE	RO901	4860	6228958	91092	20081009	18451.646	25100749.86	7582	0.16	10.67	0.15
		RO903	80	16768	1614	20080507	294.4	70862.916	7360	0.95	9.91	0.83
		RO905	2258	5602500	103774	20090213	8598.008	18913377.91	7716	0.08	4.35	0.09
		RO907	92	15020	1674	20081028	342.7	53787.406	7450	1.23	10.99	1.27
		RO909	7361	11278906	173378	20090513	27607.905	41270256.22	7300	0.13	8.49	0.13
		RO911	78	21748	3044	20090303	298.055	77243.6	7650	0.72	5.12	0.77

数据来源：上海期货交易所、大连商品交易所、郑州商品交易所
Source：SHFE、DCE、ZCE

7-23 2009年金属期货实物交割情况

Summary for Practical Delivery of Metal Products in 2009

金额单位：万元

品种 Items	交易所 Exchange	合约 Contract	交割量 Volume of Delivery	合约成交量 Trading Volume of Contract	最高持仓量 High Open Positions	最高持仓日期 Date of High Open Positions	交割金额 Amount of Delivery	合约成交金额 Turnover of Contract	结算价 Clearing Price	交割率(%) Delivery Rate		
										Ⅰ	Ⅱ	Ⅲ
铜	SHFE	cu0901	1150	4667154	103098	20081111	16560.00	77524655.71	28800	0.05	2.23	0.04
		cu0902	1695	6058174	169422	20081204	24458.85	81089624.40	28860	0.06	2.00	0.06
		cu0903	1365	7179980	178558	20081226	21000.53	88913304.97	30770	0.04	1.53	0.05
		cu0904	1160	6779010	131566	20090203	25189.40	92301460.20	43430	0.03	1.76	0.05
		cu0905	2755	8758582	176434	20090217	50485.38	123606376.04	36650	0.06	3.12	0.08
		cu0906	2505	10747660	197984	20090318	49849.50	169050000.01	39800	0.05	2.53	0.06
		cu0907	1410	12274846	220104	20090409	29024.85	222291205.26	41170	0.02	1.28	0.03
		cu0908	2585	21379944	234608	20090506	61781.50	392758051.51	47800	0.02	2.20	0.03
		cu0909	2565	16546012	241334	20090603	61752.38	324997476.59	48150	0.03	2.13	0.04
		cu0910	2990	20078448	269532	20090701	73344.70	401855843.41	49060	0.03	2.22	0.04
		cu0911	3305	21947972	314000	20090727	85302.05	498554510.27	51620	0.03	2.11	0.03
		cu0912	4600	18495404	250282	20090903	126408.00	448521655.83	54960	0.05	3.68	0.06
铝	SHFE	al0901	3855	5960936	119678	20081023	23390.21	41581817.94	12135	0.13	6.44	0.11
		al0902	4035	3897424	106674	20081202	24502.54	23582935.95	12145	0.21	7.57	0.21
		al0903	2820	9730316	123860	20081224	17794.20	55855226.16	12620	0.06	4.55	0.06
		al0904	4045	3990948	98954	20090120	27994.76	23389686.04	13905	0.20	8.18	0.24
		al0905	3205	3938476	135618	20090220	20512.00	23430717.82	12800	0.16	4.73	0.18
		al0906	6875	3521926	117198	20090326	46406.25	21873317.48	13500	0.39	11.73	0.42
		al0907	7775	4330400	143274	20090421	52597.88	27747229.45	13530	0.36	10.85	0.38
		al0908	8520	2564552	111324	20090504	62728.50	16435928.12	14725	0.66	15.31	0.76
		al0909	7330	2200344	117938	20090605	54626.83	14610164.11	14905	0.67	12.43	0.75
		al0910	6830	1357286	75200	20090713	50746.90	9303147.62	14860	1.01	18.16	1.09
		al0911	9855	5927540	140176	20090731	73740.04	44117512.38	14965	0.33	14.06	0.33
		al0912	8505	3532880	113510	20090909	68784.19	26400644.89	16175	0.48	14.99	0.52
锌	SHFE	zn0901	825	3585176	95778	20081021	4657.13	17625581.00	11290	0.05	1.72	0.05
		zn0902	850	2411880	67676	20081205	4454.00	11347806.04	10480	0.07	2.51	0.08
		zn0903	1555	3607680	91836	20090112	8345.31	18488816.46	10775	0.09	3.39	0.09
		zn0904	1245	2336382	89422	20090203	8136.08	12420920.45	13070	0.11	2.78	0.13
		zn0905	1440	3399208	142808	20090217	9018.00	17742648.49	12525	0.08	2.02	0.10

续表　Continued

品种 Items	交易所 Exchange	合约 Contract	交割量 Volume of Delivery	合约成交量 Trading Volume of Contract	最高持仓量 High Open Positions	最高持仓日期 Date of High Open Positions	交割金额 Amount of Delivery	合约成交金额 Turnover of Contract	结算价 Clearing Price	交割率(%) Delivery Rate		
										Ⅰ	Ⅱ	Ⅲ
锌	SHFE	zn0906	2025	3412488	129394	20090320	13618.13	18885109.98	13450	0.12	3.13	0.14
		zn0907	2535	5397080	149788	20090416	16483.84	33714708.76	13005	0.09	3.38	0.10
		zn0908	3320	6898842	131954	20090504	23613.50	44034509.50	14225	0.10	5.03	0.11
		zn0909	3250	5349452	135570	20090605	24033.75	35707492.42	14790	0.12	4.79	0.13
		zn0910	3270	3922822	180678	20090713	25612.28	26278763.99	15665	0.17	3.62	0.19
		zn0911	6510	5934118	131058	20090728	55318.73	43581678.02	16995	0.22	9.93	0.25
		zn0912	5515	6580866	152734	20090904	50227.86	50282849.84	18215	0.17	7.22	0.20
黄金	SHFE	au0901	210	26684	1532	20081028	3969.84	456866.27	182.00	1.57	27.42	1.74
		au0902	27	7362	662	20081006	507.71	131728.25	192.42	0.73	8.16	0.77
		au0903	3	3166	142	20081212	66.34	56635.14	231.65	0.19	4.23	0.23
		au0905	30	5710	100	20090302	594.39	107198.13	198.00	1.05	60.00	1.11
		au0906	120	3613782	74534	20081113	2572.32	65462576.55	211.25	0.01	0.32	0.01
		au0907	18	5490	230	20090414	374.02	106231.74	210.00	0.66	15.65	0.70
		au0908	30	3266	180	20090505	629.55	63878.99	204.50	1.84	33.33	1.97
		au0909	30	9956	458	20081124	630.03	190313.16	221.10	0.60	13.10	0.66
		au0910	3	1516	78	20090331	66.01	30890.44	223.15	0.40	7.69	0.43
		au0911	36	2978	150	20090423	812.41	60862.26	222.73	2.42	48.00	2.67
		au0912	228	2513996	87826	20090917	5949.43	53151368.85	252.00	0.02	0.52	0.02

数据来源：上海期货交易所

Source：SHFE

au0904 合约的交割量为 0，因此未在上表统计。

7－24　2009 年建材及能源化工期货实物交割情况

Summary for Practical Delivery of Building Materials, Energy & Chemical Products in 2009

品种 Items	交易所 Exchange	合约 Contract	交割量 Volume of Delivery	合约成交量 Trading Volume of Contract	最高持仓量 High Open Positions	最高持仓日期 Date of High Open Positions	交割金额 Amount of Delivery	合约成交金额 Turnover of Contract	结算价 Clearing Price	交割率(%) Delivery Rate		
										Ⅰ	Ⅱ	Ⅲ
聚乙烯	DCE	l0901	90	12278136	73026	20081128	387.68	50599760.09	8615	0.00	0.25	0.00
		l0902	36	396124	5314	20081111	162.90	1465223.88	9050	0.02	1.35	0.02
		l0903	132	9395646	69290	20081224	562.98	34488000.23	8530	0.00	0.38	0.00
		l0905	1437	17992522	90178	20090305	6962.27	75556415.86	9690	0.02	3.19	0.02
		l0906	169	570760	4820	20090311	807.40	2482107.98	9555	0.06	7.01	0.07
		l0907	1352	20999908	157004	20090416	6783.66	98353000.17	10035	0.01	1.72	0.01
		l0908	529	597576	8206	20090413	3013.98	2774224.11	11395	0.18	12.89	0.22
		l0909	3979	15644424	126338	20090603	20183.48	77551942.72	10145	0.05	6.30	0.05
		l0910	36	1225320	8768	20090622	188.19	6113458.62	10455	0.01	0.82	0.01
		l0911	6872	13119674	88734	20090918	38981.42	70478426.83	11345	0.10	15.49	0.11
		l0912	1378	1583322	8442	20090922	7458.43	8397032.02	10825	0.17	32.65	0.18
聚氯乙烯	DCE	v0909	18436	3527524	62364	20090720	62083.23	12195721.98	6735	1.05	59.12	1.02
		v0910	858	504254	3850	20090701	2767.05	1756911.83	6450	0.34	44.57	0.31
		v0911	11555	11661152	194664	20090811	38767.03	43212380.32	6710	0.20	11.87	0.18
		v0912	2773	1378574	10260	20090904	9726.30	4872203.53	7015	0.40	54.05	0.40
燃料油	SHFE	fu0902	2700	20651208	264834	20081120	7333.20	49087380.82	2716	0.03	2.04	0.03
		fu0903	9230	19369798	169356	20081223	26886.99	49319671.76	2913	0.10	10.90	0.11
		fu0904	530	65692	2678	20081218	1575.16	181078.35	2972	1.61	39.58	1.74
		fu0905	14220	19963518	184490	20090210	45745.74	59774160.75	3217	0.14	15.42	0.15
		fu0906	12020	13021728	231090	20090323	41829.60	40953109.37	3480	0.18	10.40	0.20
		fu0907	8370	11765572	225250	20090416	30609.09	40227322.44	3657	0.14	7.43	0.15

续表 Continued

品种 Items	交易所 Exchange	合约 Contract	交割量 Volume of Delivery	合约成交量 Trading Volume of Contract	最高持仓量 High Open Positions	最高持仓日期 Date of High Open Positions	交割金额 Amount of Delivery	合约成交金额 Turnover of Contract	结算价 Clearing Price	交割率(%) Delivery Rate Ⅰ	Ⅱ	Ⅲ
燃料油	SHFE	fu0908	5970	7542304	161978	20090521	21886.02	27228861.45	3666	0.16	7.37	0.16
		fu0909	7110	5742526	143404	20090612	27010.89	21449909.30	3799	0.25	9.92	0.25
		fu0910	4500	3379216	97892	20090713	16722.00	12723237.61	3716	0.27	9.19	0.26
		fu0911	7090	7521066	181724	20090812	27863.70	30404906.67	3930	0.19	7.80	0.18
		fu0912	15570	5023206	107370	20090910	62715.96	19999774.83	3996	0.62	29.00	0.63
PTA	ZCE	TA901	4631	9685912	113032	20081117	12923.76	23328025.39	5676	0.10	8.19	0.11
		TA902	2550	83172	8272	20090108	8571.69	225400.41	6734	6.13	61.65	7.61
		TA903	1217	661442	49054	20081203	3642.20	1707959.55	5986	0.37	4.96	0.43
		TA904	13	15232	1406	20081219	45.83	43195.72	7050	0.17	1.85	0.21
		TA905	3165	19638290	142600	20090211	11944.71	56671790.48	7256	0.03	4.44	0.04
		TA906	335	39782	4534	20090225	1150.06	125559.24	6864	1.68	14.78	1.83
		TA907	115	32810	5024	20080926	406.27	107112.38	7190	0.70	4.58	0.76
		TA908	895	33242	4004	20080923	3664.48	107080.59	8182	5.38	44.71	6.84
		TA909	6071	33833474	258292	20090615	21851.02	119802248.60	7120	0.04	4.70	0.04
		TA910	3291	7384268	122678	20090828	11562.26	28964167.43	7092	0.09	5.37	0.08
		TA911	2936	6074830	178110	20090921	10930.80	21121563.62	7540	0.10	3.30	0.10
		TA912	6543	7381074	190154	20091013	25517.50	26343313.09	7732	0.18	6.88	0.19

数据来源：上海期货交易所、大连商品交易所、郑州商品交易所
Source：SHFE、DCE、ZCE

7－25 2009年钢材期货实物交割情况

Summary for Practical Delivery of Steel Products in 2009

品种 Items	交易所 Exchange	合约 Contract	交割量 Volume of Delivery	合约成交量 Trading Volume of Contract	最高持仓量 High Open Positions	最高持仓日期 Date of High Open Positions	交割金额 Amount of Delivery	合约成交金额 Turnover of Contract	结算价 Clearing Price	交割率(%) Delivery Rate Ⅰ	Ⅱ	Ⅲ
螺纹钢	SHFE	rb0909	2970	16484908	386812	20090626	10912.50	61551935.28	3634	0.04	1.54	0.04
		rb0910	3390	12089984	397818	20090730	11794.05	52706819.63	3479	0.06	1.70	0.04
		rb0911	6240	47983762	773276	20090819	22738.56	212519354.63	3644	0.03	1.61	0.02
		rb0912	5670	57183762	945416	20090916	20990.34	228185488.10	3702	0.02	1.20	0.02
线材	SHFE	wr0909	300	1081362	40294	20090506	1095.00	3875682.80	3650	0.06	1.49	0.06
		wr0910	1230	154930	10916	20090730	4233.66	662654.62	3442	1.59	22.54	1.28
		wr0911	2370	424408	18380	20090909	8391.00	1706290.61	3550	1.12	25.79	0.98
		wr0912	270	159406	8452	20091015	976.05	600202.13	3615	0.34	6.39	0.33

数据来源：上海期货交易所
Source：SHFE

7－26 2009年农产品期货合约月末结算价

Clearing Price of Agricultural Product Contracts in 2009

合约品种 Items	交易所 Exchanges	合约 Contracts	1月 Jan.	2月 Feb.	3月 Mar.	4月 Apr.	5月 May.	6月 Jun.	7月 Jul.	8月 Aug.	9月 Sep.	10月 Oct.	11月 Nov.	12月 Dec.
黄大豆1号	DCE	a0901	3651											
		a0903	3695	3675	3692									
		a0905	3564	3628	3677	3420	3507							
		a0907	3542	3590	3567	3487	3769	3741	3688					

续表 1　Continued 1

合约品种 Items	交易所 Exchanges	合约 Contracts	1 月 Jan.	2 月 Feb.	3 月 Mar.	4 月 Apr.	5 月 May.	6 月 Jun.	7 月 Jul.	8 月 Aug.	9 月 Sep.	10 月 Oct.	11 月 Nov.	12 月 Dec.
黄大豆 1 号	DCE	a0909	3387	3392	3530	3499	3788	3820	3650	3798	3758			
		a0911	3315	3316	3407	3448	3728	3670	3624	3732	3600	3731	3723	
		a1001	3269	3206	3289	3377	3671	3653	3620	3741	3591	3724	3931	4069
		a1003	3297	3246	3290	3373	3651	3618	3613	3710	3571	3721	4015	4105
		a1005	3300	3292	3290	3353	3631	3592	3590	3698	3548	3707	3998	4131
		a1007	3399	3306	3321	3305	3635	3613	3558	3672	3508	3699	4030	4172
		a1009			3388	3424	3689	3653	3658	3665	3461	3674	4030	4026
		a1011					3635	3636	3626	3651	3476	3635	4006	3977
		a1101							3639	3705	3488	3656	3932	3958
		a1103									3610	3687	3940	3956
		a1105											3969	3995
黄大豆 2 号	DCE	b0901	3990											
		b0903	3619	3750	3750									
		b0905	3578	3644	3719	3550	3725							
		b0907	4310	4055	3893	3422	3440	3680	3680					
		b0909	3382	3390	3526	3510	3767	3760	3640	4120	4235			
		b0911	3280	3310	3435	3449	3666	3623	3621	3770	3942	3859	3859	
		b1001	3243	3191	3309	3368	3666	3643	3611	3877	3686	3857	4003	4316
		b1003			3319	3316	3661	3620	3500	3870	3740	3850	3945	4154
		b1005					3634	3594	3607	3770	3626	3777	4006	4152
		b1007							3639	3793	3602	3771	4075	4123
		b1009									3558	3742	4078	4084
		b1011											3925	4038
玉米	DCE	c0901	1456											
		c0903	1472	1474	1512									
		c0905	1566	1602	1651	1609	1600							
		c0907	1599	1635	1662	1629	1631	1565	1565					
		c0909	1624	1669	1697	1668	1662	1666	1678	1749	1718			
		c0911	1640	1651	1686	1681	1671	1646	1657	1688	1706	1640	1640	
		c1001	1645	1643	1668	1667	1650	1628	1624	1692	1682	1704	1761	1806
		c1003			1696	1680	1670	1650	1648	1737	1705	1725	1775	1795
		c1005					1681	1659	1656	1755	1721	1738	1781	1799
		c1007							1669	1776	1743	1759	1801	1821
		c1009									1767	1792	1837	1870
		c1011											1827	1878
豆粕	DCE	m0901	3228											
		m0903	2975	2731	2760									
		m0905	2671	2460	2937	2987	2940							
		m0907	2673	2473	2795	2819	3061	3325	3228					
		m0908	2650	2501	2728	2749	3000	3250	3044	3111				
		m0909	2596	2422	2656	2716	2973	3188	3207	3424	3460			
		m0911	2613	2448	2619	2616	2919	2990	3045	3215	3201	3390	3456	
		m0912	2622	2443	2654	2571	2891	2929	2970	3204	3117	3280	3600	3600
		m1001	2580	2425	2560	2583	2868	2895	2931	3081	2989	3159	3329	3360
		m1003			2631	2599	2837	2837	2927	2915	2836	2955	3264	3313
		m1005					2814	2778	2916	2906	2700	2818	3085	3104
		m1007							2893	2891	2635	2774	2986	3010
		m1008								2902	2656	2794	3014	3026
		m1009									2633	2783	2997	3009
		m1011											3021	3022
		m1012												3039
棕榈油	DCE	p0901	5072											

续表 2　Continued 2

合约品种 Items	交易所 Exchanges	合约 Contracts	1 月 Jan.	2 月 Feb.	3 月 Mar.	4 月 Apr.	5 月 May.	6 月 Jun.	7 月 Jul.	8 月 Aug.	9 月 Sep.	10 月 Oct.	11 月 Nov.	12 月 Dec.
棕榈油	DCE	p0902	5240	5240										
		p0903	5120	5530	5530									
		p0904	5122	5120	4984	4984								
		p0905	5182	5104	5400	6438	7122							
		p0906	5200	5144	5418	6236	6960	6602						
		p0907	5214	5160	5432	6262	6674	6296	6296					
		p0908	5220	5192	5422	6230	6600	6222	5636	5636				
		p0909	5208	5112	5458	6270	6578	6202	5926	6104	5982			
		p0910	5224	5120	5426	6284	6474	6212	5918	6406	5618	5800		
		p0911	5302	5212	5416	6138	6382	6130	5910	6262	5744	5908	5908	
		p0912	5230	5200	5386	6062	6366	6180	5934	6220	5744	6000	5870	5870
		p1001	5230	5138	5402	5988	6314	6108	5896	6110	5602	5922	6452	6662
		p1002		5080	5472	5908	6346	6198	5948	6248	5694	6044	6644	6760
		p1003			5418	5882	6372	6260	6040	6258	5702	6050	6660	6842
		p1004				5858	6380	6226	6078	6266	5740	6076	6624	7034
		p1005					6434	6192	6202	6350	5752	6112	6632	7036
		p1006						6234	6272	6352	5850	6118	6690	7142
		p1007							6230	6430	5760	6138	6710	7144
		p1008								6600	5866	6182	6712	7314
		p1009									5796	6174	6728	7186
		p1010										6090	6784	7270
		p1011											6770	7268
		p1012												7314
大豆原油	DCE	y0901	7188											
		y0903	6374	6014	6152									
		y0905	6156	5944	6218	6836	7376							
		y0907	6162	5900	6230	6914	7408	7100	6702					
		y0908	6216	5974	6338	6972	7474	7216	6752	6740				
		y0909	6148	5938	6304	6984	7426	7220	6988	7260	6760			
		y0911	6206	5980	6404	7006	7450	7354	7132	7296	6500	6930	7012	
		y0912	6178	5998	6492	7066	7594	7392	7094	7448	6576	7066	7204	7252
		y1001	6314	6072	6402	7026	7466	7382	7240	7420	6784	7264	7636	7690
		y1003			6534	6794	7484	7362	7308	7484	6706	7160	7706	7668
		y1005					7420	7224	7394	7450	6750	7256	7708	7796
		y1007							7396	7452	6664	7224	7688	7816
		y1008								7420	6690	7248	7760	7904
		y1009									6676	7214	7798	7918
		y1011											7856	8002
		y1012												8016
天然橡胶	SHFE	ru0901	13235											
		ru0903	13300	14180	13510									
		ru0904	12770	13720	13580	14625								
		ru0905	12585	13410	13500	14235	14595							
		ru0906	12455	12930	13550	14295	14400	14595						
		ru0907	12275	12530	13640	14445	14470	15075	15195					
		ru0908	15815	12385	13410	14475	14625	15180	16225	16830				
		ru0909	12275	12215	13375	14560	14725	15365	16665	16790	16005			
		ru0910	17040	15050	13285	14470	14765	15475	16965	16920	16415	17460		
		ru0911	17040	12100	13195	14460	14740	15600	17070	17040	16815	18460	19105	
		ru1001	17040	12425	13445	14860	14990	16070	18425	18365	17650	19350	21395	23540
		ru1003			13690	14935	15190	16250	18775	18715	18065	19785	21755	23725
		ru1004				15205	15260	16260	18890	18700	18260	19880	21955	24100
		ru1005					15430	16435	19075	19030	18395	19995	22165	24355
		ru1006						16500	19380	19175	18645	20075	22030	24345

续表 3　Continued 3

合约品种 Items	交易所 Exchanges	合约 Contracts	1月 Jan.	2月 Feb.	3月 Mar.	4月 Apr.	5月 May.	6月 Jun.	7月 Jul.	8月 Aug.	9月 Sep.	10月 Oct.	11月 Nov.	12月 Dec.
天然橡胶	SHFE	ru1007							19235	19375	18690	20035	22215	24505
		ru1008								19530	18900	19960	22055	24555
		ru1009									18910	20020	22200	24390
		ru1010										19865	21975	24290
		ru1011											21740	23975
一号棉花	ZCE	CF901	11465											
		CF903	11550	11755	11775									
		CF905	11685	11890	12280	12870	13020							
		CF907	11860	12070	12435	13000	12765	13125	13475					
		CF909	12180	12415	12730	13250	13055	13280	13850	12705	13200			
		CF911	12505	12675	12880	12965	13020	13020	13440	13075	13435	14260	14700	
		CF001	13000	12870	13020	13030	13120	13165	13545	13275	13650	14475	15355	16090
		CF003			13170	13180	13265	13315	13690	13460	13775	14575	15535	16260
		CF005					13415	13455	13830	13630	13970	14785	15770	16525
		CF007							13985	13805	14115	14890	15920	16685
		CF009									14390	15200	16250	17135
		CF011											15745	16335
白砂糖	ZCE	SR901	2880											
		SR903	2907	3474	3528									
		SR905	2979	3535	3657	3752	3734							
		SR907	3042	3609	3736	3808	3764	3780	3751					
		SR909	3145	3714	3831	3893	3841	3832	3756	4167	4127			
		SR911	3198	3738	3854	3932	3918	3918	3845	4331	4250	4062	4139	
		SR001	3317	3849	3914	4169	4172	4215	4071	4634	4474	4479	4565	5215
		SR003	3352	3854	3928	4183	4191	4262	4142	4696	4549	4547	4669	5303
		SR005	3425	3911	4001	4246	4270	4341	4225	4814	4657	4656	4798	5411
		SR007	3469	3940	4044	4292	4311	4380	4273	4848	4696	4702	4923	5514
		SR009			4136	4382	4398	4467	4361	4950	4797	4780	5068	5674
		SR011					4420	4497	4395	4989	4830	4773	5075	5507
		SR101							4490	5074	4903	4818	5066	5234
		SR103									4913	4823	5075	5223
		SR105											5140	5270
早籼稻	ZCE	ER909	—	—	—	2035	2027	2067	2036	1964	1953			
		ER911	—	—	—	2036	2080	2074	2055	2042	1959	1970	1941	
		ER001	—	—	—	2084	2072	2100	2080	2116	1989	2000	1962	2042
		ER003			—	2088	2090	2115	2094	2098	1989	2009	2004	2065
		ER005					2110	2137	2103	2151	2046	2071	2072	2118
		ER007							2057	2162	2045	2068	2085	2135
		ER009									2080	2107	2129	2191
		ER011											2160	2198
强麦	ZCE	WS901	1901											
		WS903	1910	1957	1940									
		WS905	1952	1983	1915	1878	1922							
		WS907	1920	1970	1937	1914	1962	1946	1900					
		WS909	2071	2153	2133	2114	2094	2110	2110	2066	2061			
		WS911	2084	2149	2131	2112	2099	2121	2112	2098	2087	2078	2080	
		WS001	2110	2183	2167	2151	2126	2150	2116	2128	2093	2118	2111	2125
		WS003	2127	2190	2171	2172	2140	2154	2128	2153	2126	2134	2133	2151
		WS005	2156	2231	2214	2209	2172	2184	2130	2176	2136	2162	2154	2188
		WS007	2121	2200	2185	2166	2158	2166	2130	2169	2132	2155	2155	2195
		WS009			2295	2280	2251	2238	2194	2239	2216	2239	2243	2269
		WS011					2229	2243	2194	2243	2219	2235	2227	2254

续表 4 Continued 4

合约品种 Items	交易所 Exchanges	合约 Contracts	1月 Jan.	2月 Feb.	3月 Mar.	4月 Apr.	5月 May.	6月 Jun.	7月 Jul.	8月 Aug.	9月 Sep.	10月 Oct.	11月 Nov.	12月 Dec.
强麦	ZCE	WS101							2198	2259	2228	2253	2259	2276
		WS103									2238	2261	2267	2292
		WS105											2279	2305
硬麦	ZCE	WT901	1779											
		WT903	1802	1854	1835									
		WT905	1827	1864	1851	1820	1960							
		WT907	1844	1866	1878	1852	1869	1678	1729					
		WT909	1879	1900	1893	1875	1877	1875	1861	1800	1880			
		WT911	1898	1927	1912	1904	1909	1882	1878	1907	1983	1902	1982	
		WT001	1895	1947	1926	1939	1919	1903	1891	1927	1936	1990	1970	1885
		WT003			1933	1940	1920	1913	1906	1924	1964	1990	1987	1925
		WT005					1932	1926	1908	1950	1962	1996	1999	1958
		WT007							1877	1941	1980	1993	1999	1992
		WT009									1969	1983	2015	1976
		WT011											2017	2002
菜籽油	ZCE	RO901	7582											
		RO903	7298	7676	7360									
		RO905	6586	6662	6916	7360	7716							
		RO907	6640	6518	6870	7384	7636	7396	7450					
		RO909	6612	6422	6770	7390	7644	7522	7474	7582	7300			
		RO911	6446	6586	6884	7398	7654	7616	7588	7630	7376	7574	7650	
		RO001	6600	6642	6940	7444	7730	7688	7596	7748	7334	7772	8198	8034
		RO003			6994	7564	7752	7726	7660	7810	7410	7866	8376	8246
		RO005					7806	7660	7708	7910	7378	7940	8266	8318
		RO007							7544	7960	7450	7940	8326	8432
		RO009									7390	7926	8386	8466
		RO011											8500	8534

数据来源：上海期货交易所、大连商品交易所、郑州商品交易所
Source：SHFE、DCE、ZCE

7－27　2009年金属期货合约月末结算价

Clearing Price of Metal Product Contracts in 2009

合约品种 Items	交易所 Exchanges	合约 Contracts	1月 Jan.	2月 Feb.	3月 Mar.	4月 Apr.	5月 May.	6月 Jun.	7月 Jul.	8月 Aug.	9月 Sep.	10月 Oct.	11月 Nov.	12月 Dec.
铜	SHFE	cu0901	28800											
		cu0902	26370	28860										
		cu0903	25830	28640	30770									
		cu0904	25550	28200	34140	43430								
		cu0905	25540	27950	33570	37280	36650							
		cu0906	25590	27860	33060	36490	37400	39800						
		cu0907	25590	27810	32860	36020	37120	40710	41170					
		cu0908	25650	27690	32750	35720	36960	40740	45260	47800				
		cu0909	29960	27710	32670	35680	37000	40730	45090	49860	48150			
		cu0910	25610	27720	32400	35560	37000	40760	44960	49830	47680	49060		
		cu0911	25560	27710	32300	35500	36980	40810	44840	49750	47670	51100	51620	
		cu0912	25630	27710	32350	35410	37000	40850	44890	49700	47450	51190	54210	54960
		cu1001	25730	27630	32390	35350	37000	40800	44890	49730	47370	51280	54380	59440
		cu1002		26660	32430	35400	36990	40840	45080	49500	47400	51370	54510	59570
		cu1003			32240	35460	37040	40860	45160	49730	47330	51380	54840	59520
		cu1004				35710	37040	40850	45000	49820	47360	51420	54950	59690

续表 1　Continued 1

合约品种 Items	交易所 Exchanges	合约 Contracts	1 月 Jan.	2 月 Feb.	3 月 Mar.	4 月 Apr.	5 月 May.	6 月 Jun.	7 月 Jul.	8 月 Aug.	9 月 Sep.	10 月 Oct.	11 月 Nov.	12 月 Dec.
铜	SHFE	cu1005					37030	40880	45130	49840	47460	51430	55170	59790
		cu1006						40920	44990	49920	47540	51400	55300	59890
		cu1007							45180	49530	47530	51440	55570	59980
		cu1008								49940	47440	51380	55660	60000
		cu1009									47420	51430	55840	60060
		cu1010										51400	55770	60010
		cu1011											55840	59930
		cu1012												60060
铝	SHFE	al0901	12135											
		al0902	11715	12145										
		al0903	11580	12045	12620									
		al0904	11420	11820	13495	13905								
		al0905	11375	11695	13020	12825	12800							
		al0906	11400	11655	12700	12655	12800	13500						
		al0907	11395	11625	12585	12545	12705	13555	13530					
		al0908	11465	11640	12510	12540	12680	13465	15005	14725				
		al0909	11545	11695	12505	12565	12670	13435	14945	14980	14905			
		al0910	11585	11665	12510	12590	12685	13425	14985	14910	14825	14860		
		al0911	11540	11680	12505	12640	12740	13410	15050	14900	14820	15065	14965	
		al0912	11665	11700	12525	12680	12785	13405	15045	14900	14810	15160	15315	16175
		al1001	11710	11760	12535	12730	12840	13465	15000	14885	14790	15260	15420	16700
		al1002		11865	12520	12810	12915	13490	14915	14850	14765	15285	15570	16910
		al1003			12535	12795	12950	13550	14930	14865	14775	15310	15715	17075
		al1004				12900	13040	13600	14935	14850	14770	15345	15800	17310
		al1005					13130	13640	14960	14910	14785	15320	15855	17435
		al1006						13640	15080	14875	14855	15320	15965	17415
		al1007							15075	14950	14800	15350	16045	17410
		al1008								14950	14830	15370	16205	17520
		al1009									14765	15390	16285	17615
		al1010										15425	16430	17700
		al1011											16500	17795
		al1012												17905
锌	SHFE	zn0901	11290											
		zn0902	10565	10480	0									
		zn0903	10165	10430	10775									
		zn0904	10145	10285	11675	13070								
		zn0905	10140	10195	11560	12405	12525							
		zn0906	10140	10160	11525	12395	12645	13450						
		zn0907	10180	10135	11550	12400	12705	13325	13005					
		zn0908	10180	10130	11575	12465	12760	13370	14255	14225				
		zn0909	10225	10155	11555	12490	12820	13435	14345	14740	14790			
		zn0910	10220	10160	11470	12525	12860	13505	14395	14840	15045	15665		
		zn0911	10360	10165	11510	12580	12900	13580	14480	14925	15130	16470	16995	
		zn0912	10270	10230	11530	12645	12915	13670	14620	15030	15240	16630	17690	18215
		zn1001	12250	10230	11710	12680	12995	13750	14690	15115	15330	16805	17855	20805
		zn1002		10270	11750	12655	13145	13890	14780	15230	15430	16950	18030	20865
		zn1003			11870	12800	13055	13900	14930	15355	15470	17095	18205	21005
		zn1004				12990	13205	14055	15045	15420	15640	17180	18390	21220
		zn1005					13210	14150	15160	15520	15760	17305	18610	21440
		zn1006						14070	15345	15715	15755	17380	18830	21620
		zn1007							15360	15745	16000	17480	18990	21670
		zn1008								15915	15975	17575	19230	21890
		zn1009									16030	17620	19320	22110
		zn1010										17805	19420	22230

续表 2　Continued 2

合约品种 Items	交易所 Exchanges	合约 Contracts	1月 Jan.	2月 Feb.	3月 Mar.	4月 Apr.	5月 May.	6月 Jun.	7月 Jul.	8月 Aug.	9月 Sep.	10月 Oct.	11月 Nov.	12月 Dec.
锌	SHFE	zn1011											19435	22300
		zn1012												22490
黄金	SHFE	au0901	182.00											
		au0902	192.42	192.42										
		au0903	189.10	215.60	231.65									
		au0904	188.52	209.50	210.90	210.90								
		au0905	187.81	207.53	204.22	198.00	198.00							
		au0906	187.07	206.64	202.22	197.46	211.56	211.25						
		au0907	187.29	206.98	201.85	197.42	208.33	210.00	210.00					
		au0908	188.25	207.77	202.45	197.62	208.11	207.79	204.50	204.50				
		au0909	189.01	206.93	202.32	198.02	207.64	208.70	206.21	213.50	221.10			
		au0910	189.90	206.80	202.70	197.10	207.53	208.25	205.05	207.96	223.15	223.15		
		au0911	180.00	206.10	204.65	197.82	209.32	206.46	206.97	209.57	220.74	222.73	222.73	
		au0912	189.30	206.81	202.33	197.41	207.72	207.06	206.00	209.95	218.15	228.96	260.88	252.00
		au1001	184.75	207.55	205.99	199.32	208.60	206.99	207.17	209.95	218.74	230.16	257.84	241.36
		au1002		197.67	207.32	196.36	203.50	205.80	206.04	209.14	216.31	230.24	258.30	243.80
		au1003			204.96	197.43	207.81	207.43	206.66	210.60	217.85	229.14	259.25	246.06
		au1004				196.86	208.26	208.56	206.38	211.57	219.00	230.60	259.23	246.00
		au1005					203.75	207.06	206.84	209.00	217.50	229.40	258.55	246.05
		au1006						208.04	207.49	210.03	218.61	230.51	258.74	245.60
		au1007							208.90	209.23	218.14	229.88	259.02	246.54
		au1008								211.95	219.04	228.38	259.57	246.51
		au1009									218.66	231.58	258.60	246.91
		au1010										229.58	259.09	246.73
		au1011											259.54	247.60
		au1012												246.49

数据来源：上海期货交易所
Source：SHFE

7－28　2009 建材及能源化工期货合约月末结算价

Clearing Price of Building Materials, Energy & Chemical Product Contracts in 2009

合约品种 Items	交易所 Exchanges	合约 Contracts	1月 Jan.	2月 Feb.	3月 Mar.	4月 Apr.	5月 May.	6月 Jun.	7月 Jul.	8月 Aug.	9月 Sep.	10月 Oct.	11月 Nov.	12月 Dec.
聚乙烯	DCE	l0901	8615											
		l0902	8840	9050										
		l0903	8870	8590	8530									
		l0904	8590	8315	9300	10000								
		l0905	8580	8240	9255	9565	9690							
		l0906	8480	8195	9125	9140	9130	9555						
		l0907	8500	8195	9125	9045	9215	9915	10035					
		l0908	8480	8210	9105	8970	9270	9970	10900	11395				
		l0909	8490	8165	9120	8930	9345	10055	11025	10520	10145			
		l0910	8485	8185	9150	8930	9405	10105	10865	10815	9300	10455		
		l0911	8480	8050	9110	8915	9440	10175	11050	10755	9730	11115	11345	
		l0912	8240	8085	9100	8840	9470	10180	10985	10875	9535	10480	11020	10825
		l1001	8480	8120	8925	8860	9490	10190	11055	10920	9635	10670	11130	11670
		l1002		8210	9100	8950	9425	10240	11070	10975	9670	10770	11200	11760
		l1003			8815	8980	9450	10250	11070	10980	9760	10820	11345	11965
		l1004				8960	9560	10175	10985	11185	9695	10845	11260	12335
		l1005					9595	10185	11150	11120	9895	10895	11445	12445
		l1006						10205	11140	11140	9810	10905	11400	12465

续表 1　Continued 1

合约品种 Items	交易所 Exchanges	合约 Contracts	1 月 Jan.	2 月 Feb.	3 月 Mar.	4 月 Apr.	5 月 May.	6 月 Jun.	7 月 Jul.	8 月 Aug.	9 月 Sep.	10 月 Oct.	11 月 Nov.	12 月 Dec.
聚乙烯	DCE	l1007							11140	11140	9900	10750	11660	12495
		l1008								11220	9775	11100	11815	12490
		l1009									9990	10750	11670	12625
		l1010										11100	11600	12800
		l1011											11680	12335
		l1012												12880
聚氯乙烯	DCE	v0909					6495	6860	7425	6945	6735			
		v0910					6520	6870	7505	7150	6255	6450		
		v0911					6525	6910	7650	7165	6330	6540	6710	
		v0912					6505	6930	7685	7270	6405	6660	6800	7015
		v1001					6505	6930	7710	7355	6505	6790	6910	7395
		v1002					6525	6945	7690	7360	6530	6855	7025	7515
		v1003					6600	7000	7830	7415	6575	6925	7155	7670
		v1004					6560	7115	7790	7375	6660	7025	7370	7865
		v1005					6570	7080	7740	7500	6780	7130	7485	7995
		v1006						7105	7710	7460	6760	7275	7645	8085
		v1007							7730	7650	6935	7230	7545	8040
		v1008								7535	6825	7220	7620	7995
		v1009									6930	7300	7690	8130
		v1010										7410	7625	8100
		v1011											7600	8110
		v1012												8110
燃料油	SHFE	fu0902	2716											
		fu0903	2767	2913										
		fu0904	2850	3005	2972									
		fu0905	2915	3054	3058	3217								
		fu0906	2962	3106	3121	3294	3480							
		fu0907	2986	3130	3187	3357	3530	3657						
		fu0908	3079	3188	3224	3403	3607	3720	3666					
		fu0909	3115	3246	3316	3443	3665	3779	3735	3799				
		fu0910	3156	3282	3364	3473	3708	3829	3805	3945	3716			
		fu0911	3239	3291	3422	3510	3758	3884	3869	4022	3714	3930		
		fu0912	3280	3352	3456	3531	3805	3926	3922	4089	3788	4008	3996	
		fu1001	3260	3396	3536	3597	3852	3976	3970	4164	3851	4099	4066	4167
		fu1003			3533	3706	3913	4096	4073	4262	3960	4211	4236	4348
		fu1004				3730	3947	4138	4123	4295	4020	4261	4303	4433
		fu1005					3976	4196	4173	4381	4064	4319	4365	4529
		fu1006						4236	4255	4454	4116	4364	4429	4574
		fu1007							4254	4463	4186	4420	4491	4633
		fu1008								4519	4235	4474	4546	4673
		fu1009									4294	4500	4615	4743
		fu1010										4568	4666	4787
		fu1011											4725	4834
		fu1012												4885
PTA	ZCE	TA901	5676											
		TA902	5762	6734										
		TA903	5762	6008	5986									
		TA904	5780	5904	6572	7050								
		TA905	5788	5770	6560	7978	7256							
		TA906	5838	5828	6500	7562	7010	6864						
		TA907	5798	5812	6506	7430	6856	7010	7190					
		TA908	5834	5900	6590	7396	6882	6914	7862	8182				
		TA909	5890	5760	6524	7340	6826	6958	7914	7542	7120			

续表 2　Continued 2

合约品种 Items	交易所 Exchanges	合约 Contracts	1月 Jan.	2月 Feb.	3月 Mar.	4月 Apr.	5月 May.	6月 Jun.	7月 Jul.	8月 Aug.	9月 Sep.	10月 Oct.	11月 Nov.	12月 Dec.
PTA	ZCE	TA910	5854	5776	6516	7246	6810	6994	7832	7602	6632	7092		
		TA911	5948	5770	6484	7160	6842	6992	7754	7586	6642	7332	7540	
		TA912	5960	5786	6436	7182	6846	6974	7672	7572	6640	7396	7716	7732
		TA001	5900	6000	6332	7160	6858	6976	7648	7592	6678	7432	7820	7872
		TA002		5842	6010	7272	6850	7022	7732	7584	6722	7474	7882	8004
		TA003			6024	7190	6884	7096	7698	7618	6764	7522	7926	8130
		TA004				7338	7018	7020	7692	7746	6818	7552	7918	8220
		TA005					7010	7118	7710	7690	6874	7590	7998	8316
		TA006						7144	7700	7706	6966	7624	8044	8348
		TA007							7640	7780	6910	7672	8082	8352
		TA008								7824	7000	7598	8046	8406
		TA009									7010	7706	8088	8422
		TA010										7714	8060	8446
		TA011											8058	8436
		TA012												8444

数据来源：上海期货交易所、大连商品交易所、郑州商品交易所
Source：SHFE、DCE、ZCE

7-29　2009钢材期货合约月末结算价

Clearing Price of Steel Product Contracts in 2009

合约品种 Items	交易所 Exchanges	合约 Contracts	3月 Mar.	4月 Apr.	5月 May.	6月 Jun.	7月 Jul.	8月 Aug.	9月 Sep.	10月 Oct.	11月 Nov.	12月 Dec.
螺纹钢	SHFE	rb0909	3549	3543	3610	3828	4490	4154	3634			
		rb0910	3575	3562	3632	3831	4540	4170	3483	3479		
		rb0911	3600	3607	3666	3857	4553	4183	3593	3619	3644	
		rb0912	3623	3649	3705	3893	4556	4173	3690	3734	3663	3702
		rb1001	3662	3688	3730	3910	4527	4194	3729	3866	3809	3896
		rb1002	3650	3743	3758	3930	4562	4201	3770	3934	3973	4001
		rb1003	3652	3734	3801	3976	4533	4241	3816	4019	4117	4142
		rb1004		3750	3848	3982	4559	4282	3871	4087	4228	4307
		rb1005			3898	4022	4537	4308	3919	4156	4372	4502
		rb1006				4085	4557	4312	3975	4193	4464	4573
		rb1007					4566	4347	4016	4213	4531	4607
		rb1008						4346	4058	4225	4576	4633
		rb1009							4080	4233	4604	4660
		rb1010								4239	4641	4696
		rb1011									4671	4709
		rb1012										4725
线材	SHFE	wr0909	3413	3440	3511	3741	4394	3861	3650			
		wr0910	3438	3520	3533	3749	4427	3946	3492	3442		
		wr0911	3418	3558	3606	3772	4427	4050	3479	3361	3550	
		wr0912	3456	3631	3647	3805	4430	4060	3568	3579	3592	3615
		wr1001	3460	3620	3680	3816	4424	4084	3637	3709	3678	3766
		wr1002	3473	3600	3668	3872	4453	4149	3692	3784	3840	3874
		wr1003	3528	3622	3730	3898	4450	4100	3755	3837	3952	3994
		wr1004		3620	3720	3924	4428	4132	3800	3908	4043	4119
		wr1005			3769	3901	4424	4209	3832	3924	4176	4296
		wr1006				3930	4431	4225	3866	3921	4248	4345
		wr1007					4460	4200	3931	3936	4289	4362
		wr1008						4164	3915	3944	4325	4407
		wr1009							4002	3952	4352	4433
		wr1010								3955	4376	4450
		wr1011									4406	4472
		wr1012										4500

数据来源：上海期货交易所
Source：SHFE

7－30　2009年农产品期货交割仓库明细

Summary Delivery Points of Agricultural products in 2009

品种 Items	交易所 Exchanges	交割仓库 Delivery Points	地址 Address	电话 Telephone No.
黄大豆 1号	DCE	大连市第二粮食储运工业公司	大连市甘井子区大连湾苏家村	0411－87859061
		大连良运集团储运有限公司	大连市甘井子区新水泥路2号	0411－86427570
		大连商业转运公司	大连市甘井子区西北路870号	0411－86428342,0411－86429043
		大连浙经乾元物资储运有限责任公司	大连市金州区站前街道双兴路20号	0411－87700006
		辽宁锦州驻大连湾国家粮食储备库	大连湾毛营子村	0411－87601070,0411－87602441
		中粮辽宁粮油进出口公司大连储运贸易公司	大连市甘井子区西北路	0411－86429383,0411－86428034
		大连龙粮中转仓库	大连市甘井子区西北路867号	0411－86426169
		大连经济技术开发区湾港储运有限公司	甘井子区大连湾镇新街四号	0411－82627613,0411－82627612
		大连北海储运有限责任公司	大连市甘井子区革镇堡棋盘村	0411－86428095
		大连高泰仓储有限公司	大连市甘井子区毛营子村	0411－87112596
		辽宁大连粮贸国家粮食储备库	大连市甘井子区大连湾镇后盐村	0411－86883477
		中国外运辽宁储运公司	大连市甘井子区后革镇革钢路	0411－86428425,0411－86429564
		大连北良港务有限公司	大连开发区海青岛柳柴沟	0411－88998306
		大连华农仓储有限公司	大连金州区石河镇北海村	0411－87261345
		大连港散粮码头公司	大连市开发区新华路1号	0411－87598928,13904080578
黄大豆 2号	DCE	中粮辽宁粮油进出口公司大连储运贸易公司	大连市甘井子区西北路	0411－86429383,86428034
		大连经济技术开发区湾港储运有限公司	大连市甘井子区大连湾新街4号	0411－82627693
		大连北良港务有限公司	大连经济技术开发区海青岛柳柴沟	0411－88998306
		大连港散粮码头公司	大连市开发区大窑湾	0411－87598421
		大连北海储运有限责任公司	大连市甘井子区革镇堡棋盘村	0411—86428095,86428607
		中国华粮物流集团南通粮油接运有限责任公司	江苏南通市任港路62号	0513－83508460,13951411759
		日照港(集团)有限公司	山东日照市海滨五路南首	0633－8383953
		日照港(集团)岚山港务有限公司	山东日照岚山港	0633－2633037
		青岛港(集团)有限公司	山东青岛市港青路6号	0532－82984649,13969820312
玉米	DCE	吉粮集团大连运销总公司	大连市甘井子区甘海路4号	0411－82121339
		辽宁大连吴家国家粮食储备库	大连市金州区站前街道吴家村	0411－87700836－8012
		大连北良港务有限公司	大连经济技术开发区海青岛柳柴沟	0411－39898306
		大连北海储运有限责任公司	大连市甘井子区革镇堡棋盘村	0411－86428095,0411－86428607
		大连华腾物流有限公司	大连甘井子区革镇堡	0411－86458082
		大连金禾仓储有限公司	大连甘井子区大连湾镇毛莹子村	0411－87602442
		大连经济技术开发区湾港储运有限公司	甘井子区大连湾镇新街四号	0411－82627693
		大连港散粮码头公司	大连市开发区新华路1号	0411－87598928
		营口港务集团有限公司	营口市鲅鱼圈区新港大路1号	0417－6268751
		营口汇丰物流有限公司	营口经济技术开发区新港大路	0417－6140011
		锦州港股份有限公司	锦州经济技术开发区锦港大街一段1号	0416－3586138
		辽宁锦州锦阳国家粮食储备(中转)库	锦州经济技术开发区兴海路西段	0416－3581537
		锦州中孚仓储有限公司	锦州经济技术开发区阜新路	0416－3579578
		营口鲅鱼圈西关国家粮食储备库	营口鲅鱼圈西关屯村	0417－6151951,13941732510
		锦州吉粮运销储备库	锦州经济技术开发区锦港路	0416－3586293,13804166677

续表 1　Continued 1

品种 Items	交易所 Exchanges	交割仓库 Delivery Points	地址 Address	电话 Telephone No.
豆粕	DCE	江苏省江海粮油贸易公司张家港储运部	江苏张家港市金港镇西五街桥 1 号	0512－58388128
		中国华粮物流集团南通粮油接运有限责任公司	江苏南通市任港路 62 号	0513－83508460
		中谷集团乍浦国家粮食储备库	浙江平湖市乍浦镇乍王路 66 号	0573－5582802
		江苏南通运河桥国家粮食储备库	南通市通吕运河三桥北东首	0513－85668018
		南京铁心桥国家粮食储备库	江苏省南京市雨花台区铁心桥镇吴尚村	025－52891674
		中国外运陆桥运输有限公司	江苏省连云港市墟沟中华东路 18 号	0518－2304036
		(以下为豆粕厂库)		
		中粮新沙粮油工业(东莞)有限公司	广东省东莞市麻涌镇新沙港科技工业园区	0769－88824558
		统一嘉吉(东莞)饲料蛋白科技有限公司	广东省东莞市麻涌镇新沙港科技工业园区	0769－88825999
		广州植之元油脂有限公司	广州市沿江中路 296 号江湾新城商业中心 1501－06	020－83282280＊109
		中粮东海粮油工业(张家港)有限公司	江苏省张家港市金港镇东海路 1 号	0512－58388228
		金光食品(宁波)有限公司	浙江省宁波市北仑区黄河北路 1 号	0574－86886932
		舟山中海粮油工业有限公司	浙江省舟山市临港工业区(老塘山)	0580－2260169
		张家港江海粮油工业有限公司	江苏张家港市金港镇宝岛路 1 号	0512－58388170
		益海(连云港)粮油工业有限公司	江苏省连云港市墟沟大港路	0518－2387208
		中粮黄海粮油工业(山东)有限公司	山东省日照市岚山港北	0633－2634001
		山东新良油脂有限公司	山东省日照市海滨五路南首新良路 1 号	0633－2216921
		邦基三维油脂有限公司	山东省日照市经济开发区海滨五路	021－61417906
		龙口新龙食油有限公司	山东省龙口开发区新港路 39 号	0535－8857015
		益海(烟台)粮油工业有限公司	山东省烟台市港湾大道 100 号	0535－6744461
		秦皇岛金海粮油工业有限公司	河北省秦皇岛市海港区海滨路 35 号	0335－3097154
		九三集团天津大豆科技有限公司	天津市天津港保税区新港大道 266 号	022－66271996
		东莞市富之源饲料蛋白开发有限公司	东莞市洪梅镇樱花台盈工业区	0769－88436001
		路易达孚(霸州)饲料蛋白有限公司	河北省霸州市开发区地方货场西物资库(岔河集乡津保路北)	010－58694933
		南通来宝谷物蛋白有限公司	江苏省南通市跃龙南路 214 号	0513－85718285
		浙江中大油脂有限公司	浙江绍兴市绍兴县滨海工业区	0575－5626986
		湛江华农饲料蛋白开发有限公司	湛江市霞山区友谊路 1 号港务局 1 区	0759－2255990
		嘉吉粮油(南通)有限公司	江苏省南通市经济技术开发区同兴路	0513－85966071
		东莞中纺粮油工业有限公司	东莞市麻涌镇新沙工业园区	0769－88230602
		东莞卡尔吉蛋白饲料有限公司	东莞市麻涌镇新沙工业园区	0769－88236707
		嘉吉粮油(阳江)有限公司	广东省阳江市阳江港沿港大道 3－6 号	0662－3828914
棕榈油	DCE	中粮北海粮油工业(天津)有限公司	天津市塘沽区胡北路 869 号	022－66581824
		泰州市过船港务有限公司	江苏省泰兴市经济开发区通江西路 45 号	0523－87671292
		益江(张家港)粮油工业有限公司	江苏省张家港市金港镇中兴宝岛路 1 号	0512－58388087
		张家港江海油脂接运有限公司(已暂停期货交割业务)	江苏省张家港市金港镇西五节桥 1 号	0512－58388138
		仪征益江粮油工业有限公司	江苏省仪征市油港路 1 号	0514－3299333
		嘉里油脂公共设施(上海)有限公司	上海市浦东新区高东路 118 号	021－58487618
		金光食品(宁波)有限公司	浙江省宁波市北仑区黄河北路 1 号	0574－86886930
		嘉兴市乍浦东方油脂有限公司	嘉兴市乍浦经济开发区平湖支路南(沪航路 361 号)	0573－85523001

续表 2　Continued 2

品种 Items	交易所 Exchanges	交割仓库 Delivery Points	地址 Address	电话 Telephone No.
棕榈油	DCE	张家港保税区东方华谷油脂贸易仓储有限责任公司	张家港保税区物流园区中华北路	0512－58387211
		中粮新沙粮油工业(东莞)有限公司	广东省东莞市麻涌镇新沙港后工业区	0769－88229927
		中储粮油脂工业东莞有限公司	广东省东莞市麻涌镇新沙港后工业区	0769－88236688
		中粮东洲粮油工业(广州)有限公司	广东省增城市新塘镇东洲湾码头	020－82778520
		益海(广州)粮油工业有限公司	广州经济技术开发区东江大道 2 号	020－82208122
		中储粮镇江粮油有限公司	江苏省镇江市谏壁镇粮山村	0511－83355515
		中粮东海粮油工业(张家港)有限公司	江苏省张家港市金港镇东海路 1 号	0512－58388228
		嘉里粮油(天津)有限公司	天津港保税区津滨大道 95 号	022－66271665
		(以下为棕榈油厂库)		
		天津龙威粮油工业有限公司	天津港保税区海滨五路 136 号	022－25760005＊166
		华东油脂工业(泰兴)有限公司	江苏省泰兴市经济技术开发区沿江路 12 号	0523－7679332
		仪征方顺粮油工业有限公司	江苏省仪征市油港路 3 号	0514－83299628
大豆原油	DCE	中粮东海粮油工业(张家港)有限公司	江苏省张家港市金港镇东海路 1 号	0512－58388228
		嘉里油脂公共设施(上海)有限公司	上海市浦东新区高东路 118 号	021－58486278
		益江(张家港)粮油工业有限公司	江苏省张家港市金港镇中兴宝岛路 1 号	0512－58388087
		嘉里粮油(天津)有限公司	天津港保税区津滨大道 95 号	022－66271665
		九三集团天津大豆科技有限公司	天津港保税区新港大道 266 号	022－66271996
		天津龙威粮油工业有限公司	天津港保税区海滨五路 136 号	022－25760005＊166
		益海(连云港)粮油工业有限公司	江苏省连云港市墟沟大港路	0518－2387205
		中粮黄海粮油工业(山东)有限公司	山东省日照市岚山港北	0633－2639065
		山东新良油脂有限公司	山东省日照市新良路 1 号	0633－2216921
		路易达孚(霸州)饲料蛋白有限公司	河北省霸州市开发区地方货场西物资库(岔河集乡津保路北)	010－58694933
		南通来宝谷物蛋白有限公司	江苏省南通市跃龙南路 214 号	0513－85718285
		浙江新市油脂股份有限公司	浙江省德清县新市镇塔园路 1 号	0572－8444090
		金光食品(宁波)有限公司	浙江省宁波市北仑区黄河北路 1 号	0574－86886930
		宁波正大粮油实业有限公司	浙江省宁波市北仑区黄河北路 2 号	0574－86800985
		舟山中海粮油工业有限公司	浙江省舟山市定海临港工业区(老塘山)	0580－2260169
		邦基三维油脂有限公司	山东省日照市经济开发区海滨五路	021－61417906
		龙口新龙食油有限公司	山东省龙口市开发区新港路 39 号	0535－8857015
		嘉吉粮油(南通)有限公司	江苏省南通市经济技术开发区同兴路	0513－85966071
天胶	SHFE	海南新思科电子商务有限公司	海南省海口市长流金盘永桂开发区永桂路 9 号	0898－66700097
		海南省海口港集团(货运公司)	海南省海口市秀英码头海港大厦 3 楼	0898－68652597
		山东储备物资管理局八三二处	山东省青岛市城阳区京城路 80 号	0532－87756153
		山东省奥润特贸易有限公司	山东省青岛市李沧区长顺路 15 号	0532－84816601
		上海长桥物流有限公司	上海市老沪闵路 1070 号	021－64106734
		上海期晟储运管理有限公司	上海市闵行区剑川路 2280 号	021－64305295
		上海晶通化轻发展有限公司	上海市南大路 478 号	021－62843206
		中储发展股份有限公司	天津市北辰区天穆村顺义道	022－86563351
		云南天然橡胶储运中心	云南省昆明市东郊凉亭	0871－3914605
		中储发展股份有限公司	上海市南大路 137 号	021－51621965
一号棉花	ZCE	江阴市协丰棉麻有限公司	江阴市华西村物流园(沿江高速华西出口处)	0510－86060699,13801522007
		河南储备物资管理局四三二处	河南省获嘉县史庄镇南	0373－5965905,13569868886
		南阳市棉花储运有限公司	河南省南阳市光武西路万商街 9 号	0377－63293168,13507638377
		河南豫棉物流有限公司	河南郑州管城区南曹乡小李庄火车站	0371－66713101,13937160659

续表 3 Continued 3

品种 Items	交易所 Exchanges	交割仓库 Delivery Points	地址 Address	电话 Telephone No.
一号棉花	ZCE	衡水市棉麻总公司储备库	衡水市人民西路西段 98 号	0318－2398268,13932894467
		菏泽市棉麻公司	菏泽市长江路东段	0530－5110033,13805302233
		中国储备棉管理总公司徐州直属库	江苏省徐州市铜山县新区二堡	0516－83409128,15996961037
		湖北银丰仓储物流有限责任公司	湖北省武汉市东西湖区余氏墩	13308650997
		芜湖市棉麻有限责任公司	芜湖市褐山路 79 号	0553－5809370,13955315865
		山东省禹城棉麻有限公司	禹城市人民路 777 路	0534－2126265,13505449155
		中国储备棉管理总公司绍兴直属库	浙江省绍兴市亭山工业园区	0575－88329755,13806752341
		南通棉麻有限公司	江苏省南通市崇川区崇川路 46 号	0513－85597011,13806297783
		山东省棉麻有限公司	济南市历城区辛祝路 2 号	0531－82599710,13505411868
		滨州中纺银泰实业有限公司	山东省滨州市高新区小营办事处虎跃三路十四号	0543－3613613,13905430020
白砂糖	ZCE	陕西西瑞粮食储备库有限公司	西安市丰禾路 56 号	029－84416564,13991944341
		河北藁城永安国家粮食储备库	藁城市永安路 18 号	0311－88199970,13582026905
		广西柳州国家粮食储备库	广西柳州市柳太路 11－1 号	0772－3735278,18907722217
		广西中糖物流有限公司	广西北海市深水港旁	0779－3905169,13877930305
		广西南宁国家粮食储备库	广西南宁市新阳路 292 号	0771－3158892,15177928501
		湛江糖库储运有限公司	湛江市霞山区南山村	0759－3306501,13802828047
		南海华商实业有限公司	佛山市南海区小塘新境区港	0757－86668226,13790003922
		昆明国家粮食储备有限公司	云南省昆明市东郊小石坝黄龙山	0871－7330035,13888171852
		上海东方通海物流有限公司	上海市凉闵行区吴泾镇通海路 315 号	021－64501854,13386161203
		中糖世纪股份有限公司河南分公司	新郑市和庄镇道西北 4 号	0371－66250707,13703955700
		广西荣桂贸易公司	南宁市民族大道 93 号新兴大厦 24 层 A1 室	0771－5844838,13878149898
		广西储备物资管理局九三一处	广西南宁市五一西路 15－2 号	0771－4985887,13907712293
		云南广大铁路物资储运有限公司	云南祥云火车站、大理东火车站	0878－3399195,13987072245
		广西鼎华商业股份有限公司	南宁市五一西路 48 号	0771－4862156,13978668986
		广西柳州桂糖有限责任公司	柳州市航生路 9 号	0772－3213992,13977219332
		浙江糖业烟酒有限公司	杭州市拱康路 158 号	0571－88041202,13605711816
		天津中糖华丰物流有限公司	天津市西青区中北镇东姜井村南	022－27515479,13702162792
		营口港务集团有限公司	辽宁省营口市鲅鱼圈新港大路 1 号	0417－6268751,13841790121
		中国糖酒集团成都有限公司	德阳市旌阳区经济集中发展区	0838－2801297,13508010267
		中糖世纪股份有限公司湖北分公司	武汉市解放大道 1127 号富商大厦六楼	027－83603469,13907157793
		佛山市顺德区中糖储备糖库	佛山市顺德区大良沙头	0757－22321735,13702439595
		东莞市制糖厂有限公司	东莞市中堂镇	0769－88881332,13602390162
		日照凌非华商仓储有限公司	日照市西安路南首	0633－3601359,13906339731
		青岛中糖海湾物流有限公司	青岛高新区新产业园地	0532－66965882,15964557680
		中国储备棉管理总公司天津直属库	天津市东丽区华明镇北坨村北	022－84828798,13820689315
		中国华粮物流集团青山港口库	湖北省武汉市青山区建设一路四号	027－8653738,13476166548
		广东湛江金海粮油有限公司	广东省湛江市霞山区新尚路 13 号	0759－2201352,13922088699
		徐州恒富仓储管理有限公司	徐州市下淀路 160 号	0516－83643363,13952208895
		安徽中谷国家粮食储备库	合肥市双凤经济开发区中粮工业园	0551－2686661,13966689800
		中储发展股份有限公司郑州南阳寨分公司	郑州市兴隆铺路 9 号	0371－63720132,13613842271
		河北藁城国家粮食储备有限责任公司	藁城市永安路新桥西 169 号	0311－88198155,13731185811
		邢台国家粮食储备分库有限责任公司	河北省邢台市守敬南路 119 号	0319－2024128,13932972669
早籼稻	ZCE	湖南金霞粮食产业有限公司	湖南省长沙市芙蓉中路一段 160 号	0731－84471311,13607487349
		湖南金健粮油实业发展有限公司	湖南省常德市德山开发区崇德路	0736－7308680,13873659639
		湖南永州下河国家粮食储备库	湖南省永州市冷水滩区零陵路 411 号	0746－8466615,13874607385
		中国华粮物流集团城陵矶港口库	湖南岳阳城陵矶桂花园路 1 号	0730－8571866,13975090668

续表 4　Continued 4

品种 Items	交易所 Exchanges	交割仓库 Delivery Points	地址 Address	电话 Telephone No.
早籼稻	ZCE	湖南益阳粒粒晶粮食购销公司	湖南省益阳市赫山区兰溪镇	0737－3279800,15898409228
		湖南赤山国家粮食储备库	湖南省沅江市南嘴镇沅南路 8 号	0737－2288858,13973713258
		江西省温圳粮库	江西省进贤县温圳镇城北大道 169 号	0791－5540486,13807001492
		九江市粮油总公司储备仓库	江西省九江市滨江路 577 号五丰大厦 9 楼	0792－8138902,13979289831
		江西樟树国家粮食储备库	江西樟树市药都北大道 15 号	0795－7348681,13907050889
		江西吉安河东国家粮食储备库	江西省吉安市青原区学苑路 19 号	0796－8188130,13807969801
		江西中储粮万年直属库	江西万年县城六零南大道 82 号	0793－3841888,15807933601
		武汉市大花岭粮食储备库	湖北省武汉市江夏区大桥街环岭路 18 号	027－81946536,15827603864
		浙江嘉善银粮国家粮食储备库	浙江省嘉善县开源路 298 号	0573－84161295,13506835071
		广东华南粮食交易中心有限公司	广州市天河区体育东路 116－118 号财富广场 6 楼	020－38811797,13760696786
强麦	ZCE	陕西西瑞粮食储备库有限公司	西安市丰禾路 56 号	029－84416564,13991944341
		河北藁城永安国家粮食储备库	藁城市永安路 18 号	0311－88199970,13582026905
		湖南粮食中心批发市场	长沙市芙蓉中路一段 2 号	0731－84497522,13907316619
		山东济宁国家粮食储备库	山东省济宁市车站西路 67 号	0537－2250416,13345198339
		河南新乡新华国家粮食储备库	新乡市解放路 425 号	0373－2117217,13603930213
		河北省粮食局直属机械化粮油储备库	河北省元氏县城北	0311－84626134,13931129002
		河北邢台国家粮食储备库有限公司	邢台市中兴西大街 36 号	0319－2166003,13503289866
		衡水和平国储粮库有限责任公司	衡水市和平东路道岔街 4 号	0318－2057008,13603189586
		菏泽市粮油中转储备库	菏泽市人民南路 43 号	0530－5967760,13853050340
		徐州国家粮食储备库	徐州市下淀路 174 号	0516－83643222,13705213101
		河南濮阳皇甫国家粮食储备库	河南濮阳市高新区黄河路西段	0393－8951008,13303930368
		河南郑州兴隆国家粮食储备库	郑州市南阳路北段粮仓路 1 号	0371－63752525,13838149938
硬麦	ZCE	河北藁城国家粮食储备有限责任公司	藁城市永安路新桥西 169 号	0311－88198155,13731185811
		邢台国家粮食储备分库有限责任公司	河北省邢台市守敬南路 119 号	0319－2024128,13932972669
		南京铁心桥国家粮食储备库	南京市雨花台区铁心桥镇吴尚村	025－52891674,13605152082
		中央储备粮西安大明宫直属库	西安市北二环东段井上村	029－86717588,13571800588
		中央储备粮徐州直属库	江苏省徐州市铜山新区	0516－83530510,13805207361
		河南濮阳国家粮食储备库	河南省濮阳市石化路东段	0393－8111921,13903933600
		德州天马粮油食品集团有限公司	德州经济开发区湘江路 1 号	0534－2561179,13639483168
		江苏省扬子江现代粮食物流中心	江苏省靖江市经济开发区新港园区	0523－84206589,13382588868
		中国华粮物流集团南通粮油接运有限责任公司	南通市任港路 62 号	0513－83508460,13951411759
		中谷江阴工贸储运有限公司	江苏省江阴市经济开发区定山路 2 号	0510－86408269,13961613775
		济宁市兖州粮库	兖州市酒仙桥北路 3 号	0537－3418727,15964732618
		河南新乡铁西国家粮食储备库	新乡市卫滨区立东路 3 号	0373－2627355,13603930939
		河南安阳安林国家粮食储备库	安阳市柏庄镇青春村	0372－8798529,15037255816
		河北柏乡国家粮食储备库	河北省柏乡县镇内(柏镇路南侧)	0319－7702677,13831933076
菜籽油	ZCE	张家港江海油脂接运有限公司	江苏省张家港市金港镇宝岛路	0512－58388150,13405290339
		东海粮油工业(张家港)有限公司	江苏省张家港市金港镇	0512－58388228,13812990889
		南通永芳仓储有限公司	江苏省南通市开发区营船港西路 2 号	0513－85928998,13301487795
		中谷集团安徽粮油有限公司	江苏省南通市开发区营船港西路 2 号	0513 － 85928998，13301487795 ，0551－2686661,13655518719
		中谷集团安徽粮油有限公司	安徽省合肥市双凤工业区中谷园	0551－2686661,13655518719
		武汉长江沙鸥植物油有限公司	湖北省武汉市武昌区白沙洲特 1 号	027－88113341,13986083109
		益海嘉里(武汉)粮油工业公司	湖北省武汉市东西湖区慈惠农场良种站	027－83241031,13907115515
		中粮祥瑞粮油工业(荆门)有限公司	湖北省钟祥市莫愁湖经济开发区	0724－4285729,13774057872

续表 5　Continued 5

品种 Items	交易所 Exchanges	交割仓库 Delivery Points	地址 Address	电话 Telephone No.
菜籽油	ZCE	重庆市油脂公司	重庆市渝中区临江路支路九尺坎 66 号泰安大厦 10 楼	023－63834094,15902367680
		浙江新市油脂股份有限公司	浙江省德新县新市镇塔园路 1 号	0572－8444090,13957260990
		湖南粮食中心批发市场	长沙市芙蓉中路一段 2 号	0731－84497522,13907316619
		泰州市过船港务有限公司	江苏省泰兴市经济开发区沿江路 2 号	0523－87671116,13921740630
		湖南金健植物油有限公司	湖南省常德市德山经济开发区德山北路 155 号	0736－7312960,13875002283
		绵阳市游仙粮油购销公司	绵阳市游仙路 328 号	0816－6282780,13708121625
		湖北奥星粮油工业有限公司	湖北省老河口市城东工业园区汉江大道中段 7 号	0710－8222177,15997180338
		荆州金楚科技有限公司	湖北省荆州市开发区三湾路 72 号	0716－4308906,18972155678
		益海(广汉)粮油饲料有限公司	四川省(德阳市)广汉市湘潭路一段 80 号	0838－5303973,13881091003
		岳阳鲁良新元粮油工业有限公司	湖南省岳阳市城陵矶港长江路 2 号	0730－8561383,13786088788
		中储粮镇江粮油有限公司	镇江市京口区谏壁镇粮山村	0511－83355571,15051115966
		中国储备粮管理总公司合肥油脂库	合肥市蒙城北路双凤经济开发区	0551－2917588,13721109885
		西安市油脂公司油脂仓库	西安市北二环余家寨	029－86712049,13572195083

数据来源：上海期货交易所、大连商品交易所、郑州商品交易所
Source：SHFE、DCE、ZCE

7－31　2009 年金属期货交割仓库明细

Summary Delivery Points of Metal products in 2009

品种 Items	交易所 Exchanges	交割仓库 Delivery Points	地址 Address	电话 Telephone No.
铜	SHFE	上海国储天威仓储有限公司	上海市嘉定区黄渡工业园区星塔路 1289 号	021－56354900
		中储发展股份有限公司	上海宝山铁山路 495 号	021－33794175
			上海宝山区南大路 257 号	021－62500165
		上海期晟储运管理有限公司	上海市闵行区剑川路 2280 号	021－64305295
		上海京鸿实业有限公司	上海市外高桥保税区荷丹路 68 号	021－50640027
铝	SHFE	上海国储天威仓储有限公司		
		中储发展股份有限公司	上海宝山铁山路 495 号	021－33794175
			上海市宝山区南大路 257 号、310 号、137 号	021－62500165
			江苏无锡市城南路 32－1 号	0510－85368888
		广东储备物资管理局八三 0 处	广东佛山市南海区盐步镇三眼桥货场西侧	0757－85760802
		广东晟世有色金属仓储物流有限公司	广东佛山市南海区盐步镇三眼桥货场西侧三河东路虎榜段	0757－85785606
		南储仓储管理有限公司	广东佛山市禅城区佛罗公路 166 号	0757－88015023
		上海期晟储运管理有限公司	上海市闵行区剑川路 2280 号	021－64305295
		上海京鸿实业有限公司	上海市外高桥保税区荷丹路68 号	021－50640027
		浙江康运仓储有限公司	杭州市拱康路 98 号(铁路康桥货场内)	0571－56725585
锌	SHFE	上海国储天威仓储有限公司	上海市嘉定区黄渡工业园区星塔路 1289 号	021－56354900

续表　Continued

品种 Items	交易所 Exchanges	交割仓库 Delivery Points	地址 Address	电话 Telephone No.
锌	SHFE	中储发展股份有限公司	上海宝山铁山路 495 号	021－33794175
			上海市宝山区南大路 257 号、310 号、137 号	021－62500165
		南储仓储管理有限公司	广东佛山市禅城区佛罗公路 166 号	0757－88015023
		上海期晟储运管理有限公司	上海市曹安路 3645 号	021－51642912
		上海京鸿实业有限公司	上海市外高桥保税区荷丹路 68 号	021－50640027
		浙江康运仓储有限公司	杭州市拱康路 98 号(铁路康桥货场内)	0571－56725585
黄金	SHFE	工商银行北京分行营业部	北京市复兴门南大街 2 号天银大厦 B 座	010－66410615
		工商银行上海分行营业部出纳科	上海市中山东一路 24 号	021－63294004
		工商银行深圳分行清算中心	深圳市深南东路金融中心北座 1610 室	0755－82246264
		工商银行贵溪市支行	江西省贵溪市雄石大道 38 号	0701－3791705
		工商银行三门峡分行营业部中心库	河南省三门峡市崤山路 40 号	0398－2936811
		工商银行三门峡分行灵宝支行	河南省灵宝市金城大道 20 号	0398－8861995
		工商银行龙岩市分行	福建省龙岩市新罗区九一南路 47 号	0597－2224619
		工商银行龙岩市分行上杭支行	福建省龙岩市上杭县北环路东段	0597－3843087
		工商银行招远分行	山东省招远市魁星路 95 号	0535－8224694
		工商银行莱州分行	山东省莱州市鼓城街 88 号	0535－2211315
		工商银行洛阳分行	河南省洛阳市中州中路 230 号	0379—63336969
		工商银行武汉市江岸支行	湖北省武汉市中山大道 998 号	027－82802897
		建设银行北京市铁道专业支行	北京西客站北广场东配楼铁道支行	010－63989511
		建设银行上海分行	上海陆家嘴环路 900 号	021－58880000＊1403
		建设银行深圳市分行	广东省深圳市红岭南路金融中心东座	0755－82488307
		建设银行安徽省铜陵市分行	安徽省铜陵市长江西路 41 号	0562－2820013
		建设银行河南省三门峡市分行	河南省三门峡市崤山路 52 号	0398－2985036
		建设银行河南省灵宝支行金库	灵宝市金城大道与函谷路交叉口西北角	0371－65556558
		建设银行山东省烟台市分行	山东省烟台市南大街 9 号	0535－6603048
		建设银行福建省分行龙岩分行	福建省龙岩市九一北路 111 号	0597－2239529
		建设银行福建省分行上杭支行	福建省龙岩市上杭县临江镇北环路 261 号	0597－4821512
		交通银行北京分行	北京市西城区金融大街 33 号	010－66101662
		交通银行上海分行	上海市东园路 158 号	021－63111000＊3523
		交通银行深圳分行	深圳市福田区红荔西路 3002 号交行大厦	0755－83680609
		交通银行昆明分行	云南省昆明市护国路 67 号	0871－3107221
		中国银行股份有限公司上海市分行	上海市中山东一路 23 号	021－63294288
		中国银行股份有限公司深圳市分行	深圳市建设路 2022 号国际金融大厦	13602536999
		中国银行股份有限公司莱州支行	山东省莱州市莱州北路 733 号	0535－2232071
		中国银行股份有限公司招远支行	山东省招远市府前路 78 号	0535－8210553
		中国银行股份有限公司福建省分行	福建省福州市五四路 136 号	0591－87090960
		中国银行股份有限公司三门峡分行	河南省三门峡市崤山东路 15 号	0398－2857107
		中国银行股份有限公司灵宝支行	河南省灵宝市金城大道 10 号	0398－8854278

数据来源：上海期货交易所
Source：SHFE

7－32　2009年建材及能源化工期货交割仓库明细

Summary Delivery Points of Building Materials, Energy & Chemical products in 2009

品种 Items	交易所 Exchanges	交割仓库 Delivery Points	地址 Address	电话 Telephone No.
聚乙烯	DCE	天津全程物流配送有限公司	天津市东丽区华明镇华粮道2298号	022－84828862
		天津开发区泰达公共保税仓有限公司	天津经济技术开发区渤海路39号	022－62008111
		天津工艺品进出口(集团)公司艺达储运贸易公司	天津市北辰区北仓道	022－86819553
		青州中储物流有限公司	山东省青州市玲珑山北路638号	0536－3292571
		中储发展股份有限公司上海大场分公司	上海市宝山区南大路257号	021－56681101
		中储发展股份有限公司上海浦东分公司	上海市浦东新区仁庆路200号	021－68916778
		上海长桥物流有限公司	上海市徐汇区老沪闵路1070号	021－64103737
		国家物资储备局浙江八三七处	浙江省宁波市镇海区大通路331号	0574－86370847
		中国物资储运广州公司	广州市黄埔区大沙地西139号	020－82299020
		中国外运广东有限公司黄埔分公司	广州市黄埔区海员路97号外运大楼16楼	13632387620
		南储仓储管理有限公司	佛山市禅城区佛罗公路166号	0757－88015023
		宁波保税区高新货柜有限公司	宁波保税区西区创业六路六号	0574－86820879
聚氯乙烯	DCE	中国物资储运广州公司	广州市黄埔区大沙地西139号	020－82299020
		南储仓储管理有限公司	佛山市禅城区佛罗公路166号	0757－88015023
		中储发展股份有限公司上海浦东分公司	上海市浦东新区仁庆路200号	021－68916778
		国家物资储备局浙江八三七处	浙江省宁波市镇海区大通路331号	0574－86370847
		浙江省国际贸易集团物流有限公司	杭州市体育场路229号	0571－85779792
		上海华谊天原化工物流有限公司	上海市金山区漕泾镇合展路155号	021－64340000*3515
		浙江尖峰国际贸易有限公司	浙江金东经济开发区B区	0579－82382768
		广东储备物资管理局八三〇处	广东省广州市萝岗区开发大道1330号	020－32288072
		上港集团物流有限公司	上海市黄浦路53号	021－56443180
		江阴市协丰棉麻有限公司	江苏省江阴市华西村商贸城物流园	0510－86060698
		江苏华东国际塑化城有限公司	苏州市太仓浮桥镇新港公路	0512－53683336
		上海安石仓储管理有限公司	上海市虹口区海宁路137号	021－61806027
		广州华润物流有限公司	广州南沙经济技术开发区金沙北路华润物流仓库	020－39052290
燃料油	SHFE	中油燃料油股份有限公司湛江公司(中油湛江)	湛江港第二作业区中油燃料湛江油库	0759－2259018
		广州南沙泰山石化发展有限公司(泰山石化)	广州南沙区黄阁镇小虎岛石化工业区粤海大道	020－34689468
		广州发展碧辟油品有限公司(碧辟南沙)	广州南沙区环市大道北19号	020－84684191
		中国石油化工股份有限公司广东石油分公司(西基油库)	广州市经济技术开发区西基村	020－38084412
		珠海中燃石油有限公司(中燃珠海)	广东珠海桂山岛	0756－3231867
		中化兴中石油转运(舟山)有限公司(中化兴中)	浙江省舟山市岙山岛	0580－2061786
		洋山申港国际石油储运有限公司(洋山石油)	上海洋山深水港东港区	021－68405060
		浙江海洋石油仓储有限公司(海洋仓储)	浙江省舟山市定海区岑港镇海洋化工工业园区22号(烟墩)	0580－8710828

续表　Continued

品种 Items	交易所 Exchanges	交割仓库 Delivery Points	地址 Address	电话 Telephone No.
燃料油	SHFE	上海百联石化物流有限公司(百联油库)	上海市金山区州工路158号	021-67250066
PTA	ZCE	国家物资储备局浙江八三七处	浙江省宁波市镇海区海塘大通路331号	0574-86378767,13566523632
		江苏省江海粮油贸易公司张家港储运部	江苏省张家港市金港镇港区宝岛路1号	0512-58388128,13906249916
		太仓新港物流管理中心有限公司	江苏省太仓市浮桥镇北环路9号	0512-53706218,13606246878
		张家港保税区华瑞物流有限公司	张家港保税区福建南路	0512-56308901,13773225051
		杭州临港物流有限公司	浙江省杭州市萧山区建设一路66号华瑞中心1号楼29楼	0571-83786763,15067159380
		宁波保税区高新货柜有限公司	宁波保税东区兴业四路2号	0574-27866669,13806669798
		江阴市协丰棉麻有限公司	江阴市华西村物流园(沿江高速华西出口处)	0510-86060699,13801522007

数据来源：上海期货交易所、大连商品交易所、郑州商品交易所
Source：SHFE、DCE、ZCE

7-33　2009年钢材期货交割仓库明细
Summary Delivery Points of Steel products in 2009

品种 Items	交易所 Exchanges	交割仓库 Delivery Points	地址 Address	电话 Telephone No.
螺纹钢、线材	上期所	上海五钢物流有限责任公司	上海市宝杨路2035号	021-26032028
		上海中农吴泾农资有限公司	上海市闵行区吴泾通海路275号	021-64501589
		上海铁路闵行钢铁发展有限公司	上海市闵行区昆阳路1658号	021-51161118
		浙江物产物流投资有限公司	浙江省杭州市余杭区良渚镇古运河路12号	0571-89005500
		浙江康运仓储有限公司	浙江省杭州市拱康路98号(铁路康桥货场内)	0571-88027012
			浙江省杭州市崇贤镇长路兜22-1号	0571-88013253
			浙江省宁波市江北区白沙路353号	0574-27690096
		镇江惠龙长江港务有限公司	江苏镇江金桥大道88号	0511-85898888
		上海期晟储运管理有限公司	江苏省靖江市经济开发区新港园区六助港路1号	0523-84835065
		中储发展股份有限公司	无锡市新区城南路32-1号	0510-85368888
			天津市北辰区顺义道	022-86563338
		天津开发区泰达公共保税仓有限公司	天津经济技术开发区渤海路39号	022-66206861

数据来源：上海期货交易所
Source：SHFE

八、证券期货中介机构

Securities and Futures Intermediate Institutions

2009 年证券机构监管综述

Summary for Securities Institutions Supervising in 2009

2009 年，机构监管工作以科学发展观为指导，认真贯彻落实会党委的决策部署，按照 2008 年证券公司规范发展座谈会和 2009 年全国证券期货监管工作会议精神，紧紧围绕提高证券公司核心竞争力的目标，以夯实基础、完善机制、防控风险和推动发展为主线，继续加强基础性制度建设，扎实做好维稳工作，着力化解新矛盾、防范新风险，持续增强监管的科学性和有效性，促进行业稳步健康发展，取得了明显成效。证券公司合规审慎经营意识进一步增强，经营管理行为日益规范，风险管理能力明显提高；财务状况更趋健康，抗风险能力显著增强；业务创新活动稳步推进，服务能力和专业水平有所提高；对外开放稳妥有序推进，跨境并购和境内市场化整合开始显现。截至 12 月底，全国 106 家证券公司总资产 20287 亿元、净资产 4840 亿元、净资本 3820 亿元，同比分别增长 70%、35%、32%；全行业累计实现营业收入 2053 亿元、净利润 934 亿元，同比分别增长 64%、94%。

一、全面建立以风险管理能力为基础的证券公司分类监管制度，推动证券公司强化风险管理，督导公司建立健全以净资本为核心的动态风险监控机制，探索开展压力测试工作，证券公司风险防控能力得到提升。

一是制定发布《证券公司分类监管规定》，全面建立以风险管理能力为基础的证券公司分类监管机制。组织完成 2009 年 106 家证券公司分类评价工作，向全行业通报分类评价过程、结果及重大事项处理依据。目前，证券公司分类监管的思路、办法和效果在业内得到了较高认同，也受到其他行业的关注。

二是指导证券业协会制定发布《证券公司风险控制指标动态监控系统指引(试行)》，督促证券公司完善风控指标动态监控系统。组织派出机构对证券公司压力测试机制、风控指标动态监控系统建设和运行情况进行专项现场检查。跟踪分析成熟市场及其他行业压力测试的做法以及美国银行业压力测试的情况，研究完善证券公司压力测试机制的措施。

二、大力督促证券公司健全合规管理制度、深入有效实施合规管理，多措并举促进行业合规管理经验交流，适时提出合规管理工作的新目标、新要求，积极推动建立全行业合规管理长效机制，证券公司合规管理制度建设取得预期成效。

一是组织召开证券公司合规管理座谈会，促进行业相互交流合规管理的经验与做法，提出强化重点领域和关键环节的合规管理、所有经营多种业务的证券公司建立健全信息隔离墙制度等合规管理工作的要求，积极推动全行业深入有效地实施合规管理。合规管理座谈会收到良好的效果，得到与会单位的好评。二是指导派出机构加大对证券公司落实合规管理要求的督促力度，进行全国范围内的证券公司合规管理专项现场检查，发现问题及时督促整改。三是对行业建立和实施合规管理制度的情况和存在的问题进行调研、总结，跟踪掌握全行业合规管理制度的建设与实施情况。

三、着力加强证券经纪业务营销活动的监管，规范营销人员执业行为，平稳、有序实施证券经纪人制度，证券经纪业务营销活动规范程度明显提高。

一是出台《证券经纪人管理暂行规定》，规范证券经纪人的执业行为。协调证券经纪人的工商登记与纳税事项，推进证券经纪人制度顺利实施。二是指导派出机构对各证券公司规范证券经纪业务营销活动情况进行现场检查，督促证券公司严格执行有关规定，采取切实有效的措施，平稳解决证券经纪业务营销活动中的遗留问题。三是对现有经纪业务法规进行梳理、整合、修改和补充，起草完成《关于加强证券经纪业务管理的规定》(征求意见稿)。四是密切跟踪客户信访及新闻媒体相关信息，及时处理、通报证券营业部业务活动中较为突出的“限制转销户”等问题。

四、基本完成证券公司经营性机构规范工作，稳步推进历史遗留违规营业网点清理和证券服务部规范，证券公司经营秩序进一步改善。

一是督促证券公司按期完成在住所地外设立的各类业务总部、管理总部等经营性机构的规范，代表处、办事处等非经营性机构报备和住所地与主要办事机构所在地"两地分离"问题的整改三项清理规范工作。二是稳步推进违规营业网点清理和证券服务部规范工作。建立证券营业网点台账，掌握证券服务部规范工作进度，及时协调证券服务部规范过程中出现的问题和矛盾。三是对证券营业网点有关政策进行梳理评估和修改完善，按照循序渐进、逐步放开、扶优限劣的原则，进一步完善证券营业部设立的政策，鼓励在证券营业网点空缺地区设点。

五、加强证券公司信息技术监管，做好信息安全日常监管工作，及时妥善化解技术风险，督促证券公司完善信息安全事故应急处置机制，提高证券公司应急处置能力

一是指导证券业协会组织业内力量，制定并发布了《证券营业部信息技术指引》等证券经营机构信息安全技术指引。将证券公司 IT 治理、信息系统安全稳定运行等指标纳入证券公司分类评价范围。完善信息安全与业务监管的联动机制，将证券营业网点设立与信息安全状况挂钩。

二是加强证券公司信息安全日常监管工作。调查处理了 56 起证券公司信息安全事件，督导相关证券公司采取措施，妥善化解风险。

三是启动网上交易双因素安全认证试点工作，推动证券公司完善内控机制，进一步优化业务和操作流程，提升网上交易安全及客户服务水平。

六、扩大证券公司直接投资业务试点范围，支持符合条件的证券公司发展跨境业务，完善集合理财专家评审制度，调整资产管理业务审核政策、简化审核程序，支持证券公司适度扩大资产管理业务规模，支持证券公司稳妥实施"走出去"战略，证券公司创新发展取得新的进展。

一是出台《证券公司直接投资业务试点指引》，进一步明确扩大直接投资业务试点的条件、监管要求和证券公司住所地派出机构对直投子公司的监管职责。当年新增直投试点公司 11 家，截至年底累计已有 22 家公司具备直投业务资格。

二是调整证券公司集合产品审批政策和监管要求，引导证券公司根据自身实际规范开展集合理财业务。总结证券公司集合计划电子签名合同试点情况，明确电子签名合同扩大试点监管要求。

三是研究制定内地证券公司在香港设立、收购、参股证券经营机构监管规则，明确相应的资质条件、审批程序和监管要求。研究明确境内证券公司境外子公司在境外实施收购的审批和监管政策，及时、审慎处理海通证券香港子公司收购大福证券个案。

七、及时跟踪、分析国际金融危机后全球加强股票卖空监管的最新情况，完善融资融券试点的各项制度规则，研究测算标的证券范围和名单，组织融资融券交易技术系统测试，启动融资融券业务试点条件更为充分和完备。

一是及时跟踪、分析国际金融危机后全球加强股票卖空监管的最新情况，借鉴和完善试点的各项制度规则。二是对拟申请试点的证券公司进行现场检查，督促公司不断完善业务方案和内控制度。三是指导证券交易所、登记结算公司和拟试点证券公司继续完善融资融券业务交易系统。四是认真细致做好标的证券范围和名单的测算与研究。五是积极开展业内交流，组织编写《证券公司融资融券业务操作指引》和《境外市场融资融券制度比较研究》。

八、大力整治利用网络等媒体开展的非法证券活动，进一步净化了市场环境，保护了投资者合法权益。

一是明确"前端监控、媒体净化、宣传教育、案件查处、拓展正路、维护稳定"等 6 个工作环节和工作思路，分步实施，平稳推进。二是迅速启动宣传教育工作。三是建立媒体监控机制，协调清理媒体非法证券活动信息。四是开展案件查处行动，曝光非法机构和非法网站黑名单。五是妥善处理投诉，维护稳定。六是及时总结，跟踪形势，推广经验。经过多方面的密切配合和努力，整非协作机制有效发挥作用，媒体非法证券活动大幅减少，投资者辨识能力和风险意识增强，典型案件震慑了一批不法分子。截至年底，协调关闭非法网站 900 多个，叫停涉及非法机构和人员的广播电视违规证券节目和报刊违规证券广告栏目近 120 个；累计开展非法证券活动现场摸查 1100 多次，向公安部门通报或移送非法证券活动案件或线索 785 件，配合公安机关立案侦破 91 起，抓捕犯罪嫌疑人 300 余人，协调工商部门取缔非法机构 30 多个。

8-1 全国证券期货行业机构统计表

Sataistics of Securities & Futures Institutions

机构 Institutions	1994年	1995年	1996年	1997年	1998年	1999年	2000年	2001年	2002年	2003年	2004年	2005年	2006年	2007年	2008年	2009年
证券交易所 Stock Exchange	2	2	2	2	2	2	2	2	2	2	2	2	2	2	2	2
证券结算公司 Securities Trading Center	2	2	2	2	2	2	2	1	1	1	1	1	1	1	1	1
证券公司 Securities Company	91	97	94	90	90	90	100	109	127	133	133	116	104	106	107	106
证券营业部 Securities House	2262	N	2420	2412	2412	2412	2680	2700	2936	3020	3075	3090	3105	3060	3170	3956
基金管理公司 Funds Company					6	10	10	15	21	34	45	53	58	59	61	60
期货交易所 Futures Exchange	14	14	14	14	3	3	3	3	3	3	3	3	3	4	4	4
期货经纪公司 Futures Brokerage	N	N	329	294	278	213	178	200	179	186	188	183	183	177	171	167

数据来源：中国证监会
Source：CSRC

8-2 2009年证券经营机构A股交易金额前20名排名表

Top 20 of Securities Companies by A Share Turnover in 2009

金额：亿元

序号 No.	上海 Shanghai			深圳 Shenzhen		
	会员名称 Companies	交易金额 Turnover	比重(%) of Total(%)	会员名称 Companies	交易金额 Turnover	比重(%) of Total(%)
1	中国银河证券股份有限公司	38037.18	5.51	中国银河证券股份有限公司	20224.24	5.37
2	国泰君安证券股份有限公司	33721.40	4.88	国信证券股份有限公司	19351.29	5.13
3	国信证券股份有限公司	30461.62	4.41	国泰君安证券股份有限公司	17706.59	4.70
4	申银万国证券股份有限公司	28974.21	4.19	广发证券股份有限公司	16499.07	4.38
5	海通证券股份有限公司	28916.59	4.19	招商证券股份有限公司	16325.32	4.33
6	招商证券股份有限公司	26526.31	3.84	海通证券股份有限公司	15366.36	4.08
7	广发证券股份有限公司	26353.98	3.81	华泰证券股份有限公司	12922.26	3.43
8	中信建投证券有限责任公司	23573.59	3.41	中信建投证券有限责任公司	12392.02	3.29
9	华泰证券股份有限公司	23168.06	3.35	申银万国证券股份有限公司	11916.89	3.16
10	光大证券股份有限公司	21234.09	3.07	光大证券股份有限公司	11650.71	3.09
11	安信证券股份有限公司	18399.09	2.66	中国建银投资证券有限责任公司	9879.77	2.62
12	中信证券股份有限公司	17747.92	2.57	安信证券股份有限公司	9831.86	2.61
13	齐鲁证券有限公司	17601.60	2.55	中信证券股份有限公司	9116.07	2.42
14	中国建银投资证券有限责任公司	17088.00	2.47	齐鲁证券有限公司	8701.46	2.31
15	华泰联合证券有限责任公司	12744.31	1.84	华泰联合证券有限责任公司	7393.03	1.96
16	方正证券有限责任公司	12087.91	1.75	方正证券有限责任公司	6806.91	1.81
17	中信金通证券有限责任公司	11830.27	1.71	中信金通证券有限责任公司	5990.74	1.59
18	东方证券股份有限公司	10531.82	1.52	长江证券股份有限公司	5949.28	1.58
19	长江证券股份有限公司	9959.05	1.44	兴业证券股份有限公司	5394.32	1.43
20	兴业证券股份有限公司	9773.90	1.41	东方证券股份有限公司	5075.65	1.35

注：表中交易金额为双边计算
数据来源：上海、深圳证券交易所
Source：Shanghai、Shenzhen Stock Exchange

8－3 2009年证券经营机构B股交易金额排名表

Top 20 of Securities Companies by B Share Turnover in 2009

金额：亿元

序号 No.	上海 Shanghai			深圳 Shenzhen		
	会员名称 Companies	交易金额 Turnover	比重(%) of Total(%)	会员名称 Companies	交易金额 Turnover	比重(%) of Total(%)
1	申银万国证券股份有限公司	243.95	11.41	招商证券股份有限公司	205.77	10.00
2	国泰君安证券股份有限公司	159.83	7.48	国信证券股份有限公司	165.06	8.02
3	中国银河证券股份有限公司	151.75	7.10	广发证券股份有限公司	149.24	7.25
4	海通证券股份有限公司	146.83	6.87	国泰君安证券股份有限公司	122.67	5.96
5	广发证券股份有限公司	87.08	4.07	中国银河证券股份有限公司	104.38	5.07
6	华泰证券股份有限公司	83.55	3.91	申银万国证券股份有限公司	98.56	4.79
7	招商证券股份有限公司	81.37	3.81	安信证券股份有限公司	80.57	3.92
8	中信建投证券有限责任公司	66.50	3.11	中国国际金融有限公司	71.74	3.49
9	国信证券股份有限公司	66.13	3.09	华泰联合证券有限责任公司	57.32	2.79
10	方正证券有限责任公司	56.94	2.66	平安证券有限责任公司	56.22	2.73
11	中信证券股份有限公司	54.43	2.55	中国建银投资证券有限责任公司	56.20	2.73
12	中国建银投资证券有限责任公司	49.77	2.33	光大证券股份有限公司	52.65	2.56
13	中信金通证券有限责任公司	47.98	2.24	海通证券股份有限公司	52.52	2.55
14	东方证券股份有限公司	46.92	2.20	中银国际证券有限责任公司	44.01	2.14
15	光大证券股份有限公司	41.78	1.95	中信建投证券有限责任公司	33.08	1.61
16	安信证券股份有限公司	41.51	1.94	方正证券有限责任公司	30.69	1.49
17	中银国际证券有限责任公司	38.75	1.81	华泰证券股份有限公司	28.78	1.40
18	中国国际金融有限公司	36.81	1.72	广州证券有限责任公司	28.18	1.37
19	长江证券股份有限公司	32.86	1.54	东莞证券有限责任公司	25.44	1.24
20	上海证券有限责任公司	29.52	1.38	中信证券股份有限公司	25.41	1.24

注：表中交易金额为双边计算

数据来源：上海、深圳证券交易所

Source：Shanghai、Shenzhen Stock Exchange

8－4 2009年证券经营机构国债现货交易金额排名表

Top 20 of Securities Companies by Cash T-Bonds Turnover in 2009

金额：亿元

序号 No.	上海 Shanghai			深圳 Shenzhen		
	会员名称 Companies	交易金额 Turnover	比重(%) of Total(%)	会员名称 Companies	交易金额 Turnover	比重(%) of Total(%)
1	国泰君安证券股份有限公司	462.90	10.70	海通证券股份有限公司	23.56	39.01
2	海通证券股份有限公司	425.54	9.84	招商证券股份有限公司	14.99	24.82
3	中国国际金融有限公司	376.80	8.71	中信证券股份有限公司	8.80	14.56
4	招商证券股份有限公司	284.12	6.57	申银万国证券股份有限公司	2.97	4.92
5	国信证券股份有限公司	282.64	6.53	东北证券股份有限公司	1.77	2.93
6	广发证券股份有限公司	264.80	6.12	华泰证券股份有限公司	0.64	1.06
7	中信证券股份有限公司	253.33	5.86	国信证券股份有限公司	0.56	0.92
8	平安证券有限责任公司	216.40	5.00	国泰君安证券股份有限公司	0.53	0.87
9	长江证券股份有限公司	186.88	4.32	中信建投证券有限责任公司	0.45	0.74

续表 Continued

序号 No.	上海 Shanghai			深圳 Shenzhen		
	会员名称 Companies	交易金额 Turnover	比重(%) of Total(%)	会员名称 Companies	交易金额 Turnover	比重(%) of Total(%)
10	光大证券股份有限公司	164.00	3.79	广发证券股份有限公司	0.43	0.72
11	申银万国证券股份有限公司	148.02	3.42	中国银河证券股份有限公司	0.37	0.61
12	中国银河证券股份有限公司	129.08	2.98	齐鲁证券有限公司	0.34	0.56
13	中信建投证券有限责任公司	87.19	2.02	渤海证券股份有限公司	0.27	0.45
14	华泰证券股份有限公司	83.67	1.93	中国建银投资证券有限责任公司	0.27	0.44
15	中银国际证券有限责任公司	53.68	1.24	光大证券股份有限公司	0.25	0.42
16	北京高华证券有限责任公司	44.66	1.03	安信证券股份有限公司	0.22	0.37
17	东方证券股份有限公司	44.23	1.02	信达证券股份有限公司	0.21	0.34
18	兴业证券股份有限公司	36.65	0.85	方正证券有限责任公司	0.17	0.29
19	财通证券有限责任公司	33.20	0.77	华泰联合证券有限责任公司	0.16	0.27
20	南京证券有限责任公司	30.10	0.70	西南证券股份有限公司	0.16	0.27
合计		3607.89	83.40		57.12	94.56

注：表中交易金额为双边计算
数据来源：上海、深圳证券交易所
Source：Shanghai、Shenzhen Stock Exchange

8－5　2009年证券经营机构国债回购交易金额排名表

Top 20 of Securities Companies by turnover of T-Bond Repurchase in 2009

金额：亿元

序号 No.	上海 Shanghai			深圳 Shenzhen		
	会员名称 Companies	交易金额 Turnover	比重(%) of Total(%)	会员名称 Companies	交易金额 Turnover	比重(%) of Total(%)
1	申银万国证券股份有限公司	10118.82	14.26			
2	国泰君安证券股份有限公司	8742.56	12.32			
3	中国国际金融有限公司	7202.41	10.15			
4	海通证券股份有限公司	5012.42	7.06			
5	中国银河证券股份有限公司	3707.37	5.23			
6	长江证券股份有限公司	2867.53	4.04			
7	光大证券股份有限公司	2692.99	3.8			
8	国信证券股份有限公司	2204.77	3.11			
9	中信证券股份有限公司	1784.17	2.51			
10	国元证券股份有限公司	1341.92	1.89			
11	中信建投证券有限责任公司	1340.31	1.89			
12	平安证券有限责任公司	1290.43	1.82			
13	招商证券股份有限公司	1142.07	1.61			
14	中银国际证券有限责任公司	921.61	1.3			
15	中国建银投资证券有限责任公司	872.79	1.23			
16	财通证券有限责任公司	703.22	0.99			
17	北京高华证券有限责任公司	676.24	0.95			
18	广发证券股份有限公司	641.51	0.9			
19	宏源证券股份有限公司	629.98	0.89			
20	东方证券股份有限公司	592.49	0.84			
合计		54485.91	76.79			

注：表中交易金额为双边计算
数据来源：上海、深圳证券交易所，深圳交易所2009年没有国债回购交易。
Source：Shanghai、Shenzhen Stock Exchange

8-6 2009年证券营业部A股交易金额排名表

Top 20 of Securities Sale Departments by Turnover of A share in 2009

金额：亿元

序号 No.	上海 Shanghai			深圳 Shenzhen		
	营业部名称 Business Department	交易金额 Turnover	比重(%) of Total(%)	营业部名称 Business Department	交易金额 Turnover	比重(%) of Total(%)
1	国信证券股份有限公司深圳泰然九路证券营业部	4460.19	0.65	国信证券股份有限公司深圳泰然九路证券营业部	3457.62	0.92
2	中国国际金融有限公司上海淮海中路证券营业部	3939.99	0.57	国信证券股份有限公司广州东风中路证券营业部	1618.77	0.43
3	国信证券股份有限公司上海北京东路证券营业部	2844.01	0.41	国信证券股份有限公司上海北京东路证券营业部	1243.64	0.33
4	中国国际金融有限公司北京建国门外大街证券营业部	2819.87	0.41	国信证券股份有限公司北京平安大街证券营业部	1050.17	0.28
5	国信证券股份有限公司广州东风中路证券营业部	2651.28	0.38	国信证券股份有限公司杭州体育场路证券营业部	958.20	0.25
6	国信证券股份有限公司北京平安大街证券营业部	1933.99	0.28	招商证券股份有限公司深圳益田路免税商务大厦证券营业部	860.08	0.23
7	招商证券股份有限公司深圳益田路免税商务大厦证券营业部	1813.43	0.26	国信证券股份有限公司深圳红岭中路证券营业部	705.22	0.19
8	国信证券股份有限公司杭州体育场路证券营业部	1703.99	0.25	华泰证券股份有限公司江阴福泰路证券营业部	698.30	0.19
9	中国国际金融有限公司深圳福华一路证券营业部	1512.95	0.22	国信证券股份有限公司福州五一中路证券营业部	677.87	0.18
10	国金证券股份有限公司上海茅台路证券营业部	1459.24	0.21	华泰联合证券有限责任公司深圳深南大道证券营业部	644.04	0.17
11	招商证券股份有限公司北京建国路证券营业部	1418.29	0.21	国信证券股份有限公司义乌稠州北路证券营业部	640.02	0.17
12	国泰君安证券股份有限公司北京知春路证券营业部	1371.26	0.20	招商证券股份有限公司深圳南山南油大道证券营业部	618.98	0.16
13	申银万国证券股份有限公司上海新昌路营业部	1343.29	0.19	招商证券股份有限公司广州天河北路证券营业部	613.22	0.16
14	华泰证券股份有限公司江阴福泰路证券营业部	1293.62	0.19	中信金通证券有限责任公司义乌化工路证券营业部	600.77	0.16
15	北京高华证券有限责任公司北京金融大街证券营业部	1285.25	0.19	华西证券有限责任公司北京紫竹院路证券营业部	592.70	0.16
16	国泰君安证券股份有限公司上海江苏路证券营业部	1246.14	0.18	财通证券有限责任公司绍兴人民中路证券营业部	587.35	0.16
17	中信建投证券有限责任公司北京市三里河路证券营业部	1210.01	0.18	华泰证券股份有限公司上海康定路证券营业部	571.82	0.15
18	国信证券股份有限公司深圳红岭中路证券营业部	1181.04	0.17	招商证券股份有限公司深圳建安路证券营业部	565.15	0.15
19	中信金通证券有限责任公司义乌化工路证券营业部	1179.67	0.17	中信金通证券有限责任公司温岭东辉北路证券营业部	557.39	0.15
20	招商证券股份有限公司深圳南山南油大道证券营业部	1154.57	0.17	东莞证券有限责任公司东莞莞太路证券营业部	550.67	0.15
合计		37822.08	5.49		17811.98	4.73

注：表中交易金额为双边计算

数据来源：上海、深圳证券交易所

Source：Shanghai、Shenzhen Stock Exchange

8－7 2009年证券营业部国债现货交易金额排名表

Top 20 of Securities Sale departments by Turnover of Cash T-Bonds in 2009

金额：亿元

序号 No.	上海 Shanghai			深圳 Shenzhen		
	营业部名称 Business Department	交易金额 Turnover	比重(%) of Total(%)	营业部名称 Business Department	交易金额 Turnover	比重(%) of Total(%)
1	广发证券股份有限公司广州环市东路证券营业部	238.23	5.51	华泰证券股份有限公司郑州经三路证券营业部	0.29	0.48
2	招商证券股份有限公司哈尔滨长江路证券营业部	175.80	4.06	申银万国证券股份有限公司上海吴中路证券营业部	0.18	0.31
3	中国国际金融有限公司上海淮海中路证券营业部	140.25	3.24	渤海证券股份有限公司北京西外大街证券营业部	0.18	0.30
4	招商证券股份有限公司上海娄山关路证券营业部	70.15	1.62	齐鲁证券有限公司济南经十路证券营业部	0.16	0.26
5	中国国际金融有限公司深圳福华一路证券营业部	51.78	1.20	中信证券股份有限公司上海番禺路证券营业部	0.14	0.23
6	海通证券股份有限公司北京知春路证券营业部	50.41	1.17	中信建投证券有限责任公司揭阳市站前路证券营业部	0.13	0.22
7	中国国际金融有限公司北京建国门外大街证券营业部	49.75	1.15	国信证券股份有限公司上海北京东路证券营业部	0.11	0.19
8	申银万国证券股份有限公司上海新昌路营业部	36.98	0.85	西南证券股份有限公司北京北三环中路证券营业部	0.11	0.18
9	中银国际证券有限责任公司上海欧阳路证券营业部	34.86	0.81	申银万国证券股份有限公司哈尔滨中山路证券营业部	0.10	0.16
10	财通证券有限责任公司永康九铃东路证券营业部	32.47	0.75	安信证券股份有限公司上海南丹路证券营业部	0.09	0.15
11	国信证券股份有限公司深圳红岭中路证券营业部	29.64	0.69	中天证券有限责任公司锦州延安路证券营业部	0.08	0.13
12	兴业证券股份有限公司福州湖东路证券营业部	23.08	0.53	国信证券股份有限公司深圳泰然九路证券营业部	0.08	0.13
13	中国银河证券股份有限公司福州中山路证券营业部	22.13	0.51	国都证券有限责任公司北京工体北路证券营业部	0.08	0.13
14	国泰君安证券股份有限公司上海打浦路证券营业部	21.19	0.49	国信证券股份有限公司北京平安大街证券营业部	0.07	0.12
15	中天证券有限责任公司沈阳联合路证券营业部	20.25	0.47	信达证券股份有限公司盘锦利民路证券营业部	0.07	0.11
16	瑞银证券有限责任公司上海花园石桥路证券营业部	19.64	0.45	东海证券有限责任公司上海愚园路证券营业部	0.06	0.11
17	中国银河证券股份有限公司长春西民主大街证券营业部	18.30	0.42	平安证券有限责任公司南京太平北路证券营业部	0.06	0.10
18	平安证券有限责任公司深圳福华路证券营业部	17.37	0.40	国泰君安证券股份有限公司天津西市大街证券营业部	0.06	0.10
19	中银国际证券有限责任公司南昌会展路证券营业部	16.89	0.39	国信证券股份有限公司广州东风中路证券营业部	0.05	0.09
20	长江证券股份有限公司上海锦绣路证券营业部	16.08	0.37	东吴证券有限责任公司苏州狮山路营业部	0.05	0.08
合计		1085.25	25.08		2.15	3.56

注：表中交易金额为双边计算

数据来源：上海、深圳证券交易所

Source：Shanghai、Shenzhen Stock Exchange

8-8 2009年证券营业部国债回购交易金额排名表

Top 20 of Securities Sale departments by Turnover of T-Bond Repurchase in 2009

金额：亿元

序号 No.	上海 Shanghai			深圳 Shenzhen		
	营业部名称 Business Department	交易金额 Turnover	比重(%) of Total(%)	营业部名称 Business Department	交易金额 Turnover	比重(%) of Total(%)
1	申银万国证券股份有限公司北京劲松九区证券营业部	3528.37	4.97			
2	中国国际金融有限公司上海淮海中路证券营业部	3418.89	4.82			
3	申银万国证券股份有限公司南通青年中路证券营业部	2346.16	3.31			
4	中国国际金融有限公司深圳福华一路证券营业部	2140.62	3.02			
5	国泰君安证券股份有限公司深圳上步中路证券营业部	2135.86	3.01			
6	国泰君安证券股份有限公司上海杨树浦路证券营业部	1394.66	1.97			
7	中国国际金融有限公司北京建国门外大街证券营业部	1391.67	1.96			
8	申银万国证券股份有限公司上海南汇营业部	1336.13	1.88			
9	光大证券股份有限公司北京月坛北街证券营业部	1203.92	1.70			
10	光大证券股份有限公司南京中山北路证券营业部	1066.12	1.50			
11	国元证券股份有限公司深圳百花二路证券营业部	923.64	1.30			
12	长江证券股份有限公司上海汉口路证券营业部	917.61	1.29			
13	国泰君安证券股份有限公司上海福山路证券营业部	756.07	1.07			
14	国泰君安证券股份有限公司上海江苏路证券营业部	747.95	1.05			
15	长江证券股份有限公司上海锦绣路证券营业部	680.68	0.96			
16	申银万国证券股份有限公司上海昌化路营业部	677.34	0.95			
17	财通证券有限责任公司永康九铃东路证券营业部	651.05	0.92			
18	北京高华证券有限责任公司北京金融大街证券营业部	615.38	0.87			
19	宏源证券股份有限公司上海浦北路证券营业部	584.91	0.82			
20	中银国际证券有限责任公司上海欧阳路证券营业部	529.15	0.75			
合计		27046.18	38.12			

注：表中交易金额为双边计算

数据来源：上海、深圳证券交易所，深圳交易所2009年没有国债回购交易。

Source：Shanghai、Shenzhen Stock Exchange

8-9　2009年证券公司增资扩股情况统计表

Summary for Expanding Capital of Securities Companies in 2009

序号 No.	公司名称 Companies Name	增资后注册资本(亿元) Register Capital After Expanding (RMB 100m)
1	安信证券股份有限公司	23.9
2	长江证券股份有限公司	21.71
3	东北证券股份有限公司	6.39
4	光大证券股份有限公司	34.18
5	广州证券有限责任公司	14.34
6	国金证券股份有限公司	10
7	国元证券股份有限公司	19.64
8	恒泰证券股份有限公司	21.95
9	华安证券有限责任公司	24.05
10	华泰证券股份有限公司	48.15
11	江海证券有限公司	13.63
12	江南证券有限责任公司	13.26
13	平安证券有限责任公司	30
14	陕西开源证券经纪有限责任公司	5
15	天风证券经纪有限责任公司	3.15
16	五矿证券经纪有限责任公司	5
17	招商证券股份有限公司	35.85
18	中国建银投资证券有限责任公司	25
19	中天证券有限责任公司	9.38

数据来源：中国证监会
Source：CSRC

8-10　2009年具有外资股业务资格的境外证券经营机构名单

List of Oversea Business Qualified Foreign Securities in 2009

序号 No.	公司名称 Companies	资格种类 Qualification
1	星展唯高达香港有限公司	经纪商、主承销商
2	ING霸菱证券(香港)有限公司	经纪商、主承销商
3	百德能证券有限公司	经纪商、主承销商
4	宝来证券(香港)有限公司	经纪商、主承销商
5	倍利证券(香港)有限公司	主承销商
6	大福证券有限公司	经纪商、主承销商
7	大和证券住银资本市场(香港)有限公司	经纪商、主承销商
8	德意志证券亚洲有限公司	经纪商、主承销商
9	帝杰亚洲有限公司	经纪商、主承销商
10	东方惠嘉证券有限公司	经纪商、主承销商
11	东亚证券有限公司	经纪商
12	东洋证券亚洲有限公司	经纪商
13	东洋证券株式会社	经纪商、主承销商
14	发展证券香港有限公司	经纪商
15	法国巴黎融资(亚太)有限公司	主承销商
16	法国巴黎证券(亚洲)有限公司	经纪商、主承销商
17	法国兴业证券(香港)有限公司	经纪商、主承销商
18	高盛(亚洲)有限责任公司	经纪商、主承销商

续表 Continued

序号 No.	公司名称 Companies	资格种类 Qualification
19	工商东亚证券有限公司	经纪商、主承销商
20	广利证券有限公司	经纪商
21	国际证券(香港)有限公司	经纪商
22	和升国际有限公司	经纪商、主承销商
23	荷银融资亚洲有限公司	主承销商
24	荷银证券亚洲有限公司	经纪商
25	亨泰证券有限公司	经纪商
26	恒生证券有限公司	经纪商
27	汇丰证券(亚洲)有限公司	经纪商、主承销商
28	汇富证券有限公司	经纪商、主承销商
29	极讯亚太有限公司	经纪商
30	加拿大怡东融资有限公司	主承销商
31	加怡证券经纪有限公司	经纪商
32	嘉诚证券有限公司	经纪商、主承销商
33	嘉佳证券有限公司	经纪商
34	永丰金证券(亚洲)有限公司	经纪商、主承销商
35	京华山一国际(香港)有限公司	经纪商、主承销商
36	京华证券国际有限公司	经纪商、主承销商
37	凯基证券亚洲有限公司	经纪商、主承销商
38	乐金投资证券公司	经纪商、主承销商
39	里昂证券有限公司	经纪商、主承销商
40	摩根士丹利亚洲有限公司	经纪商
41	内藤证券株式会社	经纪商
42	培基证券有限公司	主承销商
43	群益证券(香港)有限公司	经纪商、主承销商
44	软库金汇投资服务有限公司	经纪商、主承销商
45	瑞士信贷(香港)有限公司	经纪商、主承销商
46	三星证券株式会社	经纪商、主承销商
47	顺隆证券行有限公司	经纪商
48	所罗门美邦香港有限公司	经纪商
49	万信证券有限公司	经纪商
50	联昌国际证券(香港)有限公司	经纪商
51	新鸿基投资服务有限公司	经纪商、主承销商
52	新加坡大华亚洲(香港)有限公司	主承销商
53	新加坡发展亚洲融资有限公司	主承销商
54	新日本证券国际(香港)有限公司	经纪商、主承销商
55	信诚证券有限公司	经纪商
56	野村国际(香港)有限公司	经纪商、主承销商
57	怡富证券有限公司	经纪商、主承销商
58	英明证券有限公司	经纪商
59	元富证券(香港)有限公司	经纪商、主承销商
60	中银国际证券有限公司	经纪商
61	周生生证券有限公司	经纪商
62	大华继显(香港)有限公司	经纪商
63	东海东京证券公司	经纪商
64	中国国际金融香港有限公司	经纪商
65	美林远东有限公司	经纪商
66	敦沛证券有限公司	经纪商
67	瑞银证券亚洲有限公司	经纪商
68	日本日联飞翼证券股份有限公司	经纪商

数据来源：中国证监会
Source：CSRC

8－11　2009 年具有投资咨询业务资格的机构名单

List of Securities Investment Consulting Qualified Companies in 2009

序号 No.	地区 Area	机构名称 Companies
1	北　京	北京首证投资顾问有限公司
2	北　京	北京清华紫光投资顾问有限责任公司
3	北　京	北京盛世华商投资咨询有限公司
4	北　京	北京金昌投资咨询有限公司
5	北　京	北京金美林投资顾问有限公司
6	北　京	和讯信息科技有限公司
7	北　京	北京京放投资管理顾问有限责任公司
8	北　京	北京君之创证券投资咨询有限公司
9	北　京	北京中方信富投资管理咨询有限公司
10	北　京	北京中和应泰财务顾问有限公司
11	北　京	北京新兰德证券投资咨询有限责任公司
12	北　京	天相投资顾问有限公司
13	北　京	北京中资北方投资顾问有限公司
14	北　京	北京博星投资顾问有限公司
15	北　京	北京海问咨询有限公司
16	北　京	北京和众汇富咨询有限公司(原北京和君咨询有限公司)
17	北　京	北京东方高圣投资顾问有限公司
18	天　津	天津证券投资咨询有限公司
19	天　津	天津市中融投资咨询有限公司
20	辽　宁	沈阳盈捷投资顾问有限公司
21	江　苏	江苏天鼎投资咨询有限公司
22	江　苏	无锡金百灵投资咨询有限公司
23	成　都	成都倍新投资咨询有限责任公司
24	成　都	成都银华投资资讯有限公司
25	成　都	成都汇阳投资顾问有限公司
26	河　南	河南九鼎德盛投资顾问有限公司
27	河　南	河南万国咨询开发有限公司
28	大　连	大连恒基投资顾问有限公司
29	大　连	大连北部资产经营有限公司
30	黑龙江	黑龙江省容维投资顾问有限责任公司
31	安　徽	安徽大时代投资咨询有限公司
32	安　徽	安徽华安新兴证券投资咨询有限责任公司
33	福　建	福建天信投资咨询顾问有限公司
34	厦　门	厦门市鑫鼎盛证券投资咨询服务有限公司
35	厦　门	厦门高能投资咨询有限公司
36	厦　门	厦门世纪金龙投资咨询有限公司
37	厦　门	厦门市新汇通投资咨询有限公司
38	云　南	云南产业投资管理有限公司
39	海　南	海南港澳资讯产业股份有限公司
40	海　南	海南精信资讯有限公司
41	山　东	山东神光咨询服务有限责任公司
42	山　东	山东英大投资顾问有限责任公司
43	浙　江	浙江国金投资咨询有限公司
44	浙　江	杭州海能证券投资顾问有限公司(原杭州新希望证券投资顾问有限公司)
45	浙　江	杭州三元证券投资顾问有限公司
46	宁　波	宁波海顺投资咨询有限公司
47	深　圳	深圳市天生人和经济信息咨询有限公司
48	深　圳	深圳市尊悦证券投资顾问有限公司

续表 Continued

序号 No.	地区 Area	机构名称 Companies
49	深　圳	深圳市珞珈投资咨询有限公司
50	深　圳	深圳市芙浪特证券投资顾问有限公司
51	深　圳	深圳市怀新企业投资顾问有限公司
52	深　圳	深圳市中证投资资讯有限公司
53	深　圳	深圳市新兰德证券投资咨询有限公司
54	深　圳	深圳市国诚投资咨询有限公司
55	深　圳	深圳市股海观潮投资顾问有限公司
56	深　圳	深圳市智多盈投资顾问有限公司
57	陕　西	陕西巨丰投资资讯有限责任公司
58	陕　西	陕西融泰投资咨询有限公司
59	重　庆	重庆博股通金证券投资咨询有限公司
60	重　庆	重庆东金管理顾问有限公司
61	上　海	上海中广信息传播咨询有限公司
62	上　海	上海益邦投资咨询有限公司
63	上　海	上海新兰德证券投资咨询顾问有限公司
64	上　海	上海森洋投资咨询有限公司
65	上　海	上海亚商投资顾问有限公司
66	上　海	上海世基投资顾问有限公司
67	上　海	上海申银万国证券研究所有限公司
68	上　海	上海东方财富证券研究所有限公司
69	上　海	上海万盛投资咨询有限公司
70	上　海	上海金汇信息系统有限公司
71	上　海	上海荣正投资咨询有限公司
72	上　海	上海新世纪资信评估投资服务有限公司
73	上　海	上海证联投资咨询服务有限责任公司
74	上　海	上海涌金理财顾问有限公司
75	上　海	上海证券综合研究有限公司
76	上　海	上海大智慧投资咨询有限公司
77	上　海	上海新资源证券咨询有限公司
78	上　海	上海益盟投资管理有限公司
79	河　北	河北源达证券投资咨询有限公司
80	上　海	上海迈步投资管理有限公司(原青岛安信投资顾问有限责任公司)
81	青　岛	青岛市大摩投资咨询有限公司
82	湖　南	湖南金证投资咨询顾问有限公司
83	广　东	广州运财行理财投资有限公司
84	广　东	珠海博众证券投资咨询有限公司
85	广　东	广州博信投资咨询有限公司
86	广　东	广州越声理财咨询有限公司
87	广　东	广州市万隆证券咨询顾问有限公司
88	广　东	广东科德投资顾问有限公司
89	广　东	广州新升咨询顾问有限公司
90	广　东	广州汇正财经顾问有限公司
91	吉　林	吉林省北方万盛投资管理顾问有限公司
92	北　京	北京禧达丰证券投资顾问有限公司*
93	广　东	广东百灵信投资管理有限公司*
94	江　苏	江苏现代资产投资管理顾问有限公司*
95	黑龙江	哈尔滨新思路投资咨询有限公司*
96	黑龙江	哈尔滨大富证券投资顾问有限公司*
97	上　海	上海天力投资顾问有限公司*
98	深　圳	深圳前沿投资顾问有限公司*

备注：
1. 带“*”公司为申请暂停证券投资咨询业务的公司；
2. 带“#”公司正在立案稽查中。
数据来源：中国证监会
Source：CSRC

8-12 2009年外资证券类机构驻华代表处名录

Office of Foreign Securities Companies in China (2009)

序号 No.	机构名称 Name	地区 Area
1	元富证券(香港)有限公司上海代表处	上 海
2	兆丰资本(亚洲)有限公司上海代表处	上 海
3	法国兴业证券(香港)有限公司上海代表处	上 海
4	内藤证券公司上海代表处	上 海
5	台证综合证券股份有限公司上海代表处	上 海
6	统一证券(香港)有限公司上海代表处	上 海
7	星展唯高达香港有限公司上海代表处	上 海
8	威廉-博莱有限责任公司上海代表处	上 海
9	元大证券(香港)有限公司上海代表处	上 海
10	日盛嘉富证券国际有限公司上海代表处	上 海
11	星展亚洲融资有限公司上海代表处	上 海
12	杰富瑞投资银行上海代表处	上 海
13	富邦综合证券股份有限公司上海代表处	上 海
14	高盛(中国)有限责任公司上海代表处	上 海
15	麦格理证券(澳大利亚)股份有限公司上海代表处	上 海
16	永丰金证券(亚洲)有限公司上海代表处	上 海
17	香港上海汇丰银行有限公司(证券业务)上海代表处	上 海
18	致富证券有限公司上海代表处	上 海
19	新鸿基投资服务有限公司上海代表处	上 海
20	大华证券(香港)有限公司上海代表处	上 海
21	群益国际控股有限公司上海代表处	上 海
22	凯基证券亚洲有限公司上海代表处	上 海
23	野村证券株式会社上海代表处	上 海
24	渣打证券(香港)有限公司上海代表处	上 海
25	大福证券有限公司上海代表处	上 海
26	美林国际有限公司上海代表处	上 海
27	友利投资证券公司上海代表处	上 海
28	巴克莱证券有限公司上海代表处	上 海
29	花旗环球金融亚洲有限公司上海代表处	上 海
30	美国罗仕证券有限责任公司上海代表处	上 海
31	瑞士信贷(香港)有限公司上海代表处	上 海
32	宝来证券股份有限公司上海代表处	上 海
33	派杰公司上海代表处	上 海
34	德意志银行股份有限公司(证券业务)上海代表处	上 海
35	摩根士丹利亚洲有限公司上海代表处	上 海
36	摩根大通证券(亚太)有限公司上海代表处	上 海
37	洛希尔中国控股有限公司上海代表处	上 海
38	冈三证券股份有限公司上海代表处	上 海
39	韩国三星证券公司上海代表处	上 海
40	韩国现代证券公司上海代表处	上 海
41	韩华证券股份有限公司上海代表处	上 海
42	瑞穗证券股份有限公司上海代表处	上 海
43	金鼎综合证券(维京)股份有限公司上海代表处	上 海
44	苏皇证券亚洲有限公司上海代表处	上 海
45	卓亚(企业融资)有限公司上海代表处	上 海
46	法国巴黎资本(亚洲)有限公司上海代表处	上 海
47	里昂证券有限公司上海代表处	上 海
48	瑞银证券亚洲有限公司上海代表处	上 海

续表 1 Continued 1

序号 No.	机构名称 Name	地区 Area
49	东洋证券股份有限公司上海代表处	上 海
50	大信证券股份有限公司上海代表处	上 海
51	益华证券有限公司上海代表处	上 海
52	新韩金融投资股份有限公司上海代表处	上 海
53	蓝泽证券股份有限公司上海代表处	上 海
54	韩国爱思开证券股份有限公司上海代表处	上 海
55	联昌国际证券(香港)有限公司上海代表处	上 海
56	盈透证券有限公司上海代表处	上 海
57	华南永昌综合证券股份有限公司上海代表处	上 海
58	韦仕投资银行集团有限合伙上海代表处	上 海
59	荷银投资管理(亚洲)有限公司上海代表处	上 海
60	富达基金(香港)有限公司上海代表处	上 海
61	大和投资管理(香港)有限公司上海代表处	上 海
62	比利时联合资产管理有限公司上海代表处	上 海
63	联博有限公司上海代表处	上 海
64	三井住友资产管理股份有限公司上海代表处	上 海
65	马丁可利投资管理有限公司上海代表处	上 海
66	英国施罗德集团上海代表处	上 海
67	英杰华投资集团全球服务有限公司上海代表处	上 海
68	荷宝基金管理公司上海代表处	上 海
69	未来资产迈普斯资产运用株式会社上海代表处	上 海
70	新加坡东京海上国际资产管理有限公司上海代表处	上 海
71	安本亚洲资产管理有限公司上海代表处	上 海
72	科提比资产运用株式会社上海代表处	上 海
73	大和住银投信投资顾问株式会社上海代表处	上 海
74	道富环球投资管理亚洲有限公司上海代表处	上 海
75	德盛安联资产管理香港有限公司上海代表处	上 海
76	瑞意金融集团上海代表处	上 海
77	美林国际有限公司北京代表处	北 京
78	摩根士丹利亚洲有限公司北京代表处	北 京
79	花旗环球金融中国有限公司北京代表处	北 京
80	高盛(中国)有限责任公司北京代表处	北 京
81	洛希尔中国控股有限公司北京代表处	北 京
82	里昂证券有限公司北京代表处	北 京
83	法国巴黎资本(亚洲)有限公司北京代表处	北 京
84	京华山一国际(香港)有限公司北京代表处	北 京
85	摩根大通证券(亚太)有限公司北京代表处	北 京
86	苏皇融资亚洲有限公司北京代表处	北 京
87	瑞银证券亚洲有限公司北京代表处	北 京
88	香港上海汇丰银行有限公司(证券业务)北京代表处	北 京
89	瑞士信贷(香港)有限公司北京代表处	北 京
90	中银国际控股有限公司北京代表处	北 京
91	汇富金融服务有限公司北京代表处	北 京
92	渣打证券(香港)有限公司北京代表处	北 京
93	三菱日联证券股份有限公司北京代表处	北 京
94	大和证券资本市场株式会社北京代表处	北 京
95	野村证券株式会社北京代表处	北 京
96	金鼎综合证券(香港)有限公司北京代表处	北 京
97	兆丰资本(亚洲)有限公司北京代表处	北 京
98	元大证券股份有限公司北京代表处	北 京
99	新百利有限公司北京代表处	北 京
100	香港国浩资本有限公司北京代表处	北 京
101	德意志银行股份有限公司(证券业务)北京代表处	北 京

续表 2 Continued 2

序号 No.	机构名称 Name	地区 Area
102	瑞穗证券股份有限公司北京代表处	北　京
103	宝来证券股份有限公司北京代表处	北　京
104	第一上海融资有限公司北京代表处	北　京
105	蒙特利尔银行利时证券公司北京代表处	北　京
106	法国外贸银行(证券业务)北京代表处	北　京
107	加皇投资理财有限公司(证券业务)北京代表处	北　京
108	中央三井信托银行株式会社(证券业务)北京代表处	北　京
109	韩国未来资产证券株式会社北京代表处	北　京
110	星展亚洲融资有限公司北京代表处	北　京
111	交银国际控股有限公司(证券业务)北京代表处	北　京
112	友利投资证券股份有限公司北京代表处	北　京
113	城市信贷投资银行有限公司北京代表处	北　京
114	大宇证券股份有限公司北京代表处	北　京
115	现汽投资证券股份有限公司北京代表处	北　京
116	布朗兄弟哈里曼(香港)有限公司北京代表处	北　京
117	加拿大帝国商业银行世界市场公司(证券业务)北京代表处	北　京
118	太平洋顶峰证券有限公司北京代表处	北　京
119	英国施罗德集团北京代表处	北　京
120	宏富投资管理有限公司北京代表处	北　京
121	美国先锋投资管理公司北京代表处	北　京
122	邓普顿国际股份有限公司北京代表处	北　京
123	美国信安环球投资有限公司北京代表处	北　京
124	标准人寿投资公司北京代表处	北　京
125	法国巴黎资产管理有限公司北京代表处	北　京
126	纽约银行梅隆资产管理国际有限公司北京代表处	北　京
127	东方汇理基金管理公司北京代表处	北　京
128	景顺投资管理有限公司北京代表处	北　京
129	瑞银环球资产管理(香港)有限公司北京代表处	北　京
130	摩根富林明资产管理有限公司北京代表处	北　京
131	威灵顿环球投资管理有限公司北京代表处	北　京
132	贝莱德投资管理(英国)有限公司北京代表处	北　京
133	富敦资金管理公司北京代表处	北　京
134	安智投资管理亚太(香港)有限公司北京代表处	北　京
135	富达基金(香港)有限公司北京代表处	北　京
136	巴克莱国际投资管理北亚有限公司北京代表处	北　京
137	苏皇融资亚洲有限公司深圳代表处	深　圳
138	凯基证券亚洲有限公司深圳代表处	深　圳
139	元富证券(香港)有限公司深圳代表处	深　圳
140	兆丰资本(亚洲)有限公司深圳代表处	深　圳
141	新鸿基投资服务有限公司深圳代表处	深　圳
142	里昂证券有限公司深圳代表处	深　圳
143	富昌证券有限公司深圳代表处	深　圳
144	金鼎综合证券(香港)有限公司深圳代表处	深　圳
145	致富证券有限公司深圳代表处	深　圳
146	宝来证券(香港)有限公司深圳代表处	深　圳
147	恒生投资管理有限公司深圳代表处	深　圳
148	宝来证券股份有限公司广州代表处	广　东
149	新鸿基投资服务有限公司(证券业务)广州代表处	广　东
150	统一综合证券股份有限公司厦门代表处	厦　门
151	富邦综合证券股份有限公司厦门代表处	厦　门
152	新鸿基投资服务有限公司(证券业务)南京代表处	江　苏
153	香港华富嘉洛证券有限责任公司沈阳代表处	辽　宁
154	金鼎综合证券(香港)有限公司成都代表处	四　川

数据来源：中国证监会
Source：CSRC

8－13　2009 年具有客户资产管理业务资格的证券公司名单

List of Being Entrusted Investment Qualified Companies in 2009

序号 No.	公司名称 Companies	序号 No.	公司名称 Companies
1	爱建证券有限责任公司	36	华泰联合证券有限责任公司
2	安信证券股份有限公司	37	华西证券有限责任公司
3	北京高华证券有限责任公司	38	华融证券股份有限公司
4	渤海证券股份有限公司	39	江南证券有限责任公司
5	财富证券有限责任公司	40	金元证券股份有限公司
6	财通证券有限责任公司	41	民生证券有限责任公司
7	长城证券有限责任公司	42	南京证券有限责任公司
8	长江证券股份有限公司	43	平安证券有限责任公司
9	大通证券股份有限公司	44	齐鲁证券有限公司
10	第一创业证券有限责任公司	45	瑞银证券有限责任公司
11	东北证券股份有限公司	46	山西证券股份有限公司
12	东方证券股份有限公司	47	上海证券有限责任公司
13	东海证券有限责任公司	48	申银万国证券股份有限公司
14	东莞证券有限责任公司	49	世纪证券有限责任公司
15	东吴证券有限责任公司	50	信达证券股份有限公司
16	东兴证券股份有限公司	51	西部证券股份有限公司
17	方正证券有限责任公司	52	西南证券股份有限公司
18	光大证券股份有限公司	53	湘财证券有限责任公司
19	广发证券股份有限公司	54	兴业证券股份有限公司
20	广州证券有限责任公司	55	银泰证券有限责任公司
21	国都证券有限责任公司	56	英大证券有限责任公司
22	国盛证券有限责任公司	57	招商证券股份有限公司
23	国海证券有限责任公司	58	浙商证券有限责任公司
24	国联证券股份有限公司	59	中国国际金融有限公司
25	国泰君安证券股份有限公司	60	中国建银投资证券有限责任公司
26	国信证券股份有限公司	61	中国民族证券有限责任公司
27	国元证券股份有限公司	62	中国银河证券股份有限公司
28	海通证券股份有限公司	63	中信万通证券有限责任公司
29	恒泰证券股份有限公司	64	中信证券股份有限公司
30	红塔证券股份有限公司	65	中银国际证券有限责任公司
31	宏源证券股份有限公司	66	中原证券股份有限公司
32	华安证券有限责任公司	67	中信建投证券有限责任公司
33	华龙证券有限责任公司	68	中山证券有限责任公司
34	华鑫证券有限责任公司	69	中天证券有限责任公司
35	华泰证券股份有限公司		

数据来源：中国证监会
Source：CSRC

8－14　2009 年证券公司名单

List of Securities Companies in 2009

序号 No.	公司名称 Companies	注册资金(亿元) Register Capital (RMB100m)	所在地 Location
1	爱建证券有限责任公司	11.00	上　海
2	安信证券股份有限公司	23.90	深　圳

续表 1 Continued 1

序号 No.	公司名称 Companies	注册资金(亿元) Register Capital (RMB100m)	所在地 Location
3	北京高华证券有限责任公司	10.72	北 京
4	渤海证券股份有限公司	22.27	天 津
5	财富里昂证券有限责任公司	5.00	上 海
6	财富证券有限责任公司	21.36	湖 南
7	财通证券有限责任公司	11.27	浙 江
8	长城证券有限责任公司	20.67	深 圳
9	长江证券承销保荐有限公司	1.00	上 海
10	长江证券股份有限公司	21.71	湖 北
11	川财证券经纪有限公司	0.93	四 川
12	大通证券股份有限公司	12.00	大 连
13	大同证券经纪有限责任公司	1.00	山 西
14	德邦证券有限责任公司	10.08	上 海
15	第一创业证券有限责任公司	15.90	深 圳
16	东北证券股份有限公司	6.39	吉 林
17	东方证券股份有限公司	32.94	上 海
18	东海证券有限责任公司	16.70	江 苏
19	东莞证券有限责任公司	5.50	广 东
20	东吴证券有限责任公司	15.00	江 苏
21	东兴证券股份有限公司	15.04	北 京
22	方正证券有限责任公司	16.54	湖 南
23	高盛高华证券有限责任公司	8.00	北 京
24	光大证券股份有限公司	34.18	上 海
25	广发华福证券有限责任公司	5.50	福 建
26	广发证券股份有限公司	20.00	广 东
27	广州证券有限责任公司	14.34	广 东
28	国都证券有限责任公司	26.23	北 京
29	国海证券有限责任公司	8.00	广 西
30	国金证券股份有限公司	10.00	四 川
31	国联证券股份有限公司	15.00	江 苏
32	国盛证券有限责任公司	5.93	江 西
33	国泰君安证券股份有限公司	47.00	上 海
34	国信证券股份有限公司	70.00	深 圳
35	国元证券股份有限公司	19.64	安 徽
36	海际大和证券有限责任公司	5.00	上 海
37	海通证券股份有限公司	82.28	上 海
38	航空证券有限责任公司	5.20	北 京
39	航天证券经纪有限责任公司	2.00	上 海
40	和兴证券经纪有限责任公司	3.31	四 川
41	河北财达证券经纪有限责任公司	14.17	河 北
42	恒泰长财证券有限责任公司	0.56	吉 林
43	恒泰证券股份有限公司	21.95	内蒙古
44	红塔证券股份有限公司	13.87	云 南
45	宏源证券股份有限公司	14.61	新 疆
46	华安证券有限责任公司	24.05	安 徽
47	华宝证券有限责任公司	5.00	上 海
48	华创证券有限责任公司	2.00	贵 州
49	华林证券有限责任公司	8.07	广 东
50	华龙证券有限责任公司	15.76	甘 肃
51	华融证券股份有限公司	15.10	北 京
52	华泰联合证券有限责任公司	10.00	深 圳
53	华泰证券股份有限公司	48.15	江 苏
54	华西证券有限责任公司	10.13	四 川

续表 2　Continued 2

序号 No.	公司名称 Companies	注册资金(亿元) Register Capital (RMB100m)	所在地 Location
55	华鑫证券有限责任公司	16.00	深　圳
56	江海证券有限公司	13.63	黑龙江
57	江南证券有限责任公司	13.26	江　西
58	金元证券股份有限公司	9.00	海　南
59	联讯证券有限责任公司	1.16	广　东
60	民生证券有限责任公司	12.82	北　京
61	南京证券有限责任公司	17.71	江　苏
62	平安证券有限责任公司	30.00	深　圳
63	齐鲁证券有限公司	52.12	山　东
64	日信证券有限责任公司	6.00	内蒙古
65	瑞信方正证券有限责任公司	8.00	北　京
66	瑞银证券有限责任公司	14.90	北　京
67	山西证券股份有限公司	20.00	山　西
68	陕西开源证券经纪有限责任公司	5.00	陕　西
69	上海证券有限责任公司	26.10	上　海
70	申银万国证券股份有限公司	67.16	上　海
71	诚浩证券有限责任公司	2.01	辽　宁
72	世纪证券有限责任公司	7.00	深　圳
73	首创证券有限责任公司	6.50	北　京
74	太平洋证券股份有限公司	15.03	云　南
75	天风证券经纪有限责任公司	3.15	湖　北
76	天源证券经纪有限公司	1.84	青　海
77	万和证券经纪有限公司	1.25	海　南
78	万联证券有限责任公司	5.00	广　东
79	五矿证券经纪有限责任公司	5.00	深　圳
80	西部证券股份有限公司	10.00	陕　西
81	西藏证券经纪有限责任公司	2.00	西　藏
82	西南证券股份有限公司	19.04	重　庆
83	厦门证券有限公司	0.50	厦　门
84	湘财证券有限责任公司	29.97	湖　南
85	新时代证券有限责任公司	11.26	北　京
86	信达证券股份有限公司	15.11	北　京
87	兴业证券股份有限公司	19.37	福　建
88	银泰证券有限责任公司	5.00	深　圳
89	英大证券有限责任公司	12.00	深　圳
90	招商证券股份有限公司	35.85	深　圳
91	浙商证券有限责任公司	21.20	浙　江
92	中德证券有限责任公司	10.00	北　京
93	中国国际金融有限公司	10.37	北　京
94	中国建银投资证券有限责任公司	25.00	深　圳
95	中国民族证券有限责任公司	13.94	北　京
96	中国银河证券股份有限公司	60.00	北　京
97	中山证券有限责任公司	13.55	深　圳
98	中天证券有限责任公司	9.38	辽　宁
99	中信建投证券有限责任公司	27.00	北　京
100	中信金通证券有限责任公司	8.85	浙　江
101	中信万通证券有限责任公司	8.00	青　岛
102	中信证券股份有限公司	66.30	深　圳
103	中银国际证券有限责任公司	15.00	上　海
104	中邮证券有限责任公司	5.60	陕　西
105	中原证券股份有限公司	20.34	河　南
106	众成证券经纪有限公司	0.63	深　圳

数据来源：中国证监会
Source：CSRC

8－15　2009年证券公司资产负债表

Balance Sheet of Securities Companies in 2009

2009年12月31日　　单位：亿元

资产 Assets	期末余额 The Ending Balance	负债和所有者权益 Liabilities and Equity	期末余额 The Ending Balance
资产：		负债：	
货币资金	14530.73	短期借款	0.20
其中：客户资金存款	12163.90	其中：质押借款	0.00
客户信用资金存款	0.00	拆入资金	1.93
自有信用资金存款	0.00	交易性金融负债	0.00
结算备付金	1622.64	衍生金融负债	0.57
其中：客户备付金	1464.74	卖出回购金融资产款	829.53
信用备付金	0.00	代理买卖证券款	13739.24
拆出资金	1.76	信用交易代理买卖证券款	0.00
融出资金	0.00	代理承销证券款	19.37
融出证券	0.00	应付职工薪酬	297.65
交易性金融资产	1803.89	应交税费	139.82
其中：抵押证券	6.64	应付利息	4.34
衍生金融资产	0.75	预计负债	8.18
买入返售金融资产	122.91	长期借款	70.72
应收利息	10.39	应付债券	35.01
存出保证金	175.56	递延所得税负债	40.53
其中：交易保证金	172.11	其他负债	259.43
履约保证金	0.94	其中：应付款项	153.69
可供出售金融资产	1009.56	其他应付款项	14.85
持有至到期投资	35.61	代理兑付债券款	3.54
长期股权投资	502.69	负债合计	15446.52
投资性房地产	11.25		
固定资产	242.16		
其中：在建工程	30.66		
无形资产	38.51		
其中：交易席位费	11.25	所有者权益：	
商誉	6.68	实收资本(或股本)	1716.85
递延所得税资产	49.05	资本公积	1194.37
其他资产	122.77	减：库存股	0.00
其中：应收融资融券客户款	0.00	盈余公积	274.30
应收款项	76.30	一般风险准备	274.56
应收股利	0.02	交易风险准备	251.91
抵债资产	2.93	未分配利润	1128.49
代理兑付债券	0.08	外币报表折算差额	−0.11
		所有者权益合计	4840.38
资产总计	20286.91	负债和所有者权益总计	20286.91

数据来源：中国证监会
Source：CSRC

8－16　2009年证券公司利润表

Income Sheet of Securities Companies in 2009

2009年度　　　　单位：亿元

项　目 Items	本期金额 Current Balance	上期金额 last Balance
一、营业收入	2052.79	1247.28
手续费及佣金净收入(净损失以"－"号填列)	1601.86	989.45
其中：代理买卖证券业务净收入	1425.62	875.84
其中：经纪业务席位净收入	69.04	45.13
代理销售金融产品净收入	9.25	8.72
证券承销业务净收入	121.85	76.51
保荐业务服务净收入	8.68	5.00
财务顾问服务净收入	22.07	14.52
投资咨询服务净收入	2.17	3.03
受托客户资产管理业务净收入	14.77	14.70
其中：定向资产管理业务净收入	2.02	3.30
集合资产管理业务净收入	12.78	11.23
专项资产管理业务净收入	0.04	0.04
利息净收入(净损失以"－"号填列)	139.88	130.62
其中：存放金融同业利息净收入	162.07	154.50
资金拆借净收入	－9.18	－6.25
融资融券利息净收入	0.00	0.00
债券回购利息净收入	－6.74	－6.53
投资收益(净损失以"－" 号填列)	256.59	351.75
其中：对联营企业和合营企业的投资收益	22.85	27.56
对子公司的投资收益	35.52	38.85
交易性金融工具的投资收益	125.69	38.84
可供出售金融资产的投资收益	71.24	155.85
持有至到期金融资产的投资收益	1.01	0.60
衍生金融工具的投资收益	0.61	72.63
公允价值变动收益(净损失以"－" 号填列)	34.36	－245.94
其中：交易性金融工具公允价值变动收益	34.70	－198.46
衍生金融工具公允价值变动收益	－0.23	－46.44
融出证券公允价值变动收益	0.00	0.00
汇兑净收益(净损失以"－"号填列)	0.13	－2.55
其他业务收入	5.20	9.25
二、营业支出	857.18	643.41
营业税金及附加	99.90	69.28
业务及管理费	763.18	551.16
其中：折旧及摊销	45.50	41.73
场地设备租赁费	38.97	34.54
职工薪酬	432.18	268.15
证券投资者保护基金	33.89	18.78
资产减值损失(冲回以"－"列示)	－8.10	20.06
其他业务成本	2.20	2.91
三、营业利润(亏损以"－"号填列)	1195.62	603.88
加：营业外收入	19.01	12.34
减：营业外支出	5.41	7.06
四、利润总额(亏损总额"－" 号填列)	1209.22	609.16
减：所得税费用	275.68	108.73
五、净利润(净亏损以"－"号填列)	933.55	500.43

数据来源：中国证监会
Source：CSRC

8－17　2009年证券公司主要财务指标一览表

Finacial Brief of Securities Companies in 2009

金额：亿元

项　目 Items	2009年	项　目 Items	2009年
总资产 Total Assets	20287	利润总额 Total Profit	1209
净资产 Net Assets	4840	净利润 Net Profit	934
营业收入 Revenue	2053		

数据来源：中国证监会
Source：CSRC

九、大　事　记

Events

2009 年中国证券期货市场大事记

Events for China Securities Market and Futures Market in 2009

1 月

7 日　中国证监会日前发布《发行保荐书和发行保荐工作报告(草案)》及《证券发行上市保荐业务工作底稿指引(草案)》,在业内征求意见。

12 日　证监会发布《证券期货市场统计管理办法》,自 2009 年 3 月 1 日起施行。

14 日　中国证监会召开"证券期货市场诚信建设暨诚信档案启动运行工作会议"。

19 日　中国证监会和中国银监会联合发布《关于开展上市商业银行在证券交易所参与债券交易试点有关问题的通知》,明确 14 家上市商业银行经银监会核准后,可以向证券交易所申请从事债券交易。

2 月

5 日　中国证券业协会发布《证券公司风险控制指标动态监控系统指引(试行)》,督促证券公司建立健全风险控制指标动态监控机制,在风险可控、可测、可承受前提下开展各项业务。

10 日　中国证监会与中央国债登记结算有限责任公司签署合作监管备忘录,中债登将向中国证监会提供货币市场基金的交易数据,以便后者能实时监控此类基金的操作。

19 日　中国证监会批准上海期货交易所开展线材和螺纹钢期货交易。

28 日　十一届全国人大常委会第七次会议表决通过刑法修正案(七)。其中明确规定,将严惩金融从业人员"老鼠仓"行为,最高可处十年有期徒刑。

3 月

9 日　中国证监会公布的最新信息显示,2 月份有韩华投资信托管理株式会社、新兴市场管理有限公司和德意志资产管理有限公司等 3 家外资机构获得 QFII 资格。这是该年 QFII 资格审批的首次开闸。至此,获批 QFII 总数已达 79 家。

13 日　中国证监会公布《证券经纪人管理暂行规定》,自 2009 年 4 月 13 日起施行。

20 日　中国证监会发布《基金管理公司投资管理人员管理指导意见》,自 2009 年 4 月 1 日起实施。

23 日　中国证监会批准郑州商品交易所开展早籼稻期货交易。

27 日　中国证监会发布《发行保荐书和发行保荐工作报告》和《证券发行上市保荐业务工作底稿指引》,自 2009 年 4 月 1 日起实施。

中国证监会发布《发行证券的公司信息披露内容与格式准则第 27 号——发行保荐书和发行保荐工作报告》,自 2009 年 4 月 1 日起开始实施。

31 日　中国证监会发布《首次公开发行股票并在创业板上市管理暂行办法》,自 2009 年 5 月 1 日起施行。

4 月

3 日　中国证监会决定撤销宁波立立电子首次公开发行股票的核准决定,同时要求立立电子按照发行价并加算银行同期存款利息返还证券持有人,这在中国证券市场尚属首例。

中国证监会发布《关于加强上市证券公司监管的规定》。

15 日　中国证监会批准大连商品交易所开展聚氯乙烯期货交易。

5 月

12 日　中国证监会公布《关于基金管理公司开展特定多个客户资产管理业务有关问题的规定》，自 2009 年 6 月 1 日起施行。

14 日　中国证监会发布修改后的《中国证券监督管理委员会发行审核委员会办法》和《证券发行上市保荐业务管理办法》，自 2009 年 6 月 14 日起施行。

31 日　中国证监会发布《证券公司分类监管规定》，自发布之日起施行。

6 月

10 日　中国证监会发布《关于进一步改革和完善新股发行体制的指导意见》，自发布之日起施行。

19 日　财政部、国资委、证监会、社保基金会联合发布《境内证券市场转持部分国有股充实全国社会保障基金实施办法》。

桂林三金药业股份有限公司(SZ,002275)发布招股意向书，暂停半年多的 IPO 重启。

7 月

1 日　中国证监会发布《创业板市场投资者适当性管理暂行规定》，投资者可在 7 月 15 日起申请开通创业板市场交易。

13 日　中国证监会公布《关于进一步加强期货公司信息技术管理工作的指导意见》，自公布之日起施行。

20 日　中国证监会公布《公开发行证券的公司信息披露内容与格式准则第 28 号——创业板公司招股说明书》和《公开发行证券的公司信息披露内容与格式准则第 29 号——首次公开发行股票并在创业板上市申请文件》，自公布之日起施行。

8 月

14 日　第一届创业板发行审核委员会在北京成立。

19 日　中国证监会发布《期货公司分类监管规定(试行)》，自 2009 年 9 月 1 日起施行。

31 日　中国证监会发布《期货市场客户开户管理规定》，自 2009 年 9 月 1 日起施行。

9 月

17 日　中国证监会公布《关于证券公司缴纳证券投资者保护基金有关事项的补充规定》。

29 日　中国证监会新一届上市公司并购重组审核委员会在北京成立。

10 月

23 日　创业板启动仪式在深圳举行。

30 日　创业板首批 28 家公司上市挂牌仪式在深圳举行。

11 月

13 日　中国证监会、国家保密局和国家档案局发布《关于加强在境外发行证券与上市相关保密和档案管理工作的规定》，自发布之日起施行。

27 日　中国证监会正式发布《关于修改〈证券登记结算管理办法〉的决定》，自 2009 年 12 月 21 日起施行。

30 日　中国证监会发布《关于期货公司设立营业部与分类评价结果衔接工作有关问题的规定》。

12 月

14 日　中国证监会发布《开放式证券投资基金销售费用管理规定》，自 2010 年 3 月 15 日起施行。

16日　中国证监会发布《中国证券监督管理委员会行政许可实施程序规定》,自2010年2月1日起施行。

30日　中国证监会公布《关于做好上市公司2009年年度报告及相关工作的公告》。

31日　财政部、国家税务总局和证监会联合颁布了《关于个人转让上市公司限售股所得征收个人所得税有关问题的通知》(财税[2009]167号)。

附　　录

Appendix

世界交易所市值排名前30位

The Top 30 Biggest Stock Markets in the World by Domestic Market Capitalization

中文名称	Exchange	2009		2008		2007		2006		2005		2004		2003	
		市值 Market Capitalization	排名 Rank	市值 Market Capitalization	排名 Rank	市值 Market Capitalization	排名 Rank	市值 Market Capitalization	排名 Rank	市值 Market Capitalization	排名 Rank	市值 Market Capitalization	排名 Rank	市值 Market Capitalization	排名 Rank
纽约证券交易所	NYSE Group	11837793.30	1	9208934.10	1	15650832.50	1	15421167.90	1	13310591.60	1	12707578.30	1	11328953.10	1
东京证券交易所	Tokyo SE	3306082.05	2	3115803.51	2	4330921.86	2	4614068.83	2	4572901.03	2	3557674.42	2	2953098.29	2
纳斯达克证券交易所	Nasdaq	3239492.44	3	2396344.33	3	4013650.32	4	3865003.60	3	3603984.87	3	3532912.03	3	2844192.55	3
泛欧证券交易所	Euronext	2869393.11	4	2101745.85	4	4222679.82	3	3708150.05	5	2706803.49	5	2441261.38	5	2076410.19	5
伦敦证券交易所	London SE	2796444.32	5	1868152.97	5	3851705.87	5	3794310.29	4	3058182.41	4	2865243.18	4	2460063.96	4
上海证券交易所	Shanghai SE	2704778.46	6	1425354.02	6	3694347.97	6	917507.53	14	286190.31	20	314315.71	20	360106.32	14
香港证券交易所	Hong Kong Exchanges	2305142.81	7	1328768.47	7	2654416.06	7	1714953.25	6	1054999.32	8	861462.94	9	714597.35	10
多伦多证券交易所集团	TSX Group	1676814.19	8	1033448.53	9	2186550.15	8	1700708.09	7	1482184.56	6	1177517.65	7	888677.73	7
西班牙马德里交易所	BME Spanish Exchanges	1434540.47	9	948352.29	10	1799833.98	11	1322915.30	9	959910.39	9	940672.88	8	726243.37	9
巴西交易所	BM&FBOVESPA	1337247.68	10	591965.55	15	1369711.27	13	710247.45	19	474646.88	19	330346.57	19	226357.71	19
孟买证券交易所	Bombay SE	1306520.25	11	647204.76	13	1819100.51	10	818878.58	16	553073.74	15	386321.10	16	278662.84	17
法兰克福证券交易所	Deutsche B? rse	1292355.31	12	1110579.63	8	2105197.82	9	1637609.77	8	1221106.05	7	1194516.79	6	1079026.24	6
澳大利亚证券交易所	Australian SE	1261909.34	13	683871.56	12	1298315.04	14	1095857.96	12	804014.82	11	776402.76	12	585430.98	12
印度国家证券交易所	National Stock Exchange India	1224806.44	14	600281.62	14	1660096.89	12	774115.60	17	515972.48	17	363276.02	18	252893.37	18
瑞士证券交易所	SIX Swiss Exchange	1064686.54	15	880334.43	11	1271047.73	15	1212308.36	10	935448.32	10	826040.81	10	727103.01	8
深圳证券交易所	Shenzhen SE	868374.00	16	353430.02	21	784518.56	20	227947.34	26	115661.94	31	133404.58	27	152872.45	23
韩国证券交易所	Korea Exchange	834596.86	17	470797.28	19	1122606.33	17	834404.28	15	718010.71	14	389473.36	15	298248.11	15
OMX交易所	OMX Nordic Exchange	817222.78	18	563099.58	16	1242577.94	16	1122705.04	11	802561.36	12	—	—	—	—
约翰内斯堡证券交易所(南非)	Johannesburg SE	799023.75	19	482699.98	18	828185.32	19	711232.32	18	549310.31	16	442525.47	13	168263.12	21
台湾证券交易所	Taiwan SE Corp.	657609.50	20	356710.54	20	663716.04	21	594659.35	20	476017.96	18	441435.78	14	379060.41	13
意大利证券交易所	Borsa Italiana	655848.25	21	522087.79	17	1072534.68	18	1026504.21	13	798072.87	13	789562.62	11	614841.58	11
新加坡证券交易所	Singapore Exchange	481246.70	22	264974.40	22	539176.63	22	384286.35	21	257340.62	21	217617.78	21	148502.64	24
墨西哥证券交易所	Mexican Exchange	352045.44	23	234054.92	23	397724.64	23	348345.13	22	239127.95	22	171940.26	24	122532.96	25
沙特证券交易所	Saudi Stock Market-Tadawul	318,733.65	24												
吉隆坡证券交易所(马来西亚)	Bursa Malaysia	289219.39	25	189239.21	24	325290.26	25	235580.90	25	180517.54	24	181623.79	23	160970.34	22
伊斯坦布尔证券交易所(土耳其)	Istanbul SE	233996.66	26	118328.67	29	286571.70	26	162398.87	31	161537.55	25	98298.85	32	68379.20	34
圣地亚哥证券交易所(智利)	Santiago SE	230732.39	27	131807.89	28	212910.23	31	710247.45	19	474646.88	19	116924.27	29	87508.39	31
奥斯陆证券交易所(挪威)	Oslo Bors	227233.23	28	145906.34	25	353353.05	24	279910.40	24	190952.11	23	141624.15	26	95919.91	29
印度尼西亚证券交易所	Indonesia SE	214941.47	29	98760.60	32	211692.97	33	138886.36	36	81428.12	36	73250.64	34	54659.06	34
特拉维夫证券交易所(以色列)	Tel Aviv SE	188733.90	30	134802.39	26	235056.38	30	161731.74	32	122577.93	30	90157.87	33	68904.44	33

注:表中各交易所市值均按美元计算。(单位:百万)

世界交易所日均成交额排名前30位

The Top 30 Biggest Stock Markets in the World by Daily Turnover

中文名称	Exchange	2009		2008		2007		2006		2005		2004		2003	
		日成交额 Daily Turnover	排名 Rank	日成交额 Daily Turnover	排名 Rank	日成交额 Daily Turnover	排名 Rank	日成交额 Daily Turnover	排名 Rank	日成交额 Daily Turnover	排名 Rank	日成交额 Daily Turnover	排名 Rank	日成交额 Daily Turnover	排名 Rank
纳斯达克证券交易所	Nasdaq	114886.30	1	144057.50	1	61036.39	2	47041.80	2	40026.75	2	34790.16	2	28048.46	2
纽约证券交易所	NYSE Group	70573.75	2	132960.23	2	119163.32	1	86815.12	1	56052.56	1	46103.77	1	38457.68	1
上海证券交易所	Shanghai SE	20744.44	3	10601.15	7	16816.05	7	3055.42	15	985.62	18	1328.51	17	1062.09	18
东京证券交易所	Tokyo SE	16423.49	4	22801.33	4	26433.26	4	23479.12	4	18292.74	4	13081.76	4	8607.07	4
伦敦证券交易所	London SE	13403.57	5	25486.66	3	40683.80	3	30046.42	3	22530.64	3	20350.49	3	14267.66	3
深圳证券交易所	Shenzhen SE	11369.12	6	5047.75	15	8690.16	10	1753.69	18	637.40	23	800.24	20	582.11	21
法兰克福证券交易所	Deutsche Börse	8608.00	7	18600.34	5	17162.41	6	10818.95	6	7452.55	6	5996.59	6	5135.68	6
泛欧证券交易所	Euronext	7740.31	8	17400.06	6	22030.32	5	15111.06	5	11308.20	5	9544.91	5	7594.40	5
韩国证券交易所	Korea Exchange	6162.21	9	5881.12	13	8255.12	12	5433.55	10	4862.10	9	1961.48	14	1858.44	13
香港证券交易所	Hong Kong Exchanges	6030.68	10	6650.04	10	8686.63	11	3370.04	14	1879.65	16	1764.91	16	1194.18	17
西班牙马德里交易所	BME Spanish Exchanges	5948.99	11	9600.97	8	11691.02	8	7583.50	7	6141.60	7	4794.26	7	3732.24	7
多伦多证券交易所集团	TSX Group	4940.02	12	6916.67	9	6487.58	15	5106.77	12	3587.62	12	2578.45	11	1874.93	12
澳大利亚证券交易所	Australian SE	3667.54	13	4955.78	16	5421.92	16	3411.01	13	2668.21	13	2053.60	13	1470.24	14
台湾证券交易所	Taiwan SE Corp.	3606.10	14	3364.56	17	4089.33	17	2969.63	16	2369.95	15	2875.22	10	2376.38	10
意大利证券交易所	Borsa Italiana	3486.52	15	6032.56	11	9176.72	9	6264.52	8	5053.45	8	3771.34	8	3256.51	8
印度国家证券交易所	National Stock Exchange India	3237.38	16	3011.79	18	3017.66	18	1694.25	19	1253.74	17	1025.23	18	798.68	19
瑞士证券交易所	Swiss Exchange	3025.37	17	6015.54	12	7575.54	13	5563.88	9	3817.68	10	3115.64	9	2441.45	9
OMX交易所	OMX Nordic Exchange	2887.35	18	5331.67	14	7370.23	14	5245.55	11	3760.56	11	—	—	—	—
巴西交易所	BM&FBOVESRA	2545.62	19	5978.19	11	—	—	—	—	—	—	—	—	—	—
莫斯科交易所	MICEX	1802.71	20	1994.49	21	—	—	—	—	—	—	—	—	—	—
沙特交易所	Saudi Stovk Market-Tadawul	1348.13	21	2084.97	20	—	—	—	—	—	—	—	—	—	—
约翰内斯堡证券交易所(南非)	JSE	1343.45	22	1596.65	21	1694.93	22	1254.20	21	803.90	20	641.72	21	404.51	23
伊斯坦布尔证券交易所(土耳其)	Istanbul SE	1194.95	23	1006.61	24	1167.84	25	890.90	23	790.78	21	588.77	22	399.03	24
孟买证券交易所	Bombay SE	1083.75	24	1256.82	22	1369.62	24	857.95	24	633.40	24	465.54	25	350.83	26
奥斯陆证券交易所(挪威)	Oslo Bors	976.13	25	1817.77	20	2192.43	21	1617.04	20	926.44	19	532.88	23	312.81	27
新加坡证券交易所	Singapore Exchange	970.06	26	1036.83	23	1519.08	23	720.97	25	465.83	25	423.90	26	364.79	25
大阪交易所	Singapore Exchange	575.59	26	961.71	27	1052.17	26	941.38	23						
泰国证券交易所	The Stock Exchange of Thailand	518.92	28	473.55	25	481.27	31	415.34	27	390.39	26	475.03	24	414.66	22
雅加达证券交易所(印尼)	Indonesia SE	391.50	29	469.64	26	465.98	32	201.69	34	171.33	33	114.18	34	59.01	35
特拉维夫证券交易所(以色列)	Tel Aviv SE	348.99	30	452.55	28	412.08	33	264.02	32	199.88	31	136.64	33	78.02	34

注：表中各交易所日成交额按美元计算。(单位：百万)

上海证券交易所收费标准

The Standard Cost and Fee in Shanghai Stock Exchange

业务类别			收费项目	收费标准	最终收费对象
交易	A股		经手费	成交金额的 0.011%(双向)	会员等交上证所
			证管费	成交金额的 0.004%(双向)	会员等交中国证监会(上证所代收)
			印花税	成交金额的 0.1%(单向)	投资者交税务机关(上证所代收)
	B股		经手费	成交金额的 0.026%(双向)	会员等交上证所
			证管费	成交金额的 0.004%(双向)	会员等交中国证监会(上证所代收)
			印花税	成交金额的 0.1%(单向)	投资者交税务机关(上证所代收)
	证券投资基金(封闭式基金、ETF)		经手费	成交金额的 0.0045%(双向)	会员等交上证所
			证管费	成交金额的 0.004%(双向)	会员等交中国证监会(上证所代收)
	权证		经手费	成交金额的 0.0045%(双向),前三年减半	会员等交上证所
			证管费	成交金额的 0.004%(双向)	会员等交中国证监会(上证所代收)
	国债、企业债、可转换公司债券、分离交易的可转换债券等		经手费	成交金额的 0.001%(双向)	会员等交上证所
			证管费	成交金额的 0.001%(双向)	会员等交中国证监会(上证所代收)
	公司债券		经手费	成交金额的 0.001%(双向),不超过 150 元/笔	会员等交上证所
			证管费	成交金额的 0.001%(双向)	会员等交中国证监会(上证所代收)
	新质押式回购	1天	经手费	成交金额的 0.00005%(双向)	会员等交上证所
		2天	经手费	成交金额的 0.00010%(双向)	会员等交上证所
		3天	经手费	成交金额的 0.00015%(双向)	会员等交上证所
		4天	经手费	成交金额的 0.00020%(双向)	会员等交上证所
		7天	经手费	成交金额的 0.00025%(双向)	会员等交上证所
		14天	经手费	成交金额的 0.00050%(双向)	会员等交上证所
		28天	经手费	成交金额的 0.00100%(双向)	会员等交上证所
		28天以上	经手费	成交金额的 0.00150%(双向)	会员等交上证所
	企业债券质押式回购	1天	经手费	成交金额的 0.000125%(双向)	会员等交上证所
		3天	经手费	成交金额的 0.000375%(双向)	会员等交上证所
		7天	经手费	成交金额的 0.000625%(双向)	会员等交上证所
	国债买断式回购	7天	经手费	成交金额的 0.000625%(双向)	会员等交上证所
		28天	经手费	成交金额的 0.0025%(双向)	会员等交上证所
		91天	经手费	成交金额的 0.00375%(双向)	会员等交上证所
	大宗交易	A、B股、证券投资基金	经手费	相对于竞价市场同品种费率下浮 30 %	会员等交上证所
			证管费	同同品种竞价交易	会员等交中国证监会(上证所代收)
		国债、企业债券现券、回购,可转换公司债券	经手费	相对于竞价市场同品种费率下浮 10 %	会员等交上证所
			证管费	同同品种竞价交易	会员等交中国证监会(上证所代收)
ETF申购、赎回			经手费	挂牌上市后的前三年免收	会员等交上证所
专项资产管理计划转让			经手费	转让金额的 0.0009%	会员等交上证所

续表　Continued

业务类别		收费项目	收费标准	最终收费对象
发行	新股认购	经手费	成交金额的 0.012%，暂免	会员等交上证所
	可转换公司债券认购	经手费	成交金额的 0.01%，暂免	会员等交上证所
	投资基金认购	经手费	成交金额的 0.0085%	会员等交上证所
	配股、转配股、职工股配股、国家股配售、股票配可转换公司债	经手费	成交金额的 0.012%（双向），暂免	会员等交上证所
	投资基金配售	经手费	成交金额的 0.0085%（双向）	会员等交上证所
上市	A 股	上市初费	总股本的 0.03%，不超过 3 万元	上市公司交上证所
		上市年费	上市总面额的 0.012%，不超过 6000 元	上市公司交上证所
	B 股	上市初费	发行总股本的 0.1%，折成美元最高不超过 5000 美元	上市公司交上证所
		上市年费	600 美元/年	上市公司交上证所
	证券投资基金	上市初费	基金总额的 0.01%，起点 1 万元，不超过 3 万元	基金管理人交上证所
		上市年费	60000 元/年	基金管理人交上证所
	权证	上市初费	20 万元	发行人交上证所
	企业债券	上市初费	上市总额的 0.01%，起点 8000 元，不超过 4 万元（暂免）	发行人交上证所
		上市年费	上市总额的 0.0096%，起点 4800 元，不超过 24000 元（暂免）	发行人交上证所
	可转换公司债券	上市初费	上市总面额的 0.01%，起点 1 万元，不超过 3 万元（暂免）	发行人交上证所
		上市年费	6000 元/年（暂免）	发行人交上证所
席位	非 B 股席位	初费	60 万元/个	会员等交上证所
	B 股席位	初费	7.5 万美元/个	会员等交上证所
交易单元		交易单元使用费	会员等机构拥有的每个席位可抵免一个交易单元的使用费。对超出其席位数量的部分，本所收取每个交易单元每年 5 万元的交易单元使用费。	会员等交上证所
		流速费	会员等机构接入交易系统流速之和超出其免费流速额度时，超出部分每年按每个标准流速计收 1 万元的流速费。（2008 年 1 月 1 日起计收）	
		流量费	1. 计费期间为上年 12 月 1 日至当年 11 月 30 日。	
			2. 流量费＝（该机构所用交易单元的年交易类申报笔数总和－2 万笔/年×持有席位数）×0.15 元＋（该机构所用交易单元的年非交易类申报笔数总和－2 万笔/年×持有席位数）×0.01 元。	
			3. 以会员或机构为单位，最低收费标准 2 万元/年。	
			4. 详见《关于调整本所席位年费收费模式有关问题的通知》	
其他业务		费用项目、标准、收取方式按照相关业务规定执行		

深圳证券交易所收费标准

The Standard Cost and Fee in Shenzhen Stock Exchange

收费对象	收费项目	收费标的	收费标准	备注
投资者	佣金	A股	不得高于成交金额的0.3%,也不得低于代收的证券交易监管费和证券交易经手费,起点5元(要约收购费用参照A股收费标准。)	投资者交证券公司
		B股	不得高于成交金额的0.3%,也不得低于代收的证券交易监管费和证券交易经手费,起点5港元	
		基金	不得高于成交金额的0.3%,也不得低于代收的证券交易监管费和证券交易经手费,起点5元	
		权证	不得高于成交金额的0.3%,也不得低于代收的证券交易监管费和证券交易经手费,起点5元	
		国债现货	不超过成交金额的0.02%	
		企业债/公司债现货	不超过成交金额的0.02%	
		国债回购	1天 不超过成交金额的0.001% 2天 不超过成交金额的0.002% 3天 不超过成交金额的0.003% 4天 不超过成交金额的0.004% 7天 不超过成交金额的0.005% 14天 不超过成交金额的0.01% 28天 不超过成交金额的0.02% 28天以上 不超过成交金额的0.03%	
		其他债券回购	1天 不超过成交金额的0.001% 2天 不超过成交金额的0.002% 3天 不超过成交金额的0.003% 7天 不超过成交金额的0.005%	
		可转债	不超过成交金额的0.1%	
		专项资产管理计划	不超过转让金额的0.02%	
		代办A股	按成交金额收取0.3%	
		代办B股	按成交金额收取0.4%	
	证券交易经手费	A股	按成交额双边收取0.1475‰	1. 由深交所收取(证券交易所风险基金由交易所自行计提,不另外收取) 2. 大宗交易收费:A股大宗交易按标准费率下浮30%收取;B股、基金大宗交易按标准费率下浮50%收取;债券、债券回购大宗交易费率标准维持不变 3. 此项费用包含在佣金之中
		B股	按成交额双边收取0.301‰	
		基金	按成交额双边收取0.0975‰	
		权证	按成交额双边收取0.045‰	
		国债现货	成交金额在100万元以下(含)每笔收0.1元	
			成交金额在100万元以上每笔收10元	
		企业债/公司债现货	成交金额在100万元以下(含)每笔收0.1元	
			成交金额在100万元以上每笔收10元	
		国债回购	成交金额在100万元以下(含)每笔收0.1元,反向交易不再收取	
			成交金额在100万元以上每笔收1元,反向交易不再收取	

续表 1　Continued 1

收费对象	收费项目	收费标的	收费标准	备注
投资者	证券交易经手费	其他债券	成交金额在100万元以下(含)每笔收0.1元,反向交易不再收取	
		回购	成交金额在100万元以上每笔收1元,反向交易不再收取	
		可转债	按成交金额双边收取0.04‰	
		专项资产 管理计划	成交金额在100万元以下(含)每笔收0.1元	
			成交金额在100万元以上每笔收10元	
		代办A股	按成交金额双边收取0.1‰	
		代办B股	按成交金额双边收取0.13‰	
	证券交易监管费	A股	按成交额双边收取0.04‰	1. 代中国证监会收取 2. 此项费用包含在佣金之中
		B股		
		基金		
		权证		
		企业债/公司债现货	按成交额双边收取0.01‰	
		可转债		
		专项资产管理计划	按转让金额双边收取0.01‰	
		国债现货	按成交额双边收取0.01‰(从交易经手费中扣除,不另收)	
		代办A股	按成交金额双边收取0.5‰	1. 代证券业协会收取 2. 此项费用包含在佣金之中
		代办B股	按成交金额双边收取0.67‰	
	证券交易印花税	A股	对出让方按成交金额的1‰征收,对受让方不再征税。	代国家税务局扣缴
		B股		
		代办A股		
		代办B股		
发行人	上市初费	A股	30000元	深交所收取
		B股	30000元	
		国债	免收	
		企业债/公司债	暂免收取	
		基金	30000元	
		权证	200000元	
		专项资产管理计划	暂免收取	
	上市月费	A股	5000万股本以下500元;每增加1000万元股本增收100元,最高限额2500元	
		B股		
		债券	暂免收取	
		基金	5000元	
		专项资产管理计划	暂免收取	

续表 2　Continued 2

收费对象	收费项目	收费标的	收　费　标　准	备　　注
会员	席位费	席位	60 万元/个	深交所收取
	交易单元费用	交易单元	1. 交易单元使用费 对会员使用超出交费席位(指已交席位初费的席位)数量以外的交易单元,每年收取 30000 元/个的交易单元使用费。	
			2. 流速费 对会员使用超出交费席位(指已交席位初费的席位)数量以外的流速,每年收取 9600 元/份的流速费。	
			3. 流量费 每笔交易类申报(指买入、卖出、撤单申报)收取 0.15 元,每笔非交易类申报(指除买入、卖出、撤单以外的申报)收取 0.01 元。此项费用以会员为单位收取,最低收费标准为每家会员每年 2 万元。详细计收方法见本所《关于调整席位管理年费收费模式的通知》(深证会[2004]191 号)。	

中国证监会派出机构通讯录

Contact List of CSRC Regional Offices

机构名称	机构地址	邮政编码	电话	网址
北京证监局	北京市西城区金融街 33 号通泰大厦 B 座 10 层	100033	010－88088060	www. csrc. gov. cn /pub / beijing /
天津证监局	天津市和平区大理道 98 号	300050	022－23132235	www. csrc. gov. cn /pub / tianjin /
河北证监局	河北省石家庄市友谊北大街 71 号	050081	0311－83632219	www. csrc. gov. cn /pub / hebei /
山西证监局	山西省太原市平阳路 101 号国瑞大厦 12、13、14 层	030006	0351－7218177	www. csrc. gov. cn /pub / shanxi /
内蒙古证监局	内蒙古呼和浩特市赛罕区东风路 8 号农发行大厦 12 层	010010	0471－4688865	www. csrc. gov. cn /pub / neimenggu /
辽宁证监局	辽宁省沈阳市和平区十一纬路 12 号	110003	024－22899877	www. csrc. gov. cn /pub / liaoning /
吉林证监局	吉林省长春市解放大路 2518 号交通大厦 19 楼	130021	0431－85097916	www. csrc. gov. cn /pub / jilin /
黑龙江证监局	黑龙江省哈尔滨市香坊区珠江路 56 号	150036	0451－82357000	www. csrc. gov. cn /pub / heilongjiang /
上海证监局	上海市浦东新区迎春路 555 号	200135	021－50121047	www. csrc. gov. cn /pub / shanghai /
江苏证监局	江苏省南京市中山东路 90 号华泰证券大厦 19 层	210002	025－84575558	www. csrc. gov. cn /pub / jiangsu /
浙江证监局	浙江省杭州市文三路 90 号东部软件园 1 号楼 3 楼	310012	0571－55473333	www. csrc. gov. cn /pub / zhejiang /
安徽证监局	合肥市高新技术产业开发区天波路 6 号	230088	0551－5367100	www. csrc. gov. cn /pub / anhui /
福建证监局	福建省福州市五四路 119 号嘉信大厦 11 层	350003	0591－87828160	www. csrc. gov. cn /pub / fujian /
江西证监局	江西省南昌市东湖区紫金城紫金大厦	330006	0791－7601271	www. csrc. gov. cn /pub / jiangxi /
山东证监局	山东省济南市黑虎泉西路 139 号胜利大厦 6 层	250011	0531－86106973	www. csrc. gov. cn /pub / shandong /
河南证监局	河南省郑州市纬四路东段 19 号广发大厦 7 层	450008	0371－65611887	www. csrc. gov. cn /pub / henan /
湖北证监局	湖北省武汉市洪山区珞瑜路 540 号	430079	027－87460061	www. csrc. gov. cn /pub / hubei /
湖南证监局	湖南省长沙市车站北路 459 号证券大厦	410001	0731－82180108	www. csrc. gov. cn /pub / hunan /
广东证监局	广东省广州市临江大道 3 号发展中心大厦 15 楼	510623	020－37853800	www. csrc. gov. cn /pub / guangdong /
广西证监局	广西南宁市金湖路 52－1 号东方曼哈顿大厦 22 层	530028	0771－5555736	www. csrc. gov. cn /pub / guangxi /
海南证监局	海南省海口市南宝路 36 号证券大厦 9 楼	570206	0898－66515232	www. csrc. gov. cn /pub / hainan /
重庆证监局	重庆市渝中区临江支路 2 号合景大厦 27 号	400010	023－89031960	www. csrc. gov. cn /pub / chongqing /
四川证监局	四川省成都市洗面桥街 26 号	610041	028－85541337	www. csrc. gov. cn /pub / sichuan /
贵州证监局	贵州省贵阳市中华北路 18 号银海大厦北楼五层	550001	0851－6904175	www. csrc. gov. cn /pub / guizhou /
云南证监局	云南省昆明市北京路 577 号	650051	0871－5135262	www. csrc. gov. cn /pub / yunnan /
西藏证监局	西藏自治区拉萨市中和国际城滨河广场东 6 号	850000	0891－6873078	www. csrc. gov. cn /pub / xizang /

续表 Continued

机构名称	机 构 地 址	邮政编码	电 话	网 址
陕西证监局	陕西省西安市高新区高新四路1号高科广场23-24楼	710075	029-88361799	www.csrc.gov.cn/pub/shanxidong/
甘肃证监局	甘肃省兰州市城关区张掖路87号中广大厦18层	730030	0931-8475698	www.csrc.gov.cn/pub/gansu/
青海证监局	青海省西宁市南大街75号	810000	0971-8251563	www.csrc.gov.cn/pub/qinghai/
宁夏证监局	宁夏银川市兴庆区北京东路379号金源大厦11、12楼	750004	0951-6736401	www.csrc.gov.cn/pub/ningxia/
新疆证监局	新疆乌鲁木齐市民主路40号附2号金新信托大厦5层	830001	0991-2826731	www.csrc.gov.cn/pub/xinjiang/
深圳证监局	深圳市福田区笋岗西路体育大厦东座	518028	0755-83268222	www.csrc.gov.cn/pub/shenzhen/
大连证监局	大连市中山区中路136号希望大厦15层	116001	0411-88008567	www.csrc.gov.cn/pub/dalian/
宁波证监局	宁波市药行街139号15层	315010	0574-87175008	www.csrc.gov.cn/pub/ningbo/
厦门证监局	厦门市湖滨南路388号国贸大厦6层	361004	0592-5165635	www.csrc.gov.cn/pub/xiamen/
青岛证监局	青岛市东海西路39号世纪大厦23层	266071	0532-85798505	www.csrc.gov.cn/pub/qingdao/

后　记
Postscript

在年鉴的编写过程中，我们得到了中国证监会领导的关心和指导，得到了会内外有关单位的大力支持和配合。他们是：中国证监会发行监管部、机构监管部、基金监管部、期货监管一部、期货监管二部、上市监管部、国际合作部、国家统计局国民经济核算司、中国人民银行调查统计司、上海证券交易所、深圳证券交易所、中国证券登记结算公司、上海期货交易所、郑州商品交易所、大连商品交易所。学林出版社在年鉴的编辑、出版及发行过程中给予了大力的支持。在此，我们对上述单位表示衷心的感谢！

参加年鉴编写的人员有：

谢　庚　霍　达　朱树山　唐宏武　王春玲　金　星　李福琴　杨胜平
马雪飞　赵　然　陆　谳　费永健　刘　峻　孙辰健　张　璐　王子莹
齐　林　徐庆雯　张　超　史喜超　于　力

中国证券监督管理委员会
2010 年 8 月